丛书主编 陈平原

学｜术｜史｜丛｜书

尤小立 著

胡适之《说儒》内外

学术史和思想史的研究

北京大学出版社
PEKING UNIVERSITY PRESS

图书在版编目(CIP)数据

胡适之《说儒》内外：学术史和思想史的研究/尤小立著.—北京：北京大学出版社，2018.4

（学术史丛书）

ISBN 978-7-301-29251-8

Ⅰ.①胡… Ⅱ.①尤… Ⅲ.①儒学—研究 Ⅳ.①B222.05

中国版本图书馆 CIP 数据核字(2018)第 033562 号

书　　　名	胡适之《说儒》内外：学术史和思想史的研究 HU SHIZHI《SHUO RU》NEIWAI：XUESHUSHI HE SIXIANGSHI DE YANJIU
著作责任者	尤小立　著
责任编辑	徐　迈
标准书号	ISBN 978-7-301-29251-8
出版发行	北京大学出版社
地　　　址	北京市海淀区成府路 205 号　100871
网　　　址	http://www.pup.cn　新浪微博：@北京大学出版社
电子信箱	pkuwsz@126.com
电　　　话	邮购部 62752015　发行部 62750672　编辑部 62752022
印　刷　者	三河市博文印刷有限公司
经　销　者	新华书店
	965 毫米×1300 毫米　16 开本　44.75 印张　665 千字 2018 年 4 月第 1 版　2018 年 4 月第 1 次印刷
定　　　价	108.00 元

未经许可，不得以任何方式复制或抄袭本书之部分或全部内容。
版权所有，侵权必究
举报电话：010-62752024　　电子信箱：fd@pup.pku.edu.cn
图书如有印装质量问题，请与出版部联系，电话：010-62756370

目 录

"学术史丛书"总序　　陈平原/1
让儒学回归人文化成——序　　姜义华/1

第一章　绪　论/1
一、研究的缘起/1
二、学术史回顾/11

第二章　史、道、儒秩序的重建：晚清民初的原儒说及其出现的原因/41
第一节　晚清原儒论的初创：刘师培的奠基/43
第二节　题号由古今异：章太炎原儒及其范式意义/55
第三节　道为儒之本：张尔田的原儒说/74
第四节　"史"无前例：以江瑔、刘咸炘的原儒为例/83

第三章　《说儒》前史：影响《说儒》写作的内源性因素/100
第一节　思想碎片：学生时代有关儒家和孔教的认知/102
第二节　重建学术谱系：系统研究儒家和孔子思想的起始/116
第三节　《先秦名学史》和《中国哲学史大纲（卷上）》中的"老前孔后"说/137

第四章　事不阻隔：《说儒》出现前胡适的学术重心/145
第一节　"整理国故"时期的原儒：许地山、陈钟凡、张寿林和狩野直喜/146

一、许地山原儒的神话和比较宗教学视角/147
　　二、陈钟凡以"礼"解读儒和儒家/151
　　三、张寿林为狩野直喜原儒说"代言"/155
　第二节　诉诸启蒙:胡适1920—1930年代初的学术重心/162
　　一、计划之外:胡适"整理国故"的偶然性/162
　　二、"清学"为何重要?/181
　　三、从齐学到"国教":对中古特征及
　　　　中国思想宗教化动因的求解/193

第五章　时势造境:《说儒》的出现/221
　第一节　胡适学界中心地位的确立及自我反省/221
　　一、代际更迭:学界新核的诞生与际遇/222
　　二、名声之累:胡适"暴得大名"后的自省/226
　第二节　学界地位如何消解?学科化、唯物论和
　　　　清华哲学学派/234
　　一、史学学科化的客观影响/234
　　二、唯物论的兴起及其冲击/246
　　三、哲学学科化、清华哲学学派和冯友兰的反戈/263
　第三节　不意成圣:胡适的孔子式孤独/304
　　一、少数派:"九一八"事变后胡适"主和"论的
　　　　内与外/305
　　二、"孟真是反对我的":以对日态度和
　　　　策略分歧为例/318
　　三、期望与失望:胡适与国民党政府对日政策分歧
　　　　对其心理的影响/335

第六章　寻觅重心:《说儒》的文化密码(上)/349
　第一节　超越"尊孔派":《说儒》出现的意味/350
　　一、孔子乃殷人:《说儒》的雏形/351
　　二、接力章太炎:《说儒》的学术承续/358

三、《周东封与殷遗民》对《说儒》的启发/371
第二节　原始的儒:殷遗民和殷民族的教士/383
一、巫史传统的重拾:"儒"之概念的重新定义/384
二、人类学或民族学视角:殷民族教士的特征/390
第三节　儒之"柔逊"与文化的"倒征服"/400
一、原始"儒""柔逊"之史实/403
二、现实因素的渗入:儒之"柔逊"说的另一面/411

第七章　建构重心:《说儒》的文化密码(下)/428
第一节　文化乃王道:文化上的"倒征服"及其历史依据/428
一、"摧刚为柔":"柔"与"刚"的现实转换/429
二、历史、现实与文化学:文化上"倒征服"的发现/431
第二节　儒教教主:《说儒》对孔子形象的塑造/449
一、"反孔"与"尊孔":胡适在不同时空和
不同层面的表达/449
二、新形象和新儒行:《说儒》中的孔子/468
三、吊诡的结局:"教主"神话的解构/507

第八章　《说儒》的争议和反响/516
第一节　青年无畏:学生辈的回应和挑战/517
一、细节辨正:新派青年的质疑/517
二、"先见"各异:旧派青年的商榷/521
三、唯物论影响下的社会史的回应/528
第二节　新派间的学术博弈:同辈学人的商榷/533
一、意气以外:冯友兰的全面商榷/537
二、借问胡适:郭沫若的"思想战"/548
三、中华文化的宗教起源与人文起源:
钱穆师生的驳议/557

结　语/565

参考文献/569

附录　胡适儒学简谱/586

后　记/690

作者小传/693

"学术史丛书"总序

陈平原

所谓学术史研究,说简单点,不外"辨章学术,考镜源流"。通过评判高下、辨别良莠、叙述师承、剖析潮流,让后学了解一代学术发展的脉络与走向,鼓励和引导其尽快进入某一学术传统,免去许多暗中摸索的工夫——此乃学术史的基本功用。至于压在纸背的"补偏救弊""推陈出新"等良苦用心,反倒不必刻意强调。因为,当你努力体贴、描述和评判某一学术进程时,已有意无意地凸显了自家的文化理想及学术追求。

其实,此举并非今人的独创。起码黄宗羲的《明儒学案》、江藩的《国朝汉学师承记》已着先鞭,更不要说梁启超、钱穆各自独立完成的《中国近三百年学术史》。至于国外,同类著述也并不少见,单以近年译成中文的为例,便有古奇的《十九世纪历史学与历史学家》、丹尼尔的《考古学一百五十年》、尼古拉耶夫等的《俄国文艺学史》、勒高夫等的《新史学》,以及柯文的《在中国发现历史》等。

即使如此,二十世纪九十年代中国学人之热衷于谈论"学术史",依然大有深意。一如黄宗羲之谈"明儒"、梁启超之谈"清学",今日之大谈学术史,也是基于继往开来的自我定位。意识到学术嬗变的契机,希望借"辨章学术,考镜源流"来获得方向感,并解决自身的困惑,这一研究策略,使得首先进入视野的,必定是与之血肉相连的"二十世纪中国学术"。

当初梁启超撰写《清代学术概论》,只是其拟想中的《中国学术史》之第五种;今人之谈论"学术史",自然也不会以"二十世纪"自限。本丛书不只要求打通古今,更希望兼及中外——当然,这指的是丛书范围,而不是著述体例。

无论是追溯学科之形成,分析理论框架之建构,还是评价具体的名家名著、学派体系,都无法脱离其所处时代的思想文化潮流。在这个意义上,学术史与思想史、文化史确实颇多牵连。不只是外部环境的共同制约,更有内在理路的相互交织。想象学术史研究可以关起门来,"就学问谈学问",既不现实,也不可取。

正因如此,本丛书不问"家法"迥异、"门户"对立,也淡漠"学科"的边界与"方法"的分歧,只要是眼界开阔且论证严密的学术以及思想史、文化史方面的著述,均可入选。也许,话应该倒过来说:欢迎有志于通过触摸历史、感受传统、反省学科进而重建中国学术的学人,加盟此项说大不大、说小不小的"文化工程"。

1998 年 8 月 4 日

让儒学回归人文化成——序

姜义华

尤小立博士的《胡适之〈说儒〉内外:学术史和思想史的研究》,终于要出版了。从创意到面世,作者为这部著作精心打磨了差不多整整八年。他的认真,他的仔细,他的学术功底,他锲而不舍、精益求精的严谨态度,在这部著作中都得到了很好的体现。

作者要我为这部著作的出版写几句话。我说就不用佛头着粪了吧,胡适一篇不长的《说儒》,您用了几十万字来加以解读,已成一家之言,我何必再去续貂呢?可是,作者一定要我说一点意见,说他已经与出版社约定,给我留了篇幅。这里,我只好说一些可能是题外的话。

尤小立博士的大著,让我不得不去反复思考,清末以来,儒学如何定位,为什么突然成了一个很大的问题,引发了持续了近一个世纪的非常激烈的争论?

两千年来,儒学与儒家代有变迁,但依经立义,以信奉、诠释和践行儒家经典为其根本职责,则从无异议。《四库全书总目提要·经部总叙》中说:"自汉京以后垂二千年,儒者沿波,学凡六变:其初专门授受,递禀师承,非惟诂训相传,莫敢同异,即篇章字句,亦恪守所闻,其学笃实谨严,及其弊也拘。王弼、王肃稍持异议,流风所扇,或信或疑,越孔(安国)、贾(逵)、啖(助)、赵(匡)以及北宋孙复、刘敞等,各自论说,不相统摄,及其弊也杂。洛闽继起,道学大昌,摆落汉唐,独研义理,凡经师旧说,俱排斥以为不足信,其学务别是非,及其弊也悍(如王柏、吴澄攻驳经文,动辄删改之类)。学脉旁分,攀缘日众,驱除异己,务定一尊,自宋末以逮明初,其学见异不迁,及其弊也党(如《论语集注》误引包咸夏瑚商琏之说,张存中《四书通证》即阙此一条以讳其误。又如王柏删《国风》三十二篇,许谦疑之,吴师道反以为非之类)。主持太过,势有所偏,才辨聪明,激而横决,自明正德、嘉靖以后,其学各抒心得,及其弊也肆(如王守仁之末派皆以狂禅解经之类)。空谈臆断,考证必疏,于是博雅之儒引古义以抵其隙。国初诸家,其学徵实不诬,及其弊也琐(如一字音训动辨数百言之类)。要其归宿,则不过汉学、宋学两家互为胜负。夫汉学具有根柢,讲学者以浅陋轻之,不足服汉儒也。宋学具有精微,读书者以空疏薄之,亦不足服宋儒也。消融门户之见而各取所长,则私心祛而公理出,公理出而经义明矣。"这段论述,大体反映了历代儒学变迁的实际状况。

有清一代儒学发展的总态势,章太炎在《訄书·清儒》一文作了相当准确的概括;他指出:"清世理学之言,竭而无余华;多忌,故歌诗文史枯;愚民,故经世先王之志衰。"顾炎武、阎若璩等"皆为硕儒。然草创未精博,时揉杂宋明谰言"。在这之后,主要流派有四,一、二俗称汉学,"其成学著系统者,自乾隆朝始。一自吴,一自皖南。吴始惠栋,其学好博而尊闻。皖南始戴震,综形名,任裁断。此其所异也"。三俗称宋学,"江淮间治文辞者,故有方苞、姚范、刘大櫆,皆产桐城","桐城诸家,本未得程朱要领,徒援引肤末,大言自壮";四是"文士既已熙荡自喜,又耻不习经典,于是有常州今文之学,务为瑰意眇辞,以便文士",代表人物为武进庄存与、阳湖刘逢禄、长洲宋翔风等人。章太炎在总结以上各派思想与学术时指出:"大氐清世经儒,自今文而外,大体与汉儒绝异:不以经术明治乱,故短于风议;不以阴阳断人事,故长于求是。短长虽异,要之皆征其文明。"

儒学与儒家的定位之所以成为问题,肇始于康有为19世纪90年代对两千年来的儒学及儒家作了几乎全盘否定的评价,并大张旗鼓地倡导建立孔教和将孔教立为中国的国教。他在1891年问世的《新学伪经考·述叙》中称:"始作伪,乱圣制者,自刘歆;布行伪经,篡孔统者,成于郑玄。阅二千年岁月日时之绵暖,聚百千万亿衿缨之问学,统二十朝王者礼乐制度之崇严,咸奉伪经为圣法,诵读尊信,奉持施行。违者以非圣无法论,亦无一人敢违者,亦无一人敢疑者。于是夺孔子之经以与周公,而抑孔子为传。于是扫孔子改制之圣法,而目为断烂朝报。六经颠倒,乱于非种;圣制埋瘗,沦于云雾;天地反常,日月变色。"他的这部著作对两千年来的儒学作了根本性的颠覆,既然人们所崇奉的都是"伪经",既然早就"圣制埋瘗,沦于云雾",所谓儒家,所谓儒学,合法性、合理性、权威性自然都荡然无存。

但是,康有为并没有丢掉儒家、儒学这面旗帜。他要利用原始儒家和原始儒学的若干资源,建立一个宗教性的新的信仰共同体,这就是孔教。康有为在1898年刊行的《孔子改制考》便承担了这一使命。他的《孔子改制考·叙》清楚地说明了这部著作的主要内容:"天既哀大地生人之多艰,黑帝乃降精而救民患,为神明,为圣王,为万世作师,为万民作保,为大地教主。生于乱世,乃据乱而立三世之法,而垂精太平。乃因其所生之国,而立三界之义,而注意于大地远近、大小若一之大一统。乃立元以统天,以天为仁,以神气流形而教庶物,以不忍心而为仁政。合鬼神山川、公侯庶人、昆虫草木一统于其数,而先爱其圆颅方趾之同类,改除乱世勇乱争战角力之法,而立《春秋》新王行仁之制。其道本神明,配天地,育万物,泽万世,明本数,系末度,小大精粗,六通四辟,无乎不在。"这一宗教为什么中途夭折了呢?一是因位王莽、刘歆,使"伪《左》盛行,古文篡乱",削移孔子之经而为周公,降孔子之圣王而为先师;二是因为"我华我夏,杂以魏晋隋唐佛老词章之学,乱以氐羌、突厥、契丹、蒙古之风,非惟不识太平,求求汉人拨乱之义,亦乖剌而不可得"。结果,"中国之民遂二千年被暴主夷狄之酷政"。三是因为朱子"蔽于据乱之说而不知大同之义,杂以佛老,其道觳苦,所以为治教者,亦仅如东周、刘蜀、萧詧之偏安而已"。他宣称,直到康有为他本人,这一状况方才得以从本根上全面拨乱反正,使孔教真义重光。他在光绪二十四年(1898)五月所上《请商定教案法律,厘正科举文体,听天下乡邑增设文庙,并呈〈孔子改制考〉,以尊圣师保大教绝祸萌折》中说:"臣考孔子制作六经,集前圣大成,为中国教主,为神明圣王,凡中国制度义理皆出焉。故孟子称《春秋》为天子之事。董仲舒为汉代纯儒,称孔子为改制新王,周汉之世,传说无异,故后世祀孔子皆用天子礼乐。唐宋以前,上尊号为文宣王。臣谨从孟子、董仲舒之义,纂周汉人之说,成《孔子改制考》一书,谨写进呈,敬备乙览。伏惟皇上典学传心,上接孔子之传,以明孔子之道。"

近代以来,西方列强一直非常强势地逼使清王朝同意他们能够在中国自由传教,加上西方宗教学理论的输入,不少人都曾想效法西方各国,建立以宗教为主要载体的信仰共同体,用以凝聚人心,为推进中国革新提供新的动力。他们也注意到中国本土原生文化中也确有某种宗教性元素。但是,企图通过彻底否定两千年来人们所熟知的儒学和儒家的真实性,将儒学和儒家改造为一个全新的孔教,康有为则不仅是鼓吹者,而且是首创者。他本人也当仁不让地以当代孔教教主自居。

与康有为同时代的陈宝箴曾经相当准确地说明了康有为这么做的缘由:"逮康有为当海禁大开之时,见欧洲各国尊崇教皇,执持国政,以为外国强盛之效实由于此,而中国自周秦以来政教分途,虽以贤于尧舜、生民未有之孔子,而道不行当时,泽不被于后世,君相尊而师儒贱,威力盛而道教衰,是以国异政、家殊俗,士懦民愚。虽以嬴政、杨广之暴戾,可以无道行之,而孔子之教,散漫无纪,以视欧洲教皇之权力,其徒所至,皆足以持其国权者不可同语。是以愤懑郁积,援素王之号,执以统天之说,推崇孔子以为教主,欲与天主耶苏比权量力,以开民智,行其政教。"(《奏厘正学术造就人才折[光绪二十四年五月]》)

正是康有为对儒学和儒家这番极具震撼力的全面颠覆及重构,引发了关于儒学和儒家究竟应当怎样定位的激烈争论,一场延续了近一个世纪的争论,见仁见智,至今也无法得到一致的结论。

值得非常认真地加以思考的一个问题,就是康有为和他的追随者们作了那么大的努力,包括袁世凯统治时期,孔教会声势那么浩大,要求在宪法中明定立孔教为国教,儒学与儒家为什么终究无法被改造成为基督教、伊斯兰教、佛教那样的宗教?而且,他们要求立孔教为国教的呼声,反而激发了打倒"孔家店"、破除"旧礼教"思想文化运动的勃兴,使儒学、儒家进一步边缘化。

直面儒学、儒家进一步边缘化的严峻情势,新儒家代表人物熊十力和他的弟子唐君毅、牟宗三取代了康有为,再次致力于将儒学宗教化。他们选取的路径与康有为不同。康有为主要利用公羊三统三世说附会进化论,将孔子尊奉为托古改制的救世主;熊十力、唐君毅、牟宗三则主要利用宋明理学和心学的思想资源,并努力使儒学和近代以来西方主流意识形态相黏合,试图将儒学、儒家定格为所谓道德宗教。

熊十力《原儒》中将孔子"内圣外王大备之鸿规"概括为:本体现象不二,道器不二,天人不二,心物不二,理欲不二,动静不二,知行不二,德慧知识不二、成己成物不二。认为这九个"不二法门",奠定了孔子"内圣外王"的教主地位,并从儒家思想中演绎出"革命""民主""科学"的思想,甚至还从中发掘出社会主义的先驱。

牟宗三认为,儒家主张人通过觉悟和成德过程来扩充本性,体现"天道"以成德,是宗教"终极关怀"的精神所在。儒家将宗教仪式转化为日常生活之礼乐,这礼乐就尽了"日常生活轨道"的责任。因此,与基督教、佛教和伊斯兰教一样,儒学本来就是宗教。他坦承儒教又不是普通的宗教:一、儒教不具有普通宗教的形式。普通宗教都有其有别于世俗生活的宗教形式,有其特定的宗教仪式。比如,基督教有祈祷、礼拜、婚丧礼节等特定仪式;佛教有戒律、修行、课诵等。儒教与中国人世俗的日常生活融合为一,将"宗教仪式转化为日常生活轨道中之礼乐","儒教是就吉、凶、嘉、军、宾之五礼以及伦常生活之五伦"。二、普通宗教之崇拜对象的人格神是"外在超越的",故为"依他之信"。耶教为依他之信(信上帝),而儒释道三教皆不为依他之信。儒教本质上是从自己之心性上,根据修养之工夫,以求个人人格之完成,即自我之圆满实现,得安身立命。从此点上说,皆不需依他之信。三、任何一种宗教都有"悲情意识":基督教宣扬"恐怖意识",佛教宣扬"苦业意识",而儒教所宣扬的是一种正面的道德意识即"忧患意识",而这种"忧患意识"实是一种责任感。这就是所谓"道德的宗教",是一种"人文教"。

然而,以新儒家自命的这些极力想将儒学改造为一种"道德宗教"的努力,始终只停留在中外若干大学的讲坛上,成为少数知识人的自娱自乐,和广大民众基本上没有什么关系。

近些年来,对康有为建立孔教的主张又有一些学者作出了一种新的诠释。北大哲学系教授干春松在他新近出版的《保教立国》(北京:生活·读书·新知三联书店,2015 年)、《康有为与儒学的"新世"》(上海:华东师范大学出版社,2015 年)中就认为,对康有为和孔教会新的研究,将深化对于儒家宗教性和儒教作为建制性宗教建立的可能性的思考,这个思考可以引发对儒家与基督教、伊斯兰教以及其他民间宗教关系的思考。最近引发极大争论的所谓新康有为主义,就发端于一些学者图谋重建孔教会、建立孔教,并欲效法康有为再次努力定孔教为国教。不过,这种主张实现的希望似乎十分渺茫。

这些事实,让我们不得不认真地思考:将儒学、儒家改造为现代宗教的努力,为什么总是雷声大、雨点小,最后只能沦为很少一些文人的清谈?

不能不承认,用宣称两千年来儒学、儒家所奉的都是"伪经"的方式作为建立孔教的前提和基点,用虚构出来的全知全能的"孔圣人",作为准备建立的孔教的唯一支柱,是强行置客观的历史实际于不顾,无法令接受了清代朴学长期熏陶和严格训练的广大士人信服,这是康有为立论致命的弱点。章太炎 1901 年撰写的《徵信论》指出:"诸学莫不始于期验,转求其原。视听所不能至,以名理刻之。独治史志者为异。始卒不逾期验之域,而名理却焉。今之散儒,曾不谕是也,故微言以致巫,玄议以成惑。"就是针对康有为。对于康有为所鼓吹的三统三世说,他评论道:"夫礼俗政教之变,可以母子更求者也。虽然,三统迭起,不能如循环;三世渐进,不能如推毂。心颂变异,诚有成型无有哉?世人欲以成型定之,此则古今之事,得以布算而知,虽燔炊史志犹可。"基于此,康有为的《新学伪经考》与《孔子改制考》尽管引起很大震动,认同者、信服者却屈指可数。对儒学发展历史过程非常熟悉的章太炎支持康有为维新变法的主张,对他的这两部著作就非常不以为然。当他读到《新学伪经考》时,就写了《驳议》数十条。1897 年 4 月在上海时务报馆中,章太炎因反对建立孔教,反对将康有为尊为孔教的教皇,尊为"南海圣人",批评这么做"有煽动教祸之虞",而与康门弟子发生激烈冲突。

为证明康有为将儒学神学化、宗教化,违背了儒学发展的历史真实,1899 年 8 月至 1900 年 2 月,他以"章氏学"署名,在《清议报》上发表了长篇论文《儒术真论》。依据《墨子·公孟》中墨子对儒家的批评,反证儒家确实"以天为不明,以鬼为不神",认为"此足以得儒术之真"。1900年出版的《訄书》初刻本作为总结的最后一篇《独圣下》中,章太炎指出,孔子的最大贡献就在于他摒弃了影响甚大的上古鬼神之说、五行及感生之说,使"生民之智,始察于人伦,而不以史巫尸祝为大故","神怪绌,则人道始立"。

随后,章太炎发现,不仅儒学如此,整个中国古代学术文化都具有这里所说的"生民之智,始察于人伦,而不以史巫尸祝为大故"与"神怪绌,则人道始立"的根本特征。他在1913年所撰写的《驳建立孔教议》中论定孔子对中国文化最大的贡献,就是十分重视历史,把许多国家档案和原始文献公之于众:"盖孔子所以为中国斗杓者,在制历史、布文籍、振学术、平阶级而已。"孔子这么做,"令晚世得以识古,后人因以知前,故虽戎羯荐臻,国步倾覆,其人民知怀旧常,得意幡然反正,此其有造于华夏者,功为第一"。章太炎在这篇文章中进一步指出:"中土素无国教";"老子以道莅天下,其鬼不神;孔子亦不语神怪,未能事鬼;次有庄周、孟轲、孙卿、公孙龙、申不害、韩非之伦,浡尔俱作,皆辩析名理,察于人文,由是妖言止息,民以昭苏"。事实上,纵观中国整个学术文化,不难发现,"国民常性,所察在政事日用,所务在工商耕稼,志尽于有生,语绝于无验。人思自尊,而不欲守死事神,以为真宰,此华夏之民,所以为达"。

巫与史,代表了知识谱系与价值谱系的两种不同路向。巫的文化,经常同神话、奇迹、普遍的迷信、救世主的权势欲及宗教的狂热相联系;而史的文化,坚持从现实的前提出发,将如实描述人们的实践活动的发展演变过程视为自己的最高职责。一是创造一个尽善尽美的理想世界和莫能例外的普遍法则,要求人们无条件地服从并按照这个理想世界和普遍法则来改变现实生活与现实世界;另一个则是坚持从现实世界的实际状况出发,对学术,对生活,都不迷信那些和现实完全脱节的空谈与幻想。新知识和新价值观念的建立,都坚持以人的实际生活为中心、充分尊重历史实际联系,须臾不离中国社会的实践。中国知识谱系与价值谱系的主流或根基,不是依托宗教而确立的对彼岸世界或来生来世无限憧憬的信仰主义,而是"所察在政事日用,所务在工商耕稼,志尽于有生,语绝于无验"的现实主义、经验主义,或者应称作人文主义、实践主义。

《易经·贲卦·象辞》上讲:"刚柔交错,天文也;文明以止,人文也。观乎天文以察时变,观乎人文以化成天下。"这里的天文是指天道自然,人文是指社会人伦。中国文化主张观察天道自然的运行规律,以明耕作渔猎如何实际运行,进而把握现实社会中的人文秩序,引导人们的行为合乎文明规范,建立起真正以人为中心的社会秩序。这就是所谓人文主义、实践主义。

这场争论所涉及的,并非所谓经今文学与经古文学之争,而是对包括族群、国家、文明在内的中华民族命运共同体应当如何有效维系、有效凝聚、有效提升的问题。人类从他一产生起,就是社会的人,就处在社会联系的网络之中。人从来不是完全孤立的、原子化的存在,只有在族群、国家、文明这样一些命运共同体中,他们方才能够成为真正现实的存在。族群,是一种源于血缘联系的命运共同体;国家,是源于政治和经济利益诉求的命运共同体,其中一部分是基于不同利益长期互相博弈而形成的命运共同体,一部分是基于不同利益互惠互补而形成的命运共同体;大多数文明或信奉基督教,或信奉伊斯兰教,或信奉佛教,以统一宗教和统一教会为主要标志,形成稳定的信仰共同体,成为支撑这些文明的精神支柱。唯独中华文明,早就形成一种以家国为中心的普遍化的伦理共同体,形成家庭、乡邻、社会、国家、天下紧密相连的社会伦理结构,贯穿于这样一种社会伦理结构的,是一种通过修身、齐家、治国、平天下使个人与家庭、社会、国家、天下彼此相互负责的普遍化的责任伦理。这一共同体以现实的人的相互联系,现实的人的现世生活为根本。儒家、道家、法家,莫不如此。在汉代,儒学曾一度和阴阳五行学说及谶纬学说相结合,表现出神学化倾向,但在此之前和在这之后,它都远离神学与宗教。

建立孔教和反对孔教,出于对中华文明的历史、现状和未来截然不同的判断。康有为希望建立起类似于其他许多文明作为维系它们纽带的宗教化的信仰共同体,信仰超越现实世界的彼岸,信仰超越现实的人的神灵和救世主、宗教教主;章太炎则主张中国应继续保持传统的人文主义共同体,继续坚持现实的人、现实的世界、现实的社会普遍化的责任伦理。

关于儒学应当选择什么样的路径进行改造,已经争论了一个多世纪,估计今后相当一段时间,争论还会继续。我以为,我们与其想尽办法去论证儒学是和世界其他文明同类的宗教,不如认真思考一下中国为什么没有形成类似于基督教、伊斯兰教、佛教、印度教、犹太教那样的以彼岸世界为终极目标的信仰共同体,而一直维系着根深蒂固的伦理共同体、人文共同体,护持着现实的人的现实的生活,护持着现实社会的生活实践和历史经验的积累,护持着涵盖全体社会成员的普遍化的责任伦理;思考一下儒学在这中间具有什么样的特殊功能。尤其是在中华文明向现代全面转型的当代,面对工业化、城市化、市场化、个人本位化的巨大冲击,儒学在维护中华文明的根柢——人文共同体、伦理共同体——方面,怎样使自己得到新的提升。

我以为,儒学的最大功效可能就是通过制礼作乐,推动社会的自我治理,包括社会各不同族群、社会全体成员的自我治理,如《周礼·地官·大司徒》所说,"以乡三物教万民而宾兴之:一曰六德:知、仁、圣、义、忠、和。二曰六行:教、友、睦、姻、任、恤。三曰六艺:礼、乐、射、御、书、数",以及"以五祀防万民之伪而教之中,以六乐防万民之情而教之和"。这就是让儒学回归人文化成。

中华文明是一个复合型文明,它包容有众多宗教。但是,佛教也好,伊斯兰教也好,甚至基督教、天主教,在中国传播,都必须和中国以家庭为核心的伦理共同体相适应,和中华文明基于面向现实的人、现实的世界、现实的社会生活的人文主义、实践主义普遍化的责任伦理相适应。中华文明正是在这一基础上确保了自己名副其实的多元一体。儒学是否可以从这里出发,在新时期开出一片自己的新天地?

这是读了尤小立博士的大作后的一点感想,写出来就教于各位方家。

第一章

绪 论

一、研究的缘起

进入新世纪,国内外的胡适(1891—1962)研究在思想阐释和周边研究后尚需进一步地突破,而突破的一个重要方向,即是以更为开阔的眼光和更为细致的方式作有意味的研究。

在《胡适口述自传》中,唐德刚(1920—2009)先生以为,胡适所著之《说儒》"从任何角度来读,都是我国国学现代化过程中,一篇继往开来的划时代著作。他把孔子以前的'儒'看成犹太教里的祭师(Rabbi),和伊斯兰教——尤其是今日伊朗的 Shiite 支派里的教士(Ayatollah);这一看法是独具只眼的,是有世界文化眼光的。乾嘉大师们是不可能有此想像;后来老辈的国粹派,也见不及此。""胡氏此篇不特是胡适治学的巅峰之作,也是中国近代文化史上最光辉的一段时期,所谓'30 年代'的巅峰之作。……适之先生这篇文章,便是30年代史学成就的代表作。"①

虽然在唐之前,对《说儒》的称颂,也不乏其人,但迄今为止,唐先生的溢美,仍是最为突出的。

往者,很少有学者认真考量唐先生的这个极度高扬的评价。实际上,这个评价本身有许多指向,恰是研究胡适学术、思想以及《说儒》者应该认真考量的。如唐先生所言之"所谓'30年代'的巅峰之作。……适之先生这篇文章,便是30年代史学成就的代表作",在某种程度上,推翻了一些人所谓胡适自40岁以后再无创见的论断。然而,这个定位的依据何在呢?

20世纪30年代在中国思想史和学术史上的意义,也许不像五四时代以及40年代那样,或开拓启新,或构建体系,但这个时代却是面相最为繁多、复杂异常的。概而言之,中国学术到20世纪20年代末以后,走上了专业化和学科化的路,如果依正常路径发展下去,学术专业化的水平以及学科化的完整程度,都要高许多和健全许多;由于有专业化和学科完善齐整作为支撑,体系化的学术出现,也要早至少十年。然这个正常的路径,却被现实危机冲断了。

1931年"九一八"事变发生后,国内的民族主义再次高涨,学术与政治的紧张日渐凸显。其表现是,学院派与知识人之间面对现实所作的不同选择,往往是对立或者相反的。这也直接影响了学术的发展和走向。1932年5月,胡适等人创办《独立评论》,希望以舆论影响政治,尽知识人的社会责任。然即使是这部分具现实关怀的自由派知识人中,也很快分成两路。一路是自由民主派,一路则策略性地鼓吹"独裁合理"论,从而引发了"民主与独裁"之争。

而随着专业意识和学科意识的增强,胡适的学生辈如顾颉刚(1893—1980)、冯友兰(1895—1990)、金岳霖(1895—1984)等为代表的学院派学者的基本取向也开始萌芽,此种取向姑可称之为"象牙塔想象"。这可以从他们对于学术意义与价值的认知上看出来,顾颉刚有此说法,冯友兰也有此说

---

① 以上均见《胡适全集》第18卷,合肥:安徽教育出版社,2003年,第449页。

法，金岳霖更是如此。然与上述的军事与政治相关的民族主义不协调的也正是这种"象牙塔想象"。

代际差异和代际转换，对胡适的地位影响极大。20世纪30年代初"北平城里有三个老板，一个是胡老板胡适，一个是傅老板傅斯年，一个是顾老板顾颉刚"的说法，①已经表明胡适在新派或者说胡适一派中地位的唯一性发生了变化。而挑战胡适的言论也以专著的形式出版，虽然很快被毁版。②这还是就胡适一派内部而言的。另一部分取向随时势发生变化的学者似乎正在形成一种集团的力量。钱穆（1895—1990）就暗示说，他与蒙文通（1894—1968）等人交好，就引起胡适的不满。③当然，这是钱穆晚年的一家之言，未必全可信，但胡适的学术地位受到挑战，则是肯定的。

在胡适一派以外，一个重要的势力迅速成长，且依据"崭新"的理论而大有在20世纪30年代学术青年中呈横扫之势。④这个理论就是唯物论。这批学者中间，与胡适直接争论的不仅有以唯物论为指导，出版《中国古代社会研究》（1929年11月）的郭沫若（1892—1978），也有火力极猛的左翼攻击者如叶青（任卓宣，1896—1990）的《胡适批判》（1933—1934年），以及胡适以前的学生、同样属于左翼的李季（1892—1967）的《〈中国哲学史大纲〉批判》（1931年）。1936年胡适终于感觉到"青年人多数不站在我这一边"⑤，这一感受也许更多的就是出于对现实中青年导向的判断。实际上，在30年代，左翼青年确已不再跟从胡适，也不再以胡适为时髦了，用张季同（岱年，

---

① 参见顾潮《历劫终教志不灰——我的父亲顾颉刚》，上海：华东师范大学出版社，1997年，第179页。
② 这个事件由顾颉刚的学生何定生引发，故颇有意味。有时候，老师朦胧的意思或隐含的观点，往往由学生最先公开表达出来。具体的讨论，详见本著第五章。
③ 参见钱穆《〈八十忆双亲〉·〈师友杂忆〉合刊》，钱宾四先生全集编辑委员会编：《钱宾四先生全集》第51册，台北：联经出版事业公司，1998年，第182—183页。
④ 1933年2月，感受到唯物史观的压力的顾颉刚在《古史辨》第4册序中就说："又近年唯物史观风靡一世，就有许多人痛诋我们不站在这个立场上作研究为不当。他人我不知；我自己决不反对唯物史观。我感觉到研究古史年代，人物事迹，书籍真伪，需用于唯物史观的甚少……唯物史观不是'味之素'，不必在任何菜内都渗入些。"罗根泽编著：《古史辨》第4册，上海：上海古籍出版社，1982年新版，第22页（序言页）。
⑤ 胡适致周作人，1936年1月9日，《胡适全集》第24卷，第285页。

1909—2004)的话说,谁还在谈胡适呢?①

就胡适而言,唯物论固然是一个思想冲击,但并没有改变他对实验主义的笃信。让其"不适"的,可能还是由唯物论的阶段论划分方法所衍生的"'信古'—'疑古'—'释古'"的新的学术阶段论。如果说,"疑古"说是对"信古"说的扬弃,那么,"释古"说就是对于"疑古"说的超越。而彼时的学者都以"阶段论"来划分新与旧,这样一划分,胡适作为"疑古"派的领袖,不再是"新",而成了"旧"派,他显然"过时"了。而鼓吹并运用"释古"说的学者中间,恰有胡适的学生、哥伦比亚大学哲学系的同门师弟以及同样循胡适中国哲学史书写之路径的冯友兰。这个僭越所体现出的对于胡适地位的轻视,也是过去学者讨论胡、冯关系,不太注意的。

唯物论还带出了新的学术问题,如亚细亚生产方式,社会形态,封建社会的定义、起始和特征等等。这也让胡适这位实验主义者再次经历了1918年底"问题与主义"之争的现实。

20世纪30年代的复杂性决定了《说儒》书写的多重面相,也同时映衬出以往那种就事论事,拘泥于对《说儒》个别言说加以商榷的研究方式的局限。从现实语境看,《说儒》不可能是单纯地进行儒之起源考证的论文,胡适在其中寄托的诸多期盼和愿望才是后人更应该关注的对象。具体的结论,受条件以及认知所限,容易出现疏漏,在这一点上总是后人要比前人强的。但文化理念和期望,却不见得总是后来居上。特别是,当下的研究如果完全以"创新"的姿态忽视前人,起码在"接续"上是一个欠缺,自然也谈不上站在巨人的肩膀之上了。而事实上,以往的研究在关注《说儒》多重面相方面,基本是空白。

唐德刚先生提到的另一个问题表面看似乎很好回答,《说儒》当然是胡适的代表作之一,但深入其中看,它是否"胡适治学的巅峰之作",却并不好回答,或因见仁见智,不可能达成一致。

唐先生的说法,或可以理解成是对那种过于注重《中国哲学史大纲(卷

---

① 参见张季同《评李季的"我的生平"及"胡适〈中国哲学史大纲〉批判"》,《读书杂志》第2卷第10期,1932年10月1日,第6—7页(文页)。

上)》开山之功倾向的一次矫正。但这个问题亦可以转换成另一个问题,即在胡适经历以《文学改良刍议》"暴得大名"和1919年2月《中国哲学史大纲(卷上)》行世,遂成以现代方式研究中国哲学史的开山之后,他的学术造诣是否仍有精进?一向主张研究问题的胡适,是如何通过学术的方式回应富于时代性的问题和挑战?或怎样把自身对时代的看法与历史的问题结合而得出既有学术价值,又有现实意味的结论?而进一步看,胡适原本存在的思想层面与现实层面的不同与紧张,又是如何体现在其中年时期的研究之中?这些或都可以从《说儒》之中找到一些蛛丝马迹,或者说答案。

另一与之相关的问题是,20世纪20年代末开始,胡适在经历了后辈和学生学术上的冲击和超越,又在政治上受到左右两面夹击的情形下,是否真的希望通过《说儒》来在学术上重整旗鼓、重建学术权威的地位?[1]这个问题似乎需要根据胡适自身学术的发展和生活状态,包括他的日常交往、交际,北大、清华哲学学派的不同取向来考察;更重要的,可能还是要根据胡适对于哲学、历史和文化的不同理解,他的启蒙诉求在哲学史研究中的作用,以及他何以一直将哲学历史化、科学化,甚至于要鼓吹"哲学取消"论等等这一系列问题的综合考察,才能有所突破。

唐德刚有关《说儒》中,胡适"把孔子以前的'儒'看成犹太教里的祭师(Rabbi),和伊斯兰教——尤其是今日伊朗的Shiite支派里的教士(Ayatollah);这一看法是独具只眼,是有世界文化眼光"的说法,指向了另一个问题,这个问题既与现代视角的"国学"研究有关,又有所不同。

胡适的所谓国学研究,其基本取向就是寻求一个现代的解释。这个现代的解释,不能据胡适自述,仅局限于"科学方法"。在《说儒》中,胡适就运用了比较宗教学、人类学或民族学、民俗学、神话学以及史诗的基本知识和方法,这些知识和方法的运用在当时是罕见的,过后亦少有学者认真地加以解读。而要同情地理解这个问题,不仅需要了解犹太教、基督教的相关历史

---

[1] 桑兵教授在《横看成岭侧成峰:学术视差与胡适的学术地位》中持此一观点,桑文初刊《历史研究》2003年第5期,又收入其《晚清民国的学人与学术》,北京:中华书局,2008年,第280页。但这也从反面说明,《说儒》在胡适作品中的地位。

和知识,亦需要了解胡适对于犹太教、基督教的一贯态度,以及他在撰写《说儒》时,如何把自身的理解、现实的感受和对于未来的期望融入叙述之中。

和胡适的宗教思想一样,胡适的文化思想也并非没有人注意,然胡适又是如何将自己对文化的认知辅之以人类学或民族学、民俗学、神话学及文学史诗等渗入《说儒》,从而结构出一篇充满文化密码的长篇专论,这同样是前人不曾注意,因而需要后人进一步挖掘的未知面相。

延伸的问题还有,近代以降,自袁世凯(1859—1916)"尊孔"、康有为(1858—1927)"订孔教为国教",至20世纪20年代,梁启超(1873—1929)为首的"东方文化派"以及卫护传统的文化保守主义派别——现代新儒家出现,地方军阀的"尊孔读经"等等,本身都必然涉及儒与儒家的,但儒之起源问题,却由反传统时期的刘师培(1884—1919)和反孔时期的章太炎(1869—1936)率先提出。而在30年代,国民党政府以及地方军阀再次掀起"尊孔读经"运动时,儒之起源这个仿佛想当然已解实际上仍是待解的问题不是由"尊孔"一方提出,却又是由反传统的、西化派的领袖胡适提出来,这本身就是有意思的现象。深究此现象,或将牵涉非经学立场的儒学研究的开展,宗教性的儒学走向科学化的儒学,以及宗教性的信仰向开放的、普世的、新的现代信仰的过渡。

当然,从现有材料看,儒之源头的探索在《说儒》之前几年也出现过,但探究的方法基本没有脱离经学的范围,因而也局限于一般性地考证。

《说儒》发表后聚讼纷纭,却未影响胡适对此文持续的自信,这个自信一直维持到晚年。1935年1月2日,胡适在《一九三四年的回忆》中说:

> 在学问方面,今年的最大成绩要算《说儒》一篇。这篇文字长约五万字(前说四万六千字——引者),费了我两个多月的工夫才得写成。此文的原意不过是要证明"儒"是殷商民族的教士,其衣服为殷衣冠,其礼为殷礼。但我开始写此文之后,始知道用此"钥匙"的见解,可以打开无数的古锁。越写下去,新意越多,故成绩之佳远出我原意之外,此中如"五百年必有王者兴"的民族悬记,如孔子从老聃助葬于党巷之

> 毫无可疑,皆是后来新添的小钥匙,其重要不下于原来掘得的大钥匙。
>
> 这篇《说儒》的理论大概是可以成立的,这些理论的成立可以使中国古史研究起一个革命。①

此回忆是在胡适尚未看到有关《说儒》的商榷文章的情况下写成,可能还不足以显示其自信,到1935年底,不止一种的商榷意见、评论和文章出现后,在《胡适论学近著·自序》中,他说:

> 《说儒》一篇提出中国古代学术文化史的一个新鲜的看法,我自信这个看法,将来大概可以渐渐得着史学家的承认,虽然眼前还有不少怀疑的评论。②

1945年4月10日,胡适应邀在哈佛大学神学院"殷格索讲座"(Ingersoll Lecture)演讲《中国人思想中的不朽观念》。其中所言亦基本延续了《说儒》。他说:

> 安阳甲骨卜辞使许多学者推断"帝"甚或"上帝"的观念对商人是并不陌生的。商人有一种奉少数祖先为神明,也就是说赠以"帝"号的风俗,这似乎是很确实的。另一件事,也似乎是很可能的,就是商人随着时间的演进而发展出来"上帝"最高神,也就是他们的始祖。那是一个部族神。
>
> ……博学的皇家祭祀阶级也贬降为职业的巫史阶级(professional class of scribes and priests),而靠着在大多数平民和少数统治贵族的家庭中表演和协助殡葬和祭祀讨生活。国家的灾患和个人的贫困已经深深地给他们灌输了谦逊温顺的教训。因此这一巫史阶级便获得了"儒"的统称,意思就是温顺和懦弱。

---

① 胡适:《一九三四年的回忆》,《胡适全集》第32卷,第406—407页。
② 《胡适论学近著·自序》(1935年10月29日),《胡适全集》第4卷,第1页(自序页)。

> 现在,纵是这样中庸的一种有关人类死后遗存的观念也受到哲学家们怀疑和警惕的批评。甚至是出身于巫史阶级的"儒",且经训练而专司丧祖先祭祀种种仪礼的人正统派哲学家们,也为了祭献和殉葬品的奢侈,以及在某些有权势的阶层中仍残余的原始人殉习俗而感到困扰。
>
> 稍后,正统派的中国思想家或不仔细思索而直接地接受了传统的崇拜和祭祀,或是以孔子不轻加臆断的口实而承认他们不知道人在死后究否有知。①

同样延续《说儒》之见的话,也出现在 1954 年 3 月 12 日胡适在台湾大学的题为《中国古代政治思想史的一个看法》的演讲中:

> 在我那篇很长的文章《说儒》里,老子是"儒",孔子也是"儒"。……有人认为"儒"是到孔子时才有的,这是错误的观念。我为了一个"儒"字,写了五万多字的文章;我的看法,凡是"儒",根据《檀弓》里所说,就是替人家主持婚丧祭祀的赞礼的。现在大家似乎都看不起这种赞礼。其实你要是看看基督教和回教,如基督教的牧师,回教的阿洪[訇],他们也是替人家主持婚丧祭祀的。在古代二千五百年时,"儒"也是一种职业。……《檀弓》并不是一本侮蔑孔子的书;这是一本儒家的书。②

1957 年开始的口述自传,又述及《说儒》,胡适依然坚持原来的观点,他说:

---

① 胡适的演讲稿《中国人思想中的不朽观念》(*The Concept of Immortality in Chinese Thought*),原刊 1945—1946 年《哈佛大学神学院年报》(Bulletin of Divinity School, Harvard University),杨君实中译文收入"中研院"历史语言研究所集刊·故院长胡适先生纪念论文集》第 34 本下册,1963 年 12 月。以上分别见第 744、746、750、751—752 页。

② 胡适:《中国古代政治思想史的一个看法》,演讲记录稿原刊台北"中央日报",1954 年 3 月 13 日,收入《胡适全集》第 8 卷,第 452 页。

我写过一篇论文叫《说儒》。讨论儒字的含意和历史。"儒"在后来的意思是专指"儒家"或"儒术";但是在我这篇长逾五万言并且被译成德文的长篇论文里,我便指出在孔子之前,"儒"早已存在。当孔子在《论语》里提到"儒"字之前,它显然已经被使用了好几百年了。

....

我事实上没有引用一条一般学者所不熟悉的证据。我的证据是古书上常见的;大家都耳熟能详的。我并没有引用一条新证据。可是我却认为我那篇《说儒》却提出一个新的理论。根据这个新理论可将公元前一千年中的中国文化史从头改写。

....

我个人深信,这几篇文章实在可以引导我们对公元前一千年中[自殷商末年至西汉末年]的中国文化、宗教和政治史的研究,走向一个新方向。

……当然根据这些新观念来重写中国文化与宗教史诸方面,我都是相当笼统的。因为我自己还抽不出时间来做我一直想做的工作——有持续性的来重写中国文化史、宗教史和思想史。①

胡适最后一次提到《说儒》是 1961 年 9 月。是月 20 日,他在《〈淮南王书〉手稿影印本序》中提及《说儒》时,不仅仍坚持己见,认定"儒"是"殷民族的礼教的教士","儒"字的本义是柔懦,且仍以为"老子也是儒",而老、孔分家是在孔子将"儒"改造成刚毅进取的"君子儒"之后,直到六国晚期,"道家"仍未出现。②

胡适的自信究竟何在呢?这个自信的源头和依据显然不在于考证。职是之故,今人主要依据具体考证结论的正误,对胡适在《说儒》刊行的当年,

---

① 以上分别见胡适口述,唐德刚译注《胡适口述自传》,《胡适全集》第 18 卷,第 425、430、431、431—432 页。
② 具体见胡适《〈淮南王书〉手稿影印本序》,《胡适全集》第 6 卷,第 193—195 页。此文撰写时间,可参见胡颂平编著《胡适之先生晚年谈话录》,台北:联经出版事业公司,1984 年,第 233 页。

以及晚年对《说儒》表现出的自信持怀疑态度,就很难真正动摇胡适的自信和《说儒》的整体结论。

或可以大胆地假设,《说儒》并非考证之作,而实在是表达一种文化观念、一种宗教理想和一种民族文化、民族精神重建的愿望,且通过学术的方式去示范这些理想、观念和愿望。故从此几方面,特别是从救世之作上理解《说儒》,或能参透胡适的写作初衷,进而完整地理解它的文化史价值和思想史意义。

然此一项,至晚年胡适未必不清楚,却仍然自信,这也确如他所说,《说儒》实是一个重写中国文化史、宗教史和思想史的引子,而其中所暗设的诸多文化密码也许才是胡适自信的主要原因,它们也有待后人去发掘和破解。

虽然这些问题聚焦到《说儒》,可以小见大,以一斑而窥全豹,但今人以今之考古材料的积累和最新的史料发现,以及今天的研究工具去评判古人的得失,对古人有失公允不说,亦可能掩饰古人的良苦用心和价值取向,因而也无法真正理解那个年代的学术生态和学术状况。

实际上,《说儒》既是学术论文,又充满胡适作为知识人的现实关怀,不对后一方面加以解析,即不可能真正理解《说儒》。

笔者带着上述的诸多疑问或问题,拟从晚清以降原儒说的兴起入手,确定《说儒》在学术史上的地位。在20世纪30年代中国哲学界、历史学界的基本态势,中国学术的专业化和学科化进程,特别是"九一八"事变后的民族危机的整体语境下,结合胡适个人学术的发展轨迹,他对孔子(前551—前479)、儒家认知的转变以及其学术地位的微妙变化,找寻《说儒》撰写的原因,从史实重建与现实关怀两方面探求胡适的所思、所愿,既注意《说儒》对儒之起源的学术性探讨,亦注意现实因素的渗入对《说儒》建构孔子新形象,进而尝试挖掘和理解胡适所谓有关建构中华文化新谱系的大钥匙、小钥匙的含义,最终破解《说儒》留下的文化密码。

当然,历史研究首先是材料,旧材料新读和新材料的发现或应齐头并进,而在材料不可能齐全的情况下,如果要读懂胡适文字背后的故事、心态、心理,就需要在细致爬梳史料的同时,从具体文本的字里行间、只言片语中,去发现蛛丝马迹以及没有诉之于文的隐秘。而要将这一切相互印证、勾连,或仍需要借助于合理的归纳、演绎,甚或合理地想象,在学术史、思想史,精神史、心态史以及政治史、社会史中相互印证,以重建史实和史境。如此或可能接近"了解之同情"的史学研究的至境。但限于笔者的学养、功底,本著只能算是在众多前辈研究成果基础上的一得之见。

二、学术史回顾

有关《说儒》的研究史,应该从《说儒》发表之后的1935年算起,而有关研究则以1949年后为多。不过,1949年后,由于复杂的原因,《说儒》的研究也与社会的状况相始终,到20世纪80年代后,才真正谈得上是步入了学术层面。

1. 1949年前有关《说儒》的零星评论

1934年秋,胡适的长篇论文《说儒》在《中央研究院历史语言研究所集刊》第4本第3分刊出后,曾引起学术界的多方商榷,以后则相对沉寂。复按1935—1949年前出版对现代中国哲学史、思想史、学术史、史学史的回顾性著述,提及胡适《说儒》的并不多。

有关晚清民国中国史学史回顾的两篇重要文章,即1941年2月周予同(1898—1981)的《五十年来中国之新史学》①和1949年10月齐思和(1907—1980)的《近百年来中国史学的发展》②都将胡适视作中国哲学史或以现代方法研究中国史的开山,周予同肯定地说,"使中国史学完全脱离经学的羁绊而独立的是胡适",这既是从学术史,也是从思想史上而言的。不过,他只是谈及王国维(1877—1927)的学术贡献时,在注释中顺便提到《说儒》和傅斯年的《周东封与殷遗民》都受到王国维及其学生徐中舒(1898—1991)殷、周"两个民族"论的影响。③齐文则干脆没有提及《说儒》。

---

① 周予同:《五十年来中国之新史学》,《学林》第4辑,1941年2月,第1—36页。
② 齐思和:《近百年来中国史学的发展》,《燕京社会科学》第2卷,1949年10月,第1—35页。
③ 分别见周予同《五十年来中国之新史学》,《学林》第4辑,1941年2月,第21、28页。

与上面二文相似，出版于1935年的郭湛波（1905—？）《近三十年中国思想史》以及陈正谟（生卒年未详）《现代哲学思潮》、瞿世英（1901—1976）《现代哲学》亦都将胡适作为中国哲学史的开山和新文化运动的领袖，但它们也没有提及《说儒》，倒是林同济（1906—1980）1940年12月发表的《第三期的中国学术思潮——新阶段的展望》对《说儒》有一些品评。林同济说：

> 大体说来，民国八年到民国十八年可叫做"经验实事"Empirical-Data时代。胡适之先生的《中国哲学史大纲》，可算是开山之作。以今日的眼光与标准看去，这本书的内容，许多地方难免草率，全部结构也嫌散漫，可说聪明有余，深入不足。开山之作从来都是如此的。

接着，他提到了《说儒》：

> 六年前胡先生自家就坦率告诉我说，他对他从前关于中国思想史的见解，已经"全部推翻"了。他那时候正在缮写《说儒》一文（后来在《胡适论学近著》内出版——原注）。尽管许多学者对于《说儒》内的事实判定以及整个结论，表示异议之处不少，但在为学的见地与方法上，胡先生这篇研究无疑地呈现了一种"与时俱进"的灵机。我想我这句话，胡先生大体不反对的：《说儒》一文实代表一个受了国军北伐后第二度学术思潮熏陶的实验主义者的作品，比当初那部机械式的《中国哲学史大纲》，活气得多，成熟得多了。①

林同济所谓《说儒》"全部推翻"了胡适以前有关中国思想史见解的说法，是他个人六年后的回忆，在没有旁证的情况下，只能存疑。但他所提示出的胡适思想和学术上的变化，却是事实。

另一个值得注意的地方是，林同济把五四以降现代中国的思想发展划

---

① 以上均见林同济《第三期的中国学术思潮——新阶段的展望》，《战国策》第14期，1940年12月1日，第1页。

分成三期,且分别作了定义。类似发展阶段的划分方式,周予同《五十年来中国之新史学》、齐思和《近百年来中国史学的发展》、郭湛波《近三十年中国思想史》和伍启元(1912—?)《中国新文化运动概观》也都不约而同地采用。这种划分方式的优点是抓住主流的思潮,给予总体的定位,叙述清晰,条理分明,但缺点也很明显,比如与主流思潮有距离的研究或不合时宜的单篇论文就容易被忽略,从而制造了学术史上的失踪者。

20世纪40年代另一提及《说儒》的是黑格尔(G. W. F. Hegel,1770—1831)哲学研究专家、新心学的代表贺麟(1902—1992)所著的《五十年来的中国哲学》一文以及在此基础上结集的《五十年来的中国哲学》一书。贺麟虽是从心学家的立场看中国现代哲学发展,但仍注重的是与主流思潮相谐的哲学史研究的阶段性变迁。他也认为,在现代中国的中国哲学史研究上,胡适的《中国哲学史大纲(卷上)》"开新风气,提示新方法影响很大"。不过,在《说儒》后,胡适"似又退回到尊孔态度"了。①

事实上,将《说儒》与胡适"尊孔"联系在一起的,不止贺麟一人。②至于贺文后一句"并且引起有些人误认为从职业或出身方面去解释孔、老、墨的异同,就算是唯物史观",③则明显是在暗讽冯友兰。

从以上零星的评论看,1949年前,有关《说儒》,还谈不上系统的研究。而1949年后,由于政治的原因,也不可能一开始就出现真正意义上的系统研究。不过,非学术意义上的讨论也值得回顾。

2. 从批判开始的《说儒》研究

1949年后,中国大陆的《说儒》研究,是从批判开始的。当然,现在看

---

① 参见贺麟《五十年来的中国哲学》,沈阳:辽宁教育出版社,1989年新版,第20—21页;贺麟:《五十年来的中国哲学》,收入潘公展主编《五十年来的中国》,重庆:胜利出版社,1945年,第180页。与民国原版相比,新版文字上稍有改动。1945年版未说"退回到尊孔态度",而是说"态度似比较客观"。

② 如冯友兰在《哲学史与政治——论胡适哲学史工作和他底反动的政治路线底联系》中也持此说。参见《哲学研究》1955年第1期,第70—83页;又见《胡适思想批判(论文汇编)》第6辑,北京:生活·读书·新知三联书店,1955年,第81—98页。

③ 贺麟:《五十年来的中国哲学》,第21页。

来,这类批判文章既受政治的影响,又受学术见解的限制,不可能客观地看待《说儒》,因而也不能算作是纯粹的学术讨论。不过,有两个特点需要注意,一个是批判中的隐性见解,即在批判中无意地透露或从反面揭示出的《说儒》被遮蔽的一些面相;另一个是,出于研究的习惯,学者在思想批判之中会自觉或不自觉地诉诸学术讨论,这些学术讨论的话语,同样可以作为今后解读《说儒》各种面相的参考。

1954年11月—1955年5月,大陆"胡适思想批判"运动的代表性文章都收在生活·读书·新知三联书店陆续出版的八大本《胡适思想批判(论文汇编)》中。在这些文章里涉及《说儒》的大约有10篇,即冯友兰的《哲学史与政治——论胡适哲学史工作和他底反动的政治路线底联系》、冯友兰、朱伯崑(1923—2007)合著的《批判胡适"中国哲学史大纲"底实用主义观点和方法》、贺麟的《两点批判,一点反省》、范文澜(1893—1969)的《看看胡适的"历史的态度"和"科学的方法"》、侯外庐(1903—1987)的《从对待哲学遗产的观点方法和立场批判胡适怎样涂抹和诬蔑中国哲学史》、白寿彝(1909—2000)的《胡适对待祖国历史的奴才思想》、童书业(1908—1968)的《批判胡适的实验主义"史学"方法》、金应熙(1919—1991)的《胡适的治学方法和其反动本质》、田余庆(1924—2014)的《清除胡适思想在历史考据中的恶劣影响》、李光璧(1914—1976)的《批判胡适反动实验主义的历史考据学》以及王若水(1926—2002)的《从实用主义到改良主义——胡适的"问题与主义"的解剖》。

以上几位除王若水以外,都是哲学界和史学界的名家,其中冯友兰是胡适的学生,又同为杜威(John Dewey,1859—1952)的学生,贺麟是胡适的北大同事,朱伯崑是冯友兰的学生和助手;范文澜是北大出身的马克思主义历史学家,侯外庐是马克思主义思想史家;白寿彝、童书业是胡适学生顾颉刚的学生,金应熙是陈寅恪(1890—1969)的学生,而李光璧则是明清史专家。

从20世纪30年代中期始,冯友兰与胡适渐渐疏远,但他对胡适的关注始终没有停止,这一点从《哲学史与政治》的许多论断即可以证明,如说胡适直到1925年,在《戴东原的哲学》中才开始反礼教,这是许多人没有注意到的。对胡适"尊孔"的认定,也不能简单地以为是冯友兰特意地政治栽赃。因为胡适思想本来就有两个层面,他的反孔主要集中于现实层面,而客观地评价孔子(也即是冯氏所说的"尊孔"),则主要在学术层面。冯文梳理胡适"尊孔"脉络的意义还不止于此,它分解出了胡适思想发展的三个阶段。冯友兰说:"在'中国哲学史大纲'里,胡适还认为孔子在古代是诸子之一。在'中古哲学史'里,他也还认为孔子与老子、墨子'鼎足而三'。可是在'说儒'里,他又把孔子恢复到'至圣先师'底地位。……一切光荣归于孔子。"将《说儒》看作是胡适思想第三个阶段的代表作,也提示出《说儒》本身的价值。

在批判《说儒》时,冯友兰的几个观点,亦值得关注。他说,《说儒》的思想决定了胡适是一个"败北主义者"。①这说明冯友兰已经注意到了,胡适撰写《说儒》这个表面上看以考证为主的文章背后的现实关怀。这个现实关怀与"九一八"事变后的民族危机有关。当然,胡适不可能像冯友兰在另一篇文章中所说是"卖国求荣"或"借以替蒋介石宣传不抵抗主义",②这其实与胡适对彼时危机形势的判断有极大的关系。

冯友兰认为,《说儒》也是为了反对当时流行起来的唯物史观。他说:

> 他底"说儒"也引犹太教为比喻,企图说明老子孔子的思想,都是从殷人与周人的斗争中产生出来的。这时候胡适倒是强调孔子思想底比较进步的一方面——"仁",为的是要提出一个没有阶级内容的所谓"全人类"。他提出所谓"全人类"底招牌,好像孔子底学说,不是为某一阶级服务,而是为全人类服务的。③

---

① 以上均见冯友兰《哲学史与政治——论胡适哲学史工作和他底反动的政治路线底联系》,《哲学研究》1955年第1期,第70—83页;又见《胡适思想批判(论文汇编)》第6辑,第81—98页。

② 冯友兰、朱伯崑:《批判胡适"中国哲学史大纲"底实用主义观点和方法》,《人民日报》,1955年6月24日,第3版。

③ 冯友兰:《哲学史与政治——论胡适哲学史工作和他底反动的政治路线底联系》,《哲学研究》1955年第1期,第79—80页;又见《胡适思想批判(论文汇编)》第6辑,第94页。

这一段话语中最要紧的,应是发现了胡适用比较宗教学的方式,以基督教(而非冯友兰所说的犹太教)的兴起来提倡一种超越性和普世性思想的意义。

另一位批判者李光璧则注意到《说儒》中,殷民族"虽然政治上被周征服,但是文化上却同化了西周新民族",①这不仅涉及胡适对文化的一个重要看法,也是理解《说儒》的一把钥匙。

而冯友兰所说的胡适《说儒》要达到的一个目的"就是要把孔子的地位抬高,把老子的地位降低,把孔子恢复到哲学史中的正统底地位",和同页注释中提到的胡适的另一篇与《说儒》差不多同时发表的《写在孔子诞辰纪念之后》一文对孔子的批评,②当然不是在玩"两面手法",它进一步证明了上文提及的胡适思想两个层面的冲突。

如果说冯友兰的批判主要是观点上的,范文澜、童书业的批判则集中于细节的考证,因而在整个"胡适思想批判"运动中少见的体现出了一点学术讨论的意味。

范文澜和童书业均是将《说儒》看作胡适的重要著作,但他们都不同意胡适将殷、周当成两个民族,只是理由稍有不同。范文澜说,"商甲骨文上的文法与周金文上的文法是一致的,甲骨文与金文字体是一致的,只有一些笔画繁简的不同。文法构造和基本词汇在'商书''盘庚'等篇与'周书''大诰'等篇也是完全一致的。殷墟器物的制作与周器物是出于一个源头的。'周书''召诰''多士''多方'等篇,确认夏商是'中国'相继受天命的前朝。孔子说'殷因于夏礼','周因于殷礼',三代文化是一脉相传的。古代史书和神话传说里,都说夏商周三代世系溯源于黄帝,商周二代又同是帝喾的后裔,尽管细节上有纷歧,同属黄帝族却绝无异说。殷周是不同'民族'(这里姑用'民族'一词)的说法是绝对没有根据的。胡适在'说儒'里

---

① 李光璧:《批判胡适反动实验主义的历史考据学》,《胡适思想批判(论文汇编)》第8辑,北京:生活·读书·新知三联书店,1956年,第40页。

② 冯友兰:《哲学史与政治——论胡适哲学史工作和他底反动的政治路线底联系》,《哲学研究》1955年第1期,第81页;又见《胡适思想批判(论文汇编)》第6辑,第96页。

'来无踪去无影'地提出'殷民族''周民族'两个'民族'来,算是一个'大胆的假设'吧,然而并没有下半截的'小心的求证',连一个字的'证'也没有"。①

童书业则指出,殷、周只是一个民族的两个支派,即原始汉族的两个支派。他说:"根据原始文献来看:殷人称周文王为'西伯',并不曾把他看成外国人。周人则称殷国为'大邦',为'大邑商',又称殷先王为'殷先哲王',又尊重'商耇成人'。从语言文字上来看,殷周的语言文字基本属于一个系统。从文化上来看,周礼是'因于殷礼'的。殷朝灭亡后,纣王的儿子武庚仍旧做着殷国的君主,武庚叛周被镇压后,周人仍封殷的宗室微子为宋公,保有一个大国的疆土。而且周室把他当作客人看待;殷的贵族也不过臣服于周,并不曾被变成奴隶。便是一般自由人,被分给鲁国的,也还是'国人'(自由人)的身份而不是奴隶(定公六年《左传》'阳虎又盟公及三桓于周社,盟国人于亳社,……''亳社'就是殷社),如果说周人灭殷后,殷民都被变成奴隶,是不符合事实的!"②

范文澜和童书业所持殷、周"一个民族"论,质疑的对象看上去是胡适,实际上,殷、周是"两个系统"说最早是王国维在《殷周制度论》中提出,在其学生徐中舒《殷周文化之蠡测》一文中得到进一步地发挥。③徐文所说的殷、周是"两个民族",直接影响了胡适和傅斯年(1896—1950)。其意义依照周予同的说法,便是"三代王统道统相承之传统的观念到此已完全由动摇而推翻了"。④

在范文澜看来,胡适所说的"三年之丧"是殷礼也不正确。他说,《史

---

① 范文澜:《看看胡适的"历史的态度"和"科学的方法"》,《历史研究》1955 年第 3 期,第 6 页;又见《胡适思想批判(论文汇编)》第 7 辑,北京:生活・读书・新知三联书店,1955 年,第 274 页。
② 童书业:《批判胡适的实验主义"史学"方法》,《胡适思想批判(论文汇编)》第 6 辑,第 179 页。
③ 徐中舒:《殷周文化之蠡测》,《中央研究院历史语言研究所集刊》第 2 本第 3 分,1931 年 4 月,第 275—280 页。
④ 周予同:《五十年来中国之新史学》,《学林》第 4 辑,1941 年 2 月,第 28 页。当然,此处应指王国维的原始贡献,以及徐中舒、胡适、傅斯年的共同推动。

记·殷本纪》说殷高宗(武丁,？—前1192)"三年不言,政事决定于冢宰,以观国风",这说明殷高宗只是三年不理政事,并不是守了三年丧制。战国时齐威王(前378—前320)初即位,不理政事,委政卿大夫,多至九年,绝不能因此说齐国有九年丧制。①这个说法,与《说儒》发表之初,冯友兰、郭沫若等人的质疑也不同。

《说儒》中是以"儒服只是殷服"来说明儒是"殷民族的教士"的。胡适依据的史料之一是《礼记·儒行》,这也是当时争论的箭垛之一。针对此,范文澜说,孔子的冠服,《论语·乡党》所记比其他记载当较为可信,但其中并没有"章甫之冠""逢掖之衣"。如果孔子有不同于周制的冠服,不应缺而不载。所谓"吉月,必朝服而朝"中的"朝服"无疑是周制的朝服。"乡人傩,朝服而立于阼阶",如果像胡适所说,"鲁之国民是殷人",孔子是"自信""自任"为"复兴殷民族"的"救世圣人",那么,孔子为什么不着殷服却着周朝服去见"殷遗民"呢？《论语·卫灵公》中有"颜渊问为邦。子曰：行夏之时,乘殷之辂,服周之冕",足见孔子认为周礼冠是可取的。《先进》篇载公西华(前509年—？)说："宗庙之事,如会同,端章甫,愿为小相焉。"郑玄(127—200)注曰,"衣玄端,冠章甫,诸侯日视朝之服",这里所说"诸侯"当然是周时诸侯。不管《仪礼·士冠礼》和《礼记·郊特牲》中"章甫,殷道也"是否可信,既然周诸侯用作视朝之服,孔子绝不敢冠诸侯之冠。就以胡适作为老大证据的《礼记·儒行》来说,逢掖是鲁衣,章甫是宋冠,足见宋、鲁衣冠不同,有什么证据证明宋冠、鲁衣凑起来恰恰是"殷服"呢？在范文澜看来,《礼记》是汉儒所辑,其中很多是七十子后学的杂说。如果俗儒戴的高帽子等于章甫的话,《荀子·儒效》所斥"俗儒"的冠服,正是《儒行》篇托名孔子的那种冠服,与《乡党》篇所记孔子的冠服,根本是两回事。他说："胡适把俗儒的冠服,一搭搭到孔子的题上,再一搭搭到老子的题上,按照八股搭题法：可称虔修古方,如法泡制。不过问题并不能用搭题法解决的呵！"胡适的假设落空了。

---

① 本段与下段,均见范文澜《看看胡适的"历史的态度"和"科学的方法"》,《历史研究》1955年第3期,第9—10页；又见《胡适思想批判(论文汇编)》第7辑,第277—278页。

《说儒》发表之初,论者多未理解胡适说孔子是"中兴的领袖"的真实意涵,故基本都是从考据的方面进行商榷,这一传统延续至今。范文澜当然不同意胡适的立论,但他随后提到的胡适1932年年底在武汉大学所作的题为"中国历史的一个看法"的演讲,确是理解《说儒》隐含的,特别是论证孔子"吾从周"真实想法的一个重要线索。

童书业针对《说儒》中胡适最为大胆的假设,即所谓"五百年必有王者兴"的"悬记"提出的详尽批评,其理由有二:第一,根据本诗所记的史事和文字体裁看,胡适所依据的《诗经·商颂》,绝不是西周以前的作品,它实是春秋宋襄公(?—前637)时的文献。童书业所据是《史记·宋微子世家》。此论基本延续了晚清以降今文经学家(如魏源、皮锡瑞、王先谦等)和王国维《说商颂》的观点。第二,《玄鸟》篇的"武王",如无错字,指的当是宋襄公。他以《史记》记载和王国维"古诸侯称王说"为据,指出彼时称"王"乃常事,古代强大的诸侯称王亦很寻常。由于开国必须武功,故称"武王"。宋国是商朝之后,宋襄公自称"武王"自不可怪,自称"武王",就是表示继承"武汤"(商汤,前1670—前1587)和"武丁"的事业的意思。总之,《玄鸟》篇里的"武王",决不是"殷民族悬想的中兴英雄"。①

童书业认为,《孟子·尽心下》"由尧舜至于汤,五百有余岁;……由汤至于文王,五百有余岁;……由文王至于孔子,五百有余岁;……"是战国时代的一种"道统"论,并非胡适所谓的"悬记"。这些圣人多是"王者","王者"必有辅佐,就是所谓"五百年必有王者兴,其间必有名世者"。孟子(前372—约前289)认为孔子和他自己就是应有的"名世者",所以此"道统论"以及《公孙丑》所说"由周而来,七百有余岁矣,以其数则过矣,以其时考之则可矣,夫天未欲平治天下也,如欲平治天下,当今之世,舍我其谁也",是把孔子和他自己认为"圣王"的师相,而不曾把孔子和他自己认为就是"圣王",脑子中并没有什么"悬记"存在。再看孔子"凤鸟不至,河不出图,吾已矣夫",以及所谓"获麟绝笔"的故事,也都不过是表示"圣王不出"的慨叹。

---

① 本段与下两段,见童书业《批判胡适的实验主义"史学"方法》,《胡适思想批判(论文汇编)》第6辑,第181—186页。

从《檀弓》记孔子将死时所说"夫明王不兴,而天下其孰能宗予",可见他也只是自居于"明王"师辅的地位,而并不曾自居于"明王"的地位。"殷民族的悬记",孔子又何尝知道!至于后世的"素王"之说,也是根据孟子一派的话来的。因为"五百年必有王者兴"的迷信被打破了,既没有"王者",胡适"就只好弄出一个'素王'来应应景了"。

有意思的是,在老子(前571—前471)年代问题上,童书业虽认为胡适固执成见,却也对反对胡适有关老子早出说的诸君无一满意。他说,梁启超虽然能提出些合理的意见,但他的考据方法相当粗疏,说服力并不够。冯友兰则运用逻辑上的"丐词",理由更不充分。顾颉刚等多从所谓"思想系统"或"思想线索"上证老子书的晚出,更有主观唯心论的嫌疑。至于钱穆的说法,理由最薄弱,唯心的色彩尤浓。然他自己的观点除引用范文澜《中国通史简编》中有关老子及《老子》其书均出自战国的观点外,基本没有超出上述诸君。而立论所依,亦是胡适以前提出,后又反对的"思想线索"或"思想系统"。惟童书业所言春秋时代有"千乘之国",而不可能有"万乘之君"具备一点考据的意味。

在"胡适思想批判"运动结束后,胡适思想仍是批判的对象,只不过没有那么集中地声讨。1959年11月,《北京大学学报(人文科学)》当年第2期上发表的署名"北京大学哲学系中国哲学史教研室胡适批判小组"的《批判胡适的中国哲学史研究》[①]一文依然循着冯友兰的观点,将从《中国哲学史大纲》到《中古哲学史》,再到《说儒》看作是胡适思想发展的三部曲。抛开政治话语,此文所体察的《说儒》寄托的现实关怀,还是有启发性的。

然而,政治批判不可能代替学术研究,经过几年的批判,不仅胡适《说儒》的问题没有解决,儒、儒家和儒教的起源问题也未解决。1962年周予同在《有关讨论孔子的几点意见》中特别提到了章太炎的《原儒》和胡适的《说儒》(原文误记成"原儒")。尽管周先生说,章、胡也没有解决问题,但沿着

---

① 北京大学哲学系中国哲学史教研室胡适批判小组:《批判胡适的中国哲学史研究》,《北京大学学报(人文科学)》1959年第2期,第69—94页。

前人的路走下去,似乎也是一种出于学术良心的期待。①

3.《说儒》研究的学术性展开及其现状

事实上,有关《说儒》的学术性研究也出现在 20 世纪 50 年代。1956 年,胡秋原(1910—2004)在香港出版《古代中国文化与中国知识分子》一书,其中提到《说儒》是胡适"历史著作中最精采的一篇"。②他进一步肯定地说,《说儒》中"除了不免夸张之处,……大部分是可以首肯的"。至于"夸张之处",他列举了七条,即(1)该文关于《易经》需卦之解释不免牵强。(2)正考父铭文,多少带点幽默意义。观同时殷商与郑桓公所订之约,则殷人并非必须柔懦才能生存可知;况由正考父至孔子又有二百余年乎?(3)在《礼记·儒行》中,孔子说他的衣服只是"乡服",不承认是"儒服"。吕大临(1040—1092)说此服当即"深服"(当时便服),是十分可信的。此服诚由殷人来,但并非儒家的"制服"。(4)所谓祝宗,乃是在宗庙掌礼之人,不仅殷人有之。而在《小戴礼》中,孔子讲论礼之时,总是由历史眼光,议论夏、殷、周代之礼。《士丧礼》所说之祝,是说古代的故事,不能证明儒家是殷祝。(5)儒家不仅说丧礼而已。(6)在当时儒家名词中,精通礼的人,名曰"圣王""圣人"。《礼记·乡饮酒义》云:"仁义接,宾主有事,俎豆有数,曰圣,圣立而将之以敬,曰礼。"这实在不是今天殡仪馆执事的口气。(7)《墨子·非儒》,当是别墨所为,是一种宣传文字。不然,一面说儒家为衣食之端,一面说他们"高浩居"(高敖倨),岂非矛盾?这"敖倨"之儒与胡适先生所谓柔逊之儒,又岂不矛盾?无论如何,为人治丧糊口的商祝在战国末年总该没有了罢。③

1968 年,戴君仁(1901—1978)在《儒的来原推测》中说,胡适《说儒》里提到的章太炎所说"达名"为儒不成立,理由是章所据《汉书》司马相如(前179—前118)《大人赋》"列仙之儒居山泽间,形容甚臞"里"儒"为"传"之误

---

① 周予同:《有关讨论孔子的几点意见》,《学术月刊》1962 年第 7 期,第 38 页。
② 胡秋原:《古代中国文化与中国知识分子》(上下册),香港:亚洲出版社,1956 年初版,本书使用的是北京中华书局 2010 年版,此句见上册,第 107 页。
③ 以上分别见胡秋原《古代中国文化与中国知识分子》上册,第 107—108、129 页。

字,前人已指出。①

戴先生不同意胡适从训诂上释"儒"为"柔懦之士",他更倾向于释为"文弱的人",理由是《说文》"儒,柔也"一语,只是一个声训,儒和柔是双声字。……声训的办法,只取训字与被训字的某一点相合,而不必全部相同。所以儒有柔的一部分性质,而不是全体彻内彻外,表里俱是一致的。儒者穿儒服,逢掖之衣,章甫之冠,确是文绉绉的。这是相对武士而言。而"儒"的正式训诂是"术士之称"。这术士不是算命看相者流,是以读诗书为业的,即习诗书礼乐经艺的人。他在此区分了"方术士"与"方士",认为秦焚书坑儒是针对前者的。"儒"出自大司徒。古代学校的"学官",失其所守,流离分散,到了民间,或亡入异国。因其斯文,社会上乃称之曰儒。故《汉志》说出自司徒是对的。这等于回到了"官守说"。

不过,胡、戴只是在研究相关的论题时,评述了《说儒》,还谈不上专题研究,这后一方面的专题,或者说对《说儒》进行全面研究的论著,始于20世纪70年代初。1971年11月,时任"中研院"近代史研究所副研究员的王尔敏在"中华民国史料研究中心"作题为"当代学者对于儒家起源之探讨及其时代意义"的学术报告,此报告后修改成文刊登在《中国现代史专题研究报告》第2辑上,②这也是迄今为止对《说儒》研究用力最勤,资料收集最全,视野最开阔的一篇论文。

《当代学者对于儒家起源之探讨及其时代意义》并非以胡适《说儒》为唯一研究对象,然实际的内容基本是围绕有关《说儒》发表之初的论争。王

---

① 本段与下段,参见戴君仁《儒的来原推测》,收入《通论·经学·哲学》,《大陆杂志语文丛书》第2辑第1册,台北:大陆杂志社印行,1970年,第5—7页。章太炎《原儒》以《史记·司马相如列传》"儒"作"传"者为误,显然是信《汉书》颜师古注中所言"儒,柔也,术士之称也,凡有道术皆为儒。今流俗书本作传字,非也,后人所改耳";而戴先生则信《史记》,故有此一说。

② 王尔敏:《当代学者对于儒家起源之探讨及其时代意义》,初刊"中华民国史料研究中心"编印:《中国现代史专题研究报告》第2辑,台北:"中华民国史料研究中心",1972年,本书所用为1985年版。原文后收入其《中国近代思想史论》,北京:社会科学文献出版社,2003年。此文写作时间为1971年10月10日,最初公开报告时间为1971年11月24日,参见以上两个版本文前、文后的说明。

撰文的目的是要从思想动机与时代背景上追问:"何以在这个时代会爆发一个儒学起源的问题?何以会引起多数学者广泛注意与兴趣?何以这问题不发生在孔子后任何一世纪,而却发生在20世纪?"①惟所述原因,不免宏阔,未能细究其中的直接因素或展现当事人之间复杂的关系,但所提出的问题确为重要,也最具启示价值。因此,可以说,此文是《说儒》研究的创始之作。

此文的另一贡献是,从刘师培、章太炎的观点说起,又胪列了《说儒》发表后两年内的十八家有代表性的商榷意见,从而展示了论争的大致面貌。特别是材料的收集,虽未能尽揽,却是后来者最便利的指引。

王先生所归纳的《说儒》的七个要点,不仅简单明了,且多为后来者所引用。这七个要点是:

  其一,根据许慎说文之训儒为柔,而肯定儒是形容柔弱者之代称。其二,确定儒者是穿戴古时衣冠的文弱之人,而此衣冠实即殷人服制。确定儒者是熟习古礼并传授弟子之人,此类人并多为殷之遗民。其三,确定儒是殷商亡国后,由于其民族维持殷之文化特色而发展出来的一种宗教,此种宗教,正是殷商重视祖先崇拜与丧祭仪节之文化特色。其四,由于维持殷商之宗教仪节,就需要有特殊训练的祝官,殷亡国后,此类祝官即系维持传授此种知识之人,而形成一种专门相礼治丧的职业。他们在周朝统治下的殷民社会里,一直维持相当高的社会地位。其五,儒者这门职业的活动,主要在为人治丧相礼,此外即是传授弟子,讲习古礼。故此儒是古代宗教教师之一门职业。其六,殷民族亡国后,有其复兴民族之宿愿,并有一个圣人复起的预言,数百年来,流传下来为其民族思想的中心信仰。这个预言出在商颂的玄鸟篇。其七,孔子系应此预言之运会,而成为殷人宗教"儒"之改革圣人,使原有之柔儒谦退精神,一变为刚毅进取意志;使原有之殷民族宗教仪节,进而变为古代中国

---

① 王尔敏:《当代学者对于儒家起源之探讨及其时代意义》,《中国现代史专题研究报告》第2辑,第79页。

之思想体系;使原有相礼治丧的职业,进而变为普及教育的宗师。①

上述的归纳已经很全面了,如果要加一条的话,就是:其八,老子是正统的老儒。

此后,有关《说儒》的研究渐次增多,从关注的视角和涉及的问题上划分,撮其要者,大致有以下几种类型。

其一,重新确认《说儒》的学术地位和价值。

1975年11月,徐中舒在《四川大学学报(哲学社会科学版)》第4期上发表了《甲骨文中所见的儒》。② 因年代特殊,文中并未提及胡适及其《说儒》,然而此文却是接续《说儒》的观点、"接着讲"(冯友兰语)的一篇十分扎实的学术成果。徐先生不仅运用甲骨文材料支持了"职业说",且证实了胡适"儒是殷民族的教士"论点的合理,这也等于否定了郭沫若驳胡适时所说的"儒"是西周时期的"'邹鲁之士缙绅先生'们的专号"的观点。

徐中舒先生对此文的重视程度,可从两件事上看出:一是他在文末特别提到甲骨文专家胡厚宣(1911—1995)曾寄示有关子需的卜辞。二是1980年他在中国先秦史学会主办的"全国先秦史讲习班"上又以"甲骨文中所见的儒"为题目进行了专题授课,对此观点作了进一步地发挥和论证。尽管《甲骨文中所见的儒》中没有一句提到胡适或者说一句肯定《说儒》的话,但徐先生用甲骨文中的新证据,客观上肯定了胡适《说儒》的学术价值。

1992年,杨向奎(1910—2000)在其著《宗周社会与礼乐文明》③中,也大量引用《说儒》中的观点。按照杨先生的说法,这是"因为他(指胡适——引者)搜集了丰富的资料,加以说明。通过这些材料可以知道早期儒家的职业和生活,我们以他们和凉山里的巫祝比,可以发现他们都是奴隶社会的

---

① 王尔敏:《当代学者对于儒家起源之探讨及其时代意义》,《中国现代史专题研究报告》第2辑,第78页。

② 徐中舒:《甲骨文中所见的儒》,《四川大学学报(哲学社会科学版)》1975年第4期,第70—74页。

③ 以下除另出引注者外,均见杨向奎《宗周社会与礼乐文明》,北京:人民出版社,1992年,第417—418页。

知识分子,他们都有学识才能,都能相礼。因此,我们说,儒家曾同于彝族的贝[唄]耄,他们尽力摆脱儒家那种近似'端公'的骗饭行为,而成为'君子儒'。《说儒》是一篇力作,可以解释一些问题"。

杨向奎本人对《说儒》的评论也有个变化过程,简言之,1936 年他曾撰文充分肯定《说儒》,① 而在《宗周社会与礼乐文明》中则在肯定的同时,提出了一些异议。他不同意胡适将《周易·需卦》解释成"儒卦"。对于胡适将"儒"解释为受周人歧视而忍辱负重的殷遗民,故释"儒"为"柔弱",亦有不同意见。杨向奎举例说明了殷遗民在周代并没有受歧视,相反还受到优待,因此,不可能养成胡适所说的"柔弱"的性格。他进而将《说文》"儒,柔也"释为"迟滞缓慢"。

总体看,在《宗周社会与礼乐文明》中,杨向奎还算客气的,且接受了《说儒》的多数观点,在几年后的演讲中,则似乎更多地在指出胡适以及《说儒》的不足,甚至说,"胡先生对中国古代史摸不到边际"。他对胡适将老子说成是"老儒"大不以为然,说胡适混淆了儒、道的分别,儒、道从来就是两家的。这个看法与杨本人对上古史的认知有极大的关系。因为他根本上认为,儒、道代表了两个族系的风格。老子是楚人,道是炎帝系,而儒是黄帝系。按照杨先生的观点,中国文化起源于炎帝和黄帝两个部族,老子既属炎帝一支,孔子属黄帝一支,正所谓风马牛不相及。当然,这种在未见考古新发现之前的结论,今天看来,未免失之于学术偏见,不足为训。不过,在讲演中杨先生也提到老子把"道"放在上帝之前,从而让"道"成了"第一手推动力"(First Cause),即名之上的"大自然"(Mother Nature),乃是哲学史上大贡献。② 其实这也就是胡适所说的老子"自然主义"的贡献。

2003 年杨向奎等著的《百年学案·胡适学案》中亦涉及《说儒》,其中指出,《说儒》虽是在章太炎《原儒》基础上完成的,但由于胡适系统地运用

---

① 具体见杨向奎《读〈说儒〉》,《益世报·读书周刊》第 43 期,1936 年 4 月 9 日,第 3 张第 12 版。
② 以上均见杨向奎《读胡适先生的两篇著作》,《中国社会科学院研究生院学报》1997 年第 3 期,第 33—34 页。

了历史的、系统的和比较的方法,《说儒》与《原儒》有根本的不同。此书称《说儒》是"大手笔之作"。①

最值得一说的是,杨向奎在《宗周社会与礼乐文明》中将胡适的论断验之于民族学,且以此为正解,这从一个侧面说明《说儒》本身提供的相关线索或假设所具备的启发性。其实,他与徐中舒一样,均是在学术史断裂之后的努力接续,也因此重新确立了《说儒》在探讨儒之起源问题上的地位。

与杨向奎稍有不同的是赵吉惠,后者在《现代学者关于"儒"的考释与定位》中几乎是全面肯定了《说儒》的学术价值。此文说《原儒》"是章太炎对中国文化史、中国古代学术史的一大贡献。但是,章太炎还没有提出和阐明'儒'是怎样产生的!没有揭示和论证'儒'所产生的历史时代;没有提出和说明春秋之前的'儒'是否存在?它代表什么意义?"而回答这些问题的则是胡适。《说儒》一文"发前人所未发,补太炎先生所未及,旨在考证'儒'最早产生的历史渊源,论证《说文》'儒,柔也,术士之称'的真实含义与历史时代"。②

赵文富于启发性的,可能还在于他凸显了《说儒》中儒与宗教的关系,以及"广义儒"和"狭义儒"的区分。他说,"儒"在殷商时代产生时是一种宗教职业,主要从事祭祖、事神、相礼活动。春秋以后的"儒"虽然淡化了宗教性质,强化了人文内容,但宗教的"儒"不能不对哲学的"儒"发生影响,这种影响有时是实质性的,有时是形式上的。这就使孔子创立的"儒学",在某些历史时期具有相当的宗教色彩,甚至被径称为"儒教"。在一部分人的心理上,也起过类似宗教性的作用。

他进一步指出,"儒"和"术士"随着历史的演化都具有广义与狭义双重内涵。广义地说,术犹技也,艺也。术士谓多技多艺之士。殷周时代能事神、祭祖、主持丧仪之士,春秋战国至秦汉时代,能诗、礼、书、数、射、御,身通

---

① 杨向奎等:《百年学案·胡适学案》下册,沈阳:辽宁人民出版社,2003 年,第 529—531 页。

② 赵吉惠:《现代学者关于"儒"的考释与定位》,《孔子研究》1995 年第 3 期,第 26 页。下两段,见第 31—32 页。

六艺之士,均可谓之"术士",亦可称为"儒"。战国六君子"养士",亦可说是养"术士",这些都是具有一技之长之士。秦始皇(前259—前210)"焚书坑儒",《汉书·儒林传》作"杀术士",这些术士中也包括某些信奉神仙的"方士"。这便是广义的"术士",广义的"儒"。正是在这个意义上,胡适说"老子也是儒",是一个"柔道"的老儒,是一个"殷商老派的儒"。狭义地说,"术士"专指春秋战国至秦汉时期,那些"游文于六经之中,留意于仁义之际,祖述尧、舜,宪章文、武,宗师仲尼,以重其言,于道为最高"的儒门之士,或儒家之士,也就是专门的儒或专业的儒。即《孟子》中所说的"逃墨必归于杨,逃杨必归于儒"之"儒",《韩非子》中所称道的"世之显学,儒墨也"的"儒"。

赵文对《说儒》的详细解读,也同时体现了对《说儒》另一种类型的研究——梳理。

其二,对《说儒》及其论争的全面梳理。

比较早对《说儒》及其论争进行全面梳理的是张先贵和谭宇权。张先贵在《关于胡适的"儒的起源说"的新评说》[①]中认为,《说儒》发表后,引起的论争之所以持续了60年,原因之一是没有将"原生儒"与"再生儒"区分清楚。这个"原生儒"与"再生儒"在《说儒》中被表述为"广义儒"和"狭义儒",而胡适正是以此来理解儒和儒家的起源的。

张文对《说儒》几乎全盘肯定,《说儒》的学术价值亦归为三个方面,即(1)开风气,填空白。胡适是现代学者中第一个郑重其事地探求儒的起源问题的学者,对"儒的起源说"内容体系的建构,就具有开风气、填空白性质。(2)率先提出儒教先儒学产生说。包括弄清了"儒教"与"祖先教"之间的关系——二者实一者也;为科学分解"儒"、完整理解"儒"提供了历史依据和理论依据;为对"儒教"的进一步分解,贡献了灵感。(3)产生了连锁反应,推动了儒学的研究。

与张文的全盘肯定稍有差别的是谭宇权。他在褒扬《说儒》的同时,也

---

① 以下均见张先贵《关于胡适的"儒的起源说"的新评说》,《孔子研究》1998年第3期,第35—42页。

提出了一些疑问。谭著指出,《说儒》解决了中国古代哲学史的三大问题:(1)儒家在先秦到底与道家的关系是怎么样的呢?(2)儒的原义究竟是什么?(3)老子为何该早于孔子呢?他同时认为《说儒》解决了先秦没有"道家"一词的问题。更重要的是,胡适能运用宗教学的知识来解释儒家思想的由来,并由此认同胡适将孔子与耶稣(Jesus)对比,推论出的"五百年必有王者兴"为一"悬记"的说法。

他有关《说儒》的疑点之一是,指出胡适在运用材料时,将自己曾经怀疑的"伪作"(如《尚书》)当证据。①

其三,用现代眼光评判《说儒》论争的是与非。

邓广铭的《胡著〈说儒〉与郭著〈驳说儒〉评议》②是大陆较早评述《说儒》的论文,文中主要就胡适《说儒》与郭沫若《借问胡适》(即《驳说儒》)之间交锋的六个方面作了系统的"评议"。除郭沫若暗指胡适《说儒》抄袭其说不值得重述外,其他五个方面,即(1)关于"三年之丧"。邓文认为,胡适之所以说是"殷制",是受傅斯年《周东封与殷遗民》的影响。这一误解,其源头不在胡适,而在孔子。孔子正是根据"谅阴""三年不言"的错误理解,建立儒家学说的核心理论的。故郭沫若所驳是孔子而非胡适。(2)关于"谅阴"。邓文同意郭沫若之解释,并引 1942 年董作宾(1895—1963)所作《从高宗谅阴说到武丁父子的健康》有关卜辞中武丁两次卜舌疾的记载推论,舌疾可以造成失音症,支持了郭沫若的论说。(3)关于《周易·需卦》,即胡适释"需"为柔的佐证之一。邓文不同意郭沫若所说,《周易》乃战国楚人馯臂子弓所作。因《周易》是筮书,其内容非一个时期所写定,更非出于一人之手。(4)关于正考父鼎铭的真伪。邓文提到自 1930 年钱穆《刘向歆父子年谱》发表以后,《左传》《史记》所载正考父鼎铭为刘歆伪造一事便不成立,郭沫若太受今文经学的影响。(5)关于《诗经·商颂·玄鸟》,也即胡

---

① 以上参见谭宇权《胡适思想评论》第十七章"胡适的《说儒》评论",台北:文津出版社,1996 年,第 453—486 页。

② 此文最早在 1991 年在香港中文大学中国文化研究所举办的"胡适与现代中国文化"国际学术研讨会上发表,收入刘青峰编《胡适与现代中国文化转型》,香港:香港中文大学出版社,1994 年,第 387—396 页。

适《说儒》"五百年必有王者兴"的"悬记"的依据,邓文以为所论牵强,且毫无根据。《商颂》必为周东迁后之作品,作于宋人。但郭沫若依《韩诗》之说,指《商颂》为正考父所作,实仍信今文经学,结论也太牵强。

《胡著〈说儒〉与郭著〈驳说儒〉评议》虽仅涉及《说儒》内部的争议,但对重新引起人们关注儒之起源以及《说儒》相关的细节讨论,亦有启发意义。

陈勇等《现代学术史上的〈说儒〉之争与"原儒"真相》[①]是在《胡著〈说儒〉与郭著〈驳说儒〉评议》的基础上,讨论《说儒》之诸争议点,因而将关注面拓宽到胡适与冯友兰、钱穆等人的论争,又引原始材料提出个人见解。这是近几年少见的今人讨论《说儒》问题的文章,内中的一些见解,也值得再讨论。不过,文中虽提到当今考古发现的新材料,惜未尽展开,故也只是从文献到文献。在前人已经穷尽相关材料的情况下,这种研究恐很难有实质的推进。

总体上看,《说儒》并非单纯儒之起源的考证,仅从内部着眼,从考证上去评判是非,不仅不能理解胡适的原意,而抽离语境,难免以今度古,亦很难谈得上同情的理解。

其四,讨论相关问题,旁涉《说儒》。

与《说儒》相关的有三个主要问题,一是"儒"的字义,二是老孔先后,三是有关基督教的启发。这三个问题也一向是中国文学、史学和哲学界的讨论对象,而凡有讨论,除非阅读有限,必涉《说儒》。

(1) 关于"儒"的字义

早在1954年,饶宗颐即有《释儒——从文字训诂学上论儒的意义》[②]一文,从训诂上讨论"儒"之义。他以为章太炎、胡适均据许慎(约58—147)《说文解字》寻求"儒"字的古义,不免失之狭隘,但饶文大多见解都是针对

---

① 陈勇等:《现代学术史上的〈说儒〉之争与"原儒"真相》,《学术月刊》2010年第2期,第139—147页。
② 饶宗颐:《释儒——从文字训诂学上论儒的意义》,原刊香港《东方文化》第1卷第1期,1954年,此处据《饶宗颐二十世纪学术文集·经术、礼乐》卷4,北京:中国人民大学出版社,2009年,第215—228页。按:饶文所引胡适之言,与《说儒》原文在文字上略有异。

《说儒》而发。原因正如他所说,儒之起源问题本来"无重提之必要,可是最近还有人采用胡氏儒的本义是'文弱迂缓'的说法,可见他的学说入人之深"。这倒从反面衬托出胡适《说儒》的影响力。

饶先生不同意胡适以"柔弱"为"儒"的本义。他说,胡适因《礼记·儒行》"孔子衣逢掖之衣,冠章甫之冠",孔子曾自称为殷人,推想到儒服即是殷服,便以为"儒的第一意义是一种穿戴古衣冠,外貌表示文弱迂缓的人"。又因受到章太炎"儒"是"方术之士"一说的影响,复误会到"儒是殷民族的教士,他们的宗教即是殷礼,他们的人生观是亡国遗民的柔逊人生观"。"不幸甲骨和铜器上没有见过儒字,因为'书阙有间'、'文献不足征'的缘故,对于儒的发生与殷遗民有无关系,此时无从研究。但关于'柔'的观念,在金文及《诗》、《书》均可找到,绝不是殷亡国以后遗存的文化,此点却可以论定。"

饶文舍《说文》,或者说,从《尔雅》《尚书》《诗经》《中庸》《周礼》《国语》入手,结合金文解《说文》,故训《说文》所谓"儒,柔也"中之"柔"为"安和",又与中庸平和相联系,释为"能安人、能服人"。不过,他以为《汉志》和《周礼》所说"并无可疑之处",因而又回到了"官守说"。

总体看,《释儒——从文字训诂学上论儒的意义》的考证过程都是尽量往好里说。如饶文释"术士"以为《说文》乃东汉作品,此时方术之士与儒士已经分离,故"术士"专指儒士,而与方术之士无关。又如解"君子儒"与"小人儒",认为前者是"兼善",后者是"独善",等等。这当然与饶先生"我们应该对它(指传统文化——引者)给予现代的积极意义"的预期有关。

赵雅博的《儒字释义》也是以训诂法释"儒"。不过,他以为,儒与"需"相通,"需"又训作"须",是指上了年纪的人;而"术士"则为儒士,他们都是极受尊重之人。再训"柔"为让天然物为人为物的一种工具,即文化之意,而"柔"即为安民。概而言之,"儒"便是:一个有经验的人(有胡须),能观天象,上知天文,下知地理,又受过教育,有文化的人,自然是富于学术,精通六艺:礼乐射御书数的。凡精技艺(礼,乐射御书)与数(术)者,皆术士也。这样的人,无论在气质上,在做人上,在做事上,都与那不曾经过"柔",也就是不曾经过文化或人为工夫改造的野人或初民不一样。……有术的经过柔的儒人,有安人的本领,也有安人的责任。①由是可知,赵文与饶文殊途同归,都将"安民"作为最终结论,亦复回到"官守说"上。

另外,朱高正《论儒——从〈周易〉古经论证"儒"的本义》②是通过对《周易》的剖析来解"儒"字。他认为,儒的原义是"舒缓从容,待时而后进"。这个意见与《说儒》中的"文弱迂缓"并没有本质的不同,差别仅在于解读的态度。

相对以训诂法解"儒",傅剑平《原儒新论》③利用考古文物的材料,并结合民族学和文化人类学的观念去"原儒",似乎离《说儒》的"大胆的假设"更近一些。

傅文舍胡适争议较大的有关《周易·需卦》的例证,说"儒"从"糯"粮之"需"而得声,从"巫术"之"需"而得义,"儒"之"术士之称"的含义即是从"无(巫)"的操作行为动作"需"而来;并说,"需"乃是"无(巫)"操作术时所戴的冠。又据《诗经·大雅·文王》"祼将于京,常服黼冔"句,认为"黼"是礼服,而"冔"读音为"需(xū)"正是一种殷代贵族所戴的礼冠。复通过《仪礼·士冠礼》"周弁、殷冔、夏收"对礼冠的不同称谓,进一步证明"章甫"是殷冠。这等于是证明了《说儒》中关于儒即"殷遗民"论断的合理性。

值得一提的,还有饶宗颐的门生郭伟川 2007 年写有《古"儒"新说——胡适之、傅斯年二先生论说考正》④一文,其中最反胡适"儒"为"柔弱"解,以为"儒"之义是周官,从事六艺的师保。郭文着重在破《说儒》的立论基础之一——傅斯年《周东封与殷遗民》,如对于"亳社"非殷社的解说,就是一

---

① 赵雅博:《儒字释义》,台北:《哲学与文化》月刊第 14 卷第 4 期,1987 年 4 月,第 24—27 页。
② 朱高正:《论儒——从〈周易〉古经论证"儒"的本义》,台北:《中国文哲研究通讯》第 6 卷第 4 期,1996 年 12 月,第 109—121 页。又见《社会科学战线》1997 年第 1 期,第 178—185 页及《传统文化与现代化》1997 年第 1 期,第 18—25 页。
③ 傅剑平:《原儒新论》,《暨南学报(哲学社会科学版)》1990 年第 2 期,第 1—7 页及《儒家源起论——兼论儒家分流之文化意义》,香港:《中国社会科学季刊》总第 7 期,1994 年 5 月,第 44—56 页。
④ 参见郭伟川《古"儒"新说——胡适之、傅斯年二先生论说考正》,收入其《中国历史若干重要学术问题考论》,北京:国家图书馆出版社,2009 年,第 23—100 页。

例。然郭文似未从其师之见而精进,大多局限于今人的观念,对胡适、傅斯年之说无同情的理解,这也影响了其结论的客观。

不过,郭文所言颇得到何广棪的支持。何先生2015年5月发表在《新亚学报》第32卷上的《读钱宾四先生〈驳胡适之说儒〉札记》①一文梳理了钱穆与胡适就《说儒》论争的公案,但因其"述而不作",偏重梳理钱穆《驳胡适之〈说儒〉》的内容,观点上亦主要以钱说为是,未能详涉胡适之《说儒》的丰富内涵。

(2)有关"老孔先后"

"老孔先后"或"老子年代"问题不自胡适始,清人已有讨论,然《中国哲学史大纲(卷上)》倡老子先于孔子,经梁启超质疑后,聚讼纷纭,遂成现代学术史上的公案之一。②1931年2月冯友兰《中国哲学史》上册出版,其中将孔子列在首位,老子则退到战国时代。在《说儒》中,胡适又提出"老子是个'老儒'"的新见。这其实是基于古代学术由合而分的常识,即最初处于混沌状态的儒、道思想并非截然二分。但受材料所限,他只是大胆地假设,并未小心地求证,因而成了另一个箭垛,引发了新一轮争议。

赵润海《胡适与〈老子〉的时代问题——一段学术史的考察》③是较早全面分析"老子年代"问题的文章,作者注意到一个有意思的现象,即与胡适有关老子的见解有别的顾颉刚、钱穆(包括冯友兰)从思想上考订先秦诸子,受胡适的影响颇明显,而胡适本人却放弃了先前的"思想线索"说。因此,就方法论而言,成了前胡适与后胡适之争。至于胡适后来"根据欧洲经验"不再相信"思想线索"的原因,在赵看来,既是实验主义的思想品格,也由于思想本身不可捉摸,往往不能按一定的逻辑去判断。赵文进而把《说儒》的出现看作是民国以来"疑古"风气的一个大转变,不但是胡适自己宣告脱离这股"疑古"之风,也为整个"疑古"风潮的终止预先作了宣告。当

---

① 何广棪:《读钱宾四先生〈驳胡适之说儒〉札记》,香港:《新亚学报》第32卷,2015年5月,第187—207页。
② 有关的讨论收入《古史辨》第4册、第6册。
③ 收入《胡适与现代中国文化转型》,第397—420页。

然,胡适此时有否具备如此的影响力,则须另说。

陈文采《"老子年代"问题在民初(1919—1936)论辩过程的分析研究》①是另一篇全面回顾"老子年代"公案的文章,虽然作者所说的,"所有参与讨论的学者都属于新文化运动下'批判传统'的一方。就学术史的角度看,其主张'以复古为解放',并进一步提高诸子学地位的立场是一致的"有些武断,但也提示出多数参与者的新派背景。

陈文指出,在《说儒》中,胡适跳脱原先的思维模式,从原先的破"老子晚出说",转为积极的立"老子早出说"。而胡适的新方法是,用民族发展史的视角,取代学派的解释,用民俗学的方法解释儒家"五百年必有王者兴"的道统观。

陈文对两次争论的反思亦值得注意。文中说:"今日看来这个近于痴愚的执着,正好凸显出整个论辩的重大盲点,那就是将:维护道统或反儒学传统,当作是学术的本体,在潜意识里,都希望借由文化的省思来解决中国问题。而胡适所期许于这样的考据工作,是'用精密的方法,考出古文化的真相',是'可以解放人心,可以保护人们不受鬼怪迷惑'。学术上的考证工作是否真能发挥这么大的作用,实在令人怀疑。"

欧阳哲生《胡适与道家》则注意到胡适1914年即开始关注老子和道家,胡适"老子先于孔子"一说虽然不过是沿承了清人的一种说法,但他将那个神仙化了的"老子"还原为哲学家的老子,这在中国思想史(哲学史)的研究中实为一大创举。②

涉及老子年代论争问题的另一部著作,是熊铁基等著《二十世纪中国老学》。③此书的特点是梳理了19世纪末以及整个20世纪中国的老学研究。

老子年代问题讨论迄今已几十载,依然悬而未决,但随着马王堆帛书

---

① 陈文采:《"老子年代"问题在民初(1919—1936)论辩过程的分析研究》,台南:《台南科大学报(人文管理)》第26期,2007年9月,第1—22页。
② 欧阳哲生:《胡适与道家》,《中国哲学史》1997年第4期,第103页。
③ 熊铁基等:《二十世纪中国老学》,福州:福建人民出版社,2002年。

《老子》、郭店楚简《老子》的出土,与胡适及其《说儒》相关的论说,亦不乏新见。概而言之,简本《老子》出土后,虽然各人的说法不同,但多数学者认可,儒、道并非一开始就是对立的。①

一向主张老子早出的陈鼓应在《〈老子〉今注今译(修订版)》中直接说,郭店《老子》出土后,"打破了老子晚出说的谬误",②且分几个方面陈述了老子公案涉及的诸如老子姓名、孔子问礼以及著作时代的问题。在《老庄新论(修订版)》香港中华书局版序中,他更是斥梁启超、冯友兰将老子置后是根据信仰而置事实于不顾。他说,只有胡适哲学史和任继愈(1916—2009)哲学史将老子置前,其他人主要是受黑格尔"正反合"的影响。③

刘笑敢对比《诗经》的韵文形式与韵律风格后认为,《老子》出现于春秋末期(即同意早出说),他同时认为,《老子》的五种文本本身有一个变化过程,后来的本子更多地突出了老子的核心概念(道、无为)。但儒、道之间的关系是有复杂性和多层次的,不因为某一句的差异而有所不同。儒家并不反对老子的核心概念"自然"。④

郭沂《郭店竹简与先秦学术思想》认为,竹本(简本)《老子》表明,儒、道两派本是同根生,旨趣亦贯通。老聃不但没有批评儒家思想,而且对儒家所遵奉的观念如圣、仁、义、礼、孝、慈等持积极、肯定的态度。从各种史料看,孔子对老子也是非常推崇的。儒、道对立,始于战国时期,与太史儋(生卒年未详)对儒家的贬抑有关。据郭沂考证,简本《老子》没有玄妙的字眼、段落,权术的内容不存在,没有与儒家对立的说法。⑤

在一些与《说儒》内容相关的细节上,学者们也给出了新见。如张岱年

---

① 参见聂中庆《郭店楚简〈老子〉研究评述》,《孔子研究》2003 年第 2 期,第 33—39 页。
② 陈鼓应注译:《〈老子〉今注今译(修订版)·三次修订版序》,北京:商务印书馆,2003 年,第 3 页。
③ 陈鼓应:《老庄新论(修订版)》,北京:商务印书馆,2008 年,第 9 页。
④ 分别见刘笑敢《老子——年代新考与思想新诠》第一章,台北:东大图书公司,1997 年;《一条断定〈老子〉年代问题的新途径》,《黄淮学刊》1998 年第 4 期以及《老子古今:五种对勘与析评引论》(上下),北京:中国社会科学出版社,2006 年。
⑤ 郭沂:《郭店竹简与先秦学术思想》第四篇"郭店竹简与道家及其文献",上海:上海教育出版社,2001 年,第 480—536 页。

《老子哲学辨微》①就认为,"以直报怨"是评述老子"报怨以德"的直接证据,也是老子与孔子同时,后者受前者影响的直接证据。

尹振环《重识老子与〈老子〉——其人其书其术其演变》中也提到1929年唐兰(1901—1979)以五条证据证明《礼记·曾子问》所记的孔子问礼于老聃的可靠。他强调说,老子比孔子年长是必须承认的,《礼记·曾子问》并非伪托,极可能是曾子(前505—前435)的作品,或子思(前483—前402)整理其师的作品。②

裘锡圭《郭店〈老子〉简初探》把简本《老子》形成时间定在战国早期。他认为,简本《老子》的确没有绝弃仁义的意思。③艾兰(Sarah Allan)、魏克彬(Crispin Williams)有同样的看法,因为简本《老子》是"绝智弃辩"而非"绝圣弃智",故没有反儒倾向。④谷中信一也说,在郭店《老子》中看不到对"仁""义""圣""智"的近乎极端的否定态度,他的结论是:马王堆文献出土让《老子》出于汉的观点不攻自破,郭店《老子》让《老子》成书于战国末期的观点不攻自破。⑤

唐明邦则是从反面来说明早期儒、道并非对立的,他遗憾地发现,在郭店《老子》中,老子"玄而又玄"的旨趣被有意地略去了。⑥

---

① 张岱年:《老子哲学辨微》,收入《哲学研究》编辑部编《中国哲学史论文集》第1辑,济南:山东人民出版社,1979年,第1—19页。张先生亦更正了早年的观点,说过去认为老子在孟子与墨子之间不对,现在认为老子是春秋末年孔子同时代的人。《老子》是老聃之作,但后人有增益。梁启超说孟子以前没有"仁""义"连用不对,"仁""义"连用的例子是《墨子》,也不对。参见王博《张岱年先生谈荆门郭店竹简〈老子〉》,陈鼓应主编:《道家文化研究·"郭店楚简"专号》第17辑,北京:生活·读书·新知三联书店,1999年,第23页。
② 尹振环:《重识老子与〈老子〉——其人其书其术其演变》第一篇"老子其人",北京:商务印书馆,2008年,第15—58页。
③ 裘锡圭:《郭店〈老子〉简初探》,收入《道家文化研究·"郭店楚简"专号》第17辑,第43页。
④ 〔美〕艾兰(Sarah Allan)、〔英〕魏克彬(Crispin Williams)编,刑文编译:《郭店〈老子〉——东西方学者的对话》,北京:学苑出版社,2002年,第165页。
⑤ 〔日〕谷中信一:《从郭店〈老子〉看今本〈老子〉的完成》,武汉大学中国文化研究院编:《郭店楚简国际学术研讨会论文集》,武汉:湖北人民出版社,2000年,第438页。
⑥ 唐明邦:《竹简〈老子〉与通行本〈老子〉比较研究》,《郭店楚简国际学术研讨会论文集》,第431页。

在多数学者认同老子早出后,也有学者坚持晚出说。何炳棣《司马谈、迁与老子年代》另辟蹊径,从司马谈(约前165—前110)、迁(约前145或前135—?)家族入手,讨论老子的年代。他认定老子即是周太史儋。①因此,老子是战国时期人,晚于孔子。不过,何先生在篇末引张岱年早年文章的列表,却有意忽略了张先生晚年放弃早年之说的事实。

在迭起的新见中,也可分为大胆与稳健两类。孙以楷在《老子通论》中,依然坚持老子在孔子之前。②他的学生解光宇承继其说,依据简本《老子》进一步论证了胡适"老子是个'老儒'"说法的合理性。③而李存山虽然在《从郭店楚简看早期道儒关系》中认同"道儒相谋",④但在《〈老子〉简、帛本与传世本关系的几个"模型"》里也强调,简本出土仍未最终解决老子年代相关的问题。⑤

的确,虽然不断有新的考古发现,"老孔先后"的问题并未真正解决。根据现有材料,学者们更倾向于将老子及其《道德经》放在战国早期来讨论。⑥

(3) 有关《说儒》与基督教

《说儒》以"五百年必有王者兴"类比基督教的"悬记"被绝大多数论者讥为"无稽之谈"。⑦这种笼统地拒斥,实际上阻碍了后人对《说儒》的同情的理解。

童炜钢《胡适的"儒学"观》是少数以研究的态度解读《说儒》中宗教问

---

① 何炳棣:《司马谈、迁与老子年代》,《燕京学报》新9期,北京:北京大学出版社,2000年11月,第13页。
② 孙以楷:《老子通论》,合肥:安徽大学出版社,2004年,第65页。
③ 解光宇:《也谈"老子是殷商派老儒"》,《孔子研究》2004年第4期,第115—117页。
④ 李存山:《从郭店楚简看早期道儒关系》,《道家文化研究·"郭店楚简"专号》第17辑,第423页。
⑤ 李存山:《〈老子〉简、帛本与传世本关系的几个"模型"》,《中国哲学史》2003年第3期,第70—74页。
⑥ 代表性的论著,如葛兆光《中国思想史》第1卷,上海:复旦大学出版社,1998年。
⑦ 早年如郭沫若批评时所言,后来即使是全盘赞成《说儒》的研究者,也以为是一个漏洞。

题的论文。他说,胡适所具有的"无神论"思想使他对《圣经》所述的故事持世俗观是理所当然的。既然说耶稣是一个政治领袖兼宗教领袖,也许本来就是一面传道,一面从事秘密串联活动的"弥塞亚"。就这一点而言,胡适看到了孔子与耶稣的相似之处。① 这也是胡适构思《说儒》的灵感之一,可惜作者没有进一步地讨论。

林正三的博士论文《从胡适与基督教的互动关系谈胡适的宗教情操》是从胡适文化交流的折中主义(eclecticism,又译选择主义)原则上理解胡适与西方文化、与基督教的关系的。作者发现,胡适用基督教的"弥赛亚"作为"支援成分",再充分运用自己的想象力,去结构《说儒》。胡适"以宗教观念为钥匙,打开无数的古锁,灵感泉涌,新意迭出,……似乎期待《说儒》将造成另一波的'史学革命'"。不过,这种"先入为主"虽然将过去的史料重新组合,获得了新的意义,可胡适的"想象决定了证据的选择,证据的解释又强化了他的想象,在胡适看来似乎言之成理的推论,在别人看来可能只是想当然耳"。当然,作者也是充分肯定胡适对于孔子与耶稣相似性的卓识,且在文中详细对比了诸如耶稣与孔子的"宗教性格"、弥赛亚以及复活的问题。②

从基督教的视角来讨论胡适《说儒》无疑可以解开《说儒》留下的一些文化密码,但由于作者整部博士论文偏重于讨论胡适的"宗教情怀",故更多的是在对比耶稣与孔子、基督教与中华文化的异同,没有能理解胡适《说儒》文化上的寄托。

其五,重写《说儒》涉及的问题,提出新见。

阎步克在《儒·师·教——中国早期知识分子与"政统""道统"关系的来源》中提出"儒"与乐师的关联性。他说,作为学派的儒者是否直接源于

---

① 童炜钢:《胡适的"儒学"观》,《上海师范大学学报》1996年第4期,第118页。
② 林正三:《从胡适与基督教的互动关系谈胡适的宗教情操》第五章"胡适论孔子与耶稣",台湾东吴大学中文研究所博士论文,2000年,第275—365页。作者另一论文《胡适与基督教的互动——以〈说儒〉借用基督教的观念为例》(收入欧阳哲生、宋广波编《胡适研究论丛》,长春:黑龙江教育出版社,2009年,第91—114页)是其博士论文相关内容的重新组合,内容和排序上稍有别,但观点基本一致。本段系综合二著之观点。

乐师,这一点史阙有间、尚难定案;但是在文化渊源上,他们之间确实有着千丝万缕的联系。①随后,他又在《乐师与"儒"之文化起源》中详细论证了这一新见。

阎文主张从社会文化的视角看待儒之起源,认为只要"抓住儒家的基本社会文化特征——以六艺教人"即可将"儒是贵族知识礼乐专家"的空泛之论具体化到"学宫中那些学士舞子,及其从之受教者——乐正、司乐、乐师、瞽、蒙、胥、工之流",后者都可视之为"儒"。但他同时强调,"乐师所教与学士所习之乐舞,固然颇有涉于祭祀、祈雨等事者,学宫中的活动也确实包括着宗教性的内容,但至少到了周代,这种文化教育已是相当'人文化'了的,并直接地服务于国家统治的需要。乐师承担着培训'学士'的职责,而'学士'则是未来的王朝政务承担者。"②

由此看来,儒之起源非胡适所说的殷代而是周代,也非"不出于王官",而是出于王官。这个结论似有回到"官守说"之意,但具体到"乐师"这个职业,又多少体现出"职业说"。

与之相似而略有不同的是,陈来主张从思想史的视角讨论儒之起源。其《说说儒——古今原儒说及其研究之反省》③全面回顾了从古至今的原儒过程,认为前人原儒方法,集中于史学和语学(傅斯年语),而只有从思想史的视角,才能真正推导出儒家思想的渊源。他指出:"无庸赘言,孔子以文武周公为理想,肯定三代因革损益的联系,故儒家思想的起源是有迹可寻的。但这不能仅从春秋末期的职业儒去了解,要从三代文化(这里的文化指观念、信仰、伦理、意识形态、精神气质)的发展过程来寻绎。忽略了这样

---

① 阎步克:《儒·师·教——中国早期知识分子与"政统""道统"关系的来源》,《战略与管理》1994年第2期,第111页。
② 以上分别见阎步克《乐师与"儒"之文化起源》,《北京大学学报(哲学社会科学版)》1995年第5期,第46、52、53页。
③ 陈来:《说说儒——古今原儒说及其研究之反省》,《原道》第2辑,北京:团结出版社,1995年,第315—336页。此文后为其著《古代宗教与伦理——儒家思想的根源》第八章"师儒",北京:生活·读书·新知三联书店,1996年。本书下面的引文均出自此书,第342—350页。

的立场和眼光,就可能止于局部而不自觉。各种职业说都只是把儒看作一种传授某种知识的人,视儒为一种'艺',而没有把儒作为一种'道',把儒家作为一种思想体系来把握。如把儒追溯到商代的一种祭祀的术士,或以儒为春秋时代的巫,欲以此解决儒家的起源,就典型地反映出这种局限。即使商代已有求雨祭祀的术士称为儒,孔子的儒家思想如何能跨越六百年的历史而直接从商代的术士得到说明,特别是,巫术、巫师如何可能产生出相当程度上理性化和'脱魅'了的儒学来,是有着根本的困难的。由此可见,思想史研究的从业员,必须回到思想史的方法和立场上来,才有可能真正解决那些属于思想史的问题。"这多少是在针砭胡适《说儒》追溯儒之起源的路向。

强调"儒家思想"与"儒"理解上的差异是哲学出身的学者的一个传统,熊十力(1885—1968)《原儒》以及劳思光(1927—2012)《新编中国哲学史》已就此追问,但陈来与之不同或者说要克服其不足之处的是,他更注意从社会文化上讨论思想的起源,这与完全凭个人的意念来规划思想的起源有很大的差异。

因为强调"任何研究方法都要依据一定的资料",陈来主要是依据《周礼》提供的周代职官大司徒的职能来解读"师儒"的产生和职责,因而得出"'师儒'既然是致仕贤者教授乡里子弟的人,则这种职业教化就亦不待王官失守而已有之"的结论。又从西周的国子教育论证"儒""与牧、长、吏、宗、主等一样,并不是一种特殊的职官的名称,而是一种钱穆所谓的'流品',类似职业类型"。"儒家思想的来源与基础,则由整个由西周国学乡学的教育传统与乡政的教化传统"决定。

注重从思想史上考察儒之起源的还有景海峰《儒学定位的历史脉络与当代意涵》。景文肯定了《说儒》对"中国现代学术的影响很大",说"胡适充分发挥了现代史学方法剖分缕析的优长和古史考辨所积累的功夫,对'儒'的历史渊源和初始形态做了十分详细的论证"。但他也像陈来一样,认为"史学的定位着眼于孔子以前的儒,实际上所研究的只是'前儒学',与儒学的真正内涵已隔山夹沟,颇有些避重就轻、靴外搔痒的感觉。而文字学的考订更是郢书燕说、远离主旨,根本不可能解答'什么是儒学'的问题。

所以,近代以来以史学为主导的儒学定位从根本上说来是一种话语的歧出,它至多只能从外缘上说明一下儒的来由,而无法切入其内涵,更不能真正揭示出儒学的本质。从内在的意义解读儒学、给出哲学定位的是当代新儒家熊十力、牟宗三等。他们对儒学的厘定仅管与本世纪的主流认识相去甚远,但直情径行的方式也许更能接近问题的实质"。

在景氏看来,史学与哲学的鸿沟影响了对儒家的认知,而学科化也彻底铲除了儒学这类传统学术赖以生存的土壤。①

丁纪《20世纪的"原儒"工作》②则在批评陈来见解的同时,表达了用哲学方式来重整儒学的愿望。丁文把"原儒"的推原儒之渊源这个历史研究转换成了推原"道"之原的哲学命题,这其实是两个层面的问题。就结论言,又重回到熊十力的立场。

季蒙、程汉《胡适〈说儒〉疏说》注意到了《说儒》中胡适的苦心,且充分肯定了胡适的探索,其文说:"自20世纪以降的所有关于儒的问题的讨论与展开,看来都不得不以《说儒》为帽子。因为胡适这篇论文本身有一种标示意义,就是要把儒的原始情况还原。"③

---

① 以上均见景海峰《儒学定位的历史脉络与当代意涵》,《中国哲学史》1999年第4期,第69—71页。
② 丁纪:《20世纪的"原儒"工作》,《四川大学学报(哲学社会科学版)》2003年第3期,第27—34页。
③ 季蒙、程汉:《胡适〈说儒〉疏说》,《读书》2013年第6期,第70页。

第二章

史、道、儒秩序的重建：晚清民初的原儒说及其出现的原因

原儒问题源自汉代，却非古代而是一个"近代"问题。自班固(32—92)《汉书·艺文志》承继刘歆(前50—23)《七略》厘定九流十家出身后，历存异议，其意多出两歧，一方守正统说，直到清代仍有传人，即便如孙星衍(1753—1818)这样已有突破正统之意的学人，其《释儒》中亦不能不在表面上守护正统。①另一方则是反正统说的，如汪中(1745—1794)，然他们零星的意见并无真正的突破，而在传播工具尚不发达的古代，也大多湮没在浩繁的古籍和友朋间的书札之中，真正对《汉志》所言加以系统讨论，引申扩张，步步深化者，盖自晚清始。

晚清时期，儒学受西学冲击和来自中学内部的挑战，其大趋势是每况愈下。伴随西学的不仅是实用性，而是一个整体的，以科学方法为基础的价值

---

① 具体见孙星衍《孙渊如先生全集·平津馆文稿卷上》，上海：商务印书馆，1935年，第309—311页。

系统。科学方法讲究精确,要求证据,对传统学术冲击最深。与科学方法相对应的自然是新的学术规范和范式,后者或并非一蹴而就,而是一个渐进的逐步完善的过程,这个过程到1917年胡适在北京大学讲授《中国哲学史》课程,对傅斯年、顾颉刚等所产生的醍醐灌顶的效应,才开始在学术界明确起来。

1884年8月,天主教教会所创办的中文期刊《益闻录》上《古儒真训多失传说》一文就说:"六经称载道之书,所述大都陈迹。《春秋》、《书》、《礼》、《乐》,专事记载,自不待言。而《易》主卜筮,《诗》重性情,亦未尝详言道学,惟《鲁论》克己之功,《大学》格致之义,《中庸》慎独之修,致思最为精密。而己何以克?意何以诚?则又浑漠其词,绝无条目。谓古儒真训,尽在于斯,吾不信也。"作者认为,考厥六经之由来,"大抵时人伪撰",故"世人一得自矜,诩诩满志,以为儒学之外,别无义理可求者,亦不思之甚矣"。①

《益闻录》上另一篇《今儒论》亦本此说,以为"今之书,非古之书也。六经为儒教之本,阙略衍文,不胜枚举。后世注疏家,概从朱程之说,以理气为宗旨,与古人训世之意,绝不相吻合。则教以书传而书又不甚传教,吾不知古儒真教,果何寄也?"②

质疑儒家及六经合法性的声音出于天主教的刊物,自有教派或根本理念之争的因素,亦可知打破儒家"定于一尊"局面的意愿,已在西方教会和传教士的启发下,公之于众。而其对"传说"的怀疑,所强调的精确原则,确是古代传统儒学研究的缺失。

后来秉承科学方法的胡适在评论柳诒徵(1880—1956)《中国文化史》时所指出的"传说"不能成为证据,即是讲求精确和实证,他所涉的另一问题则与学术规范相关。当然,胡适首先肯定柳著"可算是中国文化史的开山之作",但他接着说:

> 此书之前二十一章,约占全书四分之一,其所据材料多很可疑,其论断也多不很可信,为全书最无价值的部分。太古文化史决非依据传

---

① (未署名)《古儒真训多失传说》,《益闻录》第380期,1884年8月2日,第356页。
② (未署名)《今儒论》,《益闻录》第388期,1884年8月30日,第403—404页。

说所能为功;治此学者当存敬慎的态度,细心研究石器、金器及同时代的其他实物,下及甲骨文,金文,证以后世较可信之史料,或可得一种简略的概论。

又说:

> 柳先生是一位不曾学过近代史学训练的人,所以他对于史料的估价,材料的整理,都不很谨严。例如研究佛教史,材料何患缺乏,何至于征引到杨文会的《十宗略说》和谢天[无]量的《佛学大纲》?此种间接而又间接的书,岂可用作史料?①

至于注释的问题,胡适虽说是为读者计一类的"小事",实则既显示出新派与旧派在学术规范上的差异,又体现了新派经受西洋学术训练后的优势心理。

第一节 晚清原儒论的初创:刘师培的奠基

晚清学者原儒不能说是受西学"精确"态度的直接影响,②但往故碍于儒家独尊,不注重探寻渊源的风气,确是在西学冲击下发生了改变。这个改变或是直接借镜西学方法,或是"以复古为革命",看似回到古代,实则是发掘清季考据学的科学因子,寻求中西的共通及在现代意义上的契合。

其实,晚清民初详论原儒问题最重要的两位学者刘师培和章太炎都或多或少地受到西洋学术及其学科规范的熏染。刘师培在《周末学术史序》中开宗明义说:

---

① 以上均见参见胡适《中国文化史》,《清华学报》第8卷第2期"书籍评论"栏,1933年6月,第1—3页(文页)。
② 章太炎《诸子学略说》开头即言中国学术之病在"汗漫"。参见章太炎著、汤志钧编《章太炎政论选集》上册,北京:中华书局,1977年,第285页。

昔欧西各邦学校操于教会,及15世纪以降,教会寝衰,学术之权始移于民庶。及证之中邦典籍,则有周一代学权操于史官。迨周室东迁,王纲不振,民间才智之士各本其性之所近,以自成一家言。虽纯驳不同,要皆各是其所是,则学兴于下之效也。①

在此文中,刘师培所拟撰写的几部学术专史,如心理学史、伦理学史、论理学史、社会学史、宗教学史、政法学史、计学史、兵学史、教育学史、理科学史、哲理学史、术数学史、文字学史、工艺学史、法律学史以及文章学史,其学科划分方法悉依西洋。他所观国外学术书籍,包括"西人《学术沿革史》及日本人《哲学大观》《哲学要领》"。

这种比较中西的方法在《古学出于史官论》中亦曾出现。刘氏引用斯宾塞(Herbert Spencer,1820—1903)《社会学原理》中"各教起原,皆出于祖先教",说"斯言也,证之中国古代益信而有征"。他在自注中又说:"观斯氏《社会学原理》谓:'崇信祖宗之风习,凡初民皆然。'又法人所著《支那文明论》云:'崇拜死者,乃支那家族之主要也,而其特色,则崇拜祖宗是也。'"②这就不仅具"社会学视角",亦似乎关涉文化人类学之一隅。

因为后来胡适《说儒》仅提章太炎的《原儒》,容易将晚清原儒的始作俑者定位到章太炎身上,且给人胡适与章太炎争锋或争夺学术地位的印象。而今人大多以章氏《原儒》为晚清原儒的开端。③事实上,胡适不仅不与章太炎争锋,反而是继承了章太炎的不少论证,如赞王充《论衡》,章即在前,而提倡"异端",也是章太炎在前。④然从时间上看,刘师培的原儒较章太炎为

---

① 本段与下段,均见刘师培《周末学术史序》,收入《刘申叔遗书》,南京:江苏古籍出版社,1997年影印本,第504页。
② 刘师培:《古学出于史官论》,收入《刘申叔遗书》,第1477页。
③ 大多讨论原儒问题的当代著述中均是如此,惟鲍国顺《刘师培的儒学观》对刘氏原儒进行了梳理,且首提"刘师培实是近代学术史上原儒论的创始人"。参见龙宇纯先生七秩晋五寿庆论文集编辑委员会编《龙宇纯先生七秩晋五寿庆论文集》,台北:学生书局,2002年,第520页。此文承复旦大学历史学系张荣华教授扶病提示,谨此致谢。
④ 参见王汎森《章太炎的思想(1868—1919)及其对儒学传统的冲击》,台北:时报文化出版事业公司,1985年,第199—204页。

早,他所讨论的儒与儒家问题,以及使用的材料,都为后世学者就此问题"接着讲"提供了便利。

刘师培对儒之起源的讨论主要集中于1905—1907年间,相关论文多发表在《国粹学报》上。①依钱玄同(1887—1939)所言,此时刘师培的论著,"识见之新颖与夫思想之超卓,不独为其个人之历史中最宜表彰之一事,即在民国纪元以前二十余年间有新思想之国学诸彦中,亦有甚高之地位"。②由于晚清"国粹派"弘扬"国粹""国学"是以复古为解放,乃有谋求西方式"古学复兴"之意,故他们既不排斥诸子,认定"国学非君学""国学无阻欧化",且反对"三纲"、反对重回"独尊儒术"的时代,所以刘师培的原儒大多是在探讨诸子起源或周秦学术史之时,并未单纯突出"儒"或"儒家"的作用。

不过,晚清"国粹派"的"古学复兴"仅是刘师培、章太炎关注原儒之事的原因之一。此外,如反对康有为的"孔教论"与彼时的革命、改良之争,今、古文学之争都影响到了他们对儒之起源的探求。换言之,这些外部刺激不仅是刘、章原儒的原因,引发了他们撰文辨难,也实际地渗透到了原儒以及讨论周秦诸子起源的过程之中,相关讨论的内容也或隐或显地诉诸对康有为等今文一派的批评,且不时溢出于文,直斥康氏。③

刘师培曾有"真孔"与"假孔"之说,其"假孔"说批评的即包括康有为等今文经学家。④不过,他与康有为对于宗教概念的认知却同出于西洋,不同的是,刘显然更偏重于学术。刘师培接受了斯宾塞的社会学理论,认定"古学出于宗教",这个认知是有现代价值的。⑤顺此思路,他进而指出,上古中国也存在神权政治,其特征是"特重祀天,以天为万有之本原","人君

---

① 晚清"国粹派"虽以章太炎为精神领袖,《国粹学报》亦由景仰章氏的邓实、黄节主编,但在《国粹学报》出版的82期中,除两期外,每期都有刘师培的文章,足见其影响力。参见郑师渠《晚清国粹派——文化思想研究》,北京:北京师范大学出版社,1997年,第18页。
② 钱玄同:《刘申叔遗书·卷首·总目说明》,收入《刘申叔遗书》,第5页。
③ 如1906年刘师培的《论孔子无改制之事》一文,就直接地批评了康有为有关孔子和儒学的今文学观点。具体见《刘申叔遗书》,第1394—1413页。
④ 参见《孔子真论》,收入《刘申叔遗书》,第1508—1511页。
⑤ 具体见刘师培《古学起原论一》及《古学出于史官论》,《刘申叔遗书》,第1473—1475、1477—1479页。

之作事,尝自言受命于天",这种现象"与西教基督之说固甚相符","惟西教仅祀一神,中国杂以多神耳"。因为有此神权政治或政教合一的政治,刘师培确认,"百家诸子咸杂宗教家言"。①在"咸"字之下,孔、墨二家及老庄一派便都脱不了"敬天明鬼"的一面。

但刘师培并非不知孔子讲人文和重现世,他所指出的主要是孔子存在畏天帝和鬼神的一面,这是客观存在而非孔子的主观愿望,即"沿袭古代之宗教,而非特倡之宗教也"。其实,辨析孔儒的宗教性重点也不在历史而在现实,他重点要说的是:"近人多以中国为孔教,而南海康氏有保教之说,钱塘夏氏(即夏曾佑——引者)有攻教之说,不知孔子非特倡一教,乃沿袭古教者也"。即便老庄一派,"乃宗教而兼哲学,非纯全之宗教家也"。

康有为提到孔教是上光绪第二、第三书,其中有"立孔子庙","独祀孔子"②之句,后来康有为的"孔教论"多有变化,但视儒家为宗教,一直没有变。夏曾佑(1863—1924)在《社会通诠·序》中说:"观其大一统,尊天子,抑臣下,制礼乐,齐律度,同文字,攘夷狄,重珍符,壹是衷于孔教。……至于焚书坑儒,以吏为师,尤关宏旨,……自此以后,孔学为国教,是非之准,主术之原,悉由于此,不能不定于一尊。"③这也是典型的孔教"国教"论。

作为今文学家,无论是廖平(1852—1932),还是康有为,他们在发挥儒学的"微言大义"④时,都未曾认真讨论过儒之起源问题。作为古文家的刘师培、章太炎在扬诸子以冲破儒家一家独大的局面时,则必然要涉及诸子的来历,而讨论儒家的宗教性,也需要上溯到儒的起源。因为只有明白"儒",才能勾勒出儒家以及孔子创立学派的不同处,这个"不同处",则可以反过

---

① 本段与下段,均见刘师培《周末学术史序·宗教学史序》,收入《刘申叔遗书》,第508页。

② 参见《上清帝第二书》,收入姜义华、张荣华编校《康有为全集》第2集,北京:中国人民大学出版社,2007年,第43页。

③ 参见〔英〕甄克思(Edward Jenks)《社会通诠》,严复译,北京:商务印书馆,1981年重印本,第vii页。

④ 按照钱玄同1932年的说法,今文、古文实没有区别,"微言""大义"也不出自今文家。而此处暂从一般对今文、古文差异的理解。见钱玄同《重论经今古文学问题》,《国学季刊》第3卷第2号,1932年6月,第309—310页。

第二章 史、道、儒秩序的重建:晚清民初的原儒说及其出现的原因

来证明"儒教非教"论的成立。

在原儒问题上,刘师培的开创性表现在,他涉及的材料为古人所未涉及,而后来者中,大多是在其材料基础上的拓展,亦未完全摆脱其研究的路径。刘师培在讨论古学和诸子起源时有两个重要论断:即官守说和史官说,这二者又是相互衔接的。他从斯宾塞"各教起原,皆出于祖先教"出发,以为古人"尊人鬼,故崇先例,崇先例,故奉法仪。载之文字谓之法,谓之书,谓之礼,其事谓之史职"。又引龚自珍(1792—1841)之说,以为"其法载之文字而宣之士民者,谓之太史,谓之卿大夫"。引章太炎之说,以为"有官斯有法,故法具于官。有法斯有书,故官守其书"。他总结说,"是则史也者,掌一代之学者也。一代之学,即一国政教之本,而一代王者之所开也"。①

举史官为大,也是章太炎的论说,由此亦可知章学诚(1738—1801)"六经皆史"的影响。但刘、章的现实指向还是反对康有为的"孔教论"。既然鼓吹"儒教非教",又有重塑传统尊严之心,惟有以史鉴的路径,以符合现代的方式,使传统获得尊重,使诸生有所敬畏。

刘师培说,"吾观古代之初,学术铨明,实史之绩。……夏之亡也,太史终古去国;殷之亡也,辛甲抱器归周(辛甲者,殷史也。——原注);周之衰也,老聃去周适秦。史为一代盛衰之所系,即为一代学术之总归"。因而在刘师培看来,不仅"六经出于史""九流出于史","术数、方技之学"亦"出于史"。

提升史官的地位,又言"九流出于史",特别是将儒家归于史,且以古籍为证。道家、儒家同出于"史官",而道家创始人老聃为周之柱下史,儒家创始人孔子曾向老聃问过学,因此,老前孔后的逻辑就不言自明了。后来胡适《中国哲学史大纲(卷上)》从老子写起自然也符合了这个历史的逻辑。

刘师培说:"上古之时,学掌于史,今推其原因,而知其故有二:一曰史官普设于列国也。……二曰史官为世袭之职也。"但他意识到所谓"古学出于史官论"在颂扬史官时可能存在的悖谬,即过于美化史官很可能成了另

---

① 本段与下两段,均见刘师培《古学出于史官论》,收入《刘申叔遗书》,第1477页。

一种思想专制的代名词,且无法解释诸子兴起的意义。所以他在《补古学出于史官论》中强调"古代之时,学术掌于史官,亦不能历久无弊"。这个弊病则包括:"一曰上级有学而下级无学也";"二曰有官学而无私学也"。刘师培指出:"史官之职,至周代而始轻,而史官之事,则又以周代为最烦。""周末之时,诸子之学各成一家言,由今观之,殆皆由于周初学术之反动力耳。"这个"反动力"正好对应了以上的两个"弊病",即"一曰反抗下民无学也";"二曰反抗私门无学也"。①

刘师培与章太炎一样持"官守说"。"官守说"的渊源自是《汉书·艺文志》,然此时又在附会西洋文明由教会主导到文艺复兴、私学出现的过程而得以强化。刘师培就说,"欧洲当15世纪以后,学权由教会散于民间",它所对应的中国情况也是如此。正是在"官守说"的基础上,刘师培对儒之起源进行了讨论。

有意思的是,刘师培讨论诸子起源时,率先涉及的是墨家,接着是道家,然后才是儒家。这自然不是依时间顺序的历史性罗列。因为照一般所见,墨子(约前468—前376)晚于孔子,原是儒家一员,后从儒家分化出来,自创墨家,因此,墨家至少应放在儒家之后。可见刘师培消解儒家权威性之意相当明显,但这还仅是刘师培如此排列的一个原因。

依刘师培对上古思想和学术发生的认知,既然一切思想和学术出自"巫官","厥后巫官之学流为墨家,医官之学流为道家,而卜官之学则流入阴阳家"。墨家"明鬼","凡以神仕者,皆清庙之巫官",故最应靠前;与墨家相较,道家虽不能说"明鬼",但"阴阳之书兼掌于史官",故排列之后;而"儒家之说,总政教之大纲",此为《汉书·艺文志》"儒出于司徒之官"的原意。但刘师培又认为,班固不知儒家"兼出于太宰之官"。"六艺九流之学掌于官府,非徒周代惟然也,即古代亦然"。"《礼》也者,掌于太宰、太宗、太祝者

---

① 本段与下段,均见刘师培《补古学出于史官论》,收入《刘申叔遗书》,第1480—1482页。在有关此文的说明中,刘师培就说:"原论意有未尽,故作此补之。"这个"补之"的内容,自然包括了反省的部分。

也",并据《佚(逸)周书》以为"殷代之太宰亦为司神事之官"。①因只是"兼事",故儒家排在墨、道之后。

在这里,刘师培受西洋哲学和思想发生学的影响也相当明显,但他所补儒家又一渊源——"太宰"一职,实有补《汉志》之功。而将儒之起源上溯到殷商时代,亦符合历史史实。

虽然儒家排在墨、道之后,但就篇幅上看,刘师培对儒之起源以及儒家的探讨仍居首位。刘师培尊《汉志》"儒出于司徒"之说,其所论儒之源头多是详证此说。于此之中,颇尽开创之功,后世原儒(或说儒)中的基本史料多有呈现。

《周官·大宰》"儒以道得民"一说为后世原儒者多所引用,然晚清最早引用者是刘师培。对"道"之理解,刘师培最初是与他对司徒的理解相统一的,他说:"道也者,即儒者教民之具也。盖以道教民者,谓之儒,而总摄儒者之职者,则为司徒。"也即是说,此处的"道"是具体的职责,而不是现今抽象意义的"道"。用他的话说,司徒的职责是化民训俗。既然儒出于司徒,而司徒实是"亲民之官""化民之吏",故儒之职责也应在"化民训俗"之上。

正是出于对《周礼》的分析,刘师培不同意《史记·儒林传》以及"班马二史"将"儒"释为"通经之人"。他说:"夫两汉经生,均以师法相教授,与儒者教民之事亦复相符。惟其所教授者,在于先王之成绩,与化民训俗之义迥殊,名之曰儒,盖有儒名而无其实者也"。至若阮元(1764—1849)"通六艺者谓之儒""汉学近于儒",由于无"化民训俗"之意,亦为刘师培所否定。②在这里,刘师培显然是用还其本来面目来消解汉代以降经学神圣地位的。

刘师培的原儒先后略有不同,1905—1907年间是在批评康有为"孔教论"时兼而释儒,以《论孔子无改制之事》为代表;1909年则是直接释儒,以《释儒》为代表。不过,二者内容多有重叠,只是在措词上,前者更有针对性。

---

① 以上具见刘师培《古学出于官守论》,收入《刘申叔遗书》,第1483—1486页。
② 以上均见刘师培《儒家出于司徒之官说》,收入《刘申叔遗书》,第1515—1516页。

刘师培公开反对康有为的"孔教论"起于1904年5月《论孔教与中国政治无涉》，①同年10月又作《读某君孔子生日演说稿书后》，②此处"某君"指蔡元培(1868—1940)。刘师培此时正参与蔡元培组织的光复会的激进活动，并主持《警钟日报》笔政，他当然知道蔡元培之所想，文中所谓在反对"孔教论"上"信益鄙人之不孤"，不过是一种宣传手段而已。

1906年《论孔子无改制之事》的发表正值革命派与改良派争论激烈之时，孔子有无"改制"表面看本非政治焦点，却是康有为等晚清今文家维新变法的立论基础之一。然即使没有政治上的分歧，古文家与今文家在此问题上依然有所不同，因而亦可能有所争论。但掺杂着政治或者说现实关怀的因素，让学术争论，至少在遣词造句上变得有些意气用事。照刘师培的说法，"近人创孔子改制之说，复为二说以自辅。一曰六经为孔子所作，二曰儒教为孔子所创。故今之所欲辨明者，一当明儒教非孔子所创。夫孔子非宗教家，其证有三：一曰孔子以前，中国久有宗教。……二曰孔子未立宗教之名。……三曰唐宋以前，孔教之名未立，故其称孔子者，或曰儒学，或曰儒术"。而桓谭(约前23—56)《盐铁论》、牟融(？—79)《释典》所说均不足据，"六朝之时，释道渐盛，张融之徒始以儒学与老释并衡，创立儒教之名，与老、释二教鼎峙为三。自此以来，儒教之名始著，是则孔教之名由与老、释相形而立"。③

刘师培又说：

> 至韩愈信儒，辟老、佛。明人李贽，又谓"三教同源"，而孔子俨然居教主之一矣。……若后世崇奉孔学，不过由国家之功令，社会之习惯使然，非真视孔子为圣神也。则孔子之非教主确然可征。且非惟孔子非教主也，即"儒"字亦非教名。

---

① （原文未署名）《论孔教与中国政治无涉》，《警钟日报》第69号，1904年5月4日，第3版及第70号，1904年5月5日，第2—3版。又见《刘申叔遗书》，第1503—1504页。

② 刘光汉：《读某君孔子生日演说稿书后》，原刊《政艺通报》甲辰第19号，1904年11月21日，此处据《东方杂志》第1卷第11号，1904年12月31日，第67—70页（宗教栏页）。

③ 本段与下段，见刘师培《论孔子无改制之事》，收入《刘申叔遗书》，第1399—1400页。

第二章 史、道、儒秩序的重建:晚清民初的原儒说及其出现的原因

可见,原儒对刘师培来说,不过是为了进一步说明"儒家非教"。

刘师培的原儒,自文字训诂始,即据许慎《说文解字》所言"儒,柔也,术士之称",后来章太炎亦是这个进路,直到1934年胡适《说儒》依然是从"儒"字说起。至于《说儒》引起论争后,论者提出的异议,亦只涉具体的解读。

后世有关儒之起源的讨论中,时有论者引《周礼》郑玄注:"儒有六艺以教民者","师儒,乡里教以道业者",以为最初的儒即是持六艺教民者,刘师培的解读似乎预见到了这种可能的异议。他指出,郑玄此说,"盖皆指儒者学成以后之事言,非指儒者受学之时言也"。而"指儒者受学之时言者,惟许君之说为最确",因此,《说文》释"儒,柔也,术士之称""乃古代相承之旧诂也"。①

如果据《说文》"儒,柔也,术士之称",那么就涉及"柔""术士"等关键词如何解读的问题。事实上,晚清以降,学者原儒的分歧大多不在否定《说文》之"儒"训,而主要在于如何解读"柔"和"术士"以及相关的关键词。不过,汉学底蕴深厚的刘师培并未从训诂上解读"柔"和"术士",正如他所说"西人社会之学,可以考中国造字之原"。②他的解读既体现出社会学的视角,又兼顾政治学的功能性。这样的描述,自然也是为了避免过多地宗教意味。

"术士",在刘师培看来,是"儒"的社会政治角色,而"柔"则是"术士"的特性,二者成了相互衔接和相互对应的社会政治角色和政治进身之术。刘师培说:"今考《说文》训'术'字云:'邑中道也。'邑中犹言国中。意三代授学之区必于都邑,故治学之士必萃邑中,即《小戴·王制》篇所谓'升于司徒'、'升于国学'之士也。"③"儒也者,犹今日恒言所谓读书人。"④

《周官·大宰》"儒以道得民"中之"道",郑玄释为"六艺",此点亦即前

---

① 刘师培:《论孔子无改制之事》,收入《刘申叔遗书》,第1400页。
② 刘师培:《论小学与社会学之关系》,收入《刘申叔遗书》,第1427页。
③ 刘师培:《释儒》,收入《刘申叔遗书》,第1230页。
④ 刘师培:《论孔子无改制之事》,收入《刘申叔遗书》,第1400页。

述刘师培所说之"教民之具",实是"儒"之技艺。他指出:

> 古代术士,以六艺为学。古人称六艺之书为儒书,或称为儒道,则以此书为术士所习之书,此道为术士所遵之道也。
>
> 《史记·太史公自序》曰:"夫儒以六艺为法。"又《孔子世家》曰:"言六艺者,折衷于夫子,可谓至圣。"又《淮南子》云:"《诗》《春秋》,学之美者也,皆衰世之造也,儒者循之,以教导于世。"由以上所言观之,则儒字之起原,由于儒者皆习六艺。六艺即儒术,亦即孔子所从之学。孔子者,仅奉六艺之学为依归者也。其所以为后世儒家所宗者,则以儒家所奉之六艺,均孔子编纂之书。

刘师培认为,"六艺"始自周代。因周代以《周礼》为儒书,以《周书》为儒道。"六艺"既与古代术士无殊,亦是儒与诸子的区别所在。与"六艺"相关之"六经",乃孔子之前即出现,"本古代教民之具"。而"经"也非"六经"之专享,"若《道德经》《离骚经》,凡书之多用文言者,亦得称之为经"。刘师培的"六艺"观,既是古文经学家立场的体现,也是针对康有为《孔子改制考》中有关孔子为改制作六经而言说的。

至于古代术士的职业去向,刘师培认为是"入为王官"。他征引《王制》并证之《荀子·王伯》篇,说"古代平民之升进者,惟术士一途","儒即古代之术士,故儒家以求用为旨"。这与后文提及的章太炎的儒家"干禄说"异曲同工,当然也与其所尊之"官守说"相契合。[①]

既然古代术士以"入为王官"为职业去向,以"求用"为取向,也即是说,原始的儒是守六艺之术以进身的,这个特性就牵涉另一个关键词"柔"。刘师培对"柔"的解读依据了《大戴礼》《盐铁论》和郑玄《三礼目录》,同时又参考了《说文》。《大戴礼·子张问入官》曰:"枉而直之,使自得之,优而柔之,使自求之,揆而度之,使自索之,是以上下相亲而不离。"《盐铁论》云,

---

① 以上分别见刘师培《论孔子无改制之事》,收入《刘申叔遗书》,第 1400、1400—1401、1402、1401 页。

"所以贵儒术者,贵其处谦推让,以礼下人",①郑玄《三礼目录》亦云:"儒之言,优也,柔也,其与人交接,常能优柔。"这显然都是后人的解读,未必合乎史实,刘师培同样犯了他自己指出他人的毛病。他说:"盖儒者以柔让为德,以待用为怀,故字从需声。许君以柔释儒,即《小戴·儒行》篇所谓待聘、待问、待举、待取也。要之,儒为术士,惟通经致用始被此称,孔子治经,故以儒家标说。"当然,刘师培不可能承认孔子创六艺说,所以他又说:"儒家以通经为本,故以孔子为宗,然[六经]均古代术士之遗教也。"②下面,他复将术士与司徒相连,从而与其所持"官守说"对应起来,说,"考之《王制》,凡修礼明教诸端以及率俊选造秀士均属司徒。《班志》以'儒家者流,出于司徒之官',以《班志》证许说而谊以互明"。③

从后来原儒的情况看,对于许慎训儒为"柔",一向有往好里说和往坏里说两个倾向。刘师培对"柔"的引申释义,除了与"干禄"相关而有讽康有为之意外,也是在卫护传统儒家的人文性,因而属于前者,这一点他与康有为并没有本质的差异。他们的差别在于康有为根本不承认《汉志》之九流十家来源说,而康所谓六经为孔子所作则是刘师培不以为然的。

以今之眼光看,刘之释"柔"也是自成一家的。他之所解虽也是往好里说,这一点上,他与康有为都是"尊孔"的,没有多少异端的离经叛道,但解"柔"不拘泥经学,而关注社会政治角色及功能,却是传统经学家很难企及的。

如前所述,刘师培原儒的目的是为证明"儒家非教",所以他的原儒不仅严守《汉志》"官守说",且始终与出仕者的预备有关。值得注意的还有,他在确认"古代术士即学古入官之人"时,引用王充(27—97)《论衡》之说,以为"儒生与文吏并言,足证儒以位区,兼以业区"。④这是系统讨论原儒问题上最早提出的"职业说"。不同于后世的是,他所说的"职业"是待出仕的

---

① 《盐铁论·国疾第二十八》又作"所以贵术儒者,贵其处谦推让,以道尽人"。
② 这一点在其《经学教科书》中有详细的说明。
③ 以上均见刘师培《释儒》,收入《刘申叔遗书》,第1231页。有关《大戴礼》《盐铁论》和《三礼目录》之引用和论述,又见《论孔子无改制之事》,收入《刘申叔遗书》,第1401页。
④ 见刘师培《论孔子无改制之事》,收入《刘申叔遗书》,第1401页。

文人，类似今之文官之职业，而傅斯年的有关儒的"职业说"则未全指"官守"者。

因为康有为在《孔子改制考》中以为六经所言之制，大抵皆孔子所改。①刘师培在《论孔子无改制之事》中也一一加以回应。其中儒服、三年之制两项，因在后来有关胡适《说儒》的论争中成为箭垛，值得稍加转述。不过，由于刘师培所言主要针对康有为"孔子改制"一说，故涉及内容相对浅显。刘师培认为，儒服为古服，《新序》说，"夫儒服，先王之服也"，故并不自孔子始。而章甫为宋人之饰，亦起于孔子之前，故无所谓"改制"之征兆。②

有关"三年之丧"，康有为也以为是孔子所制定，刘师培据《尚书·尧典》"放勋殂落，百姓如丧考妣三年"，以为"是为考妣服丧三年，其制始于唐虞"。③而《尚书·无佚(逸)》所谓"殷高宗谅闇，三年不言"，④他判定"此系周公之语，必非孔子窜入无疑"。至于20世纪30年代有关《说儒》的争论时，章甫是否殷冠？"三年之丧"是否殷制？刘师培则未深究。

后来思想变化的刘师培在致陈钟凡(1888—1982)的信中说，《国粹学报》时期所撰之诸文，皆是"率意为文，说多未莹"，⑤此话虽含谦虚的成分，也说明他的现实指向对文章内容的影响。但比较1909年的《释儒》与1906年的《论孔子无改制之事》中释儒部分，刘师培在原儒之问题上，前后却没有多大变化。

---

① 参见康有为《孔子改制考》卷10、卷11，收入《康有为全集》第3集，第126—128页。
② 本段与下段，参见刘师培《论孔子无改制之事》，收入《刘申叔遗书》，第1406页。
③ 有关此句，近年的刘师培著述选本有径改成《尚书·舜典》的。然查《国粹学报》和《刘申叔遗书》均为"《尧典》"。其实，后人径自更改，不仅不合笺注规范，施之此处，实亦有误。因《尧典》《舜典》本为一篇，名即《尧典》。《孟子·万章上》即云，"《尧典》曰：'二十有八载，放勋乃殂落，百姓如丧考妣：三载，四海遏密八音'"。不过，刘师培与《孟子》在断句和字句上，也略有不同。
④ 此句《尚书·无逸》作"其在高宗，时旧劳于外，爰暨小人。作其即位，乃或亮阴，三年不言。"《论语·宪问》作"子张曰：《书》云：高宗谅阴，三年不言。何谓也？'"《礼记·丧服四制》作"《书》云：'高宗谅闇，三年不言'，善之也。'"疑刘师培据后二者，又有所增益，故成此句。
⑤ 陈钟凡：《周礼古注集疏跋》，收入《刘申叔遗书》，第274页。

第二节　题号由古今异:章太炎原儒及其范式意义

《国粹学报》时期的刘师培与章太炎是有所交集的,他们在东京也曾同居一处。出于提倡革命的需要以及反对康有为的"孔教论",特别是在鼓吹无政府主义的阶段,刘师培与章太炎有许多相似点。从晚清的实际看,反孔最为激烈的是中国无政府主义者,①但无政府主义者刘师培在反孔的问题上却不如章太炎激进。当然,到20世纪20年代,章太炎思想发生变化,痛悔早年的"订孔"。②不过,在"订孔时期"(1902—1909),他对孔子和儒家的批评,却有石破天惊之效应。

与刘师培一样,章太炎的原儒也是在提倡革命以及反对康有为的"孔教论"的情形下展开的,反过来说,革命诉求和反对康有为"孔教论"也是激发其原儒的原因。另一个与刘师培相同之处是,章的原儒虽有着现实考量,却也内含着学术的底蕴和规范性,故从具体话语上看,远没有面向现实的诸如东京留学生欢迎会上的演讲那么直白和稍早的《论诸子学》激烈。从时间上看,章太炎《原儒》的发表是在1909年,此时已处于"订孔阶段"的末尾,激烈的程度自有缓解。

后人论章太炎的儒学思想,往往将其原儒与儒学论分而视之,论《原儒》者,不涉其余,论儒学思想者则将其《原儒》一笔带过。而论及《原儒》者,基本是从语言文字学的视角看待章太炎之观点,且以此为一大代表。实际上,章太炎的原儒是他的儒学思想的基础,其儒学思想又决定了原儒的走向,而这一走向又与其古文经学家风范和时势密切相关。因此,要理解章太炎《原儒》一文,须结合其儒学思想,兼顾其古文家风范和彼时的时势。

章太炎最早激烈诋孔的文章《订孔》写于1902年。文首和文末分别

---

① 相关的分析,参见〔美〕阿里夫·德里克(Arif Dirlik)《中国革命中的无政府主义》,孙宜学译,桂林:广西师范大学出版社,2006年,第92—93页。
② 章太炎:《章太炎先生致柳教授书》(1922年6月15日),《史地学报》第1卷第4号,1922年8月,第2页(文页)。

引用了日人远藤隆吉(1874—1946)《支那哲学史》和白河次郎(1874—1919)《儒道篇》中的文字。远藤隆吉所说,概括在"孔子之出于支那,实支那之祸本也"一句里,而白河次郎则以为,孔儒在主张"压制主义"的君主政体的纵横家和主张"自由主义"的民主政体的老庄之间,"以合意干系为名,以权力干系为实,此儒术所以能为奸雄利器,使百姓日用而不知"的原因。①但据王汎森先生考证,远藤与白河二人都是尊孔的,显然章太炎在借题发挥。②

不过,章太炎对孔子进行"评议"(即"订")虽明言于标题,与四年后的《论诸子学》③相比,对孔子的批评仍很含蓄。除前后各引两段日人的话有些扎眼,实际他所说的,只是孔子与孟子、荀子(约前313—前238)并无差异,在"道术"上,孟、荀比孔子要强一些。章太炎一向"尊荀",故有"荀卿学过孔子"。而他所说"孔氏,古良史也,辅以丘明而次《春秋》,料比百家,若旋机玉斗矣。谈、迁嗣之,后有《七略》。孔子死,名实足以忼者,汉之刘歆",④不仅是他一向的看法,1914年在改《訄书》为《检论》,修订《订孔》为上下篇时,这个看法依然未变,直到晚年,不再诋孔,所述仍基本如是。而且这个说法也只讲了半句,另半句则并未吐露。

与刘师培一样,章太炎也是秉承章学诚"六经皆史"的,⑤因而"史"在其心目中的地位明显上升,与之对应的则是学术标准的变化。章太炎在

---

① 以上分别见章太炎《订孔》,收入《章太炎政论选集》上册,第179、180—181页。
② 见王汎森《章太炎的思想(1868—1919)及其对儒学传统的冲击》,第180页。
③ 《论诸子学》即后来发表的《诸子学略说》。姜义华先生认为,《论诸子学》在反孔上比《订孔》更为激烈,参见其《章太炎思想研究》,北京:中国人民大学出版社,2009年,第319页。章太炎这里的诋孔更多是出于现实考量,故深受所处环境的影响,而《订孔》则主要是出于诸子学上考虑,学术的成分多一些。
④ 以上均见章太炎《订孔》,收入《章太炎政论选集》上册,第180页。
⑤ 章太炎在《清儒》中讲"六经皆史"。在《原经》中又称:"学诚以为六经皆史,史者固不可私作。"在诸祖耿《记本师章公自述治学之功夫及志向》中说:"章实斋'六经皆史'之语为有见。"以上分别见章太炎著,傅杰编校《章太炎学术史论集》,昆明:云南人民出版社,2008年,第388、32、487页;1933年章太炎又有:"章实斋云:'六经皆史',此言是也。"参见太炎先生讲,诸祖耿记《历史之重要》,《制言》第55期,1939年8月25日,第3页(文页)。

《订孔》中只说孔子是"良史",后来也说,孔子是"史学的宗师",①但未明言孔子之前有无良史,同代有无史杰,这后半句,可以在后来的如《诸子学略说》和演讲录《诸子略说》中觅得。在《诸子学略说》中,他说:

> 孔子删定六经,与太史公、班孟坚辈,初无高下。

这是把前半句的意思说得更明白了。又说:

> 《史记》称老聃为柱下史,庄子称老聃为征藏史,道家固出于史官矣。孔子问礼老聃,卒以删定六艺,而儒家亦自此萌芽。②

这里的意思,结合下面的说法则更清楚。章太炎说:

> 九流里头,老子不过是一流。但是开九流著书的风气,毕竟要算老子。况且各家虽则不同,总不能离开历史。没有老子,历史不能传到民间;没有历史的根据,到底不能成家。所以老子是头一个开学派。③

显然,章太炎将孔子视作"史祖"的同时,也将他与史迁、班固等量齐观,且大赞刘歆,以与今文家的"教主"说相区隔。用其话说即:

> 仆以素王修史,实与迁、固不殊,惟体例为善耳。④

进而言之,老子既是孔子之师,又开九流之风气,在学术史上的地位自

---

① 章太炎:《中国文化的根源和近代学问的发达》,收入章太炎著,陈平原选编、导读《章太炎的白话文》,贵阳:贵州教育出版社,2001年,第67页。
② 以上分别见章太炎《诸子学略说》,收入《章太炎政论选集》上册,第286、287页。
③ 章太炎:《论诸子的大概》,收入《章太炎的白话文》,第101页。
④ 参见《与人论朴学报书》,收入马勇编《章太炎书信集》,石家庄:河北人民出版社,2003年,第158—159页。

然高于孔子。这应是清季诸子学兴起后,倡诸子而削独尊孔儒倾向的表现。

章太炎的诋孔不限于此。为消解儒家和孔子的神圣性,他又将儒与"富贵利禄"相联系。《诸子学略说》发表前,即1906年7月15日,他在东京留学生欢迎会上演讲,就径称"孔子最是胆小","孔教最大的污点,是使人不脱富贵利禄的思想"。①在《诸子学略说》中,章太炎不仅重申此论,说:"儒家之病,在以富贵利禄为心",且还给儒家另加了几条罪状。在他看来,孔子教育弟子,"惟欲成就吏材,可使从政",导致儒家"湛心荣利",且引《庄子·仲尼篇》,说孔子"哗众取宠",以与《汉志》保持一致;引《墨子·非儒》,说"孔子之教,惟在趋时,其行义从事而变,故曰'言不必信,行不必果'",且以"诈伪"为特征。他说,所谓中庸,实无异于乡愿。"孔子讥乡愿,而不讥国愿,其湛心利禄又可知也"。"用儒家之道德,故艰苦卓厉者绝无,而冒没奔竞者皆是。俗谚有云:'书中自有千钟粟。'此儒家必至之弊。"最后他还总结说,"儒术之害,则在涫乱人之思想"。②

《诸子学略说》最引人瞩目之处是指责孔子剽窃老子之藏书的一段。1922年6月15日,在《致柳教授书》中,章太炎忏悔的也是这一段。针对柳诒徵"孔子窃取老子藏书,恐被发覆"的批评,他自我检讨说:此"乃十数年前狂妄逆诈之论"。不过,他所说的"鄙人少年本治朴学,亦唯专信古文经典,与长素辈为道背驰,其后深恶长素孔教之说,遂至激而诋孔",确是实情。其所谓"前声已放,驷不及舌,后虽刊落,反为浅人所取"及"不意浅者犹陈其刍狗",也表明了此论在发表当日的影响力。③

1906年的诋孔之所以在章太炎一生中最为显著,自然与他本人对六经的不以为然有关。日人本田成之(1882—1945)20世纪20年代即观察到,

---

① 章太炎:《东京留学生欢迎会演说辞》,1906年7月15日,收入《章太炎政论选集》上册,第272页。

② 章太炎:《诸子学略说》,收入《章太炎政论选集》上册,第289—291页。《汉志》有"然或者既失精微,而辟者又随时抑扬,违离道本,苟以哗众取宠",其实是讲孔子之后,儒学衰落的原因。

③ 以上见章太炎《章太炎先生致柳教授书》,《史地学报》第1卷第4号,1922年8月,第1—2页(文页)。

章太炎对经典的认知,只存《荀子》《老子》《庄子》和佛教的一部分,并不重视儒家的六经。①但这种学术上的因素似并不是主要的。1906年,章太炎身处东京,为清廷鞭长莫及,故能畅所欲言。另外,他主编《民报》,进入同盟会的核心圈,所论代表的是革命党的声音,而适值康有为为代表的改良派与革命派论战之时,"尊孔"自是批判的内容之一。

章太炎最初原儒恰是从批评儒家和孔子最激烈的《诸子学略说》开始的。这种看似吊诡的做法,实际是古文家和今文家的分歧导致的,也是古文家对今文家一贯的批评。因为按照今文家的观点,孔子乃"素王",亦是"教主",廖平谓:"孔子受命制作,为生知,为素王,此经学微言传授大义。""六经,孔子一人之书;学校,素王特立之政。"②康有为也说,孔子作六经,一切自然是从孔子说起,最多上溯到周公(旦,生卒年未详),周以上的历史,则虚化为"茫然不可得详"。③而依古文家的看法,孔子只是删订六经,"六经皆史",从"史"的立场,就需追溯;此追溯的现实考量,则是消解今文家对共和、革命的影响。

现在看来,章太炎对儒家和孔子的批评,主要是批评康有为的"孔教论"和神圣化孔子的企图,孔子作为良史或史学的宗师,一直是一条未曾逾越的底线。就此点看,他1910年后思想变化,由"诋孔"转向"尊孔",实在也是尊史家孔子,并非是赞同"独尊儒术"。

章太炎之诸子学秉持汉学传统,又受西学科学实证的启发,故讲"质验"。1909年11月,在《致〈国粹学报〉社书》中,章太炎曾有言:"虽然,学术本以救偏,而迹之所寄,偏亦由生。近世言汉学,以其文可质验,故訾言无由妄起,然其病在短拙,自古人成事以外,几欲废置不谈。汉学中复出今文一派,以文掩实,其失则巫,若复甄明理学,此可为道德之训言,不足为真理之归趣。惟诸子能起近人之废,然提倡者欲令分析至精,而苟弄笔札者,或

---

① 参见〔日〕本田成之《中国经学史》,孙俍工译,上海:上海书店出版社,2001年重版本,第294页。
② 廖平:《知圣篇》,收入刘梦溪主编,蒙默编校《中国现代学术经典·廖平 蒙文通卷》,石家庄:河北教育出版社,1996年,第127、140页。
③ 参见康有为《孔子改制考》卷1,收入《康有为全集》第3集,第4—7页。

变为倡狂无验之辞,以相诳耀,则弊复由是生。"①因为这是治史的基本原则,故他说:"老子是史官出身,所以专讲质验。"②当然,章太炎也讲史学的"质验"有特殊性。《徵信论》说:"诸学莫不始于期验,转求其原。视听所不能至,以名理刻之。独治史志者为异。始卒不逾期验之域,而名理却焉。"③这一汉学传统,后来在胡适那里得到发扬光大。④

在《诸子学略说》中,章太炎分梳了儒家与经师的不同,而所不同处正在于"质验"与否。他说:

> 《周礼·太宰》言儒以道得民,是儒之得称久矣。司徒之官,专主教化,所谓三物化名。三物者,六德、六行、六艺之谓。是故孔子博学多能,而教人以忠恕。虽然,有商订历史之孔子,则删定《六经》是也;有从事教育之孔子,则《论语》《孝经》是也。由前之道,其流为经师;由后之道,其流为儒家。《汉书》以周秦、汉初诸经学家录入《儒林传》中,以《论语》《孝经》诸书录入《六艺略》中,此由汉世专重经术,而儒家之荀卿,又为《左氏》《穀梁》《毛诗》之祖,此所以不别经、儒也。若在周秦,则固有别。且如儒家巨子,李克、宁越、孟子、荀卿、鲁仲连辈,皆为当世显人。而《儒林传》所述传经之士,大都载籍无闻,莫详行事。

---

① 绛(章太炎):《致〈国粹学报〉社书》,《国粹学报》第 5 卷第 10 号附《国学保存会报告》第 39 号《通讯》,1909 年 11 月 2 日,第 1 页(报告页);又收入《章太炎政论选集》上册,第 498 页。

② 参见独角(章太炎):《社说》,《教育今语杂志》第 1 册,1910 年 3 月 10 日,第 15 页。此文在 1927 年 6 月吴齐仁编纂,上海泰东图书局出版的《章太炎的白话文》中改题为《中国文化的根源和近代学问的发达》,以后以此名行世。

③ 章绛:《徵信论(下)》,《学林》第 2 册,1910 年,第 34 页。

④ 章太炎所说"质验",后胡适表述为"证验"或证明、证实。他说,王充的批评哲学的最大贡献就是提倡这三种态度——疑问、假设、证验。见《王充的〈论衡〉(续)》,《现代学生》第 1 卷第 8 期,1931 年 6 月,第 4 页(文页)。有意思的是,1922 年章太炎批评胡适"疑古",正是从"质验"出发的。他说,"胡适之为是说,则在抹杀历史,推其所至十七史之作者,骸骨亦已朽矣,一切称为伪托,亦冥不可,而儒家孔子究竟有无其人,今亦何从质验,转益充类,虽谓我生以前[无]一事可信,无一人是真可也,此其流弊,恐更甚于长素矣"。见章太炎《章太炎先生致柳教授书》,《史地学报》第 1 卷第 4 号,1922 年 8 月,第 1 页(文页)。

第二章 史、道、儒秩序的重建:晚清民初的原儒说及其出现的原因

盖儒生以致用为功,经师以求是为职。①

章太炎的说法,有几点值得注意。

其一,"儒之得称久矣"。这是说,在孔子之前儒已存在。此既是历史的认定,也是在针对今文家的"教主"说。后来章太炎在这方面有两个展开,在《原儒》中,对"儒"的起源有更详尽的论证,而在晚年的《诸子略说》中,则仍认定儒在孔子前已经出现。②

与之相应的是,其二,儒起源于司徒之官,司徒专主教化。作为古文家,章太炎信刘歆,认定《汉志》乃承袭刘歆《七略》,因而坚持《汉志》的"官守说"。文中尚有"古之学者,多出王官世卿用事之时,百姓当家,则务农商畜牧,无所谓学问也。其欲学者,不得不给事官府为之胥徒,或乃供洒扫为仆役焉"。③如果仅此一点解说,只可称秉承《汉志》之说或一味地信古。章太炎不凡处在于,他对"官守说"进行了"质验",此"质验"又如他所说"学问之道,不当但求文字"。④也就是说,追寻儒之起源,文字虽是基础,却不能限于文字(此点与前述刘师培一样,受斯宾塞社会学的启发甚明,而以社会学超越纯粹文字学的尝试在胡适《说儒》中有充分体现,详本著第六、第七章),因而显示出了超越古典的"近代学术"的意味。

在《诸子学略说》中,章太炎引《礼记·曲礼》"宦学事师"论证说:"学字本或作御。所谓宦者,谓为其宦寺也;所谓御者,谓为其仆御也。故事师者,以洒扫进退为职,而后车从者,才比于执鞭驸马之徒。观春秋时,世卿皆称夫子。夫子者,犹今言老爷耳。孔子为鲁大夫,故其徒尊曰夫子,犹是主仆相对之称也。"又引《说文》"仕,学也",说"仕何以得训为学?所谓宦于大夫,犹今之学习行走尔。是故非仕无学,非学无仕,二者是一而非

---

① 章太炎:《诸子学略说》,《章太炎政论选集》上册,第288—289页。
② 章太炎:《诸子略说》,收入章太炎著,傅杰校订《国学讲演录》,上海:华东师范大学出版社,1995年,第171—172页。
③ 章太炎:《诸子学略说》,《章太炎政论选集》上册,第287页。
④ 诸祖耿:《记本师章公自述治学之功夫及志向》,收入《章太炎学术史论集》,第484页。

二也。"①

不过,下面的"质验",或想为批评儒家之"富贵利禄之心"埋下伏笔,颇有些不能自恰,甚至以《汉志》"儒家者流盖出自于司徒之官"说以自证。由此看来,胡适1917年撰《诸子不出于王官论》,驳"官守说",讽章太炎"其言亦颇破碎不完",也并非责之过苛。②

其三,孔子亦有两个角色。删定六经的孔子是经师,而从事教育的孔子自成流派,是为儒家。这不仅是说,儒与儒家仍有不同,而且意味着孔子留下的传统,也并非一个。章太炎此说基本延续了《汉志》。《汉志》即有"游文于六经之中,留意于仁义之际",因而有传六艺和专注仁义的不同。"艺"与"道"有别,只不过在一个学派之下。后世的解读,往往不注意这个分别,硬将二者合一到儒家身上。

章太炎说:

> 说经之学,所谓疏证,惟是考其典章制度与其事迹而已。其是非且勿论也。欲考索者,则不得不博览传记,而汉世太常诸生,唯守一家之说,不知今之经典,古之官书,其用在考迹异同,而不在寻求义理。……若诸子则不然。彼所学者,主观之学,要在寻求义理,不在考迹异同。③

可知,在章太炎那里,经师与儒师不同在于:前者客观,后者主观;前者讲考据,后者言义理。章太炎显然是否定孔子的儒家一面,而存其经师一面。此经学非独尊的经典解释,而是注意"质验"的历史家;如此一来,与他心目中"良史"的形象相契合,且符合现代科学的实证精神。

章太炎分辨经师与儒家有双重意味,维护了古文家的学术地位,同时又批评了今文家的不讲史实和"质验",一味阐发微言大义的学术态度。

---

① 章太炎:《诸子学略说》,《章太炎政论选集》上册,第287页。
② 胡适《诸子不出于王官论》,写于1917年4月11—16日,刊《太平洋》杂志第1卷第7号,1917年10月15日,第4页(文页)。其实,胡适读章太炎著作相当细致,他注意到《诸子学略说》为《章氏丛书》所未收,又参阅了章氏另一文《订孔》。
③ 章太炎:《诸子学略说》,《章太炎政论选集》上册,第286页。

其四,进一步看,儒生与经师的差别还在于,前者致用,后者求是。在章太炎批评孔儒时,往往以"富贵利禄之心"相指斥,而"富贵利禄之心"的产生不仅在儒家"热衷于从政"的致用之上,也在于歪曲历史。1907年6月,在答铁铮(袁金钊,1894—1957)的信中,章太炎将后一层意思说得相当明白:

> 孔氏之教,本以历史为宗。宗孔氏者,当沙汰其干禄致用之术,惟取前王成迹,可以感怀者,流连弗替。……足下不言孔学则已,若言孔学,愿亟以提倡历史为职矣。①

在与钟正楙(1886—1963)论学书中也说:"学在求是,不以致用;用在亲民,不以干禄。"②

在《与王鹤鸣书》中则把求是与致用的对立直接指向康有为等今文家。他说:

> 康有为善傅会,张以拨乱之说,又外窃颜、李为名高,海内始彬彬向风,其实自欺。诚欲致用,不如掾史识形名者多矣。学者在辨名实,知情伪,虽致用不足尚,虽无用不足卑。③

章太炎并非单纯反对致用,而是谨守学者求是的责任,致用与否,都不可违反求是的原则。值得注意的是下面的话:

> 古之学者,学为君也;今之学者,学为匠也。为君者,南面之术,观

---

① 章太炎:《答铁铮》,《民报》第14号,1907年6月8日,第116、117页。
② 章太炎:《与钟正楙》(1909年1月20日),参见《章太炎书信集》,第250页。
③ 本段与下段,参见章绛《与王鹤鸣书》,《国粹学报》第6卷第1号,1910年3月1日,第1页(文页)。"张以拨乱之说"一句中之"张",《章太炎全集》第4卷(上海:上海人民出版社,1985年,第151页)疑据《太炎文录初编·文录二》(古书流通处1924年版)改为"媚",今仍据《国粹学报》原文。

世文质而已矣;为匠者,必有规矩绳墨,模形惟肖,审谛如帝,用弥天地,而不求是,则绝之。

这种学术专业化的倾向,是古文家重考据传统的延伸,且有着现代学术的意味,也是章太炎批评康有为的原因之一。

事实上,章太炎《诸子学略说》里的潜台词都是叠加的,既反对康有为等对六经和孔子的任意解释,又暗含着儒家不合现代科学以及学术新潮的意思,同时,也将经、经师的标准和历史上溯到了孔子之前。这也为更系统地原儒做好了准备。

《原儒》作于1909年,11月2日初刊《国粹学报》已酉年第10号(总59期,署名章绛),收入《国故论衡》下卷时有修改。用胡适的话说,"这篇文章在当时真有开山之功"。胡适对《原儒》并不像学者所言有争锋的意气,《说儒》开头大段征引《原儒》有关"达名之儒""类名之儒"和"私名之儒"的具体分类,说明胡适对章太炎的尊重。所谓"开山之功",主要指"题号由古今异"。

胡适说:

> 太炎先生这篇文章在当时真有开山之功,因为他是第一个人提出"题号由古今异"的一个历史见解,使我们明白古人用这个名词有广狭不同的三种说法。太炎先生的大贡献在于使我们知道"儒"字的意义经过了一种历史的变化,从一个广义的,包括一切方术之士的"儒",后来竟缩小到那"祖述尧舜,宪章文武,宗师仲尼"的狭义的"儒"。这虽是太炎先生的创说,在大体上是完全可以成立的。①

胡适重视《原儒》分类的历史性,这也是符合他自己秉承的历史进化论的。考之晚清,刘师培之后,章太炎的《原儒》中将"儒"分成"达""类""私"

---

① 以上均见胡适《说儒》,《中央研究院历史语言研究所集刊》第4本第3分,1934年,第233—234页。

第二章 史、道、儒秩序的重建:晚清民初的原儒说及其出现的原因

三类,分而述之,则是言前人所未言。这其实是正式建立了一个新范式,以后有关"儒"起源的问题,不仅需依据《原儒》的历史分类法,《原儒》的具体论述,也为重新发现"儒"之原始角色提供了线索。从这个意义上看,章氏历史分类法不仅是语言文字学,其新范式是从社会学、文化人类学的视角,运用社会学、文化人类学的方法解读传统学术,自然不像学者所说的"多未出传统国学的范围"。①

章太炎说:"儒有三科,关达、类、私之名。达名为儒,儒者,术士也。""关"在此处有"通"之意,意即达、类、私是儒的通用之名。然在章氏这里,达、类、私等三类通用之名,并非广义和狭义之意,其本身存有历史的变迁。"术士"之称,固是"达名"(通用之名),但也是"儒"最初的称呼。

正如前述,自"术士"立论,始于《说文》,表面看属文字学的进路。其实,自刘师培开始,这已是社会学的观照。因为"术士"是原始的"儒"的社会角色,亦是刘、章一类的学者超越传统学术樊篱的实绩之一。

但同自"术士"始,章太炎与刘师培的诠释也有差异。在章太炎看来,"术士"所以立最初,还因为早期学术未予分类,故往往成笼统的通称,此通称即"儒"。"术士"之意,本就有儒之起源于巫的暗示,此点在刘师培另有所见,故以西学为证明,而在章太炎则明示为上古的神话传统。

不过,以今之眼光看,《原儒》引王充《论衡》为论据未必合适。因王充并非上古之人,而王充所处之东汉,与远古已相当遥远,此属二手材料。但这既是章太炎对于"质验"的自觉和尝试,又反映出晚清学术对"异端"挖掘的新动向。王充《论衡》之《儒增》《道虚》《谈天》《说日》诸篇所举称"鲁般刻鸢,由基中杨,女娲炼石,共工触柱,鲑鰲治狱,屈轶指佞,黄帝骑龙,淮南王犬吠天上,鸡鸣云中,李广射寝石、矢没羽,荆轲以匕首擿秦王,中铜柱入尺。日中有三足乌,月中有兔蟾蜍",无一不是神话传说。这又超越了简单地泛称为儒的分类,而是以文化人类学的视角观照中国历史的实例。

这个意味在章太炎有相当的自觉,故《原儒》下面解释说:

---

① 参见陈来《古代宗教与伦理——儒家思想的根源》,第332页。

太古始有儒,①儒之名盖出于需。需者,云上于天。而儒亦知天文、识旱潦,何以明之?鸟知天将雨者曰鹬(《说文》——原注,下同),舞旱暵者以为衣冠,(《释鸟》,翠鹬,是鹬即翠。《地官》舞师,教皇舞帅而舞旱暵之事。《春官》乐师,有皇舞。故书皇皆作"䍿"。郑司农云:䍿舞者,以羽覆冒头上,衣饰翡翠之羽,寻旱暵求雨而服翡翠者,以翠为知雨之鸟故。引者按:此段注释胡适《说儒》引用时略去)鹬冠者,亦曰术氏冠(《汉·五行志》注引《礼图》),又曰圜冠。庄周言,儒者冠圜冠者知天时,履句屦者知地形,缓佩玦者事至而断(《田子方篇》文。《五行志》注引《逸周书》文同。《庄子》圜字作鹬,《续汉书·舆服志》云:鹬冠前圜)。明灵星舞子吁嗟以求雨者谓之儒。故曾皙之狂而志舞雩,原宪之狷而服华冠(⋯⋯)。皆抗节不耦于同世辟儒,愿一返太古,怂世为巫,辟易放志于鬼道(⋯⋯)。古之儒知天文占候,谓其多技,其后施易,故号遍施于九流,诸有术者,悉晐之矣。②

以巫(即卜祝)作为文化的起源是文化人类学的基本观点,章太炎在此运用此说,表明他已经在接受这一理论。

《民报》被查封后,章太炎与孙中山(1866—1925)、黄兴(1874—1916)等革命党人的关系紧张,他重新退回书斋。而《原儒》和《国故论衡》中有关儒、儒家、经学的诸文,以及彼时在东京创办,由钱玄同主编的《教育今语杂志》和由黄侃(1886—1935)主编的《学林》杂志中诸文,正说明章太炎有建立一个中国文化谱系的打算。《原儒》应是建立"儒—儒家"这个谱系一次尝试。

"儒—儒家"的谱系,即由巫而人文化的历史进程。后来胡适《中国哲学史大纲(卷上)》将老子作为中国哲学的起源,固然有文德尔班(W. Windelband, 1848—1915)《哲学史教程》和梯利(Frank Thillg, 1865—1934)《西

---

① 此句在《国故论衡》中删除。删除原因或是不合"质验",亦或与章氏论述的儒产生于神话传说时代之后有关。
② 章太炎:《原儒》,《章太炎政论选集》上册,第490—491页。

方哲学史》的影响,但老子以人文替代"天命",这个革命的进程,也同样是建立在巫文化的起源说之上的。这与其说是西方学术的影响,不如说是尊重人类文化起源上的共通性的体现。

《原儒》对后世的启发,还不止于整体提供了范式,具体的论断也同样具有启发性。如"明灵星舞子吁嗟以求雨者谓之儒",就最早意识到有一个"乐师"儒的存在,前述阎步克教授以"乐师"为儒的原始角色,正是受章氏此说启发。而上古诸家之间界限模糊,也是学派形成之前的正常状态。

章太炎所说的"类名之儒",与刘师培一样,依据的也是《周礼》。因周代人文意识产生,儒也从卜祝、"术士"转换成"通六艺之人"。这仍然是着眼于社会角色的变化。

章太炎说:

> 类名为儒,儒者,知礼乐射御书数。《天官》曰:儒以道得民。说曰:儒,诸侯保氏,有六艺以教民者。《地官》曰:联师儒。说曰:师儒,乡里教以道艺者。此则躬备德行为师,效其材艺为儒。养由基射白蝯,应矢而下;尹儒学御三年,受秋驾。《吕氏》曰:皆六艺之人也(《吕氏春秋·博志篇》)。明二子皆儒者,儒者则足以为桢干矣。①

《周礼·天官·大宰》有"师以贤得民""儒以道得民"。"儒以道得民"中的"道",郑玄既注为"六艺",那么,全句可释为:儒以六艺以教育学子。在周代,师、保均是掌国子之官,负责教育贵族子弟,只是师氏是从正面对王施以德教,而保氏是监督王履行师氏所教之德的情况,以检验之,即从反面来强调德。它们的职责不同,所教的内容上也有差异。

《周礼·地官·师氏》云:

> (师氏)以三德教国子:一曰至德,以为道本;二曰敏德,以为行本;

---

① 章太炎:《原儒》,收入《章太炎政论选集》上册,第491页。

三曰孝德,以知逆恶。教三行:一曰孝行,以亲父母;二曰友行,以尊贤良;三曰顺行,以事师长。

《周礼·地官·保氏》云:

(保氏)而养国子以道,乃教之六艺:一曰五礼,二曰六乐,三曰五射,四曰五驭,五曰六书,六曰九数;乃教之六仪:一曰祭祀之容,二曰宾客之容,三曰朝廷之容,四曰丧纪之容,五曰军旅之容,六曰车马之容。

看来,师氏教"三德""三行",主要与道德相关,偏重于德行的影响和道德原则的灌输;而保氏则是教具体实施道德原则的技巧和方法。

有关师氏,《周礼注疏》唐贾公彦(生卒年未详)疏曰:"诸侯已下,立教学之官为师氏,以有三德、三行,使学子归之,故云'以贤得民',民则学子是也。"有关保氏,则有"诸侯师氏之下,又置一保氏之官,不与天子保氏同名,故号曰'儒'"。不过,他所谓"掌养国子以道德,故云'以道得民',民亦谓学子也",显系受后世尊儒观念的影响,与郑玄注不合,且与《周礼》原意不接榫。[①]至于"联师儒",贾公彦疏云,"'师儒,乡里教以道艺者',以其乡立庠,州党及遂皆立序,致仕贤者,使教乡间子弟。乡间子弟皆相连合,同就师儒,故云连师儒也。又案《保氏职》'掌养国子以道',故云教以道艺也"[②]。此处,师、儒仍以道、艺相区隔。

在对"类名之儒"的解读上,章太炎基本依据郑玄注,对贾疏却视而不见。他将保氏之儒释为教六艺者,视作"材艺"之儒,似更符合史实。当然,这一说法的意义也是双重的。就学术言,是"儒"继原始形态的巫祝角色后

---

① 以上见《四库备要》本《周礼注疏》,收入中华书局编辑部编《唐宋注疏十三经》第2册,北京:中华书局,1998年影印,第21页;又见李学勤主编《周礼注疏》上册,北京:北京大学出版社,2000年,第48页。郑玄注曰:"师,诸侯师氏,有德行以教民者。儒,诸侯保氏,有六艺以教民者。"参见中华书局本,第20页,北大本,第47页。

② 参见《四库备要》本《周礼注疏》,收入中华书局编辑部编《唐宋注疏十三经》第2册,第102页;又见李学勤主编《周礼注疏》上册,第311页。

的又一个社会角色的历史展现;而就现实言,则是为了批评今文家全能化儒教的倾向。

值得注意的是,章太炎释"私名为儒"时,引用的是《七略》而非《汉志》班说,其尊刘歆,可见一斑。他说:

> 私名为儒。《七略》曰:儒家者流,盖出于司徒之官,助人君顺阴阳明教化者也。游文于六经之中,留意于仁义之际,祖述尧、舜,宪章文、武,宗师仲尼,以重其言,于道为最高。

"私名之儒"也非简单的分类,而是历史的考察。所以章太炎说:"礼乐世变易,射御于今粗觕,无参连白矢交衢和鸾之技,独书数仍世益精博。凡为学者,未有能舍是者也。三科虽殊,要之以书数为本。"①

这中间仍着重于儒之出身,"官守说"的源头正在于此。然《七略》或《汉志》此说,毕竟有汉代的特点,所以"儒"成了"游文于六经之中,留意于仁义之际"。前者实际反映出了一个历史的变迁,即原来"类名之儒"进一步地窄化,汉武(前156—前87)"独尊儒术"后,"六艺"变成了"六经"。章太炎后来说:"汉人所谓六艺,与《周礼·保氏》不同。汉儒以六经为六艺,《保氏》以礼、乐、射、御、书、数为六艺。"②儒者自然是以"经"为伍,成了"五经博士"(《乐经》失传)。而后者意味着孔子地位的上升,成为"宗师",以"仁义"为根本。"于道为最高"一句更是《汉志》尊儒的标志。然此"道"已非彼"道",而是由"术"向抽象的"道"转化了。

而就历史发展看,到孔子时代,儒者既没有礼乐之文技,又没有射御之武功,与原始的达名、类名之儒有关的,在章太炎看来,惟有"书数"了。晚年章太炎说:"礼乐不可斯须去身,射御为体育之事,书数则寻常日用之要,

---

① 以上分别见章太炎《原儒》,《章太炎政论选集》上册,第491、493—494页。
② 但此时章太炎对儒家的态度已然发生变化,故又说:"六经者,大艺也;礼、乐、射、御、书、数者,小艺也。语似分歧,实无二致。"均见章太炎《小学略说》,收入《国学讲演录》,第2页。

于是智育、德育、体育俱备"。①可知,在他眼里,"私名之儒"只剩下"智育"一个功能了。这也是古文家的降经为史,发"异端"诸子而轻"主流"儒家倾向的反映。②

章太炎持"官守说",故言"周之衰,保氏失其守"。这一说法后来也为与胡适商榷《说儒》者所沿用。但在此,章主要强调的是"儒"在历史变迁中"技艺"一面的失传或异变。这一异变,实际上模糊了原来德行为师、才艺为儒的分野。所谓"及《儒行》称十五儒,《七略》疏晏子以下五十二家,皆粗明德行政教之趣而已,未及六艺也",故"儒绝而师假摄其名"。③

《汉志》推儒为最高,其余诸家均在儒之下,此点已属公认的事实。④然章太炎并非将《汉志》结论绝对化。他在《论诸子的大概》中说到刘歆九流说"固然有些想像,也有几个有确实凭据"。⑤晚年章太炎又说:"《艺文志》所称某家者流出于某官,多推想之辞。惟道家之出史官,墨家之出清庙之守,确为事实"。⑥

他也不认同神圣化的儒家和孔子,故他又引用《汉志》对汉儒的批评。《汉志》原文是:

> 唐、虞之隆,殷、周之盛,仲尼之业,已试之效者也。然惑者既失精微,而辟者又随时抑扬,违离道本,苟以哗众取宠。后进循之,是以《五经》乖析,儒学浸衰,此辟儒之患。

---

① 章太炎:《诸子略说》,收入《国学讲演录》,第171页。
② 这个说法源自其师俞樾。俞说,术士之称,古谓之。"凡有一术可称,皆名之曰儒。……所谓儒者,皆是术士耳。……后世之言视儒与道皆甚尊,于是始失其解矣。"参见《续修四库全书》编纂委员会编《群经平议》卷十二,上海:上海古籍出版社,1994—2002年影印本,第193页。此处亦有与儒相关的论述。
③ 章太炎:《原儒》,《章太炎政论选集》上册,第491页。后世称儒家总是以德性来称之,仁、义都是德行,章氏在此讲技术失传有历史还原,亦有驳今文家的意味。
④ 周寿昌:《汉书注校补》,参见张舜徽《汉书艺文志通释》,武汉:湖北教育出版社,1990年,第126页。
⑤ 章太炎:《论诸子的大概》,收入《章太炎的白话文》,第101页。
⑥ 章太炎:《诸子略说》,收入《国学讲演录》,第216页。

第二章 史、道、儒秩序的重建:晚清民初的原儒说及其出现的原因

章文则说:

> 然自孟子、孙卿,多自拟以天子三公。智效一官,奔走御侮则劣矣。而末流亦弥以哗世取宠。及郦生、陆贾、平原君之徒,铺歠不廉,德行亦败,乃不如刀笔吏。①

显然,较之《汉志》,章太炎所述"私名之儒"更有一副衰败景象。看他随后指出太史公"徒以润色孔氏遗业"以及言董仲舒(前179—前104)"不喻斯旨,而崇饰土龙,乞效虾蟆,燔瘗荐脯,以事求雨,其愚亦甚"和"多推五胜,又占天官风角,与鹖冠同流。草窃三科之间,往往相乱"就不难明白章太炎对谶纬化的儒家,所持的反对态度。

上述胡适指出《原儒》的大贡献在于"'题号由古今异'的历史见解",是就学术而言。就现实言,章太炎的"题号由古今异",犹言今之"儒"非古之儒,乃假儒之名耳,意即康有为等立儒家为孔教是承继董仲舒的衣钵,非为历史之进化,而是退化到原始的"术士之儒"之上。所以他说:"今独以传经为儒,以私名则异,以达名、类名则偏。"这样,今文家所谓传经的资格也被剥夺了。因为在章太炎看来,经师惟有古文家,而传统所谓儒,其实是师之误。古文家实事求是,是乃真正的经师,而今文家则以术士之术扭曲古典,自不能得古史之真相。

晚年章太炎对原儒问题亦有论述,但所论均未超越早年的《诸子学略说》和《原儒》。而为了尊儒,他更强调儒的人文因素。故有"出于司徒之儒家,非广义之术士也"之说。对于《说文》所谓"儒,柔也,术士之称"中之"柔"字也给予"人文"的解释。章太炎说:

> 术士之义亦广矣,草昧初开,人性强暴,施以教育,渐渐摧刚为柔。

---

① 本段与下两段,均参见章太炎《原儒》,《章太炎政论选集》上册,第490—493页。在《诸子略说》中,章又说"太史公论六家要指,……而以黄老之术为依归"(参见《国学讲演录》,第167页)虽与此时所说不同,其着眼点仍没有根本之别,均是就史家立论。

柔者,受教育而驯扰之谓,非谓儒以柔为美也。受教育而驯扰,不惟儒家为然;道家、墨家未尝不然;等而下之,凡宗教家莫不皆然,非可以专称儒也。……仙亦可称为儒。……宗教家亦可称儒矣。今所论者,出于司徒之儒家,非广义之术士也。①

章太炎此论,自然是沿《说文》和《周礼》的路径,②但目的是为了说明,儒家、道家、墨家和宗教家不同,其独特性在于人文一面。然如此一来,《原儒》中的历史变迁则被弃置,儒与儒家本不同,却成了建立学派后的儒家的独称。由此可知,在章太炎身上,"诋孔时期"比"尊孔时期"的论述更合乎史实、更具有原创性,态度上也更实事求是。

不过,20世纪30年代,"尊孔读经"再兴之时,章太炎虽有读经有利之言论,但对儒家的弊病亦无掩饰之意。1933年在题为《儒家之利病》的演讲中,他就说:"儒者之称,有广狭二义。以广义言,凡士子皆得称之;以狭义言,如汉儒、宋儒始可谓儒。""儒自古称柔,少振作。《汉书·艺文志》云:'儒家议论多而成功少'。惟孔子及七十子则不然。""骄吝,亦儒者之深病。"③其中"儒自古称柔,少振作"一句明显与上述释"柔"为教化的效果有抵牾。但这仅是章太炎原儒的一段小插曲,其原儒所建立的新范式,却是不容忽视的。这个新范式包括:

第一,降经为史,以史家"质验"为原则,历史地讨论儒之起源。

第二,不以语言文字学为限。正如他在自述"治学之功夫及志向"时所说:"学问之道,不当但求文字。"

第三,社会学和文化人类学的视角。事实上,1902年,章太炎就从斯宾塞社会学中发现可以从语言上去溯源。④因此,在其原儒论说中,体现出的是社会学和文化人类学的视角。此一视角也直接影响到了中国现代学术的

---

① 以上分别见章太炎《诸子略说》,《国学讲演录》,第172、171、172页。
② 《说文》即有教化之意。
③ 章太炎讲演,李希泌记录:《儒家之利病》,参见李希泌《章太炎先生的两篇讲演记录——〈辛亥革命〉〈儒家之利病〉》,《兰州大学学报》1980年第1期,第90页。
④ 章太炎:《致吴君遂(保初)书》,《章太炎政论选集》上册,第172页。

第二章 史、道、儒秩序的重建:晚清民初的原儒说及其出现的原因

走向,无论是胡适,还是20世纪30年代的社会史派,就中国渊源看,都有章太炎开创性的影子。

第四,反对微言大义,却以学术的方式影响社会。他反对的是儒家的孔教化和术士化,提倡以客观的史学态度发扬史学的社会功能。

第五,这一精神不同于以往的地方是实事求是和精审。《自述学术次第》云:"余以为经即古文,孔子即史家宗主。汉世齐学,杂以燕、齐方士怪迂之谈,乃阴阳家之变。"他强调实事求是之学,"不能以空言淆乱者";又讲精审,故有"夫学术不在大小,要能精审,则可以成天下之亹亹"。①

第六,另一个影响是,儒、道、法初时相类而后分。②

章太炎的"题号由古今异"之所以为胡适所重视,是因为这样将儒家置于历史过程之中,强调变化,这一变化又是由巫向人文化进化和过渡的,因而解构了统一、绝对。章同时也是针对今文家的孔子创教之论,故亦消解了儒或儒教的宗教性。

章太炎原儒的影响,可以马宗霍(1897—1976)《中国经学史》为例。后者所论周之学术状况,即秉承章太炎之新"官守说",马宗霍指出:"其学在官,惟其在官,故施之于教,则道一而风同,发之为政,则俗成而治定。及周之衰,官守放废,六艺道息,诸子争鸣。"但马氏也不是一味承继,他的经学观也是在章太炎基础上的新变化。如曰:"余杭章先生有言:'布彰六籍,令人人知前世废兴。中夏所以创业垂统者,孔氏也。'……可见欲尊孔子,自有其可尊者在,不必系于改制立法矣。虽然,孔子固不改制立法,然遂以良史位孔子,则亦失伦。盖孔子修订六艺,虽本之于史,然史之职,守而弗失而已。……要而言之,以六艺为政者王之业,以六艺为掌者史之职,以六艺为教者师之任。孔子有德无位,盖以六艺为教者也。称曰素王,孔子之道,不从而大,是之谓诬;侪之良史,孔子之道,不从而小,是之谓简。夫惟万世之

---

① 分别见太炎先生遗著《自述学术次第》,《制言》第25期("太炎先生纪念专号"),1936年9月16日,第3、17页(文页)。
② 《原道》说到,儒、道、法"有其同",但后来分。具体见《章太炎学术史论集》,第279—289页。

师,则尊莫尚焉,亦即孔子之所以自处也。"①

另外,民国时期一些诸子学的论著所受到的不仅是启发,有的著作更主要是转述章氏论说。如蒋伯潜(1892—1956)、蒋祖怡(1913—1992)《诸子与理学》中谈到诸子出于王官说,就颇有折中意味。其中引《庄子·天下篇》说,"学在王官,而史为学府"最值得注意。但蒋氏父子之论证,从章太炎《诸子学略说》《诸子略说》获得启发,亦相当明显。不同的是,章氏对《庄子·天下篇》中之结论,尚有所批评,而蒋著则几乎全盘接纳。②

晚清以降比较集中、影响较大的两次原儒,一次是在1906—1910年,以刘师培《古学出于史官论》《补古学出于史官论》《古学出于官守论》《儒家出于司徒之官说》《论孔子无改制之事》《释儒》和章太炎《诸子学略说》《原儒》《论诸子的大概》《诸子略说》为代表,另一次是1934—1936年,围绕胡适《说儒》的论争。它们有着三个共同的特征:其一,均是在文化保守主义盛行之时;其二,均是由反对儒教或反对独尊儒家的一方提出;其三,均是在争论的情况下出现。但两次原儒的区别在于,晚清刘师培、章太炎的原儒,相关的讨论并没有展开,仅由古文家提出。他们是纯粹的反对方,少有建设的诉求。而20世纪30年代中期围绕胡适《说儒》的论争,则不仅体现学界新派和西化派的特点,也有着文化上的寄托和建设的要求。他们既是反对派,也是建设派,就内容看,也超越了纯粹的今古文之争。

第三节 道为儒之本:张尔田的原儒说

晚清原儒说的讨论中,较少为学者所注意的是张尔田(1874—1945)的原儒说。从时间上言,张氏原儒说与刘师培、章太炎原儒说几乎在同时。其《史微》一书写成于1908年,1911年依改订本复刊。③

---

① 以上分别见马宗霍《中国经学史》,上海:商务印书馆,1937年,第3、10—11页。本书据上海书店1984年影印本。
② 参见蒋伯潜、蒋祖怡《诸子与理学》,上海:世界书局,1941年,第11页。
③ 详细的版本沿革,参见王钟翰《〈史微〉点校本序》,张尔田著,黄曙辉点校《史微》,上海:上海书店出版社,2010年,第1页(序页)。

第二章　史、道、儒秩序的重建:晚清民初的原儒说及其出现的原因

有关《史微》的评价在彼时并不一致。旧派的沈曾植(1850—1922)称赞之,而趋新的王国维则认其"游谈无根"。①据学者分析,此或是学术路向差异所致。王国维重考据,而张尔田讲史识。②但此处亦可见,新旧学者的追求已然不同,特别是西方科学史学对王国维研究路向和学术判断的影响。

事实上,晚清学者即便是旧派亦不再抱残守缺,他们未必直接回应西学的冲击,却努力在内部寻求学术的变革。张尔田的学问,难言旧,亦无以新,故或可称由旧向新过渡一派更合适。他代表了从传统学术内部寻求更张的一路。

在《史微》中几乎看不到刘师培、章太炎著述中明显的西学影子。同样,也看不到刘师培对"假孔"的抨击或者章太炎激烈的诋孔。对于孔子,张尔田多数时候都以"我孔子"称之,却并不同意汉儒的"独尊儒术"。他说:"《史记》一书,上以结藏室史派之局,下以开端门史统之冪,自兹以后,史遂折入儒家,别黑白而定一尊,虽有良史,不过致谨于书法体例之间,难以语乎观微者已。"③这是他学术思想的一个特点。

另一个特点则与清代学术传统中章学诚"六经皆史"的诉求有关。在张尔田心目中,"史"的绝对地位,远超老子、孔子。因为在上古的历史谱系中,老、孔只是重要的两个节点,他们的史观都不能不依托这个历史谱系而存在。但这仅是外在的表现。究其内在诉求看,他是希望以重建历史的谱系,重塑中学的"体"。

当然,晚清诸子学兴起的现实,也极大地影响了张尔田这种寻求内在更张的路径。一个典型的例证是,在《史微》中,道家、老子地位的提升,实际超过了孔子和儒家。

而要从传统内部改弦更张,走出古典,也需要有所超越。1923年吴宓

---

① 1916年9月25日王国维致罗振玉函中说:"张孟劬所作《史微》,乙老颇称之,渠以二部见赠,以其一寄公。中多无根之谈。乙老云云,所谓'逃空山者,闻足音而喜'也,却与内藤博士之倾倒者不同。"参见王庆祥、萧文立校注,罗继祖审订《罗振玉王国维往来书信》,北京:东方出版社,2000年,第158页。
② 参见严寿澂《〈史微〉要指表诠》,《史微》,第1页(文页)。
③ 参见张尔田《史学·附史官沿革考》,《史微》,第8页。

(1894—1978)已经观察到,张尔田及另一老辈学者孙德谦(1873—1935),"其讲学大旨,在不事考据,不问今古文及汉宋门户之争,而注重义理。欲源本经史,合览古今,而求其一贯之精神哲理,以得吾中国文明之真际"。① 但超越今古文学及汉宋门户之争仅是一个方面,张尔田也在承继章学诚"六经皆史"之说时,寻求一种更为折中的更张。实际上,折中于各种古今学术,才是张尔田作为过渡一派的最重要的特点。

以上这些特点也都集中地体现在张尔田的原儒说中。

张尔田在儒的起源上基本延续了《汉志》,他说:

> 儒家者流,盖出于司徒之官也。春秋之时,孔子传焉,孔子,契后也。昔者契为司徒,帝曰:"百姓不亲,五品不逊,汝作司徒,敬敷五教在宽。"太史克对鲁文公曰:"使布五教于四方,父义、母慈、兄友、弟共、子孝,内平外成。"是五常为儒家专业,儒家为孔氏世传,从来旧矣。

对儒的解读所依据的也是《说文》的"术士说"。他自注道:

> "《说文》:儒,术士也。"班固《〈儒林传〉序》:"秦始皇兼天下,燔诗书,杀术士。"后人或谓之坑儒,不知术犹道也,古人所创立之学,皆因人性所固有者而导之。乌反哺,鸷鸟有别,是岂有待于外哉? 故道家谓之道术,墨家谓之墨术,方伎之士则谓之方术,术士通称为儒,自儒家专属司徒旧学,道、墨、名、法始各以其质目之,而儒名隘矣。学术沿革始于合,常卒于分,盖向歆辩章旧闻已然也,故挽世正名悉从后义。

---

① 吴宓1923年9月3日日记,见吴宓著,吴学昭整理《吴宓日记》第2册,北京:生活·读书·新知三联书店,1998年,第250页。对于孙德谦之学,胡适的看法也有相近之处,只是他认为孙仍没有摆脱经学的羁绊。1921年8月12日,在读孙著《诸子通考》后,胡适在日记中云:"孙君当时能主张诸子之学之当重视,其识力自可钦佩。……(孙说)'诸子为专家之业,其人则皆思[有]以救世,其言则无悖于经教;读其书者,要在尚论其世,又贵审乎所处之时而求其有用。'这个根本观念我是很赞成的。但他说'其言则无悖于经教',似仍未脱儒家的窠臼。"参见《胡适全集》第29卷,第414页。

第二章 史、道、儒秩序的重建:晚清民初的原儒说及其出现的原因

很明显,此说并没有超越章太炎的"达名之儒"。但张尔田之说与《汉志》以及章太炎的原儒也有不同。如《汉志》强调儒的教化作用和传"道"的一面,而张尔田则偏重于儒家的政治性。他说:"虽然,儒家者,助人君顺阴阳、明教化之术也;孔子之道,君人南面之术也。"张尔田注意儒家的政治性,是持"官守说"的结果;由司徒之官而言政治,有历史的延续性,他说:"论为政则以德为首,而取譬于北辰;论行简则以敬为宗,而推本于南面。"①

这种以儒家来解儒的方式,也出自《汉志》,但张尔田阐述儒家的政治性,即从"君人南面之术"时,却并非像《汉志》一样尊儒,而兼及了尊道或尊老,进而凸显出"史"的至上地位。

然张尔田重建上古历史的新谱系,也正是他从另一方向建构儒之渊源的过程。他说:

> 中国文明开自黄帝,黄帝正名百物,始立百官,官各有史,史世其职,以贰于太史。太史者,天子之史也。其道君人南面之术也,内掌八柄以诏王治,外执六典以逆官政,前言往行无不识,天文地理无不察,人事之纪无不达,必求博闻强识疏通知远之士,使居其位,百官听之以出治焉。②

正是由于黄帝设史官,作为史官的仓颉,才创立史学。既然"史"的起源自史官之设立,那么,"君人南面之术"的政治性就是必然存在的。

自黄帝开始,史官为大,作为柱下史的老聃自然是历史之祖和百家之祖。张尔田说:

> 百家者,六艺之支与流裔也。六艺本古史,史之大宗属道家。故百家莫不祖史,而以道为之原。昔者黄帝正名百物,得君人南面之术,百官以察,万民以治,首立史官,于是乎有六艺,道家守之以进退百家,百

---

① 以上均见张尔田《原儒》,《史微》,第41—42页。
② 见张尔田《原史》,《史微》,第1页。

家禀道家以修其职,如众星之拱北辰也。①

至于孔子,只有"自端门受命",才"由司徒世官上跻史氏之统"。②后来,这也成为张尔田合道、儒,称"孔子实兼道家"的理由之一。

张尔田提升道家地位最主要的依据是"君人南面之术"。此说本源自《汉志》。《汉志》云:"道家者流,盖出于史官,历记成败存亡祸福古今之道,然后知秉要执本,清虚以自守,卑弱以自持,此君人南面之术也"。

对此,章太炎有过分析:

> 太史公以老子、韩非同传,于学术源流最为明了。韩非解老、喻老而成法家,然则法家者,道家之别子耳。余谓老子譬之大医,医方众品并列,指事施用,都可疗病。五千言所包亦广矣,得其一术,即可以君人南面矣。③

在提升道家地位时,章太炎也着重于道家的政治性,即"君人南面之术"。在《诸子学略说》中,他说孔子从老子学到的便是"权术"。且在著述中反复强调道家的"用世之心"。④他这样说并非是贬低道家,相反,是提升道家地位的一种策略和方式。章太炎曾就中国境遇谈及道、儒政治性的原因。他说:"中土不然,衣食居处,必赖勤力以得之,于是有生存竞争之事。团体不得不结,社会不得不立,政治不得不讲。……故儒家、道家,但务目前之急;超出世间之理,不欲过于讲论,非智识已到修养已足者,不轻为之语。此儒、道与释家根本虽同,而方法各异之故也。"⑤

除了受晚清现实的刺激而强调道家"用世"而非出世,以区别于佛教、道教等宗教以外,张尔田强调道家的政治性也还有回应《汉志》对道家"欲

---

① 张尔田:《祖道》,《史微》,第115页。
② 张尔田:《原儒》,《史微》,第42页。
③ 参见章太炎《诸子略说》,《国学讲演录》,第199页。
④ 章太炎:《诸子学略说》,《章太炎政论选集》上册,第291—293页。
⑤ 章太炎:《诸子略说》,《国学讲演录》,第204页。

第二章　史、道、儒秩序的重建:晚清民初的原儒说及其出现的原因

绝去礼学,兼弃仁义"批评的意思。他说:

> 余故曰:"道家者,君人南面之术也。"问者曰:"道家为君人南面之术,是固然矣,而何以又毁仁义,攻百家邪?"答之曰:此不知道家之言耳。道家之小仁义与百家也,岂毁之哉?盖道家所明者君道也,百家皆出官守,所明者臣道也。君道者,天道也;臣道者,人道也。①

张尔田的论据分别出自《庄子·天道》《庄子·在宥》和《庄子·天运》。然而,结论却完全是自己的,他说:"是则道家之小仁义与百家,盖折中于天道耳。惟其以天为主,则其于仁义与百家也小之亦宜。虽然,谓其小之是也,谓其毁之则非也。""由是观之,则道家之于仁义百家实已无所不包矣,故其小仁义与百家也,非毁之也,诚以仁义百家皆知治之具,而非知治之道,可用于天下而不足以用天下,道家专重君道,重君道则于仁义百家不能不在所缓耳。"

老子、道家的"天道"不仅不反对仁义,相反,与仁义是相辅相成,这个结论多少有些牵强,更牵强的是,他随后以养生为例,要言不烦地解释道家"无为"并非脱离社会,而实是"有为"于世。由此亦可知,晚清思想界"有为""进取"鼓吹的社会影响力和对他本人的刺激。

作为过渡一派,张尔田并不想置孔子、儒家于不顾,他的原儒说的基础是重建道、儒的关联性。在张尔田看来,"学术沿革始于合,常卒于分",上古不仅是道儒合一,百家亦未曾分,而儒则是接续道家的。"周之东迁,天子失官,百家始分",②"老聃乃以守藏史述黄帝上古之言,著《道德》五千言,庄、列、关尹之徒羽翼之,号为道家,盖始此矣。是故道家者,君人南面之术,六艺之宗子、百家之祖而我孔子所师承也"。③"六艺未归孔子以前,君人

---

① 本段与下段,均见张尔田《原道》,《史微》,第19—20页。
② 张尔田:《原史》,《史微》,第2页。
③ 同上书,第19页。

南面之术根据于道家;六艺既归孔子以后,君人南面之术皆折衷于孔子"。①

儒家承继道家之处最主要的还是"君人南面之术",只是深浅程度有所不同,故作用稍有异,但宗旨却相同。张尔田说:

> 太史谈《论六家要指》曰:"道家使人精神专一,动合无形,赡足万物。其为术也,因阴阳之大顺,采儒墨之善,撮名法之要,与时迁移,应物变化,立俗施事,无所不宜。"阶是以言,道家实已兼百家之所长矣,故百家皆上承道家,以为出治之本,此三代政教所由备哉灿烂欤?试取诸子观之,尚可考见与道相通之义焉。儒家者流出于司徒,助人君顺阴阳、明教化者也,仁义礼智不能独用,必资道以用之。②

也即是说,道家的"道"实际是"出治之本",儒家接续的正是这个"道",他们的仁义礼智,目的是"资道",或以"道"为原则。

尽管时间上晚于老子,孔子仍有不可及之处,这就是"兼通儒道"。张尔田说,"夫孔子,儒家也,以司徒一官上代旧史之统,则儒家而实兼道家矣"。反映到"天道"与"人道"上,就是孔子不仅超越了二者的界限,且集其大成。故"道家出史官,非所谓'主者天道'乎?儒家出司徒,非所谓'臣者人道'乎?我孔子之道则不然,道家先法天道,孔子则修人道以希天;儒家先尽人道,孔子则本天道以律人。其于道也,未尝不明天,而必推本于人"。③

他说,"《中庸》赞孔子曰:'天命之谓性,率性之谓道,修道之谓教。'此三言者,合儒家、道家内圣外王之术一以贯之,非孔子不足当之也"。④

孔子既言天道,复言人道,故不仅与道家异,与儒家亦不同,他说:

---

① 张尔田:《徵孔》,《史微》,第61页。
② 见张尔田《祖道》,《史微》,第115—116页。
③ 参见张尔田《徵孔》,《史微》,第61—62页。
④ 张尔田:《原儒》,《史微》,第43页。

第二章 史、道、儒秩序的重建:晚清民初的原儒说及其出现的原因

盖上古之世人与天近,中古之世天与人远,孔子知人之不可偏废而天之不可偏重也,于是取旧法世传之史,改弦而更张之,虽位育之功以天为极致,而作圣初基,必使渐渍乎仁义礼智五伦之常道,始可尽性以至命,尽性至命则能赞天地之化育,能赞天地之化育则可以与天地参矣。是故其立教也,上比道家则不足,下配儒家则有余,子思赞圣,所以谓之中庸。庸者,用也,言兼儒道两家之统而用其中也。

又说:

盖至是而后人道浃、王道备,应天顺人之宗旨始完然而无遗憾也。是故孔子删定六艺也,所以备天人也,其备天人也,所以兼儒道二家之统也。惟其兼道家之统,故高出乎儒家;惟其兼儒家之统,故又不纯乎道家;惟其不纯乎道家,故庄周讥孔子为天之戮民;惟其高出乎儒家,故宰予称夫子为贤于尧舜。

值得注意的就是,在维护孔子地位时,张尔田特别强调了孔子与儒者的不同。他说:"古人所以不惮反复详辨者,盖惟恐以儒家卑视我孔子也。乃后之儒者闇于大较,并为一谈,致使夫子由司徒一官上承君人南面之统,以为万世帝王师表者,屈在臣邻之列,而无一人智足知圣焉。"又自注云,"至圣之称惟孔子可当,儒者不能僭也"。① 此说貌似《史记·孔子世家》辨儒孔之读后感,但明言反对诋孔者,或也有讽后世借儒名而行己之道者。

晚清诋孔的章太炎等,多借章学诚"六经皆史"以扬史抑经,张尔田对章学诚此说亦颇"服膺"。他所谓"六艺皆史"正是脱胎于"六经皆史"。但张尔田不同于诋孔派,也异于章学诚之处在于他的折中态度。在他看来,古文、今文均失之于一偏;六艺固然皆史,然孔子删六经对于"道"的形成亦有意义。

---

① 以上分别见张尔田《徽孔》,《史微》,第 62、65—66 页。

张尔田说,"知六艺为史者,挽近独一章实斋,可谓好学深思不随流俗之士也。然章氏只知六艺之为史,而不知六艺之由史而为经"。这是因为:"六艺皆三代之典章法度,太史职之以备后王顾问,非百姓所得而私肄也。自六艺归于儒家,三代之典章法度一变而为孔子之教书,而后经之名始立,故经也者,因六艺垂教而后起者也。"章学诚"知史而不知经",故其所言"害于道"。①

在古文和今文之间折中,在老子、道家和孔子、儒家之间折中,都是为了维护传统的"道"。然凸显客观性的"史",必然降低主观的"道"的地位;崇老子、道家必然容易影响孔圣的形象,且影响到长期建立起的那个"道"。实际上,到胡适的《说儒》中,这种深层的矛盾显得更为突出。

在《史微》中张尔田似乎只是在回应《汉志》之说,看不到现实语境的影响。其实,无论是章太炎,还是张尔田,他们之所以提升道家地位,都是具体语境刺激的结果。如罗志田先生所言,晚清中国面临的是"中学不能为体"的境遇,②而梁启超等引进西学和西洋思想,均以"进取"为特征和号召,相较之下,如果道家仍是出世的姿态,必然会被认为是抱残守缺,不思进取,正好成了中国落伍的替罪羊。而重构中国"新道统",打破儒家一统的状态,以回应西学的冲击,从道家入手是为了补儒家之不足,在这一点上,张尔田比早年诋孔的章太炎有更多的自觉,他们之间的差异也在于此。所以提升道家地位到政治进取,就需要将道家置于一个合适的位置,与儒家衔接。张尔田原儒的独特性就在于不断地强化儒、道之间的关联性,结果,儒、道不再是二分,而是合一,且在"新道统"的谱系中各自占据了合适的位置。后来胡适将老子视作"老儒",也是合儒、道,不过是将此二者颠倒了过来,老子是老儒,儒的地位明显高于老子,这就与旧派的以道补儒的路径完全不同。

没有直接的回应,或著述中没有引用西学的语句或西学的痕迹,并不等于不受西学的影响。晚清民初的现实本身就是一个谋求"变"的过程,这个

---

① 具体见张尔田《明教》,《史微》,第175、174—175、178页。
② 见罗志田《西潮与近代中国思想演变再思》,收入其《变动时代的文化履迹》,上海:复旦大学出版社,2010年,第15页。

"变"的动因中就有西学冲击的因素。张尔田重建道统新谱系或有成全儒之地位的念想,却不小心顺应了反孔教派的要求,正像康有为等人以孔教来重塑孔儒形象一样,大家一齐将孔儒打倒,儒家(学)倾覆的趋势,在此合力下,似乎也就势不可挡了。

第四节 "史"无前例:以江瑔、刘咸炘的原儒为例

民初以降,提升"史"的地位的不仅是新派,旧派同样注意诸子和"史"之渊源,且其力度不输新派。于是,"史"的地位上升,既无前例可循,亦有走向至尊的趋势。

江瑔(1888—1917)曾是晚清的革命党人,然其学问偏旧,所论除偶涉西洋学术,基本在传统学问之中。刘咸炘(1896—1932)的学问也不新,在同代人中,他是少有的执着于从旧学中寻求新径的一位。他们的相同处,是均学承三代,且都不幸早逝。

1937年1月,陈钟凡在《二十年来我国之国故整理》中说,"通论诸子之书,始于江瑔之《读子卮言》"。①《读子卮言》1917年2月由商务印书馆出版,随后出版的几种诸子学研究著作,或受其影响,或直接引用其内容。②其中章节也被选入一些"国学"选本。③而旧派如钟泰(1888—1979),新派如钱穆、朱谦之(1899—1972)等,则加以引用或评论。1947年张舜徽(1911—1992)在《初学求书简目》中将《读子卮言》列为习子入门书的第一,认为"此皆通论诸子之书,有论说,有考证,初学涉览及之,可以诸子源流得失、学说宗旨,憭然于心,而后有以辨其高下真伪"。④胡适《中国哲学史大纲(卷

---

① 陈钟凡:《二十年来我国之国故整理》,《学艺》第16卷第1号,1937年1月15日,第4页(文页)。
② 如罗焌《诸子学述》(1925年),尹桐阳《诸子论略》(1927年)即沿袭江著。
③ 如钱基博《国学必读》(1924年)、李继煌《古书源流》(1926年)和洪北平《国学研究法》(1930年)亦选入其文。
④ 参见张京华《读子卮言·出版弁言》,江瑔著,张京华点校《读子卮言》,上海:华东师范大学出版社,2012年,第10—11页(弁言页)。以下均使用此版。

上)》中也曾出注,"参看江瑔:《读子卮言》",①说明他也关注过此书。

江瑔的原儒与其张史、扬道相呼应。不过,作为旧派,即使是抑儒扬道也不会像新派诉诸直接的批判,江瑔即明确说:"余固素尊孔子,深恶夫王充、刘知几诸人肆然为《问孔》《疑经》之篇者也。"②但民国以降,特别是1915年9月开始的新文化运动对孔儒"定于一尊"的批评,也让旧派不能不有所回应和变化,只不过这种变化并非张扬而主要是内在的。由于江瑔有革命党人身份,他不可能认同康有为"订孔教为国教"的鼓吹;作为旧派,他也不可能跟从新派,而面对传统受到批判的现实又必须有所回应,这诸种因素也造就了江瑔的第三种重构中国传统和文化的方式。

因此,"尊孔子"是一义,而不再认定孔儒的"一尊"地位又是另一义。不直接反孔儒是不愿与新派同台,而不取"定于一尊"的孔儒,则是在认定史实的基础上的一种反应。故在上述"素尊孔子"的声言后,江瑔又引用汪中和纪昀(1724—1805)的话说:

> 自儒者言之,孔子之尊固生民以来所未有矣。自墨者言之,则孔子鲁之大夫也,而墨子宋之大夫也,其位相埒,其年又相近。
> 子思、孟子,后来论定为圣贤耳,其在当时固亦荀卿之曹偶。是犹朱陆之相非,不足讶也。③

这是说,历史地看孔子,孔子不过是春秋时的诸子百家中的一家;而历史地看子思、孟轲,也只是荀卿的同侪而已。所以他强调:"然与其徒尊孔子而不明孔子之学,何如明孔子之学而道益尊善乎!"④

---

① 参见胡适《中国哲学史大纲(卷上)》,《胡适全集》第5卷,第496页。《胡适全集》的编者据1930年收入商务版《万有文库》时胡适的提议,定名《中国古代哲学史》,本著仍依初版的题名,称《中国哲学史大纲(卷上)》。
② 江瑔:《读子卮言》,第38页。
③ 以上分别引自汪中《墨子序》和纪昀《四库书目提要》,参见江瑔《读子卮言》,第38—39页。
④ 江瑔:《读子卮言》,第38页。

第二章 史、道、儒秩序的重建:晚清民初的原儒说及其出现的原因

以历史的方式原儒,涉及上古学术谱系的重构。在江瑔看来,刘、班之失在于论九流而未溯源,而欲补其不足,就需要上溯到巫史时代。用他的话说,"古代之官惟巫与史,后代学术纷歧,万缕千条,而溯江河之发源,亦皆灌输于巫与史而已"。而巫与史之别,则依据《说文》所说"记人事曰史",以及伏胜(前260—前161)撰、郑玄注《尚书大传》"事鬼神曰巫"。这是因为"知鬼神之事眇漠无凭,不如人事之为重,于是史盛而巫衰,一切官职均以史为之"。从文字训诂上考证,"官亦谓之吏,'吏'字从'史'。有官必有所司之事,'事'字亦从'史'。盖古人殆以史为百官之总称,史以外无官之可言也。"不过,从历史发展看,巫、史并存亦逐渐为史盛而巫衰所替代。"洎于周末,而巫之道亦几乎息矣。然在后世虽史盛而巫衰,而在古代则并无所轩轾,后代学派万千,咸从兹二者出焉"。①

如果说,巫史是学术之源的话,那么对后世的影响则体现在探索"官守"渊源和学术传承上。就诸子起源看,江瑔持"官守说",故有"百家之学莫不有史官在其中"之说。对应巫史传统的论述则有:"盖上古设官最简,惟有巫、史二官,各掌其学,为天下万世学术之所从出。惟始则巫、史并重,继则史盛而巫衰,终则史官且夺巫之席,故传巫之学者不足与史敌。降及后代,史职益重,巫道益微,百官庶职皆史掌之,巫之所司不逮万一。惟政事日繁,而设官亦因以日多,虽名目纷歧,实皆由史氏递变而来。然则谓诸子百家之学尽出于史官非诬语也。""百家流派之不同,皆因于古之史官所职各异之故也。班氏所言某家出某官,在后世虽各有专职,而在古代则皆史氏之所司。"② 这皆是从"官守"的渊源上言。

从学术传承看,章学诚"六经皆史"说是江瑔最主要的理论资源和动力。他说,"'六经皆史'之说,李卓吾、章实斋、龚定庵(原文有误——引者)诸人皆坚持之,颠扑而不可移"。从方法论上,他亦承章学诚《校雠通义》。如他以为章氏"叙录艺文当有互见之例,为校雠家不刊之名言",说"古人之学派及刘、班之所录,究以书分,非以人分。一人可著数书,数书可入数家,

---

① 以上均见江瑔《读子卮言》,第24页。
② 江瑔:《读子卮言》,第28页。

即一人可以兼数家之学","故须彼此互见也"。①

"互见"说的初衷是为了更好地理解诸子,但实际的操作,却处处体现出对儒家独尊地位的解构。因为"互见"本身就在放低孔儒百家之上至尊的地位,它一旦运用到学术传承的探讨上,儒及儒家便不再是汉代以降的儒家,而是回复到了春秋战国时代的百家之一。

在江瑔的原儒说中,"互见"表现在对于诸子与儒家关系的认知上。他的诸子发生学,简言之,便是由一而多。诸子百家的源头只有"一",都是从此"一"中逐渐分化、衍生出来,然后形成"多"。这个"一"又有几个层级,第一级是"巫史",其次是道家,再次是老子,至于儒与儒家则是道家分化衍生的产物之一,是"多"的一种,且在汉代以前从未有过一统之势。

江瑔说,"诸子百家莫不渊源于史"。但巫、史既然有别,"大氐史重人事,巫事鬼神;史贵于实,巫涉于虚",那么所传之诸子必然也有所不同。"后世之学术有纯出于史者,有纯出于巫者,有兼出于巫、史者,所出不同,故其学亦各异"。在江瑔看来,它们分成了两个支系。"若儒家,若道家,若法家,若名家,若纵横家,若杂家,若农家,若小说家,皆纯出于史者也。"这是一支;另一支"若阴阳家,若墨家,若兵家,皆兼出于巫、史者也。若数术、方技二略所录,则纯出于巫者也。纯出于巫,则其言虚;纯出于史,则其言实;兼出于巫、史,则其言亦虚实相参。其学之能传与否,及传之能久远否,悉视兹判焉"。②

既然道家与儒家均兼巫史,就涉及两家的关系和先后的秩序。在江瑔"由一而多"的谱系中,史官之下即是道家,这看起来似乎是受到《汉书·艺文志》启发,因为他说"《班志》所以独举道家出于史官者,意者班氏之意以道家之兴为最早,而远在诸家之前,故特举道家以赅其余耶?"③但实际上,江瑔扬道的力度远超《汉志》。他不仅说"诸子之学,道家为最早,自黄帝以

---

① 以上分别见江瑔《读子卮言》,第9、16、15、16 页。具体论证,见第20—21 页。
② 以上均见江瑔《读子卮言》,第28、29 页。
③ 江瑔:《读子卮言》,第28 页。

迄周初,诸子未兴,只有道家一家之学",①且认定道家学说就是上古三代的治国之术。

江瑔将诸子之源上推到黄帝,说"黄帝固为道家之始祖"。因黄帝之时设史官,故有道家。他说:

> 然则春秋、战国以前,学在官而不在民,自史官失守,而百家之学即联镳而齐起、并辔而交驰乎?非也,其起也有先后焉,有程序焉,有递嬗相生之道焉。盖言其末流,虽并辔联镳,各不相谋,而溯其初起之源,则实统于一。一者何?即道家是也。②

因为有此史官的设立,道家这个"一"又衍生出集道家大成的"一"——老子。他指出:

> 上古三代之世,学在官而不在民,草野之士莫由登大雅之堂,惟老子世为史官,得以掌数千年学库之管钥,而司其启闭。故老子一出,遂尽洩天地之秘藏,集古今之大成,学者宗之,天下风靡,道家之学遂普及于民间。即儒家书所载,如长沮、桀溺、接舆、荷蒉、石门之伦,亦皆道家之徒,则其流行之盛,亦可想见。然是时诸家之学尚未兴也。道家之徒既众,遂分途而趋,各得其师之一端,演而为诸家之学,而九流之名以兴焉。③

所以说:

> 大氐古今学术之分合,以老子为一大关键。老子以前,学传于官,故只有道家而无它家,其学定于一尊。老子始官而终隐,学始传于弟

---

① 江瑔:《读子卮言》,第42页。此前江瑔讲到道家为最早,其实是在确立道家的地位。见第24页。
② 同上书,第63页。
③ 同上书,第64页。

子,故由道家散为诸家,而成为九流之派别。①

在他看来,"道家之学,无所不赅,彻上彻下,亦实亦虚,学之者不得其全,遂分为数派。……得道家之践实一派者,为儒家"。②这也是江瑔的上古中国学术谱系中儒及儒家最主要的源头。

江瑔并未认真区分儒与儒家,而是将二者视作一个整体。他认同《汉志》儒出于司徒之官的说法,但又改写《周礼》郑玄注,把"儒"直接认定为"保氏"。他说:"保氏亦掌以六艺教国子。然'六艺'者,古人之史也。古者春秋教以《礼》《乐》,冬夏教以《诗》《书》。韩宣子聘鲁,于鲁太史亦见《易象》《春秋》,是六艺为史氏之所掌,则保氏亦出于史官者矣。"③儒具体所掌之"《六羖》,系曰'周史'"。④

江瑔说:

> 儒家之学,既云"出于司徒之官",必渊源于保氏。保氏以六艺教民,儒家传六艺之学,故以"儒"称。是以班氏论儒家,亦谓"游文于六经之中",《庄子·外物篇》亦云"儒以《诗》《礼》发冢"。是则儒家之得名虽出于保氏,而实由于六艺。无六艺则儒家之名无由成,舍六艺而称儒家,非真儒家也。⑤

不过,诚如上引,在"六艺"与保氏关系上,江瑔凸显的是"史"的作用,正是由"史"将"六艺"与保氏勾连在一起的。因为作为保氏的儒出自于史官,而最早的史官即道家,道家集大成的是老子,这样,江瑔就建构起了一个不同于刘、班的以儒家为首,而是以史为核心,以道家为宗的新的学术谱系。

江瑔在阐述刘、班"既立《六艺略》,复列儒家于《诸子略》之中,所谓儒

---

① 江瑔:《读子卮言》,第72—73页。
② 同上书,第64页。
③ 同上书,第25页。
④ 同上书,第28页。
⑤ 同上书,第37页。

家者,盖皆传述六艺之学者也。二子之意,大氐以为立六艺为一略,所以尊孔子;列儒家于诸子,所以析派别,其为意最深远"时,虽说"其例殊未可通也",①但"其为意最深远"或更值得注意。因为他自己也正是通过将儒家列于诸子之中而努力消解儒家的"一尊"传统。

在江瑔看来,既然"《六经》之书为古人之史,世为道家之所守,在古代以之教人,谓之'六艺'",那么,"六经为古代教人之具,只称'六艺',不称'六经'。……班氏撰《艺文志》,所云'艺'者亦指六经言之也"。这种对"经"神圣性的化解,针对的自然是晚清今文家,正是后者认定孔子作六经。更直接的批评还有:六艺"既入于道家,则以己之著书专号以名之,故称曰'六经'。及孔子从老子传其业,更从而删订修纂以行于世。孔门之徒溯源寻委,故复起'六经'之名,以符其渊源之所自,木本水源,固可按而寻也。是可见'六经'之名实源于道家,非出于孔氏。学者莫考其源,乃谬谓尊孔子以称经,抑何可笑耶!"②

江瑔对儒及儒家地位的颠覆不仅是"经"史沿革上的怀疑,还包括所谓"经"的专利的转让,也即是说,"经"的名称也不自儒家或孔子始,而是上溯到黄帝,且与道家关系更密切。他说:"道家之学始于黄帝,而黄帝之书亦称'经'。""自有道家以来,即有'经'名,又远在孔子《六经》之前矣……"③既然"古者学术在官,只有道家一家之学。春秋、战国之世,诸子垒兴,亦莫非由道家蜕化而来。故诸子著书亦往往援道家称'经'之名,固不特儒家之《六经》为然"。不仅"经"的专利权不在儒家,且"经"的神圣性也由于诸子百家的分享,以及"经"定义上的非专属性而被淡化。江瑔说:"是则诸子百家其所著书均可名'经'……大氐经之义为'大道',为'大法',为'不易'之称,为'一定'之意。可以施之于天下。道家之学,秉要执本,以为即治天下之要术,后世当共遵循之而不可易,故其著书称之曰'经'。孔子《六经》及一切《墨经》《法经》之称,其义亦然。则'经'之名非出于儒家,尤了然易明

---

① 江瑔:《读子卮言》,第37页。
② 同上书,第46页。
③ 同上书,第43页。

矣。"至于儒家六经中像《论语》《孟子》《礼记》等三经,都在孔子之后,乃是"后儒推尊孔氏,连类而名之耳"。①

需要注意的是,江瑔在建构道、儒关系时,与前述章太炎、张尔田一样,特别突出老子、道家入世的一面。他说,尧、舜、禹皆是以道家之术治天下。②道家之言早涉于虚,而其学实征于实。③而他也自陈,道家之学为百家所从出,是他一家之"创言",当然也非"诬语"。④

江瑔以消解儒家独尊的方式高扬道家的入世和征实的一面较之章太炎等强调老子、道家"南面之术"的一面更甚。因为依照江瑔的阐释,等于直接让道家替代了儒家。看上去这确实符合"官守说",是"官守说"自然地和历史性地延续的结果。但强调道家和老子"南面之术"或入世一面之所以出现在晚清民初,正是由于儒家至上地位的丧失急需一个更为完满和丰富的主体,或者准确地说,急需一个出自中华文化内部的思想,来承担起摆脱传统危机,完成儒家和孔子未竟之功的义务。从此意义上说,选择老子、道家又似乎是为了回应西洋文化和哲学思潮的冲击。而就身份上看,章太炎、刘师培或江瑔都属革命党,他们也不可能赞同康有为儒家宗教化的基督教式的路径。

江瑔不赞同《汉志》以"道家"称老庄一派,亦是出于彰显道家和老子入世的考量。他说:"道之为物,大之足以弥纶天地,小之足以无间身心,精深广大,不可方物。然亦道术之通称,犹《孟子》所云'若大路然'。"这只是一个理由。另一个理由是"大氏命名'道家'之故,实由于老子之《道德经》。然《道经》《德经》以首句之'道'字、'德'字而得名,如《关雎》《麟趾》之类,古人著书素有此体,非老子深意所在,无关宏旨者,乃掇取其书之半名,而为其一家之专号,恐非老子之所愿。且老子书本名《道德经》,非名'道经',与其掇其半名而曰'道家',何如掇其全名而曰道德家之为愈耶?"故"观《汉

---

① 分别见江瑔《读子卮言》,第46、47、48页。
② 江瑔:《读子卮言》,第63页。
③ 同上书,第65页。
④ 同上书,第72页。

第二章　史、道、儒秩序的重建:晚清民初的原儒说及其出现的原因

志》道家首列《伊尹》《太公》,而下及于《管子》,皆勋业烂然,声垂后世,尤显著易见者。是言虽玄妙,而道实非玄妙。即以玄妙为道,则彼博大平易、人当共由者"。而江瑔真正的意思则是:"如云'道'者指玄妙之道言,然道家所言虽迹涉虚无,不可端倪,而实皆燮燮治平天下之旨。"①

如果说,这仍是为了张扬道家的话,不赞同《汉志》对"儒家"的传统权威定义,则应是在继续解构儒及儒家的"一尊"地位。江瑔所说的儒家"兼出于巫、史"自与《汉志》"助人君顺阴阳明教化者"有关,其所秉之说亦有扬雄(前53—18)所谓"通天地人曰儒"。②这也是为了对应他所认同的《说文》"儒"为"术士之称"的解释。但江瑔据《周礼·大宰》"儒以道得民"和《大司徒》"联师儒"之说,将"术"又释为"道术"。"儒"因而成了"有道德、有道术者之通名"。这样,"术士"之称的"儒"就失去了独尊其名的权利。故"不特儒家得称为儒,即诸子百家无一而非儒也"。③这是在上述"经"的儒家专利权消解后,进一步褫夺了儒家的名称专利。

对六艺、经名的重释,或也让江瑔所谓"'儒'为学士之通称,非孔门所得独有;'道'为学问之总汇,非老庄所得自私"④之说成为可能。此说的现实和理论上的针对性相当明显,"六艺"和"经"名是针对今文家之说。与维护儒家地位者仅从好或正的一面去阐释儒不同,江瑔具体从正反两面去举证。从正的一面说,"岂以'儒'有'濡'义,言孔子之道可以润身而泽民耶?则百家之学皆有之,不独儒家"。从反的一面说,则"岂以'儒'有'儒懦''儒缓'之义,言儒家实有此病,因以号之耶?"⑤这与其说是贬儒,不如说是尊重历史更合适。

但江瑔所谓道家、儒家均是士人或诸子之通称在情理上并不能自恰。也正是在这一点上,另一位特立独行的旧派学者刘咸炘提出了批评。他指出:

---

① 以上均见江瑔《读子卮言》,第34—35页。
② 扬雄:《法言·君子》。
③ 江瑔:《读子卮言》,第33页。
④ 同上书,第35页。
⑤ 同上书,第34页。

> 今人有江瑔者,略读刘、章(指刘向、章学诚——引者)之书而未明其要,谓六艺当属儒家,九流皆出于史,则皆出于道家。其说甚悍。又谓九流名称不当。儒为学士通称,不能独加孔门;道为道术通称,不当独加老、庄。其说虽是而亦不足诋刘。儒家之称,起于诸子不法先王,故指法先王者为儒以别之。道家之称,则因儒家言礼,法家言法,老氏之裔,超礼与法,则以道自标。此皆就其指目,聊为表别,非定名,亦非强名之也。至谓杂则非家,家则不杂,则又泥矣。杂家犹言杂色也,岂得云杂则不色,色则不杂邪?①

刘咸炘对江瑔的批评主要责后者缺乏对《七略》体例的理解。因为在刘咸炘看来,《七略》所谓九流十家之名都是"出于某官,此其所长"者,乃"推之既极,遂欲以一端而概众事"。②"盖之为言,犹疑辞也",故"欲人深思而旷然,自得于官师掌故之原也"③才是正道。

刘咸炘对江瑔的学问并无偏见,他曾对江瑔有关老子"述而不作"的说法就表示赞同。他说,"今人江瑔曰:老子世为史官,亦述而不作。其《五千言》,或古有此书,而老子为关尹述之",④且赞江瑔老子授孔子六艺的说法,言:"近人江瑔《读子卮言》曰:《史记》称老子是楚苦县厉乡曲仁里人。自鬻子封于楚以后,楚遂为道家学者之渊薮。如文子、蜎子、长卢子、老莱子、鹖冠子、曹羽诸人,皆楚人而得老子之传者。按:此说是也。"⑤

正是"就事论事"的态度决定了刘咸炘不受家法、师法所限,具体问题

---

① 刘咸炘:《中书二·本官》,收入其《推十书》(增补全本),甲辑第 1 册,上海:上海科学技术文献出版社,2009 年,第 49 页。推荀子之意,尧、舜、禹、汤以下的圣人,亦应称之为"儒"。"通称"之说,实来自《荀子》,《儒效》篇即为其一例。又可参考本著第四章有关狩野直喜的论述。

② 刘咸炘:《中书二·本官》,《推十书》(增补全本),甲辑第 1 册,第 47 页。此点与章太炎同。

③ 这两句话是刘咸炘引用章学诚《和州志艺文志序例》语,参见刘咸炘《中书二·本官》,《推十书》(增补全本),甲辑第 1 册,第 50 页。

④ 刘咸炘:《右书八·老孔授受考》,《推十书》(增补全本),甲辑第 2 册,第 546 页。

⑤ 刘咸炘:《右书二下·人文横观略述》,《推十书》(增补全本),甲辑第 1 册,第 378 页。

具体分析,从而超越了今古文之争。后一点刘咸炘也有充分的自觉,他说:"吾宗章实斋六经皆史之说,于经学今古文两派皆不主之。"①

刘咸炘与晚清民初旧派学人一样,尊史亦尊老子、道家。他自述其治学旨趣时说,"吾常言,吾之学,其对象可一言以蔽之曰史,其方法可一言以蔽之曰道家"。他之所以"舍经而言史,舍儒而言道",是因为"吾侪所业,乃学文之学,非《论语》首章所谓学也。此学以明事理为的。观事理必于史。此史是广义,非但指纪传编年,经亦在内。子之言理,乃从史出,周秦诸子,亦无非史学而已。横说谓之社会科学,纵说则谓之史学,质说括说,谓之人事学可也"。②

私淑章学诚的刘咸炘严守"六经皆史"说的原意,此点近似于柳诒徵。后者在《国史要义·史联第四》中认为,史与行政自古本是相通的。③在章学诚看来,"六经,皆先王得位行道,经纬世宙之迹,而非托于空言",故"(上古)书吏所存之掌故,实国家之制度所存,亦即尧、舜以来,因革损益之实迹也。……君子苟有志于学,则必求当代典章,以切于人伦日用;必求官司掌故,而通于经术精微;则学为实事,而文非空言"。④

在持"官守说"的学者那里,章学诚此说已然成共识。如钱穆就说:"他(指章学诚——引者)是说六经都是古代的'官司掌故',如我们说现在教育部外交部多存有许多档案,有些是教育部外交部的职官必需时时翻阅的,此等档案叫做'史',掌管这些档案的人也就叫做'史'。此'史'字犹如说'书吏',他所掌管的这许多档案也叫'史',这即是'掌故',犹说老东西叫你管着。六经在古代,便是各衙门所掌的一些文件,所以说是王官之学。那么我们真要懂得经学,也要懂得从自身现代政府的官司掌故中去求,不要专在古

---

① 刘咸炘:《左书二·经今文学论》,《推十书》(增补全本),甲辑第 1 册,第 163 页。
② 刘咸炘:《中书二·认经论·附录〈道家史官说〉》,《推十书》(增补全本),甲辑第 1 册,第 43 页。
③ 柳诒徵:《国史要义·史联第四》,长沙:岳麓书社,2010 年,第 82 页。
④ 分别见《文史通义·内篇一·易教上》及《内篇三·史释》。实际上,章学诚在《文史通义》中反复强调的就是学非"空言"。

经书的文字训诂故纸堆中去求。这是章实斋一番大理论。"①

但钱先生以为"清代下面的今文学家主张经世致用,就从章实斋六经皆史论衍出,故从章实斋接下到龚定庵,这一层,从来没有人这样讲"则未必。因为像上述张尔田、江瑔都意识到章学诚经世的一面,他们也都有超越今古文之争的意识,刘咸炘亦不例外。他说:

> 再考著述源流,诸子未兴,古无言理之书,仅有老人所传之成训格言,所谓自古在昔,先民有作,古训是式者也。养老乞言,书之懂史,即记言书之所由成。……政训,亦名为语,可以互证。此类成训守于史官。②

然钱穆所指出的有关"六经皆史"中"史"的理解,确是中国思想史和学术史上的一大关节,或可谓此正是"官守说"一路学者的正宗。而其方法上则偏于古文一派,不像梁启超、胡适,在解读"六经皆史"中之"史"时径自作现代的理解,以"史料"解释"史"之意,这个新传统到傅斯年那里,则成了"史学即史料学"。③

刘咸炘的"官守说",重点是老子、道家,他们上承黄帝,下接诸家,甚至说,"道家之说源远流长,以言乎观事理,则其论势乃儒家论理之预备工夫。以言乎处世,则其柔谦亦儒家中庸之次。吾华人自圣贤以至于愚民,无非道家"。④然能够一以贯之、统综六经的则在于"王治"。他指出:

---

① 本段与下段,均见钱穆《中国史学名著》,北京:生活·读书·新知三联书店,2000年,第256页。
② 刘咸炘:《子疏·老徒裔第三》,《推十书》(增补全本),乙辑第1册,第57页。
③ 关于"六经皆史",汪荣祖教授近年又有新论,参见其《章实斋六经皆史说再议》,收入黄克武主编《思想、政权与社会力量——第三届国际汉学会议论文集》,台北:"中研院"近代史研究所,2002年,第65—96页。
④ 刘咸炘:《中书二·认经论·附录〈道家史官说〉》,《推十书》(增补全本),甲辑第1册,第44页。

第二章　史、道、儒秩序的重建:晚清民初的原儒说及其出现的原因

夫王治者,诸流之统宗,未分之合也。杂家者,诸流之和会,已分之合也。王治散于六经之中,而莫备于《周官》;杂家起于诸流之后,而莫善于《吕氏》。故一贯之而其分合之数可明矣。夫天道阴阳,地道刚柔,人道仁义,故天有寒暑而人有沉潜高明,天有五行而人有五性,天有春秋冬夏而人有喜怒哀乐。五行无常胜(《墨·经说》),而四时无不变;喜怒不相兼,而耳目不相代。然皆给于用,不可缺一。圣人承天,开物成务,立政施教。其官于天,故曰礼乐明备,天地官矣。①

"王治"如为天之所赋,非一定走向神圣化。与汉儒神圣化儒家不同,刘咸炘主要是讲"立政施教"与"天"的关系。即使是讲"用",其对象亦不是儒家,而是道家和老子。

与儒家源于道家相近的另一个说法是"道儒合一"论。但刘咸炘所谓的"道"并非全指道家,他说,"道者,普泛之称,何乃为老裔之专名邪?"非道家专名,是因为"华人以黄帝为远祖,道术托始焉,直至于今,民性不变,普及民间之格言,犹此道也。特其言平通不似后来道家之深严"。这是把"道"看作中华文化的根本。在这个"道"之下,道家和儒家初无分别。"道家之专名,则在诸子既分之后,与儒正同。"但"因诸子各标宗旨皆反先王,于是守周道者,袭术士之通称,而名为儒"。②道、儒的相同还在于根本主张相同,即"道家、儒家皆主人道","人道论为人之术,而究及宇宙"。③不仅如此,儒家的特性也来自于道家。"道家与法家乃和介刚柔动静之代表,故儒家之知和柔静者,无非兼取道家。但世人不察,遂止知《老》、《庄》、《淮南》耳。后人眼中似谓三代而后全为儒家之天下,不知所谓儒者大都不偏刚即偏柔,非中法家之毒,即受道家之风耳。"④

在阐述道、儒的现实同一性时,"南面之术"一面虽与晚清前辈相同,刘

---

① 刘咸炘:《中书二·本官》,《推十书》(增补全本),甲辑第1册,第46页。
② 以上均见刘咸炘《子疏·老徒裔第三》,《推十书》(增补全本),乙辑第1册,第56页。
③ 刘咸炘:《子疏·子疏先讲》,《推十书》(增补全本),乙辑第1册,第36页。
④ 刘咸炘:《中书二·认经论·附录〈道家史官说〉》,《推十书》(增补全本),甲辑第1册,第44页。

咸炘对道家前后变化的观察,却独具只眼。他说:"秉要执本,即居敬行简,故曰南面之术。老、孔道同,《论语》言为政以德,譬如北辰居其所。又言道之以德,齐之以礼,又言无为而治。《五千言》之文悉相表里。""然《老子》之说,实以反本为的,以柔退为功,乃宇宙之大理。修身不止养生,处事不止为政,即所谓虚与因,亦上原天地,下统人物,非止言治国。"在刘咸炘看来,原始道家与后世传道家者并不完全相同,后世道家要么言自身,与原始道家无关,要么仅仅体现的是后世的理解和解读,总之是失去了原始道家的宏阔,即更广阔的哲学意味,故他说,"战国道家渐失其旨,多专言治国,言养生者亦稀,故司马氏父子不言反本柔退而言治国养生,亦已浅短。至刘氏《七略》论道家,则止言人君南面之术矣"。

非仅言"君人南面之术",除了对道家这个在刘咸炘看来的中华学术历史最悠久的主干的卫护以外,亦是一种对战国以降传道家者"渐失其全,言超者宏大而放荡,言逆者平实而浅薄,皆执相对而忘绝对"之风,以及晚清过分强调政治功利一面的道家解读的反省。因为在他看来,道家并非如此单一,其整体的理论体系和道德属性,即所谓宏阔、深刻一面,更需要承继和关注,故他说:"道家源最远,流最长,变迁亦最大,支派亦最多,深如数理,浅如田夫野老之人生观,皆不出道家范围。"①

刘咸炘也认同《说文》"儒,术士之称"说,他对"术士"的解读,与刘师培相类,即"术士"不是通常人们认为的上古祭祀的组织者和操作者,而是一种类似今之读书人的通称。"术,道也。士者,所以别于农工商也。有道之士,非常士也。尧、舜不为天子,亦术士而已。本非一家之名,与名、法、纵横相对,犹道之为言,非庄、列一家之名也。"②直到周代,"术士"才发生变化,渐成"儒"之称号。

刘咸炘的就事论事或就史论史也体现在他没有回避"儒"之名初起于

---

① 以上分别见刘咸炘《子疏·老徒裔第三》,《推十书》(增补全本),乙辑第 1 册,第 59、60、57 页。

② 本段与下两段,均见刘咸炘《左书一上·〈儒行〉本义》,《推十书》(增补全本),甲辑第 1 册,第 77—78、78、79—80 页。不过,刘师培的解读似乎更圆满。

贬义的事实。他虽然说"孔子方守先王之教以教其徒,有圣人之称",故"毁之者必多"。而这是"不睹圣人之全,亦鲜不窃窃以此为怪也。知毁之之说,而后知孔子之所以为言矣"。但从他罗列的史说中,儒或儒家的弱点却呈现了出来。如他称:"毁之之说,必曰儒者之术无用也。其欲干禄也,至切乃反不轻出,必使世卑身以求之,是其所以藏拙也,自尊也,邀誉也。彼急于自见者,又以儒者为为身而忘世也。彼工于用世者,又必以儒者为迂疏而不合众也。"这都令人想到章太炎的诋孔。

在解读《礼记·儒行》鲁哀公(?—前468)问孔子儒服和儒行并证之以《庄子·田子方》时,刘咸炘干脆直截了当地批评现实中的儒者。他说:

> 后世儒者之弊,吾知之矣。口尊孔、孟而阴取杂流,夸言经济,而不本身。嘤嘤然曰:儒须有用,轻身求合,惟恐不自见,背于暗然之义,此知需之为用,而不知需之为难进,且不知柔者也。同乎流俗,合乎污世,奄然媚于世,循利禄之途,是妄托于柔而不知刚毅特立者也。

以实用的态度言儒,或"循利禄之途",应指康有为一路利用孔教而言政治的晚清儒生。在刘咸炘看来,这都是不尊重儒或儒家原始特性的表现。因为就定义上言,儒的首要特性是"柔"。应该说,"柔"也是历代原儒必涉的关键词之一。刘咸炘对这一关键词的解读基本依据清儒曾钊(1793—1854)。后者《面城楼集钞》卷一《释儒》篇对"柔"之义的解释即是以"躁"来与"柔"对举的。其中说:

> 《说文》:儒,柔也。从人,需声。按《易》:需,须也。凡人躁,则急不能待。柔,则从容自持。从需声,殆以声载义者也。天下之人心学问,皆以躁坏之。躁于仕,则侥幸之心生;躁于学,则精细之思鲜;躁于事,则和顺之气乖。昔孔子举十五儒对哀公问,儒行以大让始,以尊让终,让则不躁矣。故曰:君子无所争,惟无争,故能让。让,故能柔,惟柔而后成为儒。此儒训柔之旨也。然则,子曰:吾未见刚者,何也?刚非任气之谓也,物之至刚者必柔。刚而能柔则折。此乃狠戾之人,非真能

刚者。……儒从需字之意,又考诸经传垂训之言,可以识儒之义矣。且需与柔为双声,凡从需之字,其义旨为柔。……而《说文》独于儒发其诂,盖明人之欲以儒为称者,尤以柔为重耳。虽然,柔亦有辨色厉而内荏,荏,柔之似也。内文明而外柔顺,顺,柔之德也。子谓子夏曰:女为君子儒,无为小人儒。儒有君子、小人之别,即于柔之真伪分之欤。①

而刘咸炘不仅引用曾文最末一句,且赞成其说,又针对孔子答鲁哀公所谓儒行十七条点评道:

夫十七条中语义多复,是固丁宁之态,故不可以十七种严分也。约言其义,则为刚柔二端,刚者强而有为,柔者静而有守。是二者不可以偏,偏则入于杂流而非儒。儒之为字从需。需有二义,一以人言,世所需也。士为四民之首,所谓以道得民也。此篇所以反覆明之有用也。一以已言难进之义也。《易》曰:需不进也。此篇所以反覆明儒之非干禄也。许慎曰:儒,柔也。柔者对刚躁而言,内文明而外柔顺也。干进争竞,皆躁也。郑玄曰:儒之言优也,柔也。其与人交游,常能优柔。此篇前言大让小让,中言近人宽裕,后言尊让者,此义也。然而又言刚毅,则所谓柔而立,扰而毅,非内荏也。曾钊曰:儒有君子小人之辨,即于柔之真伪分之,当矣。②

虽然强调刚柔相济,但在刘咸炘的认知中,"柔"的特性仍是儒之"正宗"。故他赞同胡适的主张,说:"所谓刚毅特立者,胡适谓乃儒家武侠派,不配为正宗,是也。"③

其实,刘咸炘的就事论事或就史论史也有实验主义的影子。因为他对实验主义也颇有了解之同情,他曾说:"詹姆士、失勒、杜威等所倡之实用主

---

① 曾钊:《面城楼集钞(卷一)·释儒》,清光绪十二年刻,学海堂丛刻本,第2—4页。
② 刘咸炘《左书一上·〈儒行〉本义》,《推十书》(增补全本),甲辑第1册,第79页。
③ 刘咸炘:《子疏·孔裔第二》,《推十书》(增补全本),乙辑第1册,第42页。

义,即以矫前此求真之虚幻,其标人本甚为超卓。"但与胡适最大的不同是,刘咸炘认为求真乃求善的手段,故他又说:"然用非即善,诸人尚混而未析。又其所说为用之知,亦不免泛滥。中国昔之墨家、法家,亦主实利,然竟忘情忽美,又失之浅隘,皆由未识人道之大端耳。"①这当然不完全针对实验主义的中国传人胡适,而是显示出一种中国传统学术的特色和反思的精神。

但从后来刘咸炘征引《庄子·田子方》《荀子·论十二子》以及《墨子》有关孔子答鲁哀公儒服之问可知,刘本人还是反对以儒为名或假儒之名,他看重的是儒的内在价值。这就不仅涉及儒或儒家的真伪,还涉及了孔子以降真儒精神丧失的问题。

刘咸炘与张尔田、江瑔等民初旧派提升"史"的地位的努力,与科举制度废止,儒家成为"游魂",无力支撑起中华文化的延续性有极大的关系。他们都是想提升"史"的地位,以重塑一个新的具有超越性和威慑力的非人格化的文化权威,既作为安身立命的文化传统之核心,恢复文化的自信和至上的尊严,又可以达到抵御外来宗教侵袭的目的。

然而,问题在于,到刘咸炘阐发学术最集中的1910—1920年代,即便是旧派,对于传统也不再是一味地仰视。他与江瑔等提升"史"的地位的初衷或在于"处世救时",影响道德人心。但通过原儒来消解儒家的"一尊"地位本身是在还原历史,亦属于客观的史学态度,这从某种程度上也就将诸子转变成了研究对象,借复兴诸子学寻求安身立命的希望亦很容易转换成纯粹学术性的探讨。此或不合他们的初衷,但这一趋向既然与胡适等新派所提倡的"为学术而学术"正相契合,也就变得不可逆转了。

---

① 以上均见刘咸炘《中书一·一事论》,《推十书》(增补全本),甲辑第1册,第18页。

第三章

《说儒》前史：影响《说儒》写作的内源性因素

　　胡适有关儒及儒家、儒学的认知始于少年时代，其在《竞业旬报》上对传统道德和迷信的批评显示出晚清都市新潮少年对中国传统权威的挑战以及反省传统道德的特点。然而，经历了1917年的《中国古代哲学方法之进化史》(A Study of Development of the Logical Method in Ancient China，即《先秦名学史》)，特别是1918年7月前撰成并修改，1919年2月出版的《中国哲学史大纲(卷上)》，①以中国哲学史开山姿态研究和写作的胡适完全有必要从原儒入手，以便为后人打下一个哲学史、思想史和儒学史的考据学或史料的基础。但此时，胡适的重点在于老子和墨子，是将老子放在核心地位和中国哲学的源头，而将墨家名学与西洋逻辑学相类比，墨家思想与科学相连

---

① 胡适1918年7月3日致其母的信中说，"近正修改哲学史讲义，预备付印"。蔡元培则是8月3日给《中国哲学史大纲(卷上)》写序的，而一般认为，《中国哲学史大纲(卷上)》是在讲义基础上写成，据此推论，此著具体完成的时间应在7月以前。参见《胡适全集》第23卷，第216页及高平叔编著《蔡元培年谱》，北京：中华书局，1980年，第44页。

接,对于儒家、孔子则有些漫不经心,故原儒问题一直被搁置。

1934年8月30日,胡适在致孟森(1869—1937)信中谈及与原儒相关的"三年之丧为殷礼"一事,其"致思至十七年之久"之说常被误以为是"《说儒》构思了十七年"。其实,原信中虽言《说儒》"是数年来积思所得",但未明言"十七年"。而"三年之丧"之新说,也是对孟森提问的回答,从他"所用材料皆人人所熟知"这一点看,他要真想原儒,也不必等到十几年后。①

原儒问题被搁置的情况到1923年"整理国故"运动正式开始后,亦并未发生改变。原儒既非运动之核心问题,而胡适本人也仿佛无暇顾及于此。他们当时关心的问题更为古老,即三皇五帝的成立与否,还轮不上后来者——儒家。当然,新文化运动对儒家"定于一尊"的批评,亦留下了后遗症,他们不希望重拾儒家、孔子,以防止为"尊孔读经"的文化保守思潮"帮闲"。但何以到了1934年,时隔十余年,在对于先秦历史和儒家起源并未显示出特别的兴趣的情况下写出《说儒》一文?从1919年2月《中国哲学史大纲(卷上)》出版后,胡适对于原始儒家和先秦历史的论说就不多见,查相关著述目录,仅有个别篇章有所涉及。现在看来,虽然外铄因素较之内源因素要大得多,但仍需从内源因素说起。②

胡适晚年在谈到对儒家、孔子的态度时说:"有许多人认为我是反孔非儒的。在许多方面,我对那经过长期发展的儒教的批判是很严厉的。但是就全体来说,我在我的一切著述上,对孔子和早期的'仲尼之徒'如孟子,都是相当尊崇的。我对12世纪'新儒学'(Neo-Confucianism)('理学')的开山宗师的朱熹,也是十分崇敬的。""我不能说我自己在本质上是反儒的。"③

这段话如果仅仅作为胡适"不反儒",抑或"反儒"的证据显然是化约了问题。因为胡适在此提示人们,他对于"儒教的批判是很严厉的",意即对

---

① 具体参见胡适致孟森,1934年8月30日,《胡适全集》第24卷,第209—210页。
② 本书所谓"外铄因素"不仅指现实,关键是胡适对于现实的感受,特别是直接刺激其研究内容和态度的因素。当然,胡适的学术走向这个内源因素,亦从反面证明了胡适《说儒》出现并非出于内部。
③ 《胡适口述自传》,《胡适全集》第18卷,第425页。

于作为"教"的儒家(或儒学),他不赞同,而与此相对照的都是具体的儒家中的人物(代表),他当然是"十分崇敬"孔子、孟子和朱熹(1130—1200)的。事实上,到胡适晚年,反孔教仍是他一生需要坚守的形象之一,他的自我塑造仍没有丝毫改变,所以当1960年1月,梅贻琦(1889—1962)为组建"孔孟学会",敦请胡适担任发起人时,胡适回答说,"我在四十多年前,就提倡思想自由、思想平等,就希望打破任何一个学派独尊的传统。我现在老了,不能改变四十多年的思想习惯。所以不能担任'孔孟学会'发起人之一"。①

然而,反对现实中被利用和尊崇的孔教并不妨碍学术上对儒家、儒学和孔子的价值作一个客观的符合历史的评判。这涉及胡适思想的两个层面(即现实或政治层面和学术或历史层面)的共存、交织和纠结,所以他要在自述中加上"就全体来说"或"在本质上"这两个前提,只有在这两个前提都成立的情况下才"不反儒"。

诚如唐德刚先生所言,胡适处于一个"发展中的时代",因而他从事的也是"发展中学术(developing scholarship)",而胡适也始终是"发展中"的学者。②所以,胡适少年时代受理学影响也属于无法选择的宿命,并不能预先决定他以后对孔儒的看法。类似情况也包括他在《竞业旬报》时期对传统道德中负面因素直截了当地批评。

第一节 思想碎片:学生时代有关儒家和孔教的认知

胡适早年对儒家、孔子并没有系统的认知,1936年7月,在回顾早年经历时,他就坦承,"我们中国学生对于'儒教'大概都有一点认识。但这种认识往往是很空泛的,很模糊的"。③早年对于传统道德批评话语如果有什么突出特点的话,就是"应时而生"。"应时而生"也是胡适解析诸子思想产生

---

① 胡适复梅贻琦,1960年1月29日,《胡适全集》第26卷,第415页。
② 《胡适口述自传》,《胡适全集》第18卷,第446页。
③ 胡适:《留学日记·自序》,1936年7月20日,《胡适全集》第27卷,第102页。

原因最主要的观点,1917年10月15日,在《诸子不出于王官论》中,胡适说:

> 吾意以为诸子自老聃、孔丘至于韩非,皆忧世之乱而思有以拯济之,故其学皆应时而生,与王官无涉。……故诸子之学皆春秋战国之时势世变所产生。①

这个源自《淮南子·要略》的观点,与实验主义的"应付环境"说亦恰相契合。难怪1955年冯友兰等人撰文批判胡适思想时,要将二者联系在一起。②但这个观点也是胡适自己对于儒、儒家及儒学研究,甚至于他对整个学术研究最重要的灵感之源和目的所在,他后来说:

> 为什么要研究问题呢?因为我们的社会现在正当根本动摇的时候,有许多风俗制度,向来不发生问题的,现在因为不能适应时势的需要,不能使人满意,都渐渐的变成困难的问题,不能不彻底研究,不能不考问旧日的解决法是否错误;如果错了,错在什么地方;错误寻出了,可有什么更好的解决方法;有什么方法可以适应现时的要求。

而针对孔教,他的观点也相当明确:

> 后来东方文化与西方文化接近,孔教的势力渐渐衰微,于是有一班信仰孔教的人妄想要用政府法令的势力来恢复孔教的尊严;却不知道这种高压的手段恰好挑起一种怀疑的反动。因此,民国四五年的时候,孔教会的活动最大,反对孔教的人也最多。孔教成为问题就在这个

---

① 胡适:《诸子不出于王官论》,《太平洋》杂志第1卷第7号,1917年10月15日,第6—7页(文页)。
② 参见冯友兰、朱伯崑《批判胡适"中国哲学史大纲"底实用主义观点和方法》,《人民日报》,1955年6月24日,第3版。

时候。①

虽然胡适也时常会强调"物观的研究"和"为学术而学术",但那大多是有现实或学术针对性的言说,而非真正以学术研究本身为目的或可以潜心于学术自身的逻辑之中。这一点后来在《说儒》中充分地显示了出来。

胡适早年受宋儒影响大多出于其《四十自述》中的自我描述和建构。②这些建构似乎从《澄衷日记》和《留学日记》里不时出现的心学(如孟子、王阳明)以及理学(如程颢、朱熹)的只言片语而得到了证实。如1906年3月23日日记云:

> 程子(程颢——引者)"学始于不欺暗室"一语,正是为小子好名之戒。③

类似宋儒遗风的道德自省,也即胡适所谓"自课"又多次出现在日记中,如同年5月22日"记学"一则说:

> 予一生大病根有三:(一)好名,(二)卤莽,(三)责人厚;未尝不自知之,每清夜扪心,未尝不念及而欲痛改之。阳明云:"未有知而不行者,知而不行,只是未知。"噫,骍也,乃竟欲见呵于子王子耶?④

1912年10月24日记戒烟事说:

> 汝自信为志人,为学者,且能高谈性理道德之学,而言不顾行如是,

---

① 以上均见胡适《新思潮的意义》,《新青年》第7卷第1号,1919年12月1日,第7页。
② 胡适说到,他父亲胡铁花如何受宋明理学的影响,而他自己又受父亲影响。这里恕不俱引,参见胡适《四十自述》,《胡适全集》第18卷,第41页。
③ 胡适1906年3月23日日记,《胡适全集》第27卷,第5页。
④ 胡适1906年5月22日日记,《胡适全集》第27卷,第34页。

汝尚有何面目见天下士耶?①

1914年1月25日撰《我之自省》,说:

> 余近来读书多所涉猎而不专精,泛滥无为而无所专注,所得皆皮毛也,可以入世而不足以用世,可以欺人而无以益人,可以自欺而非所以自修也,后此宜痛改之。②

同日说及近来所关心之问题,又有:

> (一)泰西之考据学,(二)致用哲学,(三)天赋人权说之沿革,皆得其皮毛而止,真可谓肤浅矣。③

1915年2月3日,胡适第二次检讨自身的"肤浅",说:

> 学问之道两面而已:一曰广大(博),一曰高深(精),两者须相辅而行。务精者每失之隘,务博者每失之浅,其失一也。余失之浅者也。不可不以高深矫正之。④

同年5月28日"吾之择业"中第三次检讨自身的"肤浅",他说:

> 吾骛外太甚,其失在于肤浅,今当以专一矫正之。
> 吾生平大过,在于求博而不务精。盖吾返观国势,每以为今日祖国

---

① 胡适1912年10月24日日记,《胡适全集》第27卷,第211页。
② 胡适:《藏晖室札记·我之自省》(1914年1月25日),《胡适全集》第27卷,第261页。
③ 胡适:《藏晖室札记·我所关心之问题》(1914年1月25日),《胡适全集》第27卷,第262页。
④ 胡适:《藏晖室札记·为学要能广大又能高深》(1915年2月3日),《胡适全集》第28卷,第31—32页。

> 事事需人,吾不可不周知博览,以为他日为国人导师之预备。不知此谬想也。吾读书十余年,乃犹不明分功易事之义乎?吾生精力有限,不能万知而万能。吾所贡献于社会者,惟在吾所择业耳。吾之天职,吾对于社会之责任,唯在竭吾所能,为吾所能为。吾所不能,人其舍诸?
>
> 自今以往,当屏绝万事,专治哲学,中西兼治,此吾所择业也。①

他"自课"的内容则比较丰富,含德、智、体、卫四个方面,1915年2月18日的"自课"中"进德"一项云:

> 表里一致——不自欺。言行一致——不欺人。对己与接物一致——恕。今昔一致——恒。

"勤学"一项则说:

> 每日至少读六时之书。读书以哲学为中坚,而以政治、宗教、文学、科学辅焉。

又自励曰:

> 主客既明,轻重自别。毋反客为主,须擒贼擒王。②

不仅是"自课"有宋儒之自省工夫,推崇宋儒也超出了道德一面,进而赞宋儒治经方法,甚至考证水平。在评论赵翼(1727—1814)《陔馀丛考》对宋儒的批评时,胡适加按语云:"宋儒注经,其谬误之处固不少,然大率皆有所循。后人不知宋儒集注之功之大,徒知掇拾一二疵瑕以为宋儒诟病,非君

---

① 胡适:《藏晖室札记·吾之择业》(1915年5月28日),《胡适全集》第28卷,第148页。
② 胡适:《藏晖室札记·自课》(1915年2月18日),《胡适全集》第28卷,第55—56页。

第三章 《说儒》前史:影响《说儒》写作的内源性因素

子忠厚存心之道也。"①

这样的态度也一度导致胡适对汉儒、汉学的抨击。1911年4月13日,胡适在日记中即痛诋汉儒解经之谬,说"诗者,天趣也。汉儒寻章摘句,天趣尽湮,安可言诗?而数千年来,率因其说,坐令千古至文,尽成糟粕,可不痛哉?故余读《诗》,推翻毛传,唾弃郑笺,土苴孔疏,一以己意为造《今笺新注》。自信此笺果成,当令《三百篇》放大光明,永永不朽,非自夸也"。② 联想到后来胡适的小说研究以考证取胜,重真伪辩证,文学趣味亦失,很难相信他学生时代还有此一说。同年10月,胡适还作文"论宋儒之功,亦近二千言"。③

四年后,即1915年10月,胡适进而比较了汉儒、唐儒和宋儒在注经上的得失,表彰宋儒依旧是主调,他说:"汉儒失之迂而谬,唐儒失之繁而奴。宋儒之迂,较之汉儒已为远胜,其荒谬之处亦较少。至于唐人之繁而无当,及其不注经而注注之奴性,则宋儒所不为也。"④接着,他还为朱子辩护,认为朱熹注《诗》三百篇,"较之毛传郑笺已为远胜",原因也是没有毛传、郑笺的"奴性"。⑤

诋汉学之时,古文家也受连累,加之胡适对"活学术"⑥的兴趣,"古文家治经治古籍",在他眼里,也一度变得"最不足取,以其空疏也"。⑦但"盲行十年"⑧的胡适到1916年底对汉学发生兴趣,有关见解也在发生变化,上述

---

① 胡适:《藏晖室札记·论宋儒注经》(1915年10月),《胡适全集》第28卷,第282页。
② 胡适1911年4月13日日记,《胡适全集》第27卷,第129页。
③ 胡适1911年10月4日日记,《胡适全集》第27卷,第185页。但余英时先生认为,这可能是胡适对三个月前,李佳白(Gilbert Reid,1857—1927)演讲孔教的反应,参见其《重寻胡适历程:胡适生平与思想再认识》,桂林:广西师范大学出版社,2004年,第176页。
④ 胡适:《藏晖室札记·论宋儒注经》(1915年10月),《胡适全集》第28卷,第282页。
⑤ 胡适:《藏晖室札记·为朱熹辩诬》(1915年10月),《胡适全集》第28卷,第283页。
⑥ 胡适:《藏晖室札记·梅觐庄(光迪)寄胡适书·按语》(1916年7月17日),《胡适全集》第28卷,第418—420页。
⑦ 胡适:《藏晖室札记·古文家治经不足取》(1916年12月26日),《胡适全集》第28卷,第489页。
⑧ 胡适:《藏晖室札记·论训诂之学》(1916年12月26日),《胡适全集》第28卷,第490页。

对古文家的批评,在他看来,也显得"未免轻易冤枉人"。①

早年胡适对作为个人的孔子、孟子也确是赞赏的,这一点到回国以后也没有发生多大的变化,因为作为个人与作为独尊的一家或宗教毕竟不同。其实他对于基督教和耶稣的态度也是如此。1906年3月27日日记云,"静坐忆及孟子'杨子为我'一章,其评论杨墨二氏皆有至理"。②1908年12月4日又写道,"'独立'二字的意思,说的浅些,就是自立,就是自己靠自己,不要依赖别人;说得深些,就是孟子说的富贵不能淫,贫贱不能移,威武不能屈"。③至于孔子,他设议之处更多,如他说:"你看孔子死了多少年了,然而我们个个敬重他,纪念他,孝顺他。……这可并不是因为孔子的子孙的原故,都只为孔子发明许多道理,有益于社会,所以社会都感谢他,纪念他,这不是把全社会都做他的子孙了么?"④1916年7月29日的札记录有两首关于孔子的诗,其中《中庸》云:"'取法乎中还变下,取法乎上或得中'。孔子晚年似解此,欲从狂狷到中庸。"而《孔丘》一诗,则云:"'知其不可'而变之,亦'不知老之将至'。认得这个真孔丘,一部《论语》都可废。"⑤同年11月17日作《孔子名学》毕,又自记二十字:"推倒邵尧夫,烧残太极图。从今一部易,不算是天书。"⑥但接受民主思想的胡适早已不再视孔孟为圣人,而是以"平等的眼光"视之了,即所谓"孔子是个人,我也是个人,皇帝是个人,我也是个人"。⑦

---

① 胡适:《藏晖室札记·古文家治经不足取》(1916年12月26日),《胡适全集》第28卷,第489页。胡适在1917年3月所发表的《尔汝篇》中,曾引《礼记·檀弓》为证,可知一开始胡适便对此文颇认可。而同期所发表的《吾我篇》则提到章太炎的错漏,虽引《马氏文通》,亦未全信。此二文应是胡适转向汉学的标志。分别见《胡适全集》第1卷,第233、239页。
② 胡适1906年3月27日日记,《胡适全集》第27卷,第7页。
③ 胡适:《白话(二)独立》,《胡适全集》第21卷,第108页。
④ 胡适:《论承继之不近人情》,《胡适全集》第21卷,第79页。
⑤ 胡适:《藏晖室札记·"杂诗"二首》(1916年7月29日),《胡适全集》第28卷,第420、421页。
⑥ 胡适:《藏晖室札记·作〈孔子名学〉完自记二十字》(1916年11月17日),《胡适全集》第28卷,第484页。
⑦ 胡适:《白话(二)独立》,《胡适全集》第21卷,第110页。

第三章 《说儒》前史:影响《说儒》写作的内源性因素

对宋儒的推崇,不分理学与心学,朱熹、王阳明(1472—1529)并置,①仿佛是为我所用,但其实体现的是青年人对于从书本上获得前人道德教化的渴求。因为一个立志从事学术和文化事业的青年在成长的初期亦是最容易被学术中那些关乎自我道德和道德启发的部分所吸引。②这些只言片语,既不意味着胡适思想有个持续的关联,亦非意味着胡适的思想断裂,后一种后现代式的理解,未免矫枉过正。因为恰恰是这些思想碎片,表明胡适的思想尚不成熟。但这种不成熟的思想种子,不仅在彼时,即便若干年后也可能会因为各种外在因素的刺激而发芽成长的。

早年胡适对孔教问题的见解也主要是因为受外部刺激"应时而生"的。由于空间距离遥远,新闻传播不畅,胡适对于国内1912年开始的朝野上下的孔教运动的认知主要依据的是有关康有为、陈焕章(1880—1933)及孔教会的零星的传闻和消息。此时与之讨论孔教问题的梅光迪(1890—1945)虽然对他的思想有着一定的影响,他们彼此的分歧也无后来那么严重,但相关的讨论更多地集中在理论层面,③直到1913年11月26日,袁世凯再次以中华民国政府大总统名义下达"尊孔告令"(在此之前,即6月22日曾有《尊孔祀孔令》),才引起胡适一系列明确的反应。不过,这些反应似乎有明显的反差。大致地看,在日记或札记中,他多是激烈地谴责,而公开场合或与人讨论,则比较地平和。

1914年1月23日的札记是比较典型的一例。其中附录了1913年11月26日袁世凯颁布的"大总统命令",内容是授予孔门后代——"衍圣公"孔令贻(1872—1919)"一等嘉禾章"。胡适评论说,"此种命令真可笑,所谓

---

① 1914年4月10日,胡适读到《哲学杂志》上论及王阳明——中国之唯心学者的文章,说"殊有心得,志之于此",愿意联络作者。见《藏晖室札记·西人研究中国学问之心得》,《胡适全集》第27卷,第306页。

② 如1906年5月20日,胡适二哥送《近思录》,"命予玩味之,谓当择其切于身心处读之,其'太极''无极'等说,可姑置之也"。见《胡适全集》第27卷,第33—34页。这还是在强调道德一面。

③ 具体讨论的情况,参见梅光迪致胡适的信,收入中华梅氏文化研究会编《梅光迪文存》,武汉:华中师范大学出版社,2011年,第497—553页。

非驴非马也"。①同样的谴责也出现在同年2月4日的札记中。这次是针对1914年1月29日袁世凯向全国公布的政治会议有关"祀孔典礼"的议决,他说,"报载'政治会议'通过大总统郊天祀孔法案。此种政策,可谓舍本逐末,天下本无事,庸人自扰之耳"。②

然就在1月23日的札记中,亦有另一番景象。这天札记又录下了在前一天致友人许怡荪(1889—1919)信的内容,其中胡适曾"设问题若干",即(1)立国究须宗教否? (2)中国究须宗教否? (3)如须有宗教,则以何教为宜? (4)如复兴孔教,究竟何者是孔教?其中又包括:孔教之经典是何书?"孔教"二字所包何物? (5)今日所谓复兴孔教者,将为二千五百年来之孔教欤?抑为革新之孔教欤? (6)苟欲革新孔教,其道何由?如学说之革新耶?礼制之革新耶?并二者为一耶?何以改之?从何入手?以何者为根据? (7)吾国古代之学说,如管子、墨子、荀子,独不可与孔孟并尊耶? (8)如不当有宗教,则将何以易之?伦理学说耶?东方之学说耶?西方之学说耶?法律政治耶?③这八条疑问并非全是胡适同年5月发表在《中国留美学生月报》(*The Chinese Students' Monthly*)第9卷第7期上的《中国的孔教运动:历史的解释和批评》(*The Confucianist Movement in China: An Historical Account and Criticism*)一文最后部分的摘要版。

《中国的孔教运动》说:

1. 孔教这个名词究竟蕴涵着什么意义?它只包括儒家经典中所保存的思想与信条吗?抑或它也包含了在孔子时代之前即已存在的,以及被粗浅地认为与孔教中的宗教素质相同的古代中国的宗教?或是它也包含宋明时期在中国兴起的形而上学与伦理哲学?

2. 我们所认定为纯正的、基本的孔教经典有哪些?我们是否接受

---

① 胡适:《藏晖室札记·非驴非马之大总统命令》(1914年1月23日),《胡适全集》第27卷,第257页。
② 胡适:《藏晖室札记·郊天祀孔》(1914年2月4日),《胡适全集》第27卷,第282页。
③ 胡适:《藏晖室札记·孔教问题》(1914年1月23日),《胡适全集》第27卷,第254—255页。

所有现在被认为是孔教的经典是真正的孔教经典呢？抑或应以现代历史研究所应用的科学考证的方法去鉴定它们的纯正性呢？

3. 这个新孔教指的是中国所谓'教化'的'教'呢？或是指西方宗教意义下的'教'呢？换句话说,我们只就儒家的伦理与政治理论加以重新解释就够了呢？抑或应该重建儒家关于'上帝'或'天'以及生死的观念,以便使孔教变为超越世俗的精神力量,同时使它能够带给日常生活与人际关系光明的指引？

4. 我们要经由什么样的手段与渠道来宣传孔教的教义？我们要如何灌输孔教的信条与教义到人民的心里去？我们要如何使孔教的教义适应现代的需要与变迁？①

胡适致许怡荪的信与《中国的孔教运动》相关内容的不同之处在于,前者偏于思考"国教"的意味,偏重于孔教的改革的可能性；后者偏向行动(即如何做),而在孔教的宗教性方面,又偏重于与基督教的比较。现在无法判断胡适是先有八点疑问,后有《中国的孔教运动》,还是 1 月份已经在起草《中国的孔教运动》一文。但从这八条疑问中可以看出,胡适有关孔教的思考和前两年与梅光迪讨论孔教及宗教问题时一样集中于理论之上,只是因为公开发言,在态度上相对温和。

可以肯定的是,胡适有关孔教的理论性论述非书斋中的纯学术,而是着眼于运用的,故他的分析不是讨论宗教本身,而是讨论孔教的改造,孔教与基督教的融合,以最终达到中西文化之间的会通。在这一点上他与梅光迪确有一致之处。他说:

> 如果基督教要全面影响中国的话,它必须把基督教思想移植到儒家伦理里。因此,改革和复兴的孔教,等于是预先耕作和施肥,以便随

---

① 胡适:《中国的孔教运动:历史的解释和批评》,译文参见林毓生《中国意识的危机——"五四"时期激烈的反传统主义(增订再版本)》,穆善培译,苏国勋等校,贵阳:贵州人民出版社,1988 年,第 146—147 页。

时播种任何外国的种子。此外,我认为,至少在中国,基督教需要一个对手。在西方,基督教已经发现了科学这个强大的对手,这迫使她重建了许多教义和践行方式,以使自己适应现代。在东方,至今没有发现有组织的力量来与之竞争。我认为,改革后的孔教,在不久的将来会为基督教提供有益的资源(竞争),激发其修改一些信条和形式,以便更好地适应东方。

但此文中胡适的针对性和防卫心理是相当明显的。此段之前,他曾指出:

> 孔教运动不算是退步……目前的孔教运动是由真正进步的人士领导。举个例子来说,《孔教公会序》的作者是严复,他所翻译的亚当·斯密、孟德斯鸠、穆勒与斯宾塞的书都已成了中国的经典。孔教公会的创始人当中,还有梁启超。他是"戊戌政变"的流亡者之一,他用他极其有力清晰的文笔把西方的观念与理想介绍传播给中国人。我们只须指出这两个人的名字,就可以很清楚地证明这场运动绝不是一场退步的运动。①

胡适当然是针对那些认为"孔教运动是退步"的留美中国学生中的反孔教派和对孔教表示担心的外国人。这种防卫心理在他同时期的日记中多次呈现,只不过有时是直接的,有时是间接的。前者如1912年11月19日日记云:"有J. O. P. Bland者来自伦敦,曾在吾国海关执事甚久,今来美到处游说,诋毁吾民国甚至,读之甚愤。下午,作一书寄《纽约时报》(*N. Y. Times*)登之。"②胡适此前也曾为文,为中国辩护,且得到梅光迪的喝彩,后

---

① 胡适:《中国的孔教运动:历史的解释和批评》,以上译文均参见江勇振《舍我其谁:胡适·第一部 璞玉成璧(1891—1917)》,北京:新星出版社,2011年,第526—257页。笔者对译文作了部分修改。

② 胡适1912年11月19日日记,《胡适全集》第27卷,第226页。当然,濮兰德(J. O. P. Bland,1863—1945)在美诋毁中国的演讲也引起留美的中国学生的普遍不满,这一点随后几日的日记中亦有所记录。

者在致胡适的信中说,"足下以西文撰述,为祖国辩护,为先民吐气,匪但私心之所窃喜,抑亦举国人士之所乐闻者也"。①胡适读西人论中国书也会产生防卫心理,1912 年 10 月 14 日他"忽思著一书,曰《中国社会风俗真诠》(In Defense of the Chinese Social Institutions),取外人所著论中国风俗制度之书——评论其言之得失",其目的"亦为祖国辩护之事"。②这种直接的批评也有针对留美同胞的。在《非留学篇》中,胡适说,"今留学界之大病,在于数典忘祖"。其表现,一是"无自尊心。……一入他国,目眩于其物质文明之进步,则惊叹颠倒,以为吾国视此真有天堂地狱之别。于是由惊叹而艳羡,由艳羡而鄙弃故国,而出主入奴之势成矣!"二是"不能输入文明"。③

对祖国间接的辩护,如 1911 年 6 月 14—19 日,胡适在亨可诺松林(Pocono Pines)参加北美中国基督教学生会组织的夏令营,17 日听了曾在中国传教的李佳白的经课后,在日记中记道:"讨论会,题为'孔教之效果',李佳白君主讲,已为一耻矣,既终,有 Dr. Beach 言,君等今日有大患,即无人研求旧学是也。此君乃大称朱子之功,余闻之,如芒在背焉。"④

当然,胡适不是狭隘的民族主义者,这些话语都与身处异乡的心理和境遇有关。在美国大学教书的周明之先生的说法确是经验之谈,他说:"在中国的环境中,胡适有足够的不与过去割裂的安全感。对传统的猛烈攻击,不但不会威胁他的认同感,反而使他的失意情绪找到一个发泄口。在他的学术著作中,他本人与当代中国间的距离立即拉大,使他能够保持平衡。而对外国人讲中国的现代化问题时,胡适还有另一种精神框架。远离中国足以引起他的思乡病,来自西方的压力,无论真实的或想像的,都产生了为他敬爱的祖国辩护的需要。"⑤但很快胡适接受了世界主义,这多少抵消了他的情感因素,不致使他滑向极端民族主义。1913 年 4 月,他说,"吾今年正月

---

① 参见梅光迪致胡适第十函,1912 年 4 月 30 日,《梅光迪文存》,第 512 页。
② 胡适 1912 年 10 月 14 日日记,《胡适全集》第 27 卷,第 206 页。
③ 分别见胡适《非留学篇》,《胡适全集》第 20 卷,第 15、16 页。
④ 胡适 1911 年 6 月 17 日日记,《胡适全集》第 27 卷,第 150 页。
⑤ 参见周明之《胡适与中国现代知识分子的选择》,雷颐译,桂林:广西师范大学出版社,2005 年,第 205 页。

曾演说吾之世界观念,以为今日之世界主义,非复如古代 Cynics and Stoics 哲学家所持之说,彼等不特知有世界而不知有国家,甚至深恶国家之说"。他的世界主义观念是"爱国主义而柔之以人道主义者也"。①

之所以说《中国的孔教运动》依然充满了防卫心理,是因为胡适上述所指的两个"进步人士"都不甚合乎史实。严复(1854—1921)固然在北京《孔教公会章程》末尾的签名中名列榜首,但上海由康有为支配、陈焕章具体操作的孔教会成立在前;而在北京,由徐世昌(1855—1939)等领衔的孔社的成立亦早于孔教公会,后者更像是上海孔教会的分会,至于起草《孔教公会序》和《孔教公会章程》的也不见得仅有严复,因为同时具名的北京社会名流达 257 人之多,另外还有"驻所筹办干事"5 人。② 可知,胡适所说并非是依实而叙。梁启超也一样,在胡适发表《中国的孔教运动》的 1914 年 5 月,梁已经在或明或暗地诋其师康有为的"保教论",只是碍于师谊勉强侧身鼓吹"孔教为国教"的序列。③故说胡适此处并非想考实,而是出于防卫心理的自我辩护,应不算是臆测。

由此看来,依据《中国的孔教运动》来讨论留美时期胡适反对或赞同孔教没有太多意义,因为此时胡适的思想并没有真正地形成。他在此文中对康有为等人的新孔教中的改革意识是相当赞同的,但他同时也说:"儒教运动是非常不完善的。它的一个巨大缺欠是它更多的是复兴儒学,而不是改革。"④而"一个真正的孔教改革运动尚未到来。相信孔教的人士必须正视

---

① 胡适:《藏晖室札记·国家与世界》(1913 年 4 月),《胡适全集》第 27 卷,第 239—240 页。

② 参见《孔教公会序(附章程)》,《庸言》第 1 卷第 14 号附录二,1913 年 6 月 16 日,第 7—8 页(文页)。

③ 实际上,梁启超 1902 年即不同意其师康有为的保教说。详见罗志田《国家与学术:清季民初关于"国学"的思想论争》,北京:生活·读书·新知三联书店,2003 年,第 243 页。这一点后来胡适亦有所发现。在 1915 年 5 月 23 日的札记中,他说,"梁任公近著《政治之基础与言论家之指针》一文,载《大中华》第 2 号,其言甚与吾意相合"。又说:"任公又有一文论孔子教义,其言显刺康南海、陈炳章之流,任公识进化矣"。参见《藏晖室札记·读梁任公〈政治之基础与言论家之指针〉》,《胡适全集》第 28 卷,第 146、148 页。

④ 胡适:《中国的孔教运动:历史的解释和批评》,译文参见周明之《胡适与中国现代知识分子的选择》,第 202 页。

比要求政府立孔教为国教更重要与性命攸关的许多问题"。①

胡适能够相对客观地进行理论上的评判,正如林毓生先生所说,是因为"他寄居在远离故国的异邦,他的意识没有受到因辛亥革命推翻普遍君权而产生的传统文化道德秩序崩溃的直接影响"。② 但从梅光迪致胡适的信中称赞陈焕章及其《孔教理财学》,说后者之言"推阐孔教真理极多,可谓推倒一世"③来看,这种对于孔教或儒家崇新的态度迎合了胡适他们改造传统中国的期冀和内心的抱负。也即是说,胡适从中看到了一种新生的力量或改造儒学的新视角和新的动力。胡适在文中赞同康有为对孔教的改造也只能作如是观。

而总体看,胡适此时的想法不仅是零星的,讨论相关孔教和宗教问题的知识准备也不足,有时又会突破理论而直接回应时势。1914年11月16日,胡适又看到袁世凯1914年9月25日签署发布签署的"祭孔告令"(胡适称为"尊孔令"),他把全文附在当天的札记中,并直指"尊孔令"的七大谬误,他说:

> 此令有大误之处七事,如言吾国政俗"无一非先圣学说发皇流行",不知孔子之前之文教,孔子之后之学说(老、佛、杨、墨),皆有关于吾国政俗者也。其谬一。今日之"纲常沦致,人欲横流",非一朝一夕之故,岂可尽以归咎于国体变更以后二三年中自由平等之流祸乎? 其谬二。"政体虽取革新,礼俗要当保守"。礼俗独不当革新耶? (此言大足代表今日之守旧派。)其谬三。一面说立国精神,忽作结语曰"故尊崇至圣"云云,不合论理。其谬四。明是提倡宗教,而必为之辞曰绝非提倡宗教。其谬五。"孔子之道,亘古常新,与天无极",满口大言,

---

① 胡适:《中国的孔教运动:历史的解释和批评》,译文参见林毓生《中国意识的危机——"五四"时期激烈的反传统主义(增订再版本)》,第146页。
② 林毓生:《中国意识的危机——"五四"时期激烈的反传统主义(增订再版本)》,第145页。
③ 参见梅光迪致胡适第十四函,1912年7月8日,《梅光迪文存》,第517页。但梅光迪对于陈焕章将"孔教"视作"宗教"仍不满。

毫无历史观念。"与天无极"尤不通。其谬六。"位天地,育万物,为往圣继绝学,为万世开太平,苟有生知血气之伦,皆在范围曲成之内",一片空言,全无意义,口头谰言,可笑可叹。其谬七。嗟夫! 此国家法令也,掷笔一叹!①

这"七谬"的核心是共和国的立国精神与独尊孔门一家的不协调,因为共和政治的世俗性与宗教本身的超越性并不在一个层面。这一点在陈独秀1916年发表的《驳康有为致总统总理书》和《孔子之道与现代生活》②中也有涉及,他们更多的是采用一种现代与传统的二分法,此种二分法暗含着渴望使中国走出传统,走向现代。但这与其说是超越历史而成了政治学的问题,不如说是胡适受到现实刺激的反应更合适。而这种现实性批评在日记中又比公开的讨论要严厉得多。

第二节 重建学术谱系:系统研究儒家和孔子思想的起始

1912年4月30日,梅光迪在致胡适的信中说:"先秦诸子之学极有研究价值。吾辈归去后,当设会研究,刊行书报,此吾国学术上之大题目而无人提及。"③这个提示虽然没有起到立竿见影的效应,但或是最直接启发胡适两年后治诸子学的源头。

从胡适留学日记看,1912—1913年间,孔教思想及改革、理学、基督教和美国政治的兴趣占据了他的大部分时间,但对中国传统文化的正式论述,只有1913年1月发表在《留美学生年报》上的《〈诗经〉言字解》。

1914年则是个重要的转捩点。这一年他似乎从老子和《道德经》那里

---

① 胡适:《藏晖室札记·袁氏尊孔令》(1914年11月16日),《胡适全集》第27卷,第561—562页。

② 分别见《新青年》第2卷第2号,1916年10月1日,第1—4页(文页);第2卷第4号,1916年12月1日,第1—7页(文页)。

③ 梅光迪致胡适第十函,1912年4月30日,《梅光迪文存》,第512页。

找到了改写旧说的突破口。7月7日,胡适在札记中提到,读《老子》第十一章,"穿凿可笑"地解读了"三十辐共一毂",且联想到了国家与个人的关系,而把"受黑格尔派影响甚大"一点表露无遗。① 这里不仅引用了陆德明(约550—630)的《音义》,其中大胆的中西对比和想象,也成了后来学术取向的重要组成部分。

这个兴致盎然地"发现之旅"一直持续了两个月。到8月21日,他在札记中再次提及读《老子》,记韩非(约前280—前233)《解老》《喻老》之章次。发觉韩非"所引《老子》原文之先后,颇不与今本《道德经》同",认为这一问题有继续"探讨之价值"。② 从学问的层面看,此时胡适似乎已经入了老学之门。

在《老子》中发现前人的问题,由此产生新见,对于学生时代的胡适的鼓励应该相当大。他续读《老子》,不断有新问题发现,对老子的理解加深的同时,也产生了好感。1915年8月9日,胡适作《老子是否主权诈》,认定老子不主张"权诈"。③ 这明显是为老子辩护。对老子的理解和好感也间接地为他后来的"老前孔后"说打下了基础。

不仅是研读《老子》,胡适也同时对墨家产生了兴趣。1914年11月21日,他作《论墨子哲学》一文,这也是有关墨家学说的最早的论述。虽然后来在《梁任公〈墨经校释〉序》中,胡适说,"他(指梁启超——引者)在《新民丛报》里曾有许多关于墨学的文章,在当时曾引起了许多人对于墨学的新兴趣。我自己便是那许多人中的一个人"。④ 但他个人在当时误认墨子为"大科学家",则是直接的原因。在《先秦诸子进化论》初稿中,胡适就明确

---

① 胡适:《藏晖室札记·读〈老子〉"三十辐共一毂"》(1914年7月7日),《胡适全集》第27卷,第360—361页。不过,胡适在1917年3月补记中已经放弃了原先的说法,见同上书,第362页。在1916年8—9月间所撰的《先秦诸子进化论》中,则已有新说。

② 胡适:《藏晖室札记·读〈老子〉(二)》(1914年8月21日),《胡适全集》第27卷,第459页。

③ 胡适:《藏晖室札记·老子是否主权诈》(1915年8月9日),《胡适全集》第28卷,第217—219页。

④ 胡适:《梁任公〈墨经校释〉序》,《胡适全集》第2卷,第156—157页。

说:"后来战国时代的科学大家,如公输般、墨翟,都出在鲁国,或是孔子的学说的影响,也未可知呢。"但在八个月后发表的此文的改定稿中,这句话被删除了。①

胡适在 1916 年 4 月 13 日札记中说:"友朋(此处特指许怡荪、胡近仁——引者)知余治诸子学,在海外得书甚不易,故多为余求书。"②这说明从 1914 年 7 月初解《老子》开始,两年中,他也一直在关注着诸子学。此一关注对胡适学术与思想的意义是不可小觑的。它既让青年胡适与晚清以降渐成学界主流的学问以及章太炎等学界名家联系在了一起,而进一步深入地研读,也自然会形成"平等的眼光",这一点对日后胡适解读儒、儒家和孔子非常重要。

另外,在此日日记中胡适还提到友人许怡荪和堂叔胡近仁(1883—1932)均"手写吴草卢《老子注》全书"奉赠。而现在看来,元儒吴澄(1249—1333,草卢,又作"草庐")主要承继宋代理学家的思想,是典型的以理学解老,其所撰《道德真经注》(即胡适所谓"《老子注》")对胡适产生何许影响,尚有待考订。当然,其哲学化解读即便让胡适看到了中国哲学源头所在,也仅是后者选择老子思想作为中国哲学源头的原因之一。

1916 年 9 月 2—3 日,中国科学社在美国麻省安多佛菲利普斯中学(Phillips Academy Andover)召开第一次年会,胡适在演讲会环节,以"先秦诸子进化论"为题进行了演讲,演讲稿发表在 1917 年 1 月出版的《科学》杂志第 3 卷第 1 期"年会号"上。5 月份,胡适对此文进行了修改,改定稿又在 9 月出版的《留美学生季报》第 4 卷秋季第 3 号上刊登。

《先秦诸子进化论》是胡适系统论述先秦诸子的起始之作。按照胡适的说法,此文写于 1916 年八九月间,而胡适 1917 年 5 月 4 日札记云:"吾之

---

① 胡适:《先秦诸子进化论》,《科学》杂志第 3 卷第 1 期,1917 年 1 月,第 25 页。改定稿改题目为"先秦诸子之进化论",刊《留美学生季报》第 4 卷第 3 号,1917 年 9 月。
② 胡适:《藏晖室札记·怡荪、近仁抄赠的两部书》(1916 年 4 月 13 日),《胡适全集》第 28 卷,第 353 页。

博士论文于 4 月 27 日写完","原稿始于去年 8 月之初,约九个月而成"。①由此上推 9 个月,应是 1916 年 8 月左右,也就是说,撰写《先秦诸子进化论》初稿时,胡适刚开始着手撰写博士论文《先秦名学史》,所以二者在内容上的关联性并不大。

《先秦诸子进化论》初稿应是为参加中国科学社第一次年会而撰写的应景之作,也没有证据表明胡适本人对此文有多么重视,他之所以几个月后修改再刊,更多地可能是在完成博士论文的写作后对先秦思想整体认识更为深入,因而也发现原文的论述存在明显的漏洞,这一点从改定稿改动最大的是有关荀子的章节,亦不难看出。

初稿第六章为"荀卿韩非的进化论",凭借"韩非、李斯都曾做过荀卿的弟子"②就将荀子与韩非、李斯(前 284—前 208)列在一章,显然过于简单化,它完全忽视了儒家与法家的区别。改定稿将第六章"荀卿韩非的进化论"替换成"荀卿的进化论",而以"韩非、李斯的进化论"为第七章。但与初稿最大的不同在于,改定稿和《先秦名学史》发生了直接的关系。修改后的第六章有关荀子的一些文字,就是直接从他的博士论文剪贴过来的。

然在《先秦诸子进化论》中确立了胡适有关中国哲学史或思想史研究的几个基本观点和视角。首先,是"老前孔后"。老子作为中国"哲学突破"的先锋地位相当明确。胡适引《老子》第四十章"天下万物生于有,有生于无"后说:"这是进化论的'开宗明义章第一',也就是哲学的起点。"此乃胡适第一次说《老子》中的思想是中国哲学的"起点"。下面的议论更加主观,他说:"看他全副哲学的口气,全无一毫神话的腔调。"老子的哲学也被他解读成了现实中的"反迷信"的启蒙。他指出:"老子的'天地不仁',不过是针对一般迷信'天地有好生之德'的人说法"。③

其次,在胡适看来,孔子本人及其思想也是进取的,符合进化原则的,而

---

① 胡适:《藏晖室札记·我之博士论文》(1917 年 5 月 4 日),《胡适全集》第 28 卷,第 554—555 页。
② 胡适:《先秦诸子进化论》,《科学》杂志第 3 卷第 1 期,1917 年 1 月,第 38 页。
③ 以上分别见胡适《先秦诸子进化论》,《科学》杂志第 3 卷第 1 期,1917 年 1 月,第 20、21 页。

非复古派。胡适是从《易经》中看出孔子的解读具备所谓由简入繁的"进化"的"科学方法"。但他更注意孔子现实态度上的"温故而知新",因为这也符合他理解的"历史的方法"。胡适指出:

> 孔子虽不主张复古,却极"好古"。他的好古主义全从他的进化论生出来。他把历史当作一条由简而繁不断的进行,所以非懂得古事,不能真懂今世的事。……
>
> 唐太宗说:
>
> "以古为鉴,可知兴废。"
>
> 孔子的"好古"主义正是如此。他说:
>
> "温故而知新,可以为师矣。"
>
> 温故正所以知新,并非教人复古,也非教人"食古不化"也。《易经》又说:"彰往而察来",也是这个道理。今人说的"历史的方法"(Historical Method),其所根据全在于此。①

"孔子的进化论"是《先秦诸子进化论》中最为温和的一个章节,后人察觉到的调和论的意味也仅存于这一章,而后面的论述虽不能说就是推翻了这个调和论的主张,但至少显现出胡适的另一种更为强烈,或完全不同的追求。赞扬孔子的观点不意味着同样赞同后儒(特别是汉儒)的观点,胡适思想和学术上的革命性激情是包裹不住的,在此文后半部终于溢将出来。

如果就文字的多寡而言,《先秦名学史》以及《中国哲学史大纲(卷上)》中,韩非、李斯都不是论述的重点,但在《先秦诸子进化论》中,韩、李二人所占篇幅在比例上远高于两部专著。这不仅是因为在胡适眼里,韩非和李斯代表的战国法家具备了进化论的资质,主要是他自己的革命精神以及对独尊式儒家的反叛意识投射到对于韩、李革命精神的挖掘中,形成了共鸣。

这也就涉及了比上述两个方面较为后人所忽视的第三点,即胡适革命

---

① 参见胡适《先秦诸子进化论》,《科学》杂志第 3 卷第 1 期,1917 年 1 月,第 26—27 页。

性的态度不再像此前只是在日记或书信里表决心,或自我鼓励式地喊口号,而是体现到了具体的先秦诸子思想的研究当中。

事实上,在论述"荀卿的进化论"时,胡适就已经表现出对于革命精神的认同和渴望。这一点在《先秦诸子进化论》初稿里更为突出。他说,"荀子是主张'人定胜天'的"。这是说,荀子与庄子不同,后者是"演天",而前者是"演人"。"依荀子的话,任人而不任天,方有进化。若任天而不任人,必至退化。"①为什么说这是对于庄子而言的革命精神而不是学术精神的体现呢?这需要对比《先秦诸子进化论》的改定稿和《中国哲学史大纲(卷上)》才能解释清楚。

《先秦诸子进化论》改定稿的一个变化是,不再全盘肯定荀子的"进化论"。虽然胡适仍坚持荀子是在"演人",但"人定胜天"不再放在章节之首。在此之前,他添加了许多新的内容,这些新添的内容也让荀子的"革命性"转化成了温和的适合达尔文(C. R. Darwin,1809—1882)进化论的一点一滴的演化,他说:"荀卿的'戡天主义'更含有进化的性质。物类的相变迁,他虽不承认。他却承认每种类之中却有进化退化。但是这种进退都由人力,不靠天工。这种进化全由一点一滴的积聚起来。"②虽然胡适仍强调,荀子所说有违于"进化论"是受彼时的"妄人"所惑,但荀子的"革命性"已经大打折扣。

而在后来的《中国哲学史大纲(卷上)》中,胡适干脆否定了前说,荀子也不再具有"进化论"的思想。他说,荀卿的"戡天主义"(Conquest of Nature)与"近世科学家的'戡天主义'大不相同。荀卿只要裁制已成之物,以为人用,却不耐烦作科学家'思物而物之'的功夫","这都由于他的极端短见的功用主义,所以有这种反对科学的态度"。而荀子"对于当时的生物进化的理论,也不赞成",且"不主张进化论",甚至"痛骂那些主张历史进化论的人"。③ 由此

---

① 具体见胡适《先秦诸子进化论》,《科学》杂志第 3 卷第 1 期,1917 年 1 月,第 35—36 页。
② 参见胡适《先秦诸子之进化论(改定稿)》,《留美学生季报》第 4 卷第 3 号,1917 年 9 月,第 24 页。
③ 胡适:《中国哲学史大纲(卷上)》,《胡适全集》第 5 卷,第 456—459 页。

可知,随着时过境迁以及学养加深,胡适的革命精神已不再轻易地展现。但这反过来也证明,撰写《先秦诸子进化论》初稿时,确是寄托了胡适的革命精神的。

其实,胡适投射革命精神的动机在有关荀子的论述上更为明显。在《先秦诸子进化论》初稿中,胡适之所以把荀子与韩非、李斯放在一章中还有一个原因,就是他们所体现出反叛正统主流的那种革命精神。胡适说:

> 荀子的历史进化论,在中国历史上也很有关系。孔子曾说过:"温故而知新",荀子却反过来说:"知新以知故"。①
> …………
> 荀卿的意思,似乎是说历史进化愈进愈繁赜,愈完备,记载的制度文明也更详尽。所以古来的好处多包括在现在的文化里面。若能知道现在的文明,便可知千古以来的文明了。这便是"欲观千岁则数今日"的意思。

这是说,荀子在用"厚今薄古"来对抗传统的"厚古薄今"。下面的说法更为明确,胡适写道:

> 此外还有一说。周末的学者多喜假托上古圣王替自己的学说撑门面。于是你也"言必称尧舜",他也"言必称尧舜"。因为古史不明,无可查考,所以人人都可自作三王五帝。荀子极反对这种"托古改制"的手段。②

胡适此处所谓"托古改制"与康有为的"托古改制"的意思略有不同,他指的实际是一种"泥古不化"的古代传统,所以并非是反对康有为对儒学的改

---

① "知新以知故"的认知非常重要,因为不仅胡适基本遵循此原则,新派亦以此原则来观照"国故"的。

② 以上均见胡适《先秦诸子进化论》,《科学》杂志第3卷第1期,1917年1月,第37—38页。

造。然而,文中有两个信息,十分重要。它们是胡适学术上的革命精神最基本的两点,也是后来胡适《中国哲学史大纲(卷上)》"截断众流"的大无畏精神最早的展现。

"截断众流,从老子、孔子讲起",①所以,胡适反对"言必称尧舜",这是其一。其二,强调"查考"的重要。在胡适看来,无查考者,即不可信。这其实是其一的理由。这两点到论及韩非和李斯时,不仅又表达了两回,且说得更为明确。

胡适写道,"韩非又说古今生活程度不同,古代'人民少而财有余故民不争',今人'人民众而货财寡,事力劳而供养薄,故民争'"。胡适将此说与马尔萨斯(T. R. Malthus,1766—1834)人口论相类比,并赞扬说:"这种'生计的历史观'('Economic Interpretation of History')在中国历史上,可算得绝顶眼光了。"胡适提到韩非对于上古尧、舜是否具备"传天下与人"的怀疑,以及生在今世,不当称道"尧舜禹汤文武之道",且以为韩非所说的"不期循古,不法常可,论世之事,因为之备"这十六个字,"包括了韩非一生的政治学说"。②

但此处胡适对于韩非所体现的"实用主义"(Pragmatism,胡适后来表达成"功用主义")和"激进主义"(Radicalism)的表达是反问式的,也即是说,他尚无把握确定韩非的思想是否合乎"实用主义"和"激进主义"的标准,到后来《中国哲学史大纲(卷上)》中这个观点得到了确认。胡适说:

> (在韩非看来)言行若不以"功用"为目的,便是"妄发"的胡说胡为,没有存在的价值。

又云:

> 言行既以"功用"为目的,我们便可用"功用"来试验那言行的是非善恶。

---

① 《中国哲学史大纲(卷上)·蔡元培序》,《胡适全集》第5卷,第192页。
② 胡适:《先秦诸子进化论》,《科学》杂志第3卷第1期,1917年1月,第38—39页。

当然,胡适从韩非那里看到的不仅是与他所尊崇的"实用(验)主义效果论"的契合,他更强调的,还是"查考",这也是他反对传说中的"三代"最有力的依据,也是他所认知的符合现代科学的人文学研究。后来他把"查考"表达成"参验",而"参验"一词正是出自韩非的《显学》篇。胡适说:"'参验'即是证据。韩非的学说最重实验,他以为一切言行都该用实际的'功用'作试验。"①

至于肯定韩非的"激进主义",其本身也包括希望走出上古中国政治学说中从老子以下的"无为"主义。所以,胡适不断强调韩非的"进化"的一面,因为"主张进化论,故他的法治观念,也是进化的"。② 这种进化的法治观念是反对静止,讲实用效果的。而"实用效果"的标准,即是胡适所谓"韩非的实验方法"的关键,还在于"能否适合时代的实际需要"。③

胡适在《先秦诸子进化论》中表述的韩非和李斯"激进主义"的具体指向是反对"法先王",否认"三代"的辉煌和真实性。这实际是反对儒家和孔子为代表的主流思想和学术的体现。他看重韩、李的也正是这一点。1930年,胡适在评述李斯的"若有欲学法令,以吏为师"时说:

> 平心而论,这种思想可算是中国古代思想中最大胆、最彻底的部分。古代思想家谈政治往往多是内心冥想,而捏造尧舜先王的故事来作证据;内心的冥想无穷,故捏造的尧舜先王故事也无穷。这种风气有种种流弊。名为道古,其实是作伪;闭户造证据,其实全无证据,养成懒惰诈伪的思想习惯,是一弊。什么事总说古昔先王怎样好,"不善今之所以为治,而语已治之功",养成迷古守旧的心理,是二弊。说来头头是道,而全不观察现状,全不研究制度,"不审官法之事,不察奸邪之情,而皆道上古之传,誉先王之成功",养成以耳为目的不晓事习气,是三弊。故满地是"先王之语",其实大都是假历史;遍地是"书简之文",

---

① 以上均参见胡适《中国哲学史大纲(卷上)》,《胡适全集》第 5 卷,第 518 页。
② 胡适:《中国哲学史大纲(卷上)》,《胡适全集》第 5 卷,第 517 页。
③ 胡适:《先秦名学史》,《胡适全集》第 5 卷,第 184 页。

第三章 《说儒》前史:影响《说儒》写作的内源性因素

其实大都是成见与瞎说。

又说:

> 我们至多不过嫌李斯当日稍稍动了一点火气,遂成了一种恐怖政策,不仅是取缔那应该取缔的"以古非今",竟取消一切"私学"的权利,摧残一切批评政治的自由了。但政治的专制固然可怕,崇古思想的专制其实更可怕。秦帝国的专制权威,不久便被陈涉、项羽推翻了。但崇古思想的专制权威复活之后,便没有第二个韩非、李斯敢起来造反了。我们在两千多年之后,看饱了二千年"道古以害今,饰虚言以乱实"的无穷毒害,我们不能不承认韩非、李斯是中国历史上极伟大的政治家。他们采取的手段虽然不能全叫我们赞同,然而他们大胆的反对"不师今而学古"的精神是永永不可埋没的,是应该受我们的敬仰的。①

虽然这两大段话(特别是后一段)的基本语境是国民党政府重建"道统"的复古倾向,所以会有"政治的专制固然可怕,崇古思想的专制其实更可怕"这种极而言之的表达,但胡适对荀子和韩非、李斯反对崇古、挑战主流的欣赏和赞扬是相当明显的。此外,他还有一个潜在的寄托,这从《先秦诸子进化论》结尾的一段话,亦可看出。

胡适在看到李斯将荀子、韩非"法后王""不期存古",以救守旧之弊端的倾向推向极致,"遂惹出焚书坑儒的黑暗手段"后接着说:"后来儒家得志,也学李斯的手段,'别黑白而定一尊'。从此以后,人人'以古非今',人人'不师今而事古'。这也是朱子说的'教学者如扶醉人,扶得东来西又倒了'。"②这就是为什么在论韩非的一开始,胡适就说:

> 韩非最恨那些"言必称尧舜"的腐儒,……看他"非愚则诬"四个字

---

① 以上参见胡适《中国中古思想史长编》,《胡适全集》第6卷,第79—80页。
② 胡适:《先秦诸子进化论》,《科学》杂志第3卷第1期,1917年1月,第41页。

骂倒多少腐儒!

可知,胡适提升荀子、韩非和李斯思想的价值,实在也是不满于后世腐儒将儒家"定于一尊",排斥异端,造成思想专制,学术窒息。此也是从事诸子学研究必然衍生出的结果。1915年7月,胡适决定转学哥伦比亚大学时申报的博士论文题目是《古代中国非儒家的哲学家》。① 注意"非儒学派",亦含有对思想解放的渴望。

正是出于挑战主流,称颂异端的意识,胡适1917年4月16日又写下了《论九流出于王官说之谬》(发表时改为《诸子不出于王官论》)。现在看来,此文的意义不在于具体的见解,而在于对传统学术定论的价值重估以及由此引发的学界新旧两派一系列的讨论。

对胡适个人而言,《诸子不出于王官论》确如余英时先生所说,其力度应与《文学改良刍议》相媲美,②但它对整个学界的影响则是胡适"暴得大名"以后,特别是20世纪20年代初,有留洋背景的"学衡派"诸君展开对新文化运动的批评,从而引发旧派学者的共鸣,才逐渐加码,进而为学界所广泛知晓和品评的。

这中间有一个小插曲不能不提。1921年7月31日,胡适赴南京高等师范学校暑期学校演讲《研究国故的方法》。据当日胡适日记记载,"演讲后,有去年暑期学校学生缪凤林君等围住我谈话,缪君给我看某君做的一篇驳我'诸子不出于王官说'的文字,某君是信太炎的,他的立脚点已错,故不能有讨论的余地"。③

缪凤林(1899—1959)时为南高大三的学生,但这里的"某君"却并非指其师,即南高教授柳诒徵。因柳先生《论近人讲诸子之学者之失》要到11月才正式刊出。而柳文中批评的对象包括章太炎,与所谓"信太炎"一点亦

---

① 胡适致韦莲司,1915年7月14日,参见胡适撰,周质平编译《不思量自难忘——胡适给韦莲司的信》,台北:联经出版事业公司,1999年,第67页。

② 参见余英时《中国近代思想史上的胡适——〈胡适之先生年谱长编初稿〉序》,收入其《重寻胡适历程:胡适生平与思想再认识》,桂林:广西师范大学出版社,2004年,第187页。

③ 胡适1921年7月31日日记,《胡适全集》第29卷,第393页。

不合符节。故此处"某君",更可能是指与林损(1890—1940)等人组织汉学研究会和《唯是》学报社的北京大学国文门的大二学生朱毅,①而"驳我'诸子不出于王官说'的文字"则是指朱毅发表在 1920 年 5 月《唯是》第 1 期上的《九流不出于王官论驳议》。此文有差不多一半篇幅在为章太炎及其"官守说"辩护,也符合胡适"信太炎"的限定。

在胡适 1917 年发表《诸子不出于王官论》后,现在能查到的最早公开提出商榷的论文就是朱毅的《九流不出于王官论驳议》。朱文与柳诒徵 1921 年 11 月在《史地学报》第 1 卷第 1 号上发表的《论近人讲诸子之学者之失》以及缪凤林 1922 年 4 月在《学衡》第 4 期上发表的《评胡氏〈诸子不出于王官论〉》发表时间相差了近两年,但三文对于胡适《诸子不出于王官论》的商榷和批评却大同小异。应该说,缪文承继柳说,属师生传灯,情有可原。但从朱文与柳、缪二文观点相似亦可知,民初的旧派不仅在"官守说"上没有太多的差别,在立论方法和史观上,也谨守传统"师法"。

朱毅《九流不出于王官论驳议》的第一条商榷意见便是批评胡适片面理解古书,只注意《淮南子·要略》中诸子"应时而生"的一面,对上古学术传承则视而不见。而即便依胡适《诸子不出于王官论》所言孔子"有周公之遗风,而后儒者之学兴"反诘,亦"适足证诸子学说,于前代有所师资"。② 缪凤林《评胡氏〈诸子不出于王官论〉》也谈到此点,不过他以为,《淮南子·要略》中诸子的"应时而生",只是"当时之因",而思想除此之外,尚有"前因","西周学术皆守王官"即是"前因"。"徒有当时之因,而无前因,则诸子之学无自出。"故他斥胡适以偏概全,"削踵以适履"。③这个"前因"与"当

---

① 朱毅,生卒年未详,1918 年入北京大学国文学门学习(参见王学珍、郭建荣主编《北京大学史料[1912—1937]》第 2 卷上册,北京:北京大学出版社,2000 年,第 543 页),有关毕业信息付之阙如。据《吴虞日记》1921 年 8 月 17 日条转述朱希祖所说"去年暑假,国文科毕业,如傅斯年诸人,颇多佳士。今年暑假,国文科毕业者殊不佳,如朱毅之徒皆是"(参见中国革命博物馆整理,荣孟源审校《吴虞日记》上册,成都:四川人民出版社,1984 年,第 628 页)可知,朱毅应在 1921 年毕业。
② 朱毅:《九流不出于王官论驳议》,《唯是》第 1 期,1920 年 5 月 5 日,第 6 页。
③ 具体见缪凤林《评胡氏〈诸子不出于王官论〉》,《学衡》第 4 期,1922 年 4 月,第 2、6 页(文页)。

时之因"在柳诒徵的《论近人讲诸子之学者之失》中的批评意味要浓得多。柳说,刘、班所述有"正因"与"副因","诸子之学,出于古代圣哲者为正因,而激发于当日之时势者为副因"。以此衡量,胡适《诸子不出于王官论》以及《中国哲学史大纲(卷上)》是"举副因而弃正因,岂可谓仔细研究乎?"在他看来,胡适这样做的"病原","实由于不肯归美于古代帝王官吏。一若称述其事,即等于歌功颂德的官书"。①

然此"病原"却只是表象,而非真因。柳文所指出的,胡适强调客观,却在实际研究和论断中颇为主观,这个依旧是表象的批评对象也包括章太炎和梁启超。他说,"然诸氏好称客观,而其论学则多偏于主观,逞其臆见,削足适履,往往创为莫须有之谈,故入人罪"。②

不过,此一批评,与上述异议,对胡适这些新派,亦难见效果。后来柳诒徵在《自述》中提及此事时说:"适之见面,也很客气。我的学生乘间问适之对我的批评如何?他说:讲学问的人,多少总有点主观。因为他提倡客观,我说他的议论并不纯是客观也。"③如此轻易地化解了柳的批评,且让柳本人也感觉到恰切,亦表明柳诒徵等三位的批评,并没有触及胡适背后所依据的理论,包括对学术的认知以及引导学术走出古典、走向现代的意图。

柳诒徵的另一批评,是说胡适"论学之大病,在诬古而武断,一心以为儒家托古改制,举古书一概抹杀。故于《书》则斥为没有信史的价值,于《易》则不言其来源,于《礼》则专指为儒家所作,独信《诗经》为信史。而于《诗经》之文,又只取变风、变雅以形容当时之黑暗腐败,于风、雅、颂所言不黑暗、不腐败者,一概不述。"④柳诒徵指出胡适的受今文学影响的一面,确

---

① 以上均见柳翼谋教授《论近人讲诸子之学者之失》,《史地学报》第1卷第1号,1921年11月,第10页(文页)。此文在杂志目录页题名为《论近人言诸子之学者之失》,现均依文页题名。

② 柳翼谋教授:《论近人讲诸子之学者之失》,《史地学报》第1卷第1号,1921年11月,第1页(文页)。

③ 柳诒徵:《我的自述》,收入柳曾符等编《劬堂学记》,上海:上海书店出版社,2002年,第18页。但此属于公开的回应,与私底下未必相同。

④ 柳翼谋教授:《论近人讲诸子之学者之失》,《史地学报》第1卷第1号,1921年11月,第5—6页(文页)。此处省略原注。

第三章 《说儒》前史：影响《说儒》写作的内源性因素

是正当。此点章太炎说得更明确，"胡适所说《周礼》为伪作，本于汉世今文诸师，《尚书》非信史，取于日本人，六籍皆儒家托古，则直窃康长素之唾余"。①然出于古文学家立场，柳文所论未免有些矫枉过正。他由此推论，谓依胡适之方法，必定会"断定曰：古无学术。古无学术，故王官无学术；王官无学术，故诸子之学，决不出于王官"。②这就不仅是失之于他所批评的"主观"，且也表明旧派对胡适之说的误解之深。

因胡适于上古文献只信《诗经》，其他暂不采信，于三代以上亦仿此例。此并非否定三代传说的子虚乌有，而是取史家的科学态度，"宁可疑而过，不可信而过"。③对于古籍的存疑不见得就是认为"古无学术"，而是要寻求一种证验，故有不信一切没有证据的事之说。这不仅是胡适对于杜威实验主义精神上和方法上汲取以及对于科学研究基本认知的结果，它也有中国的渊源。其远源或可从程、朱算起，至乾嘉考据学派，近源则是章太炎。以往读《章太炎先生致柳教授书》，论者只注意章氏揭发和批评胡适学术的一面，实则章太炎在向柳诒徵检讨时，亦有明谏和暗谏柳氏的一面。

前者如章氏不同意柳诒徵一味地誉美汉儒，否决董仲舒"独尊儒术"的负面影响以及汉武的"罢黜百家"，将九流之衰归因于兵燹所害，故章有"九流之衰，足下谓由董卓之乱，永嘉之难使然，亦实语也。然书籍焚毁，始于是时，而学术衰微，则实汉武罢黜百家之故，……由是言之，九流之衰，仲舒群儒当任其过，而不得概归咎儒家，望足下更为平情之论也"。④

而暗谏则是在批胡适的话语之中隐约展现的。章太炎说："此种议论，

---

① 章太炎：《章太炎先生致柳教授书》，《史地学报》第 1 卷第 4 号，1922 年 8 月，第 1 页（文页）。
② 柳翼谋教授：《论近人讲诸子之学者之失》，《史地学报》第 1 卷第 1 号，1921 年 11 月，第 6 页（文页）。
③ 这个"疑古"的原则，最早似是在 1920 年 12 月 18 日预备为顾颉刚整理的《清代著述考》而致后者信中提出，1921 年 7 月 31 日在南京高等师范学校暑期学校演讲《研究国故的方法》时又予重申。分别参见胡适致顾颉刚，1920 年 12 月 18 日，《胡适全集》第 23 卷，第 330 页及胡适 1921 年 7 月 31 日日记，《胡适全集》第 29 卷，第 393 页。
④ 本段与下段，均见章太炎《章太炎先生致柳教授书》，《史地学报》第 1 卷第 4 号，1922 年 8 月，第 1—2 页（文页）。

但可哗世,本无实征,且古人往矣,其真其伪,不过据于载籍,而载籍之真伪,则由正证、反证、勘验得之。"章太炎又提及"质验",仿佛仍是批评胡适、康有为的今文经学立场。他说:"儒家孔子究竟有无其人,今亦何从质验?"但这个"质验"其实就是胡适在《诸子不出于王官论》中反复使用的"征验",前文已言明,它与章太炎有着传承关系。而"质验"也是章太炎学术方法上最为符合科学史学的一面。这个"质验"所以是暗谏,还因为柳诒徵在论述中也引证古书,但基本未脱"依古书以自证"的窠臼。这是信古派最大的问题。而正是有此暗谏的基础,上面提及的明谏,才能成立。章太炎对同为旧派的柳诒徵的提醒,颇有现代的意味。

无论"正证""反证""勘验",还是以往用得最多的"质验",似乎要求在事先不存立场的前提下,经过实证的过程方得出结论,确立态度,但实际却不可能。胡适所说"讲学问的人,多少总有点主观"即讲的是学者"前经验"所决定的态度的不可避免。然态度与态度之间也有差异。

站在柳、章古文学家立场看胡适,后者的今文学立场就容易被放大。而反映在对《周礼》真伪的认同差异上的其实也是表象。上面提及,在"征验"上,胡适承继了章太炎,但二人亦有差别。因为并非考据就是"征验","征验"的前提在胡适那里首先是对于古史、古籍的重估态度。这时候,"信古"与"疑古"是截然不同的。"信古"只注意一个传承的前因,而"疑古"实则并未放弃这个前因,只是说前因也需重估,需要征验,只有征验以后,才可信。关键是,这个重估与征验,既具备启蒙的意义,又与科学的精神和孔德(Auguste Comte,1798—1857)实证主义相契合。由是亦可知,柳诒徵对胡适的批评,实在与胡适所想不在一个层面上,因此,也就没有对话的可能和意义。

进一步看,柳诒徵和章太炎这些旧派指责新派领袖胡适不读书或读书不细也无法真正触动胡适,因为到20世纪20年代,新派的学术取向已不再拘泥于上古典籍或经学史上的五经、六经或十三经。用胡适1928年12月初在上海中国公学演讲"治学方法"时的话说,"我们中国要研究有结果,最要紧的是要到自然界去,找自然材料。做文学的更要到民间去、到家庭里去找活材料"。① 两年后,即1930年12月7日,胡适又在北大哲学系为其重返北大任教而召开的欢迎会上致答辞说,"我们应该注重活的问题,不该专研究过去历史上死的问题,古代的成功或失败,仅是我们的指导和教训,我们应该领导社会思想,研究中国当前的社会问题"。②这当然还是针对青年学生,不希望他们都躲进"故纸堆"。

1929年2月,顾颉刚为《国立中山大学语言历史学研究所年报》作序时则在胡适所说的基础上,具体提出了几个努力方向,即:

> 1.在民俗学方面,无限制的搜集材料,……能使许多人从根本上了解中华民族的各种生活状态。
>
> 2.在历史学,语言学,考古学方面,至少能就前人已有的成绩作出发点,更逐渐搜集新事实,创造新系统。
>
> 3.我们要明白自己的学问是学问的全体中的一小部分,不要作正统派,所以不希望全国的青年都归附到我们的旗帜之下,只希望对于这方面有兴趣有能力的青年肯和我们联合工作,……③

前引1933年胡适批评柳诒徵《中国文化史》时说的要"细心研究石器、金器及同时代的其他实物,下及甲骨文、金文",都是在提倡寻求"活材料"。作"活学问",以便打破精英与民众的界限,最终活跃思想的治学取向使新

---

① 胡适之演讲,张嘉树笔记:《治学方法》,《民国日报·觉悟》,1928年12月9日,第2版。
② 焦步青:《欢迎胡适之先生席上记事(1930年12月7日)》,《北京大学日刊》第2516号,1930年12月10日,第3版。
③ 顾颉刚:《国立中山大学语言历史学研究所年报·序》,《国立中山大学语言历史学研究所周刊》第6集第62—64期合刊,1929年1月16日,第6页。此"年报"即为《国立中山大学语言历史学研究所周刊》第6集合刊。但据顾颉刚1929年日记,《年报》序撰写时间为2月6—7日(见《顾颉刚日记》第2卷,台北:联经出版事业公司,2007年,第250页),而收录此序的《国立中山大学语言历史学研究所周刊》第6集第62—64期合刊封面标出的出版时间为"1月16日",二者显然不合辙。如若顾颉刚日记无误,则《国立中山大学语言历史学研究所周刊》第6集第62—64期合刊实际出刊时间非"1月16日",而应在"2月6—7日"以后。"1月16日"很可能是为了接续上一期《周刊》出刊的时间。

派更专注于民间的活化石(如歌谣)以及傅斯年所谓"动手动脚找东西"式考古的新发掘和新发现。简言之,史料的无限扩展才是正途,读古籍的粗细程度则在其次了。

旧派对胡适《诸子不出于王官论》以及《中国哲学史大纲(卷上)》中的新概念、新方法的批评亦不得要领。①缪凤林就针对《中国哲学史大纲(卷上)》中"凡一家之学,无不有其为学之方术。此方术即是其逻辑"一段评论说:"愚见所及,此言似有一根本之谬误,即以诸子之'名'当西洋之'逻辑'。是西洋之'逻辑'logic 意指为学之方术,狭义言之,即演绎与归纳。诸子之所谓'名',义虽不一,然任举一家,绝无此种逻辑之意。……胡氏惟以'名'当逻辑,故'名'不成家,抑知'名'与'逻辑',本非一物乎。"②

缪凤林所言多少是旧派西学程度的反映。不明"名学"有抽象与具体之分,自然就很难理解胡适所依据和追求的普世性。缪凤林也承继其师柳诒徵"欧洲教会焚杀哲人,与古王官直是风马牛不相及"的意见,强调欧洲中世纪教会与中国古代王官不同。他甚至引用鲁滨逊(J. H. Robinson, 1863—1936)《新史学》中有关欧洲中世纪教会的记载,以为在中世纪欧洲亦有例外。比如"意大利北部,其教育,亦非全入教士之手",以此来驳胡适"笼统"类比之误。

与此处欧洲中世纪历史依据的是鲁滨逊的《新史学》一样,前述缪凤林所谓"前因"与"当时之因"说出自美国学者马尔文(W. T. Marvin,1872—1944)的《欧洲哲学史》序言。而这一切则是为了阐发对西学并不在行的其师柳诒徵在驳论中否定欧洲教会和中国古代王官一致性的前说。旧派这种引西人著作或西方理论作后盾,亦部分地体现出晚清以降中国学术往往在中与西之争的表象之下潜藏的是西与西之争的实质。

然此点恰非旧派之所长,是以己之短攻人之长。因既然是西与西之争,

---

① 实际上,柳诒徵也是将二者一起批评的。
② 本段与下段,分别见缪凤林《评胡氏〈诸子不出于王官论〉》,《学衡》第 4 期,1922 年 4 月,第 17—18,21—22 页(文周)。其中柳诒徵意见,见《论近人讲诸子之学者之失》,《史地学报》第 1 卷第 1 号,1921 年 11 月,第 3 页。

那么衡量学术水平的标准便只能是孰"新"或者孰了解西方及其学术更深入,甚或是谁的外语水平高。如果说,后来胡适在反击柳氏时所谓"柳先生是一位不曾受过近代史学训练的人",颇能显示留学生的优越感的话,那么,优越感则具体体现在胡适直接指出柳诒徵《中国文化史》中将基督教"泛称'耶教',也易使人误会"以及柳著引文中对"基督教""天主教""如特力克""罗马教"等"各种异译也都不及统一,不加注释。……异教而混为一教,同名而有数异译,一人而译为二名"等等。胡适虽只是说"由于作者疏忽潦草,不曾先有细心之研究",实则是在欺柳诒徵不谙外文。①

柳诒徵、缪凤林否定欧洲教会和中国古代王官的相似性,是为了维护中国王官的学术性,进而维护"官守说"的正当性。他们的古代中国的例外或个性说与胡适的相通或普世论,在理念上的对立是不言而喻的。个性或普世性本身是一个事物的两面,强调其一,并无高低之分,但如此一来他们的争论明显不在一个层面,因而显得针锋不接。胡适的普世论之所以受到追捧,也是因为在民初中国西学输入尚且有限,学术并未真正开放的时期,普世性的价值、重要性和吸引力都远超于国别性、个性。因此,当柳诒徵、缪凤林强调西洋与中国不同的国别性、个性或例外说时,就不免失之于保守了。

胡适《诸子不出于王官论》对传统学术史挑战的撒手锏是"征验"。他以为,《汉志》与刘歆《七略》,"其言全无凭据"。而章太炎无论《诸子学略说》,还是"精辟远过"之的《国故论衡》所涉之"王官论"均有"无征验"之弊。前文已述及,信古派的问题在于以古籍自证,而自证实不成证据。此时的章太炎亦不能例外。"如引《艺文志》之说而以为'此诸子出于王官之证'",即是自证。② 因为在胡适看来,《汉志》即不成立,以《汉志》为证等于自证其成立。

---

① 以上分别见胡适《中国文化史》,《清华学报》第 8 期第 2 期"书籍评论"栏,1933 年 6 月,第 3、4—5 页(文页)。
② 以上分别参见胡适《诸子不出于王官论》,《太平洋》杂志第 1 卷第 7 号,1917 年 10 月 15 日,第 1、6、4 页(文页)。

然《诸子不出于王官论》中,观念明显大于"征验"。这是柳诒徵所指的"主观"和章太炎所谓今文家及康有为的影响。问题在于,"主观"何来?"征验"来源于科学的方法,此点或可肯定,但独选《淮南子·要略》"诸子之学皆起于救世之弊,应时而兴",则是他刚刚接受的实验主义理论的具体运用。胡适后来有一段自白,颇能反映其时接受和推崇杜威及其实验主义的景象。他说:

> 我在1915年的暑假中,发愤尽读杜威先生的著作,做有详细的英文提要,……从此以后,实验主义成了我的生活和思想的一个响导,成了我自己的哲学基础。但1915年夏季以后,文学革命的讨论成了我们几个朋友之间一个最热闹的题目,札记都被这个具体问题占去了,所以就没有余力记载那个我自己受用而不发生争论的实验主义了。其实我写《先秦名学史》、《中国哲学史》都是受那一派思想的指导。我的文学革命主张也是实验主义的一种表现;《尝试集》的题名就是一个证据。①

冯友兰曾师从杜威,对实验主义有切身的体会,1955年在批判胡适思想时,他的说法,也从反面证明了胡适自白的可信。冯友兰写道:

> 在"诸子不出于王官论"中,胡适说:"一家之兴,无非应时而起,及时变事异,则向之应世之学,翻成无用之文。"在"中国哲学史大纲"中也说:古代各家思想都起源于"种种时势的反动"。所谓"时势"就是个人所处的"环境"。他要"对付环境",在"对付环境"的过程中,遇见有"困难"有"疑难的境地",他就要想法解决,这就是思想。这也就是所谓"反动"。"反动"就是个人受环境刺激,从而"应付环境"的反应。②

---

① 胡适:《留学日记·自序》,1936年7月20日,《胡适全集》第27卷,第104页。
② 冯友兰、朱伯崑:《批判胡适"中国哲学史大纲"底实用主义观点和方法》,《人民日报》,1955年6月24日,第3版。

第三章 《说儒》前史:影响《说儒》写作的内源性因素

至于用科学的方法来重审古代的学术和文化,到 1917 年,胡适已有比较明确的期待。这年 7 月 6 日,他在归国途中读《新青年》第 3 卷第 3 期上日本学者桑原骘藏(1870—1931)《中国学研究者之任务》一文后,议论说:"其大旨以为治中国学宜采用科学的方法,其言极是。……末段言中国籍未经'整理',不适于用。'整理'即英文之 Systematize 也。……吾在美洲曾发愿'整理'《说文》一书,若自己不能为之,当教人为之。"①

除了理论上的杜威实验主义和科学方法以外,《诸子不出于王官论》中还体现了胡适的西方经验和自由的观念。尽管这个经验是书本上得来,这个"自由"也还停留在观念层面,但它们对于胡适的表达却起到了关键的作用。胡适所谓"诸子之学,不但决不能出于王官,果使能与王官并世,亦定不为所容而必为所焚烧坑杀耳"就是典型的"今见"。此"今见"乃是欧洲经验,是与欧洲中世纪教会钳制思想,阻碍思想自由和科学发展有所关联的。所以胡适要强调,欧洲中世纪末"教会之失败,欧洲学术之大幸也";而中国上古的"王官之废绝,保氏之失守,先秦学术之大幸也"。他没有想到,这与他驳章太炎时所说的"古者学在王官,是一事,诸子之学是否出于王官,又是一事"在逻辑上是一回事。实际上他是将自己反对的东西又应用到自己身上了。后来所有赞同"官守说"的学者,也没有认为"王官之学"值得称道,他们只是认证历史,并未掺入价值判断。胡适则正相反,观其"盖古代之王官,定无学术可言"的决绝态度,就不难发现他是以后世的学术自由精神来衡量上古"学在王官"或"王官之学"的历史的价值。因此,他的结论只能是:"谓诸子之学皆出于王官,亦大昧于学术隆替之迹已。"②

类似的意识也直接影响到"整理国故"时期新派学者的基本取向。魏建功 1926 年 1 月 27 日就柳诒徵据旧史对顾颉刚"疑古"的批评,为后者辩护时说,"科学方法是清儒的学问成功的大好手腕;我们说到底,科学方法的重要在求真,在勇于怀疑"。"生当学术自由发展之世,若不免除民贼专

---

① 胡适:《归国记》,1917 年 6 月 9 日—7 月 10 日,《胡适全集》第 28 卷,第 582 页。
② 均见胡适《诸子不出于王官论》,《太平洋》杂志第 1 卷第 7 号,1917 年 10 月 15 日,第 5—6 页(文页)。

制时被压迫的思想,反或受其拘执,信史何年何日可以实现啊!?""中国的历史,真正的历史,现在还没有。所谓'正史'的确只是些史料。这些史料需要一番澈底澄清的整理,最要紧将历来的乌烟瘴气的旧心理消尽,找出新的历史的系统。"①由此可知,求真和冲破旧俗,摆脱成见,差不多成了新派史家的共识。

胡适《诸子不出于王官论》中的欧洲中世纪教会与中国古代王官的比较也暗含着中西共通的普世价值观。正因为有此普世价值,才有可能通过比较进行褒贬。这也是胡适此后学术思想研究的重要取向和方法。然最为充分地展示要到1934年撰写《说儒》时。

胡适从《淮南子·要略》里独取"应时而生",是因为只有如此,才有学术争鸣的合理性。所以他说,"诸家既群起,乃交相为影响,虽明相攻击而冥冥之中受所攻击者之熏化",这样才有春秋战国时代的百家争鸣、相互影响出现。这不是起源问题,而是后设的自由主义思想投射的结果。胡适所谓"有时一家之言,蔽于一曲,坐使妙理晦塞,而其间接之影响,乃更成新学之新基",②也主要是对"新学"的渴望,无涉学术之起源。

不过,胡适从"应时而生"考察"学术之发生兴替",固然有忽略传统的问题,但也让实验主义的经验性和具体性得到了落实。事实上,章太炎和柳诒徵的中国"例外"或独特性也讲的是具体性,但胡适与他们的不同之处在于,在讲所有的历史和古籍的产生及出现都有具体原因的同时,直接导向了学术史的社会学视角,因而使学术史与现实的关系更加紧密。钱穆曾指出,章学诚的"六经皆史"说直接影响了晚清今文家的经世致用的产生。③ 此论断也适用于理解胡适对"应时而生"的推崇。当"应时而生"成为学术或学派缘起的主要动因后,"救时主义"必然导致入世或曰关注社会,这也是对古代中国的"出世主义"的矫正,符合胡适的进化论。故他说:"而救之以人

---

① 以上见魏建功《新史料与旧心理》,《北京大学研究所国学门周刊》第2卷第15—16期合册,1926年1月27日,第77、78页。

② 见胡适《诸子不出于王官论》,《太平洋》杂志第1卷第7号,1917年10月15日,第6—7页(文页)。

③ 参见钱穆《中国史学名著》,第256页。

治胜天之说,遂变出世主义而为救时主义,变乘化待尽之说而为戡天之论,变'法先王'之儒家而为'法后王'之儒家、法家。"①

到1934年胡适写《说儒》时,他的入世的一面正是在中华民族处于极端危机的时势下通过学术的方式体现出来。其实,这个特点,早已展现在《诸子不出于王官论》一文中了。

另一个对《说儒》产生直接影响的是胡适对《周礼》可信度的否定。以《周礼》为"伪书"是章太炎确认胡适受今文家及康有为影响最重要的证据之一。而一旦《周礼》为"伪作",《汉志》"儒家出于司徒之官"的结论就失去了依据。1930年钱穆《刘向歆父子年谱》问世后,胡适虽对钱氏所论有过嘉许,但几年后撰写《说儒》,却仍不信《周礼》。而未依据《周礼》,照样寻出儒之源头,也凸显了胡适对社会史视角的自信和执着。这种超越或非文献和文字的视角,是胡适向往和提倡的"新史学",它与传统的以古籍文献和文字学为基础的古典史学,已大不相同了。②

第三节 《先秦名学史》和《中国哲学史大纲(卷上)》中的"老前孔后"说

冯友兰晚年在《三松堂自序》中说,胡适《中国哲学史大纲(卷上)》"并不是一年之内完成的。他于回国之前先在美国哥伦比亚大学完成了一篇博士论文,题目是《先秦名学史》。这篇论文构成了《中国哲学史大纲》卷上的主要部分。这一部分他确是用过功的。其余的部分大概是他在讲课的时候陆续加上去的。这两部分功力深浅不同,本行的人是看得出来的。"③

由于早年与胡适有过论争,晚年冯友兰的说法依然略带意气,如他所说的《中国哲学史大纲(卷上)》"并不是一年内完成的"就不合史实。因为胡

---

① 胡适:《诸子不出于王官论》,《太平洋》杂志第1卷第7号,1917年10月15日,第7页(文页)。

② 魏建功在《新史料与旧心理》中亦谈及文字与正史史料的问题。参见《北京大学研究所国学门周刊》第2卷第15—16期合册,1926年1月27日,第78页。

③ 参见冯友兰《三松堂全集》第1卷,郑州:河南人民出版社,2001年,第183页。

适1917年7月10日回到上海,9月到北京大学任教,至1918年7月完成书稿,并未超过一年。而有意模糊《先秦名学史》和《中国哲学史大纲(卷上)》之间的差异,亦有违哲学史家的职业操守。

应该说,《先秦名学史》和《中国哲学史大纲(卷上)》之间并非是"母子"关系,不仅是因为前者偏重于"名学"(逻辑学),其核心在于墨家思想,后者是哲学著作,是以"平等的眼光"看待各家;也是因为在态度上,前者显然比后者更具"启蒙精神"。也即是说,后者更多的是着眼于"建设"。

因为事先有提升"非儒学派"地位的预期,胡适在《先秦名学史·导论》中也说:

> 我确信中国哲学的将来,有赖于从儒学的道德伦理和理性的枷锁中得到解放。这种解放,不能只用大批西方哲学的输入来实现,而只能让儒学回到它本来的地位;也就是恢复它在其历史背景中的地位。……
>
> 换句话说,中国哲学的未来,似乎大有赖于那些伟大的哲学学派的恢复。……
>
> 就我自己来说,我认为非儒学派的恢复是绝对需要的,因为在这些学派中可望找到移植西方哲学和科学最佳成果的合适土壤。关于方法论问题,尤其是如此。①

这后一句自然指的是墨家和别墨,所以《先秦名学史》的主体即是墨家及别墨。然"非儒学派"非仅墨家。胡适特别注意挖掘先秦时代的"辩者"(Sophists,又称"哲人",今称"智者"),也即那个时代的一批"愤世派"(或"破坏的思想家""反传统者""反对偶像崇拜者",原文为:a group of destructive thinkers or iconoclasts)。而在他看来,先秦时期"最大的辩者是约生于公元前590年的老子"。②

---

① 以上分别见胡适《先秦名学史》,《胡适全集》第5卷,第11、12页。
② 分别见胡适《先秦名学史》,《胡适全集》第5卷,第22、24、26页。

前文提及，胡适在《先秦诸子进化论》中第一次说《老子》中"有生于无"的思想是中国哲学的"起点"，但此说并未涉及老子其人的学术地位，胡适正式将老子称为中国哲学的"始祖"是在《中国哲学史大纲(卷上)》中。根据的是自己的"哲学"定义。他说：

> 老子观察政治社会的状态，从根本上着想，要求一个根本的解决，遂为中国哲学的始祖。①

然《先秦名学史》不同。胡适虽说老子"或多或少具有系统的哲学思想"，"他的哲学中有某种东西超出了他的偶像破坏和虚无主义，而且可能为后来的哲学家，特别是孔子，建立他们的建设性体系提供了基础"，但更看重的是老子启蒙思想家的角色。所以他说，在老子身上，"我们可以找到启蒙年代精神的体现。他是那个时代的最大的批评者，并且他的批评总是带破坏性的和反权威性的"。②

此说的微妙处在于，胡适将老子喻作古希腊的"智者"普罗塔哥拉(Protagoras，约前480—前410)。③ 如此类比的一个前提是他们都处于各自国家的"启蒙时代"。这个说法在胡适1914年就读的康奈尔大学文学院院长、哲学史家梯利的《西方哲学史》中有过明确的表述。梯利对古希腊启蒙时代的描述是：

> 新生的精神状态自然会鼓舞个人主义的滋长。个人开始摆脱团体的权威，进行自我奋斗，想其所想，自求解脱，而不依赖旧的传统。④

---

① 胡适：《中国哲学史大纲(卷上)》，《胡适全集》第5卷，第239页。
② 以上分别参见胡适《先秦名学史》，《胡适全集》第5卷，第22、29、26页。
③ 这个类比以后再没有在胡适的著述中出现过，很可能是因为随着阅读的深入，胡适也感觉到普氏与老子的自然观并不相同，而普氏的"知识就是感觉"等唯心论，也非他所欣赏。
④ 参见〔美〕梯利(Frank Thilly)著，伍德(Ledger Wood)增补《西方哲学史(增补修订版)》，葛力译，北京：商务印书馆，1995年，第42页。

但胡适从梯利《西方哲学史》以及策勒尔(Eduard Zeller,1814—1908)的《古希腊哲学史纲》中发现的仅仅是普罗塔哥拉在古希腊启蒙时代的代表地位,他与梯利对普氏以及"智者"的评判,却完全不同。梯利说:

> 普罗塔哥拉这样教诲人,"人是万物的尺度",那就是说,在知识方面,人以自己为准则。这种理论上的怀疑主义很快导致伦理上的怀疑主义,导致在行为上人以自己为准则的观点。如果知识不可能,关于是非的知识就不可能,就没有公认的是非;良知无非是由主观来确定的。①

而胡适则以为:

> "人是万物的准则"一句话中含有个人的尊严,个人的价值。后世的民主政治的精神都在于此。②

在知识论上,梯利认为,"智者"的这种批判的思维"在某些地方过分夸张,流为诡辩和吹毛求疵;在另一些地方堕落成思想和行动上的主观主义"。③

而胡适则说:"Protagoras以为知识没有真假,只有好与不好。""这种学说并非怀疑主义,并不说知识没有物观的准则,他但说物观的准则,不如主观的势力更大。我们的知识只是以主观的区别为标准,因此我们不可不注意教育人的心官。"④

有意思的是,梯利指出的"智者"的"破坏性"所带来的客观或者说反面的效应,却影响到了胡适。梯利说:

---

① 参见〔美〕梯利著,伍德增补《西方哲学史(增补修订版)》,第45页。虽然梯利强调说,这个结论是普罗塔哥拉的后辈智者得出的,但他明显不同意这一倾向。
② 胡适:《西洋哲学史大纲》,《胡适全集》第7卷,第296页。
③ 参见〔美〕梯利著,伍德增补《西方哲学史》(增补修订版),第43页。
④ 胡适:《西洋哲学史大纲》,《胡适全集》第7卷,第295页。

第三章 《说儒》前史:影响《说儒》写作的内源性因素

> 全部智者学派运动的重大价值在于:激发了人们的思想,要求哲学、宗教、习俗、道德以及建立在它们之上的制度来辨明自己的合理性。智者否认认识的可能性,那就使人有必要说明能够认识的道理。他们迫使哲学寻求认识的标准。他们抨击传统道德,迫使道德反对怀疑主义和虚无主义来保卫自己,找出是非的合理的原则。他们抨击传统的宗教信仰,迫使思想家认为有必要提出更圆满和更纯粹的神的观念。他们批评国家和国家的法,必然促成有关国家的哲学理论的发展。必须把这种理论建立在比较坚实的基础上,必须追溯到根本的原理。①

胡适对梯利的上述总结的改造,是将反面或客观的效应转变成了正面或主动、直接的历史作用,他说:

> 这些"哲人",所主张的虽非一致,却有一个相同之点。这个相同之点在于一种评判的精神。他们不肯跟着人说话,也不肯胡乱承认社会的制度礼俗。因此,知识、教育、政治、法律,都逃不了他们的评判,有的说知识是不能得到的;有的说知识全是主观的感觉,以个人而不同;有的说法律是强有力的人的权利;有的说道德是无能的,大多数用来欺骗压制那强有力的少数人的;……诸如此类,大概都只是不肯说现成话,不肯"人云亦云"。这种独立的思想评判的精神,便是思想发达的表示,便是思想进步的先声。所以我说,若没有 Protagoras 和 Gorgias[高尔吉亚]一般人的破坏,未必能有 Socrates[苏格拉底]和 Plato[柏拉图]一般人的建设。②

胡适从"智者"以及普罗塔哥拉的思想中看到了"评判的精神"。这种"评判的精神"并非全是《中国哲学史大纲(卷上)》所说的"'客观的'评

---

① 参见〔美〕梯利著,伍德增补《西方哲学史(增补修订版)》,第48—49页。
② 胡适:《西洋哲学史大纲》,《胡适全集》第7卷,第299页。

判",①而是《新思潮的意义》中的"重新估定一切价值",②更确切地说是《王充的〈论衡〉》中所赞赏的反对偶像和谶纬化儒学中体现出的"怀疑的态度"。胡适说,"《论衡》的精神只在'订其真伪,辨其实虚'八个字。所以我说王充的哲学是评判的哲学。他的精神只是一种评判的精神";"这种怀疑的态度,并不全是破坏的,其实是建设的。因为经过了一番诠订批评,信仰方才是真正可靠的信仰"。③

胡适后来在《中国哲学史大纲(卷上)》中将老子的自然主义作为中国哲学的源头,是出于对哲学发生学上的普世性的认同,这个认同来自梯利《西方哲学史》以及文德尔班《哲学史教程》的启发。但这仅关乎著书的体例,哲学理论、哲学史的写作方式以及对普世理念的接受,无法解释胡适举老子为中国哲学开山始祖的动机。

当然,在老子与孔子的先后问题上,胡适并非一开始就存启蒙动机。历史时序上的先与后一直是基本的依据,所以胡适从未怀疑过在年纪上老子长于孔子。在《先秦诸子进化论》中他将老子排在第一位,也主要是考虑长幼齿序。但在《先秦名学史》和《中国哲学史大纲(卷上)》中,老子显然又被正式赋予了新的角色和意义。

《中国哲学史大纲(卷上)》中有一章是专论"孔子的时代"的,其中谈及老子、邓析(前545—前501)、少正卯(？—前496)等时,胡适说:

> 这种人物简直同希腊古代的"哲人"(Sophists)一般。希腊的"哲人"所说的都有老子那样激烈,所行的也往往有少正卯、邓析那种遭忌的行为。希腊的守旧派,如苏格拉底、柏拉图之流,对于那些"哲人",非常痛恨。中国古代的守旧派,如孔子之流,对于这种"邪说"自然也

---

① 胡适:《中国哲学史大纲(卷上)》,《胡适全集》第5卷,第197页。
② 胡适:《新思潮的意义》,《新青年》第7卷第1号,1919年12月1日,第6页。
③ 以上分别见胡适《王充的〈论衡〉(续)》,《现代学生》第1卷第6期,1931年4月,第7页(文页)及《王充的〈论衡〉(续)》,《现代学生》第1卷第8期,1931年6月,第6—7页(文页)。

非常痛恨。①

在《西方哲学史大纲》中,胡适干脆直言:"当时的 Socrates[苏格拉底]很像中国古代的孔子。"②

就理论上言,以孔子类比苏格拉底(Socrates,前469—前399)显示出胡适对西方哲学与中国思想深厚的造诣。既然老子像普罗塔哥拉,孔子像苏格拉底也就顺理成章。因为苏格拉底曾向普罗塔哥拉学习过,而孔子恰也问学于老子。此为其一。其二,苏格拉底将哲学从研究自然转向研究自我,从天上拉回到人间。这一点也与孔子一致。其三,苏格拉底认为事物的最终原因是"善",与孔子的"仁爱"精神也相通。其四,在教育上,他们都是秉持有教无类的。其五,在教学方法上,一个讲辩论,一个讲对话,也相近。其六,他们都主张"专家治国"论。

然与实际诉求相关的动机影响了胡适中国哲学发生学的建构。这个动机就是启蒙。以启蒙的眼光看老子,他的"玄学"就很自然地具备了革命精神,成为"革命家之老子"和"极端的破坏派"。他的思想,"完全是那个时代的产儿,完全是那个时代的反动"。而且,老子无为的政治哲学也是"干涉政策的反动",它也与欧洲18世纪的经济学者、政治学者的"放任主义",也即经济市场化和政治上的自由主义原则相契合。老子自然主义天道观的革命性也被发掘出来。"打破古代天人同类的谬说"只是效果,关键还是老子的"天道","就是西洋哲学的自然法(Law of Nature)"。③这后一点正意味着哲学的发生。因此,老子是中国哲学的始祖就是无可争议的。

胡适的启蒙式的哲学发生学建构出的中国哲学是起源于"反动",而不是建构。但"反动"也属建构,只不过它总体上是革命性的割裂,而非承继。这种思维的前提是首先确认古代的那些思想或者"哲学"是非哲学的。只

---

① 胡适:《中国哲学史大纲(卷上)》,《胡适全集》第5卷,第257页。此处的"哲人"(Sophists),即是前说的"辩者"或"智者"。
② 胡适:《西方哲学史大纲》,《胡适全集》第7卷,第300页。
③ 以上依次见胡适《中国哲学史大纲(卷上)》,《胡适全集》第5卷,第235、258、235、236、240、247页。

有关注"人的问题"时才是哲学。看上去,这是遵从古希腊以来的传统,是"以复古为解放"的启蒙,但也有杜威实验主义哲学的印迹。①

胡适的这种启蒙式中国哲学史的建构是超越性,而非历史性的,他是以"以复古为解放"的名义使中国哲学直接进入了现代,与国际接轨。

但在《先秦名学史》和《中国哲学史大纲(卷上)》中,胡适都强调时代境遇和"应时而生"的特点,在《中国哲学史大纲(卷上)》中,也有意凸显孔子所处的"天下无道"的境遇。他把孔子称为"积极的救世派",说"正为'天下无道',所以他才去栖栖皇皇的奔走,要想把无道变成有道。懂得这一层,方才可懂得孔子的学说"。②虽则此为胡适的历史认知,但这种历史认知、这个时代的境遇以及孔子的作为,亦是促发胡适《说儒》中有关儒、儒家,特别是有关孔子的丰富联想和理论探讨的一个重要因素。

---

① 胡适在介绍杜威实验主义时说,这是"哲学的光复"。因为杜威认为,"哲学如果不弄那些'哲学家的问题'了,如果变成对付'人的问题'的哲学方法了,那时候便是哲学光复的日子到了"。"哲学家的问题",必须变成解决"人的问题"的方法。参见《杜威哲学的根本观念》,《新教育》第1卷第3期("杜威号"),1919年4月,第277—278页。

② 胡适:《中国哲学史大纲(卷上)》,《胡适全集》第5卷,第258—259页。

第四章

事不阻隔:《说儒》出现前胡适的学术重心

从有关《说儒》的内源性因素中可以看出,胡适关注人的问题、现实问题,具备社会史视角以及问题意识极强的学术取向,因而偏重时代性和外铄因素作用。这个学术取向极大地影响了胡适对学术问题的开掘和认知,故内源性因素仅是一个基础,它虽与外铄因素共同构成了《说儒》的"前史",却无法直接历史地和逻辑地推出胡适为何对原儒问题产生兴趣。实际上,《说儒》出现,对胡适个人学术生涯而言,是一次突变而非渐变,此突变的决定因素首先是时势和外铄因素,准确地说,是胡适对现实因素刺激的感受使然。这样的突变,需要从"整理国故"时期到《说儒》出现前,胡适的学术重心和作为说起。

第一节 "整理国故"时期的原儒:许地山、陈钟凡、张寿林和狩野直喜

"整理国故"运动以1919年12月胡适在《新青年》上发表《新思潮的意义》为发端,胡适1922年代表《国立北京大学国学季刊》编辑委员会起草,翌年正式发表的《〈国学季刊〉发刊宣言》则推展波澜,遂形成规模。

胡适在新文化运动对传统实行"破坏"之后,提倡"建设"还要早一点,1918年4月,他在《建设的文学革命论》中便提出要"建设"。但基于重估传统一切价值的"建设"从一开始便引起诸如何谓"国学"以及新、旧派之间的争议,其"建设"成果要到三四十年代才真正出现。

"整理国故"运动开始后,对胡适等新派来说,更多的是一种态度,一些号召和规划。此规划的实际步骤从重新考订"三皇五帝"开始,钱玄同、顾颉刚及"古史辨"派的"疑古"、辨伪的指向也主要是上古"三代"以及相关典籍,尚未落实到儒之起源,春秋战国时代也只是作为层累式地辅助性构建的一环来看待。因此,即便是1923年已有许地山(1894—1941)的《原始的儒、儒家,与儒教》出现,到1928年,张寿林(1907—?)仍认为"我们在研究儒家思想以前,似乎对于这个问题(指儒家思想何以是孔门所传的思想——引者)应当加以相当的思考。不然,连这个名辞的含义都弄不清楚,怎么能进一步去研究他的思想呢?"他说,虽然"有些人以为所谓'儒'者,就是读书而有德行的君子的称谓","但他们都是错的,儒字的含义是否如他们所想像的那样简单,大有讨论的必要"。①

不过,从张寿林此文脱胎于日本学者可知,20世纪20年代,日本学者对儒之起源的研究也在影响着国内的学者,这是"整理国故"时期原儒的一个特点。另一个特点可以从本著所列举的三位青年学者的出身看出来。许地山、陈钟凡是刚毕业不久的青年学人,而张寿林发表《"儒"的意义》时尚

---

① 张寿林:《"儒"的意义(一)》,《晨报副刊》第2229号,1928年3月12日,第1版。

在燕京大学国学研究所读书。①学界新生代的起势,证明了新一轮的代际更迭的出现。而经过新文化运动的洗礼,他们都没有卫道思想。三人中相对传统的陈钟凡,也在提倡科学思想和方法对于治中国学问的重要。②

一、许地山原儒的神话和比较宗教学视角

1923年7月2—7日,许地山撰写的《原始的儒、儒家,与儒教》在《晨报副镌》上分五次连载。③许地山有基督教的背景,且对神话感兴趣,后来也以研究中国神话、道教、印度佛教及比较宗教学著称。此文也体现了这几方面的优长。

如前所述,章太炎即据西方神话和宗教学说认定"儒"出自巫祝。许地山此文也受太炎《原儒》影响,但随着西人相关学术思想的译介,许地山所论已经有点不由分说地确实如此的意思。他说:

> 在原始社会中,凡长于一技,精于一艺底人,他必定为那群众中所敬重。因为他能办群众所不能底事,所以他在那社会中底地位最高,且具有治人底能力。在草昧时代,人民最怕底是自然界一切的势力,疾风,迅雷,景星,庆云,乃至山崩,河决,无一不是他们所畏怖底。他们必要借着"前知"或"祈禳"底方法来预防,或解救那一切的灾害。然而"前知""祈禳"底事不是人人能办底,在一个团体中至多不过是三五个人而已。这样具超常人能力底人,必能制度,创物。这等人在中国古

---

① 张寿林的传记材料比较缺乏,据林庆彰教授为《张寿林著作集:古典文学论著》所写的生平介绍,1929—1930年间张氏"自燕京大学国学研究所毕业"推算,1928年,他应在燕大国学研究所读书。参见张寿林著,林庆彰、蒋秋华主编,陈文采、袁明嵘编辑《张寿林著作集:古典文学论著·出版说明》上,台北:"中研院"中国文哲研究所,2009年,第1页。
② 陈觉玄(中凡、钟凡):《中国思想的科学化(上下)》,《大学月刊》第1卷第7期,1942年7月,第11—17页;第1卷第8期,1942年8月,第8—16页;又收入陈中凡著,姚柯夫编《陈中凡论文集》,上海:上海古籍出版社,1993年,第167—199页。
③ 许地山:《原始的儒、儒家,与儒教》,分五次连载于《晨报副镌》第171—175号,1923年7月2、3、5、6、7日,第1版。以下凡所引述,未另出注者,均见此文。

代,高明者为"圣人",次者也不失为"君子"。但无论是圣人也罢,君子也罢,他们底地位即是巫祝,是宰官,或者也是君王。

许地山又从神话学的视角,以为"女娲炼石,神农尝药,蚩尤作雾,史皇(苍颉)制书,等等,都是圣人能作物底;同时,他们是君主"。但"时代越下,依圣人曾经创作底事物而创作底人越多,'圣人''君子'底尊号,当然不能像雨点一般,尽落在这些不发明而制物底人底头上,于是古人另给他们一个名字叫做'儒'"。

因为从宗教学和神话学切入,许地山特别认同《说文》解"儒"为"术士"。"术士"之儒"通天、地、人",他认定最初的儒,在具体职业角色上是负责降神的"巫官""乐官"和"教官"。"乐官"说当然出自章太炎《原儒》,但许地山又添加了两条证据,即《尚书·虞书》"舜命夔典乐教胄子",以谐神人和《周礼·春官·宗伯》中之乐官——大司乐"掌成均之法,以治建国之学政,使有道有德者教国之子弟,死则为乐祖,祭于瞽宗"(原文如此——引者)。许地山信现代的基督教,故对原始的巫祝类宗教并不赞同,就在此文发表前的 1923 年 4 月,他曾在一次演讲中说:"巫祝的宗教全基于过去的经验,其所行全是礼仪的,神圣的,秘密的。""文化极高的时候,巫祝的宗教也就无所用了。"①

不过,现实地看宗教与历史地看宗教毕竟有别,"儒"即便是始于巫祝的宗教,作为一个历史的存在,还是得到了许地山的肯定,他引用《诗经》毛传中有关"九能"②的话说,"这九能中,巫祝之事占了一大半,然而不失其为大夫,君子"。

在认定儒之课业"六艺"上,许地山显然想超越"纯乎明理"或"兼详记事"的今古文的偏见,即从历史进化中,讲"记事"和"言理"。在他看来,

---

① 参见许地山先生演讲,刘昉笔记《我们要甚么样的宗教?》,《晨报副镌》第 94 号,1923 年 4 月 14 日,第 3—4 版。
② 原话是:"建邦能命龟;田能施命;作器能铭;使能造命;登高能赋;师旅能誓;山川能说;丧纪能诔;祭祀能语;君子能此九者,可谓有德音,可以为大夫。"标点遵许氏原文。

第四章 事不阻隔:《说儒》出现前胡适的学术重心

"六艺既是先王经世底成迹"并无问题,但因为"凡是一种理想,都是由许多成法挤出来底",因此,在"成法"之上,"那钻研经术底儒生在习诵之余,必要揣摩其中的道理"。这个"道"既让"九流百家所同宗",又使"'道''艺'底判别,就越来越远了"。

而进一步的问题是,"儒"这个学道之人的通称何以成为孔子一门的专称?许地山认为,"这是因为孔子和他底门人自己认定他们是儒底正友,是以道、艺教乡里底"。

许地山像胡适一样,也看重《易经》的思想意义,但他认为,"道家底思想都从这里出发",而"孔子所修底道,多在实用方面",他也不同意胡适所谓"孔子对于改良社会国家底下手方法全在一部《易经》"。鉴于《尚书》"即所谓古昔圣贤底典型",故在他看来,"孔子说到政事或他的理想底时候,少有不引他来做佐证,或摄取其中的意思说出来"。

许地山既然认为,"儒所以能成为一家,是出于孔子底'《书》的意思'",也就是说,《尚书》可以解释儒家或孔子思想的一切,他自然也不同意胡适《中国哲学史大纲(卷上)》将孔子"孝的宗教"归因于《论语》《孝经》。他说:

> 孔子底孝说,也是托于《尚书》底。孝是儒教底重要教义,也是要入儒教团体(做圣人之徒)底人所当履行底。儒者看父母像天神一般地不可侵犯,在生时固然要尽孝尽敬,死后也不许你一下就把他们搬在脑后,要终身追慕他们,——形式上要行三年底丧服。

有关"三年之丧"这个后来胡适《说儒》中确定儒为"殷民族的教士"的重要依据之一,许地山也说是出于《尚书》,且是"古制",对胡适《中国哲学史大纲(卷上)》所说的乃儒家为"托古改制"而"创制",①则不以为然。他引用清儒毛奇龄(1623—1716)《四书剩言》中有关"三年之丧""皆是商以

---

① 胡适在《说儒》中已经放弃了前说。后详。

前之制,并非周制"的观点,得出结论说:

> 看来,"三年之丧"是儒家"好古敏求"底事实,大概古来只行于王侯辈,不过儒家把他推行到士庶身上,为底要"民德归厚"便了。

值得一提的是,1935年10月,胡适编选《胡适论学近著》(上下册)时,在《说儒》一文后,以《毛西河论三年之丧为殷制》为题收录了毛奇龄《四书索解》卷一、《四书賸言》卷三和《四书改错》卷九的相关论述,其中《四书賸言》卷三就是许地山所引用的内容。但胡适在10月14日夜写的小引说:

> 我的朋友丁声树先生替我校读《说儒》的初印本,用力最勤。今年夏间,他读《毛西河合集》,发现毛西河有三年丧为殷制之说,他很高兴,写信告诉我。我因他的指示,遍翻《毛西河合集》和《四书改错》,把他讨论这个问题的几条文字全钞出来,做一个附录。①

胡适未提及许地山及刊登在北京《晨报副镌》上的这篇《原始的儒、儒家,与儒教》,实属有因。1923年初,胡适因病告假一年,4月21日即离京赴沪,7月在杭州山中烟霞洞养疴。虽然直到4月21日他仍与《晨报》有联系,其19日的来信以《胡适之先生与新剧》为题刊登在《晨报副镌》上。②但以彼时媒体的传播状况,以及胡适7月在杭州山中烟霞洞养疴的实际看,他极可能未读过许文。即使是偶然读到过,十一年后写《说儒》能否记起也是一个问题,毕竟探索儒之起源不是长期积累而是1934年前后各种因素促发的结果。③但无论如何,在这个问题上,许地山其说在前,胡适之说在后,是肯定的。

---

① 胡适:《毛西河论三年之丧为殷制·附录》,《胡适全集》第4卷,第99页。
② 胡适:《胡适之先生与新剧——胡先生给记者的信》,《晨报副镌》第101号,1923年4月21日,第4版。
③ 在这里也有个不甚平等,却也是学界惯常的现象,即后学或名气不大的学者往往对前辈或名气大的学者所说了如指掌,而前辈或名气大的学者未必就关注名气不大的后学或学者。

许地山另一个在胡适之前的重要论点是,他发现"儒"像犹太教里的"法利赛人(Pharisees)"。事实上,许地山1916年曾在福建加入过"闽南基督教伦敦会",随后有志于从事比较宗教学的研究,在燕京大学读的便是神学院,1922年2月10日他发表在《小说月报》第13卷第2号上的短篇小说《缀网劳蛛》的女主角"尚洁"即是基督教的"圣徒",并且在小说里展现了宗教容忍精神。①正是对于犹太教、基督教历史的熟悉,让他产生了联想。

许地山是论述应劭(约153—196年)《风俗通义》释"儒"为"区","言其区别古今"时提及法利赛人的。他说,"训儒为'区',明其对于道与诸家有不同的地方。这和犹太教中一部分持律底人自以为'法利赛'底意思相仿"。

但可惜许地山只是停留在联想之上,并没有继续追问。而他所说的这个"儒"也并非原始的"儒",而是成为孔门专称的那个"儒家",这显然与胡适《说儒》在说法上有所不同。

二、陈钟凡以"礼"解读儒和儒家

1937年,陈钟凡在回顾二十年来"国故整理"的成绩时说,晚清以降,章太炎的《国故论衡》诸文、梁启超论古代思潮、严复介绍的逻辑和章士钊的逻辑学乃整理国故的先驱,"皆西方思想输入后之影响中国哲学者也",但它们"多属单篇,散见群书中,绝少专门巨制。其足称为专门著述者,则自胡适《中国哲学史大纲》始。胡氏此书,刊行于民国八年,诚近世哲学中一部开山之著"。②

实际上,20世纪20年代出版的有关诸子学和"国学"的著作,也非巨制,且多是文集。陈钟凡在此文中提到的诸如他本人的《诸子通谊》(1925

---

① 有关这篇小说的具体评论,参见夏志清《中国现代小说史》,香港:香港中文大学出版社,2001年,第73—74页。
② 陈钟凡:《二十年来我国之国故整理》,《学艺》第16卷第1号,1937年1月15日,第2—3页(文页)。

年)、《周秦诸子概论》(高维昌[1901—1988],写于1928年,出版于1930年)以及未提及的《诸子学述》(罗焌[1874—1932],1925年)、《诸子论略》(尹桐阳[1882—1950],1927年)和《诸子考略》(姚永朴[1861—1939],1928年)均不例外。值得注意的是,陈钟凡把江瑔《读子卮言》作为"通论诸子之书"的嚆矢后,紧接的便是他自己的《诸子通谊》,他说:"陈凡继著《诸子通谊》,高维昌本之,扩充为《周秦诸子通[概]论》。"①这里的"本之"显示了陈先生的厚道。因为高维昌《周秦诸子概论》第4章《儒家》的引言除个别字词不同外,几乎是陈钟凡《明儒》一文的翻版。②

《明儒》和另一篇《秦汉间中国之儒术与儒教》③是陈钟凡原儒的代表作。《明儒》开宗明义便说"明儒隆礼"。这个"礼"指的是周礼。故他说,儒者"因推崇周公而服习《六经》。盖以周公制《周礼》,六籍由是以传"。"而儒者之名,亦本于周公之籍也。"至于"儒家宗师仲尼,……学在《六经》,教以《六经》,《六经》皆《周礼》,则谓儒家为礼家,儒家为礼学可也。因之,世之尊儒者莫不盛言礼制",甚至"病礼者亦以是病儒焉"。④

陈钟凡在北大哲学门学习时师从刘师培,上述说法也明显有古文一派的色彩。这个特点反映到原儒上,就是认为,不仅"六籍皆周公之旧典,修明刊订之功成于孔子也",⑤上古学术都本于"古之典礼",而"百家者礼教之支与流裔也。尚世官师不分,政教合一,凡百制作,莫备于典礼"。⑥

---

① 陈钟凡:《二十年来我国之国故整理》,《学艺》第16卷第1号,1937年1月15日,第4页(文页)。
② 可对照陈钟凡《明儒》,《国学丛刊》第1卷第1期,1923年3月,第54—57页及高维昌《周秦诸子概论》,上海:商务印书馆,1930年,第45—47页。
③ 陈钟凡讲演,王汉笔记:《秦汉间中国之儒术与儒教》,收入东南大学、南京高师国学研究会编《国学研究会演讲录》第1集,上海:商务印书馆,1923年,第77—81页。
④ 陈钟凡:《明儒》,《国学丛刊》第1卷第1期,1923年3月,第54—55页。此文为《诸子通谊》中卷的一部分。"明儒隆礼"在1925年商务印书馆版《诸子通谊》中改为"儒者隆礼"。
⑤ 陈钟凡:《明儒》,《国学丛刊》第1卷第1期,1923年3月,第55页。此又本章学诚之说,参见《文史通义·言公上》。
⑥ 陈钟凡:《诸子通谊》,上海:商务印书馆,1925年,第1页。

第四章 事不阻隔:《说儒》出现前胡适的学术重心

陈钟凡所说的"百家者礼教之支与流裔"①是从《汉志》"(各家)亦六经之支与流裔"之说衍生而来。就本质上看,二说并无区分,但改"六经"为"礼教",否定了孔子创六经的今文家观点,在理念上也与刘、班归宗儒家不同。既然儒出自周公,"孔子习周公者也",②那么,《周礼》就是诸子理论上的源头。陈钟凡对《汉志》"儒家出于司徒"说的改写虽依《周礼》,但司徒是"以礼教民",故仍是合乎了"礼"的要求。③

陈钟凡认为,儒渊源于巫史,故说,"皇古之世,学术半创于巫史"。但在巫进化为史官的问题上,与其师刘师培,以及章太炎、张尔田、江瑔和刘咸炘均有别。简言之,他没有几位前辈和同辈对"史"宗教般的信仰。之所以认定"礼",更多地不是从信仰,而是基于其所认知的科学研究方法和科学求真态度。这一点在理解章学诚"六经皆史"说时体现得相当明显。

陈钟凡也注意到,"六经皆史"说对晚清民初学术史研究的巨大影响,曾言"昔章学诚言'六经皆史'天下歙然宗之",④且未必不知"六经皆史"说在解放思想上的意义,但他并不认同"六经皆史"说。他也不像刘咸炘、熊十力,以还原章氏原意来指后人理解上的偏颇,而着重于六经的历史渊源以及六经具体内容体现出的不同于"史"的内涵。

陈钟凡以为,《汉志》所说的"六经掌于史官"并不可取,"经"也没有史名。在他看来,"尚世官师不分,政教合一,凡百制作,莫备于典礼。是故诸夏学术,三古礼隆其极"。他甚至认为,"穷礼于何起,其起于生人饮食之初乎"。⑤

上古学术,实出于宗教的典礼,而典礼的地点则是"明堂"。所谓明堂,

---

① 在《诸子通谊》中,"百家者礼教之支与流裔"又写作"诸子者礼教之支与流裔"(如第4页),其意相同。
② 语见扬雄《法言·学行》,陈钟凡《明儒》引此句,参见《国学丛刊》第1卷第1期,1923年3月,第54页。
③ 本段与下段,分别见陈钟凡《诸子通谊》,第4、6、7页。
④ 陈钟凡:《二十年来我国之国故整理》,《学艺》第16卷第1号,1937年1月15日,第1页(文页)。
⑤ 分别见陈钟凡《诸子通谊》,第7、1页。

为古人祭祀之所。① 《艺文类聚》卷三十八《礼部上·祭祀》引《尸子》言，"黄帝曰合宫。有虞氏曰总章。殷人曰阳馆。周人曰明堂"。陈钟凡说：

> 礼文昭于祭祀。祭礼行于明堂。礼乐政教由是演。制度典章由是出。《礼》云《礼》云，诸夏道术之滥觞矣。周公集六代之大成，存先圣之旧典。经论制作，备于《礼》经。《礼》经者六籍之大名，百家所由出也。②

从历史发展看，"盖唐虞以前，礼学掌于巫史。殷周而后，巫史皆属礼官。故凡百学术无一不出于礼教也"。③

具体到六籍，也都与典礼本身有关。"《易》用诸丧祭、迁国、师旅，诸卜筮者也"；"《诗》亦用诸飨射、师旅、丧祭者也"；"《乐》所以祀天神、四望，祭地示山川，享先祖先妣者也"；"《春秋》为丧祭、师旅、迁国及会同朝觐之典。《尚书》者叙事、策命、制禄、赏赐之籍，……皆礼经之明证也"。而六籍相关的"大卜、大师、大司乐、大史、内史，皆宗伯之属"。因此，"其所掌《易》《诗》《书》《乐》《春秋》皆先王之典礼"。④

陈钟凡以为，"史为记录之职，非竹帛之称"，既为官守，就要分清各守其职的具体情况。以六籍而言，"《春秋》《尚书》掌于大史、内史。而《诗》《易》则分掌于大师、大卜，《乐》掌于司乐，《礼》掌于宗伯，各有当官，非必史官之专守，则不得并名为史"。他甚至说，《春秋》是言"先王之志"而"未尝名史"的。而从文字看，古人言书之制，惟"曰'典'、曰'册'"，竹制的为

---

① 此处所谓"明堂"，循例盖出自惠栋《明堂大道录》。顾颉刚《浪口村随笔》亦有"明堂"一则，但顾先生显然对汉儒所谓"明堂"不以为然，认定是方士化的儒家的表现。顾颉刚：《浪口村随笔·明堂》，收入《顾颉刚全集·顾颉刚读书笔记》卷16，北京：中华书局，2011年，第96—98页。
② 见陈钟凡《诸子通谊》，第1—2页。章太炎也有相关的论述，详细的分析，见王汎森《章太炎的思想(1868—1919)及其对儒学传统的冲击》，第195页。
③ 陈钟凡：《诸子通谊》，第7页。
④ 同上书，第2—3页。

"简",木制的为"版"、为"方";而就文体言,则"名之曰'经'、曰文、曰'礼'。汉人谓之六艺,从未有以'史'名'六经'者"。①

姑且不论陈钟凡依《周礼》论六经起源的是与非,但从他还原历史的态度亦可知,即便是学问偏旧的一方,也持科学求真的态度,汲取相应的方法,且已无维护正统之意识。陈钟凡虽强调"礼"为诸子之源,而"礼"的内涵又体现在"道术"之上,但他并不认为,道术只有"儒"一家。②这明显与传统卫道士不同。

三、张寿林为狩野直喜原儒说"代言"

张寿林的《"儒"的意义》发表在1928年3月12—15日《晨报副刊》第2229—2232号上。在引言中,他说:"这篇东西,差不多都是盗译日人守[狩]野直喜氏之说,并参考本国明哲的学者的意见,间或就自己臆见所及,加以补充的说明与例证,所以虽是移译,但全篇都经我重行组织过,这是应得声明一下的。"③实际上,此文的主体部分和基本观点都出自日本汉学"京都学派"的创建者之一狩野直喜(1868—1947)的论文《儒的意义(上下)》。除引言和个别段落为张寿林添加外,张所做的仅是将狩野直喜日本式的叙述改成了适合中国人阅读习惯的表达。

狩野直喜的《儒的意义(上下)》,1920年1月、7月分别刊于日本《艺文》杂志第11年第1号和第7号,在八年后,也即"整理国故"运动正式开始五年之后才译介进国内,也表明"整理国故"时,国外的原儒研究,尚未受到国人的重视。因为在20世纪20年代,中日学术界之间、大学之间的交往已相当频繁,一些日本著名汉学学者频繁访华,20年代后期,日本大学的研究

---

① 陈钟凡:《诸子通谊》,第7—8页。
② 陈钟凡在《中国学术原流叙例》中说,《史记》以下有关道术的诸典籍,"所传皆儒家者流,特九流之一曲,未足尽道术之大全也"。见《国学丛刊》第1卷第1期,1923年3月,第115页。
③ 参见张寿林《"儒"的意义(一)》,《晨报副刊》第2229号,1928年3月12日,第1版。

生和本科生也组织参观团,前来中国进行实地考察。①而从张寿林移译此文这一举动看,他显然也从狩野直喜对"儒"或儒家起源问题的详尽叙述中受到了启发和刺激。

狩野直喜个人与中国的交往史,从1900年开始。这年4月至8月,他曾到北京留学。1901—1903年,他再次来华留学,主要在以上海为中心的江南一带活动,并结识了俞樾(1821—1907)、孙诒让(1848—1908)、沈曾植、罗振玉(1866—1940)、王国维等宿耆新进。②1915年8月,《甲寅杂志》第1卷第8号上曾刊有王国维三年前所撰《送日本狩野博士奉使欧洲》一诗。到20世纪20年代末,在国内学术期刊上曾出现过至少五次与狩野直喜相关的信息。一次是1925年10月19日《北京大学日刊》第1784号报道说,狩野直喜向北京大学国学门赠送影印的宋版《尚书正义》一部;一次是1928年6月《北京图书馆月刊》第1卷第2号"新书介绍与批评"栏介绍了同年2月(昭和三年)日本京都弘文堂出版的《狩野教授还历记念支那学论丛》一书;第三次是1929年1月7日出版的《语丝》第4卷52期上由汪馥泉(1899—1959)翻译了狩野的《中国俗文学史研究底材料》一文;第四次是同一年9月《图书馆学季刊》第3卷第3期"时论撮要"栏介绍了狩野在同年3月日本《支那学》杂志第5卷第1号上发表的《〈唐钞本文选残篇〉跋》一文。而此文则刊登在12月11日出版之《国立中山大学语言历史学研究所周刊》第10集第109期上。另外,由日人桥川时雄(1894—1982)在北京创办的《文字同盟》月刊亦有三次涉及狩野。分别是1927年6月出版之第3期上介绍狩野著《支那学文薮》(即《中国学文薮》);6月出版之第8期上狩野所撰之《挽静安》一诗以及翌年8月出版之第14期上报道狩野来京访问一事。

目前尚无直接材料证明狩野直喜和张寿林有过亲身交往,不过,1925

---

① 具体参见桑兵《国学与汉学——近代中外学界交往录》,杭州:浙江人民出版社,1999年,第209—222页。

② 参见李庆《日本汉学史·起源和确立》第1部,上海:上海外语教育出版社,2002年,第517页。

年10月,由日本政府外务省下设的"对支文化事业部"主导的"东方文化事业总委员会"①在京成立,服部宇之吉(1867—1939)和狩野直喜作为日方委员1926年10月曾来北京。1927年,日方引庚款出资,以此委员会下属的北京人文科学研究所的名义编撰《续修四库全书总目提要》。此书即由狩野建议编撰,②实际主持人为服部宇之吉。张寿林受聘担任北京人文科学研究所"研究员",参与提要的撰写,共撰一千六百篇。③因此,他与狩野本人有交集是肯定的。不过,从文中所戏称的"盗译",以及他努力强调自己对此文的后期加工似也说明,移译此文前,张寿林可能并未与狩野通过气。

狩野的原作《儒的意义(上下)》依次讨论了与原儒相关的四个问题:其一,中国文献里何时出现"儒"字?其二,孔子及孔子学派称作"儒"始于何时?其三,"儒"字有何意义?其四,"儒"之名,是孔子自身或是其门徒为了表示其学而首先使用的,还是反对孔学的诸子将"儒"字作为戏侮孔学的名词开始使用的?④但张寿林根据中国人强调字义本身的优先性的叙述习惯,将几个问题的顺序调整为:"第一,就文字学的立场,去寻求儒字的本义;第二,就古籍中探寻'师儒'之说是不是儒字的来源;第三,以古籍为依据,看把孔门之学称为儒家,是由于他们自己的标识,还是由于反对派用来讥侮他

---

① 参见黄福庆《近代日本在华文化及社会事业之研究》,台北:"中研院"近代史研究所,1982年,第144—145页。

② 参见〔日〕狩野直祯(狩野直喜之孙)《祖父狩野直喜传略——代序》,收入〔日〕狩野直喜《中国学文薮》,周先民译,北京:中华书局,2011年,第6页(序页)。

③ 林庆彰《张寿林著作集:古典文学论著·出版说明》,《张寿林著作集:古典文学论著》上,第2页。不过,林先生认张寿林为"东方文化委员会"之"研究员",或为误识。从当时的情况看,张只可能是北京人文科学研究所的"研究员"。但此"研究员"并非类似现在中国大学或研究机构的学术职称,而是日本式的由学者私聘的研究助理。当时北京人文科学研究所副总裁服部宇之吉即私聘有"嘱托"(研究员之改称)若干。(参见黄福庆《近代日本在华文化及社会事业之研究》,第158页)张寿林是燕大研究所国学门的学生,他只能属于此一类。这些私聘研究人员应该主要负责具体的提要撰写。不过,《续修四库全书总目提要》的编撰工作,一直持续到1937年,参与撰写提要的中国学者前后不少于五六十人,张寿林20世纪30年代被聘为正式的研究员也不是没有可能。

④ 〔日〕狩野直喜:《儒的意义(上下)》,原分别刊京都大学《艺文》杂志第11年第1、第7号,1920年1月、7月,后收入其《支那学文薮》,弘文堂书房,1927年。本书据狩野直喜《中国学文薮》,第75—92页。以下所引未另出注者,均出自此版。

们的名辞。"①两种表述的区别在于,前者是历史的,而后者则是逻辑的。而历史地讨论"儒"的意义,恰也是狩野此文最大的特点。

在狩野看来,"'儒'出现得相当晚。"所谓"晚"指的是彼时出土的春秋前金石、甲骨文中没有"儒"字出现。然而,他的重点不是春秋以前的上古文献未见"儒",而是提出对古今学者所认同的"师""保"与"儒"之间关联性的疑问。这个疑问自然也是基于历史的视角。因为既然"'师''保'在金石文字、上古典籍中是常见字,'儒'字则不然,唯见于《周礼》一书","倘若《周礼》为周公所作,而周的官制里已设'儒'官一职,那么,在周公至孔子的漫长时间内,古籍里却不见'儒'字,岂不是怪事?"

当然,狩野更深层的疑问其实是《周礼》有关"师""保"与"儒"的相关记载。他说:

> 《周礼》的成书肯定晚于《论语》,其为周公所作说绝不可信。……同时,上举《周礼》中的"师儒"连称之处,也颇值得怀疑。周代执掌教育的官员或称"师",或称"保",连称"师保"是很自然的;舍弃现成的"保",而另立一"儒",称作"师儒",似嫌勉强。

又说:

> 相信《周礼》为周公所作的郑玄,也注意到此称谓的突兀,欲辩明其异,故以"师"为"诸侯之师氏","儒"为"诸侯之保氏"。认为虽同为执掌教育之官,天子之官称"师保",邦国及诸侯之官称"师儒"。《贾疏》附和郑说……郑、贾言之凿凿,然皆于理难通。

狩野的结论是:"《周礼》中的'师儒'连称之文,与后来才出现的以六艺教人为职责的'儒',不是一回事。"因此,"关于中国文献中何时开始出现

---

① 张寿林:《"儒"的意义(一)》,《晨报副刊》第2229号,1928年3月12日,第1版。

'儒'字的问题,《论语》所记载的孔子之语当为最早,此外别无证据。"

《儒的意义(上下)》发表十四年后,由张寿林转述的《儒的意义》在《晨报副刊》上刊登六年后,胡适之《说儒》也说,"儒"字最早出现于《论语》,他与狩野一样不信《周礼》。

狩野不仅疑《周礼》,也疑《礼记·儒行》,而后者也是原儒者常常引用的材料之一。他举《礼记·儒行》记鲁哀公问孔子儒服一段为例,说:"此文实不可信"。因为"正如先儒所指出的,《儒行》是战国时代儒家针对其他学派的诘难而欲大张其学,仿效《庄子·田子方》所载的哀公与庄子的问答所写的,无论从文体,还是从其夸饰儒行的言辞分析,皆可知其纯属虚构,并且是写于战国末期"。

狩野又说:"康有为等公羊学者,以孔子为儒教开山祖师,他们认为孔子自己首创'儒'之名称,并以'儒'自居。对此我不敢苟同。"但这一句话被张寿林所删除,因而狩野对公羊学的不以为然,并没有体现在张寿林的译文中。译文中张寿林添加的部分,也有与狩野原意不相契合的。如张寿林写道,"我的意思以为班氏说'儒家者流,出于司徒之官',这一点是错的;但他说儒家的名辞出于孔子之后,却是对的"。"关于儒家不出于司徒之官这一点,胡适之先生在他的《诸子不出[于]王官论》中,已经有很详细的辨证,这里用不着再说"。①实际上,狩野原文对《汉志》"诸子出于王官"说并没有褒贬,他更是认为刘、班虽是儒家,对儒家却无偏袒。他说:"刘向父子及班固皆是儒家学者,可他们在论述中并不偏袒儒家,而是与诸家一视同仁。"

狩野发现,刘、班"认为孔子之道位于诸学派之上并统摄诸学派,所以不曾将记录孔子言行的《论语》归置于儒家一类,而是独立出来,紧接在《六经》之下。隶属于儒家类的只是晏子、子思、曾子及其他人物的著作。一句

---

① 张寿林:《"儒"的意义(三)》,《晨报副刊》第2231号,1928年3月14日,第1版。张寿林受胡适影响是可以肯定的。他的《我们研究中国文学应取的态度》(《京报·文学周报》第38期,1925年10月17日,第1—4版)就是对于胡适《〈国学季刊〉发刊宣言》的响应,而讨论《诗经》的《〈诗经〉是不是孔子所删定的?——呈正颉刚先生》(《北京大学研究所国学门月刊》第1卷第2号,1926年11月20日,第149—155页)则对胡适有关《诗经》的见解,表示明确的赞同。

话,《艺文志》并未把孔子置于儒家之中"。而这个"未把孔子置于儒家之中"正是符合历史的,因为孔子从未自称为"儒"。"儒"从一开始也不是自称,而是他人对孔门读书人的讽刺式的"蔑称"。

《左传》哀公二十一年所载"鲁人之皋,数年不觉,使我高蹈。唯其儒书,以为二国忧"的歌词前人较少涉及,而后世则有学者认定其为上古文献中"儒"字"最早"的出处。①但在狩野看来,《左传》哀公二十一年显然不如《论语》早,因为此时孔子已经去世六年。从齐人以此歌词讽鲁侯泥古不化、愚守周礼,"造成二国之忧"②亦可见,"儒"在同代儒家以外的书中,确含他人讽刺的意味。类似的"蔑称"也出现在《墨子》中。"至孟子出,始以'儒'标榜己学","正式把'儒'当作了一个学派之名",但另一儒者荀子仍以贬义称儒。"庄子、韩非子之流,均将孔子及其学派名之为'儒',而加以攻击"。由此不难看出,战国时代"是有着'以儒为戏'的社会风气的"。这是就作为学派的儒家产生的社会现实而论之的。

狩野也关注汉儒有关"儒"的文字学上的释义,但与前人不同,狩野否定了韩婴(约前200—前130)《韩诗外传》释"儒"为"无"和应劭《风俗通义》释"儒"为"区",③亦不同意郑玄《三礼目录》和梁皇侃(488—545)《论语义疏》解"儒"为"濡",因为在他看来,"无""区""濡"都没有突出"儒"的特质。这个特质实际上就是《说文》中所谓"柔"。

狩野说:"郑玄以'儒'为'优'、为'柔'的解释,虽然亦是运用双声叠韵之法,但突出了儒的'优'、'柔'特质,最为恰当。"但他发现,郑玄"作出了'儒''能安人,能服人'的解释",是由于"郑玄虔信《周礼》,因《周礼》并举'师儒',故郑玄以'儒'为美称"。郑玄往好里引申显然与"儒"作为"蔑称"出现不相符合。

---

① 胡适不信《左传》,故不取。具体见胡适《忙里偷闲的读书录》,《胡适全集》第13卷,第19—20页。
② 杨伯峻解为"使二国不睦"。参见其编著《春秋左传注(修订本)》(四),北京:中华书局,1990年,第1718页。
③ 这实际上涉及后世人解"儒"的问题,即根据后来的情况去解释原始的"儒",显然是有问题的。

狩野依据《周易》《说文》以及《穀梁传》的解释，释"儒"之古字"需"为"遇雨而不进，须耐心等待雨霁天晴，故生'等待'之义"。"需"亦是缓词。"因须从容等待时机的到来，与急迫强行之态相反，故生'优''柔'之义。"而进一步地与"蔑称"相关的是，"'优柔'，又与'迂愚'在概念上有相近的一面。以这个'需'为基础，加上偏旁，就构成了包含上述语义的文字"。

他说："既然以'需'为重要组成部分的许多字具有缓、优、柔、弱等意，那么，从'需'的'儒'字含义，也就不难想像了。《荀子·修身》篇里有'偷儒转脱'之语，杨倞注曰：'皆谓懦弱畏事。'其又注'偷儒惮事，无廉耻而嗜乎饮食'之语曰：'皆谓懦弱怠惰、畏劳苦之人。'两处皆将'儒'释为懦弱。又《礼记·玉藻》注里有'懦者所畏'之语，《经典释文》释'懦'云：'懦，怯懦也。又作儒，人于反，弱也。'恰可为古时'儒''懦'通用之证。""此外，后世又有'儒缓'一词，亦可证'儒'具缓义。""论述至此，我的结论也就水落石出了：既然'儒'字含有舒缓、优柔、懦弱等意，那么与其说是美称，倒不如说其寓有一种嘲笑的意味比较准确。"

狩野认为，之所以"儒"是"蔑称"，"寓有一种嘲笑的意味"，既与儒者本身有关，也要考虑具体语境。因为"儒"源自他人的称呼，所以狩野主要是从他人的印象和反应来分析儒何以有"缓、优、柔、弱"等特质的。从举止和衣着上看，"孔子及其后继者们身服逢掖之衣，频行揖让之礼，弦歌而乐，身体力行于先王之道。这种衣着及人生态度，当然会给人舒缓、优游的鲜明印象。同时，孔子总是颂尧、舜之德而尊之，恶言军旅之事，故众人或以为迂愚，并疑其柔弱，从而加以讥讽"。从学说看，"孔子的政治理想是要求人君先修己身，再推广及人，完善其天赋之德，从而使民能养其生。在孔子那里，明德与亲民相辅相成，政治与教化密不可分。换言之，孔子的政治不满足于以政刑导民，使民仅免于耻；他的目标是以德礼化民，使民知耻且能改正。然而，正因其理想高远，故无法立竿见影"。

因此，春秋时代，战乱频仍，众人讲求武功之时，"在以严刑峻法为执政要诀的某些人看来，当然会感到孔子之道既失于优，更失于弱"。而"在重攻伐、恃武力"的齐人看来，孔门之道自然也是"无勇柔弱"的。

狩野从具体语境中揭示孔子作为知识人的现实困境，不过是一个历史学家的责任的体现。但这个研究结论却产生了现实的影响。另一位日本学者北村泽吉(1874—1945)1928年11月在中国出版的《儒学概论》中有关儒和儒家的部分便脱胎于狩野此文。①胡适1927年4月24日到5月底因国内动荡滞留日本时,曾与狩野直喜有过接触,这年3月,刊有《儒的意义(上下)》的狩野所著《支那学文薮》初版。按照学者惯例,很可能狩野将自己的新著赠给胡适。当然,迄今为止,胡适是否读过的《儒的意义(上下)》,尚无材料证明。但到20世纪30年代初,胡适遭遇到了孔子同样的困境,这亦触发了写作《说儒》的灵感。

第二节 诉诸启蒙:胡适1920—1930年代初的学术重心

1919年10月8日,胡适在致高一涵(1885—1968)等的信中感叹十年来能保盛名者实不易。他说,"时势变得太快,生者偶一不上劲,就要落后赶不上了,不久就成了'背时'的人了"。②此时,《中国哲学史大纲(卷上)》已经出版,且连续再版,胡适中国哲学史开山的地位业已确立,亦成为学界新派的新领袖,但他本人的心态亦复如此。

一、计划之外:胡适"整理国故"的偶然性

1919年2月后,或许是处于著作的间歇期,又因忙于杜威来华演讲的接待、宣传和翻译,加之陈独秀(1879—1942)被捕后,接编《每周评论》,与李大钊(1889—1927)讨论"问题与主义"等等,直到11月1日撰写《新思潮的意义》前,胡适发表的真正意义上的学术著述,仅有《〈墨子·小取篇〉新

---

① 《儒学概论》第一篇"儒道源流"是即引用狩野《儒的意义》,相关的内容也大同小异,详见〔日〕北村泽吉《儒学概论》,上海:商务印书馆,1928年,第1—14页。
② 胡适致高一涵、张慰慈、章洛声,1919年10月8日,《胡适全集》第23卷,第274页。

诂》①和《清代汉学家的科学方法》②等两篇,这种与新派学术领袖地位不相称的状态或许也是促发他撰写和发表《新思潮的意义》的一个原因。

因为从此文的内容看,胡适更多的只是提出一些宏大的原则和根本的方法。但即便是这些原则和方法,在后来的表述中,也还有些许调整。在《新思潮的意义》中,胡适对于"整理国故"是说:

> 整理就是从乱七八糟里面寻出一个条理脉络来;从无头无脑里面寻出一个前因后果来;从胡说谬解里面寻出一个真意义来;从武断迷信里面寻出一个真价值来。为什么要整理呢?因为古代的学术思想向来没有条理,没有头绪,没有系统,故第一步是条理系统的整理。因为前人研究古书,很少有历史进化的眼光的,故从来不讲究一种学术的渊源,一种思想的前因后果,所以第二步是要寻出每种学术思想怎样发生,发生之后有什么影响效果。因为前人读古书,除极少数学者以外,大都是以讹传讹的谬说,——如太极图,爻辰,先天图,卦气,……之类,——故第三步是要用科学的方法,作精确的考证,把古人的意义弄得明白清楚。因为前人对于古代的学术思想,有种种武断的成见,有种种可笑的迷信,——如骂杨朱、墨翟为禽兽,却尊孔丘为德配天地,道冠古今!——故第四步是综合前三步的研究,各家都还他一个本来真面目,各家都还他一个真价值。③

两年后,即 1921 年 7 月 31 日,在南京高师暑期学校演讲"研究国故的方法"时,这第二个原则,被归纳成"历史的观念",放到了第一位,而第三条"科学的方法"则为"疑古的态度"所替代,于是,四个原则变成了:"历史的

---

① 刊《北京大学月刊》第 1 卷第 3 号,1919 年 3 月,第 49—70 页。
② 仅为第一部分,刊《北京大学月刊》第 1 卷第 5 号,1919 年 11 月,第 23—37 页。另两部分分别刊《北京大学月刊》第 7 号,1920 年 9 月,第 49—54 页及第 9 号,1922 年 2 月,第 21—23 页;修改稿改名《清代学者的治学方法》,收入《胡适文存》一集,上海:亚东图书馆,1921 年,第 205—246 页。
③ 胡适:《新思潮的意义》,《新青年》第 7 卷第 1 号,1919 年 12 月 1 日,第 10—11 页。

观念","疑古的态度","系统的研究"和"整理"。①

到1922年8月,胡适拟定了整理旧书的计划,并送呈钱玄同,请后者提意见。虽然钱玄同表示赞成,但胡适仍感觉"此事不易做"。因为"现今能做此事者,大概只有玄同,颉刚和我三人。玄同懒于动手,颉刚近正编书,我又太忙了,此种事正不知何时方才有人来做!"②

没有合适的人才还不是唯一的难题。按照胡适的说法,另一个难题是不少人有能力写作,且愿意写作者,却"苦没有时间"。他说:"此为今日中国学者的通病。"③

现在看来,胡适发起"整理国故"运动的原因也主要是后来逐渐建构起来的,它是行动过程中的建构,而非事先的安排,因而多体现出现实的刺激和影响。因为提倡"整理国故"者并非全是新派,像南社,在文化上就偏于旧派。而以留学生为主的"学衡派",亦因对新文化运动加以抨击,在文化上趋于保守,他们也依据白璧德(Irving Babbitt,1865—1933)的人文主义,寻求一个精英式的中西会通,包括"国学大师"章太炎也出来讲"国学",所以,周作人(1885—1967)1922年时会觉得"现在思想界的情形,……是一个国粹主义勃兴的局面",他担心这必然会造成的"两种倾向是复古与排外"。④虽然胡适并不同意周作人对思想界的描述,并且对旧派和文化保守派的行动颇为不屑,⑤但1922年11月,他在《〈国学季刊〉发刊宣言》中的说法,也

---

① 此为1921年7月31日胡适在南京高等师范学校暑期学校演讲的演讲词。具体见胡适演讲,枕薪笔记《研究国故的方法》,《民国日报·觉悟》,1921年8月4日,第2版,又收入《东方杂志》第18卷第16号,1921年8月25日,第114—116页。但据《胡适的日记(手稿本)》,胡适在此文剪报上批注曰:"此记多误,不及改。"1922年又在北京高等师范学校作同题演讲,并对记录稿进行了校阅。在此演讲中,胡适又提及南高的记录稿"记录太差,不大满意"。而将整理国故的原则归纳成两大步,前两步是"研究的态度",含"历史态度"和"怀疑态度"(按:这后一点在编号上有误);后两步是"研究的方法",含"整理的方法"和"系统的著述"。具体见胡适讲演并校稿,何呈锜记录《研究国故的方法》,《国文学会丛刊》第1卷第1期,1922年11月,第1—10页(文页)。

② 胡适1922年8月28日日记,《胡适全集》第29卷,第729页。

③ 胡适1922年8月27日日记,《胡适全集》第29卷,第728页。

④ 仲密(周作人):《思想界的倾向》,《晨报副镌》,1922年4月23日,第3—4版。

⑤ Q. V.(胡适):《读仲密君〈思想界的倾向〉》,《晨报副镌》,1922年4月27日,第1版。

显示出现实状况刺激的些许效应。他说:"有些人还以为西洋学术思想的输入是古学沦亡的原因;所以他们至今还在那里抗拒那他们自己也莫名其妙的西洋学术。有些人还以为孔教可以完全代表中国的古文化;所以他们至今还梦想孔教的复兴;甚至于有人竟想抄袭基督教的制度来光复孔教。"①前者似指守旧学者和尊孔的军阀,后者自然是指康有为一派。

胡适在此文中表达出他对于象牙塔式学术的不认同。他说,"单把绣成的鸳鸯给人看,而不肯把金针教人,那是不大度的行为"。这是在强调学术的社会影响力。而之所以如此强调,是因为要"把这一种学术里已经不成问题的部分整理出来,交给社会";"把那不能解决的部分特别提出来,引起学者的注意"。这种"学术上结账"的思想基础就是新文化运动提倡的平民主义。所以他说,"国学"不能只限于少数有天才而又有闲空工夫的少数人,"偌大的事业,应该有许多人分担去做的","人人能用古书,是提倡国学的第一步"。

现实刺激的另一个表现是通过胡适的感受显现的。1922 年 12 月 17 日,胡适在为纪念北京大学成立 25 周年所撰《回顾与反省》中提到北大的成绩只是"形式风气有余,创造学术则不足"。他指出:

> 我们有了二十四个足年的存在,而至今还不曾脱离"裨贩"的阶段! 自然科学方面姑且不论;甚至于社会科学方面也还在裨贩的时期。三千年的思想,宗教,政治,法制,经济,生活,美术……的无尽资料,还不曾引起我们同人的兴趣与努力! 这不是我们的大耻辱吗?②

这或是为"整理国故"的提倡辩护,但在胡适,从中国学术入手,亦是他"整理国故"的原因。这一点在纪念日当天(12 月 17 日)的演说中说得相当明

---

① 本段与下段,分别见胡适《〈国学季刊〉发刊宣言》,《国学季刊》第 1 卷第 1 号,1923 年 1 月,第 1、5、10—11 页。此文撰写于 1922 年 11 月 9—15 日。
② 参见胡适《回顾与反省》,《北京大学日刊》第 1136 号(本校第 25 年之成立纪念号),1922 年 12 月 17 日,第 2 版。

白,他说,"依据中国学术界的环境和历史,我们不敢奢望这个时候在自然科学上有世界的贡献,但我个人以为至少在社会科学上应该有世界的贡献"。①

人文学科、社会科学不同于自然科学之处在于内容或者研究对象上的国别性或地域性,要做出"世界的贡献"就需要面对这样一个特性。这也让人看到"整理国故"的提出所暗含的世界性的"野心"。或可说,这是晚清以降的"学战"的期待和延续。胡适说,"诸位只要到那边历史展览部一看,便可知道中国社会科学材料的丰富。我们只是三四个月工作的结果,就有这许多成绩可以给社会看了。这两部展览,一边是百分之九十九的裨贩,一边是整理国故的小小的起头"。

如果从1919年11月1日撰写、12月1日发表的《新思潮的意义》算起,至1922年12月17日,"整理国故"从提倡到实践已经走过了整整三年,所做出的成绩显然不能让胡适满意。这或许是胡适在《〈国学季刊〉发刊宣言》中不厌其烦地提出更为详细的"整理国故"方法的原因之一。这些具体的诸如"索引式的整理""结账式的整理"和"专史式的整理"的"整理国故"的方案,到1924年又有一点补充,就是加上了"最低限度之整理——读本式的整理"。即编写普及读本。②尽管如此,胡适提出的这个方案却不仅影响了当时,且一直影响到几十年后海峡两岸的古籍整理和研究。像20世纪50年代,中国哲学一度显现"春天景象"时,冯友兰提出的整理方案,以及顾颉刚等人的努力,都没有超出这三大方面。

但"整理国故"带来的现实效应再次影响了胡适的取向,进而影响了"整理国故"的走向。在"整理国故"之初,胡适是讲"为真理而真理"或"为学术而学术"的。因此才有1919年8月对毛子水(1893—1988)所说的"学问是平等的,发明一个字的古义,与发现一颗恒星,都是一大功绩"以及应当"用科学的研究法去做国故的研究,不当先存一个'有用无用'

---

① 本段与下段,均见胡适演讲,陈政记录《教务长胡适之先生的演说》,《北京大学日刊》第1138号,1922年12月23日,第2版。

② 胡适演讲,叶维笔记:《再谈谈"整理国故"》,《晨报副镌》第38号,1924年2月25日,第1版。

的成见"。①这句话引起的反响直到胡适晚年依然不能忘怀。胡适1956年致雷震(1897—1979)的信中便提到,此说曾引起"无数人的骂,至今未已!"②这个"至今未已"自然指的是他彼时所受到的国民党背景的学者和在台的文化保守派的共同围剿。

20世纪20年代前半期,"骂"胡适者大多是旧派或文化保守派。因为"科学整理国故",对旧派而言,等于是夺取了他们原有的领地,而文化保守派则在理念上与新派存在根本的差异。这也即是顾颉刚所谓"说国学就是科学,已经要引起一般人的怀疑"。③但对旧派或文化保守派的批评,胡适一直有些居高临下式地超然。1925年他在致钱玄同的信中说:

> 《华国》《学衡》都已读过。读了我实在忍不住要大笑。近来思想界昏谬的奇特,真是出人意表!我也想出点力来打他们,但我不大愿意做零星的谩骂文章。……"法宜补泻兼用":补者何?尽量输入科学的知识,方法,思想。泻者何?整理国故,使人明了古文化不过如此。"七年之病求三年之艾",虽似迂远,实为要图。老兄不要怪我的忍耐性太高,我见了这些糊涂东西,心里的难受也决不下于你。不过我有点爱惜子弹,将来你总会见我开炮时,别性急呵。你信上也曾提起我的《评〈东西文化……〉》及《〈科学与人生观〉序》。我觉得这两炮不算不响。只是这种炮很费劲,我实在忙不过来,如何是好?④

此时,胡适在学术研究社会影响的滞后性与思想启蒙迫切性的冲突中,尚保持平和,但越来越多的来自新派及其青年追随者的态度,却非胡适所能逆料。

---

① 以上具体见胡适致毛子水的信,收入毛子水《"驳〈新潮〉'国故和科学的精神'篇"订误》附录,《新潮》第2卷第1号,1919年10月30日,第56页。
② 胡适复雷震,1956年4月1日,《胡适全集》第26卷,第16页。
③ 顾颉刚:《一九二六年始刊词》,《北京大学研究所国学门周刊》第2卷第13期,1926年1月6日,第7页。
④ 胡适致钱玄同,1925年4月12日,《胡适全集》第23卷,第465页。

1923年，西化派的老将吴稚晖(1865—1953)就在《箴洋八股化之理学》中对胡适提出过批评，其批评的重点是《中国哲学史大纲(卷上)》在客观上起到了"复古"的效应，损害了进化论，进而引导青年走向了故纸堆。他说："胡先生的《大纲》，杂有一部分浇块垒的话头，虽用意是要革命，也很是危险，容易发生流弊。"他指的是引出了1921年梁漱溟(1893—1988)的《东西文化及其哲学》和1922年梁启超在南京江苏教育会的演讲《先秦政治思想》。他以为，胡适"所发生的一点革命效果"不足以抵消二位梁氏的"谬误"，于是，"什么都是我们古代有的，什么我们还要好过别人的，一若进化学理直是狗屁"。他说"胡适之是拿六经三史做了招牌，实在是要骗"中学毕业的学生去读《七侠五义》；而梁启超"上了他的当，竟老实的滞气出来，把青年堆在灰字篼里"。①

另一位新派人物陈源(1896—1970)1926年对"整理国故"的嘲讽代表了有留学背景的自由主义西化派的反应。其实他也是顺着吴稚晖的思路往下说，不过，他反对的理由，既关乎胡适本人的形象和地位，也涉及了"整理国故"的资格和条件。

胡适在致浩徐(彭学沛，1896—1949)的信中对陈源在1926年4月17日出版的《现代评论》第3卷第71期上的《闲话》里，仅举《胡适文存》，而有意不举《中国哲学史大纲(卷上)》为胡适之代表作表示不解。②其实，陈源在文中说得很清楚，在他看来，"不举《中国哲学史大纲》是因为这种开径觅路的著作，虽然力量惊人，早晚免不了做后起之秀的阶级"。而"《胡适文

---

① 以上均见吴敬恒《箴洋八股化之理学》，《晨报副镌》第189号，1923年7月23日，第3版。
② 参见西滢《闲话》，《现代评论》第3卷第71期，1926年4月17日，第9页。此文收入《西滢闲话》(上海：新月书店，1928年)时，取名《新文学运动以来的十部著作(上)》。胡适在《"整理国故"与"打鬼"》中说："西滢先生批评我的作品，单取我的《文存》(指《胡适文存》一集——引者)，不取我的《哲学史》。西滢究竟是一个文人；以文章论，《文存》自然远胜《哲学史》。但我自信，中国治哲学史，我是开山的人，这一件事要算是中国一件大幸事。这一部书的功用能使中国哲学史变色。以后无论国内国外研究这一门学问的人都躲不了这一部书的影响，凡不能用这种方法和态度的，我可以断言，休想站得住。"参见《现代评论》第5卷第119期，1927年3月19日，第15页。

存》却不但有许多提倡新文学的文字,将来在中国文学史里永远有一个地位"。①见到胡适的不满,陈源在自拟的《"整理国故"与"打鬼"》跋语中不仅作了进一步地澄清,且在吴稚晖所言基础上有所发挥,他说:

> 适之先生说我批评他的作品,单取他的《文存》,不取他的《哲学史》,因此断定我"究竟是一个文人"。……可是我并不是单把文章好坏做我去取的标准。《文存》里大部分是提倡革命,扫除旧思想,建设新文学的文字。在那里适之先生引我们上了一条新路。可是在"革命尚未成功,同志还须努力"的当儿,胡先生忽然立停了脚,回过头去编他的"哲学史"了。固然不错,他做的还是破坏的功夫,"捉妖""打鬼"的事业,只是他丢开了另一方面在我们看来,更加重要的工作。没有走过的新路是不容易走的。前面得有披荆斩棘的先锋,熟识道途的引导者。适之先生的地位应当在那里。可是他杀回头去了,所以虽然还有些人在新路上往前觅道,大部分的人只得立住了脚,不知道怎样好。更不幸的,一般近视眼的先生,不知道胡先生是回去扫除邪孽,清算烂账的,只道连胡先生都回去了,他们更不可不回去了。于是一个个都钻到烂纸堆里去,"化臭腐为神奇,化平常为玄妙,化凡庸为神圣",弄得乌烟瘴气,迷蒙大地。②

陈源所说关乎胡适的新文化领袖的形象,让注意自身地位的胡适不能不重视。而陈源所指出的另外的方面,诸如新派中真正热心,并有能力整理国故者除胡适、顾颉刚、唐钺(1891—1987)和钱玄同以外还有谁的问题,与上述胡适日记中所言几乎如出一辙,或者说这亦触到了胡适的痛处。陈源又说,"青年们本来大都是'学时髦的不长进的少年'。'整理国故'既然这样时髦,也难怪他们随声附和了"。他和吴稚晖一样,认为还没有到"整

---

① 参见西滢《闲话》,《现代评论》第 3 卷第 71 期,1926 年 4 月 17 日,第 9 页。
② 本段与下段见西滢《"整理国故"与"打鬼"》跋语,《现代评论》第 5 卷第 119 期,1927 年 3 月 19 日,第 15—17 页。

国故"时候。不仅是"弄来弄去,左不过还是那些破旧东西。而且,'入鲍鱼之肆,久而不觉其臭'。……所以一个人整天的钻在烂纸堆里,他也许就慢慢的觉得那也不是什么索然无味的事,甚而至于觉得那是人生最有趣味的事了",而且,他"觉得现在的国故学者十九还不配去整理国故",原因是"大家打的旗帜是运用'科学方法'。可是什么是科学方法?离开了科学本身,那所说的'科学方法'究竟是什么呢?"他希望人们"都去研究经济,政治,宗教,文艺等种种方面的新思想,新知识,新艺术"。他说:"我们要他们介绍种种欧美各国已经研究了许久,已经有心得的新思想,新知识,新艺术给我们,没有时候去弄'国故'那玩意儿。再过几十年,他们也许有这样的余力了,这样的闲暇了。那么到那时再说'整理国故'不好吗?"

其实,浩徐的《主客答问》中有关"整理国故"的批评,还是属于新派内部的意见。彭学沛本人此时在北京大学任教,参与《现代评论》的撰稿,思想也偏向自由主义,就在刊登《主客答问》前一期(第105期)的《现代评论》上,他还在讨论"宽容"的问题。①然胡适之所以要出面郑重地答辩,还是因为同道的新派对"整理国故"的不满,已经达到了相当激烈的程度,且在揭示"整理国故"几年来的成绩乏善可陈的同时,影响到了自己的公众形象。

由上引陈源的反应及其在1926年2月20日出版的《现代评论》第3卷第63期上撰写的《闲话》里所说的"不幸的是胡先生是在民众心目中代表新文学运动的唯一的人物。他研究国故固然很好,其余的人也都抱了线装书咿哑起来,那就糟了"②以及浩徐在《论打鬼运动答适之先生》中说的"大师(指胡适——引者)把那在人世上迷人吃人的活妖活鬼捉了几个打了几个之后,他又用'通天达地出幽入明'的本领,把关在琉璃厂的藏书处里或因在北大图书馆藏书室里的无人过问的饿了的枯了的妖鬼们,打将出来,致令这般饿鬼们像虎兕出了柙一般,逢佛杀佛,逢祖杀祖,逢教授杀教授,逢青

---

① 浩徐:《闲话》,《现代评论》第5卷第105期,1926年12月11日,第14—15页。
② 参见西滢《闲话》,《现代评论》第3卷第63期,1926年2月20日,第13页。此文收入《西滢闲话》时,题为《再论线装书》。

年杀青年"①等两段可知,他们反对"整理国故"的理由,是发现这个运动的客观效应正在背离发起者的初衷。

这个批评,似乎比1923年7月陈独秀对"整理国故"著名的"粪秽里寻找香水"②的批评要有力得多。因为1923年,"整理国故"刚刚正式开始,所以在两年后,胡适仍可以对陈独秀的批评不以为意,说"'挤香水'的话是仲甫的误解。我们说整理国故,并不存挤香水之念;挤香水即是保存国粹了。我们整理国故,只是要还他一个本来面目,只是直叙事实而已,粪土与香水皆是事实,皆在被整理之列。如叙述公羊家言,指出他们有何陋处,有何奇特处,有何影响,有何贡献,——如斯而已,更不想求得什么国粹来夸炫于世界也。"③但到1927年,"整理国故"已经进行了四年,其成绩不仅十分有限,且仍无法让新派同人理解,并受到其批评,就不能不让胡适有所反省了。

陈源在《现代评论》第3卷第63期的《闲话》中提及顾颉刚1926年1月6日发表在《北京大学研究所国学门周刊》第2卷第13期上的《一九二六年始刊词》,说"我觉得几乎没有一句话不同意",④这自然是在反话正说。因为顾颉刚文中所言正是将胡适"整理国故"原则推向了极致,也正是极致化以后,背离了胡适的启蒙诉求。

在《一九二六年始刊词》中,顾颉刚对"学术平等"的强调是胡适"平等的眼光"的延续,他说,"凡是真实的学问,都是不受制于时代的古今,阶级的尊卑,价格的贵贱,应用的好坏的。研究学问的人只该问这是不是一件事实;他既不该支配事物的用途,也不该为事物的用途所支配"。这又涉及了胡适提倡的"为真理而真理"(或"为学术而学术")的态度。

顾颉刚说,鉴于"从前的学者为了不注重事实,单注重书本,他们的学问在时代,阶级,应用等方面一切受限制,所以他们最容易上古人的当,以为古代是怎样好的一个黄金世界,如何叔季陵夷,至于今日";"我们要秉承着

---

① 浩徐:《论打鬼运动答适之先生》,《现代评论》第5卷129期,1927年5月28日,第17页。
② 独秀:《国学》,《前锋》第1卷第1期,1923年7月1日,第67页。
③ 胡适致钱玄同,1925年4月12日,《胡适全集》第23卷,第465页。
④ 参见西滢《闲话》,《现代评论》第3卷第63期,1926年2月20日,第13页。

纯粹求真理的态度去观察事物,所以不容得把个人的爱憎参入其间"。这也是胡适提倡的尊重事实和"求真"的态度。

顾颉刚指出:"所谓科学,并不在它的本质而在它的方法,它的本质乃是科学的材料";"材料的新旧在应用上虽有区别,但在研究上是绝对不该有区别的";"科学是纯粹客观性的,研究的人所期望的只在了解事物的真相,并不是要救世安民,所以是超国界的。学术若单标为救世,当然也可以媚世,甚至于惑世"。这些话的出发点都是针对"应用",如果仅仅如此言说,胡适并无警觉和矫正的理由。

不过,作为胡适的学生辈,顾颉刚的观点也离不开"同样的见解,学生比老师更激进"的规律。他几乎将所有"国学"或传统学术不振的原因都归结为"应用"。他说,"至于老学究们所说的国学,他们要把过去的文化作为现代人生活的规律,要把古圣贤遗言看做'国粹'而强迫青年们去服从,他们的眼光全注在应用上,……当然说不到科学";"至于今日,思想学问一切空虚,社会国家一例衰败,可以说都是受了这种徒知'以有用为用'的谬见的影响"。顾颉刚的进一步发挥,显然比胡适之见更其甚矣。

顾颉刚接着说:"别的科学不发达而惟有国学发达,足见国学方面还有几个肯努力的人,还有几个具有革新的勇气而精神不受腐化的人。……现在我们要凭我们的勇气,做些榜样给大家看,使得大家能长期的得到研究的工作的观感。"

"长期"地投入"国学"研究并非顾颉刚随便说说,他还有具体的设想,他希望建立"学术机关"。这个"学术机关""只有一项任务,就是供给研究某种学问的人以研究上的种种便利,此外一切非所当问"。

他说:"国家多难之秋,国民固该尽救国的职责,但这句话原是对一班国民说的而不是对学术机关说的。"学术机关中的个人作为国民,"迫于救国的热诚,为了国家而喊破了嗓子,而丢净了财产,而牺牲了生命,都是很可以的,但这与学术机关丝毫不发生关系。……我们如果承认学术机关是确以提倡学术为专责的,学术机关的个人是确以研究学术为他的专门的工作的,那么,他们就在国家风雨飘摇之际依然埋头于学术上的问题原没有什么错处。……就是外面炮声连天,铅子满地,我们的机关里依然可以做大家认为无用的考据的工作。为什么？考据的工作原是我们这个学术机关的生命,只要我们这个机关有一天的存在就该做一天的本分的工作。"①

当然,严格意义上说,顾颉刚的说法仍在胡适之见的范围内。因为胡适1925年就讲过"救国不是摇旗呐喊能够行的;是要多少多少的人投身于学术事业,苦心孤诣实事求是的去努力才行"。②但是,接下来的说法,就未必能让胡适接受了。

由于顾颉刚完全将学术研究与"应用"对立地看待,用他的话说,即是"求知"与"应用""是两条不同的大路",他更希望在学术机关中"共同讨究;要把科目分而又分,一个人可以专攻一小部分;要使有志研究学问的人可以随着自己的性之所近而择取某小部分。我们在研究时,心里所想到的只是这一小部分中的材料如何可以整理清楚,如何可以解释里面的种种原因,却绝对不想到把这些东西拿来应用"。

顾颉刚说:"我们看国学是中国的历史,是科学中的一部分,所以我们研究的主旨在于用了科学方法去驾驭中国历史的材料,不是要做成国粹论者",关键是下面他说的"我们不希望把国学普及给一班民众,只希望得到许多真实的同志而相互观摩"。③这与1924年1月胡适在东南大学国学研究班讲"再谈谈'整理国故'"时着重"建设"的四种整理方式的第一种"最低限度之整理——读本式的整理",④即关注普及读本的说法,通过重新整理的古籍读本,达到启蒙目的的初衷也明显不合拍。

如果陈独秀、吴稚晖、陈源和彭学沛等人正面的批评对胡适是一种提醒

---

① 以上均见顾颉刚《一九二六年始刊词》,《北京大学研究所国学门周刊》第2卷第13期,1926年1月6日,第1—11页。

② 原话是:"去年我说,救国不是摇旗呐喊能够行的;是要多少多少的人投身于学术事业,苦心孤诣实事求是的去努力才行。"当然,胡适是针对热衷于"直接行动"的学生而言的。参见胡适演讲,毛坤、李竟何记录《学术救国》,记录稿现藏中国社会科学院近代史研究所,此处据《胡适全集》第20卷,第141—142页。是为1926年7月初在北京大学学术研究会的演讲词。

③ 以上分别见顾颉刚《一九二六年始刊词》,《北京大学研究所国学门周刊》第2卷第13期,1926年1月6日,第8、9、11页。

④ 具体见胡适演讲,叶维笔记《再谈谈"整理国故"》,《晨报副镌》第38号,1924年2月25日,第1版。

的话,顾颉刚对胡适提倡的"为真理而真理"的研究态度极致化地发挥,对胡适的刺激也许更大,因为它让胡适意识到原本出于改变中国传统学术取向的启蒙目的的这个客观的学术态度,正在消解他的启蒙初衷。胡适如此认真地公开回应浩徐谈不上严厉的质疑,其用意是双关的。面对批评进行解释只是一方面。另一方面,他也在回应顾颉刚的极致式地发挥造成的被动和误解。

浩徐的《主客答问》中最刺激胡适的恐怕还是说:"整顿了四五年之后,他们的结论仍然是:'这样受物质环境的拘束与支配,不能跳出来,不能运用人的心思智力来改造环境改造[良]现状的文明,是懒惰不长进的民族的文明,是真正唯物的文明。这种文明只可以过[遏]抑而决不能满足人类精神上的要求。'"这句话中的引文引自胡适1926年7月10日发表在《现代评论》第4卷第83期上的《我们对于西洋近代文明的态度》。没有引胡适的学术文章,而是引一篇思想评论,也是想说明,"整理国故"至1927年仍然是个对待东西文明的"态度"问题,也就是说,谈不上实质性的进步,遑论"整理国故"最想取得的学术上的真正成果。

虽然浩徐客气地说,"国故整理家对国故所下的结论,才是在那半生不死的国故动物的喉咙里,杀进去的最后一刀,使以后的青年们能够毫无牵挂地一心一意地去寻求新道德、新知识、新艺术。这就是国故整顿运动的功劳"。①但胡适也明白,在学术上这四五年确没有多少可以呈献的成绩,所以他表示不接受这种赞扬,他说,"那'最后一刀'究竟还得让国故学者来下手。等他们用点真工夫,充分采用科学方法,把那几千年的烂账算清楚了,报告出来,叫人们知道儒是什么,墨是什么,道家与道教是什么,释迦达摩又是什么,理学是什么,骈文律诗是什么,那时候才是'最后的一刀'收效的日子"。②

由此可知,此时胡适仍不以为,做像原儒这样具体的工作,非他们几位

---

① 以上见浩徐《主客答问》,《现代评论》第5卷106期,1926年12月18日,第8—9页。第一段引文方括号中的字为胡适原文。

② 胡适答浩徐,1927年2月7日,即《"整理国故"与"打鬼"》,《现代评论》第5卷第119期,1927年3月19日,第14页。

"整理国故"的新派提倡者的分内之事。

至于答信中的"捉妖""打鬼",也非为浩徐演义,它针对的其实既是陈独秀等人的批评,亦是为了纠正顾颉刚极端化的偏颇。

但在国内时势复杂,内战迭起,政党政治初兴,特别是政治时时逼迫知识人发言时,具有超然于学派和政争之上期待的胡适,往往不易选择。他始终没有摆脱学术与现实,或者说,学术如何体现现实作用的困境。

胡适说:

> 我披肝沥胆地奉告人们:只为了我十分相信"烂纸堆"里有无数无数的老鬼,能吃人,能迷人,害人的厉害胜过柏斯德(Pasteur)发现的种种病菌。只为了我自己自信,虽然不能杀菌,却颇能"捉妖""打鬼"。
> ……据款结案,即是"打鬼"。打出原形,即是"捉妖"。①

胡适把"捉妖""打鬼"说成是"整理国故的目的与功用",是"整理国故的好结果"。但问题是,实际取得的成绩有失期待,不仅在旁观者看来是如此,他们自己也未必不是如此看。这样下去,"整理国故"就有口号化的危险。这也是为什么胡适不满陈源的评论,要将自己的具有"建设"性的《中国哲学史大纲(卷上)》的地位置于思想性强于学术性的《胡适文存》之上的原因。

这种"口号化"的倾向,胡适1926年已经注意到了。4月23日,他在为王云五《四角号码检字法》撰写的序言中说:"近年以来,'整理国故'的喊声居然成了一种时髦的倾向。但'整理'一个名词的意义似乎还不曾得着充分的了解。穿凿傅会,算不得整理;武断的褒贬,也算不得整理。"②6月6日下午,在北大研究所国学门举行的第4次恳亲会上,胡适则表示出对"整理国故"运动走向歧路的"忏悔"之意。他提到青年对"国学"的过分热衷,"国学变成了出风头的捷径"。且强调说,如果不从科学上或用科学方法研

---

① 以上参见胡适答浩徐,1927年2月7日,《现代评论》第5卷第119期,1927年3月19日,第14—15页。
② 胡适:《四角号码检字法·序》(1926年4月23日),《胡适全集》第3卷,第847页。

究"国学","国学"研究就是一条"死路"。① 但从他强调"整理国故"要找出头绪、明确意义、正确判断,乃至运用科学方法,亦可反证他对于几年来,与"整理国故"有关的学术成果并不满意。

胡适在答浩徐的信中所说的"用精密的方法,考出古文化的真相;用明白晓畅的文字报告出来,叫有眼的都可以看见,有脑筋的都可以明白。这是化黑暗为光明,化神奇为臭腐,化玄妙为平常,化神圣为凡庸:这才是'重新估定一切价值'。他的功用可以解放人心,可以保护人们不受鬼怪迷惑",②仿佛是跳过浩徐而直接在跟顾颉刚说话。他与顾颉刚的不同正在于,同是强调"整理国故"的客观态度,胡适着眼的是直接的启蒙,所以,"整理国故"前期,他要讲客观效果,因为只有"客观"才能让"重新估定一切价值"超越古代传统,从而既具备现代性,又合法化。③现在则是讲主观追求,因为客观效应已经脱离了他所期待的轨道。

1928年,国民革命军的北伐已经取得决定性的胜利,国民革命运动的影响力大大增强的同时,也在改变着青年学人的学术取向,他们中的一些人更关心对于整个社会产生直接影响的学术,而对于"为学术而学术"的治学态度及以考据之方法进行的"整理国故"表达了强烈的不满,甚或以为是"玩物丧志"。这年4月19日,常乃悳(1898—1947)在《民国日报·觉悟》上发表的《再论"整理国故"与"介绍欧化"》一文中说:"讲到'整理国故',谁也知道胡适之先生是第一把能手了,可是他整理国故的结果,给与了中国现代的国民以何种影响呢?……知道了《红楼梦》是曹氏的家乘,试问对于

---

① 具体见《研究所国学门第4次恳亲会纪事》,《北京大学研究所国学门月刊》第1卷第1号,1926年10月20日,第143—145页。这种意识无疑也加重了新派学人的指责在胡适内心里的力度。

② 胡适答浩徐,1927年2月7日,《现代评论》第5卷第119期,1927年3月19日,第15页。

③ 这个启蒙情结在20世纪20年代后期也曾呈现出来,只不过是针对具体的事情而已。如1928年11月4日致胡朴安(1878—1947)的信中便不同意发起"中国学会",不承认"中国学术与民族主义有密切关系"。他以为,"若以民族主义或任何主义来研究学术,则必有夸大或忌讳的弊病。我们整理国故,只是研究历史而已,只是为学术而作功夫,所谓'实事求是'是也,绝无'发扬民族之精神'的感情作用"。参见《胡适全集》第23卷,第606页。

20世纪的中国人有何大用处？乃至知道了墨家的各学或者戴东原的哲学，又于20世纪的中国人有何大用处？胡先生是赞成墨家的'为什么'思想的，试问他的做《红楼梦》考证是'为什么'？"①虽然胡适回应说，"要教人一个思想学问的方法"，"我要教人疑而后信，考而后信，有充分证据而后信"，"我要教人知道学问是平等的"。②但这些答辩仅只是一种自尊心的维护。因为几个月后，胡适在公开场合的话语也发生了逆转。

《治学的方法与材料》是胡适1928年9月撰写，11月10日刊登在《新月》杂志第1卷第9号上。此文一改胡适以前对乾嘉学派的推崇备至态度，将以往看重的"方法"都置于"材料"之后。乾嘉的方法，在胡适看来，已经失去了价值，流传在当下，似乎无益于中国学术的进步，他说：

> 然而从梅鷟的《古文尚书考异》到顾颉刚的《古史辨》，从陈第的《毛诗古音考》到章炳麟的《文始》，方法虽是科学的，材料却始终是文字的。科学的方法居然能使故纸堆里大放光明，然而故纸的材料终久限死了科学的方法，故这三百年的学术也只不过文字的学术，三百年的光明也只不过故纸堆的火焰而已！③

此段话最值得注意的地方是，列出了章太炎和顾颉刚一老一少两位在世的学者。如果仅列出章太炎，由于他是以考据见长的学界老将，尚情有可原，但胡适将其学生顾颉刚及他曾赞扬的《古史辨》一并点名，④明显有警示顾

---

① 参见常乃惪《再论"整理国故"与"介绍欧化"》，《民国日报·觉悟》，1928年4月19日，第2版。
② 胡适：《庐山游记》，《新月》第1卷第3号，1928年5月10日，第29页(文页)。
③ 胡适：《治学的方法与材料》，《新月》第1卷第9号，1928年11月10日，第3页(文页)。此处《古史辨》原文为"古文史辨"，"故纸堆"为"排纸堆"，现据1930年10月上海亚东图书馆《胡适文存》三集再版本修改。
④ 如胡适在1926年7月27日所撰的《介绍几部新出的史学书(续)》中说，《古史辨》第1册，"这是中国史学界的一部革命的书，又是一部讨论史学方法的书。此书可以解放人的思想，可以指示做学问的途径，可以提倡那'深彻猛烈的真实'的精神"。《现代评论》第4卷第92期，1926年9月11日，第14页。

颉刚,同时因为《古史辨》成一时之选,青年史家景行行止,①而又有警示一般学术青年的意思。

胡适下面的说法,也为后一个警示提供了注脚,他说,中国是纸上的学问,而"西洋学术在这几十年中便已走上了自然科学的大路了"。中国的材料"全是文字的",而西洋的材料"全是实物的"。"自然科学的材料便不限于搜求现成的材料;还可以创造新的证据。实验的方法便[是]创造证据的方法"。

在这里,胡适还是强调一个以物质为基础的发达或发展的重要,而不专讲学术本身,这也是为了启蒙,亦是他与顾颉刚不一样的地方。故他又说:

> 虽然做学问的人不应该用太狭义的实利主义来评判学术的价值,然而学问若完全抛弃了功用的标准,便会走上很荒谬的路上去,变成枉费精力的废物。这三百年的考证学固然有一部分可算是有价值的史料整理,但其中绝大的部分却完全是枉费心思。如讲《周易》而推翻王弼,回到汉人的"方士易";讲《诗经》而推翻郑樵、朱熹,回到汉人的荒谬诗说;讲《春秋》而回到两汉陋儒的微言大义,——这都是开倒车的学术。②

讲学术的现实"功用",这简直就是跟甫赴广州中山大学任教的顾颉刚隔空喊话。

---

① 用《古史辨》的批评者陆懋德的话说,"此书实为近年吾国史学界极有关系之著作;因其影响于青年心理者甚大,且足以使吾国史学发生革命之举动也。……余惜其书中亦有未能尽合科学之理,而易滋青年后学之惑者";"……然三千年以前之尧舜禹者,其存在已受其影响,而其地位已感其动摇,则此书势力之大亦可惊矣"。分别见《清华学报》第3卷第2期"介绍与批评"栏,1926年12月,第1、18页(文页)。此文后收入《古史辨》第2册,定名《评顾颉刚〈古史辨〉》。另一位不赞同顾颉刚的"纸上疑古"的"何之"(何定生)在《顾颉刚先生的怀疑精神》中也说:"两年来眼见各同学醉心国学和勇于疑古,不能不叹顾先生的伟力,与众士之善于师法啊!"收入定生编《关于胡适之与顾颉刚》,北京:朴社,1929年,第91页。

② 以上分别见胡适《治学的方法与材料》,《新月》第1卷第9号,1928年11月10日,第7—8、11页。

第四章 事不阻隔：《说儒》出现前胡适的学术重心

以考据见长的田余庆1955年在批判胡适思想时说，胡适提倡考据是为了"引向脱离历史实际，引向抹煞社会历史的客观存在"的"纸上"证据。而胡适1928年《治学的方法与材料》中对乾嘉学派进行批评，则一反过去反对治"国学"的"功利"态度，为的是"扩大他的考据在'社会的生活思想上'的反动影响，只是到了这个时候，才提出了'国家治乱安危'的问题"。①

这些断言虽有明显的"时代感"，但其中"扩大他的考据在'社会的生活思想上'的反动影响"和"才提出了'国家治乱安危'的问题"，亦揭示了胡适已意识到在一个革命和战争频仍，同时又急迫需要谋求富强的时期，其崇拜者过分执着于考据，也会带来负面的影响。

1952年12月，胡适在台湾大学所作的题为"治学方法"系列演讲中说："在民国十七年（西历1928年），台大前任校长傅斯年先生同我两个人在同一年差不多同时发表了两篇文章。他那时候并没有看见我的文章，我也没有看见他的文章。事后大家看见了，都很感觉兴趣，因为都是同样的注重在方法与材料的关系。傅先生那篇文章题目是《中央研究院历史语言研究所工作旨趣》。我那篇文章题目是《治学的方法与材料》。都是特别提倡扩大研究的材料的范围，寻求书本以外的新材料的。"②

虽然此时演讲的语境完全不同于20世纪20年代末，但也透露出一个信息，就是他在1928年时，不仅是对"材料"的认知发生了变化，整个的古史观，也由"疑古"转而为"古史重建"。上述这段话，看上去是英雄所见略同，实是胡适对傅斯年影响其思想转变的一个纪念。

按照王汎森先生的研究，1928年胡适的古史观之所以转变，除去傅斯年的影响以外，这一年安阳殷墟文物的发掘和出土，也是重要的原因。③应

---

① 均见田余庆《清除胡适思想在历史考据中的恶劣影响》，收入《胡适思想批判（论文汇编）》第7辑，北京：生活・读书・新知三联书店，1955年，第216—218页。
② 胡适：《治学方法》，这一部分是系列演讲的第三讲，讲题是："方法与材料"，演讲时间是1952年12月6日，原刊台北"中央日报"，1952年12月7日，收入《胡适全集》第20卷，第675页。
③ 具体参见王汎森《傅斯年对胡适文史观点的影响》，收入其《中国近代思想与学术的系谱》，长春：吉林出版集团有限责任公司，2011年，第326—331页。

该说,对于《说儒》的写作,由"疑古"到"古史重建"的转变是一个基本的前提。

胡适晚年的这段话还传达了另一个信息,就是他所提倡的"活材料"的意义。他在演讲中特别提到的他的《治学的方法与材料》中讲"材料"的重要性,其实是讲研究对象的重要性。①

前述1928年12月初,胡适在上海中国公学有关"治学方法"的演讲,实际是同年早些时候《治学的方法与材料》观点的进一步的发挥。胡适所说的"考据方面就要让我们老朽昏庸的人去做"是不希望青年过多投入故纸堆的意愿,而"我们中国要研究有结果,最要紧的是要到自然界去,找自然材料。做文学的更要到民间去、到家庭里去找活材料"才是真正的目标。②

这个观点在随后的两年中,仍然不断地被强调。1930年9月26日在致他人的信中,胡适劝对方学科学,他说:"故纸堆里翻筋斗,乃是死路,不是少年人应该走的"。③

前已详述,这年12月7日,在北大哲学会欢迎会上致答辞时,胡适又将"活材料"拓展到"社会",因此,成了"活材料""活学问""活思想"的统一。

对比1922年5月27日胡适在答复读者对于《努力周报》的批评时所说的,"我们的希望是:讨论活的问题,提倡活的思想,介绍活的文学",④其变化或是将原本属于政治层面和思想层面的提倡运用于学术研究了,这是思想启蒙影响到学术研究的又一例证。

对胡适而言,偏于方法或偏于材料,都是有针对性的,内含的亦都是启蒙意义。只是因语境不同,侧重一方而已。不能说,胡适自己在这个问题上是矛盾的,但有现实针对性的问题意识本身,也容易显示出仿佛随具体情况不同而变化的偶然或随意的一面。

---

① 胡适:《治学方法》,《胡适全集》第20卷,第684页。
② 胡适之演讲,张嘉树笔记:《治学方法》,《民国日报·觉悟》,1928年12月9日,第2版。
③ 胡适致夏蕴兰,1930年9月26日,《胡适全集》第24卷,第53页。
④ 胡适:《答〈对于本报的批评〉》,《努力周报》第4期,1922年5月28日,第8版。

二、"清学"为何重要？

1919年2月,《中国哲学史大纲(卷上)》出版后,直到20世纪20年代中后期,胡适钻研最多的是"清学"。何以"清学"享此优先权？又为何未照顾到儒、儒家和儒学呢？

在《中国哲学史大纲(卷上)》的序言中,蔡元培曾误认胡适为"世传'汉学'的绩溪胡氏",说胡"禀有'汉学'的遗传性;虽自幼进新式的学校,还能自修'汉学',至今不辍;又在美国留学的时候兼治文学、哲学,于西洋哲学史是很有心得的"。①当然这个误解,主要源自胡适在《中国哲学史大纲(卷上)》的具体表述,如胡适说,清代汉学兴起的时代,"有点像欧洲的'再生时代'(再生时代西名Renaissance,旧译文艺复兴时代——原注)";"我们今日的学术思想,有这两个大源头:一方面是汉学家传给我们的古书;一方面是西洋的新旧学说。这两大潮流汇合以后,中国若不能产生一种中国的新哲学,那就真是辜负了这个好机会了"。②

1919年5月3日,胡适在给《中国哲学史大纲(卷上)》所写的"再版自序"中,也在强化承继"汉学"正宗的印象。他说:"我做这部书,对于过去的学者我最感谢的是:王怀祖、王伯申、俞荫甫、孙仲容四个人。对于近人,我最感谢章太炎先生。"其中王念孙(1744—1832)、王引之(1766—1834)以训诂校勘见长,俞樾和孙诒让是朴学大家,章太炎更是清学正统派的"殿军",均重考据。③即便是后面提到的钱玄同和朱希祖(1879—1944),也是章门弟子,后者亦擅考据。

胡适是擅长借力的,"汉学"的提倡即是如此,所以他写有《清代汉学家的科学方法》(即《清代学者的治学方法》),表彰乾嘉考据学派,其目的是进一步地推动中国思想和中国学术从玄虚降而实证,从神回归到人,从精英走

---

① 《中国哲学史大纲(卷上)·蔡元培序》,《胡适全集》第5卷,第191页。
② 胡适:《中国哲学史大纲(卷上)》,《胡适全集》第5卷,第201页。
③ 同上书,第194页。

向大众;而借力之后,又顺势地改变,让此力依照自己的思路前进。

蔡元培与胡适在学术上或者说哲学史写作上的共识是,他们都强调"审订史料"的重要,这在彼时也意味着学术启蒙。但随着对清代学术的研究深入,胡适对乾嘉考据学和整个清代学术的认知也发生了变化。他更多地以"清学"而非"汉学"来表达,而此"清学"已非彼之"汉学",它的涵盖范围不仅限于乾嘉考据学。

胡适1921年6月13日所说的"焦循为清学大师,他这样攻击'汉学',很可注意。清学中,惠氏一派以至江藩,可称'汉学',真该受这一顿痛骂。戴氏一派其实并非汉学,他们只是'清学',他们能用汉人,而不为汉人的奴隶。王氏父子属于这一派"①亦值得关注。其实胡适自己也是继承了戴震(1724—1777)一派的,至少精神上是。他对于"汉学"的泥古一直是不满的,这是他受今文一派影响的一面,也是因为接受了西洋思想而希望有所革命的一面。但任意的曲解,也非他之所愿。所以,他一面是欣赏"宋学"的反对泥古,一面又欣赏"汉学"的严谨。但总体上看,他欣赏的还是程朱一路,从程朱到戴震一派,其中的曲折是突出颜李学派。他对程朱到戴震一派的欣赏则全是因为实验主义思想和科学态度。

胡适1923年指出:

> "汉学"和"宋学"表面上似乎很不同,其实清代的汉学大师,除了惠栋、江藩一班迷信汉儒的人之外,和汉儒的精神相去最远,和宋儒朱熹一派倒是最接近的。他们无论怎样菲薄宋儒,无论怎样抬高汉儒,但学术史上演进的线索是终究瞒不住的。于今事过境迁了,我们冷眼观察清代三百年的学术,不能不认那推崇朱子的崔述和那攻击朱子最厉害的毛奇龄、戴震同是一条路上的人。他们都很接近朱熹,而很不接近毛公、郑玄!

---

① 胡适1921年6月13日日记,《胡适全集》第29卷,第305页。

第四章 事不阻隔:《说儒》出现前胡适的学术重心

在胡适眼里,"清学"非"汉学"似可肯定,但问题在于,这样定位和阐扬"清学"究竟有何玄机?胡适说:

> 欧洲"文艺复兴时代"的人,自以为推翻中世纪而回到希腊时代了;然而他们所谓希腊,究竟还只是十四五世纪的欧洲,绝不是纪元前四世纪的希腊。"希腊"不过是近世欧洲人对于中古作战的一种武器罢了。对中古作战,就是他们不能脱离中古影响的铁证。清代的学者也是这样的。"汉学"是清儒对宋儒作战的一种武器。他们反对宋、明,然而他们攻击朱子,便是直接明儒的一个证据。至于他们讲究音韵、训诂、考据等等,更是朱熹以后的宋学嫡派!试问古韵的研究,古书的考订,古训诂的整理,那一样不是宋儒发起的?不过学术界的趋势,总是后来居上,清儒的成绩超过宋儒,那是很自然的事。但我们决不可因此就忽略了学术演进的历史。①

从学术史的框架下观照具体历史的演进是章学诚的路子,但承继的却是梁启超揭橥的晚清以欧洲文艺复兴为模板的"以复古为解放"的路径,这并非为了恢复"汉学",重视"清学"本身亦是新文化运动的思想启蒙和"文学革命"的自然顺延。这个启蒙情结之所以在 20 世纪 20 年代仍是胡适对"清学"发掘的主要动力,可从 1929 年 12 月 15 日与一位外籍教授谈历史时所言看出来。胡适说:

> 欧洲"再生时代"的历史,当重新写过。今之西洋史家去此时代已远,实不能充分了解这时代的意义。我们东方人今日正经过这时代,故能充分了解这一段历史的意义过于西洋学者。

又云:

---

① 以上均见胡适《科学的古史家崔述》,《胡适全集》第 19 卷,第 192—193 页。

如此时代有几个方面,如宗教革命,如古学复兴,如国语文学的起来,如新科学,皆是一个大运动的几个方向,必须会通研究,不可如今日史家之分作几件孤立的大事。①

时代上的近似性,正与胡适一贯的普世态度相契合。当然,正如胡适自己所说,一个人对一件事做久了,也会把这件事想象成他希望的事。他在《费经虞与费密》中指出,宋明儒者"并不是他们有心作伪欺人,只是缺乏历史的眼光,不知不觉地把他们自己的创见误认作千余年前孔子、孟子的真谛"②。

对胡适个人言,他寻求"建设"的心思在《建设的文学革命论》中已经显露,③但也不可能高瞻远瞩,一通百通,他也是在"尝试"。因为"建设"固是针对新文化运动的主流反传统、反孔教的"破坏"而言,但他也并不完全反对"破坏",《建设的文学革命论》一出,未必就意味着他全讲"建设",不事"破坏"。在胡适意识中,建设有时候也与破坏并存,"破坏"也是另一种建设。④故1919年2月《中国哲学史大纲(卷上)》出版后,那个后来冯友兰所言的"疑古",只是一面,胡适在此"疑古"问题上以及"疑古派"的形成上确是重要推手,但实施者却是他的学生顾颉刚;"建设"是另一面,冯友兰有意不讲这"另一面",但这一面却是胡适亲历亲为的。⑤

大致地看,顾颉刚基本负责上古历史的辨伪、重估和重建,而胡适则着重于以"清学"为研究对象,上溯至宋,以建构一个符合科学精神和方法,具备现代性的学术谱系。但胡适的"清学"研究也不全是"建设",而是兼有

---

① 以上参见胡适1929年12月15日日记,《胡适全集》第31卷,第537页。
② 胡适:《费经虞与费密》,《胡适全集》第2卷,第71页。
③ 到1922年,随着"建设"意识的增强,胡适对《建设的文学革命论》亦有反省。他认为,此文"名为'建设的',其实还是破坏的方面最有力"。参见其《五十年来中国之文学》,申报馆编:《最近之五十年(1872—1922)——申报馆五十周年纪念》,上海:申报馆,1923年,第20页(文页)。
④ 参见胡适《王充的〈论衡〉(续)》,《现代学生》第1卷第8期,1931年6月,第6—7页(文页)。
⑤ 冯友兰的说法,参见《三松堂自序》,《三松堂全集》第1卷,第188—189页。

"破坏"和现实关怀。胡、顾的这种"学术分工"虽都存一个启蒙的理念,却并不是预先的安排,而是兴趣使然,具体到个人的选择,又都有偶然因素的促发。

顾颉刚说,他的"上古史靠不住"的观念受康有为《孔子改制考》的启发,后偶去听胡适讲课,遂重"温"一回,又经胡适新方法的引导而决定由辨伪书到辨伪史。①这中间胡适《中国哲学史大纲(卷上)》的"截断众流"的影响最为明显,顾颉刚也因此成了重审东周以前历史的学术执行人。

1920年12月15日,顾颉刚在致胡适的信中说:"中国号称有四千年(有的说五千年)的历史,大家从《纲鉴》上得来的知识,一闭目就有一个完备的三皇五帝的统系,三皇五帝又各有各的事实,这里边真不知藏垢纳污到怎样!"②12月24日在致其夫人殷履安(1901—1943)的信中,顾颉刚说得更为直白,他拟作《根据了伪书而成的历史事实》一文,要"在中国史上起一个大革命——拿五千年的史,跌到二千年的史;自周以前,都拿他的根据揭破了,都不是'信史'"。③胡适三天后的回信中也谈到,"根据了伪书而造成的历史事实"这"第五项尤其重要"。④师生间的互动,加上钱玄同的鼓动,到1923年6月,顾颉刚的"疑古"终于条理化,形成了"推翻非信史"的四项标准,即"打破民族出于一元的观念","打破地域向来一统的观念","打破古史人化的观念"和"打破古代为黄金世界的观念"。⑤

胡适与顾颉刚之间有关辨伪书和伪史的通信都被顾颉刚收入《古史辨》第1册,以中国哲学史开山的地位,胡适的大名对《古史辨》以及顾颉刚的辨伪书和伪史就是直接的奥援。顾颉刚自己也说,人们把他的研究当成

---

① 参见顾颉刚《〈古史辨〉第1册·自序》,顾颉刚编著:《古史辨》第1册,第36、43—48页(序页)。
② 顾颉刚:《告拟作〈伪书考〉跋文书》,《古史辨》第1册,第13—14页。
③ 顾颉刚致殷履安,1920年12月24日,《顾颉刚全集·顾颉刚书信集》卷4,北京:中华书局,2011年,第324页。
④ 胡适:《告拟作〈伪书考〉长序书》,《古史辨》第1册,第15页。
⑤ 顾颉刚:《答刘胡两先生书》,1923年6月20日,《古史辨》第1册,第99—101页。

"破坏"。① 在1928年前,胡适一直都极为欣赏顾颉刚对古史的"破坏",且还为这种出于思想解放的"疑古"出谋划策。

1923年5月30日,胡适在致顾颉刚的信中提示说:"关于古史,最要紧的是重提《尚书》的公案。"他以为《今文尚书》不可深信,又说,"我盼望你能抽出工夫,把犹太民族的古史——《旧约》——略读一遍,可以得不少的暗示"。② 这后一个指导性的提示,也表明胡适对于《旧约》史学价值的关注。而这一点在《说儒》中得到了充分的发挥。

1927年4月,胡适发现瑞典学者珂罗倔伦(Bernhard Karlgren,高本汉,1889—1978)的文章《论〈左传〉之可信及其性质》。他专门在从美归国的海轮上翻译此文,推荐给顾颉刚看。其中介绍,"前段大旨驳康有为的《新学伪经考》,后段从文法上证明《左传》非鲁国人所作,其文法与鲁国文字的文法不同,但是前三世纪以前(焚书以前)的著作"。也即是说,《左传》的文法,"自成一种文法,不与他书相同",所以非伪书。③但不仅顾颉刚,连胡适也没有想到,这个对今文经学的反思,对他本人转而信古,也有一定的作用。

从胡适与顾颉刚的通信中可以发现,胡适有意收集清代"疑古"派或"异端"派的学者材料,这与他挑战正统的诸子学理路是一致的。1932年5月,他在致钱玄同的信中谈到"近年中国学术界的一个明显的倾向",说"这倾向是'正统'的崩坏,'异军'的复活。在思想方面,李觏、王安石、颜元、崔述、姚际恒等人的抬头,与文学方面的曹雪芹、吴敬梓的时髦是有同一意义的"。他是在提到"姚立方的遗著的发现,是近代学术思想史上的一件重要事"时发出此感叹的。④ 而对姚际恒(1647—1715)、崔述(1740—1816)著作的收集,则是由顾颉刚协助完成的。

1920年11月,胡适在致顾颉刚的信中提到,"你的《清籍考》内没有姚

---

① 顾颉刚:《〈古史辨〉第1册·自序》,《古史辨》第1册,第4页(序页)。
② 胡适致顾颉刚,1923年5月30日,《胡适全集》第23卷,第406页。
③ 分别见胡适《论〈左传〉之可信及其性质》,《国立第一中山大学语言历史学研究所周刊》第1集第1期,1927年11月1日,第12、14页。
④ 胡适致钱玄同,1932年5月10日,《胡适全集》第24卷,第130页。

际恒。此人亦是一个很大胆的人"。①12月14日,又在致日本学者青木正儿(1887—1964)的信中说:"清康熙时,有一位怪特的学者,名姚际恒,是一位极大胆的疑古家。"②直到一年后,他仍认定,"姚氏疑古最勇","对于《大学》、《中庸》、《礼运》诸篇,排斥最力"。③

但有挖掘的态度与具体的研究毕竟还有一段距离,1921年7月1日,顾颉刚来信说,"胡(应麟)氏的《正伪》(《四部正伪》),姚(际恒)氏的《伪书考》(《古今伪书考》),都是依傍了《通考》做的"。④足见他们对姚际恒的了解,也还是初步的。

胡适注意崔述也是因为后者"疑古"。胡适1921年初得到崔述的《东壁遗书》,便"觉得他的《考信录》有全部翻刻的价值"。⑤1923—1925年间所撰的《科学的古史家崔述》与其说是崔述这位"新史学的老先锋"的思想评传,不如说是借此阐述对于"科学史学"的理解,发挥对于"科学史学"的想象。

胡适说,崔述"认为伪书的都是不可深信的史料:这是中国新史学的最低限度的出发点"。这是与"截断众流"一样的观念。具体地说:"崔述以为孔子是一个尊周室的人,必不敢替王室改正朔。"崔述《春王正月论》文中"最有价值的是他能研究前人所以致误的原因,指出古代的正朔并不统一,新旧历皆有沿用之侯国,而文人学士之篇章与民间的歌谣中时时沿用旧历。这种历史的眼光,打破整齐划一的古史观念"。关键是,"崔述也是宋学中的朱学"。"崔述因为不信任汉儒,所以崇拜宋儒疑古辨伪的精神,而愿意为他们作后继的援助。崔述父子都是宋学,而且都是宋学中的朱学"。崔

---

① 胡适致顾颉刚,1920年11月20日前后,《古史辨》第1册,第1页。又见《胡适全集》第23卷,第325页。
② 胡适致青木正儿,1920年12月14日,《胡适全集》第23卷,第328页。
③ 胡适1921年5月17日日记,《胡适全集》第29卷,第253—254页。
④ 顾颉刚:《论〈通考〉对于辨伪之功绩书》,1921年6月28日致胡适,《古史辨》第1册,第37页。又见《顾颉刚全集·顾颉刚书信集》卷1,第362页及胡适1921年7月1日日记附录,《胡适全集》第29卷,第338页。
⑤ 胡适致顾颉刚,1921年1月24日,《胡适全集》第23卷,第345页。

述读经书再看传注的方法来自朱子。"这个方法虽然也有过分主观的危险,但大可以医盲从古书和墨守旧说的毛病。"①胡适还是看重突破传统的革命性的一面。

胡适又依从章学诚,在"朱学"承继者的谱系中添上了戴震,他说:"章学诚能指出戴震是'朱氏之数传而后起者',这真可算是一种惊人的历史眼光。我们明白了戴震是朱学,然后可以明白崔述世传朱学而仍不失为那个汉学时期的时代精神的伟大代表。"②

"怀疑的精神""历史的眼光"以及"时代精神"都是胡适所认知的现代学术精神。而从胡适所提及的"崔述的学说,在日本史学界颇发生了不小的影响。近来日本的史学早已超过崔述以经证史的方法,而进入完全科学的时代了"③也可知,胡适认定的崔述的研究只是走向现代史学的第一个阶段,也即是说,"疑古"或者"破坏"中体现的革命精神,是通向科学史学的第一步。但同时认定崔述承继朱学,则是在"破坏"之外,还着眼"建设",因而成为符合现代性和科学精神的古学谱系的一部分。

胡适思想上的预期是明显的,但收集古人文集的过程,以及对某位思想家的关注和研究,则有着偶然性。1921年5月20日,他在日记中说到,他看到宋人王柏(1237—1274)《书疑》以为是"疑古",却发现王氏"全不会疑"。他说,王书"各篇也不过是理学先生的见解,全用主观的意见来颠倒经文"。④

费密(1623—1699)《弘道书》也是偶然得到的。1921年5月13日日记中说:

> 下午,吴又陵先生来谈。吴先生送我一部《费氏遗书》三种。……《弘道书》确是一部奇书。费君父子与孙奇逢、颜元、李塨同时,这几个人都是趋向实际主义的。但颜、李都是不肯做历史研究的人,他们的眼

---

① 以上分别见胡适《科学的古史家崔述》,《胡适全集》第19卷,第160、199—200、165、192、169页。
② 胡适:《科学的古史家崔述》,《胡适全集》第19卷,第194页。
③ 同上书,第158页。
④ 胡适1921年5月20日日记,《胡适全集》第29卷,第263、264页。

光往往太狭窄,脱不了北方儒者的气象。孙君略有历史眼光,故他的《理学宗传》可算是哲学史的一种。但孙君终是陋儒,他的眼光至多不过能调和程朱、陆王之争罢了。费君虽曾作孙君的弟子,但他的眼光见解远在北学诸老儒之上,他的历史的见解尤可佩服。他不但不屑调和朱陆,他竟老实说"安石,程朱小殊而大合"!这种眼光,真是了不得。①

费氏父子的论述引起胡适共鸣,是因为"费氏父子一面提倡实事实功,开颜李学派的先声;一面尊崇汉儒,提倡古注疏的研究,开清朝二百余年'汉学'的风气"②适合了胡适正在进行的对"清学"渊源的考订,而他们的"破坏"兼"建设",特别是其"历史的眼光"以及对于两宋理学的分解,也与胡适的基本诉求相契合。以往对胡适的戴震学研究已经相当深入,③此处仅举《记费密的学说——读费氏〈弘道书〉的笔记》和《费经虞与费密》来看他如何在挖掘"清学"过程中既存"破坏",又兼顾"建设"的。

胡适学术上的启蒙主要就是反正统、反玄学。在1921年10月12—17日发表于《晨报副镌》的《记费密的学说》和1924年9月17日脱稿的《费经虞与费密》中,胡适都说道:"费氏父子都长于历史知识,故他们第一步便要打破宋儒的'道统论'";"这种道统论一日不去,则宋明理学的尊严一日不破"。胡适看重的还不止这些,他还发现,费氏父子"也提出一种他们认为正当的道统论"。这个新"道统论"不再是玄学化、以"静"为特征的,而是现实化或政治化的。在费氏父子看来,"最古政教不分,君师合一,政即是道。后来孔子不得位,故君师分为二,故帝王将相传治统,而师儒弟子传道脉"。因此,其"道"虽"仍是古昔的政教礼制",但"道"已经完全被下放到人间,其内涵也是普通不过的了。如"政治就是道,教育就是道,此外别无所谓

---

① 胡适1921年5月13日日记,《胡适全集》第29卷,第247页。
② 参见胡适《费经虞与费密》,《胡适全集》第2卷,第93页。
③ 代表作如余英时《论戴震与章学诚——清代中期学术思想史研究》,台北:东大图书公司,1996年;丘为君《戴震学的形成:知识论述在近代中国的诞生》,台北:联经出版事业公司,2004年;周昌龙《戴东原哲学与胡适的智识主义》,收入其《新思潮与传统——五四思想史论集》,台北:时报文化出版公司,1995年。

道,也别无所谓道统。简单一句话,事业即是道,事业史即是道统。"①

从神到人是启蒙的基本立场,而受杜威实验主义影响,胡适将"玄学"一律看成是中古时代的产物,所以要走向现代,就要像杜威所说的那样,将"哲学家的哲学"变成"人的哲学",即探讨"人的问题"。②在撰写《记费密的学说》和《费经虞与费密》前后,胡适发表一系列的文章,介绍和宣传杜威的实验主义,现在,他终于从费氏父子那里发现了古代中国相似的思想踪迹。

胡适说,费氏的见地,"是几千年无人敢说,无人能说的大见识。他的主旨只是要使思想与人生日用发生交涉;凡与人生日用没交涉的,凡与社会国家的生活没关系的,都只是自了汉的玄谈,都只是哲学家作茧自缚的把戏,算不得'道'"。

又云:

> 费氏指出宋明的理学只是"深山独处"的自了汉的哲学,但不适用于"城居郭聚,有室有家"的生活。他们的"道",是要能适用于一切社会阶级的。

但在胡适看来,这仍是个相对标准,即相对而言比较好。他说:"拿家国民生作有用无用的标准,虽然颇近于狭义的实用主义,然而当时的虚空无稽的玄谈实在需要这样的一个严格的评判标准。"③

胡适在此提供了一个对于哲学本身的现实化标准。其中含有平民主义的理念,实验主义的原则,关键是说,学术要考虑现实状况,在玄谈之时讲实用是一种正常的反动或必然的反动。这是从"社会""实用"和"人"的视角来看问题的,是人的哲学观念,自然也是强调思想的社会作用的理念的反映。

因为有此现实相对性,所以,胡适仍赞扬费氏的"注重经验事实,他的

---

① 以上分别见胡适《费经虞与费密》,《胡适全集》第2卷,第62、64、65、66页。
② 胡适:《杜威哲学的根本观念》,《新教育》第1卷第3期("杜威号"),1919年4月,第277—278页。
③ 以上参见胡适《费经虞与费密》,《胡适全集》第2卷,第82、81页。

注重实用,是他的学说的特别色彩。他们从痛苦的经验里出来,深深地感觉宋明理学的空虚无用,所以主张一种实用主义"。①此处的"实用主义"当作狭义解,但回到现实的人化,毕竟是走向现代的基础。

这是从正面说。从反面看,费氏父子所针对的宋明理学的非人化,也同样是胡适所要批评的。胡适认为,宋以来的理学有几个大毛病:第一,不近人情;第二,与人生没大交涉;第三,气象严厉,意气陵人。他指出:

> 自从宋儒以来,士大夫自居于穷理,其实只是执着一些迂腐的意见;他们拿这些意见来裁量人物,往往不惜割削人的骨肉,勉强凑合他们的死板法式。他们自己迷信"无欲"为理想境界,所以他们上论古人,下论小百姓,也期望他们无私无欲。他们抱着成见,遂不肯细心体谅人们的境地,一律苛刻,吹毛求疵,削足适履。所以自程颢、朱熹以后,学者心眼里只认得几个本来没有的圣人,其余的都不是完人。殊不知他们的教主孔丘先生当日本是一个很和平圆通的人……

这基本是新文化运动批判"礼教"的延续。

在胡适看来,费氏父子的现代意味还表现在"存疑主义"。胡适对他们的"存疑主义"的阐释不是为了"疑古"找寻材料,而是因为它与上述的现实的"人化"是具有相同的意义,所以他认定"这是实用主义者的存疑主义"。胡适说:

> 他们也反对宋儒说"下学"为人事,"上达"为天理的话。……这是一种"存疑主义"(Agnosticism)的论调。他们因为要推开那宋儒的玄学,故轻轻地用"天道远而难知"一句话,把宋儒的宇宙玄学放在存而不论的地位。放开了那远而难知的,且来研究那实而易见的:这是实用主义者的存疑主义。

---

① 本段与下两段,分别见胡适《费经虞与费密》,《胡适全集》第2卷,第77、89、85页。

重点是胡适说的下面的话:

> 四五十年前赫胥黎一班人提倡存疑主义的态度,要使人离开神学与玄学的圈套,来做科学的工夫。费氏父子的存疑主义也只是要大家离开那太极先天的圈子,来做实学的研究。①

虽然胡适在此文中猛烈地抨击理学,但他所说的"从历史上看来,宋学只是一种新汉学,而清代的汉学其实只是一种新宋学"正是他对于"清学"最重要的认知。下面的一段话是胡适对"宋学"和"清学"关系最详细的注解。

他说:

> 宋儒凭借汉唐的经学,加上佛家与道家的影响,参考的材料多了,他们对于古书的了解往往有确然超过汉唐之处。但他们为中兴儒教起见,虽得力于佛老而不得不排斥佛老;又为自尊其说起见,虽得力于汉唐而不能不压倒汉唐。谁知他们的权威太大,终久要引起反宋学的运动,于是清儒虽皆得力于宋学而皆不能不充分排斥宋学。……印度宗教的侵入,造成一个黑暗的中古时代,这也是不可讳的。在这个长期的中古时代里,儒家实在不曾产出一个出色的人才,不能不把一两个平凡的王通、韩愈来撑持门面。因为中古儒家没有出色的人物,所以后来儒者看不起中古时期,而有'孟子没而不得其传焉'的话头。……宋儒的理解能力来自中古的佛老哲理,而宋儒解经的基础工具仍然是汉唐的注疏。不过宋儒生当禅宗大行之后,思想经过大解放,所以理解突过汉唐诸位学究先生,所以能有深刻的了悟,能组织伟大的系统。但这正是学问进化的自然现象,像堆柴一般,后来的应该在上面。……宋儒排斥汉唐,然而宋儒实在是毛公、郑玄、王弼、王肃的嫡派儿孙。清儒又排斥

---

① 以上参见胡适《费经虞与费密》,《胡适全集》第2卷,第80—81页。

宋儒,然而顾炎武、戴震、钱大昕也实在是朱熹、黄震、王应麟的嫡传子孙。①

他不同意费氏父子之处也在于此,也是前面提及的"宋学只是一种新汉学,而清代的汉学其实只是一种新宋学"的理由。胡适将乾嘉考据学先上溯到明末,发现了费氏父子;再继续上溯到宋,以程朱的"格物致知"这个在他看来具备现代科学精神,不同于"道统"的思想为古代学术谱系的源头。②

三、从齐学到"国教":对中古特征及中国思想宗教化动因的求解

20世纪20年代末30年代初,胡适将其学术重心放在《中国中古哲学史》(或《中国中古思想史》)的撰写之上。其实,《中古哲学史》的写作可以从《中国哲学史大纲(卷上)》出版的当年,即1919年胡适为北大讲授的"中古哲学史"课程编写的讲义算起。

1. 道家后起和哲学史"中古时代"的中国式断代

从这本讲义的内容看,胡适对于中古时代,特别是秦汉时期的内容已经有了比较明确的总体认知和构想。与十年后,即1930年12月重回北大任教,次年编写的讲义《中国中古思想小史》相比,在次序上基本一致,分量上也近乎相当。它们都将道家放在秦汉时期论述,这正是胡适"道家后起"说的体现。而本司马谈《论六家要指》及《汉志》对于道家的界说,胡适亦将"道家"解读成为"杂家",其中的"折衷派"与"集大成"之微妙区分,亦体现了胡适对于道家的矛盾心理。

---

① 胡适:《费经虞与费密》,《胡适全集》第2卷,第76页。
② 胡适偶尔也说源头在唐代。相关的解读,参见尤小立《启蒙诉求与中国学术现代性范式的建构——以胡适对中国传统学术谱系的认知和梳理为例》,《天津社会科学》2008年第5期,第137—141页。

他说:

> 读者须知"集大成"三个字,不过是"折衷派"的别名。看得起他,就说是"集大成";看不起他,就说是"折衷派"。汉代道家属于折衷派,自不可讳。但这一派却真能融合各家的好处,真能把各家的学说格外发挥得明白晓畅,所以我觉得他颇当得起"集大成"的称号。①

作为进取派,胡适自然不赞同"折衷派",但从历史的视角看,这个折中确实达到了"集大成",因而又值得肯定。这种矛盾心理在其1930年陆续撰写的《中国中古思想史长编》中体现得更为明显。

胡适指出:"杂家是道家的前身,道家是杂家的新名。汉以前的道家可叫做杂家,秦以后的杂家应叫做道家。"并且强调,"研究秦汉之间的思想史的人,不可不认清楚这一件重要事实"。因为"依司马谈的话,道家是用老子的'无为'思想作中心的大混合,是一个杂家。《汉书·艺文志》的'杂家'有《吕氏春秋》和《淮南王书》,其实这两部书都可以代表那中心而综合儒墨阴阳名法各家的道家。故我用《吕氏春秋》来代表汉以前的道家,用《淮南王书》来代表秦以后的杂家"。②

在《中国哲学史大纲(卷上)》中,胡适确认老子为中国哲学史之开山,是因为老子提倡的自然主义与西方哲学的自然主义起源正相契合。而站在启蒙立场,自然主义是人从天帝的阴影中走出,肯定自身价值的象征。胡适20世纪40年代言老子是自由主义者,亦是本此方面。③ 然秦汉时期不同,道家形成后很快由自由的个人转而与民间宗教结合,成了集体化,甚或国家化的宗教。此点正是胡适反复强调的秦汉哲学与先秦诸子哲学的不同,亦即是上古哲学终结的标志。④

---

① 胡适:《〈中国哲学史大纲(卷中)〉(残篇)》,《胡适全集》第5卷,第726页。
② 以上分别见胡适《中国中古思想史长编》,《胡适全集》第6卷,第33、35页。
③ 详见本著第七章第二节。
④ 有关的见解,可参见胡适《儒教在汉代被确立为国教考》及《新儒教之成立》,《胡适全集》第8卷,第24—25、308—316页。

第四章 事不阻隔：《说儒》出现前胡适的学术重心

实际上，这个有关哲学史开端的启蒙式认知，也直接影响到胡适对于中国哲学史的分期。以上古、中古(世)及近世划分历史阶段源自欧洲，晚清以降中国史的分期，一般认为多转驳于东瀛。日人桑原骘藏《东洋史要》中即有此划分，早于《中国哲学史大纲(卷上)》出版的谢无量(1884—1964)《中国哲学史》亦在其中将中国哲学史的进程划分为上古、中古和近世。不过，划分的方式虽然相同，具体的内容却有差异。他们的差异主要在中古与近世之间的界线。

桑原划分的"中古"由于强调"汉族的全盛"，故从秦至宋，也即至元代蒙古人入关执掌政权为止。他另将"蒙古族极盛"时期定位成"近古"期，而"近世"则是以清初至晚清的近三百年，是为"欧人东渐时代"。① 谢无量未解释其划分的依据，但从其《中国哲学史》可知，"中古"分两期，第一期为两汉，第二期为魏晋至唐。而"近世"亦分为两期，宋元为第一期，明清则为第二期。②

然胡适有关中国哲学史的分期更直接的影响或来自美国哲学史家梯利的《西方哲学史》。因为胡适1910—1915年在康奈尔大学就读时，梯利正是文学院院长，而《西方哲学史》出版于1914年，且成为大学教科书。从今存的胡适在康奈尔大学的成绩单上也可见，胡适亦选修过梯利讲授的《道德观念及其实践》《伦理学讨论课》和《伦理学进阶》三门课程，以及梯利与他人合开的《哲学入门》和《伦理学》。③ 在北京大学任教时，胡适曾将梯利《西方哲学史》列为《西洋哲学史》课程的"必须参考书"之一，且于1919年约定哲学系十二名学生分任翻译，移译此著。④梯利的《西方哲学史》在分期上也是三段式，只不过上古一段被直接标为"希腊哲学"，而下面的"中古哲学"和"近世哲学"(今译"近代哲学")的划分法和名称，则为胡适所采用。

---

① 参见〔日〕桑原骘藏：《东洋史要》，金为译，上海：商务印书馆，1908年，第9—10页。
② 具体见谢无量《中国哲学史》，上海：中华书局，1916年。
③ 参见席云舒《康奈尔大学胡适的成绩单与课业论文手稿》，胡适研究会编：《胡适研究通讯》2016年第2期，第17页。
④ 详见陈正谟1936年3月25日所撰之《西洋哲学史·译者序》，收入〔美〕梯利著，陈正谟译《西洋哲学史》上册，上海：商务印书馆，1938年，第1页(序页)。

表面看，此三人与胡适在历史分期上均有相似之处，且已经引起学者注意，以为胡适变相抄袭日人或者谢无量，其实胡适的哲学史分期法与梯利更近而与桑原、谢无量稍远。这与其内容以及有关划分依据的基本理念和精神有关。

梯利《西方哲学史》里的中古特征，即神学(基督教)和经院哲学，既有西洋历史的依据，又是其所本之人文主义立场的体现。因为有神权和与之相适应的经院哲学的压迫，人的地位无法确立，这样，近世哲学的从神到人的意义才可能凸显。由于桑原之书乃通史性质，并无此类观念；而谢无量之《中国哲学史》在中古哲学的叙述中，亦未体现出相关意识。胡适的《中古哲学史》(或《中古思想史》)则不同，他的中古观念几乎与梯利一致，就是将宗教性和经院哲学作为中古最主要的理论特征。

当然，要全盘接受梯利的哲学史分期，在理念上和史实上都会遇到不适应的情况。这实质上既是"'哲学'在中国"，也是中西历史时代差异所面临的困境。因为按照梯利"近世哲学"的标准，"新时代的历史可以说是思考精神觉醒，批评活跃，反抗权威和传统，反对专制主义和集权主义，要求思想、感情和行动自由"。这些"自文艺复兴和宗教革命的过渡时期开始发挥作用的那种引起变化的因素，在随后几个世纪内继续活跃，直到现在没有停止"。在文化领域的体现则是，"反对控制，要求自由。理性成了科学和哲学中的权威。……注意力从探索超自然的事物转到研究自然事物，从天上转到人间；神学把她的王冠让给科学和哲学。人们用自然的原因来解释物质和精神世界，解释社会、人类制度和宗教本身。中世纪以后那个时期的高级精神生活的特征是，坚定地相信人类理性的能力，对自然事物有浓厚的兴趣，强烈地渴求文明和进步。……重视和渴求知识，不是为其自身，而是为实用，为其实际价值；知识就是力量"。与之相适应的"近世哲学"，则"一开始就体现近代的精神，……它独立地寻求真理，在这方面同古希腊的思想相仿。它追求知识时以人类理性为最高权威，在这个意义上它是唯理主义的。它试图解释精神和物质现象时并不预设超自然的东西，因而是自然主义的。

因此它是科学的,同新科学、特别是自然科学有联系"。① 这些"近世哲学"的特征,与其说是中国古代哲学或思想史上不曾具备,不如说是胡适那个时代中国知识人和学者的追求更合适。

没有与西方相对应的实际"近世",却需要有符合进化论三段式的"近世"阶段,这不仅涉及"近世"的断代,也影响到"中古"的确立。胡适对此显然也颇为无奈。他在《中国哲学史大纲(卷上)》中,是将"唐以后"作为"近世"的开端的,但整个的阶段却主要是分析式的,并没有完全确定下来。在他看来,"唐以后,印度哲学已渐渐成为中国思想文明的一部分……印度哲学在中国,到了消化的时代,与中国固有的思想结合,所发生的新质料,便是中国近世的哲学"。他自己也觉得的此番论说有些"武断"。因为此时他对于宋明理学的态度,还是相当矛盾:一方面是以为它们中"没有一派不曾受印度学说的影响",而注重"内心",则回到了"操心""尽心""养心"和"正心",此为正面的"直接影响";另一方面,又感觉"宋明的儒家,攻击佛家的出世主义,故极力提倡'伦理的'入世主义。明心见性,以成佛果,终是自私自利;正心诚意,以至于齐家、治国、平天下,便是伦理的人生哲学了"。这是反面的"反动的影响"。故"近世哲学完全成立"的时代被他确定在明代。接下去,清代学术则由于"古学昌明"而"有点像欧洲的'再生时代'",也即是通常所说的"文艺复兴"。"欧洲到了'再生时代',昌明古希腊的文学哲学,故能推翻中古的'经院哲学'的势力,产出近世的欧洲文化。我们中国到了这个古学昌明的时代,不但有古书可读,又恰当西洋学术思想输入的时代,有西洋的新旧学说可供我们的参考研究。"②

显然,胡适此时有关中国哲学史的"近世"断代是综合了梯利的"中古"和"近世"观点和理念的。只不过原来在"中古"的文艺复兴以及对于"经院哲学"的反抗被下移,成为独立的"近世"。这也成了中国式的"近世哲学"。

因为在中国似乎找不到相对应的精神展现或者相应的思维方式、行为方式的体现,这个中国式哲学史的断代也让胡适在创造性转化时有些许游

---

① 详见梯利、伍德增补《西方哲学史(增补修订版)》,第 281—282 页。
② 以上详见胡适《中国哲学史大纲(卷上)》,《胡适全集》第 5 卷,第 199—201 页。

移,且在正式撰写《中古哲学史》时发生了改变。《中国中古哲学史》和《中国中古思想史长编》都把中古时代从"唐以后",推迟到北宋真宗时代(公元1000年)。在《中国哲学史大纲(卷中)》的草稿里,胡适更是明确说:"这一千二百年的时期,我们叫他做中古哲学的时代。这种区分天然是很勉强的,因为我们并没有确定的标准可用来把'中古'与'近世'分作两个绝不相同的时期。"除了从汉初到北宋真宗时代以外,胡适又提出了两个可能的分期法。一种是从汉初至隋为中古,以隋唐至清末为近世;另一种是自汉初至明末清初为中古时期,自清初至民国,即从顾炎武(1613—1682)、黄宗羲(1610—1695)等到孙诒让、章太炎,为近世时期。①

让胡适游移和改变的主要还是梯利对于哲学史分期的理念。如果以原来的唐以后或以他设想的隋朝为中古与近世的分界线,就很难对应或符合梯利的"思考精神觉醒,批评活跃,反抗权威和传统,反对专制主义和集权主义,要求思想、感情和行动自由"以及"独立地寻求真理","追求知识时以人类理性为最高权威"等近世特征。胡适也意识到"隋唐以下的中国学术思想,无论怎样变来变去,总不能脱去一种'中古'的臭味。宋明的哲学,无论是程朱一支,还是陆王一支,总脱不了'经院哲学'(Scholasticism)的臭味。……故自汉至明末,确有可以合作一个时期的理由"。因为无法称"近世",那么,清季学术的实质性变化就成了走向"近世"或者说转折的标志。他说:"到了17世纪中叶以后,到了顾炎武、黄宗羲以后,做学问的精神与方法都受一度大变更:由空谈性理改为校勘训诂与考订;由冥想内省的方法变为重事实重证验的方法。故这三百年的学术成绩确然和前此各期大不相同,况且他的精神与方法都和现代的科学精神与方法更接近些。故这三百年的学术思想史,似乎可以单独分出作为'近世时期'。"②

中国思想史或哲学史本身的实际也在影响着胡适的判断。他之所以要

---

① 以上见胡适《〈中国哲学史大纲(卷中)〉第13篇〈中古哲学史泛论〉》,收入耿云志主编《胡适遗稿及秘藏书信》第6册,合肥:黄山书社,1994年,第433—435页。

② 胡适:《〈中国哲学史大纲(卷中)〉第13篇〈中古哲学史泛论〉》,《胡适遗稿及秘藏书信》第6册,第435—436页。

以唐以后为"近世"分界线,即如前述,是因为"唐以后,印度哲学已渐渐成为中国思想文明的一部分。……印度哲学在中国,到了消化的时代,与中国固有的思想结合,所发生的新质料,便是中国近世的哲学"。这只是其一。其二则与"隋唐之际在中国史上"的三个"大关键"有关。除了"中国的佛教宗派"出现以外,胡适特别看重的还有"中国分裂了四百年,到这时候方才有统一的中国"和"从文学上看来,这个时代是由六朝的文学渐变成唐的文学的时代"。①

胡适最终选择《中国哲学史大纲(卷上)》的断代,即以为"中古时代"是从汉武至宋真宗时,还是因为在他看来,唐代虽可称为"再生时期","但是,毕竟因为这时所遭受的刺激太小,新血液的灌输不足。过后,又回到了衰老的时期"。这种重回老路的情形,宋、明,以至清代都不能例外,终究没有让中国"返老还童",这是胡适从现代的立场,以反省的方式言说的。但是,从他选择宋初作为"近代"的标准,亦可知他本人的启蒙诉求以及由此而带来的不同。宋代文学的兴盛,构成"又一个再生时期"和思想上由"利己"到"利他"的转变固然是重要的,然最重要的因素,仍是宗教的存弃。他在指出二程、朱熹一班人出来,主敬存诚穷理为本,另成了一个学派时,特别提到:"他们不再希望做道士、和尚,而是要在世界上堂堂正正地做一个'人'。"②

---

① 胡适:《〈中国哲学史大纲(卷中)〉第 13 篇〈中古哲学史泛论〉》,《胡适遗稿及秘藏书信》第 6 册,第 434 页。这一点在 1935 年 1 月 15 日于广西梧州的题为《中国再生时期》的演讲中再次重申。(具体见胡适《中国再生时期》,《胡适全集》第 13 卷,第 181—182 页)有关于此,胡适在另两处说得比较具体。虽然他也没有回避禅宗本身的神秘主义,但更看重禅宗的革命性影响。1926 年 11 月 11 日,他曾经说,"唐朝有一件可注意的事,就是完全没有独创的学术和现世的思考。唐朝最有名的学者如韩愈、李翱,只是平庸不足道的思想家,但是四百年的禅宗训练终于能够产生一个辉煌的哲学思考的时代"。(参见《中国近一千年是停滞不进步吗》,《胡适全集》第 13 卷,第 75—76 页)而从文学史视角的立论,则出现在 1929 年 7 月 3 日日记中。其中指出:"中国旧式的文学教育只是纯粹文字的,机械的,形式的,故能摧残天才。文学尚不成,何况科学?然历史[上]的伟大文学家,其心思皆细密,饶有科学精神。中国近世哲学即从古文运动出来,韩柳欧苏王,皆开后世考证之风;主穷理的程朱皆诗人也,文人也。"(参见《胡适全集》第 31 卷,第 415 页)

② 以上均见胡适《中国再生时期》,《胡适全集》第 13 卷,第 182—183 页。

事实上,早在撰写《中国哲学史大纲(卷上)》时,胡适已经在为"卷中"作一定的铺垫。在"卷上"结尾处,他虽然强调,"中国古代哲学的一大特色就是几乎完全没有神话的迷信。当哲学发生之时,中国民族的文化已脱离了幼稚时代,已进入成人时代",而最重要的标志是"老子第一个提出自然无为的天道观念,打破了天帝的迷信"。但仍然以为,"中国古代通行的宗教迷信,有了几千年的根据,究竟不能一齐打破"。这些古代通行的宗教被他概括成:(1)是一个有意志知觉,能赏善罚恶的天帝;(2)是崇拜自然界种种势力的迷信,如祭天地日月山川之类;(3)是鬼神的迷信,以为人死有知,能作祸福,故必须祭祀供养他们。而"这几种迷信,可算得是古中国的国教。这个国教的教主即是'天子'"。①

值得注意的,还是胡适在讨论宗教本身延续的原因时,涉及的几个方面。因为在春秋战国时代,不仅是老子打破天帝的迷信,儒家的无鬼神论,如"三不朽"说,亦推翻了祖宗的迷信,但宗教的延续却是历史事实。胡适的诠释中,除了墨家的明鬼尊天主义一直为其强调以外,儒家的丧礼、祭礼既是延续传统的宗教性一面的原因,又是原始宗教最直接的遗迹,后来在《说儒》中他正是以此来解析儒之宗教性的。在胡适看来,儒家的丧祭礼、墨教观念与战国时代的仙人迷信,阴阳五行说和炼仙药求长生说,共同构成了"方士的宗教"的基础。而这个"方士的宗教"到汉武之时,又直接影响到方士化或道士派的儒学的出现。

2. 齐学与"道士的宗教"的形成

对于中古的宗教性特征的认知以及中古中国的宗教色彩的浓厚是引发胡适探究宗教性源头及其具体表现的理论和现实的原因。在《中国中古思想小史》里,胡适确认的"中古时代的特别色彩",也即是今之所谓三个特征,其中"统一国家的造成"和"新民族的侵入与同化"都是属于历史层面的,属于思想层面的特征唯有"宗教化的普遍"。②

然《中国哲学史大纲(卷上)》有关驺衍(又作邹衍,约前305—前240

---

① 本段与下段,均见胡适《中国哲学史大纲(卷上)》,《胡适全集》第5卷,第529—531页。
② 胡适:《中国中古思想小史》,《胡适全集》第6卷,第281页。

年)阴阳五行论的解读是为后来"中古哲学史"所作的实际铺垫。在这一节的夹注中,胡适专门提示说,"看中卷第 14 篇第 5 章"。① 这个夹注在 1919 年 2 月《中国哲学史大纲(卷上)》的初版本中就存在。就内容看,今存《中国哲学史大纲(卷中)》讲义稿第 5 章"道士派的儒学",正是胡适所说的"中卷第 14 篇第 5 章"。由此可知,胡适在撰写"卷上"时,已经设计出了"中卷"的具体章节。

既然"中古时代"的衡量标准或者说典型特征是宗教化,胡适对中国哲学或思想的宗教化和佛教的重视就是必然的。1919 年他为北大史学系二、三年级中国哲学史课程编写的《中国哲学史大纲(卷中)》讲义稿即便是限于"汉之哲学",亦包含了整体性的宗教化的内容。其中"道家"生成,并向"道士的宗教"转变,儒家一跃而成为"国教",二者合一,遂又构成"道士派的儒学"则是主轴。②

在胡适看来,战国末年至秦代,政治上固然是重用法家,但思想上则是以齐学为尚。法家乃一折中儒、墨思想的混合体,是"古代思想的第一次折衷混合"。另一个大混合思想集团,即是齐学。③ 在《中国中古思想小史》中,胡适说得更为明确,"法家是一个大混合,阴阳家也是一个大混合,道家是一个更伟大的混合,汉朝的儒家也是一个伟大的混合"。④ 这个"大混合"的定位,⑤也影响到 20 世纪 30 年代的哲学界。姚舜钦(又名姚璋,1902—1970)1936 年所著之《秦汉哲学史》即持此论,而张东荪(1886—1973)、蒋维乔(1873—1958)、吕思勉(1884—1957)等为此书所作的序中,亦不约而同

---

① 参见胡适《中国哲学史大纲(卷上)》,《胡适全集》第 5 卷,第 499 页。
② 具体见胡适《〈中国哲学史大纲(卷中)〉(残篇)》,《胡适全集》第 5 卷,第 722—767 页。"残篇"之说,遵《胡适全集》编者。其实,此"残篇"正是胡适北大的讲义稿。
③ 参见胡适《中国中古思想史长编》,《胡适全集》第 6 卷,第 7—8 页。有关"齐学",直到 1937 年胡适仍在进行思考。1937 年 3 月 9 日,因读有关阴阳五行的书,他在日记中云:"我的'齐学'一章应放大重写,应详述阴阳家的学说,以《吕览》《淮南》、伏生、董生的阴阳学说为内容"。《胡适全集》第 32 卷,第 631 页。
④ 胡适:《中国中古思想小史》,《胡适全集》第 6 卷,第 288 页。
⑤ 有关道家是一个"大混合"的定位,直到晚年,仍为胡适所坚持。参见《〈淮南王书〉手稿影印本序》,《胡适全集》第 6 卷,第 188 页。

地表示赞成这一判断。①

　　齐学之所以受到胡适重视的原因之一,即它"一面总集合古代民间和智识阶级的思想信仰,一面打开后来二千年中国思想的变局"。② 具体说,它既是先秦道家向"道士的宗教"转变的关键因素,又直接地影响到原始儒家的"儒教"化。③齐学兴盛于战国晚期,胡适在《中国哲学史大纲(卷上)》中仅简单地论述就是想把详细的解读留到"中卷"进行。这是因为战国时代兴盛的齐学,仍只是诸子之一,甚至是儒家之一(如果把齐鲁之学都看作儒家思想渊源的话),而至秦汉,它的影响则超越了"之一",变成了"唯一",成为唯一的将道家、儒家引向宗教化的理论源头。

　　有关"齐学",胡适本来就称之为"阴阳家",也即是他所谓"阴阳的信仰起于齐民族"。这一说法依据的是梁启超《阴阳五行说之来历》一文。后者在此文中以为,"阴阳五行说,为二千年来迷信之大本营。直至今日,在社会上犹有莫大势力"。阴阳之说,"其始盖起于燕齐方士,而其建设之、传播之、宜负罪责者三人焉:曰邹衍,曰董仲舒,曰刘向"。④胡适引申说,"阴阳的信仰起于齐民族","阴阳的崇拜是齐民族的古宗教的一部分。"而五行之说,则是古代民间常识里的一个观念。正是"齐学"大师们把阴阳说与民间的五行常识结合成一个系统,用以"解释宇宙,范围历史,整理常识,笼罩人生",从此,阴阳五行说"便成了中古思想的绝大柱石了"。⑤

　　引发胡适对齐学重视的另一个原因,是齐学与政治的结合,即它不仅成了"国教",亦进入"正统",成为古代中国正统思想的一部分。在胡适看来,

---

①　姚舜钦所用之词为"混成",其意与"混合"并无不同。具体参见姚舜钦《秦汉哲学史》,上海:商务印书馆,1936年,第6页。张东荪、蒋维乔和吕思勉三人所撰之书序,具体见正文之前。姚著虽未称引胡适之说,但其"法家—道家—儒家—杂家"之顺序与胡适1931—1932年在北大印行的《中国中古思想小史》讲义本,亦基本一致。

②　胡适:《中国中古思想史长编》,《胡适全集》第6卷,第8页。

③　有时,胡适干脆直接称,齐学包括道家。道家是"道地的齐学"。参见《中国中古思想小史》,《胡适全集》第6卷,第284页。

④　分别见梁启超《阴阳五行说之来历》,《东方杂志》第20卷第10号,1923年5月25日,第70、75页。

⑤　以上见胡适《中国中古思想史长编》,《胡适全集》第6卷,第11、12页。

邹衍建构的系统,利用的便是民间的种种知识,种种信仰,结合自身的想象,以"类推"的方法,从小物推到无垠,从今世推到古代,从"并世"推到天地未生时,从中国推到海外,因而成就了一个包含了历史与地理的大系统。这个大系统似乎又将盛衰与"礼祥度制"连带起来,以此解释政治的得失和国家的盛衰,成了无所不包的"万宝全书",故胡适推测,邹衍立说之初,"大概如《史记》所记,注意之点在于政治;他的用意在于教人随着世变做改制的事业"。

邹衍的"五德终始论"便是显例。它被秦始皇所采纳后,遂成了"中国国教的一部分"。①但"五德终始论"进入古代中国思想的正统谱系,则是通过"礼祥度制"的纲领——《月令》加以落实的。胡适以为,"五德终始论"是用五行转移的次序来解读古往今来的历史变迁,而《月令》是用五行的原则来安排一年之中的"四时之大顺",一年之中的"五德转移,治各有宜,而符应若兹",代表了邹衍的"礼祥度制"。②这一借助"月令"而传播的理论,经《吕氏春秋》《礼记》和《逸周书》的记载和阐扬,成了"中国思想界的公共产业",且在汉代正式成为"中国正统思想的一部分"。《汉志》所记,邹衍、邹奭(生卒年未详)、公梼生(生卒年未详)等"齐学的开山三祖"及其传人的作品和《汉志》所言之"阴阳家",在胡适看来,乃是"齐学的正统",他们"还是以政治为主体",其所主张的"治各有宜",本是一种变法哲学,只是"不幸他们入了迷,发了狂,把四时十二月的政制教令都规定作刻板文章,又造出种种禁忌,便成了'使人拘而多所畏''舍人事而任鬼神'的中古宗教了"。

由于胡适认定"道家"出自汉代,而汉初流行"黄老之学",故将"道家"等同于"黄老之学",言"黄老之学起于齐学",就顺理成章。问题在于,黄帝如何与老庄汇聚,道家转变成"道士的宗教",黄帝俨然成为"教主"的?这

---

① 以上分别见胡适《中国中古思想史长编》,《胡适全集》第6卷,第14、15、17页。
② 钱穆亦以为,"邹子言五行,实为《月令》《时则》所祖,而《五德终始》之篇,其果为邹子当时创说,抑其徒所托,转属未定之疑问也"。参见其《先秦诸子系年考辨·邹衍考》附录《邹衍著书考》,收入《钱宾四先生全集》第5册,第512页。

个"求因"的工作实是胡适最为关注的。他分析说,这是因为战国末年,"齐学的范围一天一天的扩大,把医卜星相都包括进去了,把道德、政治、宗教、科学,都包括进去了。这一个绝大的思想迷信集团,不能不有一个大教主"。①

民间起源的宗教,不能没有教主。教主一旦确立,往往不仅比理论更有力量,且可以串联或杂糅各种理论,形成无所不包的体系,从而提升理论的可信度以及宗教本身的吸引力。在胡适看来,"孔子的思想太朴素了",够不上做"道士的宗教"这个大集团的"大教主"。墨家"虽信天鬼,而根本不信'命'"。而"命定论"实乃自然主义的一种表现,正是阴阳五行具有的自然主义色彩,让"齐学"一派与老子接近。"老子提倡自然的天道,可以用作阴阳五行的招牌。老子的思想里又颇有一点玄谈的味儿,比较容易穿凿附会。"但老子年代太近,不够"老",无法承载"教主"年代久远的神秘感。与此同时的其他学派,如儒、墨皆以称道尧、舜为"托古改制"的招牌,"尧舜成了滥调,招牌便不响了"。故"燕齐的学者和方士们便抬出一位更渺茫无稽的黄帝出来。……从此以后,老子之上便出了一位黄帝;医卜星相,阴阳五行,都可以依托于黄帝。于是黄帝便成了一个无所不知,无所不能的大发明家,大科学家,大哲学家。于是齐学便成了'黄老之学'"。到汉初,也即是驺衍之后近百年,黄帝也成了"万知万能"或"全知全能"的"通天教主"。而"黄老之学也便成了一个无所不包的绝大的'垃圾马车'"。②

新"教主"的建构只是"道士的宗教"的一个方面。在胡适看来,"燕齐海上之士多空想",齐民族的宗教,"大概'天齐'起来最早,故说'其祀绝莫知起时'。后来民族进步了,故宗教迷信也经过一种整理,把各地的拜物拜自然的迷信,加上一点统系,便成了天地日月阴阳兵与四时的系统的宗教了。在初期只有拜天脐,拜某山某山而已。八神的系统已属于后期,其中乃有阴阳二主,可见已在理智化的时代了。到了后来,神仙、阴阳之说起于海上的燕齐;大概阴阳家言纯是齐学,而神仙家言起于燕国,故《封禅书》说宋毋忌等'皆燕人,为方仙道,形解销化,依于鬼神之事'。因为燕齐地相近,

---

① 以上分别见胡适《中国中古思想史长编》,《胡适全集》第6卷,第19、21、26页。
② 以上具体见胡适《中国中古思想史长编》,《胡适全集》第6卷,第26、27—28、29、31页。

思想容易互相影响,而齐威王、宣王又都提倡神仙,'使人入海求蓬莱,方丈,瀛洲',故方仙道成为燕齐海上方士的共同信仰"。①

而齐学的最大特点便是汇集了这类形形色色的民间宗教,后者"影响太大,古代不甚自觉的自然主义抵抗不住民间迷信的势力,于是自然主义的阴阳五行遂和机祥灾异的阴阳五行混在一处了"。"后起的齐系思想用老子一系的哲学思想作底子,造出了无数半历史半神话的古人的伪书。其中,最古最尊的便是那骑龙上天的仙人黄帝。他们讲神仙,必须归到清静寡欲,适性养神;他们讲治术,必须归到自然无为的天道。阴阳的运行,五行的终始,本是一种自然主义的宇宙论;但他们又注重机祥灾异,便已染上了墨教的色彩了。"本是自然主义人生观的清静适性,受齐学的影响,"去寻种种丹药和方术来求长生不死,形解尸化",因而失去了自然主义的本意。②

胡适指出:

> 古代的宗教有三个主要成分:一是一个鉴临下民而赏善罚恶的天,一是无数能作威福的鬼神,一是天鬼与人之间有感应的关系,故福可求而祸可避,敬有益而暴有灾(用《墨子·非命上》的语意——原注)。这个民间宗教,势力最大,决不是几个自然主义的哲学家所能完全扫灭。何况左倾的中系思想(儒家)从不敢明白反对他呢?何况右派的思想(墨家)又极力替他主持作战呢?何况又有君主的提倡,国家的尊崇呢?所以几百年之间,不但民间宗教迷信渐渐成为国教,并且连那左系的思想家也都不知不觉的宗教化了。老子变到庄子,天道已成了"造化者"了,宗教的意味已很浓厚了。战国晚年,老子之外,又跳出了个黄帝;黄帝是上海话所谓"垃圾马车",什么荒谬的迷忌都可以向这里装塞进去。
>
> ……于是老子加上黄帝便等于自然主义加上神仙阴阳的宗教,这

---

① 以上分别见胡适《中国中古思想史长编》,《胡适全集》第6卷,第99、201页。
② 胡适:《中国中古思想史长编》,《胡适全集》第6卷,第100页。

便是所谓"道家"。道家再一变,便成中古的道教了。

这个"中古"的标准具体说,便是"神仙出世的人生观使道家成为'非生人之行而至死人之理'的悲观宗教;阴阳礼祥的迷信使道家放弃传统的自然主义的宇宙观,而成为礼祥感应的迷忌的宗教"。①

3. "道士派的儒学"及"国教"化

在胡适看来,齐学将道家阴阳五行化和神仙化是"道士的宗教"形成的标志,而由原始儒家到"道士派的儒学",也同样经历了一个阴阳五行化、神仙化的过程,这个过程却不限于齐学,而是官方与民间宗教的适时地结合。

其实,有关"道士派的儒学"以及"国教"化的问题,早在1919年,胡适已经系统地关注了,这年印行的《中古哲学史》讲义稿的第四章、第五章分别是"董仲舒"和"道士派的儒学"。1922年,他又撰写《新儒教之成立》一文,其中的重点便是"道士派的儒学"以及"国教"化。② 1929年,这个主题又以英文重述,③但真正开始撰写《中古哲学史》及《中国中古思想史长编》时,"道士派的儒学"以及"国教"化的相关内容,却颇费其思量。

据胡颂平(1904—1988)推测,胡适撰写《中国中古思想史长编》的起始时间是在1930年二三月间,④而第六章"统一帝国的宗教"写于5月12日,⑤胡适1930年7月28日日记云:

---

① 以上分别见胡适《中国中古思想史长编》,《胡适全集》第6卷,第175—176、177页。在这里胡适专门解释说,"迷忌"一词译自近世人类学者所谓magic;"迷忌"的界说是"用某种物件,或行某种仪式,以图影响(即感应)自然界或超自然界的势力,以为自身或团体求福禳灾。"(同前,第177页)对于人类学的关注亦被运用到《说儒》之中。
② 参见胡适《新儒教之成立》,《胡适全集》第8卷,第308—316页。
③ 胡适的《儒教在汉代被确立为国教考》原文为英文,1929年发表在《亚洲文会北华分会杂志》第60卷上,由韩荣芳译成中文,参见《胡适全集》第8卷,第9—32页。
④ 参见胡颂平编著《胡适之先生年谱长编初稿》第3册,台北:联经出版事业公司,1984年,第818页。
⑤ 胡适:《胡适作品集·中国中古思想史长编(下)》第22册,台北:远流出版事业公司,1986年,第108页。有关此章的具体写作日期,《胡适全集》未予列出。

> 续作哲学史第6章。中间搁了整整二个月。此一章——儒教的成立,——最不好写,起了几个头,总不能满意。

8月15日日记,又云:

> 上午无事,靠在床上想《哲学史》中《儒教的成立》一章的组织仍不很满意,拟改作如下……

如果再结合8月18日日记"改作《哲学史》第7章",8月25日日记"写《哲学史》第7章,此一章或须分作三章写",8月26日日记"写《哲学史》,成四千字",9月3日日记"今天下午重读已成的《哲学史》稿子,决定重写一部分。以'齐学'为第一章";①以及第七章稿尾"十九,八,十八——十九,八,卅,改稿成"看,《中国中古思想史长编》(即日记中之"哲学史")第六章"统一帝国的宗教"实际上是未完成稿。

就内容上言,这一章写到的"统一以前的民族宗教""秦帝国的宗教""汉帝国初期的宗教""汉文帝与景帝""汉武帝的宗教"以及"巫蛊之狱"都可以说是时代背景和思想背景,是为进一步解读"道士派的儒学"以及"国教"化所做的铺垫。第七章"儒家的有为主义"所关注的是汉初的社会政治、社会思想和社会制度,至于"道士派的儒学"和"国教"化的正式形成,则未见完成。

胡适关注"道士派的儒学"以及"国教"化,很容易让人想到他直接经历,且极力反对的康有为等今文家的"订孔教为国教"。这个民初的"国教"思潮也很可能是胡适从中古时代求因探源的直接动因。在论及董仲舒"新儒教"的政治与宗教体系,其哲学和逻辑方法以及对于诸如《春秋》重释的历史影响时,胡适便提到了康有为。②

---

① 以上分别见《胡适全集》第31卷,第681、700、703、707、723页。
② 参见胡适《儒教在汉代被确立为国教考》,《胡适全集》第8卷,第27页。

虽然1933年7月,胡适在芝加哥大学演讲时,否认儒教是西方式的宗教,①但他同时也认为中国并非像人们所说的那样没有宗教传统,②而这个宗教传统不仅是出自上古。因为上古宗教起源后,经过老子、孔子的理性化,曾经得到削弱或消解,让中国思想界走上了理性的道路。它的实际影响之所以更多的是从中古时代,即秦汉时代开始,是因为与皇帝制度结合。正是皇帝的出身及个人喜好,加之制度保障,重新恢复和放大了民间的宗教,从而构成了中国中古时代影响深远的重要特征。这正是毛子水在《〈中古思想史长编〉手稿本跋》中所说的胡适"识其大"的地方。③

"国教"的观念,实乃出自今文家,但受今文家影响的胡适却是以今文家的理解方式求因,又以古文家的证验兼具现代知识人的启蒙态度批评这个"国教"化。在胡适看来,中古"国教"的形成有两个关键因素:一是皇帝的喜好和出身,一是民间及地方宗教的传统。正是世为贵胄却思想幼稚的秦始皇,以及出身贫贱的汉高祖(刘邦,前256—前195)"各以其时礼祠之如故"④的怀柔政策把民间的宗教吸收到国家的信仰系统,使之转化和上升为所谓"国教"。

与《中古哲学史》讲义稿和《中国中古思想小史》相比,《中国中古思想史长编》在"道士派的儒学"及"国教"化的背景分析方面更为详尽。先秦"地方性宗教"的存在是一个基本现实。这似乎是上古中国的地理条件和交通状况决定的。故西部的秦民族,东部的齐民族,南部的楚、吴、越诸民族,皆各有特殊的宗教习惯。胡适说:"在秦始皇统一中国以前,各国各有他们的宗教习惯,散见于古记载之中。古人所谓'天子祀上帝,诸侯祀先王先公'(《国语》四);所谓'天子祭天下名山大川,诸侯祭其疆内名山大川'

---

① 参见胡适《儒教的使命》,徐高阮译,《胡适全集》第8卷,第75页。
② 具体见胡适《中国历史上的宗教与哲学》,收入陈衡哲主编《中国文化论集(Symposium on Chinese Culture)》,王宪明等译,福州:福建教育出版社,2009年,第18—19页。此书原为英文版,1931年由中国太平洋关系协会出版。
③ 毛子水:《〈中古思想史长编〉手稿本跋》,《胡适作品集·中国中古思想史长编(下)》第22册,第172页。
④ 胡适:《中国中古思想史长编》,《胡适全集》第6卷,第209页。

(《史记·封禅书》),都暗示那地方性的宗教。"

"地方性宗教"之体现地方个性源自地理条件的影响,故秦帝国的宗教中,"最尊的大神仍是秦民族的上帝四畤,最时髦的仍是秦民族的'陈宝';而地方旧祠祀,如齐之八神,周之杜主,以及各地的名山大川,都成为这国教的一部分。天地,日月,星宿,山川,都是自然界的实物;杜主等是人鬼,陈宝是物神。故秦的国教是一种拜物,拜自然,拜人鬼的宗教"。而齐民族则由于"山东的地质有一种最奇特的现象,就是涌泉之多,至今还是如此。初民的迷信因此以为齐地是天的腹脐,故其大神为'天齐',而民族之名也便叫做'齐'"。①

但秦始皇统一中国后,从《吕氏春秋》中吸纳了五德终始说,这是间接地接受齐学,加上封泰山、禅梁父、东海求仙,秦始皇"受东部民族迷信和方士思想的影响最大"确存有力证据。正是秦始皇将"四方的民族祠祀"都充分保留,将四方宗教都充分吸收,而以皇帝之尊崇信东方之"齐学",自然将"齐学"中的宗教成分从民间提升到帝国宗教的层面,成为"国教"的组成部分。

民间宗教如没有皇帝的欣赏自然不能进入国家的信仰系统,但在秦汉两代,不仅皇帝本人欣赏,也是出于统治的需要。秦始皇是如此,汉高祖刘邦亦不例外。秦始皇泰山封禅和听信齐人徐巿(生卒年未详)上书之言,遣卢生(生卒年未详)入海求仙。封禅、神仙方术与秦民族的拜物、拜自然、拜人鬼之教混合,遂成为帝国宗教的一部分。这个帝国宗教到汉初则为刘邦所认同。胡适说,刘邦"知道要得天下,必须得人心;要得人心,必不可扰动人民的宗教习惯。故他第二次入关,战事还正紧急,他便先下诏恢复故秦的宗教,这真是这位无赖皇帝的最扼要手段"。"天下既定之后,他更进一步,不但继续保存秦帝国的宗教制度,还要在长安设立帝国之内各种民族的宗教祠祀和女巫,使各地的人民在帝都时都能有个祠祭的所在,都能不觉得他身在异乡异地。""这种政策也许不是自觉的怀柔政策,也许是因为跟随高

---

① 以上分别见胡适《中国中古思想史长编》,《胡适全集》第6卷,第196、207、200页。

帝转战立功的将领兵士有各地的人民,故不能不这样安顿他们。无论如何,这种办法确有怀柔人心的功效,而帝国的宗教也就因此更吸收了无数的地方祠祀和民族迷忌。"①

儒教正式成为"国教"是汉武帝之时开始的。胡适说,"武帝在位五十多年,遂造成了一个幼稚迷信的宫廷和幼稚迷信的社会",是因为他的"母家出身微贱,他自己正是民间迷信的产儿",②"无论怎样荒谬的迷信,他都能接受"③。而"四方的宗教迷信得了他的提倡,都成了帝国祠祀的一部分"。④武帝一朝的有名方士多是齐人,"几十年之中,燕齐方士的神仙祠祀的迷信居然成了帝国的宗教"。其影响则不仅是皇帝和百姓,知识精英也接受了被同化的命运。"学者如司马谈、司马迁也只能跟着这班方士到处跑,只能替皇帝定祠仪,撰祝辞,捏造祥瑞。所以一班鲁国儒生也只能陪着这些方士,草封禅仪,学习射牛,希冀和太常诸生分一碗残饭吃。"胡适说:"当日确有一种迷漫全国的迷忌空气,汉武帝虽有提倡的大力,但他自己也正是这个方士世界的产儿。"⑤出身是家庭(族)的小环境,"方士世界"既是社会大环境的空间性,又有历史的时代性,故胡适此处考虑的环境因素是双重的,兼及个人取向与时代特征。

相对《中国中古思想史长编》,《中古哲学史》讲义稿和《中国中古思想小史》因面对的是北京大学文科专业的学生,更偏重于"道士派的儒学"形成中的学术变化。在胡适看来,"灾异感应之说"是"道士派的儒学"在学术上一大特征,亦是与原始儒家的不同之处。因为就孔子来说,其"天道观念多属于自然",而《公羊传》《穀梁传》则大谈灾异,故《汉书·五行志》说"董仲舒治《公羊春秋》,始推阴阳,为儒者宗","一个'始'字明说他始创这种灾异感应之说,并非《春秋》的原意了"。胡适将董仲舒"灾异派《春秋》学"的方法,总结成"历史的援例法(Historical Analogy)",即"所重的只在'同

---

① 以上见胡适《中国中古思想史长编》,《胡适全集》第6卷,第209—210页。
② 胡适:《中国中古思想小史》,《胡适全集》第6卷,第287页。
③ 胡适:《中国中古思想史长编》,《胡适全集》第6卷,第215页。
④ 胡适:《中国中古思想小史》,《胡适全集》第6卷,第287页。
⑤ 以上见胡适《中国中古思想史长编》,《胡适全集》第6卷,第222—223页。

比''伦类'的现象"。①

在胡适的著述和书信中几次言及汉代是一个"造假书的时代",这多少有今文家影响的痕迹,此段文字后推荐康有为《新学伪经考》为参考,即可为证。②对于《洪范》,胡适亦认为与刘歆有关。他说:"我疑心《洪范》原文已被后来的阴阳家添入许多道士的话语,又被刘歆傅会作《洛书》说'八卦九章相为经纬',从此《洪范》更成了道士的书了。""这是说《洪范》本文。汉代出了一部《洪范五行传》,为《洪范》逐章作传,每章说灾异的感应。""《洪范》一派,由经到传,由传到传论,遂为灾异学的大成。"③

至于《易经》和《诗经》,同样经历了一个"阴阳灾异化"的改造。焦延寿(生卒年未详)以《易》推算灾异,又自称"道人",因而"'道士'一派的正式成立远在张道陵之前"。胡适对《诗经》的解读则直接与后来的《说儒》有关,只不过此时更多的是从批评的视角看待。他所说"这部书有无上的文学价值,没有一毫别的用意,不料后来的腐儒以为孔子所删存的诗一定有腐儒酸气的。所以他们假造《诗序》,把那些绝妙的情诗艳歌都解作道学先生的寓言",主要还是就文学层面而言。但这个解读已经涉及了《诗经》被"道学化"的倾向。文学成了"道学",还未变成"道士派",而"后来的'齐诗'一派,居然把《诗经》也做成道士派的根据"。最值得注意的是,胡适所说的

---

① 以上具体见胡适《〈中国哲学史大纲(卷中)〉(残篇)》,《胡适全集》第5卷,第758—760页。
② 胡适说:"康有为的《新学伪经考》虽然也有过当之处,但他的大意却不错,可供学者参看"。(胡适:《中国哲学史大纲[卷中][残篇]》,《胡适全集》第5卷,第762页)。1920年1月,在致胡汉民等人的信中,亦曾说:"汉代是一个造假书的时代,是一个托古改制的时代。"(参见《胡适全集》第23卷,第297页)在此之前他曾说过,他赞同康有为将借古人的主张以言己之政治意愿来称"托古改制"是极有道理的。并说,彼时"托古改制"的书,往往有第一流的思想家在内。(胡适:《中国哲学史大纲[卷上]》,《胡适全集》第5卷,第208—209页)但现在看,钱玄同对胡适此项见解的影响也相当明显。在1922年9月2日的日记中,胡适曾录下钱的来信,其中说:"'托古改制'是中国人的惯伎。自来造假书最有名的是刘歆和王肃,但此二人所造的假书,尽有他的价值,未可轻于抹杀。"(《胡适全集》第29卷,第737页)
③ 分别见胡适《〈中国哲学史大纲(卷中)〉(残篇)》,《胡适全集》第5卷,第761、762页。

"耶教之《旧约》中多纯粹文学的篇章,也被后人解为宗教神话的寓言"。①这个类比后来正是《说儒》建构儒教时,以《诗经》为儒教"圣经"的理念基础(详第七章第二节)。

"道士派的儒学"产生过程中最主要的推手自然是董仲舒。胡适后来说,汉武帝时,"最大的儒者董仲舒便推阴阳,谈灾异,名为儒生,其实已完全变成了阴阳家。这时候的鲁学已渐渐'齐学化'了"。② 在《中国中古思想史长编》里,胡适并没有完成有关董仲舒的叙述,只是在"儒家的有为主义"的标题下,涉及了董氏向武帝提出的政策建议和教育主张,这也是晚年他所说的"民国十九我计划的几个专题研究,如'董仲舒'没有完成"的由来。但"没有完成"仅指正式稿没有完成。就在同一篇序文中他也提到,《中国中古思想史长编》第八章"董仲舒","我改写了几次,始终不能满意,后来就搁下了"。③ 而他的两份讲义稿《中古哲学史》和《中国中古思想小史》对于董仲舒的哲学思想均有相应的解读,其关注董仲舒,亦可谓由来已久。

在1919年印行的《中古哲学史》讲义稿中,胡适曾对董仲舒的哲学进行了提纲挈领的解读。这是系统解读董仲舒的开始。1922年3月,胡适决计重编《中古哲学史》,3月2日日记中有"拟重编《中古哲学史》",并列出简要目录。其中"新儒教的成立"5月5日开始起草,此日日记有"作《新儒教的成立》一文,未完",5月8日日记同样列有分段目次。但这个分段目录中有关董仲舒仅有"董仲舒——今文家的新儒教"一题,④更详细的目录出现在《儒教的成立》的未刊稿中,具体为"(1)董生的前锋"。而在"(2)董仲舒的宗教"下,则列有"A.天意 B.阴阳 C.五行 D.灾异 E.方法"等五个细目。⑤

从3月至5月间,胡适为准备《新儒教的成立》的撰写不仅阅读董氏之

---

① 以上均见胡适《〈中国哲学史大纲(卷中)〉(残篇)》,《胡适全集》第5卷,第763—764页。
② 胡适:《文化史上的山东(演讲提纲)》,《胡适全集》第13卷,第135页。
③ 以上均见胡适《〈淮南王书〉手稿影印本序》,《胡适全集》第6卷,第184—185页。
④ 以上分别见《胡适全集》第29卷,第527、618、619—620页。
⑤ 胡适:《儒教的成立》,《胡适全集》第8卷,第306—307页。

《春秋繁露》,亦参考了康有为的相关著述。3月30日日记中云,"读康有为的《春秋董氏学》,……条理颇好"。又说:"我以为董仲舒受墨家影响,有两个证据:(1)天志(天人感应之说)。(2)兼爱兼利之说。"这也是他前一天日记中"新儒教是儒、墨、方士的糁合物"的进一步确认。①4月12日,胡适读顾颉刚《郑樵传》,说"颉刚在此文中引了董仲舒的《春秋繁露·重政篇》的一句话,我平时竟不曾注意到"。此句即"能说鸟兽之类者,非圣人所欲说也。圣人所欲说,在于说仁义而理之。知其分科条,别贯所附,明其义之所审,勿使嫌疑。是乃圣人所贵而已矣。不然,传于众辞,(卢校:'传疑当作傅。'适按:此字不改亦可,或是博之误。——胡适原注)观于众物,说不急之言,而以惑后进者,君子之所甚恶也"。(《春秋繁露·重政第十三》,断句遵胡适日记)不面向自然,便难以产生科学,故胡适评论说,"此种思想真是科学的大仇敌"。②

1919年,胡适尚对哲学史存有兴味,故所著《中国中古哲学史》颇有接续《中国哲学史大纲(卷上)》的意愿。在解读董仲舒思想时,亦以名学为主。他说:"我常说一部《春秋》是孔门的应用名学。孔子的名学只在一个正名主义;一部《春秋》只是这个正名主义的应用。董仲舒的名学也只是一个正名主义。《春秋繁露》说:'治天下之端在审辨大,辨大之端在深察名号'。""号是大的类名,名是一部分之名。""大小的分别最先表现即在于名字。""认定名所表示的大小分别,用来观察所名之事,即可辨别是非,即可知道逆顺。"

但胡适对董仲舒名学的辨析,不全在"是什么"上,而在于辨识出它与孔子为代表的原始儒家之间的区隔。故胡适说:

---

① 均见《胡适全集》第29卷,第556—557页。但胡适此时参考康有为之著述并非全是为了促发灵感,也因为在他看来,董仲舒与康有为一脉相承。在《董仲舒的哲学》的未刊稿中,他说,"《春秋》本来没有什么哲学可说,至多不过是'寓褒贬,别善恶'的正名主义的应用而已。但公羊一派的《春秋》学从这个正名主义的观点上敷演出许多意义来。……从董仲舒到我们同时的康有为、崔适,影响了不少人的思想"。《胡适全集》第8卷,第288页。

② 参见胡适1922年4月12日日记,《胡适全集》第29卷,第575页。

> 从前的儒家虽主张正名,却还有些人知道"名"的原起不过是一种人造的符号。所以荀卿那样注重正名,也不能不承认"名无固宜,约定俗成谓之宜"。董仲舒去古已远,不懂得"名"有心理的和社会的原起,所以竟说"名号之正,取之天地"。这竟把一切名号看作天造地设的,看作天经地义了。①

可知,在胡适眼里,原始儒家与董氏儒学之间的区隔在于名号的有限性和绝对化。而后者也是他反对董氏儒学的原因之一。"名号绝对化"表现在"名号竟是沟通'天人之际'的线索。深察名号,可以得圣人所发天意;顺了天意,便可使'天人之际合而为一'"。在胡适看来,这正是中古化的重要标志。他说:"欧洲中古时代的哲学家说'名先于实'(Universalia sunt realia ante res)的道理,有一派人以为未有'实'时,上帝心中先有了实的法相意象,故说'名先于实'。董仲舒论名号与这一派正相同。"

对先验论的怀疑与对于唯心论的不信任是一样的,因为无论是先验论或者唯心论,在胡适看来,都不仅是中古时代的产物,且与"证验"的原则相睽违。胡适的这个认知主要源自杜威的实验主义和晚清以降诸子学的实证观念,而胡适式自由主义在学术上的体现便是不信任,且努力消解任何神圣或者"一尊"的事物。董仲舒宗教化儒学自然也不例外。

但董仲舒在名实关系上并非仅有一面,"有时又近于'名在于实'一派"。"大概董仲舒论名,以为一物有一物的'真'性。这种真性即含有在那物的'名'里。物的'真'性,生于自然,故又说名是表示'天意'的。""因为名是表示物之'真',天之意的,故深察名号,可以得知物理天意;得知物理天意,便可以审是非,定曲直。"胡适不仅以为"这是孔子的正名主义的正式解说",且将此作为重审公羊、穀梁两家的《春秋》学学术史上贡献的一个证明。他总结说:"总而言之,董仲舒的正名论只是教人深察名号,要从名号里而寻出所名的事物的真意义;寻出了这个真意义,然后拿这真意义去审定

---

① 以上均见胡适《〈中国哲学史大纲(卷中)〉(残篇)》,《胡适全集》第5卷,第744—745页。

那事物的是非得失。这是公羊、穀梁两家《春秋》学的根本学说,这是孔门正名主义最明白的解说。"

当胡适为公羊、穀梁两家的《春秋》学正名时,今文家的一面又显露出来。或可说,这是对今文家在此问题上的一种同情的理解。同样进行同情的理解的还包括董仲舒论"天人之际"以使君主有所畏惧,其所论"性"的"生之自然之资"的无简单善恶的"质"以及由此引申出的兴太学、用"考问"之法、行贡举之法等政策和教育主张。胡适强调说,加上"定孔氏为一尊,罢黜百家"和偏重动机说的人生哲学,"中国学术思想的变迁,政教制度的沿革,几乎没有一件不曾受这种政策的影响"。

不过,虽然公羊、穀梁两家的《春秋》学承继了孔子,在学术上的贡献,亦相当明显,但运用到伦理上和政治上终脱不了绝对化和上下尊卑的窠臼,这是学术层面研究与政治或社会影响之间的吊诡。正如胡适对孔子的"正名主义"可以细加分析,且进行历史性的肯定,但并不意味着全盘地肯定。历史地肯定,只是站在古人相同的境界,而以今人之观点,古人时代性的理念毕竟有所局限。胡适指出:

> 凡是偏重名的名学,其结果一定是一种尊上抑下,尊君抑民,尊全体抑个人的伦理政治学说。这是百试不爽的定理。董仲舒说"治天下之端在审辨大",又说"治国之端在正名"(《玉英篇》)。名是全称,故尊名的人自然趋向最高最大的全称。欧洲中古时代,最大的全称,在天上是"上帝",在人世是"教会"。中国中古时代,最大的全称,在天上是"天",在地上是"天子"。
>
> ……一方面要"屈民而伸君",一方面又要"屈君而伸天"。总而言之,只是要求一个最大的全称,"辞之所谓大"。

胡适反对的还是"天"的绝对化,即董仲舒将"天"类同于西洋的"上帝",居高临下,影响了人本身,乃至人的自觉和觉醒。这也是他所谓"20世纪的成见"。① 基于这个"成见",他后来率直地指出董仲舒解读《春秋》的目的和主旨,即"《春秋》教民服从统治者,教统治者服从上天。这就是汉儒提出的要旨"。②

这个"成见"的实验主义色彩及启蒙意识也是相当明显的。胡适在《中古哲学史》讲义稿中总结"道士派的儒学"的特征时所归纳的两点,都可以与他固有的理念相对比来发现胡适对于儒教以及一般意义上的宗教的看法。如第一点"天是有意志的,宇宙是有主宰的"。他就此评论说:

> 老子、庄子的自然无主宰的天道观念一笔抹倒,自不用说了。即儒家的"一阴一阳之谓道",也和这说相反。《易》言阴阳即是宇宙中的动静两种力,一开一阖,刚柔相推而生变化,全是自然,无有主宰。如今说天"任"阳"任"德,用一"任"字,便有主宰的意思。至于说"天心仁爱人君",明说天有意志。这是中国哲学的一大退化。③

胡适有此看法出于他对西方哲学及其历史的理解,其根本点就是反对绝对化,这也是他寻求现代性的一面。1930 年 12 月,收入上海亚东图书馆版《胡适文选》的《演化论与存疑主义》一文,实际上定稿于 1922 年 9 月 5 日,此次出版时有些文字上的调整,应该算是 1922 年 9 月定稿的《五十年来之世界哲学》第 4 节"演化论的哲学"相关部分的改写本。而之所以收入八年前的旧作,说明胡适的这个理念一直没有发生变化。此文特别强调达尔文"最明显的是打破了有意志的天帝观念"。胡适指出,达尔文在哲学上的贡献是"把'类'和'由来'连在一块,便是革命的表示。因为自古代以来,哲学家总以为'类'是不变的,一成不变就没有'由来'了。……这个变而不变的'类'的观念,成为欧洲思想史的唯一基本观念。学者不去研究变的现

---

① 以上分别见胡适《〈中国哲学史大纲(卷中)〉(残篇)》,《胡适全集》第 5 卷,第 746、747、748—749、753、755、749、750、751 页。
② 参见胡适《儒教在汉代被确立为国教考》,《胡适全集》第 8 卷,第 27 页。
③ 胡适:《〈中国哲学史大纲(卷中)〉(残篇)》,《胡适全集》第 5 卷,第 753 页。

象,却去寻现象背后的那个不变的性。那变的,特殊的,个体的,都受人的轻视;哲学家很骄傲的说:'那不过是经验,算不得知识。'真知识须求那不变的法,求那统举的类,求那最后的因"。而"类"的观念"最明显的是打破了有意志的天帝观念"。①

讲究"那变的,特殊的,个体的",这是实验主义的态度,而讲"由来"正是要从历史起源或发生学上讲起,这也是胡适基于实验主义而衍生出的历史发生学。以实验主义的态度和历史发生学,加之启蒙诉求,他对于任何事物的绝对化都心存不满或挑战之意就是肯定的,即便如他提倡的老子的"道",也绝没有绝对化或至高无上的特权,当然这都是从理论层面而言。

就现实层面看,20世纪20年代国内文化保守主义学者中,维护"有意志的天"者也未必没有。1929年,钟泰在《〈老子〉"天地不仁以万物为刍狗"解》中就针对胡适对老子"天地不仁,以万物为刍狗"的解读提出了异议。钟泰虽然主要是反对胡适以及接受胡适之见的梁启超有关老子自然的天动摇了神权的结论,但认定老子所谓的"天"为"有意志之天",则等于是维护了传统的结论。②

对道家自然宇宙观的肯定,是胡适一生不变的看法,他在20世纪30年代撰写的《中国中古思想史长编》中谈及此论时便是针对着汉代"道士化的道家"或道家绝对化倾向而言。他说,道家的"这个宇宙论的最大长处在于纯粹用自然演变的见解来说明宇宙万物的起源。一切全是万物的自己逐渐演化,自己如此,故说是'自然'。在这个自然演化的过程里,'莫见其为者而功既成矣',正用不着什么有意志知识的上帝鬼神作主宰。这是中国古代思想的左派的最大特色"。他同时反对将"道"绝对化或者神秘化。故又说:"严格说来,这个自然演变的历程才是道。道是这演变的历程的总名,而不是一个什么东西。老子以来,这一系的思想多误认'道'是一个什

---

① 参见胡适《演化论与存疑主义》,《胡适全集》第8卷,第38、37—38页。这一部分与《五十年来之世界哲学》并无文字上的差别。《五十年来之世界哲学》初刊申报馆编《最近之五十年(1872—1922)——申报馆五十周年纪念》,此段引文见第3—4页(文页)。

② 具体见钟泰《〈老子〉"天地不仁以万物为刍狗"解》,钟泰编著:《中国哲学史》第一编第三章附录,上海:商务印书馆,1929年,第16—18页。

么东西。……道既是一个什么,在一般人的心里便和'皇天''上帝'没有多大分别了。道家哲人往往说'造化者',其实严格的自然主义只能认一个'化',而不能认有什么'造化者'。"①

因此,胡适在总结"道士派的儒学"的第二个特征时直接把"有意志的天"作为宗教化的一个表现。他指出,"天的意志有种种表示的方法,恶轻的用'灾害'为谴告,重的用'怪异'为警戒,更重的方才降灭亡之祸。这种观念说'人之所为,其美恶之极,乃与天地流通而往来相应',把'天人'的关系说得如此密切,遂使儒学真成了一种天人感应的宗教"。②

后来胡适对汉代新儒教几个重要观点的归纳,也都与宗教性相关。如"(1)信奉天上有神,它有意志,有意识,并监视着人们和政府的所作所为;(2)信奉一切神怪及死后灵魂也监视着人们和政府的一切行动;(3)信奉善恶因果报应思想;(4)信奉天人感应,邪恶的行为会带来上天预先的警告和事后盛怒的惩罚,善良的行为会带来吉利的征兆和回报;(5)信奉由事都有先兆,并能人为地使天意转缓,甚至靠做大量的善行义举来改变天意;(6)信奉占星学是一门解释天象和人类及政治事件关系的科学"。③

在胡适看来,新儒教的宗教特征及其"国教"化,直接为儒学判了死刑,这不仅是中国,西洋历史亦可以证明。他说,"无论何种学说,无论何种宗教,一到了'一尊'的地位,便是死期已到,更无进化的希望。所以罗马的君士但丁大帝认天主教为国教,而基督教死;汉武帝认儒术为国教,而儒学死"。④

汉代的新儒教不仅有宗教性,即他所说的"新儒教完全是宗教的口气",且存有极强的政治目的,这个政治目的所产生的社会影响也是胡适批评的原因。他说,汉代的新儒教的根本目的,"无论是有意还是无意,几乎全部是为政治服务的",且为了迎合专制的皇权,主动成为"专制的武器",最终形成了"一个在思想上和信仰上令人敬畏的政治宗教制度"。⑤ 这类政

---

① 以上见胡适《中国中古思想史长编》,《胡适全集》第6卷,第131—132页。
② 胡适:《〈中国哲学史大纲(卷中)〉(残篇)》,《胡适全集》第5卷,第753页。
③ 胡适:《儒教在汉代被确立为国教考》,《胡适全集》第8卷,第26页。
④ 胡适:《〈中国哲学史大纲(卷中)〉(残篇)》,《胡适全集》第5卷,第723页。
⑤ 胡适:《儒教在汉代被确立为国教考》,《胡适全集》第8卷,第27页。

教合一的方式和政治体制,正是胡适所谓"中古时代"的标志。

胡适指出:

> 汉武帝毕生尊天事鬼,信用方士,尊重方术,巡礼遍于国中,祠祀不可胜数,到头来,黄金不可成,仙药不可得,神仙不可致,河决不可塞,只造成了一个黑暗迷忌的世界,造成了一种猜疑恐怖的空气,遂断送了两个丞相,两个皇后,一个太子,两个公主,两个皇孙,族灭了许多人家,还害的"京师流血,僵尸数万","血流入沟中"。

他说:

> ……这时候,中国真已深入中古时代了。幼稚的民族迷忌,一一的受皇帝的提倡,国家的尊崇,遂都成了帝国宗教的部分。这个迷忌的宗教,因为有帝者的崇敬,不但风靡了全国的无识人民,并且腐化了古代留遗下来的一切学术思想。古代中国并非没有幼稚的迷信和禁忌,但因为统治阶级的知识比较高一点,幼稚的民间迷忌不容易得国家的敬礼提倡;又因为列国对峙,思想比较自由一点,一国君主所提倡的礼教不容易风靡别的国家,独立思想的人们还有个去而之他的机会。到了统一帝国时代,君主的暗示力之大,遂没有限制了。卖缯屠狗的人成了帝国统治者,看相术士的女儿,歌伎舞女,也做了皇后、皇太后。他们的迷忌都可以成为国家的祠祀。而在统一专制的帝国之下,人民无所逃死,思想也很难自由独立。……古代遗留下的一点点自由思想,批评精神,怀疑态度,都抵不住这伟大而威风的帝国宗教。故这个时代和秦以前的时代确有根本不同的特点,而自成一个"中古时代"。①

中古时代的"民间"始终是胡适解读秦汉"道士派的儒学"或"道家"

---

① 以上见胡适《中国中古思想史长编》,《胡适全集》第6卷,第231—233页。

（"道士的宗教"）的关键词。作为启蒙论者，胡适所面对的对象也就是民间的百姓。虽然他一再强调抹去"他们"与"我们"的界线，①而事实上新文化运动也在秉承平民主义，但胡适（也包括新文化运动发起者们）面对的问题是：启蒙需要提升或改造民间或百姓，必然会摆出一个教育者的姿态，但在中国，民间的存在及其力量不仅巨大，且往往与政治、政府相混合，将本身属于小传统的观念注入大传统之中，从而成为大传统的基础。这也意味着，当胡适他们这些启蒙者在"教育"民间或百姓的同时，也需要兼顾着"教育"政治家或政府本身。而无论在秦汉以降的古代中国或者民国时期，"教育"民间、百姓容易，但"教育"政治家、政府，却难上加难。故在论述有关秦汉儒教的"国教"化时，他总是对于秦始皇、汉武帝的批评最多。

"九一八"事变前的胡适对于启蒙本身还存有信心。他曾经说，"历史进化有两种：一种是完全自然的演化；一种是顺着自己的趋势，加上人力的督促。前者可叫做演进，后者可叫做革命。……其实革命不过是人力在那自然演进的缓步徐行的历程上，有意的加上了一鞭。……这几年来的'文学革命'，所以当得起'革命'二字，正因为这是一种有意的主张，是一种人力的促进"。②可见胡适对于革命的认知中，革命不过是演化的一种，并非激烈的、暴力的。这也正是胡适坚持启蒙的理由。因而他对宗教基本是持理性原则加以批评的，在宗教问题上则自觉或不自觉地自设了一个"大传统"，去抵抗或改造他所不欣赏的"小传统"。但"九一八"以后，民族危机之下社会情况的复杂性则完全不同，或可谓完全出乎他本人的预料之外。这时候他只能以符合"时代需要"或"民间需要"的方式加以应对了。

---

① 有关论述，可参考胡适 1922 年 3 月 3 日所著之《五十年来中国之文学》以及 1935 年 1 月 12 日所作之《中国再生时期》，分别见《最近之五十年（1872—1922）——申报馆五十周年纪念》，第 19 页（文页）及《胡适全集》第 13 卷，第 187 页。

② 参见胡适《白话文学史（上卷）·引子》，《胡适全集》第 11 卷，第 218—219 页。

第五章

时势造境：《说儒》的出现

胡适对"清学"的挖掘和重塑以及对儒学宗教化的关注和解析，表明他无意做纯粹象牙塔中人，他有强烈的社会关怀，无论这种关怀是现实政治逼迫的结果，还是出于自身的社会责任感。他所接受的杜威实验主义亦重现实，兼具"人的问题""民主主义"和"社会哲学与政治哲学"。而反过来看，重现实、讲"时代精神"，则更易受现实和时代变迁的影响。1917年后，"暴得大名"后的胡适是中国现实社会和学界的"弄潮儿"，他在引领着思想和学术的同时，自然也受着这个社会、时势和学术因素的反影响。《说儒》的出现，就非事先预谋，而是缘于时势的刺激，就胡适一生言，这或是其学术与思想发展的一个新阶段，但就事件本身看，实起于突发。

第一节　胡适学界中心地位的确立及自我反省

《说儒》发表迄今已逾八十年，相关研究亦已逾六十年，有关胡适撰写《说儒》的原因，却很少能见到有说服力的解读。唐德刚先生的胡适学术生涯中"又一高峰"说，是从正面而言，或只能算是一种后来的价值认定；就反面或解构胡适形象言,则有胡适为保持或重整自己在学界的权威地位之说。实际上,将《说儒》解读为"地位之争",其前提是认为《说儒》的价值相当高,这等于是接受了唐德刚的说法,因此与他们解构胡适的初衷也是存在牴牾的。要澄清后一解读,胡适在1919年2月,《中国哲学史大纲(卷上)》出版后,直到《说儒》出现,他的社会地位和学术地位,特别是他本人对此的感受和心理状态就成了探讨有关《说儒》出现原因所不能绕过的问题。关键是,这个心理或心态能否导致胡适为地位而争,或者为争地位而撰写《说儒》? 换言之,在胡适的社会地位和学术地位有所变化后,他自己对此究竟作何感想? 地位变化究竟与《说儒》出现有多少关联?

一、代际更迭:学界新核的诞生与际遇

1919年2月,《中国哲学史大纲(卷上)》由商务印书馆出版,胡适作为新派学人代表的地位遂告确立。不仅是傅斯年、顾颉刚、罗家伦(1897—1969)以及冯友兰等直接受益的学生在回忆中多次提及胡适的新视角对其思维方式改变的作用,彼时尚是中学生的齐思和(1907—1980)20世纪50年代在批判胡适思想时也承认:

> 现在四十岁以上的人们大概都还记得,在1920年以后,胡适写的书与文章,风行一时,影响大极了。我是1921年考入天津南开中学的,我看见差不多每个同学的书架上都有一本胡适的"中国哲学史大纲"(1919年初版),我也买了一本。当时读起来也觉得津津有味,以后胡适的"尝试集""文存"等书相继出现,也畅销很广,当时的学生,纷纷购读。①

---

① 参见《批判胡适主观唯心论的历史观与方法论——北京大学历史系教师座谈会发言摘要》,《胡适思想批判(论文汇编)》第2辑,北京:生活·读书·新知三联书店,1955年,第170页。坊间流行一种说法,以为胡适受中学生欢迎,说明他的东西"浅",殊不知这也是胡适自己的一个追求。此说其实在"学衡派"与胡适争论中已经出现,它牵涉到学术的专与通,以及不同的学术评价标准。退而言之,"深"与"浅"并立于一人,亦历史所罕见。故以全能主义的意识来苛求古人,很难说是"了解之同情"。

第五章 时势造境:《说儒》的出现

贺麟虽为北京大学哲学系教授,却非胡适一派,他对胡适所秉承和宣传的以经验论为基础的实验主义也颇有微词,但在1955年批判胡适思想时,仍然强调说:

> 旧中国旧学术界的知识分子,在这一或那一形式下,直接间接都多少受过他(胡适——引者)的影响。甚至在解放前,自命与胡适的思想不一致,曾反对过他、或不理睬胡适思想的人,也都不免受过他的影响,或残存着类似胡适的资产阶级唯心论思想。①

由《文学改良刍议》而"暴得大名",又由《中国哲学史大纲(卷上)》而确立学界中心地位,胡适也迅速成为北大的中坚,有一事可看出北大校长蔡元培对胡适的重视。1919年5月,杜威来华,胡适为陪同其师在各地演讲,并担任译述,曾致信蔡元培,称"因任杜威君演讲的译述,将离去大学",蔡回信说:"望先生一面同杜威作'教育运动';一面仍在大学实施教育;这是弟最所盼望的!"②

1921年,有人在筵席上称胡适是"现在白话诗的通天教主"③虽有玩笑性质,却多少反映出胡适在白话文运动中的绝对地位。同年,商务印书馆挖角北大,以高薪聘请胡适出任编译所所长,这不仅证明老牌出版机构和老辈出版人对胡适地位的认可,从这年七、八两月胡适赴上海商务印书馆考察的情况看,栖身海上的新派亦以一睹其风采为荣。这中间也包括思想偏于激进的郭沫若和朱谦之。胡适8月12日的日记说,"朱谦之与郭沫若来谈。谦之见我的《四烈士冢上的没字碑歌》,大喜,以为我的思想变了。谦之向来希望我出来做革命的事业,我不赞成他的意思。他在警察厅说他曾劝我革命,但我不赞成。此语外人以为是假的,其实是实有的事"。④其间,胡适

---

① 贺麟:《两点批判,一点反省》,《人民日报》,1955年1月19日,第3版。
② 蔡元培复胡适,1919年7月5日,高平叔编:《蔡元培全集》第3卷,北京:中华书局,1984年,第304页。
③ 胡适1921年7月6日日记,《胡适全集》第29卷,第348页。
④ 胡适1921年8月12日日记,《胡适全集》第29卷,第412页。

应邀赴苏州、南京和安徽等地演讲,也颇有盛况空前的景象。

当然也不全都如此。胡适日记中说到,时任南京高等师范学校校长并正筹建东南大学的郭秉文(1880—1969)"要我留在商务,而兼任东南大学事。我说:'东南大学是不能容我的。我在北京,反对我的人是旧学者与古文家,这是很在意中的事;但在南京反对我的人都是留学生,未免使人失望。'"①

胡适与梁启超之间在前者"暴得大名"后虽迅速完成了代际更迭,但新文化派与研究系两个派系对话语权的争夺并未停止,故才有胡适致陈独秀信中声称"你难道不知我们在北京也时时刻刻在敌人包围之中",从口气中也能感受到胡适内心的焦急。②张东荪乃是梁启超的学生,他对待胡适的态度亦是两派关系的缩影。1920年5月,胡适在致张东荪的信中,专门提到《中国哲学史大纲(卷上)》出版以来,已经过五版了,英、法文报都有书评,中文报只有《太平洋》杂志评过一次。③此次胡适到上海,第二天即赴《时事新报》社拜访张,足见胡对张的器重,但至今未见张对胡函有何回音。而7月21日张东荪与陈叔通(1876—1966)宴请胡适时,也"满面伪气,心不在焉,甚可怪笑",令胡适有些不快。④

彼时,南京高师及东南大学以文化保守著称,学风稳健,与北京大学的新潮和激进正成对照。然即便文化保守一派中,亦是派中有派。如梁启超晚年亦祭出"东方文化"的大旗,但在东南大学讲学时,仍不免受"学衡派"

---

① 胡适1921年7月20日日记,《胡适全集》第29卷,第373页。
② 原信是:"你难道不知我们在北京也时时刻刻在敌人包围之中?你难道不知他们办共学社是在《世界丛书》之后,他们改造《改造》是有意的?他们拉出他们的领袖来'讲学'——讲中国哲学史——是专对我们的?(他在清华的讲义无处不是寻我的瑕疵的。他用我的书之处,从不说一声;他有可以驳我的地方,决不放过!但此事我倒很欢迎。因为他这样做去,于我无害而且总有点进益的。)你难道不知他们现在已收回从前主张白话诗文的主张?(任公有一篇大驳白话诗的文章,尚未发表,曾把稿子给我看,我逐条驳了,送还他,告诉他,'这些问题我们这三年中都讨论过了,我很不愿他来"旧事重提",势必又引起我们许多无谓的笔墨官司!'他才不发表了。)你难道不知延聘罗素、倭铿等人的历史?(我曾宣言,若倭铿来,他每一次演说,我们当有一次驳论。)"参见胡适致陈独秀,1920年前后,《胡适全集》第23卷,第337—338页。
③ 胡适致张东荪,1920年5月12日刊《时事新报·学灯》,《胡适全集》第23卷,第306页。
④ 胡适1921年7月21日日记,《胡适全集》第29卷,第376页。

为首的教员的冷遇,甚至被一些教授当面蔑视。①

胡适与南高一派的关系较复杂。以胡适留学生的优越感,他对柳诒徵在《论近人讲诸子之学者之失》中的批评不能说不在乎,但十二年后在有关柳著《中国文化史》的评论中,仍有见多识广、居高临下的心理优势和超越感。前文提及的他指出柳诒徵的注释问题和疏漏,潜台词是彼根本不懂现代学术常识和规范,而这个常识和规范应是普世的学术通识。

对于来自土生土长的旧派学者的批评,胡适大多采用不应答的态度,因为在他看来,他们之所言与己之所想并不在一个层面上。问题在于,南高的"学衡派"也是留学生,且有胡适留美时一度的挚友梅光迪。伴随着胡适留学生优越感产生的对其他留学生的预期,也让他格外重视留学生的意见和倾向。胡适对冯友兰的言辞中所含有的巨大失望,具体原因很多,但一个基本前提就是冯友兰是留学生。1943年10月12日的日记最能反映胡适的此种心态。作为自由主义者,他对张其昀(1900—1985)等人创办的《思想与时代》自然不满意,认定"他们的见解多带反动意味,保守的趋势甚明,而拥护集权的态度亦颇明显"。但他说,"张其昀与钱穆二君均为从未出国门的苦学者,冯友兰虽曾出国门,而实无所见"。②

对《学衡》杂志的攻击,胡适的耿耿于怀,其力度远超纯粹的旧派。1922年2月4日,胡适说:"东南大学梅迪生等出的《学衡》,几乎专是攻击我的。出版之后,《中华新报》(上海)有赞成的论调,《时事新报》有谩骂的批评,多无价值。"胡适还在打油诗中把《学衡》戏称为《学骂》。③两个月后,即4月27日,他在《晨报副镌》上发表的《读仲密君〈思想界的倾向〉》中又提到"学衡诸君"。他说,知道梅光迪、胡先骕(1894—1968)的人,"都知道

---

① 详见黄伯易《忆东南大学讲学时期的梁启超》,收入夏晓虹编《追忆梁启超(增订本)》,北京:生活·读书·新知三联书店,2009年,第263—273页。

② 胡适1943年10月12日日记,《胡适全集》第33卷,第524页。又,1930年1月29日,胡适在日记中说:"《中国评论周报》有社论驳我上星期四(23[日])的英文讲演,其理论顽固可怜。留学生这样丢人,怎么得了!"并附英文剪报和胡适致《中国评论周报》的信。(参见《胡适全集》第31卷,第567页)这种对留学生的极高期许,正是严厉批评的原因。

③ 胡适1922年2月4日日记,《胡适全集》第29卷,第506、509页。

他们仍然七八年前的梅、胡。他们代表的倾向,并不是现在与将来的倾向,其实只是七八年前——乃至十几年前——的倾向。不幸《学衡》在冰桶里搁置了好几年,迟到1922年方才出来"。①

直到十年后,即1933年12月30日,胡适听到《大公报》停办"文学副刊"的消息后,仍在日记中痛诋"学衡派"及主将之一的吴宓。他说,"文学副刊""是吴宓所主持,办了三百一十二期。此是'学衡'一班人的余孽,其实不成个东西。甚至于登载吴宓自己的烂诗,叫人作恶心!"②胡适晚年依旧对吴宓与《学衡》不满,甚至说《学衡》是吴宓这班人办的,是一个反对我的刊物"。③

二、名声之累:胡适"暴得大名"后的自省

1959年2月,胡适说,"我是最怕出名的,一生受了暴得大名之累"。④这个说法也出现在20世纪30年代与谢福芸(Lady Hosie,1885—1959)的谈话中。⑤实际上,1917年后,所有赞同或反对对胡适的影响都是局部的,它们烘托和映衬出的巨大名望才直接地影响到胡适的心理。在"暴得大名"两年后,胡适的压力也随之增大。这种压力并未因《中国哲学史大纲(卷上)》的出版而有所缓解。1921年,胡适曾在给友人的信中,说到《中国哲学史大纲》中、下卷即将推出,⑥但直到两年后,仍杳无音讯。这等于是在原来的压力之上叠加了新的压力,因而也引起他持续地自省和自责。

当然,此时他亦有高处不胜寒的寂寞,这恐怕不仅是"暴得大名",1920年5月6日在天津旅社里无人识,亦让他显得不习惯。他在致韦莲

---

① 参见 Q. V.(胡适)《读仲密君〈思想界的倾向〉》,《晨报副镌》,1922年4月27日,第1版。
② 胡适1933年12月30日日记,《胡适全集》第32卷,第254页。
③ 参见《胡适之先生晚年谈话录》,第64页。
④ 胡适复胡光麃,1959年2月13日,《胡适全集》第26卷,第227页。
⑤ 参见[英]谢福芸《哲学之门——胡适印象记》,郝田虎译,台北:《传记文学》第85卷第2期,2004年8月,第100页。
⑥ 胡适致胡近仁,1921年1月18日,《胡适全集》第23卷,第340页。

司(E. C. Williams,1885—1971)的信中说:"生活和工作在一个没有高手也没有对手的社会里——一个全是侏儒的社会——是如何的危险!每一个人,包括你的敌人,都盲目的崇拜你。既没有人指导你,也没有人启发你。胜败必须一人承担!"①

1921年是胡适自省和自责最多的一年,感觉上又回到了美国留学时一样,只是此次反省的是工作,而非个人道德。1921年7月8日,他在日记中说:

> 我想我这两年的成绩,远不如前二年的十分之一,真可惭愧!②

过多的社交活动也让他心生厌倦,一天后,他检讨道:

> 我近来做了许多很无谓的社交生活,真没有道理。我的时间,以后若不经济,都要糟蹋在社交上了!③

又过了两个月,即9月5日,他说:

> 凡今日享一点名誉的人,都是在大家不做事的时候做了一件事的。我们不可不努力。④

到1924年9月,他仍不得不承认"迟钝和害羞是我的著作出版比较迟缓的原因"。⑤ 这应该指的是《中国哲学史大纲》的中、下卷迟迟未能完成。

---

① 胡适致韦莲司,1927年4月10日,《不思量自难忘——胡适给韦莲司的信》,第166页。胡适赴天津的具体日期考证,据林正三《从胡适与基督教的互动关系谈胡适的宗教情操》,第258页。又可见胡适1920年5月6日日记,《胡适全集》第29卷,第159页。
② 胡适1921年7月8日日记,《胡适全集》第29卷,第352页。
③ 胡适1921年7月9日日记,《胡适全集》第29卷,第354页。
④ 胡适1921年9月5日日记,《胡适全集》第29卷,第445页。
⑤ 胡适:《"努力"的问题》,《晨报副镌》第216号,1924年9月12日,第3版。此为胡适9月9日致《晨报副镌》编者的信,又收入《胡适全集》第23卷,第441页。

焦虑的心态也影响了胡适对北大同事的看法。他说,"北大国文部能拿起笔来作文的人甚少,以我所知,只有叔雅与玄同两人罢了"。① 1926 年 8 月,在致徐志摩(1897—1931)的信中又说,"究竟我回国九年来,干了一些什么! 成绩在何处? 眼看见国家政治一天糟似一天,心里着实难过"。这是他到莫斯科实地观摩新兴的苏联后,通过对比得到的感受。他对原来小布尔乔亚的优渥生活,有些自责了。他提到友人任鸿隽的话,说他们在北京的生活有点"frivolous(即无价值,无意义,轻浮——引者)"。②

　　自 1923 年起,胡适便受到越来越多地来自左翼知识人和青年学生的促请。他们要看到胡适直接参与到现实政治中去。当然,这个"行动"诉求,提倡之功也在胡适自己。早在 1921 年 8 月,胡适在安徽等地演讲《实验主义》及《科学的人生观》时,就谈到,科学方法的"证实"中"行"的重要性。③ 这也是接受了杜威离开中国时的建议。④ 但作为知识人,胡适更愿意把"行"落实在诸如办刊物(如《努力周报》《新月》和《独立评论》)议论国是,或"整理国故"以谋求"建设"的这类书斋里的学问之上,正如他所说"我可以打定主意不做官,但我不能放弃我的言论的冲动"。⑤ 因为他还是以为"今日政治方面需要一个独立正直的舆论机关"。⑥ 而左翼知识人和青年学生则认为只有现实中的"政治行动"才是真正的"行"。1923 年 10 月 12 日,邵力子

---

① 胡适 1921 年 9 月 24 日日记,《胡适全集》第 29 卷,第 463 页。
② 胡适致徐志摩,1926 年 8 月 27 日,《胡适全集》第 23 卷,第 501 页。
③ 参见胡适 1921 年 8 月 3 日日记,《胡适全集》第 29 卷,第 396—397 页。
④ 1921 年 6 月 30 日,北大等五团体在中央公园来今雨轩为杜威回国饯行。杜威在答辞中特别讲到要想解决问题,"只有下手去实行"。胡适随即评论说,杜威先生注意实行的精神,这是他的临别赠言,我们应该纪念。见胡适 1921 年 6 月 30 日日记及附录 7 月 1 日《晨报》第 3 版之《五团体公饯杜威席上之言论》,《胡适全集》第 29 卷,第 334—335 页。
⑤ 胡适 1922 年 2 月 7 日日记,《胡适全集》第 29 卷,第 512 页。
⑥ 胡适:《"努力"的问题》,《晨报副镌》第 216 号,1924 年 9 月 12 日,第 3 版。当然,在"行动"成为主流时,对任何的知识人都会有压力,胡适一派内也有见解之不同和反思。胡适 1929 年 4 月 27 日日记提到:"傅孟真说:孙中山有许多很腐败的思想,比我们陈旧的多了,但他在安身立命处却完全没有中国传统的坏习气,完全是一个新人物。我们的思想新,信仰新;我们在思想方面完全是西洋化了;但在安身立命之处,我们仍旧是传统的中国人。中山肯'干',而我们都只会批评人'干',此中山之不可及处。"参见《胡适全集》第 31 卷,第 376 页。

(1882—1967)在《民国日报·觉悟》上发表的致胡适的公开信说:"先生和先生的朋友所办的《努力周报》,我敢唐突说一句,实在已到了太无聊的地步了。……照这样支撑下去,不太觉无聊吗?'干!干!干!'要有宗旨才干!要有意义才干!"在邵力子眼里,《努力周报》根本就没有体现出真正的宗旨,所以继续办下去也就没有什么意义了。①

这封公开信对胡适的刺激是明显的,胡适第二天即草拟了一篇《一年半的回顾》,在 21 日出版的《努力周报》第 75 期上刊出。胡适为《努力周报》辩护说:"《努力》将来在中国的思想史上占的地位应该靠这两组关于思想革命的文章,而不靠那些政治批评,——这是我敢深信的。"虽然这么说,这篇"回顾"讲得最多的还是政治和现实的政治事件,他所强调的也是"今日反动的政治已到了登峰造极的地位[步]"。②

不仅如此,在一年后,即在 1924 年 12 月 15 日补撰成的"我的年谱(1923 年)"里,胡适讲得最多的仍是政治和现实的政治事件。他专门罗列出自认为"精彩"的"政治文章"标题,五篇中有四篇是批评国会,一篇是批评军阀们主张的"武力统一",这些都是当时最热门的政治话题。③

在"我的年谱(1923 年)"中,胡适特别解释了为何直到 4 月 21 日才离开北京,赴南方养疴的理由,他说:"我不愿于政府和我们作对的时候出京,一也;蔡(元培)先生之事,我曾与闻,并为他作辞职呈文,不宜遽然舍去,二也;《努力》无人接事,三也。"④这仍是在为自己辩解。

左翼知识人和青年对胡适的批评如果仅限于观点之上,胡适不至于这么不厌其烦地正面解释或变相地反击,促使胡适如此反应的还是他们的批

---

① 参见力子《记者致胡适之先生的信》,《民国日报·觉悟》,1923 年 10 月 12 日,第 3—4 版。
② 胡适:《一年半的回顾》,《努力周报》第 75 期,1923 年 10 月 21 日,第 2 版。
③ 五篇文章分别是《高凌霨证明贿买国会是实》(《努力周报》第 38 期,1923 年 1 月 21 日,第 1 版)、《贿买国会的问题》《今日之事》(均见《努力周报》第 39 期,1923 年 1 月 28 日,第 1 版)、《这个国会配制宪吗?》(《努力周报》第 41 期,1923 年 2 月 11 日,第 1 版)和《武力统一之梦》(《努力周报》第 44 期,1923 年 3 月 18 日,第 1 版)。
④ 胡适:《我的年谱(1923 年)》,《胡适全集》第 30 卷,第 175 页。

评完全与事实不符,成了一种与人身攻击有关的栽赃。"我的年谱(1923年)"中全文引用了他1923年1月5日在北京协和医院的病室所写的《"胡适先生到底怎样?"》一文,此文的副标题是"答邵力子先生和有同样疑心的人"。发文的当时是回答邵力子1922年12月29日在《民国日报·觉悟》上发表的同题"随感"中的疑问的,①但在"年谱"中再次引用是因为他觉得还需要进一步地解释(或者说为自己辩护)。邵氏此文代表的不止国民党左翼的一路,他还引用了彼时的共产党领导人张国焘(1897—1979)在中共机关刊物《向导》周报上对胡适的批评,②他们怀疑和指责胡适是在假借生病以逃避现实政治的冲突和矛盾,也就是明哲保身。所以胡适自辩说:

> "三十六计,跑为上计":这种心理从不曾到过[我]的脑子里。中国的事所以糟到这步田地,这种卑劣的心理未尝不是一个大原因。我们看看租界上的许多说风凉话高谈主义的人,许多从这里那里"跑"来的伟人小政客,就可以晓得这种卑劣心理造的福和种的孽了!
>
> 我是不跑的,生平不知趋附时髦;生平也不知躲避危险。封报馆,坐监狱,在负责任的舆论家的眼里,算不得危险。然而"跑"尤其"跑"到租界里去唱高调:那是耻辱!那是我决不干的!③

这样激昂地喊口号,完全不是胡适以往的风格,可知此类无端的指责在胡适心理上造成的影响。关键还不仅在于此,而在于他又有新的解释。他说:

> 我的一年假期(指在北大告假一年——引者),以12月17日为始。去年在君们劝我告假时,我总舍不得走开;后来告假之后,颇有意永远

---

① 力子:《胡适先生到底怎样?》,《民国日报·觉悟》,1922年12月29日,第4版。邵文中激烈的批判话语主要引自张国焘《我们对于小资产阶级和平派的劝告》一文,自己的说法相对比较温和。

② 参见国焘《我们对于小资产阶级和平派的劝告》,《向导》周报第13期,1922年12月23日,第105—106页。

③ 胡适:《"胡适先生到底怎样?"》,《努力周报》第36期,1923年1月7日,第4版。

脱离教育生活,永远作著书的事业。在病院时,我曾试以此意作一诗,题为《别赋》。此诗发表后,思永们以为是情诗,志摩、叔永亦知是指大学说的。①

胡适说得不错,《别赋》确不是关乎爱情或友情的"情诗",此"情"是想象中离开大学后而生的。但其中有一阙:

> 半年之后,
> 习惯完全征服了相思了。
> "我现在是自由人了!
> 不再做情痴了!"②

这个"自由人"自然不止是离开大学后成为自由职业者,也暗喻着摆脱社会"地位"的渴望,因而也是受累于名声和"地位"后的反应。胡适在三年后的一次演讲中也说:"我差不多有九个月没到大学来了!现在想到欧洲去。去,实在不想回来了!能够在那面找一个地方吃饭,读书就好了。"不过,他又补充道:"但是我的良心是不是就能准许我这样,尚无把握。"③

左翼知识人和青年对胡适的批评主要与胡适的"地位"有关。从根本上说,是一种"领袖期待"所致,这种期待的心理基础是将胡适想象成一个擎火炬的圣人。在社会处于激进氛围中,所有推动者或被裹挟者都有着激进的期待,即希望胡适能够成为激进派的领导者或支持者,而主张温和变革的胡适显然不是合适的人选,他自然只有被视作"落伍"和被边缘化。一旦胡适不能满足他们的期望,所有温和的促请就立即会转化成激烈地嘲笑、谴责和批判。

---

① 参见胡适《我的年谱(1923年)》,《胡适全集》第30卷,第163页。
② 胡适:《别赋》(1923年1月1日),《胡适全集》第10卷,第276页。又见《胡适全集》第30卷,第165页。
③ 以上均见胡适《学术救国》(1926年7月),《胡适全集》第20卷,第141页。

常燕生1928年提出,鉴于五四新文化运动没有起到应有的作用,需要进行第三期的以"民族自觉"为目的或者号召的思想运动。①在民族主义色彩的思想运动和又一轮喜新厌旧的浪潮下,胡适所坚持的维多利亚式自由主义自然成了诉诸"直接行动"的人士眼里过时的思想。②

前面已经提到,从1919年2月到20世纪20年代中后期,胡适的主要学术工作是挖掘"清学"。这些工作的初衷和底色都是启蒙。启蒙的态度首先是怀疑,而对国共两党来说,1924年后,他们的理论目标则转向了建设和卫护。这一年8月,瞿秋白(1899—1935)在《新青年》季刊上发表《实验主义与革命哲学》。他依据进化的原则已经把实验主义看成了过时的哲学,且横指其充满了"市侩"精神,这个"市侩哲学"的说法也为后来批判胡适及其实验主义时广泛使用。瞿秋白最后认定实验主义"暗示"了"妥协主义",因而"决不是革命的哲学"。③张国焘《我们对于小资产阶级和平派的劝告》一文也在嘲笑胡适温和态度遭军阀王怀庆(1875—1953)戏弄。④

1928年6月15日,胡适曾经在《几个反理学的思想家》中极力颂扬的国民党元老吴稚晖也当面指斥胡适"你本来就是反革命!"⑤

杨杏佛(1893—1933)这位胡适康奈尔大学的同窗20世纪20年代末已经参与现实政治,而一旦投入现实政治,他的知识人的意识就必然发生变

---

① 燕生(常乃悳):《前期思想运动与后期思想运动》,《长夜》第2期,1928年4月15日,第11—12页。

② 1926年5月24日,胡适在致鲁迅等三人的信中就提到,"我是一个爱自由的人,——虽然别人也许嘲笑自由主义是19世纪的遗迹,——我最怕的是一个猜疑、冷酷、不容忍的社会"。(参见《胡适全集》第23卷,第487页)但在激进的左翼青年看来,胡适的思想尚停留在18世纪。如叶青即说,胡适是文化运动者,所"抄袭"的完全是18世纪以前的欧洲理论。他的一个小节的标题即"18世纪的胡适",认为胡适是18世纪的人,因为18世纪是启蒙的,是提倡物质论的。(按:这倒是说对了一部分,胡适确有此情结。)他说,胡适把科学与人生观之争看成是反对神学的问题,而吴稚晖正是反神学的。分别见其《胡适批判》下册,上海:辛垦书店,1934年,第1049、650、651页。

③ 瞿秋白:《实验主义与革命哲学》,《新青年》季刊第3期,1924年8月1日,第3期,第10—16页。

④ 国焘:《我们对于小资产阶级和平派的劝告》,《向导》周报第13期,1922年12月23日,第105页。

⑤ 胡适1928年6月15日日记,《胡适全集》第31卷,第151页。

化,与胡适的观点自然渐行渐远。1929 年 12 月,他在上海大夏大学演讲时讥讽胡适是"骑墙派"的"圣人"。他说:"你总应当站在实地上来讲,总不应当骑在墙上说风凉话。假定有人说:学者的骑墙,是用历史眼光来看,但现在的批评,是国家,社会的存亡问题,你是不是这个社会国家里的人呢?试问中国有没有骑墙的百姓,和存亡不关的人民呢?你要是承认骑墙骑到在国家以外,那你应当声明:我是以英或美人的地位来批评,与贵国无关,那才行啊。"①此话连马君武(1881—1940)也意识到讥讽得有些过分。②

胡适及其引进并秉承的实验主义不仅受到国共两党的攻击,在学界也受到挑战,这也是胡适所谓"青年人多数不站在我这一边"的又一表现。以往论者引用的王国维和陈寅恪对胡适直接或间接的批评,多是从今人反思的视角立论。二位学术大家在彼时的影响力也被无形地夸大,进一步夸大之处是,他们与胡适的学术分歧。这主要表现在,在今人眼里,这个分歧是全方位的,即一旦产生,就势不两立,完全不考虑民国时代学术传统的多元性和学人关系的多面性。王国维批评胡适,但他们仍有交往,在"为学术而学术"的理念上也有个先后交叠;同样在学术上批评胡适,陈寅恪仍是肯定胡适的学术地位和领导能力的,所以 1943 年他会支持胡适出任中央研究院院长。他在 1949 年离开北平时,一定要跟胡适同行,也可证他对胡适的信任程度还是相当高的。③而从隐蔽的心理看,老辈学者或与胡适学术取向有差异的学者对胡适这个"中心人物"批评严厉,却不能等闲视之。早年胡适家里的"星期天沙龙"就吸引了这类学者的学生,其中熊十力的学生的任务就是了解胡适之所想。④柳诒徵是公认的严厉批胡的传统学者,他在与胡适

---

① 杨杏佛先生讲,王则李记:《从时局想到个人》,《大夏周报》第 69 期,1929 年 12 月 11 日,第 12 页。

② 这篇文章是马君武转给胡适看的,他在文末留言说:"杏佛在大夏演讲《从时局想到个人》,骂得你好利[厉]害。特寄与你看,以为研究麻子哲学之一助。"参见《胡适全集》第 31 卷,第 557 页。

③ 具体见邓广铭口述,闻黎明记录《我与胡适》,收入欧阳哲生选编《追忆胡适》,北京:社会科学文献出版社,2000 年,第 33—34 页。

④ 参见王汎森《钱穆与民国学风》,《燕京学报》新 21 期,北京:北京大学出版社,2006 年 11 月,第 260 页。

交往中仍不满于胡适的"不识字",感叹不识字怎么做学问,但在晚年亦十分注意胡适的学术动向和反应。①

第二节 学界地位如何消解?学科化、唯物论和清华哲学学派

知识青年和左翼学人的批评,或仅在影响胡适的社会地位,而真正消解其学界地位的,应是中国大学的学科化进程,唯物论的兴起以及哲学上持新实在论的清华学派,特别是冯友兰的反戈。不过,它们对胡适地位的拆解仍是潜在和渐变式的,准确地说,只是分享了他的学界地位,并未真正威胁到久已建立起来的社会名望,因而不至于使胡适由此产生出重夺"中心地位"的意念,但无论如何,这些变化确实对胡适产生了很大的触动。

一、史学学科化的客观影响

晚清中国大学的史学课程,从1899年京师大学堂设立的史学"专门讲堂"开始。1910年3月31日,包括文科"中国史学门"在内的京师大学堂分科大学正式开学,学制三年,1913年,原京师大学堂中国史学门的29名学生毕业,成为北大史学系历史上首批本科毕业生。这年秋,因经费和生源等方面的原因,停办中国史学门,直到1917年恢复。②

虽然即便是从1917年北大史学门恢复招生算起,史学学科的建设效果也并非是立竿见影的,但史学专业化的进程一直没有停止。20世纪20年代以

---

① 参见柳曾符《柳诒徵与胡适》,《劬堂学记》,第188页。
② 具体见尚小明《北大史学系早期发展史研究(1899—1937)》,北京:北京大学出版社,2010年,第3—21页。但刘龙心博士根据朱希祖《北大史学系过去之略史与将来之希望》,认定1917年中国史学门的重建为史学系的开端。(参见其著《学术与制度:学科体制与现代中国史学的建立》,北京:新星出版社,2007年,第102—103页)他们的分歧主要在于是否把京师大学堂的那个阶段一并计算在内。就北大来说,1917年是史学系创建之时,而就京师大学堂而言,史学系的创建则应在1910年。

后,各校的历史系科陆续设立,到1931年,全国有18所大学设立了历史系。①

伴随着历史系科的建立,史学或与之相关的专业期刊也陆续出现。据齐思和《近百年来中国史学的发展》中介绍,著名者有《国学季刊》(1923)、《清华学报》(1924)、《燕京学报》(1927)、《史学年报》(1930)、《辅仁学志》(1928)、《金陵学报》(1936)、《武昌大学社会科学季刊》(1930)、《地学杂志》(1909)、《禹贡半月刊》(1934)、《食货半月刊》(1934)、《中山大学历史语言辑刊》(1927)、《中央研究院历史语言研究所集刊》及《中央研究院历史语言研究所集刊专刊报告》(1928)、《中央研究院历史语言研究所集刊田野报告》(1936)、《北平研究院史学研究所史学集刊》,②再加上《史学丛刊》(1920)、《史地学报》(1920)、《史学学报》(1921)、《努力周报》增刊《读书杂志》(1922)、《史学与地学》(1926)、《史学杂志》(1929)、《成大史学杂志》(1929)、《历史科学》(1933)、《现代史学》(1933)、《史学》(1935)等,相关的期刊则更多。如齐思和所言,"我们史学的拓荒工作,多半首先在这里发表,这里实蕴藏着近三十年中国史学研究的大部成绩"。③

史学会一类的组织,晚清时已出现。④五四新文化运动后,新型的以专业化研究为宗旨的史学会一开始是以校内学生组织的形式出现,如1920年5月,南京高师史地学部学生成立史地研究会,1922年11月,北大史学系的北京大学史学会。到1929年1月,南北两个中国史学会分别在北平和南京同时成立。尽管"从后来的实际情形看,南北新旧两京的中国史学会均无大的作为,很快便不了了之",⑤但以史学会来推进专业化的研究和交流,不仅表明史学学者对学科化和专业化的渴求,亦反映出一种学术取向的变化。

---

① 参见刘龙心《学术与制度:学科体制与现代中国史学的建立》,第128页。
② 齐思和:《近百年来中国史学的发展》,《燕京社会科学》第2卷,1949年10月,第34—35页。
③ 同上书,第35页。
④ 参见俞旦初《中国近代最早的史学会——湖北史学会初考》,《近代史研究》1986年第6期,第137—156页。
⑤ 参见桑兵《二十世纪前半期的中国史学会》,《历史研究》2004年第5期,第123页。

1922年4月,对新文化运动持批评态度的南高一派的陈训慈(1901—1991)就认为,在中国组织历史学会"殊不容缓"。他说:

> 近年自号新文化运动者,大都皆浮浮自信,稀为专精之研究。即其于所常谈之文哲社会诸学,亦仅及其表面,而于专门学科,益无人过问;循是不变,将使名为提倡文化,而适以玷辱文化。诚有专门学会之出现,倡导社会,于真正学术有所贡献,将使智识界空气,为浮虚而趋于笃实。而所以说明源流,促起真实之研究者,史学会其尤要者也。①

这也是南高一派与重平民的新文化一派不同的精英态度的显露。不过,从新文化运动的进一步发展看,走向专门化也是必然趋势之一。朱希祖1922年11月15日在北大史学会成立会上就说,史学系的课程只是"普通"或基础性的,是通史与方法的介绍,史学会的目标则是为补之不足,即以专门化的研究为务。而这种"自动的研究",对学生来说,是一种研究上的"实地的试验"。不过,从他所说的"有人怀疑,说我们北大史学系所定课程,中国史和外国史都有,太不专门,不过是高等普通的历史罢了"亦可知,彼时的学者已有专门化的眼光。②

1929年1月,朱希祖又在北平发起组织中国史学会,③在《发起中国史学会的动机和希望》中仍然将史学会会员的目标定位于"高深的史学"研究,他说:"我们这史学会最大的目的,自然是高深的史学,凡我会员中,具有相当学识的……均宜自由认定一种史学,专门研究数年,然后著述。"④

---

① 陈训慈:《组织中国史学会问题》,《史地学报》第1卷第2号,1922年4月,第2页(文页)。
② 朱希祖演讲,赵仲滨速记:《朱遏先教授在北大史学会成立会的演说》,《北京大学日刊》第1116号,1922年11月24日,第2—3版。
③ 朱希祖1929年1月1日日记中曾详记中国史学会在其寓所开会的情况。《朱希祖日记》上册,北京:中华书局,2012年,第116页。
④ 朱希祖:《发起中国史学会的动机和希望》,《清华周刊》第30卷第11—12合期,1929年1月19日,第12页。

这些史学会的成立,与胡适似乎并无多少直接的关联。现在能看到的胡适与史学会直接交集的记载是,1922年11月22日,时任北大教务长的胡适出席了北京大学史学会的成立大会。①

史学专业化的同时,还有一种诉求需要引起注意,就是共同研究和团队化。朱希祖说:"现代的学术,非闭户读书可以做成功的","史学这件事,一定要靠多数人的力量,方才能够发达。历史是人类全体的总过程,要合全世界人来公共合作研究,方能真实发达"。②

比朱希祖稍早提出共同研究和团队化的傅斯年,对这类研究的诉求更强烈,也更能以组建相应机构的方式付诸行动。《历史语言研究所工作之旨趣》即反映出共同研究和团队式研究的追求。傅斯年指出:

> 历史学和语言学发展到现在,已经不容易由个人作孤立的研究了,他既靠图书馆或学会供给他材料,靠团体为他寻材料,并且须得在一个研究的环境中,才能大家互相补其所不能,互相引会,互相订正,于是乎孤立的制作渐渐的难,渐渐的无意谓,集众的工作渐渐的成一切工作的样式了。这集众的工作中有的不过是几个人就一题目之合作,有的可就是有规模的系统研究。无论范围大小,只要其中步步都是做研究工夫的,便不会流成"官书"的无聊。所有这些集众工作的题目及附带的计划,后来随时布白。③

胡适后来谈到,傅斯年是受了培根(F. Bacon,1561—1626)的启发。他说,傅斯年"是能够实行从前英国大哲学家培根所讲的'集团研究'的,一个人研究学问究竟精力有限;大规模的分工合作,团体研究是比较容易有成就

---

① 见《北京大学史学会成立报告》,《北京大学日刊》第1115号,1922年11月23日,第3版。
② 朱希祖:《发起中国史学会的动机和希望》,《清华周刊》第30卷第11—12合期,1929年1月19日,第11页。
③ 参见傅斯年《历史语言研究所工作之旨趣》,《中央研究院历史语言研究所集刊》第1本第1分,1928年10月,第10页。

的。培根三百年前的理想,到了一百多年前才由世界上一般先进国家慢慢地做到。孟真回国的时候,正是我国团体研究机关刚开始的时候。我们可以说,孟真在中央研究院的工作,是中国做团体研究最成功的"。①

胡适如此高度评价"集团研究",他自己的研究以及他的研究方法,却并没有必须进行共同研究或团队化的要求,这也使他远离了作为时尚的共同研究和团队化研究。当然,用自然科学家集体合作攻关的方式对大规模的诸如考古发掘和数量巨大的文献整理是适合的,但对于史学、哲学这样需要个人的人生体验,充分体现个人智慧的研究工作,却未必合适。即便是傅斯年执掌的史语所中,也不全是共同研究和团队化研究,如陈寅恪的研究即无须集体合作,也很难有所合作。不过,彼时史语所在河南安阳的考古发掘,他们对明清史料的整理,以及持唯物论的社会史和社会经济史学派的兴起,团队研究的规模化和集团化的显著成效,在客观上都消解着胡适以学术方法为特点的个人化学术的影响力。

然学科化并非仅只表现在形式和机构上,这种形式和经过机构训练所衍生出的学科标准的形成才是关键。大致地看,20世纪20年代后的中国史学主要朝两个方向发展,一个是实证化,另一个是社会科学化。这两个方向都与科学史学有关。1920年,朱希祖出任北大史学系主任后,他的社会科学化的改造似乎并没有成为20世纪20年代史学界的发展方向。②胡适提倡的考据方法,实则也是王国维和章太炎为首的"章门弟子"所专擅,故很快形成席卷之风气,占据了史学主流,并且成为史学的基本规范。

20世纪20年代中叶至30年代初,抱持传统史学通识"广博"观和经世倾向的萧一山(1902—1978)的《清代通史》上、中卷出版和作为北平文史政

---

① 胡适:《傅孟真先生的思想》,《胡适作品集·胡适演讲集二》第25册,第60页。
② 参见王晴佳《中国史学的科学化——专科化与跨学科》,收入罗志田主编《20世纪的中国:学术与社会·史学卷》(下),济南:山东人民出版社,2001年,第616页。桑兵教授也指出,当20世纪20年代史学革命发生时,无论是中期顾颉刚的"疑古",还是后来傅斯年的"重建"所依据的外来学术思想资源都不属于社会科学的路线。参见其《近代学术转承:从国学到东方学——傅斯年〈历史语言研究所工作之旨趣〉解析》,《历史研究》2001年第3期,第30页。

治学院讲义的下卷印行后,曾受到陈恭禄(1900—1966)的严厉批评。①从萧之答文中不难看出,他虽然抱怨自梁启超始,"整理国故"一方即向专精一路发展,且"以考订破碎为学,而讥博约者为粗疏","陈君惟袭所谓新文化以来之好名词,若科学方法,若客观态度,若鉴别史料,若方为信史,实则不惟陈君不能懂,即倡之者亦未必能懂也"。②但这一新的学术标准,不仅是新派遵循,偏旧的陈恭禄也同样引以为准绳。1933 年,持续了三个多月的缪凤林指责傅斯年所著《东北史纲》的错误,③不免"以其人之道,还治其人

---

① 参见陈恭禄《评萧一山〈清代通史〉下卷第一二册》,《大公报·文艺副刊》第 248 期,1932 年 10 月 3 日,第 2 张第 8 版。陈文出现后,萧一山随即有答文,就批评进行答复(《答陈恭禄君评拙著〈清代通史〉——致〈大公报·文学副刊〉编者书》,见《大公报·文艺副刊》第 252 期,1932 年 11 月 3 日,第 2 张第 8 版),但陈并不买账,又续撰《为〈清代通史〉下卷答萧一山君》,再行商榷(参见《大公报·文艺副刊》第 269 期,1933 年 2 月 27 日,第 2 张第 11 版)。此外,尚在清华大学历史系读书的夏鼐在其有关《清代通史》的书评中,也批评萧著征引二手材料和不出注的毛病(参见《萧一山著〈清代通史〉》,《图书评论》第 2 卷第 5 期,1934 年 1 月 1 日,第 25—32 页)。如果将此与前述胡适评柳著之文联系在一起,亦可发现,彼时学界确实开始注意到学术训练的重要和现代学术规范。

② 以上分别见萧一山《为〈清代通史〉批评事再致吴宓君书——并答陈恭禄君》,《国风半月刊》第 4 卷第 11 号,1934 年 6 月 1 日,第 13、21 页;又收入其《非宇馆文存·卷九》(下),北平:经世学社,1948 年(增订重印),第 32、46 页(卷九)。此文在《大公报》刊登时题名是《为〈清代通史〉卷下讲稿第一二册批评事再致〈大公报〉文副编者吴宓君书——并答陈恭禄君》,分四部分连载于《大公报·图书副刊》,1934 年 7 月 7 日、14 日、21 日、28 日,第 3 张第 11 版;本书所引第一句话见第一部分,即 7 月 7 日;第二句话,属于"确证五"的部分,或因版面关系,被《大公报》编者删去。当然,在萧一山看来,考据根本不是"现代史学",而是"古学"传统,他曾说:"吾国古学,多重考据。故鲜有某种学术意义之可言。"参见《史学之研究(续)》,《学汇》第 275 期,1923 年 8 月 11 日,第 6 页。

③ 参见缪凤林《评傅斯年君〈东北史纲〉卷首》,分别连载于《大公报·文学副刊》第 284、285、286、287、291、295、296、299 期,1933 年 6 月 12 日、19 日、26 日、7 月 3 日、31 日、8 月 28 日、9 月 4 日、25 日,第 3 张第 11 版;又见《国立中央大学文艺丛刊》第 1 卷第 1 期,1933 年 11 月 10 日,第 131—163 页。据王汎森先生研究,傅斯年《东北史纲》中的错误还是因为他在这个领域是新手。(参见其《傅斯年:中国近代历史与政治中的个体生命》,王晓冰译,北京:生活·读书·新知三联书店,2012 年,第 169 页)但这也从另一个角度反映出学术专业化的要求在提高,无论是谁,都要有实证和确实的材料,才能被认可。当然这是排除了新、旧派的对抗而后的结论。此也可知考据的标准已经建立,虽然缪凤林是以其道还治其人之身,但考据的权威性仍是明显的。考据因而成了一种武器,成了读书多寡或者读书不读书(此处"读书"指前述旧派指新派"不读书"的"读书")的依据,这肯定是新派所未曾逆料的。据王先生分析,缪凤林指出《东北史纲》的错误,是压抑很久的一种释放。他要与日本学者处于同一水平上,这是(转下页)

之身"的意味,但史料的权威性俨然已成新旧两派史学研究和评判共同遵守的基本标准。

史料的权威性和重要性渐成共识,亦造就了傅斯年"历史学只是史料学"①的极致化论断。到20世纪30年代,对于傅斯年的论断持不赞同意见者亦未敢将"史料"等闲视之。高福洤(生卒年未详)即不大同意将历史学等同于"史料学",但仍认为史学必须以史料为基础。他说,"……背乎科学之原则,必无以列于史学之林"。②相信唯物论和秉持社会经济史视角的陶希圣(1899—1988)也说:"史学虽不是史料的单纯的排列,史学却离不开史料。理论虽不是史料的单纯排列可以产生,理论并不是尽原形一摆,就算成功了的。方法虽不是单纯把材料排列,方法却不能离开史料独立的发挥功用的。有些史料,非预先有正确的理论和方法,不能认识,不能评定,不能活用;也有些理论和方法,非先得到充分的史料,不能证实,不能精致,甚至不能产生。"③

与此同时,史学界也衍生出了以实证和考据为标准的新的学术规范。顾颉刚一向景仰王国维之学术,但在新的学术规范的衡量下,王国维也有不合"规"之作。1939年6月9日,在致其学生杨向奎的信中,顾颉刚说:"商以前并非不该做,只是为材料所不许。故王静安先生诸文,说者谓《殷周制度论》写得最坏,以其中空中楼阁太多也。"④

(接上页)他的民族主义情感促使他批评另一个爱国者的著作。(见前书,第170页)另外,郑鹤声《傅斯年等编著〈东北史纲〉初稿》一文中说,《东北史纲》的疏漏,反映出"吾国人不注意于边防史迹"的结果。这也是缪凤林加以指摘的原因之一。经王汎森先生考证,《东北史纲》第1卷并非旧说所谓"集体之作",实由傅斯年一人编著。(同前书,第166页)此处或可再为王先生新说另添一新证据。郑文中亦提及《东北史纲》第1卷由傅斯年独著,而郑阅《东北史纲》第1卷乃由傅斯年惠赠,他应该是知晓内情的人之一。郑鹤声:《傅斯年等编著〈东北史纲〉初稿》,刊《图书评论》第1卷第11期,1933年7月1日,第7—18页。

① 参见傅斯年《历史语言研究所工作之旨趣》,《中央研究院历史语言研究所集刊》第1本第1分,1928年10月,第3页。
② 参见高福洤《中国历史学之缺点与改正》,《采社杂志》,1934年第11—12期合刊,1934年5月10日,第118页。
③ 陶希圣:《编辑的话》,《食货半月刊》创刊号,1934年12月1日,第29页。
④ 顾颉刚致杨向奎,1939年6月9日,《顾颉刚全集·顾颉刚书信集》卷3,第108页。

史学专业化、科学化的另一种表现是,专门史和专题性的研究成为主流,这种情况一直持续到20世纪40年代。贺昌群(1903—1973)1943年仍认为,"今日中国的历史学是一个论文写作或专题研究的时代"。在他看来,这也是因为当下中国"专题研究的基础还不深厚"。①

专业化的趋势也让学者不再接受笼统的,诸如通今博古之类的"全才"的美誉,他们开始以专业化为荣。1930年8月10日,顾颉刚在《古史辨》第2册自序中说,"称我为历史专家,说到历史似乎全部的历史我都知道的,……这种不虞之誉,实在还是求全之毁的变相";"我的理想中的成就,只是作成一个战国秦汉史家"。②

专业化不仅成为史学的标准,亦成学者攻击他人的利器。1935年6月2日,胡适针对思想界滥用抽象名词的现象,在《独立评论》第153号上发表《今日思想界的一个大弊病》加以批评。此文随即引起叶青的不满,后者在《申报》上反驳时引用的虽是胡适的原话,但强调"严格的思想训练"和"论理学常识",③亦不仅表明叶青在以"专业化"来指责胡适的不专业,且反映出哪怕不是纯粹学术问题的争论,专业与否也已成为衡量是非的标准之一。

叶青的批评当然仅是专业化的一种表现。从更深的层面看,胡适所提倡的分门别类地"整理国故"所形成的史学专门化的风气,最终削弱了自己以通识统领新派的中心地位。而一般来看,专业化和学科化往往有一个收窄的过程。学科专业门墙的砌立,必然会形成自足的领域和排他性的标准。实际上,以考据为方法,以史料真伪为标准恰出自胡适对于乾嘉考据学的极力推崇。随着专业化的加强,史学研究的拓展和深入,衡量学者水平的也不再是"方法",而是实实在在的作品。

以历史研究著作的数量和研究的规模以及实绩看,到20世纪20年代中期以后,胡适的两个最亲近的学生顾颉刚和傅斯年已经开始分享胡适的学术地位。傅斯年利用史语所的研究团队在安阳考古上的成绩,直接影响

---

① 贺昌群:《哀张荫麟先生》,《理想与文化》第2期,1943年1月1日,第2页(文页)。
② 顾颉刚:《〈古史辨〉第2册·自序》,《古史辨》第2册,第5、6页(自序页)。
③ 参见叶青《请胡适出思想界去》,《申报》,1935年6月15日,第17版。

到胡适的"信古",不过,他本人一直对胡适保持极大的尊敬,他所具备的行政能力之长恰可弥补胡适之短。除了偶有意见分歧,在大方向上,他们都保持一致,故即使分享胡适的地位,后者也是可以接受的。

相对来说,顾颉刚因与胡适产生了学术上的分歧,又由于其学生直接批评胡适,他的起势对消解胡适在学界的地位,或更明显。1926年6月,《古史辨》第1册出版,"古史辨"派随即形成,顾颉刚亦成新派史家中的又一领袖。虽然顾颉刚本人一向小心谨慎,谦逊有加,但在他所提携的学者和学生眼里,顾颉刚的地位早已如日中天。1928年4月,由顾颉刚介绍入中山大学的钟敬文(1903—2002)在《孟姜女故事研究集》第1册的"校后附写"中即大赞顾颉刚兼具天才和勤奋,以及成绩的卓著,①同时在其所撰之图书广告中径称顾颉刚为"现今史学界泰斗",其中说:"顾先生对于'孟姜女故事'的探讨,乃他为研究古史工作的一部分,而成绩之佳,不但在中国得到许多学者钦佩,便是日本许多民族学家,史学家,及民俗学家,也很为赞许。"②

此事固引起顾颉刚不满,③但亦反映出史学界一部分人的看法。其实,就顾颉刚内心言,他也未必不愿享受这种"史学界泰斗"的待遇。1931年4月29日,顾颉刚致其夫人殷履安的信就提到,他赴河南大学讲演,在校外所看见的"欢迎史学泰斗顾颉刚先生""欢迎史学明星顾颉刚先生""欢迎考古专家顾颉刚先生""欢迎打破伪史建设真史的顾颉刚先生"等标语。④

---

① 具体见钟敬文《校后附写》,收入顾颉刚《孟姜女故事研究集》第1册,广州:国立中山大学语言历史学研究所编印,1928年,第127—132页。虽然钟敬文之极度称誉受到顾颉刚的批评,但在后来出版的《孟姜女故事论文集》的序言中,钟敬文仍盛赞顾颉刚在孟姜女故事研究上的开创之功,参见顾颉刚、钟敬文等《孟姜女故事论文集》,北京:中国民间文艺出版社,1984年,第1—6页。

② 此处据国立中山大学语言历史学研究所编《民俗》周刊第84期图书广告,1929年10月30日,第35页。

③ 顾颉刚在致何定生的信中说,"想不到他(指钟敬文——引者)做了《孟姜女研究集》跋,把我大捧特捧,而意中颇不满意某先生(应指傅斯年——引者)。又做了《孟姜女研究集》的广告,称我为史学界之泰斗,以及其他的肉麻话,在《校报》及《周刊》上大登"。《顾颉刚全集·顾颉刚书信集》卷2,第320页。

④ 顾颉刚致殷履安,1931年4月29日,《顾颉刚全集·顾颉刚书信集》卷4,第502—503页。

顾颉刚挑战胡适学界地位的一个间接表现是,他嫡系的学生何定生(1911—1970)亦出而攻击胡适。现在看来,何定生1929年8月编辑出版《关于胡适之与顾颉刚》确非顾所授意,但它反映出学生眼里的顾颉刚在史学专业上已超越了胡适。这是何定生"骂"胡适,又有意以"关于胡适之与顾颉刚"为题的心理基础。虽然何文实在没有多少学术性可言,内中显示的基本是一个略具薄才,且执着于古史研究的在校大学生的眼光,在笔调上亦谈不上严肃,却引发顾颉刚强烈和极端的反应,甚至与之断绝关系,不仅是因为此时顾颉刚恰与傅斯年关系紧张,因而希望继续取得胡适的信任,以免再失去胡适这样一位老师,更主要的是何文所批评的胡适思想的前后不"统一"之类的见解,很可能出自顾颉刚私下里的谈话。

前文已述及"整理国故"运动前期,胡适曾提倡"为学术而学术",这种价值无涉,因含启蒙诉求,正是顾颉刚等人投入到"整理国故"中去的一大动力。但在《治学的方法与材料》中,胡适鉴于"中国太穷了",要劝"青年转条'生路'走走","让青年离开故纸堆"而将乾嘉学术说得一无是处。①这自然让执着于以古籍为基础的"疑古"的价值变得可疑。所以何定生批评说,胡适《治学的方法与材料》一文的"统一性压根儿不能成立","适之先生之大错处,是在将纸上材料与自然界混为一谈"。②他指责胡适《治学的方法与材料》是"在开倒车"。因为"数千年(中国)文化不发达的原因,便正是坐永久埋葬在太浅薄的功利之故"。而胡适"提倡前清的'时务'式的学问,而又不愿意负这种责任,因而成这样模棱之文"。③

然在学术与现实的关联性上,晚清以至民初的知识人和学者始终都处于矛盾之中。不惟胡适,顾颉刚亦复如此。何定生对胡适的批评看上去是为其师顾颉刚辩护,实则辩护的是自己对古史的爱好。因为即便是顾颉刚"疑古",其"为学术而学术"的追索,也未能替代内心中根深蒂固的"兼济天

---

① 此为陈槃(1905—1999)反驳何定生时所说,参见其《书獸子篇寄定生北平》,《关于胡适之与顾颉刚》,第55、62—64页。
② 定生:《又来"骂"胡适之先生》,《关于胡适之与顾颉刚》,第13页。
③ 以上分别见定生《愿胡适之先生勿"忏悔"》,《关于胡适之与顾颉刚》,第31、42、40页。

下"的抱负。而这种抱负在其鼓吹建立"学术社会"时并无自觉,却容易在他人的表彰或指责,即作为他者地位时有所意识。何定生的热捧起到的正是这个置其师于他者地位的作用,让后者意识到"为学术而学术"的局限,或仅是一种手段。在此事件中,顾颉刚固然一直强调《关于胡适之与顾颉刚》对其与胡适友谊产生负面的影响,但当他发现何定生实际并不真正理解自己的学术旨趣和学术追求时,他更加失望,因而断然停止对何的资助,最终与之绝交。

"何定生事件"折射出了彼时胡适地位复杂的一面。在史学作品的数量上已经超过胡适的学生顾颉刚眼里,胡适的地位仍旧高不可攀,1930年1月18日,他在致何定生的信中明确说,"我的声望不及适之先生"。①但在顾之外的后辈学者和学生眼里,顾颉刚至少在史学上的成就已在胡适之上了。1931年2月,齐思和撰写的《最近二年来之中国史学界》虽然肯定胡适《中国哲学史大纲(卷上)》以"西洋史学方法,治中国哲学史料"的开创之功,但又说,"然其所论列,犹限于哲学史也"。而自从顾颉刚1923年提出"层累地造成的中国古史"之说后,"近世史学方法,始应用于我国古史。斯说既出,举国大哗,……往复辩难,至十余万言,诚我国史学界稀有之盛举。……此后顾先生挟其学走闽粤,所至学者响应,蔚然成风"。齐思和径直称顾颉刚为"我国年来新史学运动之急先锋"。②

史学专业化之后,在一些人眼里,胡适亦非史学界中人,故被排除在史

---

① 顾颉刚致何定生,1930年1月18日,《顾颉刚全集·顾颉刚书信集》卷2,第328页。顾颉刚内心对于胡适的感情和理解也有一个变化过程。例如1921年1月3日,顾颉刚致其夫人殷履安信中说,"我看着适之先生,对他真羡慕,对我真惭愧!他思想既清楚,又很深锐;虽是出洋学生,而对于中国学问,比老师宿儒还有把握;很杂乱的一堆材料,却能给他找出纲领来;他又胆大,敢作敢为"。(参见《顾颉刚全集·顾颉刚书信集》卷4,第329页)直到1948年8月29日顾颉刚在致其第三任夫人张静秋的信中仍说,"我国的留学生到了欧美,许多人只会学些技能,不会接受这神妙的方法。只有胡适之先生是聪明人,他接受了这方法,回国后他就用这方法来整理中国故事(《水浒》《红楼》《西游记》……),也偶尔用这方法来整理中国古史(井田……)"。参见《顾颉刚全集·顾颉刚书信集》卷5,第255页。

② 分别见齐思和《最近二年来之中国史学界》,《朝华月刊》第2卷第4期,1931年3月15日,第2、17页(文页)。

学研究的谱系以外。罗香林(1906—1978)1933年1月15日发表的《读顾颉刚先生〈古史辨〉》曾将近二十年中国史学界的发展分成"六个重要方面",并概括为六派,同时胪列出诸派的代表人物。其中"第六为'写的古史'真伪问题的辩证,这是沿着清儒整理古书,考订真伪,兼受欧西史学方法陶冶影响而生的一种史学运动"。此派本是由胡适开山,但罗香林却不提胡适,而是说"集这派思想和学养的大成者,为曾经编《古史辨》三厚册的顾颉刚先生"。①

　　胡适所提倡的分门别类地整理国故,因而形成的专题研究和专门史,而专题研究和专门化的研究最易排斥的恰是超越学科的"通识",因而也最终会削弱他自己通识化的中心地位。这个标准的起源,同时也与胡适对乾嘉考据学的推崇有关,这说到底是双重的吊诡。

---

① 佛应(罗香林):《读顾颉刚先生〈古史辨〉》,《国立中山大学文史学研究所月刊》第1卷第1期,1933年1月15日,第87—88页。不过,罗香林不提胡适多少和他岳父朱希祖与胡适、傅斯年等人不和有关。朱希祖在致张元济的信中曾说:"生平颇不愿胡适之有一篇发一篇,不顾精粗良楛也。"(朱希祖致张元济,1922年9月10日,收入王翠兰整理《朱希祖致张元济手札》,陈建华主编,上海图书馆历史文献研究所编:《历史文献》第7辑,2004年,第236页)朱希祖的后人后来在提到胡适时,也多有不敬语。如朱偰《我家座上客——交游来往的人物》中说:"父亲不大看得起他(胡适——引者),批评他的《中国哲学史大纲》写得肤浅,而且肯定地说,他出了中卷以后,下卷是写不下去了,因为他既不懂佛学,又不懂宋、明理学。"(刊《鲁迅研究月刊》2005年第5期,第68页)其实,"不懂佛学"这个常有的说法,并不见得成立。冯友兰亦不甚懂佛学,仍有《中国哲学史》上下册问世,且成经典。又,按胡适的划分,《中国哲学史大纲》下卷在宋元明清,并不涉及佛教。朱偰的这个说法显然含有意气的成分。以笔者之见,胡适之所以未能完成《中国哲学史大纲》,还是与学界压力、自身的要求、学术认知的变化和各种应酬太多有关。20世纪30年代,英美派在北大掌权,对章门弟子有所排挤,双方矛盾于是产生。朱偰《五四运动前后的北京大学》也引用其父朱希祖1934年10月11日日记说,"独适之则握北京大学文科全权矣"。(参见《文化史料丛刊》第5辑,北京:文史资料出版社,1983年,第185页)不过,朱希祖任教北大时给胡适的信,在态度上还是谦逊的。(相关的通信,收入杜春和等编《胡适论学往来书信选》[上下],石家庄:河北人民出版社,1998年)胡适也确曾不满朱希祖的治学取向。吴虞1921年5月13日日记即云,"适之借予《札移》《大学书目》及其《中古哲学史讲义》。推崇崔东壁为中国第一大胆人,甚不以朱逷先信仰古文家为然。谓今文家已推倒之古文家,而逷先信之,如何要得"。(参见《吴虞日记》上册,第598—599页)但他们的矛盾激化,还是傅斯年等人驱朱,使后者离开北大,南下中山大学及中央大学以后。

二、唯物论的兴起及其冲击

胡适起初并不单纯反对唯物论及其在中国的传播。当李大钊介绍唯物史观,并且与胡适就"问题与主义"问题展开讨论时,胡适也明确表示过,"唯物的历史观,指出物质文明与经济组织在人类进化社会史上的重要,在史学上开一个新纪元,替社会学开无数门径,替政治学说开许多生路"。① 1923—1925年间,他在《戴东原的哲学》中亦大谈戴震之"一元的唯物论"。② 1927年在演讲中又重申戴震的宇宙观是"很明白的唯物论"。③ 当然,这时候胡适主要是看重唯物论在古代中国的启蒙意义,或者说他谈及唯物论时,多是在启蒙的层面。

胡适的复杂之处在于,在理论上,他所接受的杜威实验主义是要超越唯物与唯心的二元对立的。④ 而就他所观察的现实言,唯物论也在渐渐地政治化、机械化和信仰化,这也直接引发了他的批评。1930年胡适所说的"被孔丘、朱熹牵着鼻子走,固然不算高明;被马克思、列宁、斯大林牵着鼻子走,也算不得好汉"指的即是后一种情况。他所指出的"'目的热'而'方法盲',迷信抽象名词,把主义用作蒙蔽聪明停止思想的绝对真理",⑤ 除去政治因素以外,也与他的思维方式有极大的关联。

---

① 胡适:《四论问题与主义——论输入学理的方法》,《每周评论》第37号,1919年8月31日,第2版。
② 胡适:《戴东原的哲学》,《胡适全集》第6卷,第361页。
③ 胡适:《几个反理学的思想家》,此文是根据1927年12月间在上海东亚同文书院的演讲稿《中国近三百年的四个思想家》扩充而成的,收入《胡适全集》第3卷,第95页。
④ 例如胡适1919年4月在《杜威哲学的根本观念》一文中说,"杜威在哲学史上是一个大革命家。为什么呢? 因为他把欧洲近世哲学从休谟(Hume)和康德(Kant)以来的哲学根本问题一齐抹煞,一齐认为没有讨论的价值。一切理性派与经验派的争论,一切唯心论与唯物论的争论,一切从康德以来的知识论,在杜威的眼里,都是不成问题的争论,都可'以不了了之'"。杜威称此为"哲学的光复(A Recovery of Philosophy)"。分别见胡适《杜威哲学的根本观念》,《新教育》第1卷第3期("杜威号"),1919年4月,第273—274、277页。
⑤ 以上分别见胡适《介绍我自己的思想》,1930年12月,《胡适全集》第4卷,第673、661页。

在他那里,这也是古代与现代之别。1922年9月,在《五十年来之世界哲学》中,胡适说,黑格尔等人的欧陆古典哲学系统,"是从哲学家的脑子里抽想出来的伟大系统",现在"忽然冷落了"。而达尔文"在思想史的最大贡献就是一种新的实证主义的精神。他打破了那求'最后之因'的方法,使我们从实证的方面去解决生物界的根本问题"。①

1923年8月,在《科学人生观》中,胡适又表达了两层意思:一是充分采纳科学对于宇宙万物的解释,使这些科学研究的结果成为我们的人生观的一部分;一是随时随地用科学的态度和方法应付一切人生问题。他说,"今日的最大病根在于一点,就是哲学赶不上科学的进步。科学家在二百年中,已把许多关于世界万物和人类的问题逐渐解答了。但一班哲学家还在那里谈玄说妙,寻他们所谓'最后之因',寻他们所谓'绝对的',寻他们所谓'命根'。这个现象,在西洋固然不免,在中国尤其显著"。②这不仅是站在古代与现代的分界线上,也是站在自由主义者的多元论上言说的。

1932年4月,在致杨尔瑆(1906—?)的答信中,胡适则主要从多元和具体的史学研究上立论,反对机械性运用唯物论去寻求"最后之因"。他说:"我不赞成一元论的史观,因为我没有见着一种一元史观不走上牵强附会的路子的。凡先存一个门户成见去看历史的人,都不肯实事求是,都是寻事实来证明他的成见。有困难的时候,他就用'归根结底'的公式来解围,可是'归根到底',神的一元也可成立,心的一元也可成立,岂但经济一元而已?""要知经济条件的变成历史上重要因子,不过是最近几百年间的事。在经济生活简单的时代,往往有许多别种因子可以造成极重大的史实。史家的责任在于撇开成见,实事求是,寻求那些事实的线索,而不在于寻求那'最后之因',——那'归根到底'之因。那个'最后之因',无论是宇宙论里

---

① 分别见胡适《五十年来之世界哲学》,《最近之五十年(1872—1922)——申报馆五十周年纪念》,第1、4页(文页)。
② 以上参见胡适《科学人生观(残稿)》,1923年8月22日,《胡适全集》第7卷,第483页。

的上帝,或是史学上的经济条件,都是不值得我们的辛勤的,因为太简单了。"①

在答杨尔瑛的信稿中,他写得更简洁明白,"第一,凡求'最后之因'的,都往往忽略当前的事实,甚至于抹煞事实来自圆其说。第二,你说你们'寻得了支配历史的规律'。我要请你注意,没有'规律'可以支配历史。信唯物史观的人更不应说这话。第三,研究历史的人应该多研究历史,然后谈'史观'。第四,多元论不是成见,因为多元论的精神在于……(原注:下缺)"。②

胡适在输入西学时,不提系统理论而提"方法"正在于他希望防止机械论、"目的论""绝对论"的出现。因为方法作为手段,从根本上看亦是普适的。而反对泛用"抽象名词",恰是他接受实验主义的具体性原则的结果。

1926年,胡适的一个转变是特别需要注意的。个人与时代关系的复杂之处,不是人适应时代或时代适应个人,而是怎样处理个人与时代的平衡和互动。胡适在五四新文化运动时期是走在潮流前排的,不存在适应时代的问题,但此时他已经不再具备一呼百应的地位,③如何适应就变得十分微妙。就整体趋势而言,这一年,无论是政界,还是学界,仍处在外来思想大量输入和外来思想受热捧的年代。然胡适至少在学理层面已决心挣脱西方思想的束缚。8月24日,他在致傅斯年的信中说:

> 近来每用庞居士(即唐代禅宗居士庞蕴——引者)临死的遗训劝人:"但愿空诸所有,慎勿实诸所无"。庞居士也许注重在上半句,我却重在下半句。你的"几句中国书"还不会忘的"干干净净",但这不关紧

---

① 胡适答杨尔瑛,1932年4月27日,《胡适全集》第24卷,第128页。这里有针对机械性唯物论的意思,下面更直白,同样的意思也出现在1935年9月3日所写的《〈中国新文学大系·建设理论集〉导言》中,参见《胡适全集》第12卷,第279页。

② 胡适答杨尔瑛(稿),1932年4月底,《胡适全集》第24卷,第129页。胡适特别强调的,一是当下,二是事实。

③ 十年后,即1935年9月3日胡适在《〈中国新文学大系·建设理论集〉导言》中说:"十几年来,当日我们一班朋友郑重提倡的新文学内容渐渐受一班新的批评家的指摘,而我们一班朋友也渐渐被人唤作落伍的维多利亚时代的最后代表者了!"(参见《胡适全集》第12卷,第298页)这里的"新的批评家"指的自然是左翼知识青年和学者。

要,只要把那些捆死人的绳索挣断几条,——越断的多越好,——这就行了。

又云:

> 捆人最利害的是那些蜘蛛肚里吐出来自己捆自己的蛛丝网,这几年我自己竭力学善忘,六七年不教西洋哲学,不看西洋哲学书,把西洋人的蛛网扫去了不少,自己感觉很痛快。例如 Descartes,我只记得他"善疑",只教人学他"善疑",其余的他的信条,我早已忘了。这一层我很得意,因为我是名为哲学教授,很不容易做到把自己的吃饭家伙丢了。①

以上两段话固然是为了回应傅斯年来信中所说的出国游学后的"成绩",即在国外"国中念得几句中国书,忘得光光净净。但如此善忘,真正舒服,所以我却觉得大快乐"以及"我当方到英国时,觉得我好像能读哲学书,甚至德国哲学的书。后来觉得不能懂德国哲学了,觉得德国哲学只是些德国语言的恶习惯,现在偶然那[拿]起一部 Hume 来,也不知所谓了。总而言之,我的脑筋对于一切哲学都成石头了。我于这个成绩,也很喜欢"。②但也是胡适坚持优先引进"方法"最好的注解。而记住笛卡尔(R. Descartes,1596—1650)的"善疑"一类单纯的原则和理念,就不仅是"方法"的普适性,而更是着眼于应用和直接效应的产生,这种实验主义和平民主义的做法应是启蒙诉求的一种体现。

不过,以今之眼光看,对西方哲学理论的跨文化传播和深入理解,仅注意"方法"和单纯原则性理念的汲取往往不能反映外来哲学思想的全貌,因而从长远看,又阻碍着真正意义上的深入交流。这是对当下社会的阶段性

---

① 以上两段,均见胡适 1926 年 8 月 24 日致傅斯年信,《胡适全集》第 23 卷,第 499 页。
② 傅斯年致胡适,1926 年 8 月 17—18 日,收入《胡适遗稿及秘藏书信》第 37 册,第 359 页。又见欧阳哲生主编《傅斯年全集》第 7 卷,长沙:湖南教育出版社,2003 年,第 42 页。

认知的差异带来的分歧,也是为什么20世纪30年代,国内哲学学者对于胡适不满的原因之一。

当然,胡适之所以如此言说,也反映了他本人的双重预见性。他在此信中提到自己6月6日写成、7月10日在《现代评论》第4卷第83期上发表的《我们对于西洋近代文明的态度》,其中"西洋近代文明不从宗教出发"而在中国接受的"结果成一新宗教"①是他反对盲目崇拜西学的原因。也许国内政治和国共两党出于建设信仰的需要,各自都在对理论信仰一面的强化促发了胡适的反省。这是一个预见。从学术层面看,当中国学术进入或部分进入到世界学术体系中以后,必然引起两种反应。一种是更彻底地西化。彼时外来思想仍占据人们的思想,连左翼青年对胡适的批评也无不是引用外国思想来为自己撑腰。包括叶青、李季和严灵峰(1903—1999)等均是如此。另一种是追求学术的自主。因为进入世界学术体系后,对于学术民族性要求的压力也相应增强。而学术自主(民族)性要求本身也是进入世界学术体系后的一种自我找寻和定位的结果,它实际上是学术世界性的一种民族主义的反应。尽管这一学术民族主义的追求在1926年前后仍处于尝试状态,但到三年后,即1929年,居于学术中心地位的史学的民族化业已成为一种趋势,②而胡适的悄然转变正反映出他的又一个预见,即在学术取向

---

① 胡适致傅斯年,1926年8月24日,《胡适全集》第23卷,第499页。这句话在《我们对于西洋近代文明的态度》一文中的原话是,"近世文明不从宗教下手,而结果自成一个新宗教"。显然胡适在此文中的意思是正面的,因为紧接的一句是"不从道德入门,而结果自成一派新道德"。(参见《现代评论》第4卷第83期,1926年7月10日,第8页)故这几乎都是在讴歌西洋文明,整篇文章也基本会给人这个印象。但从给傅斯年的信看,此话却未必是正面的。故原来我们理解胡适《我们对于西洋近代文明的态度》或更注意文章的表层意思,而其中的潜台词,则没有加以重视。另外,这句话也曾被学者解读为是胡适受傅斯年影响而放弃"哲学"的证明,但在傅斯年的来信中曾提及胡适准备重写哲学史或思想史,说明胡适自己虽在变化,不过尚无放弃"哲学"之意。对比胡信中上面一段话就不难看出,胡适认为既然已经冲破了中国传统的羁绊,再受西学的束缚也就没有意义。这是此信最重要的意义。同样的意思,到1931年仍坚持着。这年12月9日,在致徐志摩的信中,胡适说:"我们刚从中国小脚解放出来,又何苦去裹外国小脚呢?"《胡适全集》第24卷,第118页。

② 有关的讨论和分析,详见葛兆光《〈新史学〉之后——1929年的中国历史学界》,《历史研究》2003年第1期,第82—97页。

上的预见性。①

但从整体上看,胡适的变化与继续西化的潮流或者说与国际学术接轨的强烈愿望形成了巨大的反差。这个反差在史学界的反应也许不如哲学界那么突出,但作为西学又一代表的唯物论在20世纪20年代中期以后,立即在思想界和学术界形成席卷之势,却是胡适未曾逆料的。

1934年郭湛波(1905—?)曾将辩证法的引进归结到陈独秀、李大钊身上。他说:"这种方法(指辩证法的重要法则——引者)介绍到中国来,要算陈独秀是第一人,不过当时没有盛行罢了。一直到1927年,始风行国内。介绍的书籍有李达译的《现代世界观》,柯柏年译的《辩证法的逻辑》,河上肇的《马克斯主义经济基础理论》和我的《辩证法研究》……各杂志,副刊也有许多辩证法的文字,尤以《读书杂志》及《世界思潮》为最。"在他看来,唯物史观以及辩证法立其基、导其先河者则是李大钊。他说:"李先生是研究历史最有成绩的人,也是唯物史观最澈底最先倡导的人;今日中国辩证法,唯物论,唯物史观的思潮这样澎湃,可说都是李先生立其基,导其先河;先生可为先知先觉,其思想之影响及重要可以知矣。"李大钊认为,"唯物史观不是机械的唯物论,而是辩证的唯物论",他的"历史哲学,也可说是他的唯物史观的哲学"。②但按照冯天瑜先生的研究,陈、李以及五四时期胡汉民发表的《中国哲学史之唯物的研究》,试图"拿唯物史观应用到中国哲学史上"仍属个别行为。到大革命失败后的中国社会史论战,唯物史观在中国社会科学界才构成为群体行为。③

尽管胡适一直强调,唯物论对其没有意义,但作为一种思潮,唯物论在思想界和学术界的席卷之势,却是无法回避的。几年后,胡适所说的最近十

---

① 需要说明的是,胡适的学术自主,强调的还是思想主体的提升,面对外来思想和文化,依然是开放的。它与旧派的追求有较大差异。前文提及的1928年底,胡朴安曾发起中国学会,提出建立"民族精神",邀胡适参与,被后者婉拒,即是一例。

② 分别见郭湛波《近三十年中国思想史》,北平:大北书局,1935年,第219、135、139页。郭著写成于1934年9月,1936年修改后,定名《近五十年中国思想史》再版。

③ 参见冯天瑜《唯物史观在中国的早期传播及其遭遇》,《中国社会科学》2008年第1期,第55页。

年间"青年人多数不站在我这一边",主要指的是以唯物论为理论基础的左翼青年。胡适后来把这个思想转向的时间定在1923年。他说,"从梁任公到新青年,多是侧重个人的解放"。这是所谓"维多利亚思想时代",而1923年以后,"无论是民族主义运动,或共产革命运动,皆属于这个反个人主义的倾向"。他称之为"集团主义(Collectivism)时代"。①青年转向后,对胡适的批评也增多起来。胡适1925年2月1日的日记中记载,他来武汉讲演,"挨了不少的骂。湖北一班共产派的学生出的《武汉评论》出了一个'欢迎'专号,其实全是谩骂"。其中说胡"不能与时代俱进了",又提到胡适见溥仪(1906—1967)之事,进而说他的"思想退化"。

不过,20世纪二三十年代,青年界也是多元的组合。在左翼青年反对胡适的同时,另一部分青年仍将胡适奉为上宾。就在上段日记的末尾,胡适又强调他在武汉的演讲都是满座的。②此说亦属实情,类似"满座"的情形一直持续到20世纪30年代。③这也是胡适对左翼知识青年及其批评的轻视态度得以维持的因素之一。

到1936年,胡适仍旧不甚同意"左派控制新文化"的观点,且觉得他们"成不了什么气候"。④他显然低估了由唯物论武装起来的左翼知识青年对社会和学术界的影响力。同样低估唯物论力量的还有罗香林,前述他罗列出的近二十年来史学界的六派中,并无唯物史观一派。而在六派之外,才颇有些轻蔑地提到唯物论。他说,"此外尚有以贩卖欧西诸家史观如辨证法、唯物论一类学说为事业者,势力不为不大,但实际只是开演留声机器而已,自己倒没有多大的发现,谈不上重要的发展"。⑤

顾颉刚1954年12月在出席政协第二届全国委员会第一次全体会议发

---

① 胡适1933年12月22日日记,《胡适全集》第32卷,第244页。
② 以上具体见胡适1925年2月1日日记,《胡适全集》第30卷,第199—203、205页。
③ 参见尤小立《围绕胡适"What is Philosophy?"演讲的史实辨正》,台北:《传记文学》第103卷第5期,2013年11月,第65—71页。
④ 参见胡适致苏雪林,1936年12月14日,《胡适全集》第24卷,第323页。
⑤ 佛应(罗香林):《读顾颉刚先生〈古史辨〉》,《国立中山大学文史学研究所月刊》第1卷第1期,1933年1月15日,第88页。

言批判胡适时,说20世纪30年代初作《古史辨》第4册序中已经表示自己"决不反对唯物史观"。①但此句的意思,却只说对了一半。在《古史辨》第4册序里他确实说过"我自己决不反对唯物史观",但随后又说:"唯物史观不是'味之素',不必在任何菜内都渗入些。在分工的原则之下,许多学问各有其领域,亦应当以其所得相辅助,不必'东风压倒西风'才算快意。……等到我们把古书和古史的真伪弄清楚,这一层的根柢又打好了,将来从事唯物史观的人要搜取材料时就更方便了,不会得错用了。是则我们的'下学'适以利唯物史观者的'上达'。"②这是在公开场合。在私下里,他则明确表示过不赞同唯物史观派的研究方法。1934年12月23日,在致杨效曾(?—1943)的信中,顾颉刚说:"前数年,社会史的论战甚盛,他们标榜的是唯物史观,而大家都没有凑手的材料,也不耐用了苦功去寻,于是就把一己的幻想构成一个系统,而幻想则各人不同,于是彼此互哄,打了好久的空拳,结果没有一个胜败,这徒然使得旁观者齿冷。"③顾颉刚虽如此说,但他自拟的"下学",显然只具备为"上学"预备素材的资格,这种"谦逊"的心理,亦即唯物论"风靡一世"④的理论压力所致。

因为"下学"与"上学"的分层也正是郭沫若的意思,只是在表达上后者更为直白、更有挑战胡适一派的意味。在1929年11月初版的《中国古代社会研究·自序》中,郭沫若写道:

> 胡适的"中国哲学史大纲",在中国的新学界上也支配了几年,但那对于中国古代实际情形,几曾摩着了一些儿边际?社会的来源既未

---

① 原话是:"在1930年左右,我已经感到历史唯物论足以解决一切学术思想问题,曾在'古史辨'第4册的序文上说,要研究古史年代、人物事迹、书籍真伪,不妨用考据学的方法来解决,而在研究古代思想及社会制度时则不该不取历史唯物论作为基本观点。"参见《在中国人民政治协商会议第二届全国委员会第一次会议上的发言(之二)——顾颉刚委员的发言》,《人民日报》,1954年12月25日,第3版。
② 罗根泽编著:《〈古史辨〉第4册·序》,第22—23页。
③ 顾颉刚致杨效曾,1934年12月23日,《顾颉刚全集·顾颉刚书信集》卷3,第22页。
④ 此为顾颉刚原话,罗根泽编著:《〈古史辨〉第4册·顾序》,第22页。

认清,思想的发生自无从说起。所以我们对于他所"整理"过的一些过程,全部都有从新"批判"的必要。

我们的"批判"有异于他们的"整理"。

"整理"的究极目标是在"实事求是",我们的"批判"精神是要在"实事之中求其所以是"。

"整理"的方法所能做到的是"知其然",我们的"批判"精神是要"知其所以然"。

"整理"自是"批判"过程所必经的一步,然而它不能成为我们所应该局限的一步。

又说:

谈"国故"的夫子们哟!你们除饱读戴东原、王念孙、章学诚之外,也应该知道还有 Marx、Engels 的著书,没有唯物辩证论的观念,连"国故"都不好让你们轻谈。

然而现在却是需要我们"谈谈国故"的时候。

郭沫若在此不仅显示出理论上的优越感,他还将外来的辩证唯物论与民族主义结合起来,说"中国人应该自己起来,写满这半部世界文化史上的白纸"。①这篇自序更直接的效应是,它已经在判决胡适一派的"过时"。

当然,此处分歧的深层原因还是他们各自对当下中国社会的判断以及对于学术发展阶段性的判断不同。就一般言,理论上的深化并不能替代社会发展的本身,但社会又相当地复杂。战争与革命一面要求有理论的指导,而百姓的实际状况和社会发展的现状又需要继续地启蒙,并且通过"拿证据来"去重建思想世界的标准和现代学术的基本规范。但理论又往往不与

---

① 以上分别见郭沫若《中国古代社会研究·自序》,上海:现代书局,1932 年,第 2—3、6、5 页(序言页)。《中国古代社会研究》1929 年 11 月由现代书局初版,本著使用的是 1932 年 10 月 10 日印行的第 5 版。

现实直接对应,其发展也并不一定与现实需要同步,特别是在后发现代化国家,理论是外来输入的情况下,往往"与国际接轨"成了理论接受的合法性依据,而不一定考虑到现实或现状。不仅是左翼,右翼的知识青年也未必不这么考量。后来持自由主义立场的周德伟(1902—1986)虽然说,胡适是有了实验主义的指导,才在"整理国故"上取得成功,但仍委婉地批评胡适不懂得社会科学。①

比郭沫若更系统和激烈批评胡适的是李季和叶青,他们分别出版了批判胡适及其哲学著作的专著。在郭湛波眼里,叶青的《胡适批判》、李季的《胡适〈中国哲学史大纲〉批判》以及郭沫若《中国古代社会研究》的书,都是"这时代下的产物"。而20世纪30年代,在胡适一派大多居于大学门墙之内时,左翼学者和知识青年则利用自办的刊物进行理论宣传,从而在社会上形成了相当大的声势。郭湛波就说,王礼锡(1899—1939)创办的《读书杂志》、叶青主编的《二十世纪》代表了那个时代的"时代精神"。②

李季1918年从北京大学英文系毕业,以后在谋求教职、出国留学和出版著作等方面均得到胡适的襄助。在《我的生平》中,李季曾回忆胡适举荐他在北大预科补习班及一年级任教的情形。③后因补习班停办和北大预科停止聘任刚毕业的学生任教,李季失去了工作。1920年4月2日的胡适日记中"预算"栏记载的"写信与行严、仲甫,为李季事"④应是托章士钊、陈独秀为李季寻找新的工作。

胡适1921年8月9日日记又说,"李季来看我,他有几种稿子给世界丛书社,他现在与吴稚晖同出洋,我替他支了一千元作路费"。⑤此点亦为李季

---

① 周德伟:《我与胡适之先生》,收入其《自由哲学与中国圣学》,北京:中国社会科学出版社,2004年,第277—278页。唐德刚也持这个观点,参见《胡适口述自传》,《胡适全集》第18卷,第447页。
② 以上均见郭湛波《近三十年中国思想史》,第168页。
③ 具体见李季《我的生平》,上海:亚东图书馆,1932年,第179—180页。其中"F教授"即是胡适。
④ 胡适1920年4月2日日记,《胡适全集》第29卷,第133页。
⑤ 胡适1921年8月9日日记,《胡适全集》第29卷,第410页。

本人所证实。①

李季在《我的生平》中说,他之所以批判胡适,是把胡适看作"在现今大多数文哲学教授、'自由思想家'和一部分老成持重的青年中犹有坚固的基础"的人物,这是就胡适的地位而言。就动机上看,则是因为胡适1930年《介绍我自己的思想》中对唯物论的批评②和为了促使"学术因磨砺而愈益进步","且处处提出我自己的见解,与之对抗。所以这不仅是一种消极的批评,并且还是一种积极的主张,尤其是对于春秋战国诸子的阶级性,都有一种明白的分析,使他们学说的背景显露无余,为中国著作界的创举,可以供全国人士的参考"。③

现在看来,李季《胡适〈中国哲学史大纲〉批判》最大的特点是为历史人物"定性"。时势与思想的关系,本来是胡适较早地在《中国哲学史大纲(卷上)》中提出,但未能充分展示,此点梁启超1922年已经作过批评,李季拣拾梁之牙慧,引用马克思(K. Marx,1818—1883)的话,进一步认定胡适不懂时势与思潮(想)的关系,且大量论述西周和春秋战国的社会经济状况,这个套路也是叶青所使用的,此时社会经济视角或者说以生产力的发展作为"中国哲学的怀胎时代"④的依据已然成为更为理论化和时髦的解读中国古史的方式。

经过李季的分析,孔子不再是胡适所说的没落贵族和地主阶级的保镖,而是"新兴的非封建的地主阶级的代表"。在"老孔先后"的问题上,李季也依据阶级的划分来论证。他认为,老子不是胡适所说的"革命家",而是"旧统治阶级(即封建地主)和旧贵族的代表"。⑤这种批判与胡适所想确实不在一个层面。胡适的《中国哲学史大纲(卷上)》主要看重老子从原始宗教中

---

① 据李季回忆,这笔川资是胡适联系亚东图书馆,以预支译书稿酬的方式赞助,胡适并答应尽快将另一半预支稿酬汇出。参见《我的生平》,第253—254页。
② 以上参见李季《我的生平》,第2—3页(序言页)。
③ 分别见李季《胡适〈中国哲学史大纲〉批判·序》,上海:神州国光社,1932年再版,第1、4页(序言页)。这本书其实是《我的生平》的第十二章"留德三"或《我的生平》第3册。
④ 以上均见李季《胡适〈中国哲学史大纲〉批判》,第46、1—4页。
⑤ 分别见李季《胡适〈中国哲学史大纲〉批判》,第73、53页。

走出,建立了新的宇宙论,而李季则是从阶级的层面说老子"小国寡民"是倒退。一个是讲思想,一个则是在讲政治。

李季的矛盾之处还在于,他在《我的生平》中明明声称梁启超已经"过时",却重新包装梁启超之说以为自己的具体见解,"老孔先后"问题上更是径直引用梁启超的看法。①这也显示出当时持唯物论的青年的一个重要特点,就是他们所具备的知识远没有达到会通中西的程度。

由于认知上的不甚成熟,持唯物论的左翼青年、左翼学者内部的分歧也相当大。《胡适〈中国哲学史大纲〉批判》出版后,顾冠群(生卒年未详)在《中国新书月报》第2卷第4—5号合刊"新书评介栏"的评介中肯定李季用辩证唯物论研究"国学",但也认为"李季的差误,即在于不能明白周末各哲学家的阶级性"。②这种并非针对史实而是对于唯物论运用上的方法批评也出现在苏华(刘苏华,1906—1941)《"胡适〈中国哲学史大纲〉批判"的批判》一文中。苏华说,李季的书"拜读了以后,却令我无限的失望,不但发现出其满纸错误,尤且笑话百出,暴露出李先生对于政治经济学与哲学等科学的无知!"它虽有较胡适之博士进步的地方,但"也不过是'矮子中间一个长子'"。而李季"以形而上学的方法和俄人里昂(即列宁,V. I. Lenin,1870—1924——引者)的见解去批判实验主义,其错误之大,则非胡适之博士错误可以比拟,实是'有过之,无不及'呢!"

苏华此文其实是站在自以为得到真经的马克思主义者或正统马克思主义者的立场上批判李季对布哈林(N. I. Bukharin,1888—1938)、拉狄克(K. B. Radek,1885—1939)理论的使用,内中透出的实际是一个争正统的心态和利用外来左翼正统理论来套用于中国的方式。他说,李季是用主观的形而上学的方法,机械唯物论的方法和布哈林的"历史唯物论的学说"中有关"阶级"的定义与胡适打仗,是在"挂羊头卖狗肉"。李季把孔、孟等人说成

---

① 分别见李季《我的生平·序言》,第2页(序言页)及《胡适〈中国哲学史大纲〉批判》,第50—53页。另外,在孔子论"学"上,李季也是依照梁启超的说法的,详见《胡适〈中国哲学史大纲〉批判》,第95页。

② 顾冠群:《胡适的"中国哲学大纲批判"的批判》,《中国新书月报》第2卷第4—5号合刊,1932年5月,第5—6页。

是"新兴的前资本主义的地主阶级"代表是个笑话,因为它"超逸了马克思主义经济学的范畴"。虽然苏文也涉及一点中国思想和中国哲学的内容,如在庄子的问题上,他认为胡适确实抓住了孔子哲学的特点,而李季则误读了胡适关于庄子的说法。①但他的批判实际上是一个理论认定而不是历史研究,也即是怎样理解马克思、恩格斯(F. Engels,1820—1895)有关"封建社会"的概念和列宁的相关理论。这其中的分歧也不再是学术的,而牵涉了政治立场。

认同胡适有关老子说法的还有张季同,他也反过来批评李季。他说,胡适关于老子的两点本是对的,而胡适有关庄子乃守旧党是错的,李季却赞同之。他总结说,"最后再说一句,这部《胡适〈中国哲学史大纲〉批判》,自有一二点新创发,但也有极武断的地方。此外,不管客观证据随便乱说的地方亦复不少。驳胡适的地方,更有许多本非胡适有错,乃是李氏自己弄错了"。②

张季同的这篇《评李季"我的生平"及"胡适〈中国哲学史大纲〉批判"》反映出当时左翼青年在理解唯物论上的意见分歧,但文中将胡适判定为过时的"死老虎"才是从事中国哲学史研究的左翼青年学者的最新见解。张季同写道:

> 现在批评胡适的已有数起之多,但在我看来,不过也是打死老虎,并无时代的意义。胡适固还健在,而他在我们进步的青年脑中,久已不复占有重要地位了,他久已不是思想领袖,久已不是权威了(固然正在是大学阀),本用不着再打,再打也无意义。况且,不特胡适的现在的威权久已落了,用不着打,而胡适在过去的功劳,则又非打之所能打落,胡适确有过大贡献,他在历史上已是很有地位,这种地位已是固定

---

① 以上分别见苏华《"胡适〈中国哲学史大纲〉批判"的批判》,《读书杂志》第2卷第11—12期合刊再版,1932年12月10日,第2、3—8、24、33页(文页)。
② 张季同:《评李季"我的生平"及"胡适〈中国哲学史大纲〉批判"》,《读书杂志》第2卷第10期,1932年10月1日,第9—10、16页(文页)。

的了。不过也已是过去的了。胡适现在的"不行",只是他不前进而已,并非他过去无功。①

同样以唯物论为武器批判胡适的叶青也认为胡适"已衰老了,干涸了,没有思想了",他的理由是胡适后来的作品没有像《中国哲学史大纲》一样有思想,也没有像《尝试集》一样有感情。但他没有像张季同那样认定胡适已经是"死老虎"。在这个问题上,叶青与李季相似,认为梁启超已经被胡适否定了,而陈独秀"离开了那种文化底路线和论坛",胡适则仍"在中国文化方面生有很大的影响,占有很高的地位"。② 1933年初,在其主编的《二十世纪》第2卷第4期中,叶青以"读后感"的方式反对张季同之说,认定胡适的地位仍是"首屈一指"的,仍是"文化领袖",影响仍然很大,且代表了一个阶层,故必须予以批评,才称得上"思想革命"。③这也是在展示和维护他自己批判胡适的立场。

不过,与李季不同,在"老孔先后"的问题上,叶青基本赞同胡适"老前孔后"说,且承认胡适关于孔老世系差异之现实的证据,孔丘称道并接受老聃的思想之证据以及《老子》(《道德经》)书中论"道"在《庄子》前的证据。在他看来,孔丘承继了老聃的哲学,且是在后者"开了端绪底论理学和方法上出发"的。④

叶青承认胡适的另一个方面是科学与哲学的关系。他引用胡适话说,"哲学在最初像前科学,现在就成为科学了。哲学与科学真是一个东西底两个名字",且认为前半段是正确的。他也认为,应该消灭"玄学的哲学、市民的

---

① 张季同:《评李季"我的生平"及"胡适〈中国哲学史大纲〉批判"》,《读书杂志》第 2 卷第 10 期,1932 年 10 月 1 日,第 6—7 页(文页)。张季同 1932 年还评介过胡适的《淮南王书》,但话语相对客观,其文刊《图书评论》第 1 卷第 4 期,1932 年 12 月 1 日,第 51—52 页。有意思的是,李季并不知"张季同"为何许人,在回应文章中误认为是其兄张申府。参见李季《死老虎与死狗》,《涛声》周刊第 2 卷第 13 期,1933 年 4 月 8 日,第 3—4 版。
② 以上分别见叶青《胡适批判》下册,第 1112 页及上册,第 1 页(序言页)、7—8 页。
③ 具体见仲璋(叶青)《胡适不必批评了么?》(1932 年 12 月 8 日),《二十世纪》第 2 卷第 4 期,1933 年(原刊无月、日,应在 6 月以前),第 211—214 页。
④ 分别见叶青《胡适批判》下册,第 1089—1092 页及上册,第 161—162 页。

哲学",即"哲学的哲学",代之以"科学的哲学"。①但叶青说,胡适"把科学方法与科学态度弄混同了"。"拿证据来"是从赫胥黎那里来的,后者只是反对迷信、传说以及宗教的上帝宇宙观的武器。最值得注意的,是叶青下面的话:

> 他(指胡适——引者)不知道科学发达到高级阶段,是用理论来发见事实,贯穿事实;是先创立理论(自然不是凭空玄想)而后去找事实来证明。②

这也是叶青见解的核心和理论依据。正是以此为据,叶青批评说,胡适只重证据和事实,不用"向导原理",最终把自己"送到反革命阵营中去了"。而在他看来,"20世纪底科学原本是联系着革命的啊!"胡适却是用"玄学方法代替了他底科学方法"。其反对"主义",也体现了"反革命的实验方法"。而"反革命的实用主义,把实验法都反革命化了",胡适的方法成了"有产阶级反对社会的'新典主义'的反动方法了"。③

用胡适的理论和方法反胡适是叶青批判胡适的特点。具体地说,就是运用进化论与方法论来反对胡适。胡适的"过时",依据的即是进化论,而方法论则表现在以唯物论替代实验主义。这里"新"与"旧"的判断标准则是进化论和现实需要。叶青说,"'五四'以后,经过'五卅'和'一九二七',情形已经不同了。1928年已入于文化批判时代,否定'五四'底否定,而他(指胡适——引者)还在做'五四'底否定工作,梦想其启蒙运动的文化运动"。"五四"后,走向了"文化批判和社会运动",由个人主义而社会主义,

---

① 参见如松(叶青)《关于哲学存废问题》,《二十世纪》第2卷第8期,1934年3月10日,第41页。另外,叶青在《科学与哲学》中也详述了有关科学与哲学之间关系的观点,参见如松(叶青)《科学与哲学》,《二十世纪》第1卷第4期,1931年10月1日,第14—77页。但叶青的"哲学取消论"比较复杂,他更多地还是从根本上着眼,即认为任何事物都有走向灭亡的一天。他说,胡适不懂得奥伏特变式的消灭哲学,这是他批评胡适的"哲学取消论"的理由。分别参见《胡适批判》上册,第518—519页及《关于哲学存废问题》,第49页。
② 以上除另注者外,均参见叶青《胡适批判》上册,第518页及下册,第535、538页。
③ 分别见叶青《胡适批判》下册,第539、540、546、552—553页。

这是从社会整体的发展的视角说的,叶青似乎认定了一个历史发展的规律。他说,《中国哲学史大纲(卷上)》的价值,"是用资本主义的科学方法研究中国学术的第一次。因而特点是以资本主义意识解说古代哲学,……然而自社会主义输入后,它底方法、它底观点、它底见解便全都表现落后,它底价值也就大大低落。到现在,死了、完了,全成僵尸了"。胡适之所以在1928年以后"提倡有心,创造无力",是因为"胡适则是文化运动者,还在文艺复兴时代,……完全在18世纪以前。因此他没有现代前史学、人类学和社会进化史底知识"。①这是以进化论推论胡适"过时"。

叶青否定胡适的同时,也否定了启蒙。因为在他看来,启蒙出现在18世纪,不符合中国当下的现实。这当然是从现实性上说的。叶青的理论依据则是黑格尔辩证法中的"否定之否定"的原理。叶青在《批判丛书·序言》中说,中国社会发展符合黑格尔"否定之否定"的原理,依据这个原理,现在需要的是"文化批判",即在用高级的"科学—哲学"方法考察一切,重新估价。②而"革命就是'反'否定'正'而产生'合'——新的高级的形态——的意思"。胡适"一点一滴一分一毫底改良主义,是阻止革命的人生哲学"。"新的高级的形态或新的高级的阶段、全是革命底结果"。在辩证法面前,实用(验)主义实在是"庸俗者哲学"。③

叶青像彼时的左翼知识青年和学者一样,拿未经消化的外国概念来评判中国社会、中国历史,④这与希望挣脱国外理论束缚的胡适完全形不成对

---

① 分别见叶青《胡适批判》下册,第728、1109、1013、1050、1049页。
② 见叶青《胡适批判》上册,第1—2页(丛书序言页)。又可参其《怎样做"文化运动"》《文化中前进一步底问题》和《批判底意识》诸文。实际上,此说与他所赞同的"哲学取消论"是矛盾的。黑格尔乃是胡适所说的"玄学派""古典派"。
③ 叶青:《胡适批判》上册,第53、65页。
④ 齐思和后来在《近百年来中国史学的发展》中引用参与社会史论战的胡秋原的话说,"对于欧洲经济上之发展,总要有一个正确而丰富的概念……徒然根据一两本讲义,以及教科书式的山川均以、玉石滨知行《唯物史观经济史》《经济史概论》是不够的"。齐先生以为,继郭沫若、陶希圣、吕振羽之后,"中国社会史之唯物辩证法的研究,到了范文澜先生所著编的《中国通史简编》才由初期的创造而开始走进了成熟的时期"。《燕京社会科学》第2卷,1949年10月,第31—32页。

话的局面,得不到胡适的回应也是理所当然。但是,李季、叶青他们所依据的辩证法的"否定之否定"和"正反合"的原理不仅反映出彼时思想界的新动向,以及青年学者对于认识社会、解释历史的渴望,也从理论上强化了现实中基于进化论的进步式发展阶段论的权威性。

进步式发展阶段论虽多出现在左翼学者和知识青年的著作中,如郭湛波的《近三十年中国思想史》和伍启元1934年出版的《中国新文化运动概观》,但实际上同代的学者也都或多或少地受到影响。如"战国策派"的代表人物林同济在《第三期的中国学术思潮——新阶段的展望》中也采用了进步式阶段论的方法。关键是,这个进步式发展阶段论是基于进化论的,而对于进化论,无论是左翼,还是胡适,都是赞同和接受的,因此,建基于进化论之上的进步式阶段论在描述社会和思想发展的历史时自然具备了相当大的权威性。1930年8月,天明在《近三十年来中国思想界转变的概观》中更是夸张地说到,"中国近几十年来,确然得了一个猛烈的进化"。他指的是戊戌政变之后三十年。而他也依据进步式阶段论,把1925年"五卅"运动以来的思想和民众运动的兴起定义成"第四时期"。①

正如前述郭沫若所言,胡适等人只是考证历史,而他们则是在考证的基础上解释历史,这显然是学术上进一步的发展。而就思想界和学术史上言,实验主义的就事论事和具体问题具体分析也是最初的一步,认识社会性质和发掘历史规律则是下一步的任务。用彼时的话语说,从"信古"到"疑古",再到"考古""释古",这是学术和思想进步的必然过程。因此,就研究深入的程度判断,坚持唯物论的学者显然获得了优先权。尽管这只是理论上的,并非现实或者说与现实的关联并非直接。但是,在对理论尚无深入理解和初步将理论实际运用到研究中去的情况下,理论上的优先权往往具有权威性。

应该说,现实性是胡适优先考虑的问题,也是实验主义的理论视野所要求的,但现实判断在此时已经让位于理论的发展。因为胡适的现实是纯粹

---

① 分别见天明《近三十年来中国思想界转变的概观》,《新东方》第1卷第8期,1930年8月1日,第99、113页。

的文化现实,而唯物论一派,他们的现实实质上是另一种或可称为含有想象和理论成分的革命的现实。这种理论上逐渐拉开的距离,在唯物论学者对胡适的批判中已经显露,只是并没有引起胡适的重视,直到冯友兰也开始以此为据直接或间接地颠覆胡适的地位时才发生了根本性的转折。因为内部的分裂,其瓦解的力度要比外部批判的力度大得多,对当事人心理的影响也要大得多。

三、哲学学科化、清华哲学学派和冯友兰的反戈

中国大学的哲学学科萌芽于1898年京师大学堂开设的经学、理学和诸子学课程。1912年民国建立后,京师大学堂改为北京大学校,始设"哲学门",1914年正式招收哲学专业学生,其时因课程以中国哲学为主,称"中国哲学门"。1917年径称"本科哲学门",同年12月设"哲学门研究所",1918年又成立"哲学门教授会"。1919年北大"废门改系",遂称哲学系。① 但按照贺麟的意见,北大哲学系真正成为近代大学标准的哲学系,还要到1923年张颐(1887—1969)任系主任时。② 1923年前后,国内的哲学系已经有四川大学哲学系(成都,1910年)、③ 私立中华大学哲学门(武汉,1915年)、南开大学哲学系(天津,1919年)、东南大学哲学系(南京,1920年)、武昌高等师范学校教育哲学系(武汉,1922年)、中山大学哲学系(广州,1924年)和清华大学哲学系(北京,1926年)。④

就学术传承看,章太炎、刘师培的诸子学,严复对"哲学"概念的解读和

---

① 以上参见《北京大学哲学系史稿》编委会编《北京大学哲学系史稿》(内部资料),2004年,第3—5页。又参见韩水法主编《北京大学哲学学科史》,北京:商务印书馆,2014年,第67—71、117—119页。
② 贺麟:《五十年来的中国哲学》,第25页。以上二著也均认同此说。
③ 此处据四川大学哲学系官网。另据介绍,四川大学经学门下的哲学教育始于1902年。http://www.scuphilosophy.org/about.asp?cat_id=86/2017-12-23。
④ 参见李维武《现代大学哲学系的出现与20世纪上半叶中国哲学的展开》,《学术月刊》2009年第11期,第40页。

《京师大学堂译书局章程》的订立，王国维有关《哲学概论》的译介、为"哲学"的辨惑和《〈奏定经学科大学文学科大学章程〉书后》，以及早年在北大讲授中国哲学史的陈黻宸(1859—1917)、陈汉章(1864—1938)，1916年撰写出版《中国哲学史》的谢无量都是中国哲学学科建设的先驱。

胡适1917年9月进入北大，承担的课程即有"中国古代哲学"，后又同时讲授"中国哲学史"和"西洋哲学史"，具体参与到了哲学学科的建设中。他的《中国哲学史大纲(卷上)》的出版，不仅开创了"以西释中"的中国哲学史的写作范式，成为中国哲学史研究和中国哲学学科的开山，他同时主持的《努力周报》增刊《读书杂志》和北京大学研究所国学门《国学季刊》，也都对哲学学科建设起到了直接的推动作用。但对比具体、有形的著作和行为，胡适所提倡的学术研究的态度和方法的影响或许更大。

1. 学科追求："为学术而学术"

当胡适将"为学术而学术"作为一个知识上的启蒙来提倡时，他绝对没有想到，由此寻求确实性的知识以及他所说的"物观"的态度，会导致一些学生辈的新派学者自筑象牙塔，有意与社会隔绝。前述顾颉刚1926年的所谓"学术机关特殊论"出现在胡适最亲密的学生身上也不是偶然。当然，顾颉刚本人以学术为生的气质也在起作用，李石岑(1892—1934)所指的顾颉刚"为学术而学术"也是看到后者的这个气质。①但经胡适的点拨和提示，"为学术而学术"便具备了现代意义上的合法性，顾颉刚才会理直气壮地为之辩解。

哲学学科化与史学学科化的不同之处在于，后者形成的是重史料的风气和实证的评价标准，而前者则走向了玄学化、体系化和政治化。如果说史学的重史料和实证标准的确定得益于胡适的倡导，哲学的玄学化、体系化和政治化，却不是胡适乐见的结果。

---

① 1924年1月29日，顾颉刚在致李石岑的信中提到，"承以大著《我的生活态度之自白》见示……先生许我为'最富于为学问而学问的趣味者'，实为知我之言，我决不谦让"。(《顾颉刚全集·顾颉刚书信集》卷2，第89页)顾颉刚对"学术社会"的企望由来已久，1922年4月9日，他在致李石岑的信中说，"现在无所谓学术社会，所谓学术，只做了教育社会的附庸而已"。(同前，第88页)顾颉刚在此是把学术与教育分而视之的，这固然与他不喜欢课堂教学有关，但也表明他把"学术社会"过于理想化了，在对"学术社会"的认知上，似仍有不清晰之处。

第五章 时势造境：《说儒》的出现

在西方哲学东渐过程中，1919年到1920年代前期，占主流地位的是胡适介绍的杜威实验主义。在此前后，张君劢（1887—1969）、张东荪、李石岑等人也在不遗余力地介绍欧洲的唯意志论。倭铿（R. C. Eucken, 1846—1926）、杜里舒（H. Driesch, 1867—1941）和柏格森（H. Bergson, 1859—1941）哲学的引进亦有弥补经验论、实证倾向的单一和重振心性之学的意愿。汤化龙（1874—1918）在给张东荪翻译的柏格森《创化论》所写的序言中也说，柏格森生命哲学能"焕发精神""医我民族"，且能够"补助中国哲学之乏论理性，与印度哲学之太消极性"。①梁启超1923年亦以《颜李学派与现代教育思潮》②为题撰文，并将文稿交由《东方杂志》发表，张元济（1867—1959）读后感叹道，"展诵一过，深足药吾中国能坐言不能起行之病，尤足救近人所倡行之匪艰知之维艰之说之偏"。③

但鉴于"实用主义自提倡新文化运动以来，已是风行各地"，④他们中的一些学者也有意找寻新引进的西方哲学流派与实用（验）主义之间的相同点。民初对法国哲学家柏格森哲学的接受，以1913年7月1日《东方杂志》第10卷第1号上刊登的钱智修（1883—1947）《现今两大哲学家学说概略》启其端，1923年《民铎》杂志上刊出"柏格森专号"为一高峰。《民铎》杂志主编李石岑1919年介绍柏格森直觉主义时就说，直觉主义与詹姆士（William James, 1842—1910）实用主义"形离而神合"，且总结道："柏格森之直觉主义，以总全的经验为其立脚点，以人类的努力为其归宿点，与哲姆士实用主义如出一辙。就反主知方面言之，柏格森亦一实

---

① 参见汤化龙《〈创化论〉序》，参见〔法〕柏格森（H. Bergson）原著、〔美〕密启尔（Arthur Mitchel）英译《创化论》上册，张东荪重译，上海：商务印书馆，1919年，第4—5页（序言页）。此书正式出版时，汤化龙已经去世。

② 梁启超：《颜李学派与现代教育思潮》，《东方杂志》第21卷第2号（二十周年纪念号〔下〕），1924年1月25日，第1—18页。

③ 丁文江、赵丰田编：《梁任公先生年谱长编（初稿）》，北京：中华书局，2010年，第535页。

④ 李石岑：《柏格森哲学与实用主义之异点》，《李石岑讲演集》第1辑，上海：商务印书馆，1929年，第43页。

用主义者也。"①如果说将柏格森的非理性的直觉主义与实用(验)主义相关联是外部的,即考虑实验主义的主流地位,那么后来呈现超越之势的新实在论,则与实用(验)主义有着内在的联系。

据现有材料看,"实在论(Realism)"一词最早出现在1917年3月1日出版的《新青年》第3卷第1号上刊登的恽代英(1895—1931)的《物质实在论》一文中。1919年5月15日,《少年中国》第1卷第11期出版"新唯实主义号",依次收录了刘国钧(1899—1980)撰写《新唯实主义发凡》,方珣(东美,1899—1977)撰写的《唯实主义的生之哲学》,查谦(1896—1975)翻译的《新唯实主义 The New Realism》《新唯实主义的认识》和郑伯奇撰写的《新实在论的哲学》。②20世纪20年代,虽经瞿世英、张东荪、张申府(1893—1986)等人多方介绍,但真正影响到胡适及其在哲学界的地位,且在理念产生直接冲突的,还是清华大学哲学系金岳霖、冯友兰对新实在论的吸收、借鉴,他们对专业性哲学的执着,建立学院派哲学的意愿以及由此而引发的学科上的分歧。

清华大学哲学系创建于1926年,其时仅有的专任教师金岳霖同时兼任系主任,学生亦仅有沈有鼎(1908—1989)。所开课程仅西洋哲学、论理学(逻辑学)和儒家哲学三门,前两门由金岳霖讲授,后一门由研究院导师梁

---

① 参见李石岑《挽近哲学之新倾向》,《民铎》第1卷第6号("现代思潮号"),1919年5月15日,第16页。李石岑是当时对欧美哲学比较了解的哲学学者,曾专门在《民铎》杂志上组织介绍过詹姆士的实用主义哲学,罗素、尼采和康德哲学,但在此问题上,也不免有误读之嫌。李石岑随后转向了柏格森的直觉主义。在《挽近哲学之新倾向》中他尚不认为实用(验)主义有功利主义的色彩,可一年后,在题为《杜威与罗素之批评的介绍》的演讲中,他说:"杜威太偏于功利,不免把人生说得太无意义了。罗素太偏于图式化,不免把人生说得太无价值了。……柏格森的哲学,可谓取杜罗两人的长处,去掉他们的短处。"收入《李石岑讲演集》第1辑,第50页。原文未标明演讲的具体日期,笔者参考李氏其它文章及此书的内容推测,时间应在1920年10月底。

② 有关新实在论在中国传播的情况,可参见张耀南、陈鹏《实在论在中国》,北京:首都师范大学出版社,2001年,第25—39页以及胡伟希《知识、逻辑与价值:中国新实在论思潮的兴起》,北京:清华大学出版社,2002年,第1—28页。但前书似将《少年中国》杂志第1卷第11期"新唯实主义号"的出版时间误认作1919年5月以后,而后书则将《少年中国》杂志第1卷第11期误植为"第12期"。

启超讲授。①金岳霖在美留学期间曾与胡适短暂交往,②1920年哥伦比亚大学博士毕业后赴欧洲游历,其间胡适为金岳霖争取到北京大学的经费资助。从金岳霖致胡适的信可知,他对胡适《中国哲学史大纲》中、下卷的写作也相当关注。③1925年11月,金岳霖回国,此时胡适正在杭州、上海养疴、就诊,1926年7月又赴英国出席中英庚款委员会会议,并在英、法、德、美、日等国图书馆查阅资料和演讲,历时十个月。从1931年胡适担任北京大学文学院长时聘请金岳霖到北大兼课,讲授"符号逻辑"以及1947年5月推荐金岳霖为中央研究院第一届院士可以推知,如胡适时在北大,金很可能被揽入其中。无缘北大的金岳霖先在中国大学任教,翌年秋,经赵元任(1892—1982)介绍,回到母校清华学校教授逻辑学。④这也促成了中国现代哲学史上的两大哲学研究取向的出现。

同为清华哲学学派的冯友兰和张岱年均有关于北大哲学系与清华哲学系不同取向的表述。冯友兰1962年说:

> 就哲学系方面说,北大的哲学系注重在资产阶级哲学经典的学习,注重哲学史的学习。清华的哲学系注重在资产阶级哲学问题的分析和解决,自命为注重"创作"。……在历史学方面,北大注重在史料的搜集和考订,清华着重在对于历史事实的分析和评论。⑤

三十多年后,张岱年亦说:

---

① 参见胡伟希《清华大学哲学系史略(1925—1952)》,收入其《转识成智:清华学派与20世纪中国哲学》,上海:华东师范大学出版社,2005年,第284页。
② 《金岳霖文集》第2卷附有金岳霖与胡适、赵元任、张奚若在美的合影。参见金岳霖学术基金会学术委员会编《金岳霖文集》第2卷,兰州:甘肃人民出版社,1995年。
③ 原信影印件收入《胡适遗稿及秘藏书信》第29册,第469页。
④ 有关胡适、金岳霖交往以及在哲学理念上产生分歧的讨论,详见尤小立《从〈金岳霖回忆录〉看金岳霖与胡适的角色分歧》,台北:《传记文学》第100卷第5期,2012年5月,第109—115页。
⑤ 参见冯友兰《"五四"前的北大和"五四"后的清华》,中国人民政治协商会议全国委员会文史资料委员会编:《文史资料选辑》第34辑,北京:中国文史出版社,1999年,第11页。

在 30 年代,北京大学哲学系与清华大学哲学系,学风有所不同。北大哲学系在胡适的影响之下,重视考据,重视历史的研究。清华哲学系在金岳霖、冯友兰的领导之下,赞赏英国穆尔(G. E. Moore),罗素(B. Russell)的逻辑分析方法,致力于建立自己的理论体系。①

但冯、张的说法因为是事后的追记,偏重于结果,故强调的是差异。实际上,胡适介绍的实验主义在秉持科学和实证,以及客观、唯物和逻辑的问题上都启发了清华学派的创始者金岳霖和冯友兰。金岳霖的《中国哲学》一文由于面对的主要是外国读者,故颇有为中国哲学辩护之意,但他所论及的古代中国在认识论和逻辑上的缺乏后来成为他努力弥补的两个重要方面,也从行动上证明了此说非属无稽。他说:

> 中国哲学的特点之一,是那种可以称为逻辑和认识论的意识不发达。这个说法的确很常见,常见到被认为是指中国哲学不合逻辑,中国哲学不以认识为基础。显然中国哲学不是这样。我们并不需要意识到生物学才具有生物性,意识到物理学才具有物理性。中国哲学家没有发达的逻辑意识,也能轻易自如地安排得合乎逻辑;他们的哲学虽然缺少发达的逻辑意识,也能建立在已往取得的认识上。意识到逻辑和认识论,就是意识到思维的手段。中国哲学家没有一种发达的认识论意识和逻辑意识,所以在表达思想时显得芜杂不连贯,这种情况会使习惯于系统思维的人得到一种哲学上料想不到的不确定感,也可能给研究

---

① 张岱年:《北大哲学系的历史地位》,收入《张岱年全集》第 8 卷,石家庄:河北人民出版社,1996 年,第 552 页。张岱年在另一篇文章中也说:"在 20 世纪 30 年代至 40 年代,北京(当时称为北平)的高等学校中,有两个哲学系在全国最为有名,在学术界有较大的影响。一个是北京大学哲学系,一个是清华大学哲学系。但两校的学风不同。北大哲学系比较重视考据,重视哲学史的研究,在方法论上比较推崇直觉。当时北大哲学系教授张颐讲授黑格尔哲学,被称为黑学专家;另一哲学教授汤用彤学贯中西,对于佛学史研究有突出贡献。清华哲学系比较重视义理,重理论建树,在方法论上比较推崇分析。"参见张岱年《回忆清华哲学系——"清华学派"简述》,《学术月刊》1994 年第 8 期,第 11 页。

中国思想的人泼上一瓢冷水。①

在1930年清华研究所哲学部的《课程总则》中,此点说得更为明确。其中言"因鉴于中国原有之哲学多重结论,而忽论证,故于讲授一家哲学时,对于其中论证之部分,特别注重……又鉴于逻辑在哲学中之重要,及在中国原有哲学中之不发达,故亦拟多设关于此方面之课程,以资补救"。②

而关于这一点,胡适早在1917年提交哥伦比亚大学的博士论文《中国古代哲学方法之进化史》(《先秦名学史》)中已有言在先。胡适说:

> 在近代中国哲学的这两个伟大时期(指宋、明——引者)中,都没有对科学的发展作出任何贡献。可能还有许多其他原因足以说明中国之所以缺乏科学研究,但可以毫不夸张地说,哲学方法的性质是其中最重要的原因之一。
>
> ……近代中国哲学与科学的发展曾极大地受害于没有适当的逻辑方法。

正因为有此缺欠,胡适强调要"用西方自亚里士多德直至今天已经发展了的哲学的和科学的方法来填补"。③这也是他一直以来热衷于方法和崇尚科学最主要的原因之一。另一个原因也需要关注,就是胡适不仅将"方法"看作一个问题和一项工作,而且是一种态度,即中国人面对外来文化时的基本态度。这个关乎开放与否的标准,其实构成了他的中西文化观的重要前提。

---

① 金岳霖:《中国哲学》,《哲学研究》1985年第9期,第39页。此文写于1943年,原为英文,由钱耕森、王太庆译校成中文。冯友兰后来在《怀念金岳霖先生》中虽然也为中国传统在认识论和逻辑上的缺乏进行了解释,但他在说到金岳霖对逻辑的贡献时,仍强调说,金岳霖"是使认识论和逻辑在现代中国发达起来的第一人"。参见《哲学研究》1986年第1期,第23页。

② 参见清华大学校史研究室编《清华大学史料选编》第2卷(下),北京:清华大学出版社,1991年,第586—587页。

③ 以上参见胡适《先秦名学史·导论》,《胡适全集》第5卷,第9、10页。

在实验主义与新实在论的关联问题上,冯友兰比金岳霖更具典型性。虽然冯赴哥伦比亚大学哲学系攻读哲学博士学位时曾受教于美国新实在论哲学家蒙太格(W. P. Montague,1873—1953),但师从的毕竟是杜威,他在阅读杜威著作后,在日记中感叹"杜威之哲学为科学的哲学,必要盛行,可无疑义"。①冯友兰晚年说,他对两派都了解,但同时强调:"在我的哲学思想中,先是实用主义占优势,后来新实在论占优势。"

他说:

> 实用主义的特点在于它的真理论。它的真理论实际上是一种不可知论。它认为,认识来源于经验,人们所能认识的,只限于经验。至于经验的背后还有什么东西,那是不可知的,也不必问这个问题。这个问题是没有意义的。因为无论怎么说,人们总是不能超出经验范围之外而有什么认识。要解决这个问题,还得靠经验。所谓真理,无非就是对于经验的一种解释,对于复杂的经验解释得通。如果解释得通,它就是真理,就对于我们有用。有用就是真理。所谓客观的真理是没有的。
>
> 后来我的哲学思想逐渐改变为柏拉图式的新实在论,认为不仅真理是客观的,一切观念和概念也都是有其客观的对象;这些对象都是独立人的认识而存在的。但是从人的观点说,怎么样认识真理,那就得靠一种发现的方法。实用主义所讲的,实际上是一种发现真理的方法,所以,也有它的价值。

虽然冯友兰也称,"总起来说,新实在论所讲的,是真理本身存在的问题,实用主义所讲的,是发现真理的方法的问题。所以两派是并行不悖的",②但在其眼里,内容与方法相比,前者更有哲学性,故才会认定新实在论是对实用(验)主义的一种超越。

---

① 蔡仲德:《冯友兰先生年谱初编》,郑州:河南人民出版社,1994年,第38页。不过,按照冯友兰自述,他其时更热衷于柏格森的哲学。同书,第43页。
② 以上均见冯友兰《三松堂自序》,《三松堂全集》第1卷,第179—180页。

第五章 时势造境:《说儒》的出现

1928年9月,冯友兰转入清华大学任教后,冯、金之间遂开始相互影响。冯友兰晚年的回忆将此类影响定位在20世纪40年代二人于西南联大分别撰写《新理学》和《论道》之时,但这种"互相看稿子,也互相影响"绝不是始于此时的。冯友兰说,金岳霖对他的影响"在于逻辑分析方面;我对他的影响,如果有的话,可能在于'发思古之幽情'方面"。①问题是,到20世纪30年代初,以金、冯二位为代表,加之张申府、沈有鼎,以及外聘的瞿世英、林宰平(1878—1961),已俨然成了新实在论和维也纳学派在中国的重镇,时人甚至以"学派"相称,1935年1月,清华哲学系毕业的孙道升(1908—1955)即说:

> 中国哲学界的新实在论学派也当然是英美的新实在论之分枝。这派哲学是由陈大齐,冯友兰,张申府,邓以蛰,傅佩青,金岳霖诸先生协力移植于中国的,继起而加入此派中的健将,则有沈有鼎,王宪钧,任华等等。目下清华大学哲学系是此派哲学的势力范围。就中张申府先生之罗素,邓以蛰先生之美学,沈有鼎先生之逻辑,皆称一时独步,而首领则当推金岳霖先生担任。②

从时间上看,新实在论是继实验主义之后引进的,与唯物论一样,被认定为最新的西方哲学思潮。③而从哲学理论的严密度上看,它比实验主义更符合玄学一派的理论渴求。有科学,且有严密的抽象逻辑和数理逻辑作后盾,在唯理论一项上比实验主义的经验论显得更具理论深度。而在金岳霖看来,较之实验主义、唯物论,"唯实哲学"亦有着理论上的优越性。他认

---

① 冯友兰:《三松堂自序》,《三松堂全集》第1卷,第215页。
② 参见孙道升《现代中国哲学界之解剖》,《国闻周报》第12卷第45期,1935年11月18日,第2页(文页)。
③ 这一点胡适也不否认,他在《五十年来之世界哲学》中就说,"近年的一个最后的学派是新唯实主义"。他也将新唯实论排在实验主义与柏格森直觉主义(胡适称之为"新浪漫主义")之后来介绍。当然,他不赞同新唯实论也是肯定的。参见《最近之五十年(1872—1922)——申报馆五十周年纪念》,第12页(文页)。

为,"唯物哲学不能产生科学",而"唯实哲学"之所以有科学性,是因为唯实哲学不像唯物哲学只讲"物",它所讲的"实"可以是"物",也可以是"时间"。这自然在概念的适用性上超越了唯物论。至于与实验主义的关系,在科学基础和超越二元对立上,却有着相似性。金岳霖以为,"唯实哲学"的事实问题,就是科学的问题,唯实论承认宇宙多元,所以用不着造成一种理论上有先后的思想,比方说心与物,二者同是事实,用不着理论上的此先彼后,而它们的题材就是心理学与物理学的题材。但金岳霖显然对于实验主义反对本体论和形而上学(即玄学)不以为然。他明确说,"我是赞同玄学的",不过,玄学已有新与旧之分别。在他看来,不仅黑格尔他们是老玄学,唯物论也是"老玄学",而新实在论则是"新玄学"。此类"新玄学的题材,是各种科学中所使用而不能证明,不能否认的概念"。①

胡适对新实在论的评论主要出自 1922 年 9 月完成的《五十年来之世界哲学》。从他将新唯实论看作是近五六十年来世界哲学新浪潮之中旧哲学的一种"回波"亦可知,在性质上,他已经否定了新实在论。也就是说,虽然从时间上看,新实在论起于实验主义之后,它所体现出的却不是现代而是中古的气息。胡适说:

> 我们对于新唯实主义,可以总结起来说:他们想用近代科学的结果来帮助解决哲学史上相传下来的哲学问题,那是很可以佩服的野心;但他们的极端,重分析而轻综合,重"哲学家的问题"而轻"人的问题",甚至于像罗素的说法,不许哲学论到地球上的事物,不许经验的证据来证实或否证哲学的命辞,——那就是个人资性的偏向,不能认为代表时代的哲学了。

胡适对新实在论的评判依据的是实验主义的原则,他所说的新实在论者的极端"重分析而轻综合,重'哲学家的问题'而轻'人的问题',甚至于像

---

① 以上参见金岳霖《唯物哲学与科学》,《晨报副刊》第 1404 号,1926 年 8 月 25 日,第 1—2 版。

罗素的说法,不许哲学论到地球上的事物,不许经验的证据来证实或否证的命辞"即是如此。然这仅是从结论上看,在具体论述和分析中,胡适强调的更多的还是时代性和理论的现实作用。这就牵涉理论本身的适用性和具体性的问题。他说:

> 我们观察我们这个时代的要求,不能不承认人类今日的最大责任与最需要是把科学方法应用到人生问题上去。然而罗素的"哲学里的科学方法"却说哲学命辞"必不可论到地球上的事物,也不可论到空间或时间的任何部分"。依这个教训,那么,哲学只许有一些空廓的法式,"可以适用到一切个体事物"。假如人生社会的问题果然能有数学问题那样简单画一,假如几个普遍适用的法式,……真能解决人生的问题,那么,我们也可以跟着罗素走。但这种纯粹"法式的哲学方法",斯平挪莎(Spinoza)在他的"笛卡儿哲学"和"人生哲学"里早已用过而失败了。罗素是现代提倡这种"科学方法的哲学"的人,然而他近几年来谈到社会问题,谈到政治问题,也就不能单靠那"不论到地球上的事物而可以适用到一切个体事物"的先天原则了。

胡适显然不同意罗素有关现实的见解,他举出的是第一次世界大战爆发后,罗素的"社会政治哲学"(其实是主张),认定它们起于罗素的"个人资性",故有"个人资性的偏向,不能认为代表时代的哲学"的论断。[①]

以今之眼光看,新实在论要探讨的问题与实验主义的取向并非在一个层面,具体地说,是在一个路向中的两条分支,彼此都讲逻辑,但前者执着于抽象和表达,而后者着眼于具体和应用。后来金岳霖说胡适"不懂哲学",一个原因是胡适不喜欢抽象,而摒弃抽象,在金看来,则无哲学可言。但理论分析只是一个方面,胡适反对新实在论的主要理由仍是"时代需要"。"时代"在此既有进化的时间之意,依此言,则新实在论是中古哲学的"回

[①] 以上分别见胡适《五十年来之世界哲学》,《最近之五十年(1872—1922)——申报馆五十周年纪念》,第11、14 页(文页)。

波";也有现实之意,即在当下中国的现实中,新实在论只能导致哲学以及思想的玄学化。

其实,清华一派哲学信仰新实在论,也主要是看重其科学的一面,当然"新"也是一个原因。后来,金岳霖与冯友兰都走向了玄学,只是双方仍有差异。金是数学的玄,逻辑的玄;而冯回到了传统,将逻辑与理学结合,最终走入了"境界"说。在胡适看来,实验主义代表了时代的需要,而在金岳霖等人那里,新实在论才代表了最新的西方哲学(也包括中国哲学)研究的发展方向。这就让他们分道扬镳了。

学术路向与思想、社会发展的路向不同步虽是现代中国的一个短暂的现象,却相当值得注意。如果仅注意后一路向,很容易将原本只属于学术路向的诉求也解读成思想和社会的诉求。这就将原来多元的路向、诉求化约为单一的路向和诉求。张岱年在论述"清华学派"时特别强调的一个特色是"坚持学术与政治的区别",他说,"清华哲学系的学者们都具有谦虚谨慎的态度,志在发扬学术,坚持学术与政治的区别,很少参加政治活动,这样虽然有脱离实际斗争的偏失,却能在学术上有所建树"。①清华哲学学派之所以有此倾向,实与哲学学科化以及他们对哲学研究本身认知的深入有关。

2. 专业化:哲学与现实关系的重审

贺麟在《五十年来的中国哲学》中将1927年《哲学评论》创刊和1935[36]年中国哲学会成立看作现代中国哲学学科化、专业化除哲学系建制以外的另两个标志。他说,"自从张东荪、瞿菊农、黄子通诸先生于1927年创刊《哲学评论》后,中国才开始有专门性质的哲学刊物。自从1925[35]年4月中国哲学会成立,举行第一届年会起,中国哲学界才开始有自抒哲学理论,自创哲学系统的尝试"。②

从《哲学评论》刊登的文章和中国哲学会前三届年会提交的论文看,哲

---

① 张岱年:《回忆清华哲学系——"清华学派"简述》,《学术月刊》1994年第8期,第47页。

② 贺麟:《五十年来的中国哲学》,第25页。此处1935年写成"1925年"应属手民之误,但此说法本身亦不准确。1935年4月,中国哲学会第一届年会只是讨论成立中国哲学会一事,其正式成立是在1936年4月中国哲学会第二届年会上。

学学科意识明显增强,其表现便是注重讨论哲学本身的问题,且有意划分哲学学科与现实的边界。然正是这两个方面与胡适产生了根本上的分歧。

中国哲学会的成立出自胡适的提议是可以肯定的,1935 年 4 月 13 日,在第一届年会上,胡适致欢迎词时就明言哲学会"是我在几月前《哲学评论》社聚餐会上提议发起的"。①同年 6 月 27 日的日记中,胡适又记道,"哲学会筹备委员金岳霖、贺麟、黄子通,在我家中开会,拟定草稿的章程"。这个章程在 7 月 15 日的哲学会聚餐时获得通过。②

1932 年 12 月 31 日,胡适在《〈评论近人考据老子年代的方法〉卷头语》中说,"北大哲学会是北大哲学系师生共同研究哲学问题或思想史问题的团体。这几年来,我们受了社会不安定的影响,不能在课外时时聚会讨论,多收一点商量辩论的益处,这是很可惜的。我很盼望,这一册杂论的出版也许可以引起一点新兴趣,可以使这个哲学会恢复它应该做的活动"。③

不过,胡适想象中的哲学会不仅是讲哲学问题,也讲思想史的问题,且主要是"课外时时聚会,多收一点商量辩论"的场所,他没有想到(也未必有意愿)作为专业学会,其责任和实际效果都是促进哲学学科的专业化。

中国哲学会的前两届年会所表现出的哲学专业化的路向相当明显。它既不同意唯物论一派对"新哲学"的渴望,又甘愿放弃人们对哲学会作为社会"领导者"的期待。当然,冯友兰在第一届年会致开会词时也说:"真正的时代哲学,系将过去的思想与当时的事实问题接近,把活的事实问题与思想打成一片,这才是哲学家应有的责任,也就[是]新哲学的正鹄。"但这个说法主要还是为了迎合胡适,从冯友兰回顾北大哲学系读书的情形时,特别提到"胡适之先生来北大,才一改旧观",④亦可以得一佐证。因为胡适在随后

---

① 《胡适之欢迎词》,《中国哲学会年会昨日在平开幕》,《大公报》,1935 年 4 月 14 日,第 1 张第 4 版。
② 分别见胡适 1935 年 6 月 27 日及 7 月 15 日日记,《胡适全集》第 32 卷,第 488、502 页。
③ 参见胡适《卷头语》,收入其《评论近人考据老子年代的方法》,北京:北京大学出版部,1933 年。
④ 《冯友兰开会词》,见《中国哲学会年会昨日在平开幕》,《大公报》,1935 年 4 月 14 日,第 1 张第 4 版。

的发言中便说：

> 此外，我们还要走三条路，一个大哲学家应当将活的问题与思想连上，死的研究，单研究过去是不够的。应以哲学的训练帮助解决目前中国的问题。哲学家就是政治家，教育家，因为政治问题，教育问题都是哲学问题。如目前之自由与干涉问题，文化问题，财产与贫富问题，哲学家皆当负起责任来讨论，来解决，希服[望]下届的年会能向这方面努力……①

从《大公报》的报道看，另一位着眼于现实的哲学家张申府直接将中国哲学会第一届年会的缺点归纳为缺乏对现实"活问题"的关注。他说，"本届论文，少有讨论现实的活的问题，尤其要照目前所谓'中国本位文化建设'，与创造'新哲学'，更非将活的问题来讨论不可"。张申府的原话其实就出现在其宣读的论文中，他指出，"这个第一次的年会还有一个缺点，便是对于现在社会中的活问题也全无所触及，其实处在中国这个时代，是不能不顾及这个的，……目前国内有两件事都是与哲学密切相关的，一是关于中国本位文化建设的讨论，二是需要一种新哲学的呼声"。②

其实，冯友兰在照顾胡适面子的同时所表达的见解已经与胡适之所见拉开了距离。他发言中的两点都有挑战胡适的意思。

其一，是有关介绍西洋哲学的基本取向的。他说：

> 过去对于西洋哲学的介绍太偏于英美方面。从严复翻译《穆勒名学》，以至到胡适之先生介绍杜威诸人的哲学，总是以经验主义为主要范围。经验主义在西洋哲学中，并没有占主要地位，理性主义才是西洋哲学自伯拉图以来的正宗。经验主义及反知识主义仍然是从理性主义

---

① 《中国哲学会第一届年会》，《新北辰》第 5 期，1935 年 5 月 15 日，第 580 页。

② 分别参见《哲学年会昨闭幕》及张申府《我所认识的辩证法》，均刊《大公报》，1935 年 4 月 15 日，第 1 张第 4 版；又见《宇宙旬刊》第 2 卷第 1 期，1935 年 5 月 15 日，第 36 页。

来的,是受过理性主义的训练的。中国最缺乏理性主义的训练,我们应当多介绍理性主义。我们并不根本反对经验主义,不过总应当注重理性主义才好,这是第一点。①

冯友兰所说是中国哲学界对西洋哲学认知全面和深化的一种体现,但其中对西洋正统和正宗哲学的重视与胡适之不同是相当明显的。胡适在策略上是希望从介绍"最新"的西洋哲学入手,以便"迎头赶上",而在取向上则注重哲学对传统的反叛一面,也即哲学的革命一面,这一点在年会上也表达得很明确,他说:

> 我以为中国之哲学的研究,将来应当走下面二条路,第一,系统的整理东方哲学,使从玄妙的到系统的。第二,介绍西洋哲学,应注重史的研究。现有的西洋哲学史,很不能令东方人满意,还没有标准的西洋哲学史,如19世纪之思想史,达尔文辈没有占着重要的篇幅,而英国之鲍士葵,布拉得利等不甚重要的哲学家却占地方不少;又如大陆方面从前认为大逆不道的黑格尔,马克思一派的哲学家,我们也应当很客观的给予应得的地位。②

达尔文的进化论对西洋哲学的冲击是不言而喻的,胡适此处所言的黑格尔、马克思一派,也主要是从"大逆不道"上看待的。这自然与冯友兰对欧洲大陆哲学"理性主义"的正统、正宗的重视大异其趣了。

其二,是有关哲学的现实责任。在冯友兰阐述上述见解的发言中有一句话颇有意味。他说:"现在有人说中国需要'新哲学',完全'新'的哲学恐不可能。哲学是靠理想,不如科学之靠工具、实验与技术。理想与工具等的

---

① 《冯友兰开会词》,《中国哲学会年会昨日在平开幕》,《大公报》,1935年4月14日,第1张第4版。
② 《胡适之欢迎词》,《中国哲学会年会昨日在平开幕》,《大公报》,1935年4月14日,第1张第4版。

演变,是不相同的。"①"新哲学"指的自然是唯物论一派的诉求,但也是一语双关,"哲学是靠理想,不如科学之靠工具、实验与技术"又显系针对胡适的"哲学取消"论。

不过,冯友兰此时对哲学专业化诉求的表达尚比较隐晦,或许他的专业化或学院派哲学的意识本身尚在形成之中,一年后,经学会机制的推动以及金岳霖等专业哲学家的启发,在中国哲学会第二届年会上变得十分明确,甚或偏于极端了。

冯友兰说:

> 这一次年会到会的人,所提出的论文,性质都比较专门。这也是个很好的现象,因为这种会的性质,本来是注重在讨论,而不注重在演讲。到会的人都是对于哲学有相当研究的人,所以用不着照平常上课式的演讲。

这句话明显有回应张申府和胡适在第一届年会上对"活的问题"强调的意思。

当然,社会的期待与来自社会、学界的批评,也是冯友兰所要回应的。从此回应中亦显示出哲学专业化倾向开始以后,学院派或希望成为学院派的哲学家对哲学及其社会责任的不同认知。冯友兰指出:

> 外边对于哲学会年会,也有觉得很失望的。有些人以为哲学应该是社会的领导,哲学会年会应该把中国眼前的问题,例如文化问题,各种社会哲学问题,以及政治哲学问题,提出讨论,不应该专讨论些与现实没有关系的问题。关于这些批评,我想有几点可以解释。
>
> 哲学本来也是一种专门的学问,每一种专门的学问,与生活本来不一定有直接的关系。我们不能希望每一个学哲学的人,都抛弃了他们

---

① 以上均见《冯友兰开会词》,《中国哲学会年会昨日在平开幕》,《大公报》,1935年4月14日,第1张第4版。

的专门问题,来讨论与现实有关的问题,犹之乎我们不能希望每一个物理学家都来研究实用的物理学一样。前年在捷克开会的国际哲学会,本来是以讨论现在政治社会问题相号召的。但是结果会中所收到的论文,还是以讲纯粹哲学的为占大多数。

还有一点,无论在中国或者在世界,政治哲学或社会哲学现在都是不容易讲的。在现在的世界,大多数的国家,都已定了一种政治哲学或社会哲学,作为他的"官哲学"。不合乎某一个国家的"官哲学"的政治或社会哲学,在世界大多数的地方,都是不容易讨论的。而"官哲学"既已定为一国行动的标准,又不必讨论。

至于说领导社会,哲学家或者可以,但哲学会是不能领导的,尤其是像这一类的举国一致的哲学会。这一类的会,本来是只以讨论研究为宗旨的。会中对于各问题,决不能有一致的意见,所以也决不能作何领导的工作。

所以社会上的人,不能对于哲学会有过分的希望。有一部分人对于哲学会的希望,如上边所说者,本来是这个哲学会所不打算作而且也不能作的。①

实际上,在1936年,哲学如何肩负现实责任或是否需要进行现实关怀,并无统一的看法。此年7月3日,《清华周刊》社召开"救亡哲学座谈会",讨论"哲学与救亡的关系",参与者主要是清华的学生,他们的讨论如他们自己所说,不仅抽象,且完全没有触及问题的核心。哲学在民族危机到来时的表现和作用一类的问题,仍悬而未决。②故在会上,座谈者对冯友兰上述的看法也没有太过责备,而冯本人则再次重申了哲学的专业原则。

针对"在民族救亡途程中,中国需要何种哲学"的问题,冯友兰答道:

---

① 以上均见冯友兰《对于本年哲学会年会之感想》,《清华周刊》第44卷第3期,1936年4月26日,第42—43页。《三松堂全集》误作第1期。
② 具体见杨克等《哲学与救亡的关系——七月三日救亡哲学座谈会记录》,《清华周刊》第44卷第11—12期合刊,1936年7月22日,第21—24页。

我想不是一个哲学家所能回答,每一个哲学家的哲学,在客观方面说,虽是世代的反映,但在主观方面说却是那个哲学家所认为惟一的真理。他所以讲他,并不是因为他认为这个道理于救世有用,而是因为他认为这个道理是唯一的真理。

就"在民族救亡途程中,哲学家负担何等任务"的提问,冯友兰回应说:

哲学家的任务,无论在常时或非常时,都要把他自己所认为的真理,如实发挥出来。①

哲学专业化、学科化后,必然会形成新的学术规范,其表现便是价值标准的变化。换言之,哲学学科内的追求很容易成为最高追求,相应地学科本身的价值标准,也会上升为最高标准。这个"最高标准"不能说一定与社会脱节,却在与社会保持着距离。在特殊情况下,这个距离与社会标准、现实需要所产生的落差也容易放大二者之间的牴牾和冲突。20 世纪 30 年代上半期的特殊情况便是日本侵华引发的民族危机的现实。一方是哲学学科刚刚走上正轨,学科意识逐渐增强,另一方则是民族危机和社会危机,需要学者像知识人一样对社会发言,哲学研究者如何作为即成了一个问题。

彼时,虽然唯物论者仍认定哲学是揭示"普遍规律",高于一切学科,甚至放之四海皆准的学问,但在金岳霖、冯友兰以及清华哲学学人这里,哲学已经下降为一个学科,它仅仅是诸多人文学科之一,因而有自己专业的基本取向、方式和研究界域。冯友兰正是站在学科的立场才会有上述表态的。但如果说,冯友兰主要还是直接回应来自社会的对哲学学者的学院派倾向和哲学会的指责,金岳霖则是进一步从理论上阐述了哲学与社会、生活之间的关系变化,与冯友兰相比,后者才是真正的学院派哲学的典型和代表。

---

① 以上见冯友兰《对于哲学一点意见》,《清华周刊》第 44 卷第 11—12 期合刊,1936 年 7 月 22 日,第 24 页。

第五章 时势造境：《说儒》的出现

冯友兰晚年称,20世纪30年代金岳霖曾说过,哲学是"概念的游戏"。① 此说自然是就哲学研究的本质而言,但既是哲学家的"游戏",自无直接的现实关怀可言,故金岳霖根本上否定哲学应该"入世"。他1943年说：

> 哲学从来没有干脆入世的；说它入世,不过是意图以漫画的笔法突出它的某些特点而已。②

这还是在论述"中国哲学"时。一年后,即1944年,也即是说,仍然处于抗战后期的战争状态下,他在另一篇英文文章《哲学与生活》里虽然对此表示担忧,认为这样下去"不利于形成一种有见识有辨别力的生活,而这一点对于民主的理想来说也是极其危险的",但以为哲学与生活脱节的局面将无可挽回。因为哲学与生活脱节的问题,并非只是在中国,"去年春季的哲学家大会表明,这个问题终于也在美国引起了普遍的注意,但是,似乎还没有什么解决的办法,这不仅仅是哲学家的任务"。③

不过,金岳霖对于学院派哲学及其形成原因的理解显然超越了同代中国学者。他认为,造成学院派哲学形成或者说哲学与生活脱节有两个原因,一个是哲学界域的变化,另一个是哲学性质的转变。哲学界域的变化让哲学不再是一个整体,而是变得"七零八落",哲学教授只是专家,随着关注的界域细分,也不再有苏格拉底、柏拉图（Plato,约前427—前347）和亚里士多德（Aristotle,前384—前322）那样的"大师","不仅是他们时代的活的百科全书,同时也是那一时代的政治家、牧师、专栏作家和电台评论人","不仅是知识的源泉,也是智慧的源泉"的地位,因而不再能够处理"生活中最根本的问题"。"大师确实消失了,分化成了无数的专家,他们毫无疑问应当被理解为哲学家,但是,如果我们狭义地理解哲学,那么,哲学是否有效地昭

---

① 冯友兰：《中国现代哲学史》,广州：广东人民出版社,1999年,第239页。
② 金岳霖：《中国哲学》,钱耕森译,王太庆校,《哲学研究》1985年第9期,第38页。
③ 金岳霖："Philosophy and Life"（《哲学与生活》）,收入《金岳霖文集》第2卷,第550—567页。此处据陈静译文,见金岳霖著,刘培育编《哲意的沉思》,天津：百花文艺出版社,2000年,第235—249页。下几段均引自此文。

显了人的命运,就是值得怀疑的了。"

哲学性质的转变意味着哲学的知识性一面增长而宗教性一面减弱。知识性依据的是客观的态度和客观的研究方式。这些都必然削弱原本的宗教性和道德意味。他说,客观研究方法的"核心概念是怀疑,最重要的原则是使研究者独立于研究对象之外,或者,至少使他尽可能成为研究的无关紧要的背景"。于是,"教条消失了,随着教条的消失,哲学不再为生活提供任何动力。……学院派的哲学不再像中国古代的儒家学说那样是一种道德的力量,在它的各种训练中,技巧的要求越来越多,而教训的意味越来越稀薄"。

哲学性质的变化也与上述的角色变化有关。简言之,哲学家是专家而不再兼有牧师、政治家或者社会改良者的角色义务,因而哲学也"不再敦促人们做任何事,它甚至不再鼓吹什么,如果它要坚持某些前提,也只是为了进行推论,而不是要断然灌输什么东西"。这是因为现在"不是认识论主宰了哲学,而是整个哲学领域都是为了理解或者说是为了追求知识而构建起来的",成为知识的哲学只有知识积累的意义,没有辨别合法性之类的作用。而研究哲学也成为一种职业,与生活的关系仅此而已。"哲学逐渐变成对几个专家位置的垄断,它不再是市井的茶楼酒肆和优雅的沙龙茶会都能够随意取用的日常用品。哲学昔日对意义的渴望已经被把握观念的技巧所取代,然而这种技术哲学满足不了人内在的哲学冲动"。"学术职业化了,学者的工作就是生产知识。"而作为知识的哲学也只有知识的"中性"的作用。他说:

> 知识是否是某种意义上的美德?古希腊人认为是,我们无须断言它在今天已经不是了。知识是中性的,影响不了我们的爱好和口味;它的分寸感太强,使我们不能靠它来解决它的恰当范围以外的问题;它太外在,不能支持我们以信仰来行动;它太软弱,不能为我们提供帮助,它不是情感和欲望的主宰者或伙伴,相反,它成了它们的奴隶。

以金岳霖的体会,"研究变得越细碎,它们就越外在化,而它们越外在化,研究又变得更加细碎"。他显然对此不甚满意。在现代中国哲学发展史上,体系的建构成了一种哲学家的标识,因而金岳霖、冯友兰成为少数几位建立体系的哲学家就是莫大的荣誉。但很少有学者探讨他们为何建立体系,从《哲学与生活》中大致可看出,他们对体系的执着也是有针对性的,这个针对性是站在世界哲学同步发展的立场之上,抵抗那种因工业化而增强的学术"细碎化"或"碎片化"的趋势。

但无论金岳霖如何地不满,他自己都是专业化、学科化后标准的哲学研究者,也是中国学院派哲学家的典范。其实,从上述胡适对新实在论的评论中也可知,胡适对新实在论哲学的批评部分地是由于误解。这个误解不仅源自他所坚持的实验主义原则,也包括他没有理解金岳霖所谓新旧玄学的差异。当然,从启蒙的意义上看,作为知识人的胡适与学院派哲学学者之间的冲突也是必然的。因为启蒙关注的永远是大众,而学院派只关注专业本身,后者一旦成为社会中的少数也自然具备了"知识贵族"的特性。

3. 现实关怀:胡适的"哲学取消"论

应该说,典型的专业化哲学学者的态度与胡适理想中,巴斯德(L. Pasteur,1822—1895)、康德(I. Kant,1724—1804)在特殊情形下的表现并无二致。然出于理想与真正遭遇巨大现实危机后的反应并不一定相同。至少在胡适,他理想中的表现只存于理想层面,真正到了1931年"九一八"事变以后的民族危亡关头,他还是希望哲学对现实发言。而如果不能对现实发言,则只好被现实淘汰,可能"关门"或"没有饭吃"。[①] 这也是胡适"哲学取消"论得以强化,且一直保持到晚年未变的原因之一。

然胡适的"哲学取消"论极其复杂。从时间上看,它首先出现于1929年6月3日胡适在上海大同大学题为"哲学的将来"的演讲中,而傅斯年有关中国没有哲学的主张对胡适的影响则是在1926年,故傅之影响只能算是前提,否则其中的时间差,即为何三年后胡适才公开提倡"哲学取消"论就无法得到合理的解释。

在大同大学的演讲中,胡适主要涉及的是科学与哲学的关系,而真正推

---

① 参见贺麟《两点批判,一点反省》,《人民日报》,1955年1月19日,第3版。

动他重审二者关系的还是 1926 年 7 月开始，历时十个月的苏、英、法、德，以至美、日之旅。在回国前后所写的《漫游的感想》中，胡适从哈尔滨的"东西分界线"说起，声称"东西洋文明的界线只是人力车文明与摩托车文明的界线——这是我的一大发现"。① 但实际上，让这一"发现"得以强化和证明还是抵达纽约后，面对睽违近十年，变化迅猛的美国所受到的震撼。

1927 年，正处于美国汽车工业发展的第二个阶段，汽车产量激增，且已经普及到美国家庭。胡适是从人力车为主的中国进入到汽车时代的美国，这个对比如一位对胡适持批评态度的作者所说，真是"霄壤之别"。② 胡适 1927 年 6 月在上海美国大学俱乐部的演讲中也说："美国第一件事使我惊异的，是关于全国汽车的统计"。③ 这个"惊异"也反映在他的日记中。胡适 1927 年 1 月 12 日抵达纽约，纽约《国民周报》(*The Nation*) 1 月 16 日题为"Motor Vehicles in United States"（《汽车在美国》）的报道被粘贴在 15 日的日记中，其中有两个数据让胡适在回国后的诸次演讲中一再提及。一个是美国拥有汽车 2233 万辆，占全世界的 81%；另一个是美国平均五个人拥有一辆汽车。④ 而从演讲中把"美国平均五个人拥有一辆汽车"一再说成是"四人中有一辆汽车"也可知，这个物质上的震撼对其心理的影响，确实非同寻常。1928 年 2 月，也即是胡适回国后的半年多时间，且去年 8 月发表在《现代评论》上的《漫游的感想》也载有纽约《国民周报》的相关数据，他仍凭记忆，说美国"平均四人可有一部汽车"，⑤ 这恐怕是在震撼之外有意地刺激听

---

① 胡适：《漫游的感想（一）》，《现代评论》第 6 卷第 140 期，1927 年 8 月 13 日，第 10 页。
② 林谋深：《我要和胡适之先生叽哩咕噜》，《生活》周刊第 2 卷第 40 期，1927 年 8 月 7 日，第 281 页。
③ 参见惭虚《胡适之先生最近回国后的言论》，《生活》周刊第 2 卷第 34 期，1927 年 6 月 26 日，第 247 页。
④ 胡适 1927 年 1 月 15 日日记，《胡适全集》第 30 卷，第 467 页。但《胡适全集》及安徽教育版《胡适日记全编》和台北联经版《胡适日记全集》均称原剪报"无报名和日期"。现报名和日期，据胡适《漫游的感想（一）·摩托车的文明》，《现代评论》第 6 卷第 140 期，1927 年 8 月 13 日，第 10 页。
⑤ 这是胡适 1928 年 2 月 1 日在江苏省立无锡中学的演讲。参见仞千《胡适之先生漫游回来的感想》，《生活》周刊第 3 卷第 14 期，1928 年 2 月 19 日，第 155 页。

众了。

　　"物质的兴起"是晚清民初知识人中的一个倾向,从康有为1905年写出《物质救国论》开始,到吴稚晖、林语堂(1895—1976),都是讲物质文明或机器文明这个国家现代化的基础的。吴本人更是极端地崇拜物质和科学。① 但此次胡适对物质文明的感受有所不同,他发现了物质文明进步本身不仅起到了政治革命——建立现代国家——的作用,也有着社会革命的意义,即让下层的普通百姓也享受到了物质文明的成果。故胡适认为,美国的发展模式是资本主义和社会主义以外的"第三条路",这个道路,在他看来,是兼顾了二者的优点,避免了二者的缺失。所以他说,"美国是不会有社会革命的,因为美国天天在社会革命之中。这种革命是渐进的,天天有进步,故天天是革命";"社会革命的目的就是要做到向来被压迫的社会分子能站在大庭广众之中歌颂他的时代为人类有史以来最好的时代"。② 而对日本的实地观察以及彼时国民党人对传统的过分美化,也同时激起了胡适的极端反应,就是极力地贬损传统,要求承认落后,以便死心塌地地学习外国,赶上世界发展的潮流。

　　不过,胡适的极端之论的对象往往是公众,他毕竟是学界中人,不可能自限于一般性地提倡,故他说:"我们须要一种新的哲学,使人认识物质文明确有他的精神。""这样看来,我们要改变生活,唯一的途径是要改变生活的方法。近代的生活须要物质的生活。生活上所以能有这样变化,是由于利用科学和工业技术的功效。"③ 然此"新的哲学"的核心即是处理科学与哲学之间的关系,换言之,物质文明的震撼促使了胡适重新去考量科学与哲学的关系,或以科学代哲学。

---

　　① 有关此问题,罗志田先生有细致地论述,参见《物质的兴起——20世纪中国文化的一个倾向》,收入其《裂变中的传承——20世纪前期的中国文化与学术》,北京:中华书局,2003年,第322—353页。
　　② 以上分别参见胡适《漫游的感想(二)》,《现代评论》第6卷第141期,1927年8月20日,第13、11、12页。
　　③ 惭虚:《胡适之先生最近回国后的言论》,《生活》周刊第2卷第34期,1927年6月26日,第247页。

胡适在上海大同大学题为"哲学的将来"的演讲中所言即是他重审有关科学与哲学关系后的结论。应该看到,上海大同大学是由胡适康奈尔大学的同学、数学家胡明复(1891—1927)之兄胡敦复(1886—1978)创办,此时仍偏重于理工。面对理工的学生讲科学虽然符合胡适一向的说话艺术,但胡适所讲却也是他秉承实验主义顺理成章地发挥。

在演讲中,科学与哲学被胡适放在一个进化的谱系中来考量,故他说:

> 过去的哲学只是幼稚的、错误的或失败了的科学。

既然如此,哲学就很容易地被排除在现代知识体系之外,即他所说的"哲学既是幼稚的科学,自然不当自别于人类知识体系之外"。①贺麟后来说,胡适的"哲学取消"论是从孔德实证主义出发,"认实证科学已经代替了哲学,哲学已没有研究的领域,并以黑格尔学派的解体,作为哲学上的'树倒猢狲散',哲学要关门的例证"。②因为依胡适之见,只有科学知识才是有充分证据,可以信仰的知识,凡哲学知识或者是坏的科学知识,或者是超出经验的实证,属于不可知的领域。

贺麟还找出了胡适说法的两个西洋思想来源:一个是杜威实验主义,因为杜威"只承认如何求知,如何思维,如何增进各部门知识的方法、技术问题,是人的问题,而贬斥世界的可知性等认识论的根本问题为'哲学家的问题',想要'以不了了之'"。另一个是罗素及其美国追随者。因为罗素怀疑人们是否能够认识离经验较远的那部分宇宙和事物,他所主张的"对于世界加以零碎考察"和"归纳的和科学的气质"都是与胡适的主张一致的。那时美国流行的逻辑实证论(即新实在论)也视哲学的根本问题为经验以外的"玄学",以为凡是不能翻译成"物理的语言"这样"科学的统一的语言"的哲学命题,都是没有意义的命题。当然,以"新心学"见长、又笃信黑格尔

---

① 胡适:《哲学的将来》,1929年6月3日在上海大同大学的演讲,收入《胡适全集》第8卷,第6页。
② 本段与下段,均见贺麟《两点批判,一点反省》,《人民日报》1955年1月19日,第3版。

第五章 时势造境:《说儒》的出现

唯心论的贺麟也是话中有话,他所谓的第二个来源,显然与胡适无关,而是在借机批评金岳霖一路哲学或者说偏重新实在论的清华哲学学派的。

一年后,即1930年10月17日,胡适又在北京协和医学校作了题为"What is Philosophy?"("哲学是什么?")的演讲。据10月18日英文《北京导报》(The Leader)上有关此次演讲的报道,胡适依然是强调哲学与科学的一致性,由此来讨论哲学被科学所代替的可能性。他说:

> 哲学寻求普遍性,但它无法求得确定性;科学发现可证实的确定性,因此可达到真实的普遍性。一旦一种理论达到了可证实的确定性,它就成为科学法则的一部分,而不再是哲学,而且它所处理的问题也落在哲学家的视野之外。
>
> 科学仅凭其完美的、精密的方法论,便占据了哲学的大部分领地。就连哲学思辨仅存的那一小块领地,也被科学家们划入社会科学的"势力范围"。

故胡适总结说:

> 开始时,哲学是以前科学面貌出现的,现在,哲学成了科学。哲学和科学实在是一个事物的两个名称而已。①

哲学与科学如果是一个事物,那么评判就只能用一个标准,这个标准就

---

① 参见"Hu Shih Talks of Philosophy In First Lecture on Return"(《胡适谈哲学 回平后的首次演讲》),The Leader(《北京导报》),1930年10月18日。此处据胡适1930年10月17日日记所粘剪报,见《胡适全集》第31卷,第759—760页。《胡适全集》未列报名,且将日期误植为"10月8日",笔者根据《胡适的日记》(手稿本)以及演讲内容,判断演讲时间应为1930年10月17日。另外,又据英文原文对相关译文作了部分修改。比较重要的修改是"Phylosophy and Science are truly different names one and the same thing"一句,原译为"哲学与科学实在是一物之两面",现改为"哲学和科学实在是一个事物的两个名称而已"。相关的考证,见尤小立《围绕胡适"What is Philosophy?"演讲的史实辨正》,台北:《传记文学》第103卷第5期,2013年11月,第65—71页。

是精确。这也是长期以来胡适一直坚持的标准。依据精确的原则,科学代替哲学就是必然的。可作为胡适"哲学取消"论理论依据的"精确"只能算是实证主义和历史研究的原则,它内含的启蒙诉求是为了改造胡适所谓中国人的"差不多主义",①而非哲学层面的认知。晚年金岳霖说他不理解胡适的一个缘由是胡适"不懂抽象的东西",②故他认定胡适只有人生哲学,而无金心目中的那种纯粹哲学。金岳霖说:"哲学中本来是有世界观和人生观的。我回想起来,胡适是有人生观,可是,没有什么世界观的。看来对于宇宙、时空、无极、太极……这样一些问题,他根本不去想;看来,他头脑里也没有本体论和认识论或知识论方面的问题。他的哲学仅仅是人生哲学。"③

晚年的金岳霖对胡适或责之过苛。作为学院派,他思考得更多的是哲学及其学科自身的发展,而胡适则兼顾了哲学发展和它对现实、对社会的影响,也就是说,他考虑的更多的是哲学在中国的启蒙作用和社会影响力。

1930年12月,胡适重返北大任教,12月7日,在北大哲学系学生举行的欢迎会上,他回应了针对两个月前有关"What is Philosophy?"("哲学是什么?")演讲的争议,但似乎没有改变观点的意思。他说:

> 前次我在协和医大礼堂讲"哲学是什么?"到今天报纸上还有许多人来给我辩论。我的意思是说哲学与科学本来是一家,不过哲学到现在有好些部分是被科学拿去了;本来哲学与科学都是来发明宇宙的真理,来解决人生问题的!解决问题到了确定的程度,就成为科学;没有到正确[确定?]的程度,就是哲学。过去的哲学不过是不高明的科学,

---

① 参见《差不多先生传》,《胡适全集》第10卷,第549—551页。

② 在晚年回忆录里,金岳霖说:"还有一次,是在我写了那篇《论手术论》之后。谈到我的文章,他(指胡适——引者)说他不懂抽象的东西。""这也是怪事,他是哲学史教授呀!"见金岳霖著,刘培育整理《金岳霖回忆录》,北京:北京大学出版社,2011年,第182页。《论手术论》是金岳霖自称一生最满意的三篇文章之一,初刊于1936年1月出版的《清华学报》第11卷第1期,批评的对象是后来(1946年)诺贝尔物理奖得主、美国物理学家、科学哲学家布里奇曼(P. W. Bridgman,1882—1961)的"操作主义"(operationism,金译为"手术论")。

③ 《金岳霖回忆录》,第184页。

很幼稚的科学罢了,实在没有什么根本上的不同,我们看过去的历史就明白了。……所以哲学与科学没有什么根本上的差异。……现在有人说什么"哲学者,科学之基础也!""哲学者,科学之科学也"! Philosophy science of sciencs[sciences]仍是哲学上的旧把戏!

从最后一句看,胡适真正不满的还是哲学的无限泛化,就是说,反对用哲学解决一切问题,以反对或防止放之四海皆准的独断论的产生。

另一个或许可以称之为对哲学的期望,则是哲学的时代性和现实性。这一点在上述中国哲学会第一届年会的发言中已经涉及,不过那是五年后的再次强调,同样的观点1930年12月由于是面对学生,更能畅所欲言。胡适说:

> 我们知道无论什么民族,国家;一定要有它当代的哲学家,思想家;来解决一个民族,一个国家当前的,急迫的社会问题! 政治问题;人生问题! 并不是要解决科学上所已经解决的问题,拿来玩把戏;是要解决科学以外所未解决的问题。或帮同科学来解决所未解决的问题,发明未发现的真理,这就是现在哲学的任务,现在哲学家的使命!

虽然"解决问题"不一定直接有用,但哲学须面对当下、面对现实是他特别强调的原则。因为在他看来,"过去的知识,历史,与当前的问题没有什么关系;过去哲学上,科学上的知识,不能拿来解决当前哲学上,科学上的问题;古代的成功或失败,仅足作我们的指导,和教训。要解决当前的问题,非当代的哲学家来重新解决不可。譬如过去的哲学虽有中国、印度、西洋,三方面;解决了许多问题,也有相当的成功;但都不足解决我们当前的问题,只可供我们解决当前问题的参考罢了"。①

正是出于时代性和现实性上的考量,胡适强调说:"我希望少年学哲学

---

① 以上均见胡适讲演,郭海清记《胡适之先生的演说词——在本校哲学会欢迎席上》,《北京大学日刊》第2518号,1930年12月12日,第4版。

的人能训练自己做思想家,想想当前的活问题。哲学家的店也许像我从前说的,要关门了;但思想家的饭碗是永远保得住的。"①

胡适的这个说法颇有点矫枉过正,而正是从此视角,他对于那些纯粹哲学的研究就越发不以为然。1930年2月15日胡适日记中即有:"哲学会聚餐,朱光谨[公谨]先生读一篇论文,题为《超越的唯心论》,引用Nelson证明Kant的哲学的新方法。这班所谓哲学家真是昏天黑地!"②这则日记前后,胡适似乎有许多现实问题需要关注,包括《新月》杂志被查封的交涉,蒋介石(1887—1975)、冯玉祥(1882—1948)、阎锡山(1883—1960)的中原大战,以及国民党政府对言论自由的压制。在面对纷扰的现实时,胡适已经无法容忍这种从文本到文本的研究方式。

在胡适眼里,从文本到文本、从理论到理论的演绎是典型的"玄学"表现。其实,在上述北大哲学系同学欢迎会上,他解释"哲学取消"论的理由时,已经表达了反"玄学"的意思。③ 胡适没有系统论述过何谓"玄学",但他显然认同丁文江(1887—1936)所下的定义,即"广义的玄学是从不可证明的假设上推论出来的规律"。④

就理论上言,胡适反对玄学的原因或许包括:作为经验论者,胡适以为凡是超验的理论都是玄学;作为进化论的信仰者,他把玄学看作是中古的产物;作为无神论者,他以为玄学从来都是与宗教相关的;作为唯物论者,他以为唯心论基本属于玄学范畴;作为科学的推崇者,他认定无法确证的理论和

---

① 胡适1930年12月7日日记,《胡适全集》第31卷,第826页。
② 胡适1930年2月15日日记,《胡适全集》第31卷,第615页。此处朱光谨即朱公谨。朱公谨(1902—1961),字言钧,为著名数学教育家,时任上海光华大学及中央大学数学教授。《超越的唯心论》应指朱公谨(署名朱言钧)后来(1930年12月)发表在《哲学评论》第4卷第3期上的论文。日记中之Nelson即德国哲学家Leonard Nelson(朱译纳尔松,今译莱奥纳德·内尔松,1882—1927),朱公谨在德国留学时曾与内尔松有交往。1927年内尔松去世,为纪念逝者,朱公谨1928年在上海商务印书馆出版介绍内尔松思想的《理性批评派的哲学家纳尔松》一书。
③ 有关这一点,在场旁听的王维诚也已经注意到,参见其《记哲学系同学欢迎会上胡陈张三先生的言论并附记者对三先生论点的讨论》,《北京大学日刊》第2520号,1930年12月15日,第2—3版。
④ 胡适:《丁文江的传记》,《胡适全集》第19卷,第461—462页。

规律都是玄学;而作为实验主义的接受者,他更注意理论对现实的效用和影响。在反玄学时,胡适把"玄学"的面扩得非常之大,因而凡是与现实无直接关联的哲学思辨都成了"玄学",没有引进的价值和现实的参考意义。

然以胡适对现实的重视,现实因素在此所起的作用就不应忽视。胡适认知的现实有两个部分:一部分是历史延续下来的传统,另一部分是当下的状况。前者是对新文化运动反宋明理学的一种承继。实际上对传统负面因素的不满和重燃担心的也不止胡适一人。张申府1921年6月亦说过:

> 柏格森口口声声说他哲学怎样与科学有关,其实纯是欺人之谈,现在人已渐渐晓得了(《新近(New Republic)周刊》有一篇文说此,很好——原注)。柏格森现在法国是后古派的健将,他又对于天主教要人说他的学说与天主教义相近,此很像倭铿(Eucken)是宗教思想的大代表。他两个同是西洋近代思想界的反动派(柏格森哲学可说是孔德以前的哲学,与法人重理性的心习是不相合的)。中国再不可找这两个人去讲演,以中国人好空玄笼统的脑筋,岂可再经他们直觉不要解析的虚无飘逸的古老方法之熏染?①

"好空玄笼统"自然包括了胡适所谓"差不多主义"和中国传统思想中逻辑的缺失。不过,到20世纪20年代末到30年代初,胡适似乎更担心"玄学"会加重这个玄之又玄的一面,不仅会使青年脱离现实,而且会产生"海市蜃楼的模样"的幻想。② 这也牵涉现实的另一面——对"当下现状"的观察和感受。

在胡适眼里,20世纪20年代末,国民党的日趋保守,有意突出陆王心学,以及对传统"精神文明"的放大是一种典型的倒退。他1929年11月所

---

① 张崧年(申府):《英法共产党——中国改造》,《新青年》第9卷第3号"通信"栏,1921年7月1日,第3页("通信"栏页)。此信6月12日寄于巴黎。
② 参见《给"求真学社"同学的临别赠言》,《胡适全集》第20卷,第138页。胡适对"玄之又玄"的不以为然,又可参见《读梁漱溟先生的〈东西文化及其哲学〉》,《胡适全集》第2卷,第247页。

写的《新文化运动与国民党》固然是为了卫护新文化运动以来的思想自由,故说"我们当日批评孔孟,弹劾程朱,反对孔教,否认上帝,为的是要打倒一尊的门户,解放中国的思想,提倡怀疑的态度和批评的精神而已。但共产党和国民党协作的结果,造成了一个绝对专制的局面,思想言论完全失了自由"。而由于国民党对传统的过分美化亦让其担心中国无法适应现代世界及其潮流,故他要重申新文化运动的时代意义,即:"新文化运动的根本意义是承认中国旧文化不适宜于现代的环境,而提倡充分接受世界的新文明。"①在胡适看来,这种不主动适应现代世界有许多危险。1930年初,他在《从思想上看中国问题》中具体列举出危险的几个方面,即种族上,"不能适于生存而有被淘汰的危险";社会制度与心理习惯上,"不能适于生存而有堕落的危险";经济上,"不适宜于现代世界的经济生活而脱不了落伍的危险";思想上的不适宜有两个方面:"思想中有根本大不适宜的部分"和"思想的方法的不适宜"。②

不过,尽管胡适对哲学的排斥颇与晚清学部管学大臣张百熙(1847—1907)1902年的"盖哲学主开发未来,或有骛广志荒之弊"之说相似,他取消哲学系的建议也与从大学科目里取消哲学一科的《奏定学堂章程》(1903年)不谋而合,但在理念上却正好相反。就晚清学部对"哲学"的担忧,王国维1903年即以《哲学辨惑》加以驳斥,其1902年所译日人桑木严翼(1874—1946)《哲学概论》中将"尊自由"作为哲学的第一义,而王本人所尊康德之"人是目的",反对的"定于一尊",③正是胡适所赞同并提倡的。实际上,金岳霖、冯友兰以及张东荪等学院派或准学院派哲学家对哲学的坚持,也是想

---

① 以上分别见胡适《新文化运动与国民党》,《新月》第2卷第6—7号合刊,1929年9月10日,第4、5页(文页)。本期的《新月》实际出版日期应在11月以后。

② 具体见胡适《从思想上看中国问题》,《胡适全集》第8卷,第264页。此为一未刊稿,原稿无写作日期,然文中有"去年11月出版的一部《社会科学大纲》",而胡文具体引用内容系出自1929年11月由上海平凡书局初版之高希圣、郭真著《社会科学大纲》一书,据此推测,胡文应作于1930年初。

③ 参见佛雏《跋〈哲学概论〉》,收入其《王国维哲学译稿研究》,北京:社会科学文献出版社,2006年,第19—20页。

从中获得精神和思想上的自由,而胡适担心的是中古哲学的遗风会引发独断论,他相信科学和实证才能提供自由思想的土壤或基础。故他们之间并非思想自由之分,而是科学自由与哲学自由的分歧。

当然,"当下状况"始终是一个变量,空间上的变化引起的不同感受也值得注意。1930年底,胡适重回北平(京),哲学的氛围与三年前离京时已大为不同。通过身临其境地对比,这种不同之处也容易被放大。因为从地域上看,上海是个缺少哲学研究者和哲学研究氛围的城市,至少在胡适印象中是如此。1935年4月,在中国哲学会第一届年会致欢迎词时,胡适就说,"中国有哲学系的大学只有北大、清华、燕京、中大(中央大学)四校,上海这样大的地方,讲哲学的只有李石岑和全增嘏二人,李先生死后,只剩全先生一个"。① 关键是,北平(京)三所大学中,北大哲学系已然黑格尔哲学的研究中心,清华哲学系乃新实证论和维也纳学派的基地,而燕京哲学系也偏向于唯心论的哲学系,不仅无一接续胡适引进的实验主义,且有两家研究的是胡适极力反对的西洋"中古哲学"。三校哲学系的兴盛也不只是教师增多,学生的人数之多,也出乎胡适的意料之外。1931年胡适就为此感叹过,他说:"一个大学里,哲学系应该是最不时髦的一[个]系,人数应该最少。但北大的哲学系向来有不少的学生,这是我常常诧异的事。"②

贺麟1955年将胡适的"哲学取消"论出现的时间定在1931年"九一八"以后显然不合史实,因为前面已经提及,胡适在北京协和医校的演讲是在1930年10月17日,而更早的公开宣扬"哲学取消"论则是1929年6月3日。不过,如果将此说换作取消哲学系则可成立。因钱穆晚年也说过:"在余初到之年,北大历史系第一次开会,适之为文学院长,曾言办文学院其实则只是办历史系。因其时适之已主张'哲学关门',则哲学系宜非所重。"③而钱穆到北大历史系任教的时间是1931年秋季的学期。由此提示出了一

---

① 《胡适之欢迎词》,《中国哲学会年会昨日在平开幕》,《大公报》,1935年4月14日,第1张第4版。
② 胡适:《给北大哲学系毕业生纪念赠言》(1931年5月5日),《胡适全集》第20卷,第165页。
③ 参见钱穆《〈八十忆双亲〉·〈师友杂忆〉合刊》,《钱宾四先生全集》第51册,第173页。

个新的现实因素对胡适"取消哲学"论的加码作用。

贺麟说：

> 在九一八事变后,他(指胡适——引者)曾大唱其"哲学要关门","哲学家没有饭吃"的论调。他那时曾在北京协和医学院作了一个英文的演讲,(讲稿曾在当时北京英文报上发表,)大发其"哲学是坏的科学"的荒谬议论。他从孔德的反动的实证主义出发,认实证科学已代替了哲学,哲学已没有研究的领域,并以黑格尔学派的解体,作为哲学上的"树倒猢狲散",哲学要关门的例证。完全无视辩证唯物论的出现,为哲学开一新纪元的伟大历史意义。每遇见一个专门研究哲学的人,他就一再问他："你何不早些改行？"他在当时北京大学所讲授的"中国哲学史"课堂上,每年照例要重述一遍他的"哲学要关门"的荒谬议论。他甚至打算取消北京大学哲学系,想把个别顺着他作哲学史考据的教授转移到历史系,而迫使其他哲学教师"改行"或"没有饭吃"。①

在民族危机中,科学的作用无疑会凸显,而与现实关系不甚直接的哲学则容易被搁置。联想到胡适1923年12月10日有关"哲学与人生"的演讲的说法,哲学被重新定义为"哲学是研究人生切要的问题,从意义上着想,去找一个比较可普遍适用的意义",就不难理解此时胡适对哲学的决绝态度了。胡适又说："哲学离了人生,是想入非非的哲学。现在哲学家多凭空臆说,离得人生问题太远,真是上穷碧落,愈闹愈糟！"②而这个对哲学的新定义,在7年后,仍被胡适所强调。前述1930年10月17日,他在协和医学学校题为"What is Philosophy?"("哲学是什么？")的演讲中,依旧说：

> In order to provoke discussion, I shall begin by proposing my own defi-

---

① 参见贺麟《两点批判,一点反省》,《人民日报》1955年1月19日,第3版。
② 胡适:《哲学与人生——在上海商科大学佛学研究会讲演》,《东方杂志》第20卷第23号,1923年12月10日,第134页。

nition of philosophy:"Philosophy is an attempt to think out certain perplexing problems, mainly those of life and conduct, seeking to understand their meaning, and aiming at finding some general meaning capable of universal applications."(试译如下:为了引起讨论,我先提出自己有关哲学的定义。哲学试图思考的主要是人生和行为等复杂问题,寻求其含义,以觅得能普遍应用的一般意义。)①

现在看来,发展的路径何者比较合适仍是悬而未决的问题,也就是说,是同时发展,还是发展科目有先后? 胡适他们那一代人是第一次面临这样的选择,在一个国难当头的急迫环境下,又不可能从容试验,从容地对比和考量,这不是一代人的悲剧,而是时代的局限。

然胡适的"取消哲学"论也有其复杂的一面。1931 年 5 月 5 日,他在《给北大哲学系毕业生纪念赠言》中说:"一个哲学系的目的应该不是教你们死读哲学书,也不是教你们接受某派某人的哲学。""哲学教授的目的也只是要造出几个不受人惑的人。"②这是胡适研究哲学的理想。

胡适提倡"哲学的取消"以后,仍提议组建中国哲学会并领衔起草章程,直到 1936 年才宣布自己"改行"了。③ 这一点让主张哲学关注现实和承担社会责任的青年也颇有微词。1936 年《清华周刊》第 44 卷第 4 期发表署名"晓波"的《从中国哲学年会想到中国哲学家的任务》一文,开头即提到胡适"哲学要关门"的预言,他说:"前几年还大唱哲学家没有饭吃的胡适之先生现在又倡导组织中国哲学会,这使我们不能不感到中国的哲学家不但不

---

① 胡适:"What is Philosophy?",《胡适全集》第 36 卷,第 458 页。笔者据《北京导报》的题为《胡适谈哲学——回归后的首次演讲》("Hu Shih Talks of Philosophy In First Lecture on Return", *The Leader*, October, 18 and 19, 1932)核对,此文正是 1930 年 10 月 17 日,胡适在协和医学学校所作的英文演讲的原稿。详见尤小立《围绕胡适"What is Philosophy?"演讲的史实辨正》,台北:《传记文学》第 103 卷第 5 期,2013 年 11 月,第 65—71 页。

② 胡适:《给北大哲学系毕业生纪念赠言》(1931 年 5 月 5 日),《胡适全集》第 20 卷,第 165 页。

③ 贺麟:《两点批判,一点反省》,《人民日报》,1955 年 1 月 19 日,第 3 版。

会没有饭吃,而且还正需要着他们。至于谈到中国社会正需要哲学家作什么,固然不容易得到一致的解答,至少我们从组织哲学会这一件事实上可以知道中国的哲学家是负有他们的使命的。各人所负的使命自然随各人的认识而不同,总不会如以前胡先生感觉到哲学家没有饭吃吧?"他不同意冯友兰哲学是专门学问的说法,希望哲学家"用公开的讨论造成普遍的社会思潮"。① 这一时期,《清华周刊》上议论现实的文章也明显增多。

到20世纪30年代中期,胡适不仅成为进化式发展阶段论评判的对象,且已经正式被判定为思想上和哲学上的"过时"人物。1935年11月,孙道升在《现代中国哲学界之解剖》中谈及实验(用)主义,虽肯定胡适的引进之功,说,"在民国七八年顷,由胡适之先生一手介绍到中国。所以这派哲学在中国应以胡适之先生为唯一的代表",但他也指出:

> 这派哲学,初入中国时以北大哲学系为根据地,曾经风行一时,民国十二三年以前都是他的黄金时代。现在呢!他在北大哲学的地盘,业已为新唯心论所侵占;他在思想界之势力,业已为新唯物论所代替;无论就那一方面,都可以看出他的地位,一落千丈,式微不振来。那也就是说,实用主义在目下中国哲学界之势力,远不及十年以前他在中国哲学界之势力,据此,可见胡适之先生移植过来的这派哲学,在中国哲学界不惟没有"结实",而且没有开花;不惟没有开花,而且没有生芽。若果在他这奄奄一息,生命垂危的时候,再没有人来灌溉一下,恐怕他在中国哲学界要有"绝种"的危险哩!②

张聿飞(1904—1981)的《现阶段中国哲学界的派别》多少受到孙道升《现代中国哲学界之解剖》的启发,不过,他更直白地说到了胡适和实验主

---

① 参见晓波(郝晓波?)《从中国哲学年会想到中国哲学家的任务》,《清华周刊》第44卷第4期,1936年5月6日,第27、30页。

② 孙道升:《现代中国哲学界之解剖》,《国闻周报》第12卷第45期,1935年11月18日,第1—2页(文页)。

义的弱点,他指出:

> 实验主义的本身根据,原来就很单弱,加之以胡先生并不是专心发挥这派哲学思想的人,所以没有几年,就消沉下去了。现在攻击或批判胡先生以及他的哲学大著的人,很多很多,胡先生虽然持着宽怀大度,不与人们作辩论的精神,其实,胡先生在哲学上的认识根据和逻辑方法,恐怕不只太不充分,而且恐怕也有点落伍了吧?①

在他看来,胡适的弱点还包括总是在"尝试"。从他"所谓'自古成功在尝试',不一定是靠得住的理论,我们所以能获得正确认识,达到真理目的,全在于运用合理的逻辑的方法,并不是在一辈子的去'尝试'"一句可知,彼时偏左的知识青年不再想从名家那里得到探索的方法和尝试性的、暂时的结论,而想获得确定的结论,即所谓真理。这也是 20 世纪 30 年代中国社会和学界的一个特征。另一个社会特征是有关社会变革的,他们急切地想要促使社会发生"突变",而不是胡适所鼓吹的"渐变"。他们甚至将此分歧看作是胡适思想落伍的原因。张聿飞说:"所谓社会变革,不都是渐变,而且是突变,胡先生在认识上和方法上,似乎都欠真确,所以,实验主义在中国,除了情感地被冲动了几下以外,一经理智的分析,便被打下台去了。"

但孙、张都是刚出校园的后辈,尚未在学界建立起地位,他们所言只能代表部分知识青年的态度,对胡适的影响毕竟有限。在此前后,冯友兰也加入声称胡适"过时"的行列后,情况就完全不同。不仅是前面提及的胡适相当重视留学生的见解,从冯友兰与胡适的私人关系看,他们既是师生,又是同门;而从哲学史研究取向和方法上看,他们之间也是"以西释中"研究范式的开创者和集大成者的关系。

虽然说冯友兰并非是杜威实验主义的信徒,但在一些观点上与胡适也相差不远,如胡适 1928 年 7 月 10 日发表在《新月》第 1 卷第 5 号上的《名

---

① 本段与下段,均见张聿飞《现阶段中国哲学界的派别》,《现代评坛》第 2 卷第 1—2 期合刊(周年纪念号),1936 年 10 月 1 日,第 36 页。

教》一文,就称赞两年前冯友兰发表在《现代评论·第二周年纪念增刊》上的《名教之分析》"精辟"。① 冯1928年8月下旬进入清华哲学系任教后,二人观点亦未必全部背反。他们之间的争论主要还是在1931年2月,冯友兰的《中国哲学史》上册作为"清华大学丛书"之一由上海神州国光社出版后,其所承袭的"正统论"引起胡适的不满。而胡适反对"正统论",不仅是因为以他之所见,留学生作为西洋现代思想的传播者不应卫护传统。从杜威实验主义的传承上说,反对欧洲中古哲学的"正统论"也正是其特色之一。

在胡、冯分歧之初,虽不免有意气的成分,当胡适戏称冯友兰为"正统派"后,冯干脆在《中国哲学史》下册的序言中自认"正统派",②但这样的意气尚没有完全背离学术讨论的原则,到1934年,冯友兰使用进化式发展阶段论来描述晚清以降中国哲学和思想的发展阶段后,他们彼此之间的意气成分明显加重了。论者往往以为,1955年1月胡适给《美国历史评论》(*The American Historical Review*)撰写有关冯友兰《中国哲学史》英译本的书评时,有些责之过苛,甚或怀疑胡适的道德。实此文是在肯定冯友兰《中国哲学史》的前提下才提出疑问和批评的,而质疑与批评也是胡适书评一贯的风格,并不足以反映二人之间的分歧。

然20世纪30年代的情况相当复杂。以前述冯友兰之见,他1928年进入清华哲学系任教后,与金岳霖是相互影响的。但以钱穆之见,冯受金的影响远胜于金对冯的影响,他说:"余常闻人言,芝生治西方哲学,一依其清华同事金岳霖所言。其论中国哲学,亦以岳霖意见为主。"③而关键是这个影响更多的是将冯友兰变成了学院派。随着学科意识的增强,冯友兰更将"技术性高的专业哲学"作为现代哲学系的标准。有关这个美式标准,他晚年作过解释,"美国的哲学界认为有一种技术性高的专业哲学。一个讲哲学的人必须能讲这样的哲学,才能算是一个真正的哲学专

---

① 胡适:《名教》,《新月》第1卷第5号,1928年7月10日,第2页(文页)。
② 参见冯友兰《中国哲学史·自序(二)》(全二册),北京:中华书局,1961年重版,第1页(自序页)。
③ 参见钱穆《〈八十忆双亲〉·〈师友杂忆〉合刊》,《钱宾四先生全集》第51册,第220—221页。

家。一个大学的哲学系,必须有这样的专家,才能算是像样的哲学系"。金岳霖就是这样技术性高的专业哲学家。①而"技术性的哲学问题,诸如宇宙构成,或知识有效性"之类的问题,在他看来,只能"是在学院的圈子里讨论的"。②

1934年9月前后,冯友兰出席在捷克布拉格召开的第八届国际哲学大会,并作题为"哲学在当代中国"的发言。这篇发言稿并未同时译成中文发表,故很难说对胡适和国内哲学界产生过什么影响,但身处国外让冯友兰无所顾忌,反而更多地展示出他的真实想法。

在发言中冯友兰使用进化式发展阶段论来描述晚清民初的中国哲学发展并不稀奇,因为这类阶段论的方式已经在国内广泛使用。稀奇的是他竟也像左翼青年一样,将胡适划分到"历史人物"之中。在他有关近五十年中国对外来文明的态度划分的三个阶段中,胡适处于第二个阶段,即1919年达到高潮的新文化运动时期。但在冯友兰看来,1926年后,中国已经进入第三个阶段,其起始点和标志是1926年的民族运动以及1928年建立的南京国民政府。这等于是说,在第三个阶段到来后,胡适已经是"历史人物",因而落伍了。

冯友兰从"时代精神"上立论虽为会议主题的要求,但"时代精神"恰是胡适最喜欢使用的标准。胡适在赞扬某位历史人物时,往往以"时代精神"来衡量。仅以20世纪20年代为例,前引其论及崔述,即说:"不失为那个汉学时期的时代精神的伟大代表。"③说到费经虞(1599—1671)与费密父子,也说:"从历史上看来,宋学只是一种新汉学,而清代的汉学其实只是一种新宋学!""不过他们生当宋学的反动时期,不免一笔抹杀宋儒的贡献,不免过崇汉儒。这也正是费氏父子代表时代精神之处。"④又如讲到书院,他说,书院的精神"代表时代精神。一时代的精神,只有一时代的祠祀,可以代

---

① 冯友兰:《怀念金岳霖先生》,《哲学研究》1986年第1期,第21页。
② 参见冯友兰《哲学在当代中国》,涂又光译,《三松堂全集》第11卷,第266页。
③ 胡适:《科学的古史家崔述》,《胡适全集》第19卷,第194页。
④ 胡适:《费经虞与费密》,《胡适全集》第2卷,第77页。

表。因某时之所尊奉者,列为祠祀,即可觇某时代民意的趋向"。①这个"时代精神"的标准之所以为胡适所重视,其实也是因为他自认代表了"时代精神"。②因此,当冯友兰从胡适那里借用了"时代精神"来论证胡适已然成为"历史人物",无法代表最新的"时代精神",又由于这个解构胡适地位的人是曾经的学生、同门和中国哲学史写作范式的承继者,对胡适的影响之大,亦可想而知。

冯友兰在具体区分了第二阶段和第三阶段"时代精神"的不同时,也直接批评了胡适及其《中国哲学史大纲(卷上)》。而其中有关胡著是批评中国哲学的书的说法,直到晚年亦未曾变化。冯友兰指出:

> 胡适写了《中国哲学史大纲》,还只出版了上卷。其实这部书与其说是中国哲学史,不如说是中国哲学批判。中国哲学的两个影响最大的学派,儒家和道家,都受到严厉的批评和质问,所用的是功利的和实用的眼光。胡适是争取个人自由与发展,因此他觉得儒家错了,因为儒家教导个人从属于其君其父,其国其家。胡适是提倡奋斗精神与征服自然,因此他觉得道家错了,因为道家教人乐其自然。读他这部书,感觉不到别的,只感觉到,整个中国文明是完全走错了路。

冯友兰说,到了第三个阶段,由于1926年的民族运动,"中国人对于西方新文明的态度发生新的转折。体现在政治经济组织中的西方新文明,一度被人认为是人类制度之至善,现在则被认为不过是人类进步的一个阶段。

---

① 胡适之先生讲,陈启宇笔记:《书院制的史略》,《北京大学日刊》第1371号,1923年12月24日,第2版;又见《东方杂志》第21卷第3号,1924年2月10日,第144—145页,题名《书院制史略》。

② 不过,随着际遇的改变,到20世纪40年代,胡适对"时代精神"也有过反省。他在1943年说:"治思想史的,不可不注意这种不受时代影响而自开风气的人。他们的存在应该使我们对于'时代思潮','时代精神'一类的名词存一点谨笃的态度。"参见藏晖(胡适)《海外读书笔记:(二)郑晓——读〈盐邑志林〉本〈古言今言类编〉》,写于1943年9月25日美国纽约,刊《大公报·文史周刊》第4期,1946年11月10日,第2张第7版。

历史没有结束,它正在创造中。历史趋向的最终目的,现在认为是世界和平,人类合一,看来与古老的东方,比与现代的西方,更为相投"。这显然内含着一种正在增长的民族主义意识。

在冯友兰看来,第三个阶段的新趋势,也就是与第一、二个阶段最大的不同主要反映在观念上。他说:

> 第一阶段的精神领袖们基本上只有兴趣以旧释新,而我们现在则也有兴趣以新释旧。第二阶段的精神领袖们只有兴趣指出东方西方的不同,而我们现在则有兴趣看出东方西方之所同。我们认为,东方西方若有什么不同,那就是不同环境的产物。在不同的环境,人们有不同的反应。我们若从产生反应的环境来看反应,我们也许可以用黑格尔的话说,凡是实际的也是有理的。因此我们现在没有兴趣用另一种文明的眼光去批评某种文明,像第一、第二阶段的精神领袖们所做的那样,但是有兴趣用另一种文明去阐明某种文明,使两种文明都能被人更好地理解。我们现在有兴趣于东方西方的互相解释,而不是互相批评。我们把它们看做人类进步同一趋势的不同实例,人类本性同一原理的不同表现。这样,东方西方就不只是联结起来了,它们合一了。①

冯友兰一向谨慎,故他在发言中使用的是复数"我们",而没有说"我"。但"我们"之中包含着"我";无论"我们",还是"我",都是新阶段、新的"时代精神"的代表。

虽然此处的"释古"之说从学术传承上受到王国维、陈寅恪等影响,因而确有"清华学术"的遗风,②但其实,冯的说法,从黑格尔"正反合"中转换的痕迹同样明显,就在发言的最后,冯友兰说:"我认为这就是近五十年中国历史三个阶段中时代精神的特征。若要应用黑格尔辩证法,我们可以说,

---

① 以上均见冯友兰《哲学在当代中国》,《三松堂全集》第11卷,第268—270页。
② 李学勤先生曾提到冯友兰的"释古"是受清华王国维、陈寅恪等人的影响,有清华的特点。参见其《走出疑古时代》,沈阳:辽宁大学出版社,1994年,第4页(自序页)。

第一阶段是'正',第二阶段是'反',第三阶段是'合'。"①更重要的是,冯友兰提出"释古"是为了挑战胡适的学术地位,这也是哲学界代际转换的一次预演。②

1934年10月,冯友兰回国,在回国后的演讲中便直接挑战起胡适的权威。11月6日在燕京大学的演讲中,他就否认胡适西洋是"汽车文明",中国是"人力车文明"(冯表述为"洋车文明")之说。这当然是因为此次欧游证实了他的见解:中西之分实是"古今之分"。故他说:"其实汽车并不是西洋固有的,乃是近年所发明的。"③

这个挑战一直在持续。前面已述及,到1935年4月,中国哲学会第一届年会上,冯友兰在致开会辞时虽颇有些深情地回顾胡适对改变北大哲学风气的作用,但挑战的意味已相当浓厚。同年5月,冯友兰在北平师范大学演讲"中国近年研究史学之新趋势",将"信古—疑古—释古"的进化式发展阶段论明确罗列出来,不仅说"就中以'释古'为最近之趋势",以示胡适为

---

① 冯友兰:《哲学在当代中国》,《三松堂全集》第11卷,第270页。
② 冯友兰的"释古"说比较复杂,它同时也有回应唯物论的意思,且亦非是一直坚持不变的。据周予同观察,冯友兰在《中国哲学史》中讲"释古",但"七七"事变后,不再讲"释古"而与陈寅恪一样,讲不忘本民族的地位,做黑格尔的"合"工作,"企图稳定宋、明理学的地位,以上承儒家的道统"而与释古派分手了。他的依据是1936年10月冯友兰在马乘风(1906—1992)《中国经济史》序中说:"释古一派之史学,多有两种缺陷。第一种是:……往往缺乏疑古的精神。……往往对于史料,毫不审查,见有一种材料,与其先入之见解相合者,即无条件采用。""第二种缺陷是:……往往谈理论太多……感觉他是谈哲学,不是讲历史。……我们应当以事实解释证明理论,而不可以事实迁就理论。"(参见马乘风《中国经济史》第1册,上海:商务印书馆,1937年,第1页[序言页])但周认为,冯友兰不满的主要是方法和技术问题,并非理论问题和史观问题。(参见周予同《五十年来中国之新史学》,《学林》第4辑,1941年2月,第32—34页)而在20世纪30年代,"释古"派本身也受到了一些持唯物史观者的批评,具体见刘兴唐《疑古与释古的申说》。(《食货半月刊》第3卷第5期,1936年2月1日,第1—2页)这也证明史学学科化后,史料依然具有权威性。对于冯友兰的"释古",也有从另一视角阐释的。何兆武先生干脆说,"释古"实即所以"释今",是"紧跟"的结果。(何兆武:《也谈"清华学派"——〈释古与清华学派〉序》,参见徐葆耕《释古与清华学派》,北京:清华大学出版社,1997年,第7页[序言页])这也是胡适与冯友兰的区别,同样是注意"时代精神",胡适注意的是时代感,而冯友兰则注意政治的变换。
③ 以上均见冯友兰《游欧印象》,原刊《北平晨报》,1934年11月7日,收入《三松堂全集》第14卷,第249页。

后台的"疑古"派或疑古方法的过时,他所说的"吾人须知历史旧说,固未尽信,而其'事出有因',亦不可一概抹煞",①也是针对胡适《诸子不出于王官论》中对《汉志》的怀疑。在演讲中冯友兰所列举之井田制,亦是借此有意与胡适之见相区隔。此点在几天后于辅仁大学有关"近年史学界对于中国古史之看法"的演讲中说得相当明确。应该说,这后一次演讲是前一次演讲的进一步发挥。有关胡适《诸子不出于王官论》,冯友兰说:"这篇文[章]在当时很能得一般人的惊赞,因为这还是胡先生一种新颖的见解,是我们不应该忘记的。这文批判诸子出于王官的说法,完全没有它相当的根据,而在'六经'内,也曾以诸子出于司徒之官,这种见解是陷于机械论的谬误。"②

此时,冯友兰的《中国哲学史》(上下册)已经出版,在时人眼里业已超越了胡适的《中国哲学史大纲(卷上)》,在哲学界的地位更是如日中天。1934年7月17日,尚在清华大学历史系读书的夏鼐(1910—1985)在日记中说到,冯友兰的《中国哲学史》"对于考据方面,虽不如胡适《中国哲学史大纲》,然关于叙述各家之哲学系统,却远胜胡氏,在现下此类著作中尚罕其匹"。③ 当然,冯著也受到包括胡适以及冯之清华同事张荫麟(1905—1942)的批评,但由于冯友兰内心里最重视胡适之见,胡适以"正统论"相批评,且在书信中提出几点商榷意见,更让地位迅猛上升的冯友兰无法平静地接受。他不仅与胡适争论《汉志》"诸子出于王官"论和"老孔先后"的问题,1935年4月发表的《原儒墨》④之所以采用考据方法与胡适商榷儒之起源问题,亦是因胡适最提倡且最擅长考据,由此可知其中潜藏的意气之重。

冯友兰的反戈一击亦最让胡适措手不及,这使二人的关系迅速疏远。然就20世纪30年代看,冯友兰和金岳霖确代表了新一代哲学研究的方向,

---

① 冯友兰:《中国近年研究史学之新趋势》,原刊《世界日报》,1935年5月14日,收入《三松堂全集》第14卷,第255—257页。
② 参见冯友兰讲演,维民记《近年史学界对于中国古史之看法》,《骨鲠》第62期,1935年5月30日,第9页。
③ 夏鼐1934年7月17日日记,《夏鼐日记》卷1,上海:华东师范大学出版社,2011年,第248—249页。
④ 冯友兰:《原儒墨》,《清华学报》第10卷第2期,1935年4月,第279—310页。

胡适在学界虽依然有着习惯性的历史影响力,却已然成为破落的一代知识人。而正是这个微妙的处境,让胡适感受到了孔子曾经的际遇。

第三节 不意成圣:胡适的孔子式孤独

1954年12月8日,郭沫若在中国文联主席团、中国作协主席团扩大联席会议上说:"中国近三十年来,资产阶级唯心论的代表人物就是胡适,这是一般所公认的。胡适在新中国成立前曾经被人称为'圣人',称为'当今孔子'。他受着美帝国主义的扶植,成为了买办资产阶级第一号的代言人。"①郭沫若所言颇带嘲讽之意,但亦反映出胡适曾经的"当今孔子"之称并非妄说。翌年6月,范文澜在《历史研究》第3期发表的《看看胡适的"历史的态度"和"科学的方法"》一文里,亦讽称胡适是"当今孔子",言"胡适用自己的假设证明自己真的是当今孔子",甚至说"凡是《说儒》篇里描写颂赞孔子的辞句,都是胡适自道也",②当然这都是从反面而言的。

胡适成了孔子,当然不是指做官时的孔子,而是作为破落贵族的孔子。但这个地位的变化不足以令其想到撰写《说儒》。引发胡适撰写《说儒》现实动因之一,是"九一八"事变发生后,其境遇与破落时期孔子的相似性,让他体会到了"孔子式的孤独"。

"当今孔子"虽为时人所赋予,但胡适内心亦未必就不认同。前述1921年,胡适日记中曾记录有人在聚会上称自己为"通天教主",口气尚带戏谑

---

① 郭沫若:《三点建议——1954年12月8日在中国文学艺术界联合会主席团、中国作家协会主席团扩大联席会议上的发言》,《人民日报》,1954年12月9日,第1版。不过,以今存的材料看,最早将胡适与孔子相类比的大概是顾颉刚,后者在1919年1月14日日记中言胡适之父母年龄相差太大时,遂联想到孔子。其中说:"悉胡先生五岁而孤。其母为父再继妻,寡居时方二十三岁。予推其父没,当有五十岁,长其母远甚。因念以胡先生之才学聪颖为当世冠,得毋老夫少妻,气类相感,宜有此乎。"又说及孔子父母叔梁纥与颜氏,云:"则妇当方及笄,夫已至五六十也。故《史记》以其不合礼而称之曰野合。遂生孔子,圣明通达,为百世师。意者如是果易生天才之子乎。"《顾颉刚日记》第1卷,第65页。

② 范文澜:《看看胡适的"历史的态度"和"科学的方法"》,《历史研究》1955年第3期,第17页;又见《胡适思想批判(论文汇编)》第7辑,第286—287页。

意味,但这个称呼却仿佛深植于内心,且在此时再次显现出来。1934 年 12 月 20 日,他在致傅斯年的信中,说"你定要笑我不脱'通天教主'味儿了!"①这即是在作为学界中心人物和青年人心目中的领袖,得到新派和青年知识人的追捧后的一种习惯性的认同。然随着社会的变迁,学术专业化、学科化的深入,胡适也体会到了地位被分享的失落,这种领袖般失落也容易让胡适体会到孔子曾经的际遇。而 1931 年 9 月 18 日,"九一八"事变的发生,直接促发胡适参与到挽救民族危机的进程之中,其中的期望与失望,挫折与无奈,更使"当今孔子"与先秦孔子处在了同样的境地。

一、少数派:"九一八"事变后胡适"主和"论的内与外

今人解读"九一八"事变第二天的胡适日记,往往以为胡适的反应过于沉静。胡适 9 月 19 日日记如下:

> 今早知道昨夜十点,日本军队袭攻沈阳,占领全城。中国军队不曾抵抗。
> 午刻见《晨报》号外,证实此事。
> 此事之来,久在意中。八月初与在君都顾虑到此一着。中日战后,至今快四十年了,依然是这一个国家,事事落在人后,怎得不受人侵略!②

胡适 9 月 18 日当天,以及 9 月 20—22 日的日记均付之阙如,无从考察这几天其心态的具体变化,从 19 日日记看,"此事之来,久在意中"一句需要与"八月初与在君都顾虑到此一着"放在一起解读。因为一个月前,即 8 月 6—17 日,丁文江曾邀胡适到秦皇岛避暑,他们谈及日本的威胁是肯定的,这个想法在丁文江确也相当地早,1927 年 4 月胡适从欧美回国途经日

---

① 胡适致傅斯年,1934 年 12 月 20 日,《胡适全集》第 24 卷,第 217 页。
② 胡适 1931 年 9 月 19 日日记,《胡适全集》第 32 卷,第 149 页。

本,丁文江曾去函敦促胡适久住,以期多了解日本,因"深切的感觉中国存亡安危的关键在于日本"。①而类似对日本威胁以及可能的侵略的忧虑,在胡适则出现更早。1915年1月,他已经意识到"中国之大患在于日本",其原因是"日本数胜而骄,又贪中国之土地利权","日本知我内情最熟,知我无力与抗","日本欲乘此欧洲大战之时收渔人之利","日本欲行门罗主义于亚东","总之,日本志在中国,中国存亡系于其手"。②以是观之,"此事之来,久在意中"并不能反映此刻胡适的心情,相反,"中日战后,至今快四十年了,依然是这一个国家,事事落人后,怎得不受人侵略"才最让他无奈、愤懑,乃至自责,这种心态也在同日应陈寅恪之请所撰《题唐景崧先生遗墨》一诗"几枝无用笔,半打有心人。毕竟天难补,滔滔四十春"中有所显现。③

愤懑之情自然不止胡适一人。在陈寅恪给胡适的答谢信中同样也充满愤懑,陈先生说:

> 以四十春悠久之岁月,至今日仅赢得一"不抵抗"主义。诵尊作既竟,不知涕泗之何从也。④

同样愤懑的还有胡适的弟子顾颉刚。后者在9月19日的日记中说:

> 日本兵于昨晚占领辽宁。以彼之处心积虑,自是迟早必有之事。以中国人之不争气,即使人不来亡我,我亦自亡。譬如第三期肺病人,终于一死,死固可悲,但有何法挽回之乎!遥想健常(即谭慕愚,又名

---

① 胡适:《丁文江的传记》,《胡适全集》第19卷,第508页。
② 胡适:《藏晖室札记·再游波士顿记》(1915年1月27日追记),《胡适全集》第28卷,第26页;又,1915年3月19日,在《致留学界公函(An Open Letter to All Chinese Students)》中,胡适亦表达了相同的忧虑。参见《胡适全集》第28卷,第91页。
③ 胡适1931年9月19日日记,《胡适全集》第32卷,第149页。
④ 陈寅恪致胡适,1931年9月23日,《陈寅恪集·书信集》,北京:生活·读书·新知三联书店,2009年,第139页。

谭惕吾,1902—1997。——引者)闻之,又不知将如何悲愤矣。①

类似话语和感受还出现在 1934 年 7 月 16 日致胡适的信中,此时顾颉刚应平绥铁路局长之邀与作家冰心(1900—1999)、郑振铎(1898—1958)等人赴山西、河北和绥远等地后,为当地的贫瘠和百姓的极度贫困所震撼,这也促发了他的自省。他写道:"别人都悲愤填膺,我反心中暗喜。我以为如果没有这件事,二三十年之后,我们的国家是亡定了,我们的民族是灭定了,再也翻不起来了。现在固然已到肺病第三期,但留得一口气,究竟还有起死回生的一点希望。"②此信被胡适刊登在《独立评论》第 111 号上。

恨铁不成钢的悲愤和深切的自省是前现代国家知识人在受到现代化后的外国侵略时最容易产生的反应。胡适此刻所说、以后又屡次提及的"四十年"乃是一个大概的时间,从 1931 年上溯,三十七年前的 1894 年正是中日甲午战争开战之时,三十七年后,不仅再遭同一国家的二次侵略,他们亦发现在国内经过两三代知识人努力提倡的现代化的作用有限得超乎想象,从政府到大多数国民都无法认识到科学对富强的基础作用,故才有四十年白白过去的激愤、自责和慨叹。

胡适的沉静和自责,亦与他秉持的理性和学术训练有关。正因为有此学术训练,遇到重大突发事件时,知识人通常的第一反应也往往没有一般百姓那么直接和强烈。然随着对日本侵略影响的感受和判断的加深,他们的反应也会变得强烈起来。1932 年 9 月 11 日,"九一八"一周年的前夜,胡适感叹道,"这一年的光阴,没有一天不在耻辱惨痛中过去的"。③从后来提到"九一八"时的一些说法,亦可见胡适确也心急如焚。这乃是经过了消化后的反应。

1931 年 9 月 14 日正是北大复校和胡适重回北大后的开学之日。胡适不是预言家,他无法预测四天后的情景,当天的日记记录的是开学典礼上的

---

① 顾颉刚 1931 年 9 月 19 日日记,《顾颉刚日记》第 2 卷,第 564 页。
② 顾颉刚:《旅行后的悲哀》,《独立评论》第 111 号,1934 年 7 月 29 日,第 10 页。
③ 参见胡适《惨痛的回忆与反省》,《独立评论》第 18 号,1932 年 9 月 18 日,第 8 页。

发言和一些交往的琐事,这天日记的眉批显然是后来添加,其中说:

> 我们费了九个月的工夫,造成一个新"北大",9月14日开学,五日之后就是"九一八"的一炮! 日本人真是罪大恶极!①

1946年10月10日,在北京大学开学典礼上,胡适说:

> ……经九个月的筹备,在民二十年9月17日(北大)开学。延聘全国有名学术界名宿,故开学后,立刻恢复以前的校誉。可是开学的第二天,东北"九一八"事变发动,日本揭开了侵略的真面具。从此平津地区师生都预感失掉了安心读书的机会。②

1948年12月13日,在为《北京大学五十周年纪念特刊》所写的卷首语中,胡适又提到:

> 民国二十年(1931)9月17日,新北大开学了。……可怜第二天就是"九一八"!
> ……9月19[日]早晨我们知道了沈阳的大祸,我们都知道空前的国难已到了我们的头上,我们的敌人决不容许我们从容努力建设一个新的国家。③

1956年3月12日,胡适在《丁文江的传记》中所言更为激烈:

> 大火已烧起来了,国难已临头了。我们平时梦想的"学术救国"、

---

① 参见1931年9月14日日记眉批,《胡适全集》第32卷,第145页。
② 胡适:《在北京大学开学典礼上的演说》,原刊《经世日报》,1946年10月11日,收入《胡适全集》第20卷,第223页。此处与下段引文中之"17日"系误记。
③ 胡适:《北京大学五十周年》,收入北京大学五十周年筹备委员会编《北京大学五十周年纪念特刊》,北京:北京大学出版部,1948年,第4页(卷首页)。

"科学建国"、"文艺复兴"等等工作,眼看见都要被毁灭了。①

从史料上看,"九一八"事变后,北大的反应是相当强烈的。仅以9月为例,从校方到教师、学生就组织了多次反日宣传活动。9月20日,北大学生会发出抗日救亡通电,要求"唯有速息内战,一致抗日"。同日,北大东北同学抗日救国会举行第一次全体同学大会。21日,北大教职员对日委员会执行委员会第一次会议通过议决,要求国民政府"向日本提出严重抗议,要求日本立即撤兵,恢复原状,在未撤兵前不与谈判;命令地方政府不得与日本就地直接交涉"。同时,"函张学良副司令,不得与日本直接交涉等"。当天,北大学生会为日本侵占东北,除发出"代电"外,于此日上午召开紧急会议,决定加强反日宣传,组织扩大抗日运动会。22日,北大教职员对日委员会执行委员会召开第二次会议。同日,北大学生会抗日运动委员会召开第一次会议。议决中有"定期开抗日运动宣传大会,请本校蒋梦麟等十几位教授分期讲演"。23日,北平各校学生自动罢课一日,臂缠黑纱,书以"反日救国"字样,出发演讲并结队游行示威。当天,平津学术团体对日联合会开第一次会议,代表北大出席者为蒋梦麟(1886—1964)、沈尹默(1883—1971)、徐炳昶(1888—1976)等。24日,国立北京大学教职员对日委员会执行委员会组织简章公布。

据《北京大学纪事》记载,9月份胡适参与的活动只是9月24日在三院大礼堂举行的抗日运动宣传大会。这一天"北大停课一天,上午10时,由胡适教授及学生等讲演,全体教职员学生均到会,并开大会讨论抗日工作"。②

不过,胡适后来说:"在'九一八'事件发生之后不久,我们一二十个朋友曾几次聚会,讨论东三省的问题。"他本人还和蒋廷黻(1895—1965)各自起草了一个方案,由于过于温和,"整理的方案始终没出现"。③ 但这个方案

---

① 胡适:《丁文江的传记》,《胡适全集》第19卷,第509页。
② 以上均见王学珍等主编《北京大学纪事(1898—1997)》上册,北京:北京大学出版社,1998年,第181—183页。
③ 胡适:《又大一岁了》,《独立评论》第151号,1935年5月19日,第3—4页。

的基本取向也可以从他参与组建的"自觉救国会"的宣言中体现出来,就是反对对日作战,反对对日绝交,提倡"曲突徙薪之谋",称赞"甘地精神"。①胡适说:"我在那时就起了一个感想:如果我的一个方案不能一致通过这十来个好朋友,我还能妄想得着多数国民的接受吗?"他的这个"很悲观的结论"②的遭遇正预示了随后提出和平解决中日问题时的困境。

胡适后来在《胡适口述自传》中自认,"九一八"以后,他是"少数派"。他说,"在抗战前我国对日艰苦交涉的整整六年之中(1931—1937),我又变成了反对对日作战的少数派"。③

在叙述这段话之前,胡适还谈到1915年袁世凯政府与日本签订《二十一条》时,他本人所主张的"不抵抗以及反对对日作战"亦遭到旅美中国学生和朋友的反对。而他之所以有此主张,从中国古代来看,是受老子的"不争"和墨子的"非攻"影响;就西洋的渊源看,则与基督教的"容忍原则"(胡适译为:"人家打你右颊,你把左颊再转过去让他打的原理")以及英国作家诺曼·安吉尔(Norman Angell,1874—1967)和杜威的"建设性的新和平主义""新国际主义"的启发。

此处胡适有一个微妙但重要的变化,即由纯粹的"不抵抗"到"建设性"地依靠法律和规则的转变。胡适说:"杜威和安吉尔二人都有助于在1915到1916年间新思想的成长。我也开始舍弃我原有的不抵抗哲学而接受一种有建设性的,有关力量和法律的新观念,认为法律是一种能使力量作更经济有效利用的说明书。"④

正像1915年5月6日胡适在等待袁世凯政府决定接受日本政府有关《二十一条》的最后通牒的前一天晚上辗转反侧不能入眠一样,"九一八"事变亦使其纠结不已。因为彼时中国面临的情形让他的"建设性的"法律或规则的提倡变得难以让人接受。但切实地看,他反对对日作战,实出于无

---

① 参见耿云志《胡适年谱(修订本)》,福州:福建教育出版社,2012年,第161页。
② 胡适:《又大一岁了》,《独立评论》第151号,1935年5月19日,第4页。
③ 《胡适口述自传》,《胡适全集》第18卷,第227页。
④ 以上分别见《胡适口述自传》,《胡适全集》第18卷,第211、212、217—222、222页。

奈。他后来说,在1931—1937年的"这六年中我反战的论点仍与当年无异"。这个最大的不同即他所说的,"问题重心便是我们怎么能打?拿什么去抗日?我们陆军的训练和装备均甚窳劣;既无海军,实际上也没有空军;也没有足以支持战争的国防工业,我们拿什么去抗日呢?这是一件悲剧。不幸的是中日两国当时皆缺乏明智之领导阶层来设法避免战争。结果两败俱伤,同归于尽"。①

有同样认知的,非仅胡适一人,丁文江亦有相同的言论。② 但胡适"主和"虽出于理性的认知以及对于客观现实的理性考量,内心里和情感上,却相当地矛盾。1933年3月14日,胡适听到时任国民政府外交部部长的罗文干(1888—1941)说"我们也不妨此时暂且屈伏"后,在日记里评论道:"这种人生观与我的正相反。我曾说:一个强盗临刑时,还能把胸膛一拍,说:'咱老子不怕!二十年后又是一条好汉!'我们对于我们国家的前途,难道没有这点信心吗?"胡适虽说"我细细想来,恐怕他是对的,我是错的",但还是不同意"屈伏"。当天日记所录罗文干给胡适的信中将国际外交喻为入赌场赌博,其所说的"老兄好好的读书人,输了一副牌,面色便发青,做出寒尘样子"亦是胡适矛盾心理的写照。③ 由此可知,胡适主张的"和"与"屈伏"无关,且也与纯粹的外交手段有别,他仍有着强烈的自尊,远不能承受国际外交之轻。

"九一八"事变时,中国的军力不足和军队缺乏战斗力也是客观现实。1933年2月"热河事件"后,3月5日,胡适在"心绪极恶"之下开始撰写《全国震惊以后》。此文激烈地批评中国军队的落后、腐败和政府的失职。他说,"前年'九一八'的失败,也不是有计划的'无抵抗',其实也是一种摧枯拉朽的崩溃。……一年零五个月的整理与补充还不能抵抗,热河的绝好的天险地利还不能抵抗,可以证明这种腐败军队遇着现代式的敌军势必如枯叶之遇劲风,朽木之遇利斧,无有不崩溃之理"。胡适随后指出了热河大溃

---

① 《胡适口述自传》,《胡适全集》第18卷,第216、227页。
② 如丁文江《抗日的效能与青年的责任》,《独立评论》第37号,1933年2月12日,第2—8页。
③ 胡适1933年3月14日日记,《胡适全集》第32卷,第196—197页。

败的几大原因,即"军队全没有科学的设备,没有现代的训练","军官的贪污堕落","地方政府的贪污堕落","张学良应负绝大的责任"以及"中央政府也应负绝大的责任"。①

尽管如此说,胡适内心里却一直寄托着奇迹出现,故不愿意真的去面对和承认这一现实。几天后,即13日,他与丁文江、翁文灏(1889—1971)等人在保定晋见蒋介石,其所关心的问题之一,便是一旦与日本全面开战,中国军队能否抵抗以及能抵抗多久? 胡适在日记中记录了对话的内容:"我们问他能抵抗否,他说,须有三个月的预备。"胡适又问:"三个月之后能打吗?"蒋回答:"近代式的战争是不可能的。只能在几处地方用精兵死守,不许一个人生存而退却。这样子也许可以叫世界人知道我们是不怕死的。"听了蒋的回答,胡适显然颇为失望,他评论说:"其实这就是说,我们不能抵抗。"②而当1937年"八一三"淞沪抗战打响,胡适了解了情况后兴奋无比,因为中国军队并非想象中那样不堪一击,"和比战难百倍"主张的提出,这亦是一个现实的决定因素。③

胡适此种内心的波动是隐性的,能让人看到的是与"主和"有关的言论;而即便是胡适"主和"的内容是个变数,亦不能得到"主战"的激进派的理解。早在1931年底,胡适参与组织的"自觉救国会"在陈叔通转述的报纸报道中成了"让步研究会"。④贾祖麟(格里德,J. B. Grieder)曾用诗化的语言说到胡适的尴尬处境:"在胡适这个时期的论著中所揭示出的正是这样一颗心灵的惶惑:它在暴力的时代主张丢弃暴力,在欺诈的时代执着于对善良意志的信仰,在一个混乱的世界中固执地赞颂着理性高于一切。"⑤到

---

① 胡适:《全国震惊以后》,《独立评论》第41号,1933年3月12日,第3、3—6页。
② 胡适1933年3月13日日记,《胡适全集》第32卷,第195页。
③ 详见张忠栋《胡适五论·从主张和平到主张抗战》,台北:允晨文化实业股份有限公司,1987年,第92—93页。
④ 敬(陈叔通)致胡适信,1931年12月10日,收入中国社会科学院近代史研究所中华民国史组编《胡适来往书信选》中册,北京:中华书局,1979年,第90页。
⑤ 〔美〕格里德:《胡适与中国的文艺复兴——中国革命中的自由主义(1917—1950)》,鲁奇译、王友琴校,南京:江苏人民出版社,1989年,第262页。

1938年,哪怕是胡适已经"主战"并且出任驻美全权大使了,仍被反胡派揭老底式地批评,有一篇文章就说:"胡适教授的话,时常是不妥当的。在'九一八'事变之后,他会主张等待五十年再收回东三省,此后,又不断地主张中国对日妥协,因此胡教授失去了全中国青年的信仰。到1936年,胡大教授出席泛太平洋会,作过几次主要演讲,对日本侵略中国大声疾呼的抨击,于是全中国的青年,对胡教授的信仰又恢复了。……胡教授一返本国,好像'橘逾淮而为枳'那样,又一再发表'勇于内战,怯于对外'的怪论,一直到'七七'抗战时止,还是依然不脱此种作风,颇使爱胡教授者闻之痛心。"①

然此说还算客气,不客气的言论甚或谩骂,除了国共两党以外,主要来自一些京沪两地主张武力抗战的青年知识人。北平通俗教育馆1933年创办的《对抗》半月刊上就有不少文章直指胡适的"没落"。署名"屏群"的《没落的胡适博士》一文就指责胡适1932年10月9日在《独立评论》第21号上发表的《一个代表世界公论的报告》是没有认清国际联盟是"帝国主义欺骗弱小民族的工具,和分赃的机关"。②而在上海,像《社会与教育》《涛声》等杂志亦刊文批评胡适的"和谈"主张。《社会与教育》第4卷第8期"时事短评"栏中题为《胡适博士的勇气》的短评就批评胡适在《论对日外交方针》一文中提出的与日本的交涉方案,谴责胡适是"亡国博士"。③同一刊物第4卷第23期上,周木斋(1910—1941)的《因噎废食论》则说胡适的《一个代表世界公论的报告》是"因噎废食"。④《涛声》周刊社则干脆策划"胡适批判专号",公开征文,其征文启事直斥胡适是"中国士大夫阶级的奴才典型",说"中国思想界有此败类,必且流毒百年"。⑤后来所刊征文则主要罗列胡适的"罪状",其主编曹聚仁(1900—1972)将胡适喻作秦桧

---

① (未署名):《胡适演词检讨》,《杂志》第3卷第2号,1938年12月16日,第6页。
② 屏群:《没落的胡适博士》,《对抗》半月刊第8期,1933年1月1日,第3页(文页)。
③ (未署名):《时事短评·胡适博士的勇气》,《社会与教育》第4卷第8期,1932年7月16日,第1—2版。
④ 周木斋:《因噎废食论——评胡适〈一个代表世界公论的报告〉》,《社会与教育》第4卷第23期,1932年10月29日,第7—8页。
⑤ 见《〈胡适批判专号〉征文启事》,《涛声》周刊第2卷第11期,1933年3月25日,第1版。

(1090—1155),①甚至声称"中国不亡则已,中国而亡国,我先一手枪打死胡适,然后一手枪打死我自己,以为士大夫洩沓、误国之戒!"②在这些青年知识人看来,胡适不仅"过时",且已经成了"高等华人"兼帝国主义、资产阶级、地主、军阀和买办的"忠仆"。③

胡适此时经受的委屈,实不足与外人道。因为他在公共领域和私下的议论及表现上的反差,只有与之亲近之人才可能觉察到。在公共领域中,他不仅提倡"和",亦激烈地批评中国传统、现实状况和国民党政府,特别反对唱高调,而私下里,却抱有最坏的打算,且不乏自我牺牲的勇气。1935年6—7月间"何梅协定"签订后,时任国民政府教育部长的王世杰(1891—1981)来信表达了对胡适在北平安全的担忧,胡适在回信中说:"至于我个人的安全,我毫不在意。我活了四十多年,总算做了一点良心上无愧作的事,万一为自由牺牲,为国家牺牲,都是最光荣的事。我决定不走开。"他甚至做好了北大成为一战时比利时鲁文大学(University of Leuven)的心理准备。④ 王世杰晚年称胡适"是一个绝对临难不苟和见危受命的人"。他举例说,1937年"八一三"淞沪抗战发生后,南京亦岌岌可危,蒋介石希望胡适去欧美做宣传工作,但胡适不愿意离开南京,他的理由是:"战争已经很危急,我不愿意在这时候离开南京,我们愿意与南京共存亡。"⑤

---

① 曹聚仁有意以"胡适与秦桧"为题,罗列了《宋史·秦桧传》中的言论与胡适近三年的言论,这明显是将胡适影射为"当今秦桧"。参见聚仁《胡适与秦桧》,《涛声》周刊第2卷第18期,1933年5月13日,第7—8版。胡适1925年1月曾写过《南宋初年的军费》(《现代评论》第1卷第4期,1925年1月3日),大概曹聚仁是因此来类比的。彼时亦有将胡适喻作李鸿章的。但无论怎么类比,都没有注意到他们之间的根本不同:胡适并非政府行政人员,而只是一介书生。
② 聚仁:《复信之一——论主旨与态度》,见中凡、聚仁、楚狂《〈涛声〉的宗旨和态度》,《涛声》周刊第2卷第4期,1933年1月21日,第9版;又,曾乃登(敦)在《与曹聚仁先生论胡适之博士——"我们可以等候五十年"的检讨》(即本期《涛声》目录里的《与曹聚仁论胡适之书》)中提到此句话时变成"假如中国必亡,我要用手枪先打死胡适,而后再打死自己"。见《涛声》周刊第2卷第16期,1933年4月29日,第7版。
③ 华龄(华林?):《休矣胡适!》,《涛声》周刊第2卷第16期,1933年4月29日,第6版。
④ 胡适致王世杰,1935年6月20日,《胡适全集》第24卷,第235页。
⑤ 李青来:《王世杰谈胡适与政治》,收入冯爱群编《胡适之先生纪念集》,台北:学生书局,1973年再版本,第32页。

实际上,在 1935 年 6 月 27 日致王世杰的信中,胡适已经表现得相当慷慨激昂,其情状更是不输激进的"主战派"。胡适分析说,世界上对日本"最容易发难者为俄国。但苏联是有组织的,有准备的,所以最能忍耐,最能弯弓不发。其余为美、英,他们更不愿先发难,这是很明显的"。但现在"日本早已发难了,因为我国不抵抗,故日本虽发难了四五次,而至今不曾引起国际大波澜。欲使日本的发难变成国际大劫,非有中国下绝大牺牲决心不可"。故"今日我们决不能梦想坐待别国先发难"。而发难需要的"这个'绝大牺牲'的限度",应该是"先下决心作三年或四年的混战、苦战、失地、毁灭"。①

胡适曾明确说,他自己不喜唱高调,无论是主战与主和,1935 年 11 月 22 日在致吴世昌(1908—1986)的信中,他说:"凡为国家设计,决不可'把事情看的太容易'。……在这几年中,主战的人并不需要什么勇气。只有不肯跟着群众乱喊作战的人,或者还需要一点道德上的勇气。""时髦话谁不会说?说逆耳之言,说群众不爱听的话,说负责任的话,那才需要道德上的勇气。"②

对公众发言与私下里见解的反差亦牵涉一个学界时常讨论,却仍悬而未决的问题,即胡适何以会在"九一八"事变后公开集中地猛烈批评中国传统?

其实,这是对现实刺激的连锁反应和民族主义意识的另类体现。"九一八"事变发生后,胡适反复强调"四十年"机会的丧失,即是这种急切心情的反映。用他 1932 年 12 月 4 日在长沙讲演《我们所应走的路》时所说,就是"惟科学可以救国"。③ 而胡适反传统的话语主要是在面对中国公众发言时出现,这又与他所选择扮演的角色或者说自我角色认定有关。罗志田先

---

① 胡适致王世杰,1935 年 6 月 27 日,《胡适全集》第 24 卷,第 236 页。
② 胡适致吴世昌,1935 年 11 月 22 日,《胡适全集》第 24 卷,第 257—258 页。
③ 胡适讲演,梦梅记录:《我们所应走的路》,原刊《北平晨报》,1932 年 12 月 12—13 日,收入《胡适全集》第 21 卷,第 554 页。有关演讲时间《胡适全集》注为"1932 年 12 月 6 日",现据胡适 1932 年 12 月 4 日日记,更改为"12 月 4 日"。参见《胡适全集》第 32 卷,第 176 页。

生注意到的胡适早年对"国人导师"的预期和决计扮演的"传教士"①是一类角色,它负责传达和输入欧美的新思想和新观念;而另一个角色也是胡适自己的选择,即"魔鬼辩护士"。这个角色则是在大众狂欢时冷静地提醒、公开地批评抑或说反话。当然,"传教士"和"魔鬼辩护士"都存有基本的自我期许,就是启蒙者和思想界领袖。而这又与他对文化本身的认知相关。他曾在日记中说,"'信'是最容易的事,'疑'是最难的事。能怀疑的人,千万人之中不得一二人"。②而按照他对欧美文化的理解,"反省"才是根本,故他说,"我们的民族信心必须站在'反省'的唯一基础之上"。③明治维新以降的日本似乎证实了他提倡的反省的重要。而中国现实的状况,特别是学术的状况促发了他渴望反省的情绪的释放。这个反省的情结体现在学术上,则是一种颇具学术民族主义的意识,即他所说的"学术与人家平等,我们才能得到国际间的真平等"。④

胡适对文化的基本认知可简称为"惰性文化观"。在他看来,文化本身是有惰性的,而这种惰性是存在于多数人之中,如要促使文化更新,就需要由社会精英人士大声疾呼,不惜矫枉过正地批判旧文化、提倡新文化。但所谓矫枉过正所以只是一种提倡的策略,是因为经过文化惰性作用的中和,最终的结果则是折中。⑤ 由此亦可知,胡适在民族主义高涨之时仍要逆势批

---

① 胡适在1915年5月28日的札记中说:"吾生平大过,在于求博而不务精。盖吾返观国势,每以为今日祖国事事需人,吾不可不周知博览,以为他日为国人导师之预备。"(参见《藏晖室札记·吾之择业》,《胡适全集》第28卷,第148页)他在1915年3月22日的演说词中也说:"传教士的真正价值在于传教士就像一个归国留学生一样,他总是带回一种新的观点,一种批判精神。这样的观点和精神是一个对事物之既存秩序逐渐习以为常,无动于衷的民族所缺乏的,也是任何改革运动所绝对必须的。"(《藏晖室札记·星期日之演说词》,同上书,第95—96页。原文为英文,译文用罗志田先生的。)有关此事详细的分析,见罗志田《"率性"与"作圣":少年胡适受学经历与胡适其人》,《四川大学学报(哲学社会科学版)》1995年第3期,第67页;《再造文明之梦——胡适传》,成都:四川人民出版社,1995年,第1—2页。
② 胡适1935年7月25日日记,《胡适全集》第32卷,第507页。
③ 参见胡适《信心与反省》,《独立评论》第103号,1934年6月3日,第5页。
④ 胡适讲演,梦梅记录:《我们所应走的路》,《胡适全集》第21卷,第552页。
⑤ 分别参见胡适《新思潮的意义》,《新青年》第7卷第1号,1919年12月1日,第10页;《答陈序经先生》,《独立评论》第160号,1935年7月21日,第16页。

评中国传统,实是多重内外因素的合力所促成。

然"九一八"的刺激给这一举动增添了时代内涵。尽管胡适由于民族危机的急迫而夸大其词,猛烈地批评传统,希望以此来警醒国人,但对他自己来说,"九一八"事变亦促使他对文化传统产生新的反思。胡适发现20世纪30年代的中国与古代中国存在着深层的差异,这就是:

> 在历史上我们的武力虽然不如人,然我们的文化却有过之无不及,因此我们被外族征服了之后,外族却常被我们同化过来。

而现在,

> 文化后面有武力,武力后面则是整个的文明,内邪既凶,外感益亟;从前仗着自己所谬认的"精神文明",一次抵抗,二次抵抗,对付外来的文化和武力,而现在则武力文化经济科学万管齐下,所以不能再得幸免。所以九一八以后历有一年,还是毫无办法,竟至于请出班禅喇嘛来念经,叫民国以来的一切罪人,都来作念经救国运动。传染病终于抵敌不过内邪外感的夹攻了。①

以今之眼光看,科学与传统文化并非一味对立,文化问题亦非科学所能涵盖和解决,此点未必不是胡适所考虑到的,但"九一八"以后,用传统的"精神文明"说来提振士气,不仅有重蹈晚清"中体西用"覆辙的危险,且在面对现代化的武力之下完全无济于事。这是胡适何以要拼命鼓吹科学最主要的现实原因。

其实,胡适说"在历史上我们的武力虽然不如人,然我们的文化却有过之无不及,因此我们被外族征服了之后,外族却常被我们同化过来"这段话时,已经表露出《说儒》中有关文化的基本原理了。这个原理就是文

---

① 本段与下两段,见胡适讲演,陈振汉记录《中国问题的一个诊察》,《南开大学周刊》第134期,1932年11月10日,第2、3页。

化上的"倒征服"。

所谓文化上的"倒征服",是指文明水平发展阶段较低的民族在武力征服文化水平发展阶段较高的民族后,高阶的文化并不随着武力征服而被征服,它不仅不受武力影响,反而会倒过来用自己高阶的文化征服,并同化低阶文化的入侵者。这个经验自然来自于古代中国,胡适举例说,在古代历史上,"匈奴、契丹、回纥、蒙古满洲皆被我们所同化,……都是这几种外感文化低于我们的缘故"。

胡适正是用《说儒》来体现他的韧性的希望,这个希望包含着对中华文明本身根深蒂固的信赖。上古的"儒"看上去是悲观和被动的,但结果却孕育着一种胜利的希望。不过,此时胡适显然不想因此来为传统文化张目,这亦是他本人的困境之所在。他想建构出一个中华文化的新起源,为后人所参照,又不想直接或明确地说破,为当时人识出。或也可说,是胡适对现实的感受不自觉地投射进了《说儒》里。

胡适此时复杂的心态不为时人所了解,因为他们对现实的认知也在随着现实的变化而变化。不过,所有的变化都不能使胡适的观点获得更多人的支持,从而摆脱"少数派"或观点上的孤立,反而强化了他的"孤独"的程度,扩大了"孤独"涉及的范围。

二、"孟真是反对我的":以对日态度和策略分歧为例

胡适1956年回忆说,丁文江、蒋廷黻、傅斯年等常负《独立评论》编辑责任的几位朋友"主张并不一致,常常有激烈的辩争。例如对日本的问题,孟真是反对我的,在君是赞成我的;又如武力统一的问题,廷黻是赞成的,我是反对的;又如民主与独裁的争论,在君主张他所谓'新式的独裁',我是反对的"。① 还不止这些,如胡适所鼓吹的"无为论",也受到了罗隆基(1896—1965)等自由主义同人的批评。胡适1933年6月11日日记记载了此事,其

---

① 胡适:《丁文江的传记》,《胡适全集》第19卷,第513页。

第五章 时势造境:《说儒》的出现

中说,"在努生家中时,他们都颇批评我的'无为'论,但也不能不承认这是'对症下药'的一种办法"。①

有关 1934 年开始的"民主与独裁"之争已有多方研究,此处不拟再述,但此事表明他与朋友之间的公开分歧已经突破了他们对行政体制保持距离的约定和民主理念的底线。不过,这些朋友中,除丁文江与胡适视如莫逆以外,蒋廷黻、吴景超(1901—1968)、钱端升(1900—1990)等主张"独裁"者虽在自由主义立场上与胡适近似,所想本来即与胡适有别。他们之间和而不同式的争论,只在理智层面,在情感层面,傅斯年在对日策略上的意见相左对胡适心理上震动或更大。

傅斯年是对《说儒》写作影响最大者,不仅是在具体观点上,胡适撰写《说儒》前的一个阶段,与傅斯年亦经常讨论。胡适 1931 年 2 月 17 日记录道,"孟真来谈。读他的《〈新获卜辞写本后记〉跋》,此文论二事,一因卜辞'伐芈'而论'楚之先世',一因卜辞'命周侯'而论'殷周的关系'。两题皆极大贡献,我读了极高兴"。② 第二天日记又有:"下午孟真来谈古史事,尔纲也参加。孟真原文中说,'每每旧的材料本是死的,而一加直接所得可信材料之若干点,则登时变成活的。'此意最重要。"③

与胡适相比,傅斯年是比较激烈的民族主义者。1926 年,中央研究院历史语言研究所成立时,傅斯年着眼的还是"学战"一路,用顾颉刚的话说,"傅在欧久,甚欲步法国汉学之后尘,且与之角胜,故其旨在提高"。④ 但与西洋的汉学争地位,将汉学的中心移回中国,亦是胡适之所愿。在傅斯年,他的对学术上"提高"的重视远大于"普及"。虽然至今对傅撰《历史语言研究所工作之旨趣》有不同的解读,但无论是针对太炎学派,还是矫枉过正的

---

① 胡适 1933 年 6 月 11 日日记,《胡适全集》第 32 卷,第 202 页。
② 胡适 1931 年 2 月 17 日日记,《胡适全集》第 32 卷,第 59 页。
③ 胡适 1931 年 2 月 18 日日记,《胡适全集》第 32 卷,第 59 页。
④ 顾颉刚 1928 年 4 月 29 日日记(1973 年 7 月补记),《顾颉刚日记》第 2 卷,第 160 页。

说法,①其基本取向则在于"为学术而学术"。

不过,"九一八"事变发生后,傅斯年所受的刺激以及焦急的心情,亦不亚于胡适。其心态可从致王献唐(1896—1960)的信中窥见一斑。傅斯年写道:

> 弟自辽事起后,多日不能安眠,深悔择此职业,无以报国。

又说:

> 惟丁此国难,废业则罪过更大,只是心沉静不下,苦不可言。②

彼时,由现实的危机而发问"书生如何报国",进而怀疑学术研究的价值的,不仅是傅斯年,像李济(1896—1979)等人也都对纯粹的学问表示出了瞬间的怀疑,而顾颉刚则觉得再坐在书斋中做学问太对不起良心。③ 当

---

① 前者为桑兵教授的观点,参见其《近代学术转承:从国学到东方学——傅斯年〈历史语言研究所工作之旨趣〉解析》,《历史研究》2001 年第 3 期,第 33 页;后者为王汎森教授之所见,其在《历史研究的新视野——重读〈历史语言研究所工作之旨趣〉》中认为,"史料即史学"仅是傅斯年矫枉过正的说法。傅斯年其实明了英、德史学的方法,他在德国时兰克史学已经过时。见《"中研院"历史语言研究所七十五周年纪念文集》,台北:"中研院"历史语言研究所,2004 年,第 166、176 页。

② 傅斯年致王献唐,1937 年 10 月 6 日,收入张书学、李勇慧整理《新发现的傅斯年书札辑录》,近代史资料编辑部编:《近代史资料》总 91 号,北京:中国社会科学出版社,1997 年,第 149 页。

③ 1933 年 12 月 18 日,顾颉刚在致罗家伦的信中说:"我,自己知道是一个研究院中的人物,三十余年的书房生活把我制造成功一个专研学问的人。"然"民国二十年的春天,我们作了一次考古旅行,到了陕西、河南、河北、山东诸省,今年春天又到了山西、察哈尔诸省,我的思想就大变。我觉得书房生活固然不该弃掉,但除此之外总须做一点社会事业才对得起自己的良心。所以然之故,我所看见的农村民众实在太苦了,就是上古的洪水时代也不过这样苦了,而且有两件在古所没有的灾难,就是鸦片、白面、梅毒的深入和普遍。眼看几十年中,不但亡国,而且灭种。这有几千年历史的中国,要在我们手里宣告闭幕。我们的力量固然微弱,但良心的压迫,使得我们知道应当献出这一点微弱的力量,稍稍挽救这个劫运。"(参见《顾颉刚全集·顾颉刚书信集》卷 1,第 256—257 页)类似的说法,也出现在 1932 年 12 月 25 日致谭惕吾以及1935 年 9 月 4 日致胡适的信中(分别见《顾颉刚全集·顾颉刚书信集》卷 2,第 261—262 页;《顾颉刚全集·顾颉刚书信集》卷 1,第 490 页)。

然,傅斯年很快投入到了直接影响现实的工作之中,他联络姚从吾(1894—1970)、方壮猷(1902—1970)、徐中舒、萧一山和蒋廷黻等学者共同编撰《东北史纲》,亲自编撰的《东北史纲》第1卷也很快出版。①

就对"九一八"的反应看,胡适的两大弟子代表了两种"书生报国"的路径。顾颉刚决定"到民间去",编撰通俗读物,以此来唤醒民族精神,是为"普及"的工作;②傅斯年则仍在谋求"提高"。而胡适之所以反对顾颉刚所走的路径,还是不想引出更多的民粹主义,故他此时与傅斯年更为接近,但路径上的接近并不意味着观点上没有冲突。"九一八"后,"对日本的问题,孟真是反对我的"一说出自胡适晚年,其时傅斯年墓木已拱,胡适亦步入花甲,却仍记得在对日问题上傅斯年扮演的反对者的角色,适足反映当年的心态。

当然,胡适在公开的场合或公共领域一直是提倡理性,秉持渐进的态度,他确信和而不同的雅量是需要通过实际的经历而逐渐磨炼出来的。在《独立评论》三周年之际,也即是1935年5月14日,胡适谈到过,《独立评论》决定采用"各人"自己负言论责任的根本态度之初,同人们并"不了解"这个负责态度,这个"不了解"其实是不习惯。"例如我的《论对日外交方针》(第5号)发表后,傅孟真先生曾对我说:'这篇文字要是先经过聚餐会的讨论,恐怕就登不出来了。'可见那时候聪明的孟真也还看不惯这种各人自己负责任的办法。"他说,"但这个方法后来逐渐用惯了,大家也都不很觉得奇怪了。例如国联调查团的报告书公布时,《独立》(第21至22号)就发表了三篇很不同的评论:我不妨称它为'一个代表世界公论的报告',孟真不妨称它为'一件含糊的杰作'。此外更明显的例子是独裁与民治的讨论,武力统一的问题,建设与无为的问题,西化的问题等等,我们总是充分登载不同的主张,有时候,独立到《独立》社员自己开起很激烈的笔战来了!"③

---

① 本段除引述《顾颉刚全集·顾颉刚书信集》外,均见王汎森《傅斯年:中国近代历史与政治中的个体生命》,第184—185、166页。

② 参见顾潮编著《顾颉刚年谱(增订本)》,北京:中华书局,2011年,第222页。有关的评论,参见本著第七章注释。

③ 胡适:《又大一岁了》,《独立评论》第151号,1935年5月19日,第4页。同期陈之迈的《教孩子的方法》中亦特别强调"和而不同"这一点。

对比 1935 年与 1956 年的两种说法不难发现,后者或更接近实情。傅斯年与胡适在对日问题上虽是同中有异,但不仅是此"异"非同一般,且居"少数派"地位的胡适对极为亲近的傅斯年的期望或许更是同中有同,相互支持,而非表现出的同中有异。因此,这一点"异"对胡适心理上的影响就相当微妙。当然,胡适与傅斯年的对日态度也是一个随时势而变的变量,表面看或许有傅斯年"浅看出来"和"深看出来"之别,①但实际上,变化的一直是"浅看出来"的部分,"深看出来"部分则一直没有变多少。

　　"九一八"事变发生后,傅斯年的反应比胡适更为激进。在他看来,"'九一八'是我们有生以来最严重的国难,也正是近百年中东亚史上最大的一个转关",他甚至认为,"九一八"与第一次世界大战、俄国革命"是 20 世纪世界史上三件最大事件"。② 面对日本军国主义的侵略,他是极力主战的,他说,"今日为北方大局,对倭只有一条路,即一切都无顾忌,人人当求必死。若是后边有退路,尚有可以商量之处,若是前面不止一条路,也还有选择之余地,今则后面是大海,两边有高墙,前面纵是猛虎,也只有拼上去。人生百年,总是一死,凡人皆然,而穿军服的尤其不能忘此"。他亦将自己作为战斗者的一部分,说"我也是一个住在北平的人,打起仗来,扶老携幼,匍匐星奔,有何好处?然而我的理智,是使我不能不如此想的!"

　　傅斯年的主战的确也不是一时性起,他的理智表现在两个方面。其一是主张持久战。他说,"对倭不是抵抗一下便了事的。中国虽不能打胜日本,却可以长久支持,支持愈久与[于]我们越有利。""历史告我们,中华不是个可以灭亡的民族"。其二,强调主战与民族、国家的复兴有关,也即是说,除了一般地反省外,他亦将抵抗日本军国主义的侵略视作一种行动上的反省。他说,主战"不仅是'鹿死不择阴'的腔调,中华民族之复兴实系于此。以今日中国上下一切社会之腐败,不经一番澈底的缔造,是没有办法的。中国人之力量,在三四万万农民的潜力,而不在大城市的统治者及领袖,中国的运命,在死里求生,不在贪生而就死。……今日之局,正是小鬼不

---

① 此说法可参见孟真《"九一八"一年了!》,《独立评论》第 18 号,1932 年 9 月 18 日,第 2 页。
② 孟真:《"九一八"一年了!》,《独立评论》第 18 号,1932 年 9 月 18 日,第 2 页。

自量力,代司杀之天公以自伤其身耳。反正疯狗咬浑蛋,是无不可的。我们一旦被咬得不浑沌了,然后是中华民族的复兴"。① 傅斯年不顾一切地"主战",是希望以此来求得重生,通过抵抗来重塑国家形象和民族性,也就是将抵抗侵略作为中华民族获得重生的一个契机。

如果从决心上言,傅斯年的"主战"(或强硬)与胡适的"主和"(或温和)并无区别。胡适虽然主和,但并不等于没有信心,就在傅斯年上述文章发表前后,胡适在《上海战事的结束》中说:"自九一八以来,许多忧国的人都陷入了极端的悲观,眼见那'勇于私斗,怯于公战'的恶劣现状,都几乎不信这个民族有竞争生存的能力了。"但"一二八"事变中,"十九路军在淞沪一带的三十多日的血战,用热血和爱国心替我民族一洗无抵抗的奇耻,使敌人震惊,使全世界起敬,使中国人人感觉一种新的生命,新的希望。……民族自信力的恢复,国家的振作,都可以说是在这一役建立下了精神的基础"。他自己也从中"发见了我国民的抵抗力,增高了我民族的自信心"。②在四个月后所撰写的《内田对世界的挑战》中,胡适又说到,要制定一个五年或十年的自救计划,在军事、政治、经济、外交教育的各方面都得有个"长期拼命"的准备。③

从"九一八"到"一二八",胡适本人的态度也在发生些微的变化,上引二文即是变化后的表现。然"主战"的傅斯年似乎仍对胡适的"主和"不甚满意。他说,"中日问题决无和平解决之望,而在今日希望与日本和平解决者,直是做梦。'理性的'先生们说,日本的行为是日本军阀的行为,并非日本国民如此。这是全无意义的话"。④这明显在针对包括胡适在内的"主和"一派。而直到 1937 年"八一三"淞沪抗战,胡适声言"和比战难百倍",⑤"和"抑或"战"一直是横亘在胡、傅之间的一道或隐或显的鸿沟。

1933 年 1 月,日军进攻山海关,15 日傅斯年写下《中国人做人的机会到

---

① 以上均见傅斯年《日寇与热河平津》,《独立评论》第 13 号,1932 年 8 月 14 日,第 10 页。
② 适之:《上海战事的结束》,《独立评论》第 1 号,1932 年 5 月 22 日,第 8—9 页。
③ 胡适:《内田对世界的挑战》,《独立评论》第 16 号,1932 年 9 月 4 日,第 3 页。
④ 傅斯年:《日寇与热河平津》,《独立评论》第 13 号,1932 年 8 月 14 日,第 7 页。
⑤ 参见胡适致蒋廷黻(稿),《胡适来往书信选》中册,第 364 页。

了!》一文,其直接目的是用激将法刺激握有华北兵权的张学良(1901—2001)转而武力抵抗,他说,"现在来了这个可以雪国耻雪家耻雪自己之耻之机会";"中国人之不抵抗,为世界诟病,北方人之不抵抗,为全国诟病",故在此之时,"我们若想到我们背后并无路走,而是无底深渊,虽懦夫也只能就地抵抗的"。①

虽然类似"中国人之不抵抗,为世界诟病"的话,胡适亦曾说过,②但此时他一方面仍不想放弃通过国联的斡旋和道德上的制裁,以及日本内部文治力量崛起而对军国主义者有所牵制的可能性。另一方面,面对国内盛行的"抵抗"之声,他又展示出"魔鬼辩护士"的一面,故才有"我不能昧着我的良心出来主张作战。这不是说凡主战的都是昧着良心的,这只是要说,我自己的理智与训练都不许我主张作战"的说法。③

实际上,傅斯年也看到无序地徒言"抵抗"或借"抵抗"之名并无实际意义。他稍早曾指出:"现在'抵抗'固已成为众口一词的话语,然而放一枪、开一炮,尽民之膏泽以买飞机一类的抵抗,还不算数。既要抵抗,又要抵抗得好,否到[则]昔日醉生梦死之无抵抗,今日醉生梦生之抵抗,其无济而有害于国家大事国民荣誉是一样的!"④ 这也体现出傅斯年"大规模的抵抗便是中国受严格的国民训练之开始"的理想。⑤

---

① 孟真:《中国人做人的机会到了!》,《独立评论》第35号,1933年1月15日,第6、7页。实际上,胡适也曾对张学良转而武力抵抗,以雪前耻寄托了很大的希望,其1933年3月2日日记中曾提到抵抗和挽回局面的可能,面对张学良对部下的行为无能为力和不置可否,胡适写道:"国家大事在这种人手里,那得不亡国?"(《胡适全集》第32卷,第187—188页)这似乎是一种双重的谴责。不过,在热河沦陷之后,张学良被迫辞职预备离开北平后,胡适仍前去送别。其1933年3月10日日记云:"得后援会电话,说张学良将军决定要走了,要我们去作最后一谈……"(同上书,第194页)丁文江也写过《给张学良将军一封公开的信》,要张拿出血性来。参见《独立评论》第41号,1933年3月12日,第8—10页。
② 胡适1932年8月29日在《内田对世界的挑战》中说,"无论国际政局如何变化,一个不能自救的民族是不会得[到他]人的同情与援助的"。刊《独立评论》第16号,1932年9月4日,第3页。
③ 胡适:《我的意见也不过如此》,《独立评论》第46号,1933年4月16日,第2页。
④ 孟真:《国联态度转变之推测》,《独立评论》第39号,1933年2月26日,第11页。
⑤ 孟真:《中国人做人的机会到了!》,《独立评论》第35号,1933年1月15日,第8页。

胡适的复杂之处在于,他在公共领域与私人领域的说法并不完全一致。有时候这种不一致也非有意为之,而是受到外部因素影响的结果。上述"我不能昧着我的良心出来主张作战……"一段话写于4月11日,而就在半个月前,即3月3日,他和丁文江曾致密电于蒋介石,言"热河危急,决非汉卿所能支持。不战再失一省,对内对外,中央必难逃责。非公即日飞来指挥挽救,政府将无以自解于天下"。① 这明显是在"主战",他所以不出来公开"主战"亦明显与没有得到蒋介石的积极回应,又不希望无序地作战有关。

胡适与傅斯年之间最直接的冲突,即人们常提及的后者扬言脱离《独立评论》一事。其实,这仍然是"战"与"和"的差异引起的。在华北问题上,胡适是现实主义者,他主要是考虑以小损失换取时间。国际形势是他考虑问题的依据,他认为,此时的国际形势不利于中国,欧美都希望中国与日本之间有一个暂时缓和的时段。这也是《保全华北的重要》的重点。② 而傅斯年则不免偏于激情和理想,以他之决心,还是想寸步不让、寸土必争,自然不接受胡适的妥协态度。胡适1933年6月13日日记说:

> 孟真为我最近的文字(《保全华北》),大生气,写了一封信来,说他要脱离《独立评论》。但他希望主张的不同不至于影响到私交。其实他当时不曾见我的原文,只见了日本新联社发出的"摘要",其中有一段是原文没有的,又是最容易使人生气的!(说"中日亲善不至于被冯玉祥破坏了的"!! ——原注)

又说:

> 今天孟真说,他见了我的原文,他的气平多了。

如果单看这一段,确实不容易判断胡、傅之间关系的微妙之处。因为其

---

① 胡适1933年3月3日日记,《胡适全集》第32卷,第188—189页。
② 胡适:《保全华北的重要》,《独立评论》第52—53号合册,1933年6月4日,第5页。

时胡适正在南京,他与傅斯年出游时同乘一辆汽车,有直接见面和交谈的机会,故在随后的日记中,胡适说:"此次与孟真长谈的结果,他的误会全消了。"但从下面的谈话内容亦可知,傅斯年只是顾全大局地"容忍"和"谅解"而已。因为在他们交谈中,胡适提出了三个《独立评论》杂志同人的处事原则:

(1)凡出于公心的主张,朋友应相容忍,相谅解。

(2)凡立一说,我们岂能因为此说或被外国人翻译去而就不发表吗?我们只应对症下药,而不应太顾虑到外国人如何重视(?)我们的方子。我们的责任是对我们自己人说真话;岂可因为怕外国人听见就不敢说真话?

(3)《独立》诚有太和平之处,你们何不多说不和平的话,使《独立》稍稍减轻其太和平的色彩?①

由此亦可知,傅斯年不满于胡适《保全华北的重要》有两点:一是"顾虑到外国人如何重视我们的方子",即担心胡适的发言产生不利于中国的国际影响;二是觉得《独立评论》上缺乏激情的主战文字,这个"太和平"的表现其实也是熊十力所不满之处。②

然从第一点"凡出于公心的主张,朋友应相容忍,相谅解"一句也不难发现,胡适主要还是从维护团结出发,才声称傅斯年的"误会全消了"。因为一年后,傅斯年仍屡提《塘沽协定》,以为是"半跪"的姿态,且颇耿耿于怀,③他的强硬就绝不是"误会"可以解释或"误会全消了"可以描述的。

---

① 以上均见胡适1933年6月13日日记,《胡适全集》第32卷,第203—205页。
② 参见熊十力《要在根本处注意》,《独立评论》第51号,1933年5月21日,第25—30页。
③ 参见傅孟真《政府与对日外交》,《大公报·星期论文》,1934年6月10日,第1张第2版;在《睡觉与外交》中傅斯年仍悲愤地说:"自《塘沽协定》之大辱以来,军事上尽撤藩篱而东向乞怜之姿态,在巧言如簧的政客口中,固尚有几分强辩可以敷说;独此外交上之极度松懈,一若'为长者折枝'而不为,真不知是何居心也。"参见《独立评论》第114号,1934年8月19日,第2页。

第五章　时势造境:《说儒》的出现

1935年6月21日,《独立评论》杂志社同人聚餐,傅斯年对胡适通过王世杰向蒋介石提出的两个方案再次表示不满。胡适在当日日记中感叹说:"这个情形又与三年前无异。"他评论说:"他的热诚可敬,但他是不肯细细平心考虑的。为国家谋,不能不细心,不能不远虑。"①

但态度强硬的傅斯年在一些问题上,亦受到胡适的影响。此影响往往与分歧混同在一起,形成一种变与不变的持续叠加。②这一切又集中表现在对国联及李顿(V. Lytton,1876—1947)调查团报告书的态度上。

其实,1932年10月2日,国联李顿调查团的调查报告书正式公布后,胡适与傅斯年的态度就不甚一致。胡适见到国民党政府外交部的官方译文后,又找来英文原文对勘了一遍,于10月4日写下《一个代表世界公论的报告》一文,表示欢迎和接受,③而傅斯年则在胡文正式刊出的一周后发表的《国联调查团报告书一瞥》中称"国联报告书之弄到如此不上不下之地位"。问题在于,傅文表面上是对公众发言,实际上却是针对胡适《一个代表世界公论的报告》一文的。所以傅文开头便说:

> 国联调查团报告书发表后,称赞它的说它可以代表世界公论,不同情于它而不至于站在日本人的立场者,也有甚至说他是件"含糊之杰作"(a masterpiece of amf[b]iguity)者。我以为称它为"含糊之杰作"未必即是不公道的菲薄它,而其所以成为含糊之大作品者,也自有原故。

这种颇为轻蔑的口吻当然主要针对李顿调查团报告书的内容,而胡适之论所以不能幸免,是因为在傅斯年看来,胡适所认可的"自治",只能助长日军的变本加厉。他说,报告书"在精神上将中日共管及国联委治之意义皆容纳了,而其名固是'自治'也","自治之说,胡适之先生以李顿、麦骙、施芮三君所属之英、美、德三国皆是联邦制,故易于有此想法,这话是对的。不

---

① 胡适1935年6月21日日记,《胡适全集》第32卷,第486—487页。
② 当然,总体看,变的是表面,是基本姿态,不变的是强硬内核。
③ 胡适:《一个代表世界公论的报告》,《独立评论》第21号,1932年10月9日,第2—6页。

过,中国东北决非不列颠帝国之加拿大之比,而是德意志民国之莱茵各省之比,更变本加厉者也。若美国日日在图谋吞并加拿大,加拿大恐怕不能以骑警为国防,而与母国轻其关系如今之状况罢?法国数年前之希望于莱茵河者,何尝不即是一个'自治的莱茵',由法国军队驻防之?"①

傅斯年了解胡适赞同"联省自治",故特别提及"自治"本身也有国别和程度上的差异。但此时,对胡适而言,"自治"仅是背景,而现实的考量,即权宜之计,才是重点。胡适认可报告书的理由,是报告书的内容在两个方面满足了他在《论对日外交方针》中的期望。一是"九一八"事变"不能视为合法的自卫的办法",乃出于"一种精密预备的计划";二是对"满洲国"成立"最有力的两个因子是日本军队的存在和日本文武官吏的活动",即认为是这两个因子促成了伪"满洲国"的成立。② 后来他解释这两点时,还是强调国联报告书不承认"满洲国"这个基本底线。而报告书的另一贡献乃是指出了日本蓄意使用武力。③

在胡适看来,李顿调查团报告书之所以体现了"世界正谊的最大胜利",是因为表决者中不乏祖护日本的人,却是全票通过。而这样一来,如果日本违背了国联的报告,就"是与世界正谊的作战"。他说,这是由于西洋国家经过长期的法治训练,建立了"公断人"的信仰。只有负世界重望的公断人的报告可以统一世界的是非,矫正世界舆论的错误,报告书的最大功用在此。而没有报告书就没有了可依据的是非标准,报告书给了国联一个最可信任的事实的基础与解决的原则。④

胡适注重和谋求的是道义以及道义上的国际支持,而在他看来,报告书已经从道义上向全世界证明了日军侵略东北的非正义,这乃是基础。有此

---

① 以上分别见孟真《国联调查团报告书一瞥》,《独立评论》第 22 号,1932 年 10 月 16 日,第 5、2、4 页。
② 胡适:《一个代表世界公论的报告》,《独立评论》第 21 号,1932 年 10 月 9 日,第 2 页。
③ 分别见胡适《国联报告书与建议案的述评》,《独立评论》第 39 号,1933 年 2 月 26 日,第 2、3 页。
④ 参见胡适《国联报告书与建议案的述评》,《独立评论》第 39 号,1933 年 2 月 26 日,第 4—5 页。

道义基础或前提,才能考虑下一步收回领土的问题。

而傅斯年则不满意报告书中批评中国的内容,如"以为中国之不上轨道是世界的患害,而为此满洲事件之一个主因"。因为这个说法正是日军侵略东北和中国的理由之一。傅斯年也不满报告书中限制中国在东北的主权之行使,以及给予日本人在东北的治外法权,以为这是让步过甚。他说,国联"给日本一切利益,以求换得一个独立名义之取消,并完全超过日本民政党内阁所要求五条之大上了"。①

胡适的《国联报告书与建议案的述评》一文差不多是在傅斯年的《国联调查团报告书一瞥》发表四个月后所写的,但胡适显然没有忘记傅斯年的质疑或者说疑问。他所说的下面一段话恰好回答了傅斯年的上述质疑,胡适说:

> 李顿报告书里自然有不少指斥中国的文句,自然不能使我们全国人满意。但我们要明白,我们所需要的不是完全偏袒我们自己的见地,是一种不偏不党的公断人报告。完全偏袒我们的意见,和完全偏袒日本的意见,在中立国家的眼里是同样可以怀疑的。

在他看来,"今日之事已不仅是中国与日本的冲突了,今日之事乃是日本与世界正谊的作战"。而"国联的责任是要使人类在这世界可以安全!"②

其实,胡适是想寻求、认可和建立一种国际通行的"是非标准",也即国际关系的基本规则。这一点与他所秉持的世界主义是一脉相承的。胡适指出:

> 国家的生命是千年万年的生命,我们不可因为眼前的迫害就完全

---

① 分别见孟真《国联调查团报告书一瞥》,《独立评论》第 22 号,1932 年 10 月 16 日,第 2、3—4 页。
② 分别见胡适《国联报告书与建议案的述评》,《独立评论》第 39 号,1933 年 2 月 26 日,第 5、7 页。

牺牲了我们将来在这世界上抬头做人的资格。国家的生命是国际的，世界的，不是孤立的；我们不可因为怕一个强暴的敌人就完全抛弃了全世界五六十个同情于我们的友邦。

又说：

我们此时也许无力收复失地，但我们决不可在这全世界的道德的援助完全赞助我们的时候先就把失地签让给我们的敌人。我们也许还要受更大更惨的侵略，但我们此时已被"逼上梁山"，已是义无反顾的了。我们此时对自己，对世界，都不能不坚持那道德上的"不承认主义"，就是决不承认侵略者在中国领土内用暴力造成的任何局面，条约，或协定。①

胡适在这里表现出的是一种和平主义的正义和理想。在此前后，他又在多篇文章和演讲中强调"国际眼光"的重要。② 他所以希望国联来调解，不仅是受到威尔逊（T. W. Wilson, 1856—1924）以国际组织来代替各国联盟的竞争以维护和平主张的影响，亦希望真正按照国际惯例来办事，以使中国真正融入国际体系和世界秩序当中，这也是世界主义意识的体现。

但胡适所强调的世界主义和国际眼光也并非全出于理念，也是针对国内外交上的简陋和狭隘的现状，以及对国际外交缺乏重视而言的。1933年，胡适曾提到"九一八"之初，"世界各大国都没有中国的公使，只剩一个施肇基在日内瓦唱独角戏！政府里也只有一个宋子文在北极阁上支撑那危迫的局面！"他说，"两年以来，外交方面的成绩在于抓住了国联与美国两线，后来又修复了苏俄的一线。在事实上虽然没有多大的挽救，但在精神上

---

① 胡适：《我们可以等候五十年》，《独立评论》第44号，1933年4月2日，第4页。
② 如在1933年8月14—28日间出席第5届太平洋学会年会时的题为《太平洋会的规律》的演讲中就辨析了处于战争冲突下的"国际眼光"的复杂面。参见《胡适全集》第21卷，第654—657页。在同年所撰之《关于外交问题的几点意见》的笔记中，亦反对排外和自我孤立，仍把中国看成世界的一部分。参见《胡适全集》第21卷，第658页。

却可说是有了很大的成功"。此处的"成功",在他看来,最重要的"就是使中国问题变成了世界的大问题,使中国得着世界的文明国家的道德的援助,使我们的敌人成为整个文明世界的道德贬议之下的罪人"。①

不过,尽管胡适自始至终都在维护国际联盟的地位,他还没有乐观到无视现实的程度,他主要是不想放弃国际调解的机会,亦不想因此被排除在国际之外。故1933年1月,他预测到国联调解会失败,但仍坚称国联的失败是"光荣的失败",②并坚持说,"我们的将来必须倚靠一个比较近于人类理性的国际组织,使强者不轻易侵暴弱者,使弱者也可以抬头讲理,安稳过活";"我们的外交政策的原则应该是:我们必不可抛弃那国联国际的大路"。③

此时,美国国务卿史汀生(H. L. Stimson,1867—1950,胡适译为司汀生)代表美国提出的"不承认主义"也让胡适兴奋。这不仅因为胡适早年接受的和平主义在起作用,"不承认主义"亦与胡适1919年在"神州学会"题为《非攻》的演讲中"武力是极危险的东西"一说相契合。④ 胡适声言,"不承认主义"(或"司汀生主义")"确是开了一个'国际公法从来未曾有过的'的新局面:就是不承认用暴力造成的任何局面"。他甚至宣称:"这是一种新的政治理想,它的成功与失败是关系全世界人类的前途的。"⑤

其实,傅斯年1932年12月至1936年5月间赞扬国联和认可国联存在的价值多少都是受了胡适的影响,他在1932年10月16日发表的《国联调查团报告书一瞥》一文中称报告书是"不上不下"的"含糊之杰作",但不久即在《这次的国联大会》中改口说:"以前国联虽无多帮助于中国,然而他的

---

① 胡适:《世界新形势里的中国外交方针》,《独立评论》第78号,1933年11月26日,第4页。
② 胡适:《国联调解的前途》,《独立评论》第36号,1933年1月22日,第4页。
③ 胡适:《世界新形势里的中国外交方针》,《独立评论》第78号,1933年11月26日,第4页。
④ 胡适演说:《武力解决与解决武力》,《新青年》第5卷第6号,1919年2月(此为实际出版日期),第571—574页。
⑤ 胡适:《我们可以等候五十年》,《独立评论》第44号,1933年4月2日,第3页。

道德的同情正在我们这边,没有人公然以日本为是的。"①对国联有所期待,自然也就关注国联的动态,特别是傅斯年出于民族主义立场,且偏重于从策略上看待国联的作用,故当1933年2月,他观察到国联"突然转于强硬的态度",因而可能有利于中国时,便开始驳斥国内流行的"国联路穷命尽,且作困兽之斗"之说。②

而针对国民党政府外交部在伪"满洲国"成立,溥仪登基一事上的软弱,傅斯年进行激烈批评时,也从外交策略上强调国联的作用。他说:"国联已因我们的不争气——热河战之不力及《塘沽协定》——被人穿破了偶像权威,而我们今日还是依赖着国联的决议案,才能维持关于东北之法律的地位。对国联的态度我们断无占在日本一面的道理。……总而言之,公式必须郑重,语言必须明了,责任必须指明是谁:重的事件必须不轻说",否则,要"斫丧'国家的人格'"。③此时傅斯年未必非要"主战",但他在对日问题上,无论抵抗,还是外交,都是主张强硬的。他说:"然则局势至于今天,政府与国人均不能不作'舍出去'的打算,亦只得借此打算,才能有所保全。"同时强调说,对欧美国家的外交,要增进效率。④

傅斯年在《睡觉与外交》中对国联的解说,几乎就是胡适说法的翻版。他指出,"国联遭日本之一击,德国之再击,而威权大失,诚是事实,然这局面也不是一往不变的。……国联本身无尺土之守,一人之柄,本是一件空东西,然而他的组成分子并不是些空东西,而是些强大的国家,环以多数的小国。……国联不是别的,只是世间受了欧战之教训以后,想出来的一种以会议代秘密外交,以多元代替一个重心之新的国际政治合作机用"。且以为,国联转机在望,忽略它和轻视它的做法,诚为不智。⑤

直到1935年10月,随着国际形势的变化和日本对华北侵略的日渐加深,国内舆论对国联越来越多地表示怀疑之时,傅斯年仍在响应胡适《国联

---

① 孟真:《这次的国联大会》,《独立评论》第31号,1932年12月18日,第5页。
② 孟真:《国联态度转变之推测》,《独立评论》第39号,1933年2月26日,第7—8页。
③ 孟真:《溥逆窃号与外部态度》,《独立评论》第91号,1934年3月11日,第2—3页。
④ 傅孟真:《政府与对日外交》,《大公报·星期论文》,1934年6月10日,第1张第2版。
⑤ 孟真:《睡觉与外交》,《独立评论》第114号,1934年8月19日,第3页。

的抬头》中的立场,维护着国联的地位。他说,"今日国联虽遭空前之难端,却不能不同意于胡适之先生所称'国联的抬头'。在国联的抬头中,我们不能不一喜一惧"。他自称不是一个乐观的自由论者,也不是一个自信而高兴的维多利亚朝人,但他说,我们"不当无知的诅咒国联,不可因东北事件待遇不同对此事灰心"。①

虽然在另一篇文章中,傅斯年依然站在胡适一边,极力为国联辩护,且提出应对国联的三原则:"第一,我们对国联,切不可认他为发泄自己虚荣心的场所。""第二,中国必须以国联的立场为立场,以应接国联。""第三,若求以国联为机构,把我们放在'集体安全'中,既在常时不可不积极的尽我们的责任,如上文所说,尤应知道我们必须先作牺牲者才能盼望盟约之保障发生效力。"②但正是这第三个原则,透露出傅斯年态度上的变化。

从前文的"一喜一惧"之说亦可知,傅斯年远没有胡适那么乐观。在此文中,傅斯年虽然也在批评指责和怀疑国联者,说"此时在国内诅咒国联,蔑视国联,以及愤慨国联者,无论是办报的或政府中人,皆拾人之唾余,充分表显其绝对无知识而已"。"譬如怨着说'国联瞧不起我们',这话根本无意识!"但他同时也说,"我以为,无论中国目下如何苦痛,无论'国联的抬头'如何'远水不济近渴',我们的上下,总该深切注意国联形势之演转,而考虑自己的立场";"我们现在不要管国联如何待我们,只要问我们如何待国联?不要问国联能不能在将来帮我们,只要求我们能为自己的生存先天下而吃苦"。这更像是一种无可奈何。

差不多半年后,傅斯年终于忍不住在《大公报》上发表《国联之沦落和复兴》,说"到今天,国联真算它有生以来最倒霉的日子了。一次一次的失败,现在竟弄到毫无荣誉可言"。③在《国联组织与世界和平》中,他干脆说:

---

① 见傅孟真《一喜一惧的国际局面》,《大公报·星期论文》,1935年10月6日,第1张第2—3版。
② 本段与下段,参见孟真《国联与中国》,《独立评论》第174号,1935年10月27日,第2—4页。
③ 傅孟真:《国联之沦落和复兴》,《大公报·星期论文》,1936年5月3日,第1张第2版。又见《独立评论》第200号,1936年5月10日,第5页。

"现在真是国联最不能抬头的时候了!"这自然是针对胡适"国联的抬头"一说的,他特别提到"超国家"的理想,因为傅斯年显然明白,胡适之理念中有威尔逊的影子在。他说:"威尔逊总统最初所欲望的,比现在的国联还彻底得多,只因和英法等国的妥协,弄成《凡尔赛条约》中的一章,本有些不伦不类了。再加上自决的民族无一定的界说,于是殖民地照旧是殖民地,又承认一切现状,即承认维护最近胜利者之法益,即等于抑压最近失败者使其不能自脱于束缚,于是国联偶为一般真正热心的理想家所菲薄。"他希望改变一种无所不包的集体安全组织。①这等于是又推翻了自己在半年前的《国联与中国》一文中极力主张维护的"国联的立场"。

傅斯年对国联的彻底失望,从反面证明他当初对国联的赞同实是受胡适影响的结果。然傅斯年转变态度之后,胡适还在努力地维护着自己与傅之间的一致性。傅斯年1936年5月连续发表《国联之沦落和复兴》和《国联组织与世界和平》后,胡适于5月24日撰写的《国联还可以抬头》,直接针对张忠绂(1901—1977)所谓"国联的没落"一说。胡适也承认,近八个月之中,"国联制裁完全不曾发生效力",但他对国联依然寄托了希望,故认定应该加强国联的力量。② 不过,刊登在《独立评论》第201号上的张文是从国际政治的现实层面看待国联,故他认定胡适出于和平主义、国际正义理念而对国联所抱的希望,是一种"幻想"。③也即是说,张文更多地体现出一种对国联没落以及改组无望的悲观。而在本期《独立评论》的《编辑后记》中胡适却说,张文只是说"现在的国联是没落了,将来的国联复兴必须是一种变相的复兴",这与傅斯年的说法"并没有多大的冲突"。④换言之,傅斯年上述二文,本来表达的是对国联的失望,但在胡适的解读中却成了置之死地而

---

① 以上见傅斯年《国联组织与世界和平》,原刊《中国国际联盟同志会月刊》第1卷第1期,1936年5月15日,收入《傅斯年全集》第4卷,第149页。在1935年9—10月间,胡适连续撰写了《国联的抬头》(《独立评论》第170号,1935年9月29日,第2—7页)和《再记国联的抬头》(《独立评论》第172号,1935年10月13日,第2—6页),对国联关注的同时,还有一种希望的寄托。
② 胡适:《国联还可以抬头》,《独立评论》第202号,1936年5月24日,第2—5页。
③ 参见张忠绂《国联的没落》,《独立评论》第201号,1936年5月17日,第21页。
④ 胡适:《二〇一号编辑后记》,《独立评论》第201号,1936年5月17日,第50页。

后生式的乐观。他说,傅斯年的意思是"国联的复兴靠这次的沉沦"。因此,在国联的问题上,他与傅斯年一样,"都是比较乐观的"。①胡适有意维护二人观点的一致性,固然是为了珍惜和爱护他们之间保持已久的信任和友谊,但对《独立评论》社中最亲近的朋友的观点的维护,亦恰恰反映了他的真实心理,这是孤独之人摆脱孤独的愿望和策略,是孔子式的理念无人理会的孤独。②

三、期望与失望:胡适与国民党政府对日政策分歧对其心理的影响

应该说,民族危急关头挺身而出,让胡适产生英雄气概的同时,亦不免让其重拾了以往领袖的习惯。1932年12月4日,胡适在长沙演讲《我们所应走的路》提到新文化运动,便不自觉地显露出"青年领袖"的气派。③

众所周知,20世纪20年代末,是胡适一生中对国民党及其政府批评最为激烈的时段,但自从1930年11月重返北平后,与国民党之间的直接冲突相对变少,其中较大者,如1931年1月,国民党政府教育部电令上海光华大学辞退教授罗隆基(1896—1965),胡适以为"此事是教育部的大错",④"实开政府直接罢免大学教授之端",出于维护"学术上之自由"和"职业之自由",为罗隆基事,亦为国民党政府对《新月》杂志"不取公开的辨正,又不用

---

① 胡适:《国联还可以抬头》,《独立评论》第202号,1936年5月24日,第3页。
② 其实,早在1935年,胡适与傅斯年产生分歧之初,他就在维护他们之间的关系了。这中间自然存有"公心"。胡适在《一四一号编辑后记》中提到傅斯年的《"中日亲善"??!!》,要当局注意此文(《独立评论》第141号,1935年3月10日,第22页)。胡适这么说,不是同意傅斯年的意见,而是要当局认识到这个极端言论代表着社会一个方面的意见。
③ 如1932年12月4日演讲"我们所应走的路",谈到牺牲主义时,他说:"这完全是青年们还没有彻底的了解我们当时所提倡的新文化运动,或则因为我们没有把所抱的主义解释得十分清楚,这是我们应该忏悔的。"见胡适讲演,梦梅记录《我们所应走的路》,收入《胡适全集》第21卷,第552页。
④ 胡适1931年1月11日日记,《胡适全集》第32卷,第7页。

法律的手续,只用宣传部密令停止其邮寄"①致信时任教育部次长的陈布雷(1890—1948)表达不满和抗议。半年之后,即7月30日前后,他又为新月书店北平分店被北平公安局警员搜查,逮捕店员和搜去《新月》第2卷第8期一事,与北平地方当局交涉。7月30日日记中记有此事详情,且剪贴了《益世报》7月24日题为《好大胆的月刊　竟敢诋毁约法　要查禁你了》的报道。胡适讥此报道说:"这是最早的记载。标题最妙。有这样的报纸,难怪有这种政府!"②

有两个交织在一起的因素共同影响了胡适对国民党政府的态度转变。其一,是国民党政府对胡适的态度转变,其二,则是"九一八"事变的爆发。

1931年9月17、26日,11月11日,时任行政院副院长兼财政部长的宋子文(1894—1971)三次电邀胡适出任国家财政委员会成员,"就经济改造事宜与国际联盟合作"。③胡适与宋子文是哥伦比亚大学校友,就在收到第一次邀请函前的两个月,胡适还在日记中提到宋子文遇枪击的报道,显然对之相当的关心。④而接到第二、三次邀请函时,"九一八"事变已经爆发,在民族危亡的关头,胡适于公于私都无婉拒的理由,于是在接到第三次(即11月11日)电邀后,胡适只好应允。结果,当天深夜,国民党政府即公布包括胡适在内的国家财政委员会组成人员名单,蒋介石且电邀胡适赴南京参加财委会会议,不过胡适称病未赴会。⑤

日本军国主义侵华引发的民族危机使国内的民族主义意识迅速增强。王汎森先生已观察到,"九一八"事变在中国知识人中间直接引发了"我们是谁"的追问。⑥此追问虽更多地体现在文化层面,像政府主导的"尊孔读经"的重燃,以及"中国本位文化"论的出现,就根本上说,都是追问"我们是

---

① 分别见胡适致陈布雷,1931年1月15日,《胡适全集》第24卷,第74、76、75页。
② 胡适1931年7月30日日记,《胡适全集》第32卷,第131—132页。
③ 分别见胡适1931年9月17日、1931年9月26日、1931年11月11日日记,《胡适全集》第32卷,第148、152、156页。
④ 胡适1931年7月24日日记,《胡适全集》第32卷,第129页。
⑤ 胡适1931年11月12日日记,《胡适全集》第32卷,第156页。
⑥ 参见王汎森《傅斯年:中国近代历史与政治中的个体生命》,第171页。

谁"的具体实例,但民族主义一向为国民党所倚仗,因而文化层面的问题往往又有政治因素在起作用。而现代性的追索,仍困扰着新文化一代知识人,胡适等体制外的知识人在文化层面以外,亦同样关注中国政治和社会的现代转型问题,然此问题又处于探索阶段,一切皆尚无定论。后来在争论"建国问题"时,胡适对此曾有反思,他说,现在的根本问题,仍是"怎样建立起一个可以生存于世间的国家的问题。这问题不完全是'师法外国'的问题,因为我们一面参考外国的制度方法,一面也许可以从我们自己的几千年历史里得着一点有用的教训。这问题也不完全是'必有 形成之现代,而后从而化之'的问题,因为一来此时的世界正在演变之中,无有一个已形成的现代;二来我们的病状太危险,底子太虚弱,恐怕还没有急骤追随世界先进国家的能力"。①1934—1935年自由主义知识人中间关于"民主与独裁"的论争亦是表现之一。

就胡适而言,他对"社会重心"空缺的担忧也有多个层面,②但走向现代则是终极目标,故在面对日本以中国是"非现代国家"为侵略理由,以及宣称中国不配与日本直接交涉时,胡适会有激烈的反弹。③不过,要将寻求"社会重心"落实到具体现实之中,倚仗彼时势力最强的国民党政府实现国家的统一,以便一致对外,共同抗日,亦是知识界的共识。1932年1月27日,胡适与翁文灏宴请出席"国难会议"的北方熟人,其中有任鸿隽(1886—1961)、蒋廷黻、傅斯年、林宰平、汤尔和(1878—1940)、李石曾(1881—1973)等十四人,胡适在日记中说:"大家交换意见,都以为这会议不当限于讨论中日问题,但也不应对国民党取敌对态度。当以非革命的方法求得政治的改善。"④这其实也是胡适对国民党及其政府态度转变的一个原因。

国民党政府中对胡适态度改变的不仅是宋子文,1932年任国民党政府行政院长的汪精卫(1883—1944)对胡适也极力笼络。由于汪精卫后来沦

---

① 胡适:《建国问题引论》,《独立评论》第77号,1933年11月19日,第7页。
② 胡适1932年12月5日日记,《胡适全集》第32卷,第178页。
③ 分别见胡适《统一的路》,《独立评论》第28号,1932年11月27日,第2页;胡适讲演,陈振汉记录《中国问题的一个诊察》,《南开大学周刊》134期,1932年11月10日,第1页。
④ 胡适1932年1月27日日记,《胡适全集》第32卷,第166页。

为汉奸,胡、汪抗战前的关系变得相当敏感,20世纪50年代的"胡适思想批判"运动中,就有学者以汪拟任命胡为教育部长一事,证明他们的沆瀣一气。① 其实,胡适不仅谢绝了汪之好意,②后来与汪的想法也完全不同;而汪精卫本人也有一个变化过程,他也不是一开始就表现得像汉奸。应该说,"九一八"之后,胡、汪之间确有文化人的那种彼此欣赏,故在1923年初识十年后再见,胡适会在日记中感叹,"他此时颇憔悴,不似从前的丰满了"。③但在胡适还有一层原因,这就是他作为自由主义者对文人政府的天然信赖。④

行伍出身的蒋介石也同样在争取胡适。1932年12月,蒋希望与胡适"谈谈哲学",且事先将其所著《力行丛书》附赠参考。⑤ 1933年3月赴华北时,亦接见胡适、丁文江等北平知识界名流,商讨对日政策。但正像实验主义者胡适无法真正与信仰阳明心学的蒋介石谈哲学一样,胡适虽不断地提供对日政策方面的建议,却始终无法与国民政府高层人士达成完全的一致。

实际上,知识人对国家方针和政策贡献智慧,无须、亦不可能考虑政争和党争,只需秉承理念和考虑各种可能性中最有利的一面。胡适非内闱(府内、体制内)中人,一些文件、密电、私下谈话或日记所记的相关情况也非他所能知晓。他只能根据自己的对国内外形势的了解和判断来发表评论或提出建议。然彼时蒋介石等人受各方掣肘,未能照胡适之见办理,亦有其无奈,此处无意判定孰是孰非,仅涉及双方的分歧对胡适心理上造成的影响。

"九一八"事变发生后,东北军张学良部的不抵抗引起国内舆论哗然和批评,虽然围绕蒋介石与东北军"不抵抗"的关联问题,迄今为止尚无定论,

---

① 参见白寿彝《胡适对待祖国历史的奴才思想》,《胡适思想批判(论文汇编)》第5辑,北京:生活·读书·新知三联书店,1955年,第115页。
② 胡适致汪精卫(稿),1933年4月8日,《胡适来往书信选》中册,第208—209页。其实,汪还曾想请胡适为驻德大使,亦被后者婉拒。同上书,第211—212页。
③ 胡适1933年6月13日日记,《胡适全集》第32卷,第204页。
④ 蒋永敬教授认为,20世纪20年代末,胡适批评国民党政府的"训政"时,"亦正是汪氏反对南京的时期。与胡的立场,可谓'异曲同工'"。参见其《抗战史论》,台北:东大图书公司,1995年,第336页。
⑤ 胡适1932年12月5日日记附记,《胡适全集》第32卷,第178页。

第五章 时势造境:《说儒》的出现

但诚如学者所言,"不抵抗"政策并非专针对"九一八",而是国民政府因应同样事件采取的"一贯因应模式"和决策上的"优先选择"。故"铣电"存在与否容或有争议,不抵抗作为蒋介石应对日、俄"挑衅"的"反制模式",已可谓相当固定。①

当然,胡适以及蒋介石、汪精卫,他们的对日态度都是随时势变化而变化的,在1931—1934年间,蒋介石面对日本侵略的复杂局面,往往采取逃避的做法,且以"剿共"为名,游离于对日的具体事务之外,到1932年"蒋汪合作"达成后,更是将有关事务交由汪精卫处理。这也给胡适与汪精卫的交往提供了条件。但从"九一八"到"七七"事变爆发,这七年间也有一个颇为诡异且隐秘的现象,这就是胡适表面上与汪精卫一派接近,其观点或建议却常为蒋介石一派所吸纳。

像对待国联的态度,汪精卫因为主张与日本直接交涉,对国联往往不以为然,在他们一派看来,依靠国联或国际干预最多不过是得到"国际共管"的结局。②胡适起初也是主张直接交涉的,但那更多的是针对东北军张学良和国民党方面的不抵抗,以及随后的"不撤兵,不谈判"的回避政策的。胡适后来与汪精卫的分歧也在于此。胡、汪两人都看重日本"文治力量"的兴起对极端派军人的制约,但这个"文治力量"却一再被压制。而同样是主张"直接交涉",胡适一直强调要在国联的主持之下进行,这个"公开外交"却不是汪精卫所情愿践行的。关键是,当时势发生变化后,胡适改变了态度,而汪精卫则一条道走到黑。

在东北沦陷的初期,直接交涉未必不是解决问题的办法。何应钦

---

① 李君山:《全面抗战前的中日关系(1931—1936)》,台北:文津出版社,2010年,第5、8页。至于蒋介石是否一直不抵抗,学界对此也有分歧。蒋永敬以为,1931年11月12日,蒋介石致马占山的信中要求"就地抵抗","不抵抗主义"就此结束。李君山认为是以1931年10月24日为断限。而谢国兴则认为,一直到"七七"事变,蒋介石都是"不抵抗主义"。见上书,第28—29页。

② 这里存在留日派与留英美派的差异。留日派的黄郛(1880—1936)夫人沈亦云(性真,1894—1971)说,英美派相当狭窄。她认为,英美是远水难救近火。参见李君山《全面抗战前的中日关系(1931—1936)》,第105—106页。

(1890—1987)后来回顾此事时,对胡适之见就加以肯定。他说,"及至九一八事变既起,彼时中国舆情昂奋异常,但也有一部分人烛及危机,主张相机及早解决。例如胡适之先生等即有不惜依据日本所提五项原则,毅然直接交涉的主张,当局终于迟回却顾,坚持不撤兵、不交涉之原则,致使日本缓和派不能抬头,军人气势日张,问题愈陷僵化"。①

蒋介石一派对国联的态度与汪精卫不同,表面看,与胡适更近似。"九一八"事变后,蒋介石痛恨日本侵略,进行了一系列活动,②但基本的倾向是明确的,率先考虑通过国联和《九国公约》来限制日本。9月21日,他在国民党干部会议及当天日记中说,"余主张日本占领东省事,先提国际联盟与非战公约国,以求公理之战胜"。③这是最早有关依靠国联的表态。12月2日,他在国民党中央执委会政治会议第297次会议上表明了通过国联解决日本侵略中国问题的立场。他说:"解决东三省问题,不要脱离国际联合会的关系,我们要在国际力量保障之下,使日本撤兵。"④

但蒋介石、国民党和胡适对国联作用的认知,却存在相当大的差距。前文已提及,胡适强调依靠国联,是基于他的世界主义立场,希望中国真正融入国际中去,而蒋介石、国民党并无此理念,他们仍是从策略上着想,且主要是为了减轻国内政策和舆论上的压力。时任特别外交委员会委员长的戴季陶(1891—1949)在国民党中央执委会政治会议同一次会议上就明确表示,国民党政府信任国联,可以得到三个"利益",其中第一个利益即是"对于国

---

① 何应钦讲:《敌乎? 友乎?——中日关系的检讨》,参见其《八年抗战与台湾光复》附录二,沈云龙主编:《近代中国史料丛刊续编》第71辑,台北:文海出版社,1970年,第104页。按照学者的研究,在国民党军政当局中,持此上述相同看法者,亦并非何氏一人。参见蒋永敬《抗战史论》,第402页。

② 参见杨天石《九一八事变后的蒋介石——调整国内外政策的开端》,原题为《从毛思诚"蒋介石日记类钞"观察九一八事变后的蒋介石》,刊台北《传记文学》第67卷第4期,1995年10月,收入其《找寻真实的蒋介石:蒋介石日记解读》上册,太原:山西人民出版社,2008年,第199—204页。

③ 蒋介石:《蒋介石日记》(手稿),1931年9月21日,转引自金冲及《七七事变前蒋介石对日政策的演变》,《近代史研究》2014年第1期,第98页。

④ 李云汉主编,刘维开编:《国民政府处理九一八事变之重要文献》,台北:中国国民党中央委员会党史委员会,1992年,第201页。

内可减少人民责备政府之心理"。①

因为是策略,且有转移矛盾和推卸责任的考量,对时势的判断又不免以日方态度为主,在外交上的犹豫与是否诉诸武力抵抗一直是相伴随行的。"九一八"后,国民党政府外交上的努力十分有限,最初只派遣施肇基(1877—1958)一人赴国联,以后虽增加了几位,但汪精卫执掌行政院后,不仅自兼外长,且谋求直接与日本交涉,而这一切又都是通过"秘密外交"的方式进行操作。1931 年 10 月,宁粤双方虽在沪召开的团结会议上改"不撤兵,不谈判"为"一面抵抗,一面交涉",但整体情况仍无明显改观,且难以见到积极外交的出现。胡适在 1932 年 5 月 8 日撰写的《上海战事的结束》一文中,不仅批评抵抗无准备,外交无具体方针,还一并提到依靠国联也需要相应的条件,特别是自身的努力,他指出:

> 自九一八以来,政府除了迷信国联与《九国公约》之外,几乎束手无策。民众的激昂,本是意中的事;政府应该利用激昂的民气和国际的舆论,来争外交上的胜利。但政府一味敷衍民众,高唱"抵抗到底"而实无抵抗的准备,高唱"兼用外交"而实无外交的方针。天不能助那不自助之人,何况那无制裁实力的国联?②

一年后,胡适仍在强调积极外交的重要。他 1933 年 11 月 20 日所撰《世界新形势里的中国外交方针》一文明显是针对汪精卫外交上的不作为的。故文中有"政府若在不承认伪国的基本条件之下做到一些局部问题的解决,也许是可以得着国民与世界的谅解的"一类痛心疾首的让步语。他提出了全盘外交的政策,即同时照顾到日本、苏俄、美国和国联(代表西欧和英帝国),其目的"就是使中国问题变成了世界的大问题"。③ 为了使汪精

---

① 《国民政府处理九一八事变之重要文献》,第 207 页。
② 适之:《上海战事的结束》,《独立评论》第 1 号,1932 年 5 月 22 日,第 9 页。
③ 胡适:《世界新形势里的中国外交方针》,《独立评论》第 78 号,1933 年 11 月 26 日,第 3—4 页。

卫以及具体分管外交事务的外交部常务次长唐有壬(1893—1935)明白自己的意图,胡适不仅寄送刊载《世界新形势里的中国外交方针》的第78号《独立评论》,又煞费苦心地分别致信汪、唐二位,阐述外交方针提出的理由。但汪精卫此时在外交上极度悲观,故在回信中并不以胡适的"信心"为然。①

胡适得不到他寄托极大希望的汪精卫的理解,等于是被国民党行政当局排斥在外了。当然,以胡适的修养和一向温和的性格,即便失望亦会表现得十分优雅,故在致汪精卫的信中,他亦百般透迤。但从以前汪精卫兼任外交部部长时为其另行推荐外长"替人",到最后直截了当地说汪"以政府领袖首当外交之冲,甚非所宜"②均可看出,胡适确是直言进谏,并不遮掩的。而就在一年后,即1935年1月所撰写的《一九三四年的回忆》中,更是直截了当地表达了这种失望,他说:"我曾写四次长信,劝汪精卫先生与唐有壬先生退出外交部。但这种不入耳之言,至今不曾有丝毫功效。"③

自从1933年8月16日,汪精卫任命外交部部长罗文干出使新疆,自兼外交部部长,由唐有壬担任常务次长,至1935年11月1日,汪精卫遇刺辞职,"中日亲善"一度甚嚣尘上,占据了国民党政府对外政策的主流,汪、蒋均对与日本直接交涉和"中日亲善"表现出了希望。只是蒋介石一度避免与日使接触,后干脆以"剿共"为名,避居四川。

1933年12月后,决心"委婉的硬起来"④的胡适已经对与日本直接交涉不感兴趣。这也与傅斯年对国民党中"亲日派"的极度不满不无关系,后者写有《"中日亲善"??!!》⑤一文,而胡适则向蒋介石等人推荐此文。此时南

---

① 参见汪精卫致胡适,1933年11月22日及11月28日,《胡适来往书信选》中册,第220—221、223页。
② 胡适致汪精卫(稿),1933年12月20日,《胡适来往书信选》中册,第227页。
③ 胡适:《一九三四年的回忆》,《胡适全集》第32卷,第409页。
④ 胡适的原话是:"今日所需不在能继续软下去,而在能委婉的硬起来。"参见胡适致汪精卫(稿),1933年12月20日,《胡适来往书信选》中册,第227页。
⑤ 孟真:《"中日亲善"??!!》,《独立评论》第140号,1935年3月3日,第2—4页及第141号,1935年3月10日,第2—4页。

京知识界的友人,如蔡元培、罗家伦、王世杰等集体向汪精卫发难,对胡适的转变亦有影响。在致王世杰的信中,他也对南京方面一群清流对"亲日派"的抵抗颇感欣慰。①实际上,对日直接交涉的也包括蒋介石,他曾派陈仪(1883—1950)与日方密谈。胡适日记中也有会见陈仪的记录,但显然胡适对此并不寄托希望。②个中原因,除了因时势变化而对日本失望以外,也是因为他已经彻底厌倦了"秘密外交"。就在半个月后,即12月27日,他撰写了《公开外交》,③与《独立评论》社同人一起呼吁外交公开。"秘密外交"不仅是不符合现代外交的原则,从实效看,其最大的问题是信息不对称,故往往有利于强势的侵略一方。当然,胡适对"秘密外交"的反对亦存反日的意思。

胡适对"秘密外交"的反感,也因为有关华北的危机,包括日方的威逼、中方的让步,都只有通过外电或外国媒体才得以知晓,而中国自己的媒体只能"不着一字"(此为《大公报》社论的标题)或者"全部沉默"。④这等于是将所有政府核心成员以外的中国人,特别是像胡适这样希望以自己的智慧,诚心帮助政府解困的知识人,都排除在了信任之外,剥夺了其对利益攸关事务的知情权。胡适的心情用他在《沉默的忍受》中的话说就是:"这十几天之中,全国人的悲愤,绝大沉静中的悲愤,是不消说的。"⑤

在疏远汪精卫之后,胡适逐渐将希望寄托到蒋介石一方,但他的那些满怀理性和热情的建议却由于种种原因而没有得到蒋的积极回应,即使回应也要么是没有任何结果,要么则是达不到胡适的预期。1935年年中,胡适给王世杰的信中向蒋介石提供的三个方案中,第一案因为有不惜承认伪

---

① 参见胡适1935年6月20日日记所附致雪艇(王世杰)的信,《胡适全集》第32卷,第485页。
② 胡适1935年12月11日日记,《胡适全集》第32卷,第518页。
③ 参见胡适1935年12月28日日记,《胡适全集》第32卷,第533页。此文后以《我们要求外交公开》为题刊《大公报·星期论文》,1935年12月29日,第1张第2版及《独立评论》第184号,1936年1月5日,第10—13页。
④ 胡适:《"无不纳闷,都有些伤心"》,《独立评论》第154号,1935年6月9日,第3页。
⑤ 胡适:《沉默的忍受》,《独立评论》第155号,1935年6月16日,第2页。

"满洲国"的内容而倍受争议,在当时国民党政府中亦无人敢于承担此丧失领土的责任。其实,这个为了保全华北而代价甚大的权宜之计都是基于胡适对于华北的现实以及国民党在华北表现的观察。用 1935 年 6 月 16 日胡适日记附录的英文文章"What is Happening in North China?"(《华北正发生什么?》)中的话或可以解释,胡适说:

> 塘沽停战协定签订已有两年,华北再次面临日本的威胁。最近三周,日本驻天津和北平的军方没有通过正常的外交途径,向中国当局提出许多要求,他们称之为"希望"。由于没有官方的公告,一般民众至今还不知道这些要求的具体内容。但是,中国政府已经在按日方的要求行事。①

胡适的这个方案是"有代价的公开交涉"而不是像国民党政府在华北那样,在秘密外交下不断地丧失领土和机会,他是要让中国先做一战时的意大利或比利时,以赢得十年的"喘气时间"。②这个做最坏打算的方案针对的是国民党政府的外交上的鸵鸟政策或不作为,即在胡适看来,既然已经让步至此,既然当下的现状已经比签订《二十一条》时更加严峻,既然不能有效阻止侵略,那就先做出牺牲,卧薪尝胆,以期日后东山再起。胡适的三个方案中,第一案是顺着国民党政府的表现而提出的"正面设想",故他会称第二案为"反面设想"。③胡适的第一案缺乏对国内民意和政治上可能带来负面反响的考量,他自己似乎也有所察觉,随后提出的第二、第三案对这个大幅度退让的第一案进行了修改和更正。

实际上,无论是"正面设想"的第一案,还是"反面设想"的第二、第三案,都潜存一个有关行动或者说作为的期望。也就是说,在胡适看来,不论是"战",还是"和",都要有切实地行动。因为有此内心期望,胡适亦在走极

---

① 胡适 1935 年 6 月 16 日日记附录,《胡适全集》第 32 卷,第 478 页。
② 胡适致努生(罗隆基),1935 年 7 月 26 日,《胡适全集》第 24 卷,第 245 页。
③ 胡适致王世杰,1935 年 6 月 27 日,《胡适全集》第 24 卷,第 235 页。

端,希望以此来唤醒不作为的国民党政府以及蒋介石。故无论是第一案妥协的"和",还是第二、三案的强硬的"战",都是极而言之的。第一案的"和"毋需赘言,在提出第二案的信中,胡适极端起来比蒋介石还极端。蒋介石的"等我预备好了再打",在他看来,根本上是缺乏"'不顾一切,破釜沉舟'的决心"。他耿耿于怀的是蒋介石总在那里等待。如果说,胡适1933年在保定见蒋时,蒋强调"我们现在不能打"还情有可原,但让胡适无法容忍的是,三年过去了,蒋介石不仅没有作战,甚至连个"对日本作苦战的计划"也没有提出来。这个"预备好了再打"很可能成为不准备或不作战的托词。胡适说:

> 我们若要作战,必须决心放弃"准备好了再打"的根本错误心理。我们必须决心打三年的败仗,必须不惜牺牲最精最好的军队去打头阵,必须不惜牺牲一切工商业中心作战场,一切文化中心作鲁文大学。但必须步步战;必须虽步步败而步步战;必须处处败而处处战。此外别无作战之法。今日最好笑的,是政府诸公甘心抛弃北方,而天天整饬南京,好像南京是没有危险似的!此种气象真使全国人都感觉难受。

他说:

> 总而言之,今日当前大问题只有两项:(一)我们如何可以得着十年的喘气时间,我们应该不顾一切谋得这十年的喘气时间;(二)我们如认定,无论如何屈辱,总得不到这十年的喘气时间,则必须不顾一切苦痛与毁灭,准备作三四年的乱战,从那长期痛苦里谋得一个民族翻身的机会。①

这是上面提及的胡适关于"战""和"观点的内与外反差的另一次体现。

---

① 以上均见胡适致王世杰,1935年6月27日,《胡适全集》第24卷,第238页。

1935年8月3日,胡适所撰《苏俄革命外交史的又一页及其教训》①是接着同期《独立评论》上丁文江的《苏俄革命外交史的一页及其教训》而写。此文虽详说《布列斯特和约》(*Friedensvertrag von Brest-Litowsk*)一事,但更强调苏俄为作战进行的准备。其实,胡适在此仍想要表达的意思是,不管是让步,还是作战,都必须有积极的作为。即使是让步,也必须以积极的作战或为之做准备,才可能达到最终的目的。他和丁文江一样,要政府有所行动而不是等待。这里也不完全是要强硬到非作战不可,而是说,即使牺牲,也要以作战的方式来牺牲,以换取最终的胜利。

但失望之中仍要寄托希望,这是彼时胡适及自由主义知识人的无奈,他们早已步入中年,不可能丢下笔杆子、拿起枪杆子,上前线与日军拼杀。他们只能抱定"知其不可而为之"的决心关注和影响现实或政府的政策。

其实,蒋介石也不是完全不听从胡适的建议,胡适将中日问题放到国际背景中看待,蒋介石所见亦同。1934年3月5日,他在演讲中就将中日问题当成东亚问题、太平洋问题。②而胡适上述致王世杰的信,以及后来因王世杰考虑胡之所见并不符合蒋之所愿而未予转交,又再次请罗隆基转告蒋,这对蒋后来提出的"持久战略"的影响也是肯定的。③ 1937年7月31日,蒋介石决定对日作战后,胡适仍希望"外交路线不可断",他推荐时任外交部亚洲司司长的高宗武(1905—1994)与日本交涉,蒋介石也确实在私下里差遣高与日方秘密接触,无效果后遂停止。

不过,这一切似乎总是达不到胡适的期望,而中日之间的形势,却在急转直下。作为和平主义者,胡适直到全面抗战既开,还在强调和平,其中的原因,时人未必理解,故有蒋介石在国防会议上讥讽胡适,参谋总长程潜

---

① 胡适:《苏俄革命外交史的又一页及其教训》,《独立评论》第163号,1935年8月11日,第15—18页。
② 蒋中正:《东亚大势与中国复兴之道》,秦孝仪主编:《蒋公思想言论总集》第12卷,台北:中国国民党中央委员会党史委员会编印,1984年,第95—96页。
③ 此点蒋永敬教授在其文中有所涉及,或是限于客观条件,未予直白地指出。参见其《抗战史论》,第407页。

(1882—1968)甚至斥其为"汉奸"。①而实际上,这不过是胡适在听见蒋介石所谓一旦开战,只能支持六个月的说法后的即时反应。②

客观地看,胡适并不理解国民党复杂的党内斗争,故所谈"团结"一事,更多的是指在面对外来侵略时整个中华民族的团结,对于国民党及其政府内部的团结只是单纯地希望,并未看得那么重,且在他的理念中,为国家的利益牺牲党的利益是天经地义的。此点在致罗隆基信中就有所谈及,他要国民党为更大的团结牺牲其利益。③这自然是蒋介石无法接受的。

反过来看,蒋介石、汪精卫也知道胡适不明白现实政治的复杂性,而实擅长于宣传,又怯于胡适的自由主义言论的影响力,故都以发挥所长为名,一石双鸟,分别希望任命胡为驻德和驻美大使,这也将胡适推向孔子当年周游列国,贡献政策,国君(政治家)驱离其人而用其理念的境地,亦让胡适这个"当今孔子"有人不能尽其才的悲悯。如果说,当年孔子遭遇到智慧上的孤独,胡适,至少从自期上说,也颇有智慧上孤独的无奈和痛苦。这也是为何胡适先是婉拒了汪精卫之"好意",又在面对蒋介石之"好意"时,有一种"过河卒子"④的无奈,且再三犹豫,直到傅斯年力劝,晓以大义,且为国一哭,才勉强答应出使美国的原因。⑤

王世杰在1937年8月3日日记中说,胡适为作战一事"极端恐惧"。⑥此应是彼时胡适最真实的心理,这个心理需与《我们可以等候五十年》一起

---

① 参见王世杰1937年8月7日日记,《王世杰日记(手稿本)》第1册,台北:"中研院"近代史研究所,1990年,第85页。
② 胡适1937年7月31日日记,《胡适全集》第32卷,第668页。但蒋介石公开如此宣称,私下里却较公开场合乐观得多。在1937年8月11日日记中,他认为,这场战争持续一年便可结束。转引自吴景平《蒋介石与抗战初期国民党的对日和战态度——以名人日记为中心的比较研究》,《抗日战争研究》2010年第2期,第137页。
③ 胡适致努生(罗隆基),1935年7月26日,《胡适全集》第24卷,第246页。
④ 语出胡适赠陈光甫(1881—1976)的个人照片的题诗,参见1938年10月31日日记,《胡适全集》第33卷,第184页。
⑤ 参见胡适致王世杰等,1942年9月10日,《胡适全集》第24卷,第585页。
⑥ 当然,王世杰言胡适"极端恐惧"有个基本前提,即他所说的,大战爆发之前,"无知识或无责任之人,感觉身家危险,有知识者则对国家前途不胜恐惧"。参见王世杰1937年8月3日日记,《王世杰日记(手稿本)》第1册,第82页。

观之,它亦是公开与私下表现反差的体现。即在公开场合或公共领域,胡适往往表现出信心、决心和乐观,面对眼前的艰险往往体现出理性。这和英雄主义无关,而是在遭遇可能的失败和牺牲面前的一种正常反应。这样的心理在《说儒》中也一样呈现出来,前文已提及,冯友兰后来说胡适是"败北主义者",当然是特殊政治语境下的话语,但亦从反面提示出胡适撰写《说儒》的一部分现实原因。

简言之,胡适预测到一旦中日全面开战,在战争初期,中国会遭受困难和失败,这个困难像"儒"丧失了尊贵地位一样,但也像儒生经过千难万险,到孔子那里终于复兴一样,中国终究有重整旗鼓的那一天。这个介于潜意识与意识之间的自然投射,也让《说儒》不纯粹是学术作品,而是一个预言,一丝希望,一则鼓舞中华民族士气的寓言和重建中华文化谱系的一种尝试。

第六章

寻觅重心:《说儒》的文化密码(上)

"九一八"事变对胡适的刺激相当明显,它直接促发了作为知识人的胡适社会参与、政治参与的热情,亦影响了他自身的际遇、心态,而这些又与他的学术转向一起,在《说儒》中留下了或隐或显的痕迹。如果将诸多因素汇集到一点,就是找寻中国社会或中国文化的重心。这个意愿缘于深刻的危机感,而这个危机感又与他的历史眼光勾连在一起。

1932年9月18日,"九一八"事变一周年,胡适就指出:"九一八的事件,不是孤立的,不是偶然的,不是意外的,他不过是五六十年的历史原因造成的一个危险局面的一个爆发点。"他说:"我们中国这六七十年的历史所以一事无成,一切工作都成虚掷,都不能有永久性者,依我看来,都只因为我们把六七十年的光阴抛掷在寻求建立一个社会重心而终不可得。""我认为中国的民族自救运动的失败,这是一个最主要的原因。"①

1937年5月17日,在致翁文灏的信中,胡适又说:"此时我所焦虑的是:兴学五十年,至今无一个权威政治学者,无一个大法官,无一个法理学家,无一个思想家,岂不可虑?兴学五十年,至今无一部可读的本国通史,岂不更可焦虑?在纯粹科学方面,近年稍有生色,但人才实尚甚缺乏,成绩更谈不到。……无用之用,知之者希,若吾辈不图,国家将来必蒙其祸。"②

不过,胡适并没有明确定义何谓"重心",或者说,这个"重心"在胡适内心中也相当地游移不定。他以为,在社会危机或者转型的关头,一部分精英或精英阶层,有公信力的帝王或者政府首脑出来无私地担当起稳定社会、凝聚民族和增强国家力量的责任。③ 而这个担当的背后则需要有文化积淀的支撑。也即是说,政治重心、社会重心只是表象,其基础是文化重心,故建立一个符合时代要求的文化重心成了当务之急。这个危机意识亦通过《说儒》体现了出来。

第一节 超越"尊孔派":《说儒》出现的意味

虽然说,胡适怀揣了一个预言、一丝希望和一份无奈,但《说儒》中寻找当下中国社会或文化重心的愿望,并不仅是一个简单而直接地勾勒现实中国振兴梦,它还显示了以学术方式体现现实关怀的进路,因而既有学术意

---

① 分别见胡适《惨痛的回忆与反省》,《独立评论》第18号,1932年9月18日,第9、11、12页。有关中国社会失去重心的危机意识,胡适在这以后多次提及,但从表述上看,也有多重意涵,如他发表在《独立评论》第107号上的《三论信心与反省》中说,"又因为社会没有重心,所以一切风气都起于最下层而不出于最优秀的分子,所以小脚起于舞女,鸦片起于游民,一切赌博皆出于民间,小说戏曲也皆起于街头弹唱的小民"。这里涉及的是对精英与百姓或上层文化与下层文化之间巨大鸿沟的担忧和反思。见《独立评论》第107号,1934年7月1日,第4页。
② 胡适致翁文灏,1937年5月17日,《胡适全集》第24卷,第348页。
③ 这些是根据胡适在《惨痛的回忆与反省》中以日本为例来阐释社会重心问题时的言论概括出来的,具体见《独立评论》第18号,1932年9月18日,第10—11页。本期《独立评论》正值"九一八"事变一周年,所以特别刊出了傅斯年的《"九一八"一年了!》,蒋廷黻的《九一八的责任问题》以及胡适之《惨痛的回忆与反省》等三文,全方位地进行反省。事先三人或未商议,因此视角虽不同,却有意见的重叠,但各擅胜场。

味,又有社会意愿和未来理想;既是一篇考证之作,亦是一个寓言,更是一次建构中国文化谱系的尝试。总之,它体现出胡适多重的思想、决心和意愿。而由于胡适本人学术取向、现实体验以及社会角色的多重性,亦使《说儒》本身变得意涵繁复,故仅从考证或某一细节来辩驳,或者仅仅以今之眼光去责备《说儒》某个观点失察的研究方式,显然是失之偏颇了。

一、孔子乃殷人:《说儒》的雏形

揆诸《说儒》的发生史,1931年1月27日,胡适在青岛大学题为《文化史上的山东》的演讲似为最早。胡适在当天日记中说,讲的是"'齐文化'与'鲁文化'之区别,并指出'齐学'的重要"。① 但所涉孔子与儒家,已经与前论不同。

在《先秦名学史》《中国哲学史大纲(卷上)》以及《〈中国哲学史大纲(卷上)〉讲义稿》中,胡适都未言孔子是殷人的后代,此时不仅明说"孔子是'殷人'",且强调孔子"奉的是殷商民族祖先教"。② 孔子乃殷人,是《说儒》立论的关键点之一,有"殷人"一项,才有"殷遗民"的悲惨,也才有"儒"是"殷民族的教士"之说和"儒"的"柔逊"性格的成立,而所谓"悬记"说的宗教性才可以聚拢自圆。

后来,《说儒》中引《礼记·檀弓》,说殷人是孔子临去世时的自称,反对者往往纠住此点,驳胡适的误信。③ 实际上,此说很可能来自傅斯年,傅斯年《周东封与殷遗民》的主要观点正是这个。而《文化史上的山东(演讲提纲)》中有关齐、鲁文化不同的说法中,也有傅斯年的影子。

傅斯年1928年在《与顾颉刚论古史书(续)》中即辨析过鲁、齐文化的不同。他说:"鲁是一个古文化的中心点,……我疑及中国文化本来自东而

---

① 胡适1931年1月27日日记,《胡适全集》第32卷,第43页。
② 胡适:《文化史上的山东(演讲提纲)》,《胡适全集》第13卷,第129页。
③ 《檀弓》曰:"丘也,殷人也。"《说儒》相关引文,参见《胡适全集》第4卷,第50页。以此来反驳胡适《说儒》者较多,如前述饶宗颐《释儒》即是其一。

西……齐容或也是一个外来的强民族,遂先于其间成大国。"但"齐有齐俗,有齐宗教,虽与鲁近,而甚不同。"①此文刊在广州《国立第一中山大学语言历史学研究所周刊》同年第 2 集第 13 期和第 14 期上,如若胡适未及见的话,1929 年,中央研究院历史语言研究所迁至北平,傅斯年在北京大学史学系兼课,是史学系的实际主持人,1930 年 11 月,胡适北返,双方交往频繁,谈及此事亦不无可能。这年年底,傅斯年又在《安阳发掘报告》第 2 期上发表的《〈新获卜辞写本后记〉跋》②中重申此说。

这两点胡适直到晚年仍记忆犹新。1952 年 12 月 10 日,他在《〈傅孟真先生遗著〉序》中再次提及,说傅斯年仅从新发现的两块卜辞,一共五个字,就推想到古史中的两个大问题,"楚之先世,殷周之关系"。他说:"我们承认这一类的文字是继往开来的大文章。"③当然,傅斯年后来发展出的"东西夷夏论"与王国维的《殷周制度论》也有个承继关系。④

在《文化史上的山东(演讲提纲)》的中,胡适写道:

> 孔子是"殷人",奉的是殷商民族的祖先教;但他又认"鲁国"是"父母之邦",他受鲁文化的影响也极大。孔学是这两种文化结婚的产儿。①从那周鲁文化里,他得着了对历史文化的了解,承认文献的"史的价值",遂给中国人开辟一个富于历史观念的学派。②从他那个殷人的血统关系上,他不知不觉地输入了殷民族的祖先宗教,在形式部分则有丧葬祭祀等等,在思想部分则有"孝"的宗教。⑤

---

① 傅斯年:《与顾颉刚论古史书(续)》,《国立第一中山大学语言历史学研究所周刊》第 2 集第 14 期,1928 年 1 月 31 日,第 33 页。

② 傅斯年:《〈新获卜辞写本后记〉跋》,《安阳发掘报告》第 2 期,国立中央研究院历史语言研究所专刊之一,1930 年 12 月,第 349—386 页。

③ 胡适:《〈傅孟真先生遗著〉序》,《胡适全集》第 20 卷,第 697 页。

④ 参见王汎森《一个新学术观点的形成——从王国维的〈殷周制度论〉到傅斯年的〈夷夏东西说〉》,收入其《中国近代思想与学术的系谱》,第 307—322 页。但傅斯年并非照抄王国维,也不提倡王国维在学术研究中渗透道德关怀的方式。

⑤ 本段与下段,均见胡适《文化史上的山东(演讲提纲)》,《胡适全集》第 13 卷,第 129 页。

此处有一段夹注亦证实了傅斯年的影响。胡适注曰:"傅孟真说,三年之丧是殷礼,古书上的两件引证,武丁、孝己,都是殷人。而《孟子》记滕人说'吾宗国鲁先君莫之行,吾先君亦莫之行',尤可见此非鲁礼。"实际上,殷人宗教是祖先教,也出自傅斯年。在《〈新获卜辞写本后记〉跋》中,傅斯年即有"殷之宗教,据今人研究卜辞所得者统计之,除去若干自然现象崇拜以外,完全是一个祖先教"。①

不过,此时胡适谈及老子尚没有像《说儒》那样,大胆地说他是"老儒",而是重点放在"黄老之学"的生成上。因为胡适不相信《汉志》,认为"道家"一词晚出,故在《先秦名学史》中无老子详说,以庄子来叙述。在《中国哲学史大纲(卷上)》里,胡适以老子为中国哲学史的开山,除去前述梯利、文德尔班哲学史写作范式的影响,即他说的"老子的天道,就是西洋哲学的自然法"②以外,亦潜藏着民族文化心理的因素,即不承认中国无哲学,以此来回应康德、黑格尔"中国无哲学"说。至于为了打破儒家、孔子的正统地位,体现出他所谓"'异端'群起"的中国哲学特点,③则是一贯所愿。但胡适是只讲老子、庄子学说而不涉"道家"之名。在《文化史上的山东(演讲提纲)》中,他又重申,"古无道家之名,也无'黄老'之学。'道家'之名始见于《史记》。'黄老'之名也起于《史记》";"黄帝的道书,《艺文志》里便有七十八篇之多。这样先把黄帝变成一个老子信徒,然后请他和老子合伙开一个'黄老合资无限公司',于是老子之学便成了'黄老之学'了!"④

---

① 傅斯年:《〈新获卜辞写本后记〉跋》,《安阳发掘报告》第2期,国立中央研究院历史语言研究所专刊之一,1930年12月,第377页。相同的见解也为后来的考古学者所进一步阐述,如张光直曾在《商周神话之分类》中说:"卜辞中上帝与先祖的分别并无严格清楚的界限,而我觉得殷人的'帝'很可能是先祖的统称或是先祖观念的一个抽象"(参见其《中国青铜时代》,北京:生活·读书·新知三联书店,1983年,第264页)。但也有学者不同意此说,赵敦华教授就认为,"殷人把祭祀上帝的禘礼与合祭祖先的袷礼明确地区分开来,这就足以说明,在他们的观念中,上帝不等于祖宗神全体";"在商周的多神教崇拜体系里,上帝→祖宗神→自然神→百物神(如灶神、门神)是一个由上到下的等级"。参见其《走向多神教之路》,收入傅有德等编《跨宗教对话:中国与西方》,北京:中国社会科学出版社,2004年,第285、286页。
② 参见胡适《中国哲学史大纲(卷上)》,《胡适全集》第5卷,第247页。
③ 胡适:《中国哲学史大纲(卷上)》,《胡适全集》第5卷,第529页。
④ 以上见胡适《文化史上的山东(演讲提纲)》,《胡适全集》第13卷,第132—133、134页。

胡适在此文中论"鲁学"的"齐学化"进程,虽只说汉武帝时"最大的儒者董仲舒便推阴阳,谈灾异,名为儒生,其实已完全变成了阴阳家。这时候的鲁学已渐渐'齐学化'了",①但这个让鲁学"齐学化",且将阴阳五行带入儒学的"齐学"并非汉代的产物,而是《说儒》所涉之古代巫史传统的一个渊源。

　　在《说儒》发生史上,1932 年 11—12 月是一个重要的节点。这年 11 月 27 日,胡适抵武汉,应邀在武汉、长沙等地进行了十一次演讲。② 其中有两个讲题值得注意。一个是《中国历史的一个看法》,演讲于 11 月 30 日晚 18 时,地点是武汉大学;③另一个《中国政治的出路》,是 12 月 5 日上午 9 时,参加湖南省举办的"总理纪念周"活动,在长沙中山纪念堂演讲。④

　　在《中国政治的出路》的演讲中,胡适虽仍旧重申他的"五鬼闹中华",但强调说,"贫、病、愚、贪、乱"这"五鬼"乃古已有之,"古文化对于这五鬼,全无办法,至多勉强做到'不乱'(小安)而已",其中"不乱"原因的第二条,即古代中国的"重心未失"。⑤ 这个说法需要配合两个月前,即 1932 年 10 月 25 日,胡适在天津南开大学的另一次题为《中国问题的一个诊察》的演讲来理解。

　　在《中国问题的一个诊察》中,胡适也谈到"五鬼闹中华",且照例对传统进行了激烈的批评,因为在他看来,"在这新的世界,立国不但要靠武力,尤其要靠文化;外国人的科学没有不在我们之上的"。他列举了欧美和日本大学悠久的历史后说,在中国"除了科举求功名以外,便没有人想到文

---

① 胡适:《文化史上的山东(演讲提纲)》,《胡适全集》第 13 卷,第 135 页。胡适晚年说:"鲁本来在河南的,从平四国之后,才东移山东的。周朝是从西方来的,……直到周公和羌族的姜太公这两个大军阀扩张领土,征服了山东,直到了淮夷。"参见《胡适之先生晚年谈话录》,第 77—78 页。
② 胡适在两湖演讲的次数,据耿云志《胡适年谱(修订本)》,第 170—171 页。
③ 此处演讲时间据胡适 1932 年 11 月 30 日日记,《中央日报》江思清记录稿引言亦证实为此日,是为周三,参见《中央日报》,1932 年 12 月 4 日,第 2 张第 2 版。胡颂平、耿云志和曹伯言、季维龙等三大《胡适年谱》咸以 12 月 1 日为演讲时间,故均有误。
④ 参见胡适 1932 年 12 月 5 日日记,《胡适全集》第 32 卷,第 177 页。
⑤ 同上书,第 177—178 页。

化,在文化上努力的所谓国学,只是一个抽象的名辞,根本不知道是什么东西,国子监学生是可以拿钱捐的,只是一种官职"。①

然这些有关现实的批评言论都有一个前提,即古代中华文明曾经辉煌,故胡适所说的"我们的武力虽然不如人,然我们的文化却有过之无不及,因此我们被外族征服了之后,外族却常被我们同化过来"才显得重要。因为这段话体现的文化上的"倒征服"原理,让胡适在民族危机之时获得了心理上的慰藉和文化上的自信,《说儒》也不仅体现出"倒征服"的原理,且是想通过这个历史性的解读,将这份深层的文化自信传递给国人。

不过,这个包裹在"柔顺""悲观"和"被动"等话语之中的自信和对最终胜利的希望,需要在长时段的历史进程中体会才能发见。而正如前述,胡适的困境在于自身的角色,他既不想改变自己西化的新派知识人形象,更不想因宣扬传统而为文化保守派张目。因而文化上"倒征服"的观念,与《说儒》中的大、小钥匙一样,似乎都是希望由后人所识,而又不是直接点明,为并世之人所辨出。

《中国历史的一个看法》有关殷、周以及儒家的部分,应是《说儒》最早的雏形。胡适在当天日记称,"这个讲演是我第一次讲这题目,当写出来"。② 虽然在演讲中,胡适使用的不是学术语言,而是"英雄诗、英雄史"或者"英雄悲剧"的史诗化的结构和表述方式,但其中的观念和对于儒之起源的描述,与《说儒》并无不同。

胡适从殷周时代讲起,将西周征服殷商后的社会结构分成两个大的阶层,即"上面的——政治方面,是属于周民族;下面的就是属于殷民族"。③这个"两个民族"论,以及上层与下层不同民族的区分是典型的傅斯年式划分。后者1934年6月在给即将与《说儒》同时刊登的《周东封与殷遗民》一文所写的小引里曾提到,此文"大约写于十九年冬,或二十年春",而求证于

---

① 本段与下段引文,分别见胡适讲演,陈振汉记录《中国问题的一个诊察》,《南开大学周刊》第134期,1932年11月10日,第3、2页。
② 胡适1932年11月30日日记,《胡适全集》第32卷,第172页。
③ 胡适:《中国历史的一个看法——胡适在国立武汉大学之演讲(1)》,《中央日报》,1932年12月4日,第2张第2版。

胡适的时间则是1931年12月。①傅斯年的上古民族和阶层划分和描述,实是《说儒》中有关殷周时代的立论基础。因为它不仅解决了胡适多年来有关孔子"夫三年之丧,天下之通丧也"的疑惑,且也是原始"儒"特性生成的依据。胡适后来说,他受傅斯年的影响,并完全接受《周东封与殷遗民》中的观点,也符合实情。不过,这个"受影响"的时间不应该只是在1934年撰写《说儒》,而应该提前到初读傅文之时,且体现在了1932年12月的这次演讲中。

有关作为阶层的"儒"的产生,《中国历史的一个看法》中确定在西周时期。胡适说,"此时的建设期中,产生了一个'儒'的阶级"。这个说法到《说儒》中有了新的更符合历史眼光的解读。而有关在周灭商以后"儒"的职业,此时的说法与《说儒》亦稍有区别。胡适只是根据《荀子·非十二子》,认定作为俘虏的"儒"是殷商"文化的保存者",故在亡国后,他们的职业是"和人家打打官司,写写字,看看地,记记帐,靠这类小本领混碗饭吃而已"。②至于《说儒》中的祭祀、相礼的职业则并未提及。不过,"儒"的特性则在精神层面显示出了一致性。胡适说:

> 这班人——"儒"一出来,世界为之大变,因为他们是不抵抗者,是懦夫。我们从字义看,凡是和儒字同旁的字眼,都是弱的意思……他们是唱文戏的,但是力量很大,因为他们是文化传播者,是思想界。

《说儒》中是将孔子当成振兴的领袖,而老子则看作是"老儒"的。这个"老儒"观点的最初表述也出现在《中国历史的一个看法》中。胡适指出:"老子后世称为道家,但他正是'儒'的阶级中之代表,他的哲学是儒的哲

---

① 参见傅斯年《周东封与殷遗民》,《中央研究院历史语言研究所集刊》第4本第3分,1934年,第285页。据王汎森教授考证,《周东封与殷遗民》并非一次性完成,1931年12月,胡适读的是初稿,1934年撰写《说儒》前,又请傅斯年送来定稿。参见其《傅斯年对胡适文史观点的影响》,收入《中国近代思想与学术的系谱》,第334页。

② 本段和下三段引文,均见胡适《中国历史的一个看法——胡适在国立武汉大学之演讲(1)》,《中央日报》,1932年12月4日,第2张第2版。

学,他的书中,常以水打譬喻,因为水是最柔弱的,最不抵抗的。"他认为,"儒"的原始状态便是"柔",至于这个"柔"的影响,则在于"他们一出,凡是唱武戏的,至此根[跟]着唱起文戏来了"。

至于孔子的评价,胡适此时尚比较谨慎,虽然也将孔子的出现视作一个转折的起点,说"他的主张是'杀身成仁'。……这完全和老子相反。老子是信天的,主自然的;而新派孔子,是讲要作人的且要智仁勇三者都发达。他是奋斗的,'知其不可而为之',这就是他的精神。新派唱的虽也是文戏,但他们以'有教无类'打破一切阶级,所以后来产生孟子、荀子,弟子李斯、韩非"。但这个孔子完全不能与《说儒》中的"救世主"式人物相比。值得一提的是,胡适把孔子称为"唱文戏"的"新派"和"外江"派(按:即胡适所说的"粤闽人对外省人的称呼"),在无意之间透露出一点夫子自道的意思。

胡适将"老中华"喻为"老英雄",则与上述《中国政治的出路》中赞中华古代文明的辉煌一脉相承。这个"赞"当然是在历史价值之上,并不等于现实中赞同"尊孔读经"。这也是胡适等新派的一个原则或者特点。然此言出自胡适一生最集中反传统的20世纪30年代,也容易引起了解胡适之人的别样感受。出席本次演讲会的女作家、时任武汉大学特约讲师的苏雪林(1897—1999)后来的回忆便将此次演讲描述成一场鼓舞士气的布道。她说:

> ……胡先生那回的演讲,将中华民族人格化为一个英雄。他说这个寿命已有四五千年的老英雄,精力仍然非常充沛的,他是富有解决难题的莫大机智,和克服困难的莫大毅力的。接着胡先生缕举历史上许多动魄惊心的内忧外患,和社会上无数沉淀而成的弊风陋俗,都给这位老英雄克服了,摆脱了,迈开大步昂然前进了。今日前途虽充满荆棘,他相信这位民族的老英雄,终能打开一条血路走上光明世界的。……这那里是演说,竟是一篇声容并茂的伟大史诗的朗诵,满堂听众都听得欢喜赞叹,足蹈手舞,从此我们对于中国前途,充满了信心和勇气,再也

不像以前那么悲观了。①

胡适演讲那天,据称礼堂内外聚集了三千人之多,②因而确可能形成苏雪林所说的史诗朗诵的气场,但她的描述显然也有些文学的夸张。因为要理解胡适的"自信心"的一面,需要理解和接受他同时期在现实层面对传统激烈批评话语背后的文化诉求,才可能发现此话语之下的那份文化上的自信。而这一切在《中国历史的一个看法》中仍然是包裹在对传统批评的话语之中的。

二、接力章太炎:《说儒》的学术承续

据胡适说,《说儒》从1934年3月15日动笔,至5月19日写就,这段时间的心情是相当兴奋而愉悦的。他后来说:

> 无论如何,我写《说儒》的两个月是很快活的时期。有时候从晚上9点直写到次日的早上三四点,有时候深夜得一新意,快活到一面写,一面独笑。依文字论,这篇有几段文字是我很用气力做的,读起来还不坏。③

这个说法并非夸张,观胡适日记,《说儒》写作期间,尽管常为现实事务所打扰,相关时事评论的写作和《独立评论》杂志的编辑工作亦未中断,且还小病一场,但辛勤工作后收获的喜悦是可以荡涤一切烦恼的。5月19日,《说儒》完成的当日,胡适在日记中说:

---

① 苏雪林:《悼大师话往事之四·在武大的演讲》,转引自《胡适之先生年谱长编初稿》第3册,第1110页。
② 苏雪林在《胡适之先生给我两项最深的印象》中写道:"我只记得珞珈山武汉大学足容3000人的大礼堂,那一天都被听众挤得插针不下。"收入《苏雪林自选集》,台北:黎明文化事业公司,1977年,第123页。
③ 胡适:《一九三四年的回忆》,《胡适全集》第32卷,第407页。

写完《说儒》,约有四万六千字,为近年最长的文字。检日记,此稿开始在 3 月 15 日,中间稍有间断,共费时两个月。今晚写完时,已三点钟了。①

时在北大任教的陶希圣后来说,"九一八"以后,随着日本主导的"华北自治"的出现,"北平是在风雨飘摇之中。北大同人拿定了主意,只要在北平一日,就要当做二十年来工作"。②《说儒》的写作当是这种工作态度下的一个成果。

彼时国难当头,面对国难,新派与旧派的分歧显示在科学与道德孰轻孰重或何者优先之上,而其中又牵涉文化观以及新文化运动以来"新传统"的立足和接续的问题。国民党和蒋介石对中国传统一向同情,且以此来抵制共产主义思想的传播和阻止共产党力量的发展。这一特点在民族危机时显得更为突出。尽管到《说儒》写作的 1934 年上半年,国民党政府方面尚有意地避免明确"尊孔",但蒋介石本人在演讲中,多次提到传统的"仁义礼智信"对提升社会和民众道德的重要。1932 年 2 月 13 日,国民党令各地党部及社会团体悬挂"忠孝仁爱信义和平"牌匾,并以此为小学公民训练的内容。1934 年 2 月,蒋介石在南昌发动的"新生活运动"更是以提高公民道德为号召。

客观地看,在物质实力不济之时,从道德上寻求民族团结和自信的精神力量,未必不是一条进路。何况 1932 年伪"满洲国"成立后即以"尊孔"相标榜,更刺激了国民党政府的争"正统"之心。但在胡适看来,面对敌人机枪重炮的攻击,当务之急不是倡言道德而是发展科学和工业,故在"九一八"以后的文章和演讲的末尾,都将话语落到科学或工业之上,提倡"科学救国"。

胡适强调科学的重要,反对单纯地伦理提倡,也是不想回到宋明理学的

---

① 胡适 1934 年 5 月 19 日日记,《胡适全集》第 32 卷,第 369 页。
② 参见陶希圣《潮流与点滴》,北京:中国大百科全书出版社,2009 年,第 122 页。

轨道,只讲性理、人心而不讲致用和利用厚生。①1934年3月23日,也即是在《说儒》写作期间撰写的《为新生活运动进一解》中,胡适将"新生活运动"的性质定位在"教育的运动,而不是一个政治运动",是想厘清政府责任与教育责任,而他所强调的社会发展的"物质基础"以及"知识与技能"的重要性,也是这个理念的进一步发挥。②他更担心国民党政府对传统的提倡会引起连锁反应。后来国民党政府继何键(1887—1956)、陈济棠(1890—1954)等湘、粤军阀之后提倡"尊孔读经",也证实了他的这一担心。

胡适本人对文化的认知也在影响着他的判断。正如前述,胡适的"惰性文化观"中,文化总是有惰性的、保守的,需要有精英人物出面进行极端性地批评,以中和这种惰性和保守,最终达到折中的结果。他也以这种传统批评者自认。所以,当20世纪30年代文化保守倾向复起之时,胡适对传统的批评也最为猛烈。

不过,国民党政府的保守化倾向仅为胡适提供了一个反省或者重释传统的外在条件,真正对《说儒》撰写产生直接启发作用,还是"九一八"后学术宿儒章太炎的重新出山。

胡适阅读章太炎有关诸子的著述是在美国留学期间。今查胡适日记,1911年2月28日曾记"读《国粹学报》三册",③惜未列其详,故1914年9月13日所记读章太炎《诸子学略说》为最早。只是胡适其时年轻气盛,尚无学力鉴别章文价值,所评"多谬妄臆说,不似经师之语,何也"④一句可以为证。两年后为撰写博士毕业论文,胡适比较集中地品读章著,虽依然不乏质疑,如1月24日读章太炎《驳中国用万国新语说》后,说此论"可谓无

---

① 这一点在1932年12月5日于湖南大学题为《我们必应认清文化的趋势》的演讲中说得相当明确。具体见胡适讲演,谢汉藩、汪澄合记《胡适之先生讲演词》,《湖南大学期刊》第8期,1933年4月,第1—6页(文凭)。本次讲演提纲,见胡适1932年12月5日日记(《胡适全集》第32卷,第180—181页)及相关的议论,又见胡适《八十六号编辑后记》(《胡适全集》第22卷,第26页)。
② 胡适:《为新生活运动进一解》,《独立评论》第95号,1934年4月8日,第19页。
③ 胡适1911年2月28日日记,《胡适全集》第27卷,第117页。
④ 胡适:《藏晖室札记·波士顿游记》(1914年9月13日),《胡适全集》第27卷,第511页。

的放矢矣"。① 9月1日又说及前日所读章太炎《检论》中之《正名杂义》,不同意章之所谓同训互举者,且引马建忠(1845—1900)之说驳章,②但此后称颂的话语明显在增加。12月26日札记云:

> 考据之学,其能卓然有成者,皆其能用归纳之法,以小学为之根据者也。王氏父子之《经传释词》《读书杂记》,今人如章太炎,皆得力于此。吾治古籍,盲行十年,去国以后,始悟前此不得途径。辛亥年作《〈诗经〉言字解》,已倡"以经说经"之说,以为当广求同例,观其会通,然后定其古义。吾自名之曰"归纳的读书法"。其时尚未见《经传释词》也。后稍稍读王氏父子及段(玉裁)、孙(仲容)、章诸人之书,始知"以经说经"之法,虽已得途径,而不得小学之助,犹为无用也。③

对"方法"敏感的胡适,显然看出了章太炎方法上的优长之处。因为对章太炎的兴趣和对汉学的兴趣同步,汉学家的"方法"也成了关注的对象。翌年4月,在札记中,胡适罗列了段玉裁(1735—1815)《与诸同志论校书之难》,王引之(1766—1834)《经义述闻》、《通说》上下和《经传释词》,阎若璩(1638—1704)《古文尚书疏证》,惠栋(1697—1758)《古文尚书考》,俞樾《古书疑义举例》以及章炳麟的《国故论衡》等清代汉学家的著作。④至于4月11日拟稿、16日撰成的《诸子不出于王官论》所以以章太炎为箭垛,是因为"官守说"以章所论为最详尽和最权威。⑤故在十天后完成的博士毕业论

---

① 胡适:《藏晖室札记·读章太炎〈驳中国用万国新语说〉后》(1916年1月24日),《胡适全集》第28卷,第300页。
② 胡适:《藏晖室札记·论"我吾"两字之用法》(1916年9月1日),《胡适全集》第28卷,第447页。
③ 胡适:《藏晖室札记·论训诂之学》(1916年12月26日),《胡适全集》第28卷,第490页。
④ 胡适:《藏晖室札记·几部论汉学方法的书》(1917年4月),《胡适全集》第28卷,第541—542页。
⑤ 其实此文所针对的目标非限于章太炎的"官守说",而主要是《汉志》留下的"官学"传统。

文《中国古代哲学方法之进化史》(《先秦名学史》)中,胡适要称章为"研究古代中国哲学还健在的最重要的一位学者"。①而在两年后出版的《中国哲学史大纲(卷上)》的导言中又特别提及"到章太炎方才于校勘训诂的诸子学之外,别出一种有条理系统的诸子学。太炎的《原道》、《原名》、《明见》、《原墨》、《订孔》、《原法》、《齐物论释》,都属于贯通的一类。《原名》、《明见》、《齐物论释》三篇,更为空前的著作。今细看这三篇,所以能如此精到,正因太炎精于佛学,先有佛家的因明学、心理学、纯粹哲学,作为比较印证的材料,故能融会贯通,于墨翟、庄周、惠施、荀卿的学说里面,寻出一个条理系统"。②这是对章太炎学术贡献和地位的整体上的肯定,与他们之间个别观点上的分歧完全不能同日而语。

1922年是胡适对章太炎看法的转捩点。这年2月6日,他开始为《申报》五十周年纪念文集撰写《五十年来中国之文学》一文,虽仍称"章炳麟是清代学术史的押阵大将",但那种时代性的肯定和方法上赞颂逐渐转变成了历史性地肯定,即着重于章太炎学术的历史价值,胡适说,"但他究竟是一个复古的文家。他的复古主义虽能'言之成理',究竟是一种反背时势的运动。他论文辞,知道文辞始于表谱簿录,是应用的;但他的文章应用的成绩比较最少";"章炳麟论韵文,也是一个极端的复古派"。"这种极端的复古论,和他的文学史观,实在是互相矛盾的"。他总结说,"章炳麟在文学上的成绩与失败,都给我们一个教训。他的成绩使我们知道古文学须有学问与论理做底子,他的失败使我们知道中国文学的改革须向前进,不可回头去"。③

《五十年来中国之文学》3月3日完成,接着又撰《五十年来之世界哲学》,并于8月29日完成初稿,9月5日定稿,经过几个月对五十年来前辈学人材料的收集、梳理、阅读以及与世界哲学发展史的对比,胡适在日记中感叹说:

---

① 胡适:《先秦名学史》,《胡适全集》第5卷,第119页。
② 胡适:《中国哲学史大纲(卷上)》,《胡适全集》第5卷,第217—218页。
③ 参见胡适《五十年来中国之文学》,《最近之五十年(1872—1922)——申报馆五十周年纪念》,第11—13页(文页)。

> 现今的中国学术界真凋敝零落极了。旧式学者只剩王国维、罗振玉、叶德辉、章炳麟四人;其次则半新半旧的过渡学者,也只有梁启超和我们几个人。内中章炳麟是在学术上已半僵了,罗与叶没有条理系统,只有王国维最有希望。①

11月,胡适在《谁是中国今日的十二个大人物?》中虽将章太炎列在"学者组"的第一位,但这仅仅是历史或历史价值的肯定,故在有关说明中特别指出,"其实章先生的创造时代似乎已过去了"。而将章太炎列在"学者组"而非"影响近二十年的全国青年思想的人"组则表明,在胡适心目中的章太炎确实没有什么社会影响力了。②

胡适1922年再次重视章太炎的观点,恐怕与学术本身无关,而主要是基于思想界的状况以及章本人的表现。这年4—6月,章太炎应江苏教育会之邀请,在上海发表系列的"国学演讲"。据《申报》报道,章太炎第一次演讲,听众达千人,沪上媒体更是反应热烈。③同年1月,《学衡》杂志创刊,"学衡派"渐次形成,他们对新文化运动和白话文的批评文章已经陆续出现。这些现象让新派产生了"复古"的担忧。4月23日,周作人在《晨报副镌》上发表的《思想界的倾向》一文将这种担忧表达得相当清楚。④虽然胡适一周后撰文回应周文时显得相当乐观,但其实胡适也不是完全没有周作人的这个担忧。⑤因为在他们那里,专业性的研究与对公众的宣传是有差别的,后者带有启蒙的意味,故往往讲西化,以促中国的进一步开放和现代化。这也是他们批评章太炎的现实原因。

然现实层面的排斥亦会影响到学术层面的判断,1922年胡适对章太炎

---

① 胡适1922年8月28日日记,《胡适全集》第29卷,第729页。
② 以上均见胡适《谁是中国今日的十二个大人物?》,《胡适全集》第21卷,第307—308页。
③ 见汤志钧编《章太炎年谱长编(增订本)》上册,北京:中华书局,2013年,第387页。
④ 仲密(周作人):《思想界的倾向》,《晨报副镌》,1922年4月23日,第3—4版。
⑤ Q. V. (胡适):《读仲密君〈思想界的倾向〉》,《晨报副镌》,1922年4月27日,第1版。现在看来,胡适不承认周作人有关现在是"国粹主义勃兴的局面"的判断,可能还是不想太为此类潮流张目。此文戏仿周作人文章风格,典故(今典)迭出,其实有违胡适的一贯文风。

学术的判断大致是现实因素与学术因素的相互作用后的结论。故内中既有对章太炎学术生涯的可持续性的怀疑，也有对其社会影响力的不以为意。事实也多少证明了胡适的猜测。到6月10日，章太炎第九次演讲时，听众已经从一千人骤减至"七、八十人"。①

当然，周作人有关"整理国故""也必须凭借现代的新学说新方法，才能有点成就"②的提醒也在胡适身上发生了作用。胡适于这年11月5—20日所撰《〈国学季刊〉发刊宣言》之所以让他感觉"颇费周折"，可能不全如他所说的"这是代表全体的，不由我自由说话"③引起，而是有章太炎"整理国故"在前，且有"章门弟子"聚而为同事，新的"整理国故"的宣言非有科学的新说不能完成超越。这亦从反面证明了胡适内心里对章太炎的重视。

应该说，"九一八"事变后，章太炎重新出山，活跃于学界与社会，让胡适刮目相看。1932年1月20日，章太炎与熊希龄（1870—1937）、马相伯（1840—1939）等组织的中华民国国难救济会在上海成立。2月23日，章北上见张学良等人，力促后者抗日。其在北平接受记者采访，发表多次演讲，议论时事，褒贬人物，言"今日切用之学"是"求是"和"致用"兼顾，④也显示出这位"国学大师"的文化分量。⑤章太炎在北大的演讲会，不仅有"章门弟子"陪侍，胡适也曾出席。

这年秋，章太炎应邀在苏州草桥苏州中学初中部进行系列讲学，次年1月，正式在苏州成立章氏国学会，且在多地演讲。从1932年至1934年《说儒》写作前，章氏公开演讲达数十次之多，公众和学界的反应也相当强烈。⑥

章太炎所言，除纯粹学术话题外，主要涉及治史和读经等两个方面。章

---

① 《章太炎年谱长编（增订本）》上册，第395页。
② 仲密（周作人）：《思想界的倾向》，《晨报副镌》，1922年4月23日，第4版。
③ 胡适1922年11月9—15日日记，《胡适全集》第29卷，第833页。
④ 具体见《章太炎年谱长编（增订本）》上册，第529—530页及下册，第836—838页。
⑤ 有关此次章太炎北上的详细研究，参见桑兵《章太炎晚年北游讲学的文化象征》，《历史研究》2002年第4期，第3—19页。
⑥ 具体见《章太炎年谱长编（增订本）》上册，第529—545页及下册，第836—849页。

氏史学常被学者称为"民族主义史学"。① 有关提倡史学的原因,章太炎1934年2月在致邓之诚(1887—1960)的信中说:"鄙人提倡读史之志,本为忧患而作。顷世学校授课,于史最疏,学者讳其伧陋,转作妄谈,以史为不足读,其祸遂中于国家。"②但这个"忧患"主要还是建立在应对"九一八"后的国难之上,即他说的"中国今后应永远保存之国粹,即是史书,以民族主义所托在是","为救亡计,应政府与人民各自任之,而皆以提倡民族主义之精神为要"。③他在《论读史之利益》中亦说,"自汉以后,秉国政者,无不参用经史,以致治平"。④这是在讲资政的一面,但史学在章太炎还有情感的一面,即通过了解方能产生爱国的情感。即"夫读史之效,在发扬祖德,巩固国本,不读史则不知前人创业之艰难,后人守成之不易,爱国之心,何由而起?"⑤

章太炎赞成读经,也是基于他的经史不分、经即是史的观点,即他所说"经者古史,史即新经",⑥而"经"中所含之精神,在他看来,正是克服危难的精神动力。这与强调史学之重要一样,都是存"忧患"之心的"忧患之言"。但即便强调读经,章太炎亦澄清说,"经典所论政治,关于抽象者,往往千古不磨,一涉具体,则三代法制,不可行于今者自多"。⑦

就学术传承言,章太炎与胡适的一个重要契合点即是证验(征验、质验)或证明,不过,胡适更熟悉西洋的治学方法,在此问题上表述得更为清

---

① 有关的分析,详见汪荣祖《史学九章》,北京:生活·读书·新知三联书店,2006年,第132—136页。
② 太炎先生遗著:《与邓之诚论史书》(1934年2月9日),《制言》第51期,1939年4月25日,第1页(文页)。
③ 太炎先生遗著:《答张季鸾问政书》(1935年6月6日),《制言》第24期,1936年9月1日,第1页(文页)。
④ 太炎先生讲,王乘六、诸祖耿记:《论读史之利益》,《制言》第52期,1939年5月25日,第1页(文页)。
⑤ 章太炎先生讲演稿:《论读经有利而无弊》,《国风半月刊》第6卷第7—8合期,1935年4月1日,第1页。
⑥ 太炎先生讲,王乘六、诸祖耿记:《论读史之利益》,《制言》第52期,1939年5月25日,第1页(文页)。
⑦ 章太炎先生讲演稿:《论读经有利而无弊》,《国风半月刊》第6卷7—8合期,1935年4月1日,第3页。

晰。早在 1919 年,顾颉刚即将胡适与章太炎视作一派。这不仅因为两人的研究对象都是"国故",实证的态度和方法亦在权衡之列。①梁启超 1920 年在《清代学术概论》中亦将胡适与章太炎认定为一派,说他们都属于清代乾嘉考据学"正统派"的遗风。②

1959 年,北京大学哲学系中国哲学史教研室胡适批判小组为批判胡适思想,贬损胡适在中国哲学史上的地位,曾在《批判胡适的中国哲学史研究》中将章太炎称为"资产阶级的中国哲学史的研究领域中"的"一个开山者",且举例说,《訄书》和《学变》中选王充为汉代第一流的哲学家;《释戴》和《检论·案唐》中对颜元(1635—1704)和戴震的高度评价;在哲学史的研究中开辟逻辑学和认识论的领域,对墨经中有关逻辑和认识论问题做了开创性的整理工作;《原名》中把具有科学精神的逻辑学和先秦唯心主义的诡辩学派,如公孙龙(约前 320—约前 250)、惠施(前 390—前 317)等加以区别,均是"第一次"。而胡适所谈到的某些人物和问题,"都是前人已讲说过的",且"凡是胡适不同于章太炎,企图自树一帜的见解,都是错误的"。③这种时代性话语虽不免过分意识形态化,却也提示出胡适与章太炎之间的学术关联。

但无论是顾颉刚、梁启超,还是北大哲学系胡适批判小组,都只注意到早期而并未涉及晚年章太炎与胡适的学术关联。而在 20 世纪 30 年代的诸次演讲中,章太炎或明或暗地批评胡适等新派学人,如说"夫讲学而入于魔道,不如不讲。昔之讲阴阳五行,今乃有空谈之哲学、疑古之史学,皆魔道也。必须扫除此种魔道,而后可与言学"。④加之章太炎赞成"读经",且其言论为倡导"尊孔读经"和"中国本位文化"的报刊广泛转载,⑤而胡适本人又

---

① 参见顾颉刚 1919 年 1 月 11 日日记,《顾颉刚日记》第 1 卷,第 55—59 页。
② 梁启超:《清代学术概论》,《饮冰室合集·专集之三十四》,北京:中华书局,1989 年,第 6 页。
③ 北京大学哲学系中国哲学史教研室胡适批判小组:《批判胡适的中国哲学史研究》,《北京大学学报(人文科学)》1959 年第 2 期,第 93 页。
④ 太炎先生讲,诸祖耿记:《历史之重要》(1933 年 3 月 15 日在江苏省立无锡师范学校演讲),《制言》第 55 期,1939 年 8 月 25 日,第 6 页(文页)。
⑤ 参见姜义华《章太炎思想研究》,第 481 页。

反对"读经",这些都给人造成一种印象:晚年章太炎与胡适两代学人即便是共存,也是并行而无所交集的。

实际上,晚年章太炎在赞扬"读经"的同时,其古文经学立场也并未改变。在致邓之诚的信中,他明确表示反对"以经为基督圣书",①致廖平弟子李源澄(1909—1958)的信中亦强调不赞同"公羊三世"说。②而反观胡适,以他之学术表达的习惯,无论是早年《诸子不出于王官论》,还是在《中国哲学史大纲(卷上)》中批评章太炎的观点,恰是一种欣赏的表示,与整体上的肯定并不抵牾,因而也是对章氏观点的批判式继承。《说儒》亦不例外,其开头部分即引用章氏《原儒》,特赞其"题号由古今异"的"历史见解"。不过,值得注意或非此类赞语,而是《说儒》与《原儒》出现的语境和章、胡探讨儒之起源的角色扮演的相似性,从中亦可见引发胡适撰写《说儒》的直接原因以及历史本身的吊诡。

在正式动笔的前一天,即1934年3月14日,胡适日记云:

拟作《原儒》一文,未动手。③

这说明《说儒》最初是拟名"原儒",到第二天动笔时,才改为今名——"说儒"的。这个细微的变化其实相当重要。如果联系《说儒》以章太炎《原儒》相关内容作开篇的引子,以及相关的内容,《说儒》从《原儒》中获得的启发一事,就昭然若揭了。

以今之眼光看,章太炎以及后来的熊十力,他们所使用的"原儒"都取文言之意;相比之下,"说儒"更为通俗,也符合胡适白话文运动领袖的身份。但依彼时学者之习惯,同名者往往具有挑战前辈和立异之意在。1937年出版的钱穆《中国近三百年学术史》,即有意与梁启超《中国近三百年学

---

① 太炎先生遗著:《与邓之诚论史书》(1934年2月9日),《制言》第51期,1939年4月25日,第1页(文页)。
② 见《章太炎年谱长编(增订本)》上册,第548页。
③ 胡适1934年3月14日日记,《胡适全集》第32卷,第332页。

术史》同名,而从内容看,挑战、立异的意味相当明显。

李源澄就注意到,《说儒》第 1 章(节)是"胡先生对于章太炎先生献疑之点,亦是胡先生作此文的动机"。①胡适自己亦说,"初意不过欲写一短文,后来始觉立异之处稍多,不能不引申为长文"。②但问题还不在于此,问题在于什么引起胡适重新注意到章太炎《原儒》,并产生立异或者挑战的意愿的?

《说儒》使用的并非发表于 1909 年 11 月 2 日《国粹学报》己酉年第 10 号(总 59 期,署名章绛)上的《原儒》初刊本,而是《国故论衡》一书收录的修订本。胡适对《国故论衡》一向关注。此书也是他撰写博士毕业论文时的重要参考书。1917 年,在《诸子不出于王官论》中,他亦提到《国故论衡》,认为"其精辟远过其《诸子学略说》矣"。③ 1919 年在《中国哲学史大纲(卷上)》中所说的"贯通"的实例中也主要指此著。④在 1922 年撰写的《五十年来中国之文学》中又将《国故论衡》称为"这两千年中只有七八部精心结构,可以称做'著作'的书"之一。⑤ 1920 年 11 月,还作为治诸子学的入门书向胡近仁推荐。⑥

需要注意的是,胡适论及《国故论衡》,罗列篇名时始终未提《原儒》。而许多后来的著述也一样,如贺麟、侯外庐亦只注意《国故论衡》的其他篇章,却未提到《原儒》。⑦

但即便胡适特别关注章太炎的《国故论衡》,也不应在 1934 年时毫无

---

① 李源澄:《评胡适〈说儒〉》,《国风半月刊》第 6 卷第 3—4 合期,1935 年 2 月 1 日,第 24 页。
② 胡适致孟森,1934 年 8 月 30 日,《胡适全集》第 24 卷,第 209 页。
③ 胡适:《诸子不出于王官论》,《太平洋》杂志第 1 卷第 7 号,1917 年 10 月 15 日,第 6 页(文页)。
④ 胡适:《中国哲学史大纲(卷上)》,《胡适全集》第 5 卷,第 217—218 页。
⑤ 胡适:《五十年来中国之文学》,《最近之五十年(1872—1922)——申报馆五十周年纪念》,第 11 页(文页)。
⑥ 胡适 1920 年 11 月 6 日日记,《胡适全集》第 23 卷,第 321 页。
⑦ 见陈平原《〈国故论衡〉导读》,章太炎撰、陈平原导读:《国故论衡》,上海:上海古籍出版社,2003 年,第 14 页(导读页)。

缘出地再次阅读。《国故论衡》出版于1910年,1919年章氏授权的"定本"收入《章氏丛书》,由浙江省立图书馆出版,到1924年上海古书流通处又据此"定本"再版,这是《说儒》写作之前有关《国故论衡》最新的版本信息,也就是说,即使时刻关注章太炎的著述,胡适能看到的最新版的《国故论衡》也应在1924年。所以不存在《国故论衡》在1934年再版引起胡适重读的可能性。而1922年胡适已认定章太炎的学术处于"半僵"状态,如果没有直接的现实层面的刺激,他也不会主动重读相关的章著,故最合理的解释是,"九一八"后章太炎重新活跃于世,这也就给胡适重新认识章氏人生和学术的机会,也因为如此才会产生重读《原儒》的愿望。

不能否认,章太炎20世纪30年代的诸多发言部分地重新阐释了旧说,在发言中抑或明或暗地批评胡适等新派,这些话语从反面刺激了胡适,他希望以章早年的说法来解构章晚年的表态,以削弱文化保守派的社会影响,于是产生立异和挑战的意愿,但这或是比较直接的一面。

从另一较为隐性的层面看,胡适《说儒》与章太炎《原儒》写作语境的相似也让前者获得了解构或者说奚落"尊孔派"的灵感。前已述及,1906—1910年,章太炎的《诸子学略说》《原儒》《论诸子的大概》和《诸子略说》等诋孔著作出现,其基本语境是康有为等今文学家借官方的力量推动维新的同时,鼓吹"孔教论"和"订孔教为国教"。1922年6月15日,在致柳诒徵信中,章太炎也明确说:"鄙人少年本治朴学,亦唯专信古文经典,与长素辈为道背驰,其后深恶长素孔教之说,遂至激而诋孔。"[①]而胡适《说儒》写作之时,面临的也是民族危机下整个社会文化保守倾向的兴起。以道德立国或用宋明理学来整肃人心,以及又一轮的"尊孔读经"不过是表象,由民族危机而激发的对"中国"的文化认同才是关键。

尽管具体程度和形式上有所差异,文化保守的基本倾向却是相同的。这也使20世纪30年代的胡适与晚清诋孔时期的章太炎扮演了同样的角色。无论是《说儒》,还是《原儒》,它们都出现在文化保守倾向进一步地甚

[①] 章太炎:《章太炎先生致柳教授书》,1922年6月15日,《史地学报》第1卷第4号,1922年8月,第2页(文页)。

器尘上之时,而"尊孔派"却置他们所尊奉的儒家历史之渊源于不顾。此项工作由诋孔时期的章太炎和公认西化派的代表胡适来完成,客观上凸显出文化保守派学术上的盲目性,因而这个行为本身也触及了"尊孔派"的软肋,不啻是对"尊孔派"的历史观和史学功力的一种嘲讽。故《原儒》虽是隔代的作品,但经过胡适的重新解读,具有了新的"时代价值"。

胡适在《说儒》中大赞章太炎《原儒》的"历史眼光",就是从源头上继承章太炎的这种具有时代价值的学术精神。在具体观点上,《说儒》与章太炎有关"儒"的解说也有相承续之处。前文已说到,晚年章太炎并不避"儒"为"柔"的特征,只是作了更为"人文"化的解释。他也无意掩饰"儒家之病",更不赞同过度的"柔",故有"'儒专守柔'即生许多弊病"一说,并以提倡《儒行》来规避过分扬墨而走向宗教之流弊,进而保持他所提倡的人文教化的内涵。但这并非重点,重点是章太炎在从"柔"到刚毅的转变中强调孔子的枢纽作用。而具体到"柔"之养成,后来争议较多的是有关宋国的柔弱或刚强,显然章太炎也是主张宋人之"柔退"的。①这两个具体的观点,在《说儒》里都有体现。

而正像胡适承继了早年章太炎以"反孔派"而探讨儒之起源的角色,谋求的是精神上的继承一样,在原始的"柔"儒向刚毅之儒转变的过程也不只内含着相同的精神,且同样包括了对现实中国的希望。所以章太炎讲"儒行"要落实到"气节"之上,胡适讲孔子后儒家的刚毅、大气象,都是在同样语境下相同的现实关怀和寄托。这就是以刚毅和气节来支撑中华民族抗击日本军国主义的侵略,以便取得最终的胜利。

当然,既然都有现实关怀,而现实又是有所差异的,所以关怀的内容也肯定不同。《说儒》毕竟与《原儒》不一样。胡适所要表达的也绝不止这些,否则他亦不会如此洒脱地以《原儒》为《说儒》的引子。因此,《说儒》之于《原儒》,正如胡适之于晚年章太炎一样,其意义是多重的,既起到了戏谑文化保守派的作用,也是为了提醒和消解晚年章太炎及其影响,同时亦内在地

---

① 分别见章太炎先生演悁,诸佐耕(祖耿)笔述《〈儒行〉大意》,《国学商兑》第1卷第1号,1933年6月1日,第1,2页(文页)。

承继了早年章太炎的时代精神。而表达自己特定时代所产生的文化意识,找寻社会或文化的重心,以解决文化认同的难题才是《说儒》最想达到的目标。不过,胡适显然不只是希望像章太炎那样,以史学功底解构宗教和神话,他还有更大的企图,这个企图与现实层面的解构意向无关,而是希望运用多学科的方式,依据史实和自己的历史想象力建构一个更为宏大、影响更为深远的民族文化的新谱系。

三、《周东封与殷遗民》对《说儒》的启发

与置前辈章太炎《原儒》于文首一样,胡适1934年在《中央研究院历史语言研究所集刊》第4本第3分上发表《说儒》时,特嘱傅斯年,同时发表其《周东封与殷遗民》。一年后,编选《胡适论学近著》,又将傅文收入附录,颇显示胡适的厚道、诚实和自信。因为这样做既是明确地展示受傅斯年学术观点的影响,亦说明《说儒》本身确与《周东封与殷遗民》不同。

前文已述及,胡适受傅斯年有关上古史具体观点的影响在1931年1月27日青岛大学的演讲《文化史上的山东》中已经体现出来。2月17日,胡适读傅斯年《〈新获卜辞写本后记〉跋》一文,且对其中"每每旧的材料本是死的,而一加直接所得可信材料之若干点,则登时变成活的",颇为欣赏。

胡适所引之句出自《〈新获卜辞写本后记〉跋》,是傅斯年评论董作宾《新获卜辞写本后记》时有感而发的。①胡适前一天读过此文,再听傅斯年亲自解释,更是"于我心有戚戚焉"。

彼时在胡适家协助整理和抄写胡父铁花(传,1841—1895)遗集的罗尔纲(1901—1997)后来回忆说,"1934年春,胡适撰《说儒》。每星期天下午是他在家做研究的时间,傅斯年就过来共同讨论"。②但胡、傅一起讨论的

---

① 参见傅斯年《〈新获卜辞写本后记〉跋》,《安阳发掘报告》第2期,国立中央研究院历史语言研究所专刊之一,1930年12月,第349页。
② 参见罗尔纲《师门五年记·胡适琐记(增补本)》,北京:生活·读书·新知三联书店,1998年,第115页。

习惯很可能从胡适重返北平后就养成了,且不限于周日下午。上述 1931 年 2 月 17 日便是周六,而 18 日下午才是胡适"在家做学问的时间"的周日下午。到 1934 年 3 月 15 日,胡适开始写作《说儒》后,傅斯年就不止于周日下午来讨论。胡适 3 月 20 日日记有:

> 孟真来谈。他昨晚送来他的旧稿《周东封与殷遗民》诸文,于我作《说儒》之文甚有益。已充分采用。今天我们仍谈此题。①

昨晚即 19 日晚,而 19 日和 20 日分别是周一和周二。但这期间胡适日记中只有这两次傅斯年来讨论的记录。如果从 3 月 15 日后第一个周日算起,到 5 月 19 日,胡适写成《说儒》,共有八个周日。但据傅斯年 1934 年 4 月 19 日致胡适的信中"我到此两个星期了"②句可知,傅斯年是 4 月初赴南京、上海的,滞留直至 5 月中旬,③因此他只可能在 3 月 25 日、4 月 1 日两个周日下午前来讨论,加上胡适日记中的两次,一共也不会超过四次,因而罗尔纲的回忆不免有些夸张。

所以这么细致地进行时间上的推算,是想说明傅斯年对《说儒》的影响更多地可能不是通过直接的讨论,而是通过诸如《周东封与殷遗民》等论著来体现的。1934 年 6 月,傅斯年在《周东封与殷遗民》的小引中提到:

> 此我所著《古代中国与民族》一书中之一章也。是书经始于五年以前,至民国二十年夏,写成者将三分之二矣。日本寇辽东,心乱如焚,中辍者数月。以后公私事纷至,继以大病,至今三年,未能杀青,惭何如

---

① 胡适 1934 年 3 月 20 日日记,《胡适全集》第 32 卷,第 334 页。
② 傅斯年致胡适,1934 年 4 月 19 日,《胡适来往书信选》中册,第 238 页。
③ 这年 4 月 28 日,傅斯年致信胡适,谈林损被解聘一事,其中有"在上海见北大国文系事之记载为之兴奋,今日看到林损小丑之文,为之愤怒,恨不得立刻返北平参加恶战"句,可知傅斯年此时尚在沪。原信收入《胡适遗稿及秘藏书信》第 37 册,第 413—414 页。5 月 8 日致蒋梦麟信中说:"斯年至迟下星期一返北平。"参见耿来金整理《傅斯年未刊手札》,近代史资料编辑部编:《近代史资料》总 92 号,北京:中国社会科学出版社,1997 年,第 262 页。

之!此章大约写于十九年冬,或二十年春,与其他数章于二十年十二月持以求正于胡适之先生。适之先生谬为称许,嘱以送刊于北大《国学季刊》。余以此文所论多待充实,逡巡未果。今春适之先生已于同一道路上作成丰伟之论文,此文更若爝[燋]火之宜息矣。而适之先生勉以同时刊行,俾读者有所参考。今从其命,并志同声之欣悦焉。①

"若爝[燋]火之宜息矣"自然是谦辞,值得讨论的是"同一道路"和"丰伟"。让后人得出胡适受傅斯年启发写《说儒》结论的依据就是前者,即两篇文章是在"同一道路"上,但如果注意后者,即"丰伟"之意,这个结论就需要另行考察。

对于前者,即"同一道路"的影响问题,胡适始终是公开承认的。现在看到的最早提及《周东封与殷遗民》的是现藏"中研院"史语所的《傅斯年档案》中的一张便条:

孟真兄:

大作极好。佩服!佩服!

如不难钞写,请钞一份送给我作参考,如何?山东人今尚祀"天齐",即黄飞虎。……

适之
20、12、15 ②

据王汎森先生分析,此正是傅斯年将《周东封与殷遗民》诸文送胡适审阅最早的证据。不过,此稿非定稿,故正式撰写《说儒》后,胡适又请傅斯年

---

① 傅斯年:《周东封与殷遗民》,《中央研究院历史语言研究所集刊》第4本第3分,1934年,第285页。

② 转引自王汎森《傅斯年对胡适文史观点的影响》,《中国近代思想与学术的系谱》,第332页。下段分析,亦见此页。

再送诸文。

1934年8月30日,在致孟森的信中,胡适谈到《说儒》一文的写作时又说:

> 《说儒》一文,是数年来积思所得,所用材料皆人人所熟知,但解释稍与前人所见异耳。年来时时与友朋口说此意,终不敢笔之于书,至今年始敢写出。①

"友朋"指的应该也是傅斯年。20世纪50年代初,胡适有三次提到傅斯年对《说儒》的启发。1950年12月20日傅斯年去世当日,时居美国的胡适在日记中表示震惊的同时,说傅斯年"在中国古代文学与文化史上的研究成绩,都有开山的功用",且说自己与傅"做学问,功力不同,而见解往往相接近"。有关《说儒》,胡适写道:

> 又如我的"说儒",大得他的"周东封与殷遗民"一文的启示,我曾公开叙述。②

1952年11月,胡适应台湾大学和台湾师范学院之邀自美赴台讲学,12月20日,在台北"傅孟真先生逝世两周年纪念会"上演讲,更为详细地提及傅斯年对《说儒》的影响,他说:

> 《中国古代文学史讲义》:这是一部了不得的著作。我们知道,凡是一个大的思想家,往往撒出许多种子;有些种子掉在石头上被人踏碎了,有些种子撒在肥沃的泥土上,有了生命,就发生了力量。昨天晚上,我看他的书,想到恐怕有许多朋友都还不能十分了解他的重要性。1926年我到巴黎;他那时在柏林,知道我来到法国,特地从柏林赶来与

---

① 胡适致孟森,1934年8月30日,《胡适全集》第24卷,第209页。
② 以上均见胡适1950年12月20日日记,《胡适全集》第34卷,第81—82页。

我同住了许多天。我们白天同在法国国家图书馆读书,晚上在中国馆子里吃饭,饭后常常谈到晚上一二点钟,充分互相讨论。那个时候他就已经撒下了许多种子。他说:中国一切文学都是从民间来的,同时每一种文学都经过一种生、老、病、死的状态。从民间起来的时候是"生",然后像人的一生一样,由壮年而老年而死亡。这个观念,影响我个人很大。说到这个观念,我们常常想起孟真贡献最大的就是他的思想。中国文学无论是小说、词、曲、诗,都是来自民间,慢慢的才跑到上层,影响到士大夫阶级。但到了士大夫手上以后,就慢慢的老了、死了。①

这段话自然可以为上引"中国古代文学与文化史上的研究成绩,都有开山的功用"提供注脚,但或许更重要的是其中所讲的"发生学的方法"。这恰也是胡适所强调的。《说儒》有关"儒"的历史发展过程的描述即遵循这个方法,即从民间到上层,从简陋、低微到丰富、高尚。这个具有社会有机体理论色彩的发生学,并没有贬低"儒"的意思,然胡适同代或后辈的批评者往往不注意这个层面。

胡适又提及傅斯年的《古代中国与民族》,说:

这是他没有完成的一部大书,有的时候也想定名为《民族与古代中国》。这是说明古代民族的来源的。可惜这部伟大的著作没有完成。但他曾经发表了几篇论文,如《姜原》,提供了许多有助于研究的材料;另一篇为《周东封与殷遗民》,说明从周室东征到山西[东]北部,征服了整个东部的情形。这一篇文章我公开承认影响我最大,最能够表现他的意思。再有一篇是《夷夏东西说》,出版在蔡先生六十[五]周年纪念特刊上;搜集的材料丰富,将东西夷夏加以区分;很少人有这样锐利的眼光。②

---

① 胡适:《傅孟真先生的思想》,《胡适作品集·胡适演讲集二》第25册,第57—58页。
② 同上书,第58页。

胡适这里提及的《姜原》写于 1930 年 2 月,发表在 5 月出版的《中央研究院历史语言研究所集刊》第 2 本第 1 分上。《姜原》证明了姜姓并非中原土著,即"姜之原不在诸夏"或"姜之原始不是诸夏",①它与同期发表的《大东小东说》初步提出了商、周两个民族论,这也是前面提到的胡适《文化史上的山东》演讲鲁、齐不同所依据的材料。

　　据傅斯年说,《夷夏东西说》写于"'九一八'前两年至半年间",发表在 1935 年出版的《中央研究院历史语言研究所集刊》外编之一种《庆祝蔡元培先生六十五岁论文集(下)》上。②此文中,傅斯年更明确了古史二元文化观,即商是东边的民族,而周是西来的民族。这也是《说儒》所依据的基本观点之一。

　　不过,因为是追忆和缅怀逝者,以胡适的厚道和中国人的习惯,总是以颂扬为主,此次演讲胡适所言也未必全是毫无保留的,如对《性命古训辨证》,他在演讲中说,"这是他唯一的一部写成书的著作,其中方法是值得我们继续的"。③杨向奎后来直言《性命古训辨证》是用训诂的方式来反对理学,④这应该也是胡适所倡导和赞扬的。但一年后,即 1953 年 9 月 5 日在致杨联陞(1914—1990)的信中,胡适却说:"《性命古训辨证》一书,我今夜读一遍,颇不满意,其下篇尤'潦草',则自序中已言之。实则上中两篇也只够一短文。当时在战祸中,他又太忙,故此书颇不能使人满意。"⑤这样严厉的批评,当然不适合在纪念会上发表,但从胡适的话语看,他本人在 1953 年之

---

①　参见傅斯年《姜原》,《中央研究院历史语言研究所集刊》第 2 本第 1 分,1930 年 5 月,第 134 页。

②　参见傅斯年《夷夏东西说·小引》,《庆祝蔡元培先生六十五岁论文集(下)》,《中央研究院历史语言研究所集刊》外编之一,1935 年,第 1093 页。此著上册出版于 1933 年 1 月,海峡两岸的《傅斯年全集》均以上册出版日期加以标识。实际上,傅文"小引"中列出的日期为"二十三年十月",即 1934 年 10 月,以此看,原著也不可能刊登于 1933 年 1 月出版之上册中,而下册第一篇即胡适《陶弘景的〈真诰〉考》,其小引所列出的日期和写毕日期,亦为 1933 年 4 月 10 日。故下册应在此之后,即现列之 1935 年出版。特此说明。

③　胡适:《傅孟真先生的思想》,《胡适作品集·胡适演讲集二》第 25 册,第 58 页。

④　杨向奎:《傅斯年学案》,收入杨向奎等《百年学案》下册,沈阳:辽宁人民出版社,2003 年,第 950 页。

⑤　胡适致杨联陞,1953 年 9 月 5 日,《胡适全集》第 25 卷,第 547 页。

前,并没有认真读过《性命古训辨证》。

如果上面所提傅斯年诸著述对胡适及其《说儒》的影响多集中在基本认知、取向、原则和方法层面,那么,胡适随后提到的《周东封与殷遗民》对《说儒》的具体影响则是其他诸文所无法比拟的。胡适在此次演讲以及《口述自传》里都是以围绕"三年之丧"之事来举例说明的。事实上,就在《说儒》论及"三年之丧"时,他已经提到傅斯年的影响。这个问题的难点在如何理解孔子"夫三年之丧,天下之通丧也"之说,胡适在《说儒》中指出:

> 傅斯年先生前几年作《周东封与殷遗民》,他替我解决了这个矛盾。

这也是前引胡适 1950 年 12 月 20 日日记何以说"'周东封与殷遗民'一文的启示,我曾公开叙述"的缘由。

胡适又说,"十几年前,我曾说三年之丧是儒家所创,并非古礼"。①他指的是《中国哲学史大纲(卷上)》第五章"孔门弟子"中有关儒家宗教化转变的讨论。胡适在《大纲》里主要是想证明孔子以后,儒家宗教性的凸显,由学派而儒教的变化,与原始儒家有距离。他从"孝的宗教"和"礼"的属性上立论,阐释孔子后儒家的"宗教家的口气"、宗教心理和宗教化特征,其现实针对性还是相当强,故他说:"近来有人说儒教不是宗教,我且请他细读《祭义篇》。"②《礼记·祭义》仅是例证之一。因胡适认知的儒教是"孝的宗教",鬼神崇拜体现在对于祖先的"慎终追远"之上,儒家宗教性转变重要的例证便是"三年之丧"。

儒家在孔子后是否成"儒教"牵涉对宗教概念的理解,在胡适的理解中,丧礼仪式所以作为儒家宗教特征的证据,是因为儒家本身对丧礼一向重

---

① 以上均见胡适《说儒》,《中央研究院历史语言研究所集刊》第 4 本第 3 分,1934 年,第 244 页。
② 本段与下段,分别见胡适《中国哲学史大纲(卷上)》,《胡适全集》第 5 卷,第 306、307、304、306、305 页。

视,加之丧礼又是"孝"与"礼"等两个宗教因素的双重叠现。胡适此时以为"三年之丧是儒家所创,并非古礼",因而不相信孟子所谓"三年之丧,三代共之",说"都是儒家托古改制的惯技,不足凭信"。

1930年7月,胡适在《武汉大学文哲季刊》第1卷第2号上发表的《三年丧服的逐渐推行》里依然说"三年之丧只是儒家的创制"。①这一点在《说儒》中胡适并不讳言,编辑《胡适论学近著》时亦将此文作为附录之一列于《说儒》之后,文章内容也一仍其旧,以诚实地显示其认知转变或者说自我否定的过程。

胡颂平《胡适之先生年谱长编初稿》中所录的,胡适在5月12日完成的《中国中古思想史长编》第六章"统一帝国的宗教"②显然是后来出版的《中国中古思想史长编》的定本,因为前引的胡适本月28日日记说:"续作哲学史第六章。中间搁了整整二个月。此一章——儒教的成立,——最不好写,起了几次头,总不能满意"以及8月15日日记又有"上午无事,靠在床上想《哲学史》中《儒教的成立》一章的组织仍不很满意,拟改作如下(稿附后)",故《三年丧服的逐渐推行》一文应是胡适撰写《中国中古思想史长编》第六章的附产品。

需要注意的是,胡适日记中的第六章没有使用后来通行的"统一帝国的宗教"而是径称"儒教的成立"。这实际也是第六章的主题。将《中国中古思想史长编》与《中国哲学史大纲(卷上)》有关"儒教"发生史相印证,正是胡适有关"儒教"生成史的彼此接续的反映。当然,在胡适那里,"礼"与"孝的宗教"仅是后来"儒教"生成的一个源头,另一个源头是他所重视的"齐学"的发展及其向儒家思想的渗透。前文已述,无论是1919年《中国中古哲学史》讲义稿,还是1930年前后的《中国中古思想小史》《中国中古思想史长编》,"齐学"都是胡适论证的重点。在胡适的认知中,"齐学"与原始儒家后期的"孝的宗教"和"礼"制化不同,它是儒家向儒教转变的另一增长

---

① 胡适:《三年丧服的逐渐推行》,《武汉大学文哲季刊》第1卷第2号,1930年7月,第407页。

② 参见《胡适之先生年谱长编初稿》第3册,第890—902页。

方式,即儒教的阴阳五行化、谶纬化。儒教即是这两种因缘聚合而成。这也初步认定了儒教形成之时合儒道一体的特征。

《三年丧服的逐渐推行》与《中国哲学史大纲(卷上)》的不同之处在于,前者不仅使用《大纲》中有关"三年之丧"为儒家创制于春秋战国时期的证据,亦引用秦汉以降的材料,证明"三年之丧"这个儒家礼制作为一个国家制度"乃是汉朝四百年的儒教徒逐渐建立的"。①这也使胡适"儒教"说的基本形态得以形成。

因胡适在《中国哲学史大纲(卷上)》和《三年丧服的逐渐推行》中均对儒家的儒教化持批评态度,而"三年之丧"不仅是儒教化过程的历史证据,亦是不近人情的"国教"式的国家制度和意志的表现。虽然这样的批评态度到《说儒》中发生了转变,"三年之丧"所要证明的也不再是"孝的宗教",而是儒起源于殷商的问题,但"三年之丧"这个胡适眼里能够打开几把"古锁",进而打开"无数的古锁"的"钥匙"的重要程度并未发生变化。②

胡适在致孟森信中说到,"近年始觉惟有三年丧制为殷人古礼之说足以解决一切疑难矛盾"。此事如其所说"致思至十七年之久"③也不算夸张,因为晚年他最不能忘记的便是"三年之丧"的难题由傅斯年疏解一事。这个难题主要是不能将"三年之丧只是儒家的创制"的结论与孔子所说"夫三年之丧,天下之通丧也"相协调,且不能解释滕国的士大夫所说的,何以"吾宗国鲁先君莫行","吾先君亦莫行"。所以胡适一度怀疑"不是孔子在说谎,便是孟子在说谎"。④

在台北"傅孟真先生逝世两周年纪念会"的演讲中,胡适承认对此"感觉到很困难",是《周东封与殷遗民》为他解的惑。傅斯年说:"孔子之天下,

---

① 胡适:《三年丧服的逐渐推行》,《武汉大学文哲季刊》第1卷第2号,1930年7月,第414页。
② 参见胡适《一九三四年的回忆》,《胡适全集》第32卷,第407页。
③ 胡适致孟森,1934年8月30日,《胡适全集》第24卷,第210页。
④ 参见《胡适口述自传》,《胡适全集》第18卷,第431页。

大约即是齐、鲁、宋、卫,不能甚大,可以'登大山而小天下'为证。"① 既然孔子所说的"天下",其范围只是指齐、鲁、宋、卫等四个殷遗民为主的国家,胡适的困惑也就解决了一半。

傅斯年在《周东封与殷遗民》中举"三年之丧"为例是为了证明此非周礼,从而进一步确认孔子、儒教与殷商之间的关系。他显然注意过《中国哲学史大纲(卷上)》中胡适对"三年之丧"的解读。胡适曾言:"儒家说尧死时三载如丧考妣,商高宗三年不言,和孟子所说'三年之丧,三代共之',都是儒家托古改制的惯技,不足凭信。"② 故傅斯年说,"然若如'改制托古'者之论,此话非删之便须讳之,实在不是办法"。将"托古改制"表述为"改制托古"是不想引起旁人的联想,但对胡适委婉地批评,当事人也不难感知。不过,胡适对此不仅不以为意,且大赞傅斯年之卓见,且在《说儒》加以引用,颇能显示学者风度。

当然,明确"天下"的具体所指和范围只解决了问题的一半,因为它尚未回答另一个问题,即滕国士大夫何以不认同"三年之丧"为其传统?傅斯年解释说:"三年之丧,在东国,在民间,有相当之通行性,盖殷之遗礼,而非周之制度。"这是因为"鲁之统治者是周人,而鲁之国民是殷人"。为进一步证明此说,傅斯年又创造性地诠释了《论语·先进篇》"子曰:'先进于礼乐,野人也;后进于礼乐,君子也。如用之,则吾从先进'"。他认为,孔子所说的"先进后进自是先到后到之义。礼乐自是泛指文化,不专就玉帛钟鼓而言"。故这句话可译为:"那些先到了开化的程度的,是乡下人;那些后到了开化程度的,是'上等人'。如问我何所取,则我是站在先开[化]的乡下人一边的。"这是说,在周东封之国,"先开化的乡下人自然是殷遗,后开化的上等人自然是周宗姓婚姻了"。③ 胡适后来说:"因为滕是文王的子孙,鲁是周公的子孙,都是殷的统治民族,所以与老百姓不同。"那么,滕文公及滕国

---

① 傅斯年:《周东封与殷遗民》,《中央研究院历史语言研究所集刊》第4本第3分,1934年,第288页。
② 胡适:《中国哲学史大纲(卷上)》,《胡适全集》第5卷,第305页。
③ 以上分别见傅斯年《周东封与殷遗民》,《中央研究院历史语言研究所集刊》第4本第3分,1934年,第288、286、288—289页。

士大夫不知"三年之丧"这个殷礼就是自然的。"能够把这个观念来解释《论语·先进篇》第一章的,二千多年来,孟真还是第一个人。""现在有许多人提倡读经;我以为对这几句话解释得通才配读经;如果解释不通,不配读经!"①

"三年之丧"确定为殷商之礼,对胡适的启发还不只是将儒最初是殷遗民的观点自圆,它也为《说儒》聚集希望之文化上的"倒征服"原理提供了证据。胡适在《口述自传》中说:"我想这一[反征服的(此为唐德刚所补充——引者)]最好的例子,便是'三年之丧'了。'三年之丧'毫无疑问的是一种殷商的制度。但是这种最不方便、最难施行、最无理可讲的制度,居然逐渐通行全国,并且被一直沿用了有两千多年之久"。②

《周东封与殷遗民》证明了"三年之丧"为殷之礼,且认定鲁、宋、卫、齐等四国为周东封的殷遗国,其上层的统治者是周人,下层的百姓是殷人,这也就从根本上打消了胡适对孔子或者孟子"说谎"的怀疑,使他可以确认孔子乃殷人,因而为其儒是"殷民族的教士"的大胆结论提供了依据。更重要的是,《周东封与殷遗民》中"殷商为中国文化之正统,殷遗民为中国文化之重心"③的定位,成为《说儒》的基本理念之一,这样,在《说儒》中胡适才有可能像章太炎那样,将孔子确定为其所建构的"新正统"的起承转合的合适人选。在此基础上,中华文化的谱系就可以直接接续上古的巫史传统。于是,《说儒》对儒之起源的探讨不再是一个单纯的史学的考证问题,而成为一个多方位、多学科的多重建构。

《说儒》正式发表之前,傅斯年无疑是拜读过的。《周东封与殷遗民》的小引中所说"今春适之先生已于同一道路上作成丰伟之论文",自己的文章"更若爝[㸑]火之宜息矣"的末一句固是一种自谦,但如果结合前一句来看,也未必不是写实。在傅斯年个人的话语体系中,"丰伟"是与"丰长"相

---

① 胡适:《傅孟真先生的思想》,《胡适作品集·胡适演讲集二》第25册,第59、60页。
② 《胡适口述自传》,《胡适全集》第18卷,第430页。
③ 参见傅斯年《周东封与殷遗民》,《中央研究院历史语言研究所集刊》第4本第3分,1934年,第290页。

对应而意义截然不同的。1930 年,在《〈新获卜辞写本后记〉跋》中,傅斯年曾说:"十六年八月始于上海买王静庵君之《观堂集林》读之,知国内以族类及地理分别之历史的研究,已有如《鬼方[昆夷]玁狁考》等之丰长发展者。"①此处的"丰长"盖指纵向的深入,而与之相对应的"丰伟"则是指横向的扩张,这也符合王国维与胡适治学的特点。故傅斯年也看到,胡适《说儒》确实有更开阔的视野和更为宏大的追求。

傅斯年与胡适在文化认知上的相同,也反映在《周东封与殷遗民》中,他们都认为民族性中有其顽固和不变的一面。傅斯年说"(殷)遗民之不以封建改其民族性"亦是此意。但傅斯年所发现的,在山东周之文士"不与民间信仰有关系",②却也与胡适的认知和现实感受产生了碰撞。《说儒》对"悬记"的建构,虽是文化认知与现实感受的产物,而其灵感抑或是与傅斯年上述观点碰撞后产生的。

但尽管有理念上的启发,《周东封与殷遗民》的影响更多地还是体现在为《说儒》的进一步发挥提供了证据。当然,《说儒》在大量采用《周东封与殷遗民》中的材料时,也补充了一些新材料。

胡适总结《周东封与殷遗民》对《说儒》的影响时说:"孟真有绝顶天才,他替我解决了《中国哲学史》上不能解决的问题。我接受了他的观念,写了一篇五万字的文章,叫做《说儒》,从这个观念来讲古代思想,根本推翻了我过去对于中国古代思想史的见解。"③

类似的说法也出现在本著"绪论"中所引 1940 年 12 月 1 日"战国策派"代表之一林同济发表的《第三期的中国学术思潮——新阶段的展望》一文中。即林同济所说的"六年前胡先生自家就坦率告诉我说,他对他从前

---

① 傅斯年:《〈新获卜辞写本后记〉跋》,《安阳发掘报告》第 2 期,国立中央研究院历史语言研究所专刊之一,1930 年 12 月,第 381 页。
② 以上分别见傅斯年《周东封与殷遗民》,《中央研究院历史语言研究所集刊》第 4 本第 3 分,1934 年,第 290、289 页。
③ 胡适:《傅孟真先生的思想》,《胡适作品集·胡适演讲集二》第 25 册,第 60 页。

关于中国思想史的见解,已经'全部推翻'了"。①

胡适所谓"根本推翻"或者"全部推翻"自己过去对于中国古代思想史的见解,已被学者用来说明胡适的思想变化,以及傅斯年影响的关键作用。但胡适1934年第一次对人这样说,是由林同济时隔六年后的追忆,不要说追忆者可能出现记忆上的偏差,就假设绝无偏差,此说也需存疑。如果按照林同济所说胡适"全部推翻"了自己过去对于中国古代思想史的见解,且认为,"以今日的眼光与标准看去",《中国哲学史大纲(卷上)》"这本书的内容,许多地方难免草率,全部结构也嫌散漫,可说聪明有余,深入不足"。而胡适之所以写不出中、下卷,"并不是材料缺乏;根本问题,恐怕是他已经不能再继续第一卷的作风而写出第二卷,要写的话,他必要从头写起!"但依此逻辑,胡适又何来一生中未写完《中国哲学史大纲》的遗憾?且在1930年写出了中卷初稿,又一再想撰写下卷呢?这些都证明胡适即使受傅斯年的影响开始"信古"以及"重建古史",也并未把《中国哲学史大纲(卷上)》的结论"全部推翻",中国哲学史的开山之事,他后来亦反复强调,正在于此。至若胡适在台北"傅孟真先生逝世两周年纪念会"的演讲中所说,更多的还是出于对逝者的纪念。当然,要彻底厘清此事,需进一步分析《说儒》的内容。

第二节　原始的儒:殷遗民和殷民族的教士

如果说,1935年1月2日,面对《说儒》引起的争议,胡适所说的"这篇《说儒》的理论大概是可以成立的,这些理论的成立可以使中国古史研究起一个革命"是私下里的自信,那么,10月29日,在编定《胡适论学近著》后,他在自序中所说的"《说儒》一篇提出中国古代学术文化史的一个新鲜的看法,我自信这个看法,将来大概可以渐渐得着史学家的承认,虽然眼前还有不少怀疑的评论",应是第一次公开表达这一自信,且一直到晚年,这一自

---

① 本段与下段,均见林同济《第三期的中国学术思潮——新阶段的展望》,《战国策》第14期,1940年12月1日,第1—2页。

信仿佛老而弥坚。十几年过后,在《口述自传》中,胡适依然在强调《说儒》所提供了"新理论"和"新方向",以及可能导致的中国文化史、宗教史及政治史的重写。

胡适对《说儒》的重视,从他1953年仍为有关"相礼"的结论补充证据,亦可见一斑。在远流版的《说儒》中录有胡适1953年10月7日的补充批注:"《先进篇》'赤尔何如'一段,赤所谓'端章甫,愿为小相焉',也是'相礼'之一例。《乡党篇》有'君君[召]使摈'一章,也是'相礼'之一例。"①

胡适的自信自然暗含着多重因素,但至少说明,以往有关《说儒》的争议,并没有触及其核心,因而也难说存在"同情的理解",故前引其所言"此文的原意不过是要证明'儒'是殷商民族的教士,其衣服为殷衣冠,其礼为殷礼。但我开始写此文之后,始知道用此'钥匙'的见解,可以打开无数的古锁。越写下去,新意越多,故成绩之佳远出我原意之外,此中如'五百年必有王者兴'的民族悬记,如孔子从老聃助葬于党巷之毫无可疑,皆是后来新添的小钥匙,其重要不下于原来掘得的大钥匙"就显得十分重要。了解这些大、小"钥匙",便是理解《说儒》的门径,而其中的引申义,以及胡适无意深揭的玄机,或才是真正需要注意的问题。

一、巫史传统的重拾:"儒"之概念的重新定义

胡适当年《中国哲学史大纲(卷上)》"截断众流",从老、孔讲起,主要是基于他的"信史"观。而随着安阳考古发掘的成绩日显,"信史"的上限已经上移至殷商。殷商在中华文化史上的地位如傅斯年所说,"为中国文化之正统"的一面,以及"殷遗民为中国文化之重心"的一面,均凸显出来。② 顾颉刚1939年6月9日致杨向奎信中,"尊论自太古说起,以之备一猜测则

---

① 批注后有"适之,一九五三,十,七"。见胡适《胡适作品集·说儒》第15册,第43页。《胡适全集》未录。

② 傅斯年:《周东封与殷遗民》,《中央研究院历史语言研究所集刊》第4本第3分,1934年,第290页。

可,以之作一论断则不可"①亦是此意。关键是,将原来的周公和孔子创中华文化传统说更改,并上溯到殷商,这也为胡适所设想的儒之宗教性一面提供了依据,而傅斯年依据的神话与宗教讨论古史的起源,亦启发了胡适。

在《说儒》的开头,胡适引用章太炎《原儒》之后说:

> 太炎先生的大贡献在于使我们知道"儒"字的意义经过了一种历史的变化,从一个广义的,包括一切方术之士的"儒",后来竟缩小到那"祖述尧舜,宪章文武,宗师仲尼"的狭义的"儒"。这虽是太炎先生的创说,在大体上是完全可以成立的。②

这中间"一切方术之士的'儒'"实际上是胡适对作为"类名"的"儒"的重新定义。胡适虽赞同章太炎的"历史眼光",却并不满意章太炎的具体分类,他指出,章太炎《原儒》"最大弱点在于那'类名'的儒。他在那最广义的儒之下,另立一类'六艺之人'的儒。此说的根据只有《周礼》的两条郑玄注"。在胡适看来,"那术士通称的'儒'才是类名"。

前文已述,胡适与章太炎学术方法的重叠处就在于证验,但胡适接受的是西洋现代学术训练,对考证的要求似更为严密,故会以为章太炎仅凭来自同一人的两条注释进行论证,非复力证。至于郑玄注里说,儒是以"六艺以教民者"被胡适认定为"只是一个东汉晚年的学者的说法",亦非反对的重点,因胡适自己亦在使用东汉人许慎的《说文解字》来解释"儒",故此话的重点在于《周礼》的不可信。

不信《周礼》与反对"官守说"其实是一致的。因如果以《周礼》为据,"师保"之"儒"在天子王畿之内,而乡校教授六艺者虽在王畿以外,却都属于官学的一员。"儒以道得民"的"道",郑玄即解作"六艺",以"六艺"教候补的未来官员,或在乡校教准未来官员或社会栋梁之材,由此而产生出儒和

---

① 顾颉刚致杨向奎,1939年6月9日,《顾颉刚全集·顾颉刚书信集》卷3,第108页。
② 本章引文未出注者,均出自《说儒》,《中央研究院历史语言研究所集刊》第4本第3分,1934年,第233—284页。

儒家,这等于承认《汉志》的"官守说"。而儒出自王官一旦坐实,儒所勾连的巫史传统就不能成立。①至于胡适《诸子不出于王官论》以《淮南子·要略》驳《汉志》及章太炎"官守说"时所言"吾意以为诸子自老聃、孔丘至于韩非,皆忧世之乱而思有以拯济之,故其学皆应时而生,与王官无涉。……故诸子之学皆春秋战国之时势世变所产生"②也同样不再成立。

但如此一改变,整个"儒"定义的"古今异"就要改变,而这一改变正反映出《说儒》与章太炎《原儒》研究视角上的差异。在胡适看来,"'儒'的第一义是一种穿戴古衣冠,外貌表示文弱迂缓的人"。这种从外在的形象和行动上的考量方式与章太炎从文字学、官制上探寻儒之原始相比,显然更有社会史的意味。此定义后来被广泛接受,是因为它至少在字面上并不含褒贬。

傅斯年有关"儒"的"职业说"后来被冯友兰等反对《说儒》者所认同,但对"职业说"胡适也有自己的看法。《说儒》中介绍了傅斯年有关"儒"的"阶级论",这应是比"职业说"更为早期的表达。胡适指出,"傅斯年先生疑心'儒'是古代一个阶级的类名,亡国之后始沦为寒士,渐渐得着柔懦的意义。此说亦有理,但此时尚未有历史证据可以证明'儒'为古阶级"。这很可能是从傅斯年谈话中获知。因为傅斯年此时论述"儒"的著作,似仅有1928年在中山大学的讲稿《战国子家叙论》,其中似未涉及亡国的情形,而是直言"战国诸子除墨子外皆出于职业","所谓儒者乃起于鲁流行于各地之'教书匠'",③并无"沦为寒士"一点。《说儒》亦说到"儒"的"阶级"问题,只是胡适认为,这个"阶级"形成有一个变化过程。因为一般来看,"士"在周代多指"武士",他们的义务是"执干戈以卫社稷"的一群人,"是新朝统

---

① 傅斯年不信"六艺"的创立与孔子有关。他说:"六艺是鲁国的风气,儒家是鲁国的人们;孔子所以与六艺儒家生关系,因为孔子是鲁人。与其谓六艺是儒家,是孔学,毋宁谓六艺是鲁学。"参见傅斯年《与顾颉刚论古史书》,《国立第一中山大学语言历史学研究所周刊》第2集第13期,1928年1月23日,第319页。

② 胡适:《诸子不出于王官论》,《太平洋》杂志第1卷第7号,1917年10月15日,第6—7页(文页)。

③ 傅斯年:《战国子家叙论》,《傅斯年全集》第2卷,第255、258页。

治阶级的下层",这是与近似文人的"儒"的不同之处之一。

另一不同之处在于地位不同。周之"武士"是社会的下层,而殷商遗民的"儒"却"要算是最高等的一个阶级",且"和'士'阶级最接近",关键是"西周统治阶级也就往往用'士'的名称来泛称他们"。故胡适以"特殊阶级"称之,一方面是说其外在表现,即他们"古服古言","那种长袍大帽的酸样子,又都是彬彬知礼的亡国遗民",另一方面则是其内在特性,即"习惯了'犯而不校'的不抵抗主义"。而后来引起争议的,就是这个内在特性。

实际上,对于傅斯年的"职业说",胡适并不完全反对,只不过他不像傅斯年那样,认定"儒"的原始就是"教书匠"。在胡适看来,"儒"也经历了一个历史变迁,即从"一种穿戴古衣冠,外貌表示文弱迂缓的人"而缩小为"殷人""殷的遗民",在"穿戴殷的古衣冠"的同时,又"习行殷的古礼"。这仍是社会史层面的认知。

而进一步具体化的"儒"则与职业和生活状态有关,同样也是社会史的视角,胡适说"儒是殷民族的教士,靠他们的宗教知识为衣食之端"。"其实一切儒,无论君子儒与小人儒,品格尽管有高低,生活的路子是一样的。他们都靠他们的礼教的知识为衣食之端,他们都是殷民族的祖先教的教士,行的是殷礼,穿的是殷衣冠。在那殷周民族杂居已六七百年,文化的隔离已渐渐泯灭的时期,他们不仅仅是殷民族的教士,竟渐渐成了殷周民族共同需要的教师了。"

章太炎《原儒》言"达名之儒"为"术士",引《说文》"'儒'之名盖出于'需'",其重点在"知天文,识旱潦",因为这样便与《七略》或《汉志》"儒家者流,盖出于司徒之官,助人君顺阴阳明教化者也"相接榫。[①]从《说儒》将"儒"的职业定位在"相礼"亦可知,胡适未必不同意章太炎此说。但因他不赞同《汉志》"官守说",故同样据《说文》而言"术士之儒",却注意"儒"之"柔"的一面,而所以注意"柔"也是为了后面"殷民族的教士"的特征作铺垫。

---

① 章太炎:《原儒》,《章太炎政论选集》上册,第489—491页。

有关胡适解《周易》"需"之"云上于天",今人争议较多。实《说儒》起初并未以此来证"儒"的"柔"的特征,而是说"需"有引申义,即胡适说的"柔软之需,引申又有迟缓濡滞之意"。故无论释"需,须也",还是"需,不进也",或"需是密云未雨,故为迟待疑滞之象",都是《周易》之说,而并非胡适臆造。

至于"需"与"儒"之关系,郭沫若驳《说儒》文章中曾断言,甲骨文中无"儒"字。这等于是以甲骨文、金文专家的身份将不懂甲骨文、金文的胡适所上溯的殷商时期为"儒"之起源的观点从基础上拆解,以证己之"儒"是西周时期的"'邹鲁之士缙绅先生'们的专号"的观点的正确。① 1954—1955年"胡适思想批判"运动中,郭沫若的观点也成了批判,甚至嘲弄胡适的权威理论之一,一度师事陈寅恪的金应熙就说,"从学术上说来,纸糊的门楼经不起风吹雨打,一经郭沫若、冯友兰等的指斥,'说儒'中甚么'三年之丧是殷制'等论点就纷纷倒塌下来了"。②

但 1975 年 11 月,熟谙古文字学和先秦史的徐中舒发表了《甲骨文中所见的儒》,力证甲骨文中的"需"即是"儒"。这个新见直接驳倒了郭沫若甲骨文中无"儒"的旧论。徐先生写道:"需在甲骨中像沐浴濡身,濡应是儒字的本义。"它之所以成为儒之专名,是因为"古代的儒为人相礼,祭祖事神,办丧事,都必须经常斋戒"。儒正是操持这一宗教仪式的人。这一点与佛教中有所谓灌顶国师,天主教神甫的为人施洗礼颇为相近。

徐中舒对《汉志》"官守说"的不以为然,也让人想到胡适。他指出:

> 甲骨文中儒字的本义为濡,向我们揭示了一个历史事实:儒家的起源决不是班固所说的"儒家者流,盖出于司徒之官,助人君顺阴阳明教化者也";专门替殷商奴隶主贵族祭祖事神,办丧事,当司仪的那一批

---

① 具体参见郭沫若《借问胡适——由当前的文化动态说到儒家》,《中华公论》创刊号,1937 年 7 月 20 日,第 98 页。关于此文,本著第八章将有详细的解析。
② 金应熙:《胡适的治学方法和其反动本质》,《胡适思想批判(论文汇编)》第 3 辑,北京:生活·读书·新知三联书店,1955 年,第 261 页。

人,才算是最早的儒家。通俗地说,殷商奴隶主贵族豢养的迷信职业者,是孔老二的祖师爷。

其实后人对胡适以《周易》解儒颇有异议,除具体内容外,《周易》成书年代问题是一个关键。徐中舒显然认为,《周易》并非一次性成书,而是反映出不同时代的特征,故他所说的"《周易》中的卦爻辞,也是春秋以前的作品,它反映了儒的职业性活动。这都是孔丘以前的儒家的见证"亦仿佛在为胡适有关的说法作证。①

徐中舒和胡适之间的学术关联其实不在于具体,而在于抽象,即那个与巫相关的职业。揭示上古的宗教性,以及它与人文性相互勾连,只是历史地追溯,它与学者成见中的肯定(往好里说)与否定(往坏里说)无关,或者说是对这种二元对立观的一种超越。虽然章太炎《原儒》中亦在涉及儒之宗教一面,如说:"明灵星舞子吁嗟以求雨者谓之儒,故曾皙之狂而志舞雩,原宪之狷而服华冠……忿世为巫,辟易放志于鬼道。"②但他并没有明确地说出宗教性,而是以具体描述来与他的"官守说"相衔接,以《周礼》为标准来进行历史地认定,既坚持周公开创中华文化的传统,又以这种坚持去维护中华文化的人文性渊源。这种维护在近些年有关儒之起源的研究中也被承继下来。③

胡适将"儒"之起源上推至殷商,就学术传承看,是经章太炎而直承《说文》的"术士"说,而对宗教性的强调则应该与殷商社会本身的宗教氛围相关。从方法上看,《说儒》与其说是一种人类学或民族学的视角,不如说是

---

① 以上均见徐中舒《甲骨文中所见的儒》,《四川大学学报(哲学社会科学版)》1975年第4期,第70—74页。
② 参见章太炎《原儒》,《章太炎政论选集》上册,第490页。
③ 前文已述,阎步克教授提出原始的"儒"乃商周王朝官府的"乐师"(或"乐官"),是近年来最引人瞩目的新说,而这个新说的起点正是章太炎的《原儒》。阎先生似乎不仅回到章氏所认同的《汉志》或《周礼》"官守说"的立场,他之不赞同将"乐师"与巫等同起来,亦是为了坚持"乐师"("儒")的人文性。但问题是,即便是商周官方出面组织的祈雨仪式,其本身仍存有宗教性的一面。见《乐师与"儒"之文化起源》,《北京大学学报(哲学社会科学版)》1995年第5期,第46—54及92页。

人类学或民族学的猜想更合适。但正是这个猜想取得了双重的效应,将"儒"与殷商的宗教及其从业者联系之后,既接续上了上古的巫史传统,这是纵向的;在横向的宗教比较上,这个中国传统又与其他几大文明的传统构成了一个世界性的文化传统。正是这后一点启发了雅斯贝尔斯(Karl Jaspers,1883—1969)提出"轴心时代"的理论。

然就胡适个人言,引起他注意儒之宗教性的固然是傅斯年提供了翔实的证据,但相应的思考却不限于学术层面,而是学术与现实(时势)的交叠。应该说,这个问题为作为知识人的胡适的现实困惑,即如何弥合知识人与百姓之间的鸿沟,找到了一个既可以在学术层面进行讨论,同时又可以影响现实中国的方式。

二、人类学或民族学视角:殷民族教士的特征

在概念或定义上,《说儒》完成了对章太炎《原儒》的超越后,胡适需要确认的是"儒"起源的具体年代及其实际生活状态,用他的话说,就是说明章太炎"不曾说明这个广义的儒究竟起于什么时代,他们的来历是什么,他们的生活是怎样的,他们同那狭义的孔门的儒有何历史的关系,他们同春秋战国之间的许多思想潮流又有何历史的关系"。

如果说,此前胡适指章引用东汉晚年学者的说法并非重点的话,随后指出的章太炎"所引证都是秦汉的材料"则明显是指章对先秦材料的漠视,不重视出土文物,特别是对甲骨文材料的忽视。①而胡适所以获得这个自信,实源于傅斯年的考证。

在《说儒》中,胡适所说的"我们看殷虚(安阳)出土的遗物与文字,可以明白殷人的文化是一种宗教的文化"即出自傅斯年的提示。但即便是提及考古文物,也表明了一种新的研究态度,这是不同于章太炎的,况且安阳殷

---

① 当然,20世纪30年代的胡适似乎也在重蹈章太炎不重视甲骨文材料的覆辙。他对于郭沫若的金文解读,指出其过于大胆固然合理,但他本人亦对金文持怀疑的态度。

墟(虚)考古发掘的成果,整个地改变了胡适的古史观。①

实际上,《说儒》的前三节中多处利用和直接引用傅斯年提供的证据和观点。傅斯年的古史二元论,即"东西民族"论是胡适从整体上判断商、周的源起和文化上差异的基础;傅斯年从地理上确认的鲁、齐、宋、卫诸国为殷商旧邦或殷遗民所居之所,以及殷旧邦诸国的阶层上的差别,即上层是周人,下层是殷人,则是《说儒》进一步描述殷商及周代殷遗民生活样态的依据。这其实也就是胡适所谓的开启古锁的"大钥匙"之一。

在胡适看来,广义的"儒"起于殷商时代,但从殷商至春秋战国,它的形象和地位也在随历史的变化而变化。由于殷商是宗教的文化,"他们似乎极端相信占卜:大事小事都用卜来决定。如果《鸿范》是一部可信的书,那么,占卜之法到了殷商的末期已起了大改变,用龟卜和用兽骨卜之法之外,还有用蓍草的筮法,与卜并用"。而"这种宗教需用一批有特别训练的人。卜筮需用'卜筮人';祭祀需用祝官;丧礼需用相礼的专家。在殷商盛时,祝宗卜史自有专家"。然这些曾经的社会上层,殷商统治阶层的成员,到周灭商以后,地位却大不如前。

胡适说:

> 亡国之后,这些有专门知识的人往往沦为奴虏,或散在民间。因为他们是有专门的知识技能的,故往往能靠他们的专长换得衣食之资。他们在殷人社会里,仍旧受人民的崇敬;而统治的阶级,为了要安定民众,也许还为了他们自己也需要这种有知识技能的人,所以只须那些"多士攸服奔走臣我多逊",也就不去过分摧残他们。这一些人和他们的子孙,就在那几百年之中,自成了一个特殊阶级。

胡适用"士"来称呼在周代的殷遗民中的这部分官方背景的神职人员,是认定"儒"本身是知识人。上古"士"的原始究竟为何,至今仍无定论,顾

---

① 参见王汎森《傅斯年对胡适文史观点的影响》,收入其《中国近代思想与学术的系谱》,第328、335页。

颉刚当年以为是武士,而徐中舒则以为是农夫,但意指古代中国的知识人应不乏共识。①当然,用"士"来称呼"儒",既是胡适对史实的基本认知,又包含了部分的现实关怀。与顾颉刚相同,胡适也以为"'士'是一种能执干戈以卫社稷的武士阶级",处于周朝"统治阶级的下层"。但"儒"则是殷商时期的"文士",且是统治阶级的上层,正因为是"文士",他们肩负的不是作战而是文化的使命。胡适说,"在他们自己民族的眼里,他们是'殷礼'(殷的宗教文化)的保存者与宣教师。……但在那成周、宋、卫、齐、鲁诸国的绝大多数的民众之中,他们要算是最高等的一个阶级了"。到了周代,他们的使命之一便是"负背着保存故国文化的遗风,故在那几百年社会骤变,民族混合同化的形势之中,他们独能继续保存殷商的古衣冠,——也许还继续保存了殷商的古文字言语"。

然生活与地位的大不如前,也决定了"儒"从产生之日起便显示出诸多不如意。用这个"儒"字来称呼殷遗民中的前官方神职人员,在胡适看来,就是一个略带嘲讽或调侃意味的,故他说"儒"的这个名称,在最初只是一个"诨名",即在嘲讽或调侃之外,也多少反映出他们在人们眼中的失魂落魄的形象。

当然,这种处境亦影响了"儒"这个殷遗民中的神职人员的整体性格、品格和特性。胡适总结的几个特点是彼此衔接的,他说:

> 我们可以看出他们的生活有几个要点:第一,他们是很贫穷的,往往"陷于饥寒,危于冻馁";这是因为他们不务农,不作务,是一种不耕而食的寄生阶级。第二,他们颇受人轻视与嘲笑,因为他们的衣食须靠别人供给;然而他们自己倒还有一种倨傲的遗风,"立命、缓贫、而高浩居",虽然贫穷,还不肯抛弃他们的寄食——甚至于乞食——的生活。第三,他们也有他们的职业,那是一种宗教的职业:他们熟悉礼乐,人家有丧祭大事,都得请教他们。因为人们必须请他们治丧相礼,所以他们

---

① 参见余英时《士与中国文化》,上海:上海人民出版社,2003年,第4—19页。

虽然贫穷,却有相当崇高的社会地位。骂他们的可以说他们"因人之野以为尊";他们自己却可以说是靠他们的知识做"衣食之端"。第四,他们自己是实行"久丧"之制的,而他们最重要的谋生技能是替人家"治丧"。他们正是那殷民族的祖先教的教士,这是儒的本业。

在20世纪30年代,考古发掘成果尚有限,古史材料亦有限的情况下,《说儒》相关考述的意义恐更在于眼界的拓展,因为巫与儒的勾连,关乎文化的传承和发展,而从殷商占卜文化的实行者——巫觋说起,就不再局限于史学,而是涉及民族学或人类学的视角。这个理念在胡适还属于初步的探求和勾勒,但时人亦已经察觉,且提供了具体的民族学或人类学的旁证。

其实早在20世纪20年代初,胡适已自觉地运用人类学知识解读古典文献和历史了。1922年4月26日,他到北京平民大学演讲,在当天日记云,"到平民大学讲演《诗经》三百篇;结论三条,略与前不同"。这三条结论中的第一条是"须用歌谣(中国的,东西洋的)做比较的材料,可得许多暗示"。这个比较的方法既不限于中国,又不限于古典文献,它本身就有超越文献的意味。因为接下去的第二条便是"须用社会学与人类学的知识来帮助解释"。胡适在这里不仅是提倡民族学或人类学的方法,也特别举出《诗经·国风·召南·野有死麕》一篇为例,尝试或者说示范民族学或人类学的理解方法。他说:"这明是古代男子对女子求婚的一个方法。美洲土人尚有此俗,男子欲求婚于女子,必须射杀一个野兽,把死兽置在他心爱的女子的门口。在中国古时,必也有同类的风俗。古婚礼'纳彩用雁,纳吉用雁,纳征用俪皮(两鹿皮),请期用雁'(《士昏礼》),都是猎品。春秋时尚有二男争一女,各逞武力于女子之前,使女子自决之法。用此俗来讲此篇,便没有困难了。"①

1934年11月5日,胡适曾在南京中央大学演讲《儒与孔子》,其基本内

---

① 以上均见胡适1922年4月26日日记,《胡适全集》第29卷,第602—603页。

容和观点正出自《说儒》。①时在中央大学任教的社会学教授胡鉴民（1896—1966）听完演讲后遂产生共鸣，他撰写的《胡适之的"儒论"的旁证》②至今尚未见学者引用。此文应是第一篇（或许也是唯一的一篇）从民族学或人类学的上去证明胡适观点具有普世性的文章。

胡鉴民列举的是苏丹西部的孟特（Mande，今译曼德）或孟丁哥（Mandingo）、富拉（Fn[u]la）或播尔（Peuhl）等两个民族以及非洲东北部的索马里（Somali）部族的历史实例。他说，在孟特、富拉两个民族中有一个"特殊阶级，即当地原有的贵族阶级，在亡国以后相率而为乐师（即弹唱糊口者），故可称为乐师阶级（Minstrel's caste）。不过乐师并不是他们的惟一的职业，他们每每都能成为贵卿的亲信人，成为主公的歌颂者（Eulogist），他们虽为亡国遗民，在亡国奴的地位，但是依赖他们的学识，常为贵族青年的教师。并且因为与贵族的亲迎，把贵族的家世看穿了，因此有时他们竟能不可一世地威喝贵卿"。他进一步指出：

> 这个阶级与胡适之先生所描写的儒很相近似。在当乐师的时候他们与小人儒的地位相当，到了当教师能威喝贵卿的时候，大约已到了君子儒的地位了。他们的亡国遗民的身分以及贵卿的歌颂者的身分，也正与儒为殷商遗民以及办丧事等职业相当。

胡鉴民所举的第二个例子是有关索马里部族的，他说：

> ……索马里（Somali）部族，……还有一个特殊?阶级，称为易伯（Yebir）。他们虽是亡国遗民，但是他们并不怎样受压迫，在实际上他们都享受着贵族阶级的供养。每逢巨室有结婚或生子等喜事，他们是

---

① 相关报道见《昨日在中大讲"儒与孔子"》，《中央日报》1934年11月6日，第2张第4版。
② 胡鉴民：《胡适之的"儒论"的旁证》，《中央日报》1934年11月28日，第3张第4版。下引均出此文。

必到的。他们所以能享受这样的权利,原因在于他们被认为擅有超自然的能力。他们是巫人是魔术者,他们在死后能够不遗尸体,所以他们是神秘的可怕的人。照此说来,这个阶级的身分大致与上述孟特族与富拉族中的乐师阶级的身分相当,换言之,就是与胡适之先生所描写的儒者的身分相当。

又说:

> 最后我们还有几句题外的话要说:不但周代的儒者适与孟丁哥族与富拉族的乐师阶级及索马里族的易伯阶级相当,周代的社会组织与文化程度也大致与这些民族相差不远。

而胡鉴民所说的"胡适之先生的儒论在中国的历史学上固是一种新发现,但以世界史的眼光去看,儒论中所发见的事实是一种有相当的普遍性的现象",虽不免有些博闻广识者的自恃,但亦不仅明显将胡适有关"儒"起源的见解提升到普世的层面,也揭示了胡适在《说儒》中的普世性追求。

杨向奎在《说儒》发表后就以北大学生辈的身份刊文加以评论,且基本支持《说儒》的观点。①在1962年出版的《中国古代社会与古代思想研究》一书中,他也认同胡适"儒"乃相礼之士的说法,②到20世纪90年代后,他对胡适以及《说儒》的看法已经不同于青年时代,但即使在批评胡适"对中国古代史摸不到边际"时,也仍对《说儒》中有关"儒"宗教性一面的发见持肯定态度,且进一步提供了川滇两地彝族的民族学调查的实例,以此证明胡适对"儒"乃古代相礼之士定位的可取。

在1992年出版的《宗周社会与礼乐文明》一书中,除了某些具体细节上存有异议,杨向奎的观点以及相关结论与胡适并无多大差别。他认为,

---

① 见杨向奎《读〈说儒〉》,《益世报·读书周刊》第43期,1936年4月9日,第3张第12版。
② 杨向奎:《中国古代社会与古代思想研究》上册,上海:上海人民出版社,1962年,第185页。

"原始的儒是术士,可能起源于殷商,殷商是最讲究丧葬之礼的,相礼成为儒家所长。孔子是殷商的没落贵族,他的祖先不是巫,但没落后以相礼为业,因而与巫接近,也变作儒家的一员而成为儒家本身的改革者"。杨向奎说:

> 儒家是术士,成分庞杂,一如巫有大小之分,俗儒如端公,无学识,只能是"五谷既收,大丧是随。恃人之野以为尊。富人有丧,乃大说喜曰,此衣食之端也"。有学识者如呗耄,通六艺,但他们的职业都是相礼,后来还有教书授徒。他们之所以被称为儒,或自称为儒,都不必从软弱怕事方面来追求,他们的宽衣博带,他们的解果其冠,给人们的印象是迟滞缓慢,而且相礼职业的本身要求也是如此,如果从字义本身说儒,应从此着手。亡国五六百年的殷人与周人已经融为一体,孔子门人,几人是殷,几人是周,我们更不应从春秋末年的儒家来追究他们的民族成份。

显然,杨向奎不同意胡适将"儒"的特征直接解释为精神上的"柔弱",他宁肯相信这种"柔"是一种行动上的表现,这种"迟滞缓慢"的表现给人以"柔"的印象。但"儒"与巫的关联以及从事"相礼"这个职业上,他仍采纳《说儒》中胡适的观点。

杨向奎依据的川、滇两地民族学或人类学田野调查材料来自马学良的《云南彝族礼俗研究文集》和胡庆钧的《凉山彝族奴隶制社会形态》二书。① 他在分析"儒"的职业时利用的这部分调查,实际为《说儒》的"术士"说提供了新的民族学或人类学的证据。杨向奎指出:

---

① 马学良:《云南彝族礼俗研究文集》,成都:四川民族出版社,1983年;胡庆钧:《凉山彝族奴隶制社会形态》,北京:中国社会科学出版社,1985年。杨著所注后一书名有误。又,马学良原文《倮族的巫师"呗耄"和"天书"》(《云南彝族礼俗研究文集》,第15—34页)据倮文之意,译称倮族(彝族的一支)的巫师为"呗耄"(以往译为"笔姆"或"白马"),但《宗周社会与礼乐文明》中或称"贝耄",或因手民之误为"吹耄",现遵马氏原文,均改为"呗耄"。

过去儒家都从事相礼,这是他们的职业。相礼本来是巫祝专职,早期巫祝是当时社会中最有学问而知礼的人,这种情况普遍存在于各民族中的早期阶段,比如处于奴隶社会的凉山彝族,他们的"呗耄"(或云"笔姆","毕摩"),就是替人诵经礼赞祈祷禳祭的巫师,所以他们须懂倮文方能诵读倮经,他们这种技艺,有的是世承家学,有的是拜师受业,因此学问较高的呗耄,便有生徒从他学习法术,诵读经文。此外,还有一种叫"端公"的巫,他们不识字,只记咒语。他们假托神师附身降临,一边击鼓,一边舞蹈,为人们解答疑难,名曰"跳神"。这种情况和《说文》中有关"巫"字的解释是相似的,《说文》:"巫,祝也,女能事无形以舞降神者也。"这是马学良先生作过详细调查后告诉我们的事实。盖各族之巫,都曾是人与天神之间的媒介,人所祈于鬼神之事,藉巫来传达,倮族的"呗耄"亦不例外,不过呗耄有经书,通晓文字,而端公只凭口传,无经书。一为有本,一为无本,亦大巫小巫也。

因为"呗耄的职务为:一司祭,二占卜,三医病",故在杨向奎看来,"这种近代彝族的呗耄和古代史上的巫祝职业相当,而儒家兼司相礼的事也和呗耄近似"。

至于"毕摩"("呗耄")和"苏业"("端公")的活动,胡庆钧《凉山彝族奴隶制社会形态》已指出:"彝族社会早期文学的主要成就是神话和史诗,常在婚丧仪式中由主客双方演唱。神话彝称阿普布得,意为故事,它是古代彝族人民留给后世具有丰富内容的口头文学遗产。其中,有的又以史诗的形式通过手写本,在凉山地区广泛流传。"[1]杨向奎总结说:"这是神话、故事、史诗三位一体。毕摩是这方面的专家,他们通晓彝文,并以经典及法器从事宗教活动的祭司,所使用的经典包括招魂、安魂、开路、超度、敬神、择吉、算命等。至于有关历法、天文、谱牒、诗文、神话、历史等典籍,多为有名毕摩手抄、珍藏和通晓。这样的毕摩就成为凉山彝族社会中少有的知识分

---

[1] 胡庆钧:《凉山彝族奴隶制社会形态》,第366页。

子,他们语言丰富,熟知彝族传统,并对本地附近地理有丰富的知识。"

因为是探讨"礼乐文明",《宗周社会与礼乐文明》也追溯了古代礼乐文明和巫祝之间的关联。而礼乐文明本身与儒、儒家密不可分,儒、儒家的起源与巫的关系成了不能逾越的问题。上面之所以说,杨向奎与胡适在观念上相同,是因为前者也将巫这种原始宗教阶层与儒、儒家和孔子勾连在一起。即他所说的"可以说没有巫就没有古代文化,后来分化,儒者自达儒走向类儒,走向私名儒,也逐渐放弃了巫祝方面的工作,于是小人儒变作君子儒了"。这是用人类学或民族学的观念丰富史学研究的结论。只是杨向奎指出的"原始的儒也从事巫祝活动",因为有凉山彝族的实例,显得更为具体和实体化。他说:

> 史诗是巫祝口中诵念的古代史,又是乐曲,与舞蹈结合,成为乐舞曲,是中国传统礼乐的组成部分。巫祝是能歌善舞的人,并且通晓天文、历法等各种知识,是古代的学术权威,也是术士。这也正是原始儒家所擅长。社会在发展,巫祝的地位逐渐下降,他们的职掌分散给当时的王官。历史也不以诗歌的形式出现,于是"诗亡,然后春秋作"。诗是史诗,《春秋》是编年史,孔子也正是继巫史而起的史学家,也是继术士而起的新儒家。①

胡鉴民和杨向奎分别提供的非洲(国外)和川滇彝族(国内)的民族学或人类学材料不仅证实了《说儒》有关巫与"儒"关联性论断的合理,亦证明了巫术在世界文明发源中大致近似的情形和作用。由此可知,胡适有关"儒"与殷周时代巫之间关联和探讨,其本身便是基于普世立场,故也在讨论文化的起源问题上,具有了普世性的意义和参考价值。

根据学者的考证,民族学或人类学传入中国后,中国学者正式使用"人类学"概念是以 1892 年秋,上海格致书室出版、英人傅兰雅(John Fryer,

---

① 以上未另注者,分别见杨向奎《宗周社会与礼乐文明》,第 414、419、412—413、413、415、414 页。

1839—1928)主编《格致汇编》(第7年第3卷)的一篇未署名的《人分五类说》有关"体质人类学"的专文为最早。1926年,蔡元培在《一般》杂志第1卷第4期上所撰之《说民族学》是中国学者有关民族学的奠基之作,他也被看作是民族学的奠基之人。蔡元培对民族学的重视亦体现在具体的学科体制的建设上。1928年中央研究院社会科学研究所即下设有民族学组,而史语所也有学者从事相关的研究,这些或从客观上影响到胡适对民族学或人类学的接受。①

晚清以降,特别是进入20世纪,学界和社会舆论中以巫术为迷信而加以抨击的文章日渐增多,直到1930年,李安宅(1900—1985)的《巫术问题的解析》依然是走的通俗批评的路线。②有关20世纪20年代至《说儒》出现之前,国人对中国上古的巫、巫术和巫师的研究,可以下列三篇代表性的文章为例来加以说明。

1926年12月《青年进步》第98期上莫甘霖(生卒年未详)《中国之巫学研究及其利弊》或许代表了20年代对巫文化的认知水平。此文的主旨是为了反对迷信,故权衡巫术的利弊才是重点。因为是普及性质的文章,其中所引材料并未经过严格的筛选,归纳出来的巫术复兴的原因之一是道、儒、墨三家的提倡,其中儒与巫的关系径引朱熹等人对《易经》乃"卜筮"之书的定位,且以《易经》《仪礼》为据证明儒家的"郊祀、丧祭之礼,都与巫学中的鬼神一派相吻合",则略显简单。③而1930年6月《燕京学报》第7期上瞿兑之(1892—1968)《释巫》虽引证古籍勾勒出上古至汉代巫的大致情形,但亦未涉及"儒"与巫的关系。④1933年,林履信(1899—1954)的《"巫"与"史"之社会学的研究》如题显示,是一篇宗教社会学视角探讨巫史传统的文章。

---

① 有关人类学、民族学或者黄文山所采用的"文化学"传入中国的情况,参见张寿祺《19世纪末20世纪初"人类学"传入中国考》,《社会科学战线》1992年第3期,第319—327页;陈永龄、王晓义《二十世纪前期的中国民族学》,《民族学研究》1981年第1期,第261—299页。
② 李安宅:《巫术问题的解析》,《社会问题》1930年第1卷第1期,1930年4月1日,第109—116页。
③ 莫甘霖:《中国之巫学研究及其利弊》,《青年进步》第98期,1926年12月,第78页。
④ 瞿兑之:《释巫》,《燕京学报》第7期,1930年6月,第1327—1345页。

从"巫"掌天事、"史"掌人事论到"史"夺"巫"之席,成百官之总称,从此"史"盛而"巫"衰,最终以"道家、儒家、法家、纵横家、农家、小说家,则纯出于'史'"为结论。①

以上三文虽各有侧重,所勾勒出的历史演进路径却并无不同。虽然殷商时代的拜鬼和周代的人文化已成学者的共识,但彼时似乎很少有学者深入考察商周时代的巫师与"儒"的关联性,即便是1936年,陈梦家(1911—1966)根据古文字和卜辞,发表详细的考察殷商、周代祭祀和巫的力作《古文字中之商周祭祀》和《商代的神话与巫术》,也未涉及"巫"与"儒"之关系问题。②

对比起来看,胡适之《说儒》中有关巫与"儒"勾连的描述,所取的民族学或人类学的视角,抑或说借鉴了民族学或人类学的方法,虽不一定有明确的民族学或人类学的学科自觉,却有着新发现的意味,至少是拓展了史学的边界。以民族学或人类学的视角来探讨"儒"的起源,在当时的中国上古文化和思想的研究中,亦可称独树一帜。就具体内容言,有关"儒"是殷民族教士的说法,为胡适有关宗教作用的一系列重省以及他希望建构的中华文化的新谱系也作了理论上的铺垫。

第三节 儒之"柔逊"与文化的"倒征服"

在《说儒》中胡适将原始的"儒"定义成"一种穿戴古衣冠,外貌表示文弱迂缓的人",这个"儒"的第一义被广泛认同;他所说的第二义,即"最初的儒都是殷人,都是殷的遗民,他们穿戴殷的古衣冠,习行殷的古礼",争议也不算大,有关"儒"的争议主要在"儒"的性格特征上。当胡适将此描述成"柔逊"后,争议随之而来,且连累到对第二义的接受。但中国学者在争论

---

① 林履信:《"巫"与"史"之社会学的研究》,《社会科学论丛》第4卷第7号,1933年1月1日,第89—98页。
② 陈梦家:《古文字中之商周祭祀》和《商代的神话与巫术》,分别刊《燕京学报》第19期,1936年6月,第91—155页;《燕京学报》第20期,1936年12月,第485—576页。

第六章　寻觅重心:《说儒》的文化密码(上)

问题时,从来都不全是就事论事的,先见或者立场往往决定着态度。而《说文》有关"儒"的释义本身就存在两种解读的可能,正是这两种可能,让胡适倍受物议的同时,也遮掩了《说儒》的学术地位,文化上的贡献以及胡适的真意和苦心。

彼时,学者在正式发表论著之前,往往油印若干,分送友朋同好,征询意见。胡适 1930 年完成《中古哲学史》或《中国中古思想史长编》后,就分送给张元济、汤用彤(1893—1964)、陈寅恪、傅斯年、冯友兰、容肇祖(1897—1994)、单不庵(1877—1930)等;①《说儒》撰成后,亦循此例,油印分送各方,今可查案底的至少有钱玄同和孟森二位。②

孟森读《说儒》后,于 1934 年 8 月 22 日写信给胡适,感叹《说儒》之为"奇作"的同时,亦提出疑问若干。信中说:

  捧读儒说大文,叹为奇作。然奇则奇矣,窃谓未可为学人意识之训,另纸贡其所疑。自知为窠旧中人,不敢迁作度外之想。尊著由中外古今比例贯通而得,原非所以语拘墟之士,但意所未娴,辄私布之。此文刊行自与天下通人相见,固不以一老瞽之见为损益也,惟鉴教为幸。

孟森另纸写下的几点疑问有一句似乎是质疑《说儒》"以丧门清客"来指"谈修身、通六艺"之孔子。③孟森虽是与新派直接交往的老辈学者,但对孔子形象的习惯性地认知,让他无法忍受一个曾经从事治丧相礼的结论,这显然不是出于理智而主要是出于情感的反应。

---

  ①　参见《胡适之先生晚年谈话录》,第 193 页。至于张元济,胡适基本是完成一章即寄奉,此点有多封书信为证,参见本著第八章第二节。
  ②　参见钱玄同 1934 年 9 月 27 日日记,北京鲁迅博物馆编:《钱玄同日记(影印本)》第 9 卷,福州:福建教育出版社,2002 年,第 5292 页及 1935 年 11 月 18 日,钱玄同致胡适信,收入《胡适遗稿及秘藏书信》第 40 册,第 458 页。此信落款日期疑有误,因其中询问任鸿隽在北平否?且请胡适告知任之家庭住址,而任 1935 年 8 月下旬已借道重庆赴成都履职四川大学校长。现暂遵原影印件所署日期。
  ③　孟森致胡适,1934 年 8 月 22 日,《胡适遗稿及秘藏书信》第 30 册,第 167—168 页。此信所附之孟森另纸提出的几点疑问,今所据之影印版,汗漫异常,颇难辨识,故不能全引。

胡适回信说：

> 孔氏身分之高，是后人想象之词，在当时则"出则事公卿，入则事父兄，丧事不敢不勉，不为酒困"，固是孔子自道其生活，不足诧异也。

针对孟森对孔门相礼的疑问，胡适又解释说：

> 相礼在当日为大事，故知礼之人在当日备受敬礼，此古书所昭示。后世礼俗渐变，赞礼之人遂成猥贱，然读古书不当以后世之眼光读之。例如卜筮之贞人筮人，在当日何等重要？今日卜人之受轻视，何妨于古代贞人之受敬礼乎？……古代并不轻视此种傧相儒生，我们不当以后世惰民杠房比例古之商祝殷士。世界上婚丧礼之苟且俗陋，莫如今世之中国。试看西洋人婚礼中之牧师，丧礼中之牧师，尚可想见古代儒生相礼时的崇高地位。牧师中出一个大众仰望之圣人，有何可怪？①

胡适想要揭示的是历史与现实的差异。当历史变迁使某一类行业衰落或者某行业从业者从上层下降为底层，从令人羡慕到被人轻视，在他看来，只是一种历史发展的客观过程，客观地揭示这个过程似乎才是史学的责任。其实很多后来的争议，从根本上看，都牵涉对历史研究任务的认知，包括历史本身或者历史研究所揭示的史实，可能对现实产生的影响。但尽管这样说，《说儒》却并不完全是揭示客观历史之作。他回答孟森的疑问时，其内心里的想法亦只说了一半。也即是说，胡适只讲了历史或历史研究的一面，却隐藏了涉及想象、现实关怀或理想的另一面。《说儒》对于"儒"的"柔弱"特性的解读，便不是单纯地历史研究，而是历史研究与现实关怀的复杂结合。

---

① 胡适致孟森，1934年8月30日，《胡适全集》第24卷，第209—210页。

一、原始"儒""柔逊"之史实

胡适在确认原始的"儒"是殷民族的教士后,将"儒"的人生观定位于"柔逊"。其依据首先是《说文》。如果说刘师培、章太炎据《说文》释"儒",体现出一种社会学的观照,此点不仅是胡适仍引《说文》"术士"说的原因,将字义解读为人生观,这里的内在逻辑同样与社会学视角相关。

章太炎《原儒》引《说文》"儒者,术士也"后主要是论证此说的合理性,并未进一步解释"儒"的特质。而《说儒》在引用《说文》后便提出了"为什么'儒'字有'柔'的意义"的问题。释"儒"之意为"软"或"弱"是从字义上讲的。胡适说,"需"字古与"耎"相通,并引《广雅·释诂》"耎,弱也",证"耎"即是今"輭"字,也写作"软"字。但胡适的新发见更在于对"需"偏旁汉字的引申之上。他指出:

> "需"字也有柔软之意;《考工记》:"革,欲其荼白而疾浣之,则坚;欲其柔滑而腥脂之,则需。"郑注云:"故书,需作劑。郑司农云,'劑读为柔需之需,谓厚脂之韦革柔需'"。《考工记》又云:"厚其帤则木坚,薄其帤则需。"此两处,"需"皆与"坚"对举,需即是柔耎之耎。柔软之需,引申又有迟缓濡滞之意。《周易·彖传》:"需,须也。"《杂卦传》:"需,不进也。"《周易》"泽上于天"(☱)为夬,而"云上于天"(☵)为需;夬是已下雨了,故为决断之象,而需是密云未雨,故为迟待疑滞之象。《左传》哀六年:"需,事之下也。"又哀十四年:"需,事之贼也。"

胡适继续引申说:

> 凡从需之字,大都有柔弱或濡滞之义。"嬬,弱也"。"孺,乳子也"。"懦,驽弱者也"。(皆见《说文》)《孟子》有"是何濡滞也"。凡从耎之字,皆有弱义。"偄,弱也"(《说文》);段玉裁说偄即是懦字。稻之软而黏者为"稬",即今糯米的糯字。《广雅·释诂》:"㛕,弱也"。

大概古时"需"与"耎"是同一个字,古音同读如弩,或如糯。朱骏声把从耎之字归入"乾"韵,从"需"之字归入"需"韵,似是后起的区别。

实际上,前引《甲骨文中所见的儒》中对"儒"与"柔""软"相关的论述也是对胡适新发见的证明和呼应。徐中舒指出:

> 从而、从耎、从需的这些字,大都包含有柔、软的意思。这些字其义相通,正因为它们与儒家的"儒"字有密切的联系。《说文》云:"儒,柔也,术士之称。"术士相当于后世道士、和尚、神甫一类的人物。奴隶主贵族豢养着儒这样一批术士,专门给奴隶主贵族祭祖、事神、办丧事,当司仪。从甲骨所载的子需之事来看,儒这种行业在殷商时就有了。孔老二年青时就以干这种行当出名,所以历史上把孔丘及其徒子徒孙称为"儒家"。儒是一批不劳而获的寄生虫,他们褒衣博带,到处吹吹打打骗取美好的饮食,还要做出一副文质彬彬、在主子面前温驯备至的媚态。《礼记·儒行》:"今众人之命儒也妄,常以儒相诟病。孔子至舍,哀公馆之,不敢以儒为戏。"孔丘在鲁哀公的庇护下,人们才"不敢以儒为戏"。可见,到了奴隶制向封建制过渡的春秋时代,儒已经成为人民群众普遍鄙弃和嘲弄的对象。在人民群众的心目中,那些四体不勤五谷不分,筋柔力弱的儒们,是十足的软骨头和叭儿狗。"儒"也就成了"柔"的同义语。人们把柔弱的小儿称之为孺子,把地上爬着的虫呼之为蠕动,把偷懒怕事、畏首畏尾的人称之为懦夫,肉煮熟煨烂了叫作臑,次等的玉名曰礝,下等田的叫作壖,灵车也唤作辀[輀]车,等等。这些字义的引申,与"儒,柔也"这一含义显然具有内在的联系。透过这种语言文字变迁的现象,曲折地反映了古代人民群众是怎样看待儒的。①

徐中舒所说"透过这种语言文字变迁的现象,曲折地反映了古代人民

---

① 徐中舒:《甲骨文中所见的儒》,《四川大学学报(哲学社会科学版)》1975年第4期,第71页。

群众是怎样看待儒的",指的是字义所反映的"儒"的社会境遇,这同样是从社会学视角来观照的。此境遇并非主观的想象,而是透过旁人的观察比较客观地展示出来,这也正是胡适所表达的意思。与一般性演绎的不同在于,它显得不仅客观,且是同代人的感受或感觉。这与陈寅恪"与古人处于同一境界"说相类似,都是希望历史地理解古人。

循社会学的思路,胡适又进而从古衣冠上寻求"儒"的社会特征和文化标识,这也给社会学视角增添了文化学的意味。他引《墨子·公孟》"公孟子戴章甫,搢忽,儒服而以见子墨子"、《荀子·儒效》"逢衣浅带,解果其冠,……是俗儒者也",而以《仪礼·士冠礼》"章甫,殷道也",以《礼记·儒行》"丘少居鲁,衣逢掖之衣;长居宋,冠章甫之冠。丘闻之也:君子之学也博,其服也乡。丘不知儒服",证此"乡服"实是殷服。这不仅是为了证明儒是殷遗民的教士,亦是希望提供一个新的研究视角。后来,冯友兰、钱穆驳《说儒》,有关章甫是否殷冠的争议,固然关乎考证本身的正确与否,但不习惯于以服饰文化辅助确定史实真相的方法,亦是原因之一。

有关儒的衣冠(即儒服和章甫)的研究1930年以前并不多见,故齐思和在1930年4月2日撰成、11月在燕京大学历史学会编辑出版的《史学年报》第2期上刊登的《儒服考》中仍说,"儒服者,究起于何时?是否创始于孔子,抑倡导于其后学?服儒服者在当时是否限于儒者,而儒者亦是否尽服儒服?儒服在当时思想界中,发生何等影响?此皆学术史上极重要之问题,惜学者向来对之习焉不察,未加深究"。①

《儒服考》代表了20世纪30年代有关儒之衣冠的研究水平,其史料上的收集和开掘,至今未见出其右者。如《论语·先进篇》《墨子·公孟》《庄子·田子方》《庄子·盗跖》《庄子·天下》《荀子·哀公》《荀子·儒效》《荀子·非十二子》《韩非子·问辨》《礼记·儒行》《士冠礼》《吕氏春秋》《史记·五帝本纪》以及《盐铁论·利义篇》等,仍是今之研究儒服和章甫论著

---

① 齐思和:《儒服考》,《史学年报》第2期,1930年11月,第99页。

利用的基本文献。①

齐文出于《说儒》之前,《说儒》中亦反映不出与此有何关联,但《儒服考》的内容却可以作为《说儒》有关儒服、章甫的参照和旁证。齐思和认定"儒服"在春秋战国时期确实存在,且以为儒服本身是"古制",不自孔子始。此"古制"源自周公、周礼,是说与《说儒》儒服乃"殷服"不同。但他又指出,"儒服之风几遍于鲁国",而"章甫"则既"为殷冠,至春秋战国时仍通行于宋",遂可说是"宋冠",则支持了《说儒》中有关鲁、宋是殷旧邦而戴殷冠——章甫,着儒服的说法。

至于《礼记·儒行》所记鲁哀公问孔子衣冠一节,即"哀公问于孔子曰:'夫子之服,其儒服与?'孔子对曰:'丘少居鲁,衣逢掖之衣;长居宋,冠章甫之冠。丘闻之也:君子之学也博,其服也乡。丘不知儒服'",齐文以为是"后儒所伪造,非真有其事"。他说:"由此故事可知一部[分]儒者攻击儒服之理由有二:(一)服当依俗;(二)当重行,不当重服。故哀公叩以儒服则孔子不答;询以儒行则更仆而数也。"② 此点与《说儒》所取视角明显不同,《儒服考》仅为考证儒服本身及学术史意义,而《说儒》则要照顾到后来有关"儒"为"殷遗民的教士"的立说,故解释上有所别途。胡适不以为《儒行》篇编者有作伪的动机,在他看来,孔子视儒服为"乡服",是因为"孔子的祖先是宋人,是殷王室的后裔,所以他临死时还自称为'殷人'(见《檀弓》——原注,下同)。他生在鲁国,生于殷人的家庭,长大时还回到他的故国去住过一个时期(《史记·孔子世家》不记他早年居宋的事。但《儒行》篇所说无作伪之动机,似可信)他是有历史眼光的人,他懂得当时所谓'儒服'其实不过是他的民族和他的故国的服制。儒服只是殷服,所以他只承认那是他

---

① 如陈来《儒服·儒行·儒辩——先秦文献中"儒"的刻画与论说》,《社会科学战线》2008年第2期,第239—247页;余治平《儒服、儒者与殷商宗教生活考论》,《河北学刊》2011年第6期,第28—32页。从这两篇有代表性的论文中亦不难发现,以服饰来论儒、儒家,至今仍是比较新的视角。

② 以上分别见齐思和《儒服考》,《史学年报》第2期,1930年11月,第104、100、107页。

的'乡'服,而不是什么特别的儒服"。①

前文已述,晚年对《说儒》颇存訾议的杨向奎在《说儒》甫发表之时其实是支持胡适之见的。这一点也是后来学者引用其晚年著述时所未曾注意到的。1936年4月9日,其时尚在北大文科研究所任助理的杨向奎在基本由北大史学系学生负责编辑的天津《益世报·读书周刊》第43期上发表《读〈说儒〉》一文,所论就多在卫护《说儒》。其中第二部分"'儒'字本义涵有柔弱义说补证"直言胡适有关凡含"需"之字皆有"柔弱濡滞之义"的"这个结论是对的"。杨文又说:

关于"需"字作柔弱字解,除胡先生所引证据,又见于《墨子》,如云:

当术,需敌,离地斩。(《号令》——按:断句依原文)

孙诒让《间诂》云:

……"需"读为"懦",《考工记·辀人》马不契需。郑众注云,需读为畏需之需。需敌谓却敌也。

是知古来需字多作懦弱需字解。非特"需"字古作"懦"字解,即"儒"字在先秦书籍中亦有此用法,如《荀子·修身篇》云"劳苦之事,则偷儒转脱"。杨倞注云:"偷谓苟避于事,儒亦谓懦弱畏事皆懒惰之义。"是"儒"字有懦义无疑问也。又《荀子·非十二子篇》亦有两处偷儒连用,与此篇意义皆同,如云"偷儒而罔,无廉耻而忍謑訽","偷儒惮事,无廉耻而耆饮食"。

针对冯友兰《原儒墨》中对"柔"义的辩驳,杨向奎也明显在卫护《说儒》中的胡适之见。他指出:"冯友兰先生说'说儒字之本义,涵有柔弱之

---

① 按:章太炎又有别解。1932年9月22日,章太炎在苏州草桥苏州中学初中部讲学时,解读孔子与哀公对话说,此因孔子以为"以衣裳为分别学问之标准,无味极矣!"参见章太炎先生演恉、诸佐耕(祖耿)笔述《〈儒行〉大意》,《国学商兑》第1卷第1号,1933年6月1日,第1页(文页)。

义,也缺乏较早的证据'。我们不知道什么是较早的证据,居今日而言较早证据,先秦书籍,当为首选,若必求造字之原,庸可得乎?"①

尽管晚年章太炎曾指斥胡适,但在儒或儒家"柔"一面的认知上,却并不完全与胡适对立。前述1922年4—6月和1935年9月,章太炎分别在上海、苏州有两次公开的系列讲学,期间亦有多次单场公开演讲。从今存的讲稿中可看出他释"儒"之为"柔"的苦心。1935年9月,在苏州章氏国学讲习会上演讲"诸子略说",涉及"儒"之释"柔"的问题时,他说:

> 儒之含义綦广。《说文》:"儒,柔也。术士之称。"术士之义亦广矣,草昧初开,人性强暴,施以教育,渐渐摧刚为柔。柔者,受教育而驯扰之谓,非谓儒以柔为美也。受教育而驯扰,不惟儒家为然;道家、墨家未尝不然;等而下之,凡宗教家莫不皆然,非可以专称儒也。②

将《说文》"儒,柔也"一句解读成"受教育而驯扰之谓"应是章太炎晚年的基本见解。三年前,也即1932年9月22日,章太炎在苏州草桥苏州中学初中部讲"《儒行》大意",所言也与此相同,只不过加上了《周礼》的界说。他指出:

> "儒"之一字,古人解作"柔"字。草昧之初,残杀以为常,教化渐兴,暴戾之气亦渐祛。所谓"柔"者,驯扰之意也。然周初"儒"字,未必与此同义。《周礼》"师以贤得民,儒以道得民"。贤者道德之谓,道者学问之谓,已非"柔"字之意矣。③

---

① 以上均见杨向奎《读〈说儒〉》,《益世报·读书周刊》第43期,1936年4月9日,第3张第12版。
② 章太炎:《诸子略说》,《国学讲演录》,第171—172页。
③ 章太炎先生演悎,诸佐耕(祖耿)笔述:《〈儒行〉大意》,《国学商兑》第1卷第1号,1933年6月1日,第1页(文题)。前引《诸子略说》中所说与此相同。《诸子略说》系两年后,即1935年9月16日在苏州章氏国学讲习会正式开讲,由此亦可知,章氏晚年一直坚持着这一解读。

用"驯扰"解"儒"之"柔"与《说儒》以"柔逊"献解,表面上不同,其实并不抵牾。"驯扰"只是用一个比较中性的具教化色彩的词替代相对消极的"柔",在章太炎本人那里,这只是换了个说法,实质上仍是一种"柔",不然亦不会有对过于"柔"化的担忧。

事实上,儒教之"柔"性的泛滥早已引起晚清之士的担忧。章太炎对孙诒让的推崇是众所周知的,他对孙之墨学研究宗旨的理解便是补救儒者之"柔"所造成的社会风气萎靡的"救世之心"。他说:"近人病儒者之柔,欲以墨子之道矫之。孙仲容先生首撰《墨子间诂》以为倡,初意欲施之于用,养成风气,补救萎靡。"①

对于"驯扰"功能的认知,在章太炎亦非恒定不变,或仅取正面而忽略负面。在此次演讲中,他对"驯扰"正、负面意义的分疏,虽是历史视角,但其所想显然偏于现实的反省。章太炎指出:

> 人性本刚,一经教化,便尔驯扰。宗教之作用,即在驯扰人心,以故宗教无不柔者。沙门势利,是佛教之柔;天主基督教徒,亦带势利,是天主耶稣之柔;其后之趣于柔固非,其前之主于柔则是。试观南洋婆罗洲人,向无教化,以杀人为当然,男女结婚,聘以人头。人类本性刚暴如此,则不能相养以生,势不得不以教化柔之。②

这是讲"驯扰"在上古的积极意义,但时代不同,所需彰显的意义亦有变化,故他随后强调:

> 然太柔而失其天性,则将并其生存之力而亦失之。以故国家形成,不得不留些刚气,以相撑拄。

---

① 章太炎先生演怡,诸佐耕(祖耿)笔述:《〈儒行〉大意》,《国学商兑》第 1 卷第 1 号,1933 年 6 月 1 日,第 2 页(文页)。
② 本段与下两段,均见章太炎先生演怡,诸佐耕(祖耿)笔述《〈儒行〉大意》,《国学商兑》第 1 卷第 1 号,1933 年 6 月 1 日,第 1—2 页(文页)。

章太炎不同意孙诒让以提倡墨学补助阳刚的方式,是因为"后人专注力于《经》上下、《经说》上下、论理学上之研究,致孙氏辈一番救世之心,淹没不彰"。但中国文化不是以宗教为主要特色,这个他晚年讲学的一个重要定位才是关键。以此世俗的人文立场看,为扭转柔性而发扬墨学本身的宗教性,自是得不偿失,故他说:"尊天明鬼,使人迷信,充其极,造成宗教上之强国。一如摩哈默德之于天方,则宗教之争,势难避免。欧洲十字军之战祸,行且见之东方,且近人智过于昔,天志压人,未必乐从。"

"《儒行》大意"的演讲实是提倡"任侠"一类的阳刚精神,却不意透露出章太炎对"儒"之"柔"性的看法,虽然他也说,孔子非倡导"柔"性,更不愿失去气节,但"儒专守柔即生许多弊病",正说明在他内心里,"儒"之"柔"不仅存在,且是气质的重要部分。在演讲中他对儒士"摧刚为柔"的回护,也是一个证明。问题是,无论"儒"之"柔"是胡适所言"柔逊",还是章太炎所认"驯扰",都是与"刚"相反的品性。但到20世纪30年代民族危急关头,抵御外侮急需的不是柔而是刚,在章看来,于儒之中,这个"刚"只有通过《礼记·儒行》来体现,故学习《儒行》,发扬"任侠"之气,遂成为他提倡的时代主题。

晚年章太炎对原始"儒"特性中"柔"的成分的确认反证了胡适《说儒》所定位的"儒"之"柔逊"并非主观臆造。应该说,章、胡所言都是建立在史实的基础之上,属历史研究的范畴。这是他们之间的一个相同点。

另一个相同点,就是他们都有以学问影响社会的现实关怀。章太炎的抑"柔"扬"刚"即是现实关怀的结果,这亦体现出中国古代士阶层和民国老辈学者的传统。就此意义上言,胡适自然也是中国古代士阶层传统的承继者。然章太炎不同于彼时的一些文化保守派之处,就在于他对原始"儒"的"柔"性的承认。这一点确与胡适颇为接近。晚年章太炎以儒或儒家的一个特性来改造、修订或弥补另一个特性,如他所说"鄙意若缺少刚气,即《孝经》《大学》所说,全然做到,犹不足以自立",[1]其本质上是一种顺应时势的

---

[1] 参见章太炎先生演恉,诸佐耕(祖耿)笔述:《〈儒行〉大意》,《国学商兑》第1卷第1号,1933年6月1日,第5页(文页)。

内部更新,此一路径到胡适《说儒》中又有了更具想象力和创造性的发挥。

事实上,有关"儒"作"柔逊"解,虽不断有学者驳议,却不能否认原始的"儒",无论是字义,还是生活状态,都有"柔逊"的一面呈现。学者之所以提出商榷,学术本身不过是显性的一面,而隐性的一面则是因为他们需要卫护儒家,或者在20世纪30年代民族危机的特殊语境下,希望通过对传统的卫护,起到鼓励百姓、鼓舞士气的作用。但与这种对古代传统及儒家传统直接地卫护,或章太炎式谋求内部的更新相较,作为西化派领袖,以及正处于学术转型期的胡适,其在《说儒》中的论述,则显然更为复杂,或者说丰富一些。

二、现实因素的渗入:儒之"柔逊"说的另一面

《说儒》有关"儒"之"柔逊"争议最大的部分,还在于对"柔逊"性格产生的社会原因,即他们是"亡国之民"的结论。此一解读让"柔逊"由相对中性的词转化成了"亡国惨剧"的耻辱标记。但这更多的是出于旁观者的感受,在胡适本人或不存此疑问。旁观者有此感受,也正是由于在民族危机之时,其内心里存有对"刚"的想象和寄托。

今人研究周之殷遗民遭遇的著述,多倾向于周对殷遗民采取怀柔政策。许倬云先生《西周史》说,"周人在殷商旧地容忍商王室的残余势力继续存在","成周建立后,不少殷遗贵族迁居。他们并未沦为奴隶,而仍保留自己的田宅领地并臣属。殷遗多士是殷八师的成员,在平时也保持军队的编制与指挥体系……""康诰却处处嘱咐康叔必须继续殷商的法律,尊重殷商的传统。……综合言之,卫侯的任务是怀柔殷民以建立稳固的政权"。[①] 同样持"怀柔政策"论的日本学者白川静(1910—2006)以为,"殷八师""殷六师"的成立及助周征伐殷系诸侯和东南夷,是周的"以夷制夷"政策反映,且

---

① 参见许倬云《西周史(增补本)》,北京:生活·读书·新知三联书店,2001年,第122、128、129页。

使之"丧失了其氏族的特征而具有了政治的特征"。①

今人讨论殷遗民遭遇和地位的前提,一般是将"征服时的战况"与"征服后的处置"分而视之,即反对将征服时的武力与征服后的治理"连属比类"。从治理上看,则依据先秦典籍的记载,以为殷遗民的政治社会地位并不低,也绝无备受压迫的痕迹。至今凡涉及殷遗民遭遇的讨论,无论取不取"怀柔政策"论,皆引《左传》定公四年"启以商政,疆以周索"之说,此句是指周公对原殷商故国(如宋、鲁等)和聚居东部的殷遗民的统治政策,实际也是怀柔政策的具体落实情况。

因据《尚书》,"商政"亦可归纳成三点。第一,"绍闻衣(殷)德言,往敷求殷先哲王,用保乂民"。即普遍求索殷商历代哲王的嘉言懿行,作为周统治者的典范,以保养殷人。第二,与平民最有切身关系的刑罚律令要因袭殷法。第三,应该"丕远惟商耇(老)成人,宅心知训。"即虚心访问殷遗之老成典型,求教治国之道,并且擢用旧族,协理政事。而实际看,殷遗民的政治权也没有被褫夺。周人对殷商的继承者——宋国反而特殊礼遇,宋国的封建地位要比一般诸侯为高,总之,考之金文、甲骨,权衡春秋史事,归顺的殷遗民并未遭受悲惨的命运,后世研究者殊不必怀疑《尚书》诰辞失之宣传,周庙颂歌流于夸张。

杨宽(1914—2005)《西周史》亦提到,在周公迁殷贵族于成周后,"周朝一方面使用他们,一方面对他们还颇有戒心"。他还是强调,周公对殷遗民采取安抚和威胁或监督两种策略。他指出:"从《康诰》内容来看,所谓'启以商政',是因为卫国原是商代王畿,要选择采用商代政策和法令中适宜的条例推行。……至于'疆以周索',就是不能完全照殷代法律判处,还必须按周的特殊法制来处理。"②

这里要讨论的不是怀柔或镇压政策效果如何,而是胡适《说儒》中为何要将另一面,即殷遗民"悲惨"的一面,凸显出来?

---

① 参见〔日〕白川静《周初殷人之活动》,收入刘俊文主编《日本学者研究中国史论著选译·上古秦汉》第3卷,黄金山等译,北京:中华书局,1993年,第137—141页。

② 分别见杨宽《西周史》,上海:上海人民出版社,1999年,第168、374、378、383—384页。

傅斯年在《周东封与殷遗民》中已注意到《尚书·周诰》记载的周人对殷遗民采取"一种相当怀柔的政策",但亦认为,此政策仅限于殷之"旧来礼俗",与统治权无关。①《说儒》中有关"怀柔"或"安抚"的论述的确不多见,其中所说的"我们现在读《大诰》《多士》《多方》《康诰》《酒诰》《费誓》等篇,我们不能不感觉到当时的最大问题是镇抚殷民的问题"是最早提到"镇压"与"安抚"的。所举"安抚"的例子和段落,两个与《康诰》有关,一个与《酒诰》有关,另外还有半个与《多士》有关。

胡适在说到周人不得不尊重殷商的文化时,引《康诰》所谓"王曰,呜呼,封,汝念哉!……往敷求于殷先哲王,用保乂民。汝丕远惟商耇成人,宅心知训"。他说,周统治者"为政治上谋安定,也不能不随顺着当地人民的文化习惯"。另一处引《康诰》是说,"汝陈时臬司,师兹殷罚有伦","汝陈时臬事,罚蔽殷彝,用其义刑义杀"。胡适评论道,"此可证《左传》定公四年祝佗说的话是合于历史事实的。祝佗说成王分封鲁与卫,'皆启以商政,疆以周索'"。

与《酒诰》有关的一段,是胡适注意到《酒诰》中,周人对己方和对殷遗民的待遇不同。他说:"《酒诰》的末段对于周的官吏,有犯酒禁的,须用严刑",即"汝勿佚,尽执拘以归于周,予其杀"。但因《酒诰》又云:"又惟殷之迪诸臣惟工,乃湎于酒,勿庸杀之,姑惟教之",表明周之统治者对"殷之旧人可以不必如此严厉办理","在这处罚的歧异里,我们可以窥见那统治民族一面轻视又一面放任那被征服民族的心理"。

那半个与《多士》有关的部分,是在胡适引用《多士》"多士,昔朕来自奄,予大降尔四国民命。我乃明致天罚,移尔遐逖,比事臣我宗,多逊!……今予惟不尔杀,……亦惟尔多士攸服奔走臣我多逊,尔乃尚有尔土,尔乃尚宁干止。尔克敬,天惟畀矜尔。尔不克敬,尔不啻不有尔土,予亦致天之罚于尔躬",且感叹"这是何等严厉的告诫奴虏的训词!这种奴虏的生活是可以想见的了"之后,谈及"殷遗民的教士"在周人统治下的待遇时说的。在

---

① 详见傅斯年《周东封与殷遗民》,《中央研究院历史语言研究所集刊》第4本第3分,1934年,第285—286页

他看来,因为"统治的阶级,为了要安定民众,也许还为了他们自己也需要这种有知识技能的人,所以只须那些'多士攸服奔走臣我多逊',也就不去过分摧残他们"。

与《说儒》中"安抚"相对稀有的情况正相反,由"镇压"到治理,再到治理引起的心理上的卑屈感,胡适的表述,可谓淋漓尽致。这是因为在他的认知中,"从周初到春秋时代,都是殷文化与周文化对峙而没有完全同化的时代"。这显然是从异质文化的相互融合上立论的。故也与其文化认知有极大的关联。此点容后面再详述。

胡适一开始就将"武庚"事件,以及周公平"四国"凸显出来,实质上是凸显了"镇压"和"斗争"的一面。而其中"蒲姑"与"商奄"两个殷商旧氏族的参与,则是证明这个殷、周的对立是周初的常态。当然,战争或镇压在上古中国也未必不是民族融合和文化之间相互作用,乃至同化的方式。

而即便是胡适意识到周人对殷遗民有"安抚"的一面,也还是强化了"镇压"或"统治"的另一面。就在上引"我们现在读《大诰》,《多士》,《多方》,《康诰》,《酒诰》,《费誓》等篇,我们不能不感觉到当时的最大问题是镇抚殷民的问题"之后,胡适说:

> 在今文《尚书》二十九篇中,这个问题要占三分之一的篇幅(《书序》百篇之中,有《将蒲姑》,又有《亳姑》——原注)。其问题之严重,可以想见。看现在的零碎材料,我们可以看出两个步骤:第一步是倒殷之后,还立武庚,又承认东部之殷旧国。第二步是武庚四国叛乱之后,周室的领袖决心用武力东征,灭殷四国,建立了太公的齐国,周公的鲁国。同时又在殷虚建立了卫国,在洛建立了新洛邑。然而周室终不能不保留一个宋国,大概还是承认那个殷民问题的严重性,所以不能不在周室宗亲(卫与鲁)、外戚(齐)的包围监视之下保存一个殷民族文化的故国。

胡适又说,"在那个天翻地覆的亡国大变之后,昔日的统治阶级沦落作了俘虏,作了奴隶,作了受治的平民"。这是在讲阶级或阶层在亡国之后的变化,这个阶级或阶层自然是指"儒",也就是胡适最深有体会的知识阶层。他引用《左传》定公四年祝佗的话说:"分鲁公以……殷民六族——条氏,徐氏,萧氏,索氏,长勺氏,尾勺氏,—— 使帅其宗氏,辑其分族,将其类丑,以法则周公,用即命于周;是使之职事于鲁,以昭周公之明德。分之土田陪敦,祝宗卜史,备物典策,官司彝器。……分康叔以 ……殷民七族——陶氏,施氏,繁氏,锜氏,樊氏,饥氏,终葵氏。"此话《周东封与殷遗民》也曾引用,但傅斯年主要是为了证明周人之政策。故评论说:

> 可见鲁卫之国为殷遗民之国,晋为夏遗民之国,这里说得清清楚楚。所谓"启以商政疆以周索"者,尤显然是一种殖民地政策,虽取其统治权,而仍其旧来礼俗,故曰"启以商政疆以周索"。这话的绝对信实更有其他确证。①

而胡适则侧重亡国后的"惨状",他强调说:

> 这是殷商亡国时的惨状的追述。这十几族都有宗氏,都有分族类丑,自然是胜国的贵族了;如今他们都被分给那些新诸侯去"职事"于鲁卫,——这就是去做臣仆。那些分封的彝器是战胜者的俘获品,那些"祝宗卜史"是亡国的俘虏。

在《说儒》中,胡适是将"殷遗民的教士"视为"士"阶层重要一员的,虽说"不是新朝的'士'",但"和'士'阶级最接近",这个历史性的认知并没有问题,问题在于,此认知不仅是历史或学术的认知,故胡适才特别在意这个殷商时代的"最高等的一个阶级"在亡国后的感受。

这种感受是通过对比呈现出来的。《说儒》中引用了《诗经·大雅·文王》对"周士"和"殷士"的描述,而在胡适这里,引用《诗经》要比出于不得

---

① 傅斯年:《周东封与殷遗民》,《中央研究院历史语言研究所集刊》第4本第3分,1934年,第286页。

已而引用《尚书》的篇章重要得多,因为他一直是相信《诗经》而疑《尚书》的,即使变得"信古",对于《尚书》也仍多少有些存疑。这也是胡适"拿证据来"的基本原则的延续。引用《诗经》这样的信史来证明,也显示出胡适对此的信任度。其中述周士状况有:"陈锡哉周,侯(维)文王孙子。文王孙子,本支百世。凡周之士,不显亦世。世之不显,厥犹翼翼。思皇多士,生此王国。王国克生,维周之桢。济济多士,文王以宁。"而描述"殷士"遭遇则是:"商之孙子,其丽不亿。上帝既命,侯(维)于周服。侯服于周,天命靡常。""殷士肤敏,祼将于京。厥作祼将,常服黼冔。王之荩臣,无念尔祖。"胡适议论道:

> 前面说的是新朝的士,是"文王孙子,本支百世"。后面说的是亡国的士,是臣服于周的殷士。看那些漂亮的,手腕敏捷的殷士,在那王朝大祭礼里,穿着殷人的黼冔,捧着鬯酒,替主人送酒灌尸。这真是一幕"青衣行酒"的亡国惨剧了!

其实,除《逸周书》及金文外,胡适《说儒》与主张"怀柔政策"的后世研究者都使用了《尚书》的几个篇章,但前者更多地还是注意西周建立之初的诸如周公东征和平"四国之乱",后者则较多地注意到初期之后,即在征伐结束后的治理阶段的情形。而时过境迁,他们会认为胡适并未将征服时的战况和征服后的处置区分开,且很容易指出胡适在史料引用上的局限,但这仅是一个侧面。前面已提及,《说儒》使用《尚书》以及"伪史",虽可能是出于不得已,但亦是胡适由"疑古"到"信古"或"古史重建"转变的一种表现。而即使后世研究者强调周人对殷遗民采取"怀柔政策",不失其土地和人民,甚至可以有新的权位,也是以殷遗民认同周人政权,老老实实做个"不侵不叛之臣",不造反、不叛逆为前提条件的。

如果承认后世有关周代"怀柔政策"研究的结论,那么殷遗民的"惨相"显然有不少是胡适想象出来的。一些本属于周初的史料也被胡适视作整个周代至春秋几百年的历史写照,这显然也有过度想象之嫌。

然上述主张"怀柔政策"观的学者所引用的史料较之《说儒》虽已相当

第六章 寻觅重心:《说儒》的文化密码(上)

丰富,但并不意味着这个问题可以就此坐实,此处仍有一个名与实的问题。就是说,政策本身存在一个落实的问题,而政策与殷遗民的感受亦不能等同。对胡适这样的自由主义者来说,自由就意味着完全地自主,名与实的不对称自然成为最紧迫的担心(忧)。这是就理论层面言。就现实层面看,胡适侧重于周初的征伐,是因为他自己也正处于被外来侵略所征伐的当口,故会特别在意周初,他说:"最初是殷民族仇视那新平定殷朝的西来民族,所以有武庚的事件,在那事件之中,东部的蒲姑与商奄都加入合作。"

前文详析胡适在《说儒》写作前对日本侵略的态度、行为、策略、心理以及与国民党政府要员、他的自由派同人、学生之间的异同,主要是为了更好地理解这些态度、行为、策略和心理对《说儒》内容产生的具体影响。

冯友兰1955年在批判胡适思想时所说"胡适《说儒》的思想决定了他是一个败北主义者",之所以表明他隐约意识到《说儒》中胡适的现实关怀,还是因为冯友兰有那个年代的经历。其实,20世纪30年代与胡适商榷《说儒》的学者,其背后的动力也是对胡适在对日问题上的"主和"态度不满。正因为有此不满,就很容易简单地将《说儒》里对"柔"的史实认定理解成一种主动"示弱"或者有意露怯,是不合时宜地阻碍对现实需要而传统中存有的"刚"的一面的发掘、生成,乃至光大。

如果抽离批判的语境,将冯友兰此话还原成正面的言说,也可以认为,是胡适对于抗击日本侵略取一种谨慎的态度,对亡国危机或危险异常的深切担忧。胡适所以侧重于西周初期的征伐,就是因为他有亡国之忧,故即便是看到周人对殷遗或者殷遗民中的教士也有所安抚,也会以"最坏的打算"加以理解和诠释。在论及"殷遗民中的教士"的遭遇时就充分地体现了这种理解和诠释方式。

在胡适看来,"殷遗民中的教士"就是上古的"士"阶层,《说儒》对"儒"之起源的发掘也始终伴随着对于"士"阶层在国家或朝代更迭之时的命运的关切。胡适说:

> 卜筮需用"卜筮人";祭祀需用祝官;丧礼需用相礼的专家。在殷商盛时,祝宗卜史自有专家。亡国之后,这些有专门知识的人往往沦为

奴虏，或散在民间。……在他们自己民族的眼里，他们是"殷礼"（殷的宗教文化）的保存者与宣教师。在西周民族的眼里，他们是社会上多材艺的人，是贵族阶级的有用的清客顾问，是多数民众的安慰者。他们虽然不是新朝的"士"，但在那成周、宋、卫、齐、鲁诸国的绝大多数的民众之中，他们要算是最高等的一个阶级了。

在这段话中，"沦为奴虏"是前提，而"最高等的一个阶级"只是算是自我安慰。因为在亡国后，首当其冲的自然是知识人，即这个"士"。他们从殷商时期"最高等的一个阶级"一下跌落到"奴虏"阶层，成了"奴虏"中的"最高等的一个阶级"，也就是《周东封与殷遗民》所说的"大概周士是统治阶级的最下层，而殷士是受治遗民的最上层"。地位的变迁对于"殷士"的影响就在于，他们对于亡国后的感受要比一般百姓强烈得多，也深刻得多。

这固然是因为"他们负背着保存故国文化的遗风"比百姓多，"故在那几百年社会骤变，民族混合同化的形势之中，他们独能继续保存殷商的古衣冠，——也许还继续保存了殷商的古文字言语"，问题在与一般百姓的比较中，作为殷士的"儒"对亡国的体会，他们所受的委屈，其挫折感和内心深处对殷商文化的依恋所导致的伤害是一般百姓无法体会到的。殷亡后百姓与殷士的"儒"之间的对比，即"一般普通殷民，自然仍旧过他们的农工商的生活"，"宅尔宅，畎尔田"。"昔我先君桓公与商人皆出自周，庸次比偶，以艾杀此地，斩之蓬蒿藜藿，而共处之。世有盟誓，以相信也，曰：'尔无我叛，我无强贾，毋或匄夺；尔有利市宝贿，我勿与知'。恃此质誓，故能相保，以至于今"。而反观"儒"，则是"古服古言，自成一个特殊阶级；他们那种长袍大帽的酸样子，又都是彬彬知礼的亡国遗民，习惯了'犯而不校'的不抵抗主义"。

此处有两个值得注意的层面：一是胡适对亡国之初知识人境遇的想象；二是知识人与百姓之间的隔膜。由于胡适本身作为知识人，处于国难当头，亡国危机的边缘，其危机感和责任感决定了他特别关注且在《说儒》中侧重于殷士之儒亡国后"惨相"的描述就是必然。《说儒》从一开始就将"儒"定位在"柔逊"之上，这个"柔逊"的社会原因自然要从亡国后所受压迫中寻找。而要为"儒是柔懦之人,不但指那逢衣博带的文绉绉的样子,还指那亡国遗民忍辱负重的柔道人生观"寻找旁证,《周易》便是一个现成的史料。

胡适1917年在《先秦名学史》中是从哲学和逻辑学视角解读《周易》的,其初衷是为了"空前地几乎完全打破关于《易经》的传统的占卜与道学的观点,并对孔子的附说或者作为逻辑的理论,或者作为关于逻辑问题的讨论加以解释"。他已经认识到,"现在的本子,是由不同时期的不同作者分别写成的"。[1]《中国哲学史大纲(卷上)》依据《周易》分析孔子思想,仍取哲学研究的路径,在哲学史上确有"空前地几乎完全打破关于《易经》的传统的占卜与道学的观点"的意味,其所概括《周易》哲学的"易""象"和"辞"三个方面,解"易"为"变易";解"象"为"天然界的'现象'"和"物象所引起的'意象',又称'观念'";解"辞"为"指出卦象或爻象的吉凶",[2]亦确有哲学意味。但问题是《周易》的出现时间及所对应的时期均被悬置,前者并未予以考证,后者则显然是定位在春秋时代。此也是他信司马迁(前145—前90)《史记》所致。

1929年12月,顾颉刚将其在中山大学的讲义有关《周易》的部分修改发表于《燕京学报》第6期,是为《周易卦爻辞中的故事》。[3] 此文解除《史记》所传之"三王(皇)"、《汉书·艺文志》之"人更三圣"与《周易》的关系,将《周易》的年代确定在西周初叶,至今仍被认为是近代易学研究的一大贡献。[4]此后,学者已不再信《周易》与孔子、儒家有关,《中国哲学史大纲(卷上)》依据《周易》分析孔子思想亦不为学者所取法。冯友兰1931年出版的《中国哲学史》上册即不再如法炮制,《周易》则被放到秦汉之际去考察,而将《周易》经传与《淮南子》放在一章,显系受顾颉刚上文影响。[5]劳思光1968年撰写、1984—1986年增补修订出版的《新编中国哲学史》则直接将

---

[1] 胡适:《先秦名学史》,《胡适全集》第5卷,第44,40页。
[2] 胡适:《中国哲学史大纲(卷上)》,《胡适全集》第5卷,第260—271页。
[3] 顾颉刚:《周易卦爻辞中的故事》,《燕京学报》第6期,1929年12月,第967—1006页。
[4] 如朱伯崑《易学哲学史》第1卷,北京:华夏出版社,1995年,第8页。
[5] 参见冯友兰《中国哲学史(全二册)》,第457—481页。顾颉刚《周易卦爻辞中的故事》假设《系辞传》袭用《淮南子》,见《燕京学报》第6期,1929年12月,第1002页。

《周易》置于殷周时代来讨论。①但近年也有学者根据对郭店楚简的分析而认定司马迁"孔子传易"说并非妄言,《周易》确与孔子、儒家有关系。②

胡适20世纪30年代初论《周易》的文字并不多见,如果仅看《中国中古思想史长编》中有关《周易》论述的原句,颇易引起误读,以为是贬低《周易》。胡适写道,"这好像《周易》起于卜筮之书,经过学者的提倡,便成为易学;从此以后,卜筮之学便挂上伏羲、文王、周公、孔子的招牌了;故卜筮是易学的祖宗,又是易学的子孙"。③实际上他只是借以说明一种"层累"的现象而已,并无贬义。至于将《周易》说成"卜筮之书"或也是从朱熹那里继承而来,完全是一种历史还原的方式,即首先将《周易》还原成一个最原始的形态,这是诠释的前提。④在胡适看来,《周易》与他所反对的阴阳家思想之间也不完全等同,故说:"《周易》可以勉强用来点缀阴阳家的思想,但儒家的经典终嫌太老实了,装不下这一大堆'闳大不经'的杂碎。"⑤这后一句表明胡适仍将《周易》与先秦儒家联系在一起。

《说儒》中对《周易》年代的推测,也是胡适作品里最为详细的一次。胡适引用了《系辞传》的两段材料,尝试对《周易》年代进行推测。其中"《易》之兴也,其当殷之末世,周之盛德邪?当文王与纣之事邪?是故其辞危。危者使平,易者使倾。其道甚大,百物不废,惧以终始,其要无咎。此之谓《易》之道也"的主体部分也为顾颉刚《周易卦爻辞中的故事》所引用,但顾颉刚对这个"文王做卦辞和爻辞的证据"不以为然,⑥而胡适则依此来推测《周易》的年代。论者常征引晚年顾颉刚提到胡适1929年对他说的话:"现

---

① 劳思光:《新编中国哲学史》卷1,桂林:广西师范大学出版社,2005年新版,第62—65页。
② 参见廖名春《从郭店楚简论先秦儒家与〈周易〉的关系》,收入其《〈周易〉经传与易学史新论》,济南:齐鲁书社,2001年,第225—241页。
③ 胡适:《中国中古思想史长编》,《胡适全集》第6卷,第23页。
④ 胡适1959年7月7日在题为"The Scientific Spirit and Method in Chinese Philosophy"(《中国哲学里的科学精神与方法》)的英文演讲中提到朱熹《周易本义》《朱子语类》及相关的论述。原文见《胡适全集》第39卷,第595—599页。译文见第8卷,第501—503页。
⑤ 胡适:《中国中古思想史长编》,《胡适全集》第6卷,第26页。
⑥ 顾颉刚:《周易卦爻辞中的故事》,《燕京学报》第6期,1929年12月,第967页。

在我的思想变了,我不疑古了,要信古了!"顾听见后,"出了一身冷汗",①以证胡、顾分歧或胡适之"信古"的转变,但未见与《说儒》相关的论述。而《说儒》与《周易卦爻辞中的故事》引用同一材料,解读却迥然不同,亦可知胡适确已在部分地"信古"。不仅是此条材料,《说儒》所引之其他材料,如"箕子之明夷","王用亨(享)于岐山","帝乙归妹"及"高宗伐鬼方,三年克之"等,②也均有顾颉刚引用在先,但胡适却只字未提顾文。这不仅反映出其时二人关系的疏远程度,或也是晚年顾颉刚说《说儒》中胡适"为了'信古'而造出来的一篇大慌话"③的一个不太让人注意的原因。

《说儒》将《系辞传》"《易》之兴也,其于中古乎?作《易》者其有忧患乎?"作为一种《周易》产生的语境来看待,他是从"忧危的人生观"倒推出这种语境,进而得出《周易》产生于西周最初一二百年的结论的。胡适自然也不信《周易》与商纣王(前1105—前1045)、周文王(前1152—前1056)有关,他说:"《易》卦爻辞已有'箕子之明夷'('明夷'五爻),'王用享于岐山'('升'四爻)的话,似乎不会是'文王与纣'的时代的作品。'文王囚居羑里而作《易》'的说法,也是更后起之说。《系辞》还是猜度的口气,可见得《系辞》以前尚没有文王作《易》的说法。"

《周易》与周文王无关,亦与周公无关,而是周统治下殷人的卜筮之书,这个推测的依据是《系辞》作者所说"其辞危","惧以终始,其要无咎",因为只有这些亡国者才具有这样的"忧危的人生观"。胡适说,《周易》"从第一卦的'君子终日乾乾夕惕若厉,无咎',到第六十四卦的'有孚于饮酒,无咎',全书处处表现一种忧危的人生观,教人戒惧修德,教人谦卑巽顺,其要归在于求'无咎',在于'履虎尾不咥人'。《系辞》的作者认清了这一点,所以推测'作《易》者其有忧患乎?'这个观察是很有见地的。我们从这一点上也可以推测《易》的卦爻辞的制作大概在殷亡之后,殷民族受周民族的压迫

---

① 顾颉刚:《我是怎样编写〈古史辨〉的?(上)》,《中国哲学》第2辑,北京:生活·读书·新知三联书店,1980年,第341页。
② 以上分别见顾颉刚《周易卦爻辞中的故事》,《燕京学报》第6期,1929年12月,第980、984、977、975页。
③ 参见顾颉刚《我是怎样编写〈古史辨〉的?(上)》,《中国哲学》第2辑,第341页。

最甚的一二百年中"。

后来对胡适以《周易》"需"卦解"儒"持批评态度的学者也并非完全否认胡适这个联想以及他对《周易》为"忧患之书"的定位。朱高正《论儒——从〈周易〉古经论证"儒"的本义》对《说儒》就基本持批评态度,但他说:"胡适指出'儒'与需卦的关系,值得肯定。""《周易》确如胡适所指出的,是忧患之作。"他不同意的是,胡适"对'儒'强作解人,从而曲解了需卦的真义",因为"'需卦'不能就此解释为受压迫者图口腹之欲的饮食之道",故并不能认为"这就很像殷商民族亡国后的'儒'了"。而"胡适之错,错在把'需待'视为目的,而忽略了需卦所强调的'舒缓从容,待时而后进'的积极意义"。①

其实分歧就在这个"积极意义"上。杨向奎批评胡适对"需"卦解读依据的是两位《周易》研究专家的专著,即高亨(1900—1986)的《周易杂论》②和李镜池(1902—1975)的《周易通义》③。按前书言,"需"是停留。郊、沙、泥、恤、酒食,是象征不同的环境。高亨认为人处在不同的具体环境就有不同的具体结果,环境的好或坏是产生结果或吉或凶的原因。按后书,李镜池以为,《周易》中记行旅之占最多,其中《需》即其中之一。杨向奎归纳说,胡适"认为《需卦》就是'儒卦',因而对于《爻辞》及《象传》的解释总是牵强附会"。因为"高亨、李镜池两教授都是近年研究《易》有成就的学者,他们都没有看出《需卦》与儒家的任何关系"。④

然如按照李镜池所说,"需"卦为"行旅专卦之一",⑤"忧患意识"便无从谈起,此点与杨向奎所肯定的胡适所言《周易》忧患意识可取的结论显然互不接榫。

实际上,杨向奎否定"儒"与"需"卦的联系,承继的还是顾颉刚《周易卦

---

① 参见朱高正《论儒——从〈周易〉古经论证"儒"的本义》,台北:《中国文哲研究通讯》第6卷第4期,1996年12月,第111、113页。
② 高亨:《周易杂论》,济南:山东人民出版社,1962年。
③ 李镜池著,曹础基整理:《周易通义》,北京:中华书局,1981年。
④ 以上均见杨向奎《宗周社会与礼乐文明》,第417—418页。
⑤ 具体见《周易通义》,第13—14页。

爻辞中的故事》中的"疑古"遗风,只是略有不同而已。在杨看来,《说儒》从"消极意义"上解读"需"卦影响了"积极意义"的理解,这也是反对《说儒》者的深层原因。

引起胡适将"儒"与"需"卦联系在一起的首先是文字学的进路,即从《说文》出发,由"需"而产生与"需"卦相关的联想。胡适说:"儒字从需,我疑心最初只有一个'需'字,后来始有从人的'儒'字。需卦之象为云上于天,为密云不雨之象,故有'需待'之意。"如果仅此而已,只会让人产生章太炎《原儒》影响的联想,并不会引起多大的争议,引起争议的还是随后对"需"卦的推究及结论。

然"需"卦"等待"的原意,因符合胡适所主张的待机行事的政策原则,亦可能是胡适选择以此解"儒"的原因之一。不过,"刚"乃20世纪30年代中国的一个时代需要,而以"需"卦解"儒"也有与后面的孔子"刚毅"一面协调的问题,《说儒》的做法是将"刚"与"柔"理解成一个可以转化的关系,这亦符合《周易》本身的理念。

《说儒》引用的《象传》及程颐(1033—1107)对《易传》"需"卦的解释只是为后面作铺垫。因为《象传》常见,程颐的解释亦非罕见,故现实意味非结合后面的解读往往不易察觉。《象传》曰:

> 需,须也,险在前也。刚健而不陷,其义不困穷矣。

程颐释云:

> 以险在于前,未可遽进,故需待而行也。以乾之刚健,而能需待,不轻动,故不陷于险,其义不至于困穷也。①

此处的关键词是"险在前"和"刚健"。前者好理解,20世纪30年代日本的

---

① 参见程颢、程颐著,王孝鱼点校《二程集·周易程氏传》第3册,北京:中华书局,1981年,第723—724页。

侵略对于中国或中国人都是"险在前"的状态,这个现状也应该是胡适选择以"需"卦来解读"儒"的处境的因素之一。后者则往往为论者所忽视,以为胡适既强调"儒"之"柔逊",又讲"亡国之士"。而在30年代的民族危机时刻,由于过于期待一种"刚毅"出现,任何的"柔逊"(哪怕不是"柔弱")的描述都可能引起特别的关注,故在论争者看来,《说儒》与"刚健"的关联性自然无从谈起。当然,《说儒》本身的表述方式以及胡适本人西化派的形象,即作为西化派领袖的胡适一开始就历史性地描述"儒"的原始形态和窘境,也容易给人一种有意专讲"弱"的印象。

胡适说:

> 这个卦好像是说一个受压迫的人,不能前进,只能待时而动,以免陷于危险;当他需待之时,别的事不能做,最好是自糊其口,故需为饮食之道。这就很像殷商民族亡国后的"儒"了。

"自糊其口"和"饮食之道"分别出自《象传》解"需"卦之卦象为"君子以饮食宴乐"及《序卦传》言"需者,饮食之道也",这一理解不只是为了说明"儒"的历史状态或原始的生活状态,亦是为了强化"亡国"的一面,而将"需"卦形象化为具体的"儒"则是胡适的创造。

胡适对《周易》"需"卦六爻的解读也是拟人化的。他说:

> 这里的"需",都可作一种人解;此种人的地位是很困难的,是有"险在前"的,是必须"刚健而不陷"的。儒在郊,完全是在野的失势之人,必须忍耐自守,可以无咎。儒在沙,是自己站不稳的,所以说"衍(愆)在中也"。儒在泥,是陷在危险困难里了,有了外侮,只有敬慎,可以不败。儒在血,是冲突之象,他无力和人争,只好柔顺的出穴让人,故《象传》说为"顺以听也"。儒在酒食,是有饭吃了,是他最适宜的地位。他回到穴里去,也还有麻烦,他还得用敬慎的态度去应付。——"需"是"须待"之象,他必须能忍耐待时;时候到了,人家"须待"他了,彼此相"需"了,他就有饭吃了。

"险"即时势,"外侮"是原因,本身则"无力和人争"。"儒在泥,是陷在危险困难里了,有了外侮,只有敬慎,可以不败"明显是现实因素的投射,等于在说20世纪30年代中国面临日本侵略的处境以及对策,而"必须忍耐待时"正是"九一八"后胡适对日策略的基本原则之一。

依据《象传》及《序卦传》对"饮食之道也"的释解,在胡适或并非标新立异,因为这只是历史的还原,而《说儒》前几节都在还原历史。但在学者看来,这不仅是训诂的缺失,①也直接影响到他们对于"儒"与"需"卦之间关联性的理解。因为如果"儒"仅是在周人治下混口饭吃,就不只是出身简陋,且在人格尊严上也都成问题了。这自然让论者难以接受。

然在胡适那里,置之于死地而后生,或置于简陋而振兴正是一种英勇和奋发,且比站在"祖宗的光荣"簿上更值得尊重,②这应是他在美国时学到的新理念。故他可以从容地描述"儒"之出身以及"儒"之成为亡国者后,人格尊严丧失的现实。不过,从深层看,胡适仍是在担忧,只是将此担忧又转换成历史的描述,希望通过直面历史或现实中的简陋及尊严扫地的境遇而产生反省的意识。这是从理解的视角看的。

从《说儒》的叙述看,胡适也是在努力表现一种起死回生的转换。论者往往过分注意胡适对"儒"的"柔逊"的描述,忽略了《说儒》中在描述"儒"之简陋及作为亡国者而尊严尽失后,依据比较宗教学来列举西洋宗教或历史人物,以此展示这种转换,进而体现出胡适作为乐观主义者的希望。

面对强敌造成的"外侮",因为"无力和人争","必须忍耐待时",这只是胡适现实话语之一。《说儒》第四节涉及宋襄公的"复兴民族的运动",同样是现实关怀的产物。只是后者不再是面临亡国危机的心理描述,而是借助"殷商后人不忘亡国的惨痛",以至于谋求民族复兴的意识来寄托一种希

---

① 如杨向奎在批评《说儒》时便说:"训诂的自由度不能太多太活;否则将无所适从。"参见《宗周社会与礼乐文明》,第418页。
② 胡适1936年4月1日曾在《〈行己有耻与悔过自新〉序》中说:"一切自大、自夸、自颂扬先民如何伟大光荣,都是自欺无耻。须知先民的伟大光荣只是先民努力的结果。我们自己若不努力,祖宗的光荣何补于今日的危亡耻辱!'终日数他宝,自无半钱分'。歌颂过去的光荣者,当思此言。"参见《胡适全集》第22卷,第467页。

望。这部分须与历史地叙述或解读亡国下的"柔逊",或为口腹之欲而取"柔顺"配合起来解读方可产生真正的"了解之同情"。

至于另一层面,即《说儒》中有关知识人与百姓之间的鸿沟并非完全浮现于文字中,亦并非是一个历史问题,它是胡适将自己的现实体验投射到历史叙述之中的产物。这亦是胡适构建中国式"悬记"的原因。因为当胡适希望弥合这个鸿沟时,他的办法只能是面对现实,即向百姓发言或者向百姓靠拢,这在《说儒》中的意义或也是多重的,既是为了弥合知识人与百姓的鸿沟,又是为了建构一个中华文化的谱系。而这种建构方式又与胡适西化派领袖的角色相契合,他希望以此来沟通中西文明,因而实现他所希望的普世性。

胡适所说的"大概周士是统治阶级的最下层,而殷士是受治遗民的最上层",指殷商知识人亡国后的地位。不过,在胡适看来,这个以"儒"为代表的知识人与殷商百姓的不同,表现在对于亡国的态度及亡国后的生活状态上,即"一般普通殷民,自然仍旧过他们的农工商的生活"。百姓只要"恃此质誓,故能相保,以至于今"。正如前面提及的,周统治者对亡国的殷商遗民基本政策的前提是不反叛,这在胡适或也是不能安然接受的。

与百姓的"能相保"形成对照的是"儒"的地位的沉降以及形象的变化。即前引的"此种遗民的士,古服古言,自成一个特殊阶级";"儒是柔懦之人,不但指那逢衣博带的文绉绉的样子,还指那亡国遗民忍辱负重的柔道人生观。(傅斯年先生疑心'儒'是古代一个阶级的类名,亡国之后始沦为寒士,渐渐得着柔懦的意义。——原注)"

以往的论者往往为胡适所描述的"儒"之"亡国遗民"的性格所吸引,因而愤愤不平。胡适或有此预见,故在第三节的末尾,也就是历史地描述了"儒"的形象和处境后说:

> 以上记"儒"的生活,我们只用那些我们认为最可信的史料。有意毁谤儒者,而描写不近情理的材料,如《庄子》记"大儒以诗礼发冢"的文字,我们不愿意引用。如果还有人觉得我在上文描写"儒"的生活有点近于有心毁谤孔门圣贤,那么,我只好请他平心静气想想孔子自己说

他的生活。

胡适引用的是《论语·子罕》:"出则事公卿,入则事父兄;丧事不敢不勉,不为酒困,——何有于我哉?"

在读者印象中,《说儒》将百姓的安然与"亡国之后始沦为寒士"之"儒"的没落放在一起来描述,更使后者的没落得到了强化;在胡适自己,则或是担心成为亡国奴的心态的一种反映。

其实,《说儒》中凡谈及"儒"之"柔逊"或者"亡国之柔懦",到最后都要与希腊知识人、罗马的长袍教士或者基督教的历史相比照。他说:"柔逊为殷人在亡国状态下养成的一种遗风,与基督教不抵抗的训条出于亡国的犹太民族的哲人耶稣,似有同样的历史原因。"又说,"'蒙'卦的初爻说:'发蒙,利用刑人,用说(脱)桎梏以往,吝。'这里说的也很像希腊的俘虏在罗马贵族家里替他的主人教儿子的情形"。而这一切又都可以用胡适下面的话来解释:

> 但我们知道,希腊的智识分子做了罗马战胜者的奴隶,往往从奴隶里爬出来做他们的主人的书记或家庭教师。北欧的野蛮民族打倒了罗马帝国之后,终于被罗马天主教的长袍教士征服了,倒过来做了他们的徒弟。

这个通过文明比较或者文化比较而获得的文化上的"倒征服"的灵感,正是胡适从悲观转向乐观的枢纽和关键所在。

第七章

建构重心:《说儒》的文化密码(下)

如果说,胡适在《说儒》的前半部多少体现出"寻找重心"的诉求,到后半部他更多的是在建构一个新的文化谱系,以此确定社会及文化的重心,不仅是为应对危机,亦从长计议,进而为中国拥有一个符合现代原则的学术提供参考。但如前所述,《说儒》乃学术著作,并非是时事评论,胡适通过学术方式展示的现实关怀,只会以学术或历史的方式呈现,从而构成双重的意味。这后一方面,或是胡适所谓开辟中国文化史新方向的另一些"大钥匙"或"小钥匙"。

第一节 文化乃王道:文化上的"倒征服"及其历史依据

对于《说儒》中"儒"之"柔"性的解读需要整体地观照。如果说,《说儒》前三节的"柔逊"只是历史地认定,那么,到后来再谈"柔"就不完全是历史,而明显带有现实关怀和希望的成分。

一、"摧刚为柔":"柔"与"刚"的现实转换

前文已述及,在现实层面,胡适对日政策的"主和"并非主动地示弱,且分内与外,是内外有别的。有此现实因素的渗入,《说儒》中的"柔"就不是绝对而不能转化的,在胡适眼里,"柔"亦不一定是负面的德行。

他说:"我们看那前八世纪宋国一位三朝佐命的止考父的鼎铭:'一命而偻,再命而伛,三命而俯,循墙而走',这是何等的柔逊谦卑! 宋国所以能久存,也许是靠这种祖传的柔道。"①这是从政治层面谈论"柔道"的正面作用。

在道德层面,《说儒》同样给予"柔"相当高的评价。他说:"大概这种谦卑的态度,虚心的气象,柔逊的处世方法,本来是几百年来的儒者遗风。""在那个标举'成人''成仁'为理想境界的新学风里,柔逊谦卑不过是其一端而已。"此处的"新学风"与实验主义的"人的问题"是在一个层面的,如果联想到"成人"也是新文化运动的追求之一,那么,胡适对"柔逊"的认知显然不完全是负面的。

胡适以为,"恭与慎都是柔道的美德",而《论语》中所记载的孔子和当时的国君权臣的问答,语气总是最恭慎的,道理总是守正不阿的。这里既像是夫子自道,因为他自己对蒋介石、汪精卫等的态度都大致如此;也像是对同代知识人的警示语,因为下面说,孔子"用这样婉转的辞令,对他的国君发表这样独立的见解,这最可以代表孔子的'温而厉','与人恭而有礼'的人格"。

《说儒》中虽将"柔道"与"刚毅"视作"两种不同的人生观",却强调孔门学者"并不菲薄那'宽柔以教,不报无道'(即是'犯而不校'——原注)的柔道"。这是因为"他们看准了这种柔道也正是一种'强'道"。"古代人所

---

① 本章引文未出注者,亦均出自胡适《说儒》,《中央研究院历史语言研究所集刊》第4本第3分,1934年,第233—284页。

谓'南人'似乎都是指大河以南的宋国、鲁国,其人多是殷商遗民,传染了儒柔的风气,文化高了,世故也深了,所以有这种宽柔的'不报无道'的教义。"这是就历史而言的。

从道德的理论上看,胡适说:

> 这种柔道本来也是一种"强",正如《周易·象传》说的"谦尊而光,卑而不可逾"。一个人自信甚坚强,自然可以不计较外来的侮辱;或者他有很强的宗教信心,深信"鬼神害盈而福谦",他也可以不计较偶然的横暴。谦卑柔逊之中含有一种坚忍的信心,所以可说是一种君子之强。

其中"一个人自信甚坚强,自然可以不计较外来的侮辱"正是胡适在时评中所强调的"反省"的道德依据之一;而"很强的宗教信心"则是为下面重审宗教作用作铺垫。

但再怎么强调"柔道"之可取都有个基本的度,这个"度"既是孔子的,也是胡适的。孔子以为,过了这个"度","柔道"就成了"德之贼"的"乡原(愿)",此点未必不是胡适所想的。胡适说,"过度的柔逊恭顺,就成了懦弱者的百依百顺,没有独立的是非好恶之心了。这种人就成了孔子最痛恨的'乡原'"。在他看来,"只能柔而不能刚;只能'同乎流俗,合乎污世','阉然媚于世',而不能有踽踽凉凉的特立独行",并不是可取的方式。但这个谴责不限于道德层面,现实的需要或现实的因素,同样在起作用。

《说儒》谈及《儒行》时,也是先罗列其中"柔"的部分,如"儒有衣冠中,动作慎;其大让如慢,小让如伪;大则如威(畏),小则如愧;其难进而易退也,粥粥若无能也"。在他看来,此亦是"儒柔的本色"。而"儒有博学而不穷,笃行而不倦,……礼之以和为贵,……举贤而容众,毁方而瓦合,其宽裕有如此者"一句,也"还近于儒柔之义"。但此外的十几节,如"见利不亏其义,见死不更其守。其特立有如此者"。"儒有可亲而不可劫也,可近而不可迫也,可杀而不可辱也。其过失可微辨而不可面数也。其刚毅有如此者。""身可危也,而志不可夺也。虽危,起居竟信(伸)其志,犹将不忘百姓之病也。其忧思有如此者。""儒有澡身而浴德,陈言而伏。……世治不轻,世乱不沮。同弗与,异弗非也。其特立独行有如此者"等等,则是"刚毅威严,特立独行的新儒行"的体现了。

不避《儒行》的"柔"而又将"刚毅"的部分凸显出来,其理念与表述方式与章太炎几乎如出一辙。"摧刚为柔"在章太炎是为了与"驯化"之释相协调,但从理念上说,"以柔克刚"未必不是文化的实际功能,此亦是胡适所依据的道德动力。

"柔道本来也是一种'强'"的说法不完全是在描述殷遗民的历史和思想,其中亦寄托了文化的希望。这一希望的基础,就是《说儒》的核心理念或者说文化密码之一——文化的"倒征服"或者说文化的"逆向同化"。而这一点似乎尚未有学者加以注意,故亦很难真正对《说儒》的大、小钥匙予以同情的理解,更谈不上驳倒或"批臭",这也是晚年胡适颇为欣欣然之处。

二、历史、现实与文化学:文化上"倒征服"的发现

在《胡适口述自传》中,胡适所说的"没有引用一条一般学者所不熟悉的证据。我的证据是古书上常见的;大家都耳熟能详的。我并没有引用一条新证据"乃是欣欣然心情的反映。因为"新材料""新证据"正是彼时包括胡适、傅斯年等新派史家最为注重的治史风尚,而胡适自己却反其道而行之,以现有的材料为基础,得出一个大结论。这本身就是一个炫耀史识的资本。故他会说:"我并没有引用一条新证据。可是我却认为我那篇《说儒》却提出一个新的理论。根据这个新理论可将公元前一千年中的中国文化史从头改写。"

胡适注意到的文化史上的问题便是"倒征服"。胡适说:

> 我的理论便是在武王伐纣以后那几百年中,原来的胜负两方却继续着一场未完的[文化]斗争。在这场斗争中,那战败的殷商遗民,却能通过他们的教士阶级,保存一个宗教和文化的整体;这正和犹太人通过他们的祭师,在罗马帝国之内,保存了他们的犹太教一样。由于他们

在文化上的优越性,这些殷商遗民反而逐渐征服了——至少是感化了一部分,他们原来的征服者。①

这个"倒征服"的理论,按胡适说法,是由犹太历史的启发以及与希腊、罗马历史横向类比而来的。而犹太历史本身更多地显示出神话、宗教的意味,亦让胡适不再回避没有证据的神话、宗教和传说,这是除了不再寻找"新材料"以外的又一个变化。因此,胡适所要建构的中华文化的新谱系,与其说是历史的一部分,不如说是包含了神话和传说的历史。这里的现实关怀不是体现在发现上古文化史的方面,而是体现在现实经历和面临的现实问题促发了胡适去思考中国新文化史的建构,其中一个重要的部分就是后面将解读的"悬记",而"倒征服"原理与希腊、罗马及犹太历史则为此提供了可资参照的文化史或文明史发生和构成的一种范式。

但胡适在《说儒》中只是提出了一个重写中国文化史、宗教史可能的新方向和新观念,而这些新方向或新观念却非《说儒》所能完全涵盖和承担,故他说:"根据这些新观念来重写中国文化与宗教史诸方面,我都是相当笼统的。"

在《胡适口述自传》中胡适未曾提及的文化上"倒征服"理论的"中国经验",在《说儒》里则是与横向的类比并列在一起的。其中的例证在前文中已经举出,如果再加上一条便是:

> 所以在周初几百年之间,东部中国的社会形势是一个周民族成了统治阶级,镇压着一个下层被征服被统治的殷民族。傅斯年先生说"鲁之统治者是周人,而鲁之国民是殷人"。这个论断可以适用于东土全部。这形势颇像后世东胡民族征服了中国,也颇像北欧的民族征服了罗马帝国。

---

① 本段与下两段,分别见《胡适口述自传》,《胡适全集》第18卷,第430、431页。

第七章 建构重心:《说儒》的文化密码(下)

如果这是正面的言说,1932年10月,胡适《中国问题的一个诊察》的演讲,则是从反面言说类似文化上的征服或同化。这仍是古代中国的历史和经验的总结。他说:

> 到了印度,则不出一兵,只派几个传教士来,用文化来征服我们。……他们的文化,是指示我们去作神仙去、去作菩萨,不是叫我们去作人,却是去作鬼。然而我们的文化却渐渐屈伏了。所幸历史上并无文武全才的文化来侵略我们。……而印度只有鸦片烟,没有武力,我们也仍能存在。①

在《说儒》中,胡适始终是从文化层面谈殷、周之间融合的,这不仅是因为文化融合是政治、军事征服前后不可或缺的过程,亦是因为作为殷民族教士的"儒"在这个融合过程中展示了古代知识人的形成及其社会作用。与殷商相比,新的统治者——周人的文化水平,显然不如殷商,这就形成了一个文化上的倒挂,这个傅斯年的发现也为胡适所接受。而按照胡适的认知,文化交流总是从高阶朝低阶流动的,故他说:"以文化论,那新起的周民族自然比不上那东方文化久远的殷民族,所以周室的领袖在那开国的时候也不能不尊重那殷商文化。"

《说儒》对殷、周文化融合的描述其实与道德层面的贬损或现实层面失败与否无关,因为地位的"悲惨"只是历史地展示,而在胡适看来,处境悲惨的"儒"本身是殷商先进文化的承载者和传承者,这就决定了他们的"悲惨"命运是暂时的,且可以借助文化的"倒征服"过程转化成一种现实的优势或者说实际的胜利。这个经验并非局限于中国,而是普世性的历史现象,前引胡适所举的希腊知识人做了罗马战胜者的奴隶,却成了后者的书记或家庭教师;而罗马帝国被北欧民族打败后,罗马天主教教士倒过来征服了北欧民族,使之成了自己的徒弟就是具体例证。

---

① 胡适讲演,陈振汉记录:《中国问题的一个诊察》,《南开大学周刊》第134期,1932年11月10日,第3页。

至于殷遗民的结局,胡适同样是如此认知的,他说,"殷民族在东土有了好几百年的历史,人数是很多的;虽没有政治势力,他们的文化的潜势力是不可侮视的"。胡适征引的证据之一是《论语·为政》中孔子所说的"周因于殷礼,所损益可知也"。他指出:

> 这是几百年后一个有历史眼光的人的估计,可见周朝的统治者虽有"所损益",大体上也还是因袭了殷商的制度文物。这就是说,"殪戎殷"之后,几百年之中,殷商民族文化终久逐渐征服了那人数较少的西土民族。

众所周知,胡适并没有一整套完整的文化学及中外文化交流的理论,他的许多看法都是针对性的言说或者商榷、讨论中的表达,但对外来文化一向取开放态度,寻求中国传统的现代转化则是基本取向。他在现实层面对传统的极端化地批评的原因相当复杂,其中有"魔鬼辩护士"的自我定位,有西洋文化、现代文明"传教士"的自我预期和角色扮演,亦有对中西文化的比较,对作为现实因素和作为文化一部分的科学的认知以及对现实中国,特别是"九一八"后民族危机形势的判断。然这样对传统的批评或批判,容易给时人以缺乏民族自尊心的印象,而时人的印象又传递给后世研究者,因而至今亦不乏相关的指斥。但其实,胡适在文章中已经表明了自己的态度,即反省是自信心的表现。如他说:"可靠的民族信心,必须建筑在一个坚固的基础之上,祖宗的光荣自是祖宗之光荣,不能救我们的痛苦羞辱。……我们要指出:我们的民族信心必须站在'反省'的唯一基础之上。"①

表面看,胡适与国民党政府及文化保守派的分歧在于对传统的看法方面,但实际上对传统看法的分歧只是表象,他们之间的分歧主要在现实的政策和所采取的措施上。因为胡适抨击传统的话语大多出现于时事评论中,其接受对象是一般的百姓,而在胡适眼里,正像文化本身是保守的一样,百

---

① 胡适:《信心与反省》,《独立评论》第103号,1934年6月3日,第5页。

姓或社会上的大多数人也多是倾向保守的。①面对保守一方,他需要以"魔鬼辩护士"的方式解构中国社会中长期以来存在的崇古意识和由此而来的传统的神圣化倾向,②以谋求一个可以征验的历史来达成客观地看待传统,最终完成传统的现代转化。③而由于是西化派的领袖,20世纪30年代民族主义意识高涨的氛围中,国内思想界处于西化与文化保守两极对立的状态,且在陈序经(1903—1967)赞同"全盘西化"还是"中国本位文化"的非此即彼的单向选择下,胡适才有条件地赞同"全盘西化"论。④故从《说儒》看,"祖宗的光荣"倒反而是他们之间的相同点,也因为如此,它才可能成为《说儒》中文化上"倒征服"的基础。

如果没有对"祖宗的光荣"的自信是不可能作如此表述的。胡适对异质文化交流的认知受进化论的影响,也即他所说的整体上无一例外地处"在这个优胜劣败的文化变动的历程之中"。⑤而进一步看,文化的世界性也由于现代化程度的提高和交通的发达而成为一种趋势,故他说:"这个时代

---

① 参见胡适《文化的冲突》,原刊《中国基督教年鉴》(*China Christian Year Book*)1929年英文版,译文收入罗荣渠主编《从西化到现代化——五四以来有关中国的文化趋向和发展道路论争文选》,北京:北京大学出版社,1990年,第363页。

② 如1935年11月30日,胡适在答室伏高信的信中说:"我和我的朋友的立场是这样的:凡文化都有他的惰性,都会自己保守自己的。少数先知先觉的思想家,如果他们看清了'去腐'和'革新'的必要,应该站到屋顶上去大声疾呼,不必顾虑破坏之太多,更不必顾虑祖宗遗产有毁灭的危险。'真金不怕火',这是我们祖宗的一句名言。真有价值的东西是毁不掉的。"(参见《胡适全集》第24卷,第259—260页)这自然是典型的精英立场。

③ 如在《中国的文艺复兴》中,胡适说:"旧式研究中的批判方法论得到新的改进和修正,因而也就更有效了。为一种理论提供证据是不够的,还必须得先严格检验这些事实的真实性。仅利用偶然出土的历史古迹(碑文)是不够的,还必须对这些古迹进行系统的和科学的发掘,把它们与它们的起源与环境联系起来加以研究。光有批判方法是不够的,这方法本身还必须是自觉的;这样它可以自我批评,警惕不严谨的操作。"译文参见胡适《中国的文艺复兴》,邹小站等译,收入胡适著、欧阳哲生等编《中国的文艺复兴》,北京:外语教学与研究出版社,2001年,第202页。

④ 有关陈序经逼宫、胡适有条件地赞同"全盘西化"论的解析,详见尤小立《胡适与"全盘西化"论再思》,《江苏社会科学》2002年第4期,第166—170页。

⑤ 语出胡适《试评所谓"中国本位的文化建设"》,《大公报·星期论文》,1935年3月31日,第1张第3版;又见《独立评论》第145号,1935年4月7日,第6页。

讲到文化就是世界文化,很难找出一件纯粹的本国文化。"①这并非只是在讲文化"规律"而首先是基于中国视角的一种历史描述,因为中国从鸦片战争以来,就暴露在西洋文化的冲击之下,即所谓"中国趋向现代化是由于'长久暴露'于与西方思想与制度的接触下所引致的结果"。②在胡适看来,直到20世纪20年代末,这个外来的西洋文化冲击及由此而引起的文化冲突仍没有得到应有的重视。而六十年来中国没有及时地做出调整正是"中国现在的一切麻烦"的根源。③

在中西比较中,胡适屡次提到科学的重要,且将此上升到文化的层面,以为中西文化的差异就在于"科学之有无"。④这是亲身感受中西社会在物质水平的明显差距后,建立文化物质基础诉求的体现,此一强烈诉求由于文化保守派的西洋科学"物质文明"论的刺激,又被他提到了人道主义和世界大同的高度。⑤不过,这只是一个方面;从另一方面看,亦与胡适对文化的定义相关。

在胡适看来,"一个民族的文化,可说是他们适应环境胜利的总和"。

---

① 具体参见胡适先生讲,居正修记《当前中国文化问题》,抄录稿收入《胡适遗稿及秘藏书信》第12册,第160页;文字整理稿见《胡适全集》第22卷,第744页。但《胡适全集》第22卷有两处误释,其一,误将胡适演讲地点误写成"上海公余学校"。其二,编者因未觅见谈龙滨的记录稿,将居正修记录稿与谈龙滨记录的记录稿误认成同一次演讲的记录稿。经比勘,二稿内容虽有重叠相似之处,但许多例证和说法都不尽相同。今查相关报刊,谈龙滨记录稿是胡适在南京公余学术演讲会上的演讲记录,刊《自由与进步》第1卷第10期,1948年10月16日,第12—14页,而居正修记录稿似未正式发表,有可能是胡适9月28日下午4时在南京总统府的演讲记录。本次演讲的报道,见1948年9月29日《中央日报》第4版。但考虑随后胡适赴武汉,在短短三天内即演讲十次(说见胡适1948年10月7日日记,《胡适全集》第33卷,第694页),胡适在南京受邀进行多次相同主题的演讲亦完全可能,故居正修记录稿所记具体为哪次演讲只能暂时存疑。不过,可以肯定的是,居正修和谈龙滨的两个记录稿并非出自同一次演讲。

② 胡适:《中国和日本的西化》(1938年7月7日),原刊《美亚杂志》(*Amerasia*)第2卷第5期,1938年7月,收入《胡适之先生年谱长编初稿》第5册,第1633页。

③ 胡适:《文化的冲突》,《从"西化"到现代化——五四以来有关中国的文化趋向和发展道路论争文选》,第361页。

④ 离《说儒》写作较近的一次是1932年12月在湖南大学讲演《我们必应认清文化的趋势》时所说的"中西文化之区别在于科学之有无"。参见胡适1932年12月5日日记,《胡适全集》第32卷,第181页。

⑤ 参见胡适《眼前世界文化的趋向》,原刊1947年8月3日北平《华北日报》,收入《胡适全集》第22卷,第690—691页。

而"适应环境之成败,要看他们发明器具的智力如何。文化之进步,就基于器具之进步"。工具的变化自然去除了交流的障碍,因而为文化交流创造了新的便利条件。胡适说:"所谓石器时代、铜器时代、钢铁时代、机电时代等,都是说明文化发展之各时期。各文化之地域的发展也与历史的发展差不多。"重视文化的物质基础,亦出于对当下中国发展阶段的判断,胡适显然认为,中国还缺乏文化发展相应的物质基础。他所说的"东西文化之区别,就在于所用的器具不同",与前引"中西文化之区别在于科学之有无"正是一回事,因为发展科学技术首先是为了奠定一个文化发展的物质基础。当然,胡适未必没有赶超西洋先进国家的意识,故他也说,"近二百年来西方之进步远胜于东方,其原因就是西方能发明新的工具,增加工作的能力,以战胜自然"。①

而发展科学这个文化上的认知在"九一八"以后更成为当务之急。在胡适看来,科学既是文化的基础,其本身亦是文化的一部分,彼时的文化已经不再是单纯的精神层面的文化,它是与物质层面的"武化"相结合而体现出的综合力量,故他会痛心疾首地强调"在这新的世界,立国不但要靠武力,尤其要靠文化;外国人的科学没有不在我们之上的"。他对传统的激烈批评亦当如是观。如在同一次演讲中他说:"中国文化本很枯厌,几经淘汰,占有势力的便是儒家,儒教哲学除去荀子一派,便只有六经,是最枯燥无聊的东西,不能作为文化的基础。"他举了与孟子同时期的西洋的欧几立德(今译欧几里得,Euclid,约前330—前275)、亚基默德斯(今译阿基米德,Archimedes,前287—前212)造几何学的例子,说相比之下,"中国文化范围是这样的狭小,对于庄墨之学又肆意排斥,结果只余六经,这样单调的孔孟之学如何能作为文化的基础呢?"②这是因为在胡适看来,从古代文化所获得

---

① 胡适:《东西文化之比较》,收入〔美〕俾耳德(C. A. Beard)编著《人类的前程》(Whither Mankind),于熙俭译,上海:商务印书馆,1947年,第33—34页。此文为《人类的前程》的第二章,写于1928年,为《我们对于现代西洋文明的态度》的英文改写稿。《人类的前程》1931年由商务印书馆初版。

② 以上分别见胡适讲演,陈振汉记录《中国问题的一个诊察》,《南开大学周刊》第134期,1932年11月10日,第3、5页。

的精神上的自信无论如何也替代不了科学技术的引进和发展工业的急务。

实际上,即便是20世纪30年代国难当头,胡适批评传统最为集中和猛烈之时,其重要指向仍是现实,即希望国人承认当下中国是落后于欧美的,那些矫枉过正的推极之言,到最后多会落实到当下的现实或现状。正像同样是观照现实的新文化运动反孔教所反的非孔子与原始儒家一样,胡适此时批评传统亦非反对单纯传统而是着眼现实的文化保守倾向可能阻碍对科学、工业的接受和发展。

以往因已出版的胡适文集未曾收录而较少为学者所引用的《我们必应认清文化的趋势》,是胡适1932年12月5日在湖南大学的演讲。湖南乃主张"尊孔读经"、时任湖南省主席的军阀何键的辖区,从胡适日记所列的提纲看,胡适依然在提倡"科学的文化",①不过,讲演的内容更多地涉及"正德、利用、厚生",这个微妙的替换不排除考虑听众感受的因素,但"正德、利用、厚生"亦是胡适为第一批社员的科学社(后称中国科学社)1915年创办的《科学》杂志封面的题词,而科学社正是以提倡科学和实业为其宗旨的。然从演讲中直接点名批评何键等人提倡佛教救世可知,胡适并未过分地收敛锋芒。②

在演讲中,虽然胡适仍声言"旧的文化,绝没有什么机会可以复活",并说现在的中国文化也不能解决"贫、病、愚、贪、乱"的具体问题,"现在我们应当提倡的文化,是一种人的文化,是'正德''利用''厚生'的文化;欧美现代的文化就是这种文化的代表。这种欧西文化,已成了一种世界文化,是无法可以抵抗的"。③但有关先秦"人的文化"一面的阐释,在20世纪30年代尚不多见。其中对中国上古文化的赞颂与对晚近中国文化的批评,既说明胡适对传统的批评实际是面对现实,又体现出他有关文化上"倒征服"的

---

① 胡适1932年12月5日日记,《胡适全集》第32卷,第180—181页。
② 《大公报》(长沙)1932年12月14—16日以《我们对新旧文化应取的途径》为题连载胡适此次演讲时曾有"现在贵湖南的何键,正在提倡佛教"云云,但《湖南大学期刊》刊载时改为"现在你们贵湖南有些人,正在提倡佛教"。
③ 本段与下两段,分别见胡适讲演,谢汉藩、汪澄合记《胡适之先生讲演词》,《湖南大学期刊》第8期,1933年4月,第2、6、2页。

信心所在。

胡适说:

> 只有我国晚近的文化,真是唯物的文化,是下流文化。怎见得呢?因为我国人不能征服物质,不能克服自然,处处被物质拘束。甚至天灾水旱,无法避免,惟有迷信鬼神;这种逃不了物质和自然环境的束缚的文化,不可说是唯物的文化么?西洋文化就不然,他能充分利用他的聪明才智,征服环境,克服自然。能利用空气中的以太替我们传信,能利用汽机替我们行路,所有自然的物质能力,都利用作我们的奴隶。西洋人这种精神,真是"正德""利用""厚生"的圣人,值得我们恭维。

这个中西对比的内容明显针对的是当下的现实,而如果将"征服物质""克服自然"与他所说的"我们应当认识所谓做人,不是一种消极的个人,是要'正德','利用','厚生',不忘同胞的幸福"合而观之,其实就是晚清以降,梁启超等维新派所提倡的"进取"精神的重申。在胡适看来,此时的中国没有继承上古文化的优长,反而遗留了中古文化的特短。胡适将先秦文化的特征表述成"人的文化",此正与他所赞扬的西洋文化一致。他指出:

> 本来我国真正的古文化,最初的先哲的文化,是很有价值的,是很能救贫、病、愚、贪、乱的,但因中间经过了一个麻醉昏乱时期,把固有的好处失掉了。我国古文化——如先秦文化,有三大目标,就是"正德","利用","厚生";"正德"是人格的修养,"利用"是增加人与物的效用,"厚生"是求人民生活的富裕。中国正统思想者,如孟轲、荀卿、韩非、李斯、韩愈、欧阳修、王安石等,都是报着此三大目标的。

此处肯定一向持批评态度的"正统派"思想自然是基于"人的文化"的,将"正德、利用、厚生"视作"中国固有文化",自然也属于现代诠释。胡适在日记中特别说明,"正德、利用、厚生"这一出自《尚书·大禹谟》的说法,"虽出于伪书,然伪作此语正可表示古人心中有此目标"。①

但对古代传统和文化的自信基本属于精神层面,面对现实危机,精神鼓励或激励终究只能是退而求其次的策略。故"九一八"事变后,面对军事上的巨大压力,甚至可能的亡国局面,胡适激烈地批评传统,其目的还是要为发展现代科技和现代工业正名,以物质实力来抵抗日本侵略,但这个属于现实层面的矫正策略只是胡适思想的一个面相。

在学术或文化层面,对"祖宗的光荣"的自信之所以在《说儒》中呈现,初衷或是以一种自我的精神激励驱散内心里"失败主义"的阴霾,这是胡适式乐观主义的体现。十几年后,也就是 1948 年 9 月,胡适回顾八年抗战时就说过:

> 我绝不承认"失败主义"的心理。我们回想到十年以前,中国和日本作战,那才真是必输的麻将,日本是世界上第一等的强国,拥有强大的海空军和机械化的陆军;论科学与工业,它并且是世界三大工业国之一。反过来看,我们中国的一切国防军备和物质条件,简直相差到不成比例,然而我们居然抗战八年,而且得到了最后胜利。②

不过,相对学术层面,胡适现实层面的发言更容易引起注意,亦让其饱受批评。这样的境遇,加之西化派领袖的地位,使胡适不可能在《说儒》中充分表达对"祖宗的光荣"的自信,而只能通过殷商文化对周文化的"倒征服"来隐晦地展示。

在《说儒》中,文化上的"倒征服"是作为殷周和春秋时代的思想史和文化史的一部分来描述的,但照实书写并非胡适所要表达的全部,其中所体现的现实关怀需要结合胡适对文化交流的基本认知及对当下中国面临的外来文化冲击直接经验和判断来体会。

---

① 参见胡适 1932 年 12 月 5 日日记,《胡适全集》第 32 卷,第 180 页。
② 胡适讲演,谈龙滨记录:《当前中国文化问题》,《自由与进步》第 1 卷第 10 期,1948 年 10 月 16 日,第 14 页。

大致地说,胡适是一个文化自然融合论者。这种自然融合论是从世界交通发达的大趋势上观照异质文化交流的。也即是说,异质文化之间的交流其大趋势是不可人为左右和逆转。而交流既是无法回避的态势,那么只有积极地迎接才是正途,此是他的开放、普世价值观的文化学基础。胡适说:"近一百多年来,因为交通的便利,各国通商贸易畅行无阻,东西南北的人,可以在短时期内往来接触,使各色各样的风俗习惯,信仰思想,都可以很快的有彼此了解彼此吸收的机会,很快的造成文化的交流混合;到了今天,我们只看到世界文化的整体,而不容易辨别那种文化是某一国的,那种文明工具是某一民族特有的。"

而在交流的方式上,自然融合论的特点体现得更加明显。在他看来,文化接受遵循着两个原则。

>……第一个原则,那就是世界各地文化的交流,都是自然的,而且是自由的选择。
>
>一个民族对于外来的文化之吸收或拒绝,是本着"以其所有,易其所无"的自然的道理,不是出于强迫的。我没有的,他人有,我当然吸收他人的文化;我虽有,但不如他人的好,我当然也要吸收他人的文化;如果我原有的和他人的比较,还不能证明谁好谁坏,那就不易吸收;如果我原有的,确比他人好,那一定会拒绝他人的文化。

而第二个原则:

>那就是一个民族对于外来文化或世界文化的自由选择,在机械的,物质的,科学智识方面,是比较容易吸收的;在思想,信仰及其他伦理的社会的智识方面,是比较不易吸收的。即可以直接证明的真理,容易被人认识,而不容易直接证明的思想文化,往往难于选择,甚至发生错觉。[①]

---

① 以上分别见胡适讲演,谈龙滨记录《当前中国文化问题》,《自由与进步》第1卷第10期,1948年10月16日,第12、13页。

如果文化交流遵循的首先是自由选择,那么就意味着相互渗透、融合,同化、被同化,征服或被征服乃常态,这种文化价值观亦是文化上"倒征服"的前提。正因为如此,学习和吸收先进文化,以达到保持和丰富固有文化的目的就不可避免。此处暗含的仍是进化论的主张,且同时兼顾了开放精神以及优胜劣汰下的忧患意识。反过来说,胡适也是以此来获得信心的,他相信中华古代文明的底蕴深厚,足以抵御军事侵略,最终取得"倒征服"的结果。

不过,对胡适而言,此类信心在现实层面远没有学术层面表述得那么明确。因为在现实层面,是对在他看来大多趋向保守的百姓发言,出于矫枉过正的策略和心理,他往往对传统激烈地批评。至于对古代文化的优长处则不能抑或有意不去充分地表达,零星的表达也被对传统的激烈抨击所遮掩。但胡适屡次提及的不担心"中国本位"的丧失,亦无疑是基于文化自信和对文化本身的认知,他说:

> 文化各方面的激烈变动,终有一个大限度,就是终不能根本扫灭那固有文化的根本保守性。这就是古今来无数老成持重的人们所恐怕要陨灭的"本国本位"。这个本国本位就是在某种固有环境与历史之下所造成的生活习惯;简单说来,就是那无数无数的人民。那才是文化的"本位"。那个本位是没有毁灭的危险的。①

如果这是在讲文化学的基本原理,那么,下面的话则显示出胡适与文化保守派的分歧确实在于手段,当然,手段背后是对文化的认知以及对当下中外文化交流状态的判断:

> 中国今日最可令人焦虑的,是政治的形态,社会的组织,和思想的内容与形式,处处都保持中国旧有种种罪孽的特征,太多了,太深了,所

---

① 本段与下段,见胡适《试评所谓"中国本位的文化建设"》,《大公报·星期论文》,1935年3月31日,第1张第3版;又见《独立评论》第145号,1935年4月7日,第6、7页。

以无论什么良法美意,到了中国都成了逾淮之橘,失去了原有的良法美意。

上面提及的文化自然融合论是就整体上言,具体地文化交流过程却是分层的,自由、自然交流的特征,更多地体现在物质层面,也即是上述胡适所谓文化交流的"第二个原则"。

在20世纪30年代民族主义意识高涨的情形下,文化保守派从现实需要出发,希望以赞扬古代文化来提振信心,以对抗日本侵略,故偏重于精神鼓励;胡适则从文化交流的现状出发,以为中外文化交流不能满足于抽象的精神,当务之急不是精神,而是物质建设、制度建设以及寻求一个社会重心,这是他们之间的分歧所在。而《说儒》对殷周和春秋文化融合的诠释,正体现了胡适对文化学的理解,以及从文化共通和融合上看问题的特点。

胡适说:

> 殷周两民族的逐渐同化,其中自然有自觉的方式,也有不自觉的方式。不自觉的同化是两种民族文化长期接触的自然结果,一切民族都难逃免。

这里遵循的是文化自然融合论。而具体到融合的内容,胡适的说法后来虽引起争议,但尊重和还原上古历史仍是基本原则。在商周之际,人文主义尚未真正建立,强势的文化是殷商之宗教,宗教是上古文明的精华,代表了彼时文化的最高水准,故成了殷人完成"倒征服"的强有力的工具。胡适说:

> 殷商的智识分子,——王朝的贞人,太祝,太史,以及贵族的多士,——在那新得政的西周民族之下,过的生活虽然是惨痛的奴虏生活,然而有一件事是殷民族的团结力的中心,也就是他们后来终久征服那战胜者的武器,——那就是殷人的宗教。

在《说儒》中,胡适的重点在"儒",并未对殷商宗教进行细分,但他显然接受傅斯年《周东封与殷遗民》中的看法。傅斯年以为，齐、鲁、卫、宋等为殷之旧地，殷之宗教自然延续并盛行于其中。但在东部诸国，受地理环境的影响，宗教亦呈现不同的样态。与儒及儒家、儒学最有关联的是鲁，宗教的体现是"祖先崇拜"，而较鲁地理位置更东的齐，则以"自然崇拜"为特点，进而形成五行和方士。① "儒"之起源，以鲁为本，故《说儒》亦多言鲁之宗教乃是祖先教。如说："我们看殷虚（安阳）出土的遗物与文字，可以明白殷人的文化是一种宗教的文化。这个宗教根本上是一种祖先教。"相应地，"儒"亦"正是那殷民族的祖先教的教士，这是儒的本业"。

当然，对"齐学"的重视，并非全受《周东封与殷遗民》启发。1930年胡适在《中国中古思想史长编》中就将"齐学"列为第一章，这是因为在他看来，"战国的晚期，齐国成为学术思想的一个重镇"，②"包括阴阳家，神仙家，道家（黄老）"，③但由此而生出的阴阳五行说、五德终始说和谶纬灾异说等成为中古中国政治思想的哲学基础，也是胡适重视"齐学"的一个原因。胡适说，"齐学本从民间宗教出来，想在礼祥祸福的迷信之上建立一种因时改制的政治思想。结果是灾祥迷信的黑雾终于埋灭了政制变法的本意，只剩下一大堆禁忌，流毒于无穷。这是齐学的命运"。④

然在《周东封与殷遗民》有关殷商宗教的描述，更重视文化不变的一面，傅斯年以古代欧洲为例，证明文化民族性的持续和顽固。他说："西罗马之亡，帝国旧土分为若干蛮族封建之国。然遗民之数远多于新来之人，故经千余年之紊乱，各地人民以方言之别而成分化，其居意大利，法兰西，西班牙半岛，意大利西南部二大岛，以及多脑河北岸，今罗马尼亚国者，仍成拉丁民族，未尝为日耳曼人改其文化的，语言的，民族的系统。地中海南岸，若非因亚拉伯人努力其宗教之故，恐至今仍在拉丁范围中。"其重点是为了说明

---

① 参见傅斯年《周东封与殷遗民》，《中央研究院历史语言研究所集刊》第4本第3分，1934年，第286—290页。
② 胡适：《中国中古思想史长编》，《胡适全集》第6卷，第8页。
③ 胡适：《中国中古思想小史》，《胡适全集》第6卷，第284页。
④ 胡适：《中国中古思想史长编》，《胡适全集》第6卷，第21页。

"遗民之不以封建改其民族性也如是"。①

虽说殷商完成文化上的"倒征服"也有赖于文化民族性一面的坚持和顽固,但与傅斯年不同,胡适似乎更重视文化"变"的一面。文化上"倒征服"的基础是文化优势,他是从势差上理解文化的征服和被征服的。具体到殷周之际,殷商之宗教文化之所以能够在军事上失败后"倒征服"周文化,就在于殷商宗教文化高于正在萌芽的具有人文主义色彩的周文化。而这一切又都是以文化的普世性、开放性,文化共通、交流为前提的。

前文已述,胡适的文化自然融合论从总体上或长时段观察,文化交流、传播和融合是自然而然,取长补短,互通有无的过程,但具体到某个历史阶段有个难易之别,具体到某一国家则有方式的差异。他将文化自然融合限定在"物质"层面。这是因为在他看来,较容易交流的物质层面最易遵循自然融合原则,而较难融合的制度层面、观念层面则需要引导。这个引导的主体是那些能够作为社会重心的阶层或人物,他们直接决定了文化交流的深度和效果。

1933年7月,胡适曾在美国芝加哥大学"哈斯克(Haskell)讲座"作了题为"中国的文艺复兴"的系列演讲。这个系列演讲的时间离撰写《说儒》差不多有八个月,是《说儒》前胡适对晚清以降中西文化交流最为系统的阐释。值得注意的不是这一系列演讲的文化理念,而是与《说儒》一样,存在现实因素的投射以及胡适的现实诉求。

胡适在演讲中将晚清以降的中国文化对外来文化冲击的反应和接受定位成"发散渗透型"或"发散吸收型"。这虽是在与日本由中央政府推动的"中央控制型"主动类型的对比而言,却亦有个人亲身体验。因为他本人即是晚近"中国的文艺复兴"的领导者和参与者。胡适在此处将"发散渗透型"反应和接受的优缺点并置,进行客观分析,②是想以日本为殷鉴,以便取长补短,但他的话语明显在倾向于主动的"中央控制型"。这是面对20世

---

① 傅斯年:《周东封与殷遗民》,《中央研究院历史语言研究所集刊》第4本第3分,1934年,第290页。
② 胡适:《中国的文艺复兴》,收入《中国的文艺复兴》,第167—168页。

纪30年代民族危机的急迫感的显露，下面的一个反例或可以证明现实状况对胡适的影响及其力度。

1939年12月29日，时任国民政府驻美大使的胡适在美国历史学会重谈中日现代化以及对西洋文化的不同反应，他不再承认日本的"中央控制型"反应的可取，出于对军国主义侵略的痛恨，他更多地强调"自由"的重要。故他指出：

> 在一个没有统治阶级的国家，推翻帝制等于毁坏了社会与文化，改变由中央集权化统筹办理的可能性。但是也创造了一种自由接触、自由批判、自由评价、自由主张和志愿接受的气氛。
>
> 所谓中国的文艺复兴就是这种自由气氛的自然结果。这种气氛也促成了各种文化改革的实现，结果中国达成了社会、政治、文化和宗教等生活的现代化，比所谓"现代日本"在这些方面达成更深远的改革。

这是少有的对中国现代化进行的正面评价，当然面对的是美国听众（外国人），又是在抗战的语境、抗战动员的情形之下。而正因为如此，在文化反应的类型上，中国的"发散渗透型"虽有"缓慢的、零落的"缺点，但较之"现代日本"仍具有优势，他说：

> 凡是两个文化相接触之后，人民自然的倾向（自然律）乃是向对方学习自己所缺少和不如人的地方。
>
> 如果这种自由被剥夺了，如果人为的把整个文化或者某一个特别宝贵的那几方面加以孤立和予以特别保护，那这个文化就成为古老习俗坚实的核心，缺乏辩证和充沛精力的现象。这就是现代日本的现象。①

---

① 以上均见胡适《中国与日本的现代化运动——文化冲突的比较研究》，《胡适全集》第13卷，第243—244页。

然 1933 年与 1939 年,胡适面对的对象和自身的角色都不同。在日本侵华的初期,他感受最深的还是中日之间实力的差距。而中国社会和政治的现状是,作为知识界的领袖又无法再像五四时代那样登高一呼,应者如云,这些都被胡适归纳成社会缺乏重心的问题。这个心理在"中国的文艺复兴"的演讲中即是通过中日现代化的成功和失败的对比显示的。胡适以为,日本"明治维新"取得成功的原因之一,是日本有一个武士阶层和知识阶层,因而"轻而易举成功地建立了一个稳固的政府,并以此为核心,操纵着日本的整个现代化改革"。但"中国根本就没有一个得力的领导阶层",故中国的现代化改革只能"令人心痛的失败"。①

胡适建立或形成社会重心的愿望体现在他总是将自己放在一个知识人的地位,主动地担负社会责任和影响社会。而与 20 世纪 30 年代一批自由主义知识人寄希望于国民党政府或蒋介石不同,胡适仍寄希望于知识阶层本身以及深层的文化谱系的建构。事实上,在留学时期胡适已经思考知识人对文化的影响力。1917 年在《先秦名学史》导言中,他就说过:

> 唯有依靠新中国知识界领导人物的远见和历史连续性的意识,依靠他们的机智和技巧,能够成功地把现代文化的精华与中国自己的文化精华联结起来。②

1929 年,在《文化的冲突》中,他又说:

> 我曾经也是这种选择性过程的倡导者之一。不过现在我表示后悔,因为我认为谨慎选择的态度是不可能的,而且也实在不必要。一种文明具有极大的广被性,必然会影响大多数一贯保守的人。由于广大群众受惰性规律的自然作用,大多数人总要对他们珍爱的传统要素百般保护。因此,一个国家的思想家和领导人没有理由也毫无必要担心

---

① 胡适:《中国的文艺复兴》,分别参见《中国的文艺复兴》,第 164、158、164 页。
② 胡适:《先秦名学史》,《胡适全集》第 5 卷,第 11 页。

传统价值的丧失。如果他们前进一千步,群众大概会被从传统水平的原地向前带动不到十步。如果领导人在前进道路上迟疑不决,摇摆不定,群众必定止步不前,结果是毫无进步。①

胡适建立或形成社会重心的愿望也直接影响到了《说儒》。在《说儒》中,文化上的"倒征服"不仅有知识人的参与和直接推动,且产生出了作为社会重心的文化领袖。这些知识人自然是"儒",而文化领袖则是孔子。胡适说:

> "儒"本来是亡国遗民的宗教,所以富有亡国遗民柔顺以取容的人生观,所以"儒"的古训为柔懦。到了孔子,他对自己有绝大信心,对他领导的文化教育运动也有绝大信心,他又认清了那六百年殷周民族同化的历史实在是东部古文化同化了西周新民族的历史,——西周民族的新建设也都建立在那"周因于殷礼"的基础之上——所以他自己没有那种亡国遗民的柔逊取容的心理。"士不可以不弘毅:任重而道远",这是这个新运动的新精神,不是那个"一命而偻,再命而伛,三命而俯"的柔道所能包涵的了。

作为军事和政治上的失败者或被征服者的殷商文化代表的"儒"不仅在失败后成功地完成了对周文化的"倒征服",且产生出了一个文化领袖孔子,而孔子既是当时社会文化的重心,又成了整个中国历史和中华文化的象征性符号。作为西化派的领袖胡适何以要在20世纪30年代民族危急关头建构孔子的新形象,它是对中华文化谱系建构最富想象力,还是最有争议的一环?这些问题将在下一节加以分解。

---

① 胡适:《文化的冲突》,《从"西化"到现代化——五四以来有关中国的文化趋向和发展道路论争文选》,第363页。

第二节　儒教教主:《说儒》对孔子形象的塑造

《说儒》不仅在胡适自己,在他人看来亦是"尊孔"的表现。一生以西化派领袖自认的胡适何以有此定位,而又如何给他人以此印象,均是后世较少关注的层面,而要厘清此事,则需要从具体语境上,结合胡适一生对于孔子的态度来解读《说儒》有关孔子的内容。

一、"反孔"与"尊孔":胡适在不同时空和不同层面的表达

尽管胡适屡次为新文化运动的反传统作出明确的释疑,但作为西化派的代表,胡适在现实层面对传统的激烈批评和反省的态度亦遮掩了他在学术层面的历史性分析,以及对于孔子本人的历史态度。①当然,胡适对孔子的认知亦相当复杂,即便是在早年的时段中,亦是如此。晚年胡适受国际、国内的时势影响,开始对上古思想的现代因素进行挖掘,孔子的地位遂被提升,但这种提升孔子的方式与"尊孔"无关。因为他并没有放弃"人化"孔子的努力,对古代思想的"正统"批评和挑战,且与挖掘孔子的"自由主义"思想资源交相辉映。换言之,至少在意识层面,胡适是希望保持一生的思想统一的。

1. 解构"圣人":对孔子认知的多重面相

1929年11月,胡适提到新文化运动反传统的意义时,曾说"是要打倒一尊的门户,解放中国的思想"。②类似的说法晚年出现得更多,他多次提到

---

①　实际上,晚年胡适对孔子的态度,也是历史性的,即历史地肯定。在1957年4月7日有关"十个对中国文化贡献最大的人物"的答问中,他罗列的是:孔子第一,老子第二,墨子第三,其中并无王充。这是从后世贡献来看的,属于后世认定。从这个晚年历史性的解释里,也可知他还是在挖掘一种现代价值。参见《胡适所推选之十大历史名人》,原刊台北《传记文学》第50卷第6期,1987年6月,收入《胡适全集》第19卷,第856页。又,安徽教育出版社2003年版《胡适全集》第19卷误植为"1928年"。

②　胡适:《新文化运动与国民党》,《新月》第2卷第6—7号合刊,1929年9月10日,第4页(文页)。

新文化运动时期"打孔家店"并非反对原始儒家和孔子,而是为了反对后世的人们将儒家和孔子"定于一尊"。

1952年12月28日出席台东县文教界座谈会答问时,其所言则更为明确。他说:

> 人家说我打倒孔家店,是的;打倒孔家店并不是打倒孔子。孔子的学说,经过两千年,至少有一部分失去了时代性,同时经过了许多误解。30年前,我们的确领导批评孔子。我们批评孔子,是要去掉孔子一尊,使与诸子百家平等。如果不打倒一尊的孔家店,没有法子使得思想解放,思想自由。但是我六十二年来,还是继续对于孔子佩服,我觉得他这个人,是很了不得的。中外古今像他作到学而不厌,诲人不倦的境地的,不容易看到。

又说:

> ……我们从前喊打倒孔家店,不是打倒孔子,而是打倒二千年来,只此一家,并无分店的一尊。①

然晚年胡适有此说法,并不意味着他本人就反过来"尊孔"。胡适的复杂处在于,他的许多言论都有针对性,话语对象不同,表述不同的特点在此时亦表现得相当充分。前引1960年1月,梅贻琦等筹备"孔孟学会",邀胡适为共同发起人,被其婉言谢绝,他回复时所言"我在四十多年前,就提倡思想自由,思想平等,就希望打破任何一个学派独尊的传统。我现在老了,不能改变四十多年的思想习惯",正可反映其对孔子一贯的态度,这便是崇敬其人,此乃就历史言;而反对"定于一尊",则是从自由主义理念和中国现实出发。

---

① 以上见胡适《关于教育问题的答问》,《胡适全集》第20卷,第303、304页。

作为西化派,注意保持思想的前后一致是肯定的,但此非为了维护形象,而主要是出于对现实中国需要的判断。一年后,即1961年6月,胡适不同意台北启明书局重新出版胡适和梁启超等的"国学书目"的要求,① 也即是从现实中国的进一步开放上考虑。不过,胡适对现实的反应或者说由于现实原因而作出的过激反应往往容易遮盖他的多重认知。而重视学说和话语的现实影响恰恰是胡适的一个特点。它又与不希望通过赞扬中国传统或孔子来为文化保守派张目,以阻碍现代化进程的期望汇聚在一起,形成晚年胡适思想的又一面相。这也是晚年回到台湾担任"中研院"院长后,胡适仍保持对传统的批评态度的原因。

不过,在晚年回应人们询问或质疑其反孔时,胡适往往要以《说儒》来证其不反孔。1948年3月3日,在回复陈之藩(1925—2012)的信中,他说:

> 关于"孔家店",我向来不主张轻视或武断的抹杀。你看见了我的《说儒》篇吗?那是很重视孔子的历史地位的。但那是冯友兰先生们不会了解的。②

在《胡适口述自传》中所说的"我不能说我自己在本质上是反儒的",也是在讲到《说儒》时。③

不仅是胡适本人,在其同代学者中,亦不乏就《说儒》而指认胡适"尊孔"者。20世纪40年代,贺麟在《五十年来的中国哲学》中曾明确说:"胡先生又著有《说儒》一篇,根据历史材料,说明儒家的历史的和职业的背景。他指出儒者本为殷代的遗民,以传授礼文,或导演礼仪为职业者,至孔子始发扬其精神,蔚然成为一显学。这篇文章的态度似比较客观。复引起有唯物史观兴趣的人,从职业或出身方面去解释孔老墨三家思想的背景。"④ 正

---

① 胡适复沈志明,1961年6月8日,《胡适全集》第26卷,第627页。
② 胡适致陈之藩,1948年3月3日,《胡适全集》第25卷,第324页。
③ 参见《胡适口述自传》,《胡适全集》第18卷,第425页。
④ 贺麟:《五十年来的中国哲学》,收入潘公展主编《五十年来的中国》,第180页。

如前述,此处"这篇文章的态度似比较客观"在新版的《五十年来的中国哲学》中被直接改为"这篇文章似又退回到尊孔态度"。同样的意思也出现在"胡适思想批判"运动时贺麟的批判文章中。贺麟1955年1月19日在《人民日报》上发表的《两点批判,一点反省》就说到,胡适"后来在'说儒'一文中,以基督教初期发展的历史比拟儒家兴起的历史,推尊孔子为教主,拿来和耶稣相比拟",并且宣称"孔子的新教义就是'仁以为己任'的'仁'","'仁'就是那用整个人类为对象的教义"。①

随后,冯友兰更是语焉甚详,不仅说《说儒》"尊孔",且直指反传统的新文化运动时期胡适对孔子的态度亦相当模糊。1955年3月,冯友兰这篇发表在《哲学研究》创刊号(第1期)上,题为《哲学史与政治——论胡适哲学史工作和他底反动的政治路线底联系》的文章,应是根据前一年11月24日出席北大哲学系"批判胡适资产阶级哲学思想报告会"时的发言稿补充修订而成的。与贺麟上文一样,此文虽亦是政治批判之作,却颇显示冯友兰的真实意思,其中对胡适的观察之细致和了解之深入,确非其他同代学者所能比拟。这也说明冯友兰即使是在与胡适分道扬镳后,仍随时关注着胡适的动态。

当然,理解这类政治批判之作,需要拆解政治话语和政治态度的包装。在1949年后的大陆,孔子已经是封建主义的代表,列入批判的行列,所以任何的"尊孔"都是维护封建主义的表现。有鉴于此,冯友兰在批判胡适时极力地放大后者的"尊孔"一面就是必然。冯友兰以"采取小骂大帮忙"来形容胡适在新文化运动时期对"孔家店"的"策略",其实就是说,胡适并没有真正反孔。

冯友兰依据的是胡适的《中国哲学史大纲(卷上)》,他注意到胡适仅在两个问题上,对孔子表示过不满。其一是"对于《春秋》底'寓褒贬,别善恶'底'书法'的不满"。这是因为"中国只有主观的历史,没有物观的历史"。其二,胡适认为"孔子把'学'字看成读书的学问,后来中国几千年的教育,都受这种学说的影响,造成一国的'书生'废物"。冯友兰评论说,我们可以

---

① 贺麟:《两点批判,一点反省》,《人民日报》1955年1月19日,第3版。

从《论语》中所举的很多例子证明孔子并不是"把'学'字看成读书的学问。但这并不是重要之点,重要的是看孔子教人学什么东西,像这些更深入一点的问题,胡适是不讲的。"①后一句话涉及的《论语》"学"字的理解问题,梁启超早有批评在前,②此亦属批判话语中捎带的对胡适学问"浅"的讥讽,却也是冯友兰的真实意思。

冯友兰特别指出,在新文化运动时期,除了这两个问题以外,"胡适对于孔子就只有赞扬了"。这个说法自然是带有时代感,但亦颇有意味。彼时,揭发胡适"尊孔",并不能减轻冯友兰自己尊孔的"罪责",这样做只能解释为,在政治或思想批判运动的逼迫下,学者用他特有的学术热情和学术态度去挖掘对方的"罪责",其着眼点往往也是为了"创新",即发掘别人没有发现的东西。

在《中国哲学史大纲(卷上)》中,胡适对孔子及其思想自然是历史地肯定,这与其现实层面反对将孔子"定于一尊"形成的反差,冯友兰并非不明白,但出于意气和迎合政治需要,他仍以此来揭发胡适。冯友兰以胡适对"礼"与"孝"的解读,得出胡适实际上是"'孔家店'底保护人"的结论,就属此例。③至于1934年冯友兰所说的,胡著《中国哲学史大纲(卷上)》不是中国哲学史的著作,而是批评中国哲学的著作,④部分亦是从意气出发,即便同样是批评,与此时的言论显然也互不接榫。

然冯友兰对胡适学术动态的观察仍是同代学者中最为细致的。他注意到,胡适1921年6月16日撰写、6月20—21日连载于《晨报副镌》上的《〈吴虞文录〉序》中所说的"这个道理最明显:何以那种吃人的礼教制度都

---

① 以上均见冯友兰《哲学史与政治——论胡适哲学史工作和他底反动的政治路线底联系》,《哲学研究》1955年第1期,第71—72页;又见《胡适思想批判(论文汇编)》第6辑,第82—83页。
② 具体见梁启超《评胡适之〈中国哲学史大纲〉(续)》,《晨报副镌》,1922年3月16日,第1版。
③ 以上均见冯友兰《哲学史与政治——论胡适哲学史工作和他底反动的政治路线底联系》,《哲学研究》1955年第1期,第72—73页;又见《胡适思想批判(论文汇编)》第6辑,第83—84页。
④ 冯友兰:《哲学在当代中国》,《三松堂全集》第11卷,第268页。

不挂别的招牌,偏爱挂孔老先生的招牌呢?正因为二千年吃人的礼教法制,都挂着孔丘的招牌,故这块孔丘的招牌——无论是老店、是冒牌——不能不拿下来,捶碎,烧去",仅是借重陈独秀和吴虞(1872—1949)来批评孔子,而真正开始"批孔"则要到1925年,即冯所说的"一直到1925年革命运动高涨时期,胡适这才在他底'戴东原的哲学'中正式反对'吃人的礼教'"。①不过,冯友兰认为,《说儒》是一个转捩点,即上述胡适抬高孔子,降低老子,恢复孔子在哲学史上正统地位的一个证明。

按照冯友兰的归纳,胡适在《说儒》中除了不再像《中国哲学史大纲(卷上)》里那样,说老子有革命性,甚至也不是独立派,而是"儒"的一部分;孔子则是改革派,"新儒教"的建立者。此外,在《中国哲学史大纲(卷上)》中,胡适是承认宗教与哲学是有分别的,但在《说儒》中,却"把一切先秦思想都说成是宗教"。

早在1935年与胡适商榷时冯友兰即意识到《说儒》中的现实关怀,不过那时尚没有太多的政治因素的干扰,故商榷没有取政治立场,而是完全诉诸学术。以他之对胡适的了解,对胡适学术动态的持续关注以及哲学史家的敏感,他亦意识到了胡适对思想产生或影响思想的外铄作用(即所谓"时势")的强调以及现实关怀对胡适学术观点的影响。他的另一篇题为《批判胡适"中国哲学史大纲"底实用主义观点和方法》的文章,就从《诸子不出于王官论》的相关论述中发现了前者,且将此与他理解的杜威实验(用)主义的"对付环境"一说联系在一起。②

而冯友兰的另一个说法虽不免过于政治化,话语上也不免极端而失真,却比较准确地抓住了现实关怀对胡适学术观点影响时所呈现的总体特征。他说:

---

① 本段与下段,分别见冯友兰《哲学史与政治——论胡适哲学史工作和他底反动的政治路线底联系》,《哲学研究》1955年第1期,第73、78—79、80页;又见《胡适思想批判(论文汇编)》第6辑,第85、92—93、94—95页。

② 具体见冯友兰、朱伯崑《批判胡适"中国哲学史大纲"底实用主义观点和方法》,《人民日报》,1955年6月24日,第3版。

在五四运动时代,美帝国主义和买办资产阶级的利益是在基本上维持中国封建主义的统治,而加以某种程度的改革,以适合帝国主义的需要。胡适在这个时候,也把孔子说成是"有志于政治改良"的"积极救世派",借以宣传他的反动的改良主义。在抗日战争前夕,在他所发表的"说儒"中,他按照帝国主义的要求,把孔子说成是亡国遗民的大教主,借以替蒋介石宣传不抵抗主义。现在他在台湾,又把孔子说成是自由主义者,为美帝国主义所制造的"自由中国"找理论根据。

在五四运动时代,为了要伪装进步、歪曲革命,胡适把老子说成是"革命家",有"一种革命的政治哲学"。在第二次国内革命战争时期,他先后发表了"从农村救济[谈]到无为的政治"(《独立评论》49 期)、"再论无为[的]政治"(《独立评论》89 期)等反动的论文,借老子的"无为"思想,要求国民党反动派政府停止一切建设,尽全力维持"社会秩序",就是说,用全力打共产党。在"说儒"中,为了准备亡国,他又说,老子并不是"革命家",也没有什么"革命的政治哲学",而仅只是提倡"亡国遗民"的柔道。现在他在台湾,为了诬蔑我们的政府,又大赞扬老子底"无为"思想,说它是反对"极权"的无政府主义。①

不过,此时限于条件,冯友兰没有可能阅读更多有关胡适的材料,故不可能详述早年和晚年胡适对孔子的看法。

前文已详述青年胡适对于儒家、儒教和孔子的认知及其变化,概而言之,早在上海中国公学读书时代,胡适对孔子即表现出相当的尊敬。此时的青年胡适已经具备了现代人的精神,故他所尊敬的并非是神一般的孔子,而是作为"人"的孔子。在"人"的层面上,不仅要独立,且是平等的。故才有要与孔子平起平坐的意识。这个基本观点一直是胡适对孔子其人的认知基础。而留美后,则基本上是从宋儒的个人自省、修身而拓展到以现代政治学、自由民主理论以及哲学上的实验主义为基础的兼济天下的世界主义。

---

① 冯友兰、朱伯崑:《批判胡适"中国哲学史大纲"底实用主义观点和方法》,《人民日报》,1955 年 6 月 24 日,第 3 版。

因为有此人化或世俗化的现代社会的认知以及实验主义哲学思想,胡适对宗教也变得敬而远之。在他看来,宗教的"玄妙之理"大抵是非哲学或哲理化的,愈玄妙宗教化程度愈深,离哲学也愈远。在1914年9月13日日记中,他说:

> 其(指基督教牧师——引者)所论者大抵皆谈玄说理,乃哲学之范围,而非宗教之范围也。颇怪此宗派为耶氏各派中之最近迷信者。其以信仰治病,与道家之符箓治病何异? 而此派之哲学,乃近极端之唯心派,其理玄妙,非凡愚所能洞晓。吾国道教亦最迷信,乃以老子为教祖,以《道德经》为教典,其理玄妙,尤非凡愚所能洞晓。余据此二事观之,疑迷信之教宗,与玄奥之哲理,二者之间,当有无形之关系。其关系为何? 曰,反比例是也。宗教迷信愈深,则其所傅会之哲学愈玄妙。彼昌明之耶教、孔教,皆无有奥妙难解之哲理为之根据也。①

不仅是与哲学愈远,宗教亦与"迷信"相近,以上"宗教迷信"连用,或可说明胡适已经把宗教下放到中世纪,它是历史的存在或历史的延续,理应与现代社会不再发生作用。这也是他反对"尊孔"和儒家"孔教"化的原因之一。当然,反过来说,国内"尊孔"的思潮,以及由此而激发的观念和认知,或许也是胡适决定"治诸子学"的原因之一。②

对胡适而言,反孔教与对孔子个人的敬佩从来都是两条平行的路轨。从中国公学时代到留美后,就是如此。他1916年7月29日所作的《孔丘》诗"'知其不可'而变之,亦'不知老之将至'"两句中反映出的对于孔子"知之为知之,不知为不知,是知也"的欣赏就一直维持到了晚年。只是晚年胡适将此解读成"孔子的存疑主义",且认为这是"中国思想传统上一点最有

---

① 胡适:《藏晖室札记·波士顿游记》(1914年9月13日),《胡适全集》第27卷,第481页。
② 胡适1916年4月13日的札记曾提及:"友朋知余治诸子学。"参见《藏晖室札记·怡荪、近仁抄赠的两部书》,《胡适全集》第28卷,第353页。

价值的怀疑精神"。①但这只是此诗的一个层面。

从另一层面看,此诗也同时体现出胡适治诸子学后的变化。到8月初开始撰写博士毕业论文,三个月后,即11月17日撰成"孔子名学"一章后所作的自记二十字"推倒邵尧夫,烧残太极图。从今一部易,不算是天书"的五言绝句中的自得心情,显然是胡适对自己从哲学和逻辑学上诠释《周易》,因而开风气之先颇为满意的表示。发掘传统学术的现代价值,亦是胡适一生的追求,这或是在学术上一个正式的起步。但此时发掘孔子之说就不仅是把孔子及其思想当成了史料或材料看待,亦进行了现代性的解读。此一解读的视角显然又是比较式的,即既让孔子、儒家与诸子比较,又将其置于中西哲学、思想的比较框架下。这个视野自然不同于传统经学了。

以研究的态度对待孔子自然无所谓"尊孔",这个态度的公开表述最早是在1917年1月发表于《科学》杂志第3卷第1期上的《先秦诸子进化论》中。胡适公开将诸子与进化论联系在一起表明他已经完全接受了进化论。而前期有关诸子学研究的准备亦拓宽了眼界,胡适对于孔子的认知就是在比较了老子和墨子后得出的。他以为,孔子虽不主张复古却极"好古"。孔子的历史主义是他关注的重点,在他看来,历史主义较之老子的自然主义,更进了一步。此时限于学力,"老孔先后"尚未成问题,但从胡适的表述可知,中国哲学的产生是由老子开其端,而孔子继其续的观点已经相当明确。他说:"老子的自然进化论,打破了'天地好生'上帝'作之君作之师'种种迷信。从此以后,神话的时代去,而哲学的时代来。"孔子的温故而知新,则比老子进了一层。②

胡适的博士论文《中国古代哲学方法之进化史》(《先秦名学史》)对于孔子的解读既遵循实验主义的原则,亦取历史主义的态度。孔子的正名被胡适看作是思想改革和文化重建,他所说的"孔子把'正名'看作是社会的和政治的改革问题的核心,因而也可以说,孔子把哲学问题主要看作是思想改革的核心"是将哲学问题政治化和人文化的特征揭示了出来。而将孔子

---

① 胡适1953年6月16日日记,《胡适全集》第34卷,第296页。
② 分别见胡适《先秦诸子进化论》,《科学》杂志第3卷第1期,1917年1月,第26、40页。

正名与孔德学说相类比,主要是基于孔德所说"制度依赖于道德,而道德则依赖于信仰",这也就涉及孔子思想的伦理一面。

对于孔子讲文化和道德的重建,讲究现世而不事玄妙,胡适并无简单的贬损,然历史地分析,就必涉孔子思想的负面特征。他指出,"儒家的问题就在于建立一个理想的世界,即一个具有普遍性和理想关系的世界,以便现实世界模仿和接近"。但他认为,其中的"礼"被夸大了,变成了无法忍受的繁文缛节。他又将孔子思想与墨子思想相对比,说:"孔子逻辑的最大贡献就在于发现了名的意义,即'所以谓'。但孔子学派没看到,'所以谓'脱离了'所谓'的实际关系就是空洞的和毫无意义的。把'主词'或"'所谓'[实]这一语词引入中国逻辑是墨翟的功劳。"

实际上,胡适在这里讲了一个传统哲学和杜威实验主义一类的现代哲学的差异,重视具体和实际经验亦是实验主义的特点。职是之故,胡适对于孔子的"纯粹理性主义"表示出了不满,他说,"孔子关于知识的理论不是从经验开始的,而是从学习开始的,就是从获得现成的知识开始的"。而"墨翟关于直接观察的理论虽然是粗糙的,却标志着中国经验主义的开端"。依此立场,儒家正名是无效的。原因是儒家逻辑上出现了问题,即他们"是用名以正名的问题,即通过重建名的原始的和理想的意义,以改正现已陈旧和退化的名的意义"。他说:"任何一个现代语言学家都能容易地看到这个企图是无效的。"而墨子把正名与现实生活联系在一起,使之在现实生活中"提高品行"后,才显示出真正的意义。在胡适看来,"墨翟之坚持以过去的经验,坚持要同古代圣贤的看法相一致,作为一种真理的检验,就跟他的应用主义方法一点也不矛盾了"。①这里不见得是为了顺应晚清以降诸子学的抑孔扬墨的倾向,而主要是以实验主义的经验论、实践性和具体性原则衡量孔子和墨子思想的结果。

到1917年,胡适回国,陈独秀等《新青年》撰稿人的反传统进行得如火如荼,其结果反映到新派的见解上,就是一个神圣和"定于一尊"的孔子被

---

① 以上分别见胡适《先秦名学史》,《胡适全集》第5卷,第35—36、39、75、78—79、88、79、90页。

下放到民间,成了可以讨论、批评和调侃的诸子之一。无论在私人领域或是公共领域,胡适未必真是轻视孔子本人,但话语之间的神圣性已被随意的调侃所取代。这年 11 月 20 日答钱玄同书中谈及孔子便有:"即如孔子时代,原不以男女相悦为非,故叔梁纥与徵在'野合而生孔子'(见《史记》),时人不以此遂轻孔子。及孔子选诗,其三百篇中,大半皆情诗也。……后之腐儒,不明时代之不同,风尚之互异,遂想出种种谬说来解《诗经》。诗之真价值遂历二千余年而不明,则皆诸腐儒之罪也。"①

不过,在北大哲学系讲授《西洋哲学史大纲》时,胡适将孔子喻为苏格拉底,说"孔子因为当时的'邪说暴行'太多了,所以主张一种建设的哲学",②亦值得一提。因为胡适差不多在同时已经在鼓吹"破坏"之外的"建设",1918 年 4 月 15 日发表的《建设的文学革命论》即是一个证明。③孔子被提升到"建设"的高度,确显示出在学术层面对孔子的历史肯定。

上述冯友兰所论未注意到的是,在回国后的两三年,也即在新文化运动的后两年及五四学生运动开始后,现实中的"尊孔"及孔教鼓吹直接引起了胡适的反弹。④1919 年 6 月 29 日,他在《欢迎我们的兄弟——〈星期评论〉》中批评舆论界"偏向纸上的学说"时顺便提到,"提倡尊孔祀天的人""是不懂现时社会的需要"的。⑤而此时军阀的"尊孔"更引起胡适的反感,同年 7 月 20 日,他讽刺说:"原来孔二先生的学说还有军事的作用!怪不得军阀派要尊孔了!"⑥

"孔二先生"这个调侃的说法,在《说儒》中亦曾出现。胡适引述《檀

---

① 胡适:《论小说及白话韵文》,《新青年》第 4 卷第 1 号,1918 年 1 月 15 日,第 76 页。
② 胡适:《西洋哲学史大纲》,《胡适全集》第 7 卷,第 300 页。
③ 胡适:《建设的文学革命论》,《新青年》第 4 卷第 4 号,1918 年 4 月 15 日,第 289—306 页。
④ 有关这一点,晚年胡适仍耿耿于怀,1958 年 12 月 12 日,他曾引用徐复观(1903—1982)的话,以为"孔子的思想,儒家的思想,往往因为后世君主专制的制度的影响,不能不改变其内容,不能不改变其精神"。参见《贬天子》,《胡适全集》第 13 卷,第 685 页。
⑤ 适(胡适):《欢迎我们的兄弟——〈星期评论〉》,《每周评论》第 28 号,1919 年 6 月 29 日,第 1 版。
⑥ 天风(胡适):《孔教精义?》,《每周评论》第 31 号,1919 年 7 月 20 日,第 4 版。

弓》所记孔子相司徒敬子(生卒年未详)之丧的故事后说:"这一个不守礼法的朋友好像不很欢迎孔二先生的帮忙"。在胡适文章及日记中"孔二先生"亦出现过几次。20 世纪 20 年代中期,他在《论中西文化》中说:"孔二先生若见了今日的电灯、电话、汽机、汽车,他老人家一定会竖起一只大拇指,喊一声'利用出入,民咸用之,谓之神!'现在一般自命儒教徒而菲薄物质器械的人,在孔二先生门下,都该打手心。"①调侃式称呼孔子应是那时节新派学者区别于旧派学者的标识之一。不仅是胡适,钱玄同等人笔下也常有此戏谑表述。②

"孔二先生"虽是面对"尊孔"派神圣化、神秘化孔子的一种有意亵渎,在"尊孔派"或文化保守派看来是对孔子的不敬,不过,在他们自己仅表明一种平等的态度,并不一定含有贬义。1930 年 12 月 20 日,胡适在致钱玄同的信中谈及"孔子始开私家学者作历史的风气","确有可以使跋扈权臣担忧之处。故有'乱臣贼子惧'的话"时,仍称孔子为"有点傻气的孔二先生"。③1931 年 3 月 5 日日记称颂孔子"知之为知之⋯⋯"为"不可磨灭的格言,可以防身",亦表述为"孔二先生"。④

在 1919 年 11 月 1 日撰写、12 月 1 日发表在《新青年》第 7 卷第 1 号上的《新思潮的意义》中,胡适将孔教思潮的出现看作是西洋文化冲击下的"反动"式反应,且对此仍旧是不以为然。⑤ 同样的观点也出现在 1922 年 11 月 20 日执笔起草完成的《〈国学季刊〉发刊宣言》里。其中"甚至于有人竟

---

① 胡适:《论中西文化》(残稿,应为 1926 年?),《胡适全集》第 13 卷,第 744 页。
② 如 1925 年 3 月 16 日钱玄同致顾颉刚信中,说到《春秋》的性质,"认它是历史","是一部鲁国底'断烂朝报'","决不是孔二先生做的"。(参见玄同、颉刚《〈春秋〉与孔子》,《北京大学研究所国学门周刊》第 1 卷第 1 期,1925 年 10 月 14 日,第 1 页)又如 1921 年 10 月,北大出身、曾参与《新潮》杂志创办的吴康(1895—1976)在《从思想改造到社会改造》中也提到"孔二先生"。(见《新潮》第 3 卷第 1 号,1921 年 10 月 1 日,第 31 页)不过,"孔二先生"亦有反讽式的使用的,贺次君《〈说儒〉质疑》中即是如此。(参见《史学论丛》第 2 册,1935 年 11 月,第 8 页[文尾])有关贺氏驳文的解读,详见本著第八章。
③ 胡适致钱玄同,1930 年 12 月 20 日,《胡适全集》第 24 卷,第 67 页。
④ 胡适 1931 年 3 月 5 日日记,《胡适全集》第 32 卷,第 80 页。
⑤ 具体见胡适《新思潮的意义》,《新青年》第 7 卷第 1 号,1919 年 12 月 1 日,第 7 页。

想抄袭基督教的制度来光复孔教"①一句既然是指康有为,结合在《新思潮的意义》中有关"现在康有为变成老古董了"②的说法亦可知,胡适在此宣称的"旧式学者破产的铁证"③中的"旧式学者"应主要指晚清时节曾经的"新派"——维新派,这中间自然也包括梁启超。胡适后来说,1918年梁启超他们一行访问欧洲后变得"反动","他们对西方物质文明的毁灭现象深感不安。于是,一时间,出现了赞美东洋文化的潮流,开始议论起孔子、老子的人性论。访问中,梁启超接触到欧洲的反动思潮。他访问了哲学家倭伊铿和柏格森深感触动。……梁氏认为,哲学和人生的机械概念,就是欧洲灾难的起因"。④

不过,这些反对后人"尊孔"的意见并不影响胡适对孔子的个人看法。1921年8月12日,胡适曾说:"向来信《汉书·艺文志》的人,多信'道家出于史官'之说。其实老子一派的学说多偏向破坏,——老子最甚,——很缺乏历史的观念。……儒家都是根据于一种历史的观念的。孔子的一生最富于历史的观念,故有三代因革,损益可知的话,又他一生最注重文献的保存,后来的儒家也都抱此保存文献的志愿。故说儒家为历史的学派,当可成立。若说道家出于史官,只可算是上了刘歆、班固的当了。"⑤这种较少见的扬儒抑老,虽不见得会在公共领域发表,却展示出胡适对孔子历史主义态度的欣赏。

而实际上,胡适自己对孔子的整体认知也基本遵循历史主义的原则。他1928年说:"孔子是道学家,可是他删诗而不删掉极淫乱的作品,正可充分地表现他有远大的目光。""因为有这种态度,这种眼光,所以为中国、为全世界保存了最古、最美、最有价值的文学史料、社会史料、宗教史料、政治

---

① 胡适:《〈国学季刊〉发刊宣言》,《国学季刊》第1卷第1号,1923年1月,第1页。
② 胡适:《新思潮的意义》,《新青年》第7卷第1号,1919年12月1日,第6页。
③ 胡适:《〈国学季刊〉发刊宣言》,《国学季刊》第1卷第1号,1923年1月,第1页。
④ 胡适:《当代中国的思想界》,原刊《朝鲜日报》,1925年1月1日,收入《胡适全集》第20卷,第555页。
⑤ 胡适1921年8月12日日记,《胡适全集》第29卷,第415—416页。

史料。"①前引 1934 年 9 月 11 日在回答孟森的质疑时所说的"孔氏身分之高,是后人想象之词,在当时则'出则事公卿,入则事父兄,丧事不敢不勉,不为酒困',固是孔子自道其生活,不足诧异也",也是立足于历史的。

至于对孔子个人,胡适则往往取其关乎现实和个人体验或境遇一点而信之。在 1936 年 1 月 9 日致周作人的信中,胡适所谓"生平自称为'多神信徒'","神龛"里的"三位大神",亦有孔子,惟所取为"知其不可而为之"。②不过,胡适欣赏的孔子,始终体现出他从实验主义那里承继的对具体的"人"及人情的关注,这亦是对宋明理学不近人情一面的反动。1942 年 5 月 17 日,在致傅斯年的信中,他说:"孔子的伟大处正在平平无奇,却又实在近情近理。"③晚年亦称"我们的老祖宗孔夫子是近人情的,但是到了后来,人们走错了路了,缠小脚、八股文、律诗、骈文,都是走错了路"。④ 而后者正是针对宋明理学而言的。

前已论及,晚年胡适对孔子及儒家的态度存在多重面相,然一个新的变化值得特别注意。从 20 世纪 40 年代末开始,胡适往往以自由主义标签老子、孔子,这样中国的自由主义史上推了近两千年。以此来挖掘中国自由主义的传统资源,自然有现实刺激的因由。到 1948 年,国民党政府及军队的失败、中国共产党和解放军的胜利已基本成为定局,此时便是胡适一生最集中地阐述自由主义的时段。

在《先秦名学史》中,胡适将老子喻作古希腊哲学家、"智者"普罗塔哥拉,且在老子身上看到了"启蒙年代精神",他赞赏老子的时代批评家的角色和反权威性,虽然也说老子是"一个哲学上的虚无主义者"。他认为,老子宣讲的是政治上的不干涉主义或放任的无政府主义的哲学。老子的"自然"概念类似于斯宾塞。因为"从严酷的自然律到政治上的放任自流学说

---

① 胡适讲,王养冲、许师慎速记:《中国书的收集法》(1928 年 7 月 31 日),《中华图书馆协会会报》第 9 卷第 5 期,1934 年 4 月 30 日,第 7—8 页。
② 胡适致周作人,1936 年 1 月 9 日,《胡适全集》第 24 卷,第 284 页。
③ 胡适致傅斯年,1942 年 5 月 17 日,《胡适全集》第 24 卷,第 584 页。
④ 参见《胡适之先生晚年谈话录》,第 293 页。

的演变,正是斯宾塞所做过的"。①但与《先秦名学史》中对孔子描述一样,均未提"自由主义"。在《中国哲学史大纲(卷上)》中,老子仍旧是以"革命家"的姿态创立了"一种革命的政治哲学",其思想"完全是那个时代的反动";是"极端的破坏主义","对于国家政治,便主张极端的放任"。而把孔子当成柏拉图和苏格拉底式的"守旧派"或"积极的救世派",说在一个"邪说横行,处士横议"的时代,孔子想把"天下无道"变成"天下有道"。②然胡适仍未使用"自由主义"来定义老、孔及其思想。

2. 时势所迫:孔子思想的自由主义解读

到20世纪40年代末则不同。1948年9月4日,胡适在北平电台讲"自由主义",他指出:

> 古代思想的第一位大师老子,就是一位大胆批评政府的人。……另一位更伟大的人就是孔子,他也是一位偏向左的"中间派",他对于当时的宗教与政治,都有大胆的批评,他的最大胆的思想是在教育方面:
>
> "有教无类","类"是门类,是阶级民族,"有教无类"是说:"有了教育,就没有阶级民族了。"

尽管在这里胡适所强调的是老子和孔子的革命或反叛的一面,但就他个人思想言,其中的变化是明显的。因为从政治学的视角解读老子和孔子,已经突破了原来的历史研究或历史评价,换言之,老子和孔子的形象已不再停留在历史中,而成了现实中的一员。胡适此时是在以政治学的方式完成对传统的现代转化的,故强调说:

> 从老子、孔子打开了自由思想的风气,二千多年的中国思想史,宗

---

① 以上见胡适《先秦名学史》,《胡适全集》第5卷,第26—28页。
② 以上分别见胡适《中国哲学史大纲(卷上)》,《胡适全集》第5卷,第235—237、257—259页。

教史,时时有争自由的急先锋,有时还有牺牲生命的殉道者。孟子的政治思想可以说是全世界的自由主义的最早一个倡导者。孟子提出的"大丈夫"是"贫贱不能移,富贵不能淫,威武不能屈"。这是中国经典里自由主义的理想人物。在二千多年历史上,每到了宗教与思想走进了太黑暗的时代,总有大思想家起来奋斗,批评,改革。①

同样的意思也出现在10月5日面对武昌公教人员的演讲中。他说:

> 远在二千五百年前的老子,就开辟了自由主义风气之路。世界上也只有希腊和中国,具有自由主义的思想最早。中国的民族英雄,不在马上,也不在刀枪之下,而是一位教书匠孔子。因为他不仅是中国第一位平民教育家,并且是提倡自由主义的先锋。他的"有教无类"一语就是启发中国自由主义思想之路的确证。王充的《论衡》一出,也是世界上争取自由最早的珍籍。②

虽然面对的对象不同,就内容上看,胡适主要还是在面向知识人发言,要知识人不随时事变动而抛弃独立性。故在两个月前,即8月1日所撰写的《自由主义是什么?》中,他说"'自由'在中国古文里的意思是'由于自己',就是'不由于外力'。在欧洲文字里,'自由'含有'解放'之意,是从外力裁制之下解放出来。……自由在历史上的意义是'解缚'。解除了束缚,方才可以自由自在"。③为此他又挖掘出古典文献中的自由主义资源,说"在《孝经》中就有一章《谏诤章》,要人为'争臣''争子'。……古代这种谏官

---

① 上段及本段,均见胡适《自由主义》,原刊北平《世界日报》,1948年9月5日,《胡适全集》第22卷,第735页。
② 胡适:《自由主义与中国》,原刊重庆《大公报》,1948年10月6日,收入《胡适全集》第22卷,第752—753页。此演讲标题《胡适全集》第22卷有误。
③ 胡适:《自由主义是什么?》,《周论》第2卷第4期"自由主义专号",1948年8月6日,第2页。

制度,可以说是自由主义的一种传说[统],就是批评政治的自由"。①不过,对中国古代自由主义者的认定也偶有例外。在《自由主义是什么?》中,他就没有提及老子与孔子,而是说"从墨翟、杨朱到桓谭、王充,从范缜、傅奕、韩愈到李贽、颜元、李塨,都可以说是为信仰思想自由奋斗的东方豪杰之士,很可以同他们的许多西方同志齐名比美"。②

1949年3月27日,胡适在台北中山堂的演讲中,干脆否认"自由"是"舶来品"。他说,"'自由'这个名词,并不是外面来的,不是洋货,是中国古代就有的";"中国思想的先锋老子与孔子,也可以说是自由主义者"。在他看来,孔子的"中庸之道","实在是一个中间偏左的态度"。"有教无类"体现出了"教育的平等","这种意见,都可说是一种自由主义者的思想"。③显然,在胡适那里,"自由主义"一词的外延被扩大了,故只要是敢于反对和批评主流意识形态或"定于一尊"者,都是"自由主义"的表现,都属于"自由主义者"。这应是以往挖掘和表彰"异端"的学术层面的革命精神在现实层面的折射。

如果说,20世纪40年代末,胡适对中国"自由主义传统"的挖掘是拜国共争端,国民党政权走向失败所赐,那么到50年代初,国际上冷战局面的出现,亦促发了胡适对前说以及古代思想或传统资源的反省。1953年10月,胡适在日记里就感叹中国上古政治思想资源的欠缺,说"仔细想来,古代政治思想并不算发达。所谓百家之言,其实止有两个大趋势"。这两大趋势,一是"'无为'的喊声,代表自由思想",孔子即被纳入此类之中;二是"集权的有为政治",代表是墨家、商君(鞅)和韩非。④类似的反省并非仅止于日记,亦出现在公共领域的发言中。

---

① 参见胡适讲演,黄谷辛记录《中国文化里的自由传统》,此为1949年3月27日在台北中山堂的讲演,原刊台湾《新生报》,1949年3月28日,收入《胡适全集》第13卷,第604页。
② 胡适:《自由主义是什么?》,《周论》第2卷第4期"自由主义专号",1948年8月6日,第2页。
③ 以上分别见胡适讲演,黄谷辛记录《中国文化里的自由传统》,《胡适全集》第13卷,第603、605页。
④ 胡适1953年10月29、30日记,《胡适全集》第34卷,第307—308页。

1954年3月,胡适在台湾大学的演讲中进一步将中国古代传统中自由主义资源限定或者说归纳为两个方面,即无政府主义的无政府的抗议,这是"中国政治思想史上第一个放大炮的",其代表是老子;而孔子、孟子等先秦儒家,其自由主义的表现则主要是"提倡的一种自由主义的教育哲学"。①

冷战局面这个重要的语境让胡适更加留恋维多利亚时代的自由主义的同时,也将中国的"自由传统"提升到了无以复加的高度。他甚至说,与自由主义起源相关的"反文化的观念,在欧洲18世纪时的卢梭,19世纪时的托尔斯泰也曾提出;而老子的反文化观念要比任何世界上有文化的民族为早"。老子的"放任主义"被视作自由主义的源头,这似乎又是一个早于欧洲的范例。他说:"在世界政治思想史上,自由中国在二千五百年以前产生了一种放任主义的政治哲学,无为而治的政治哲学,不干涉主义的政治哲学。在西方恐怕因为直接间接的受了中国这种政治思想的影响,到了18世纪才有不干涉政治思想哲学的起来。近代的民主政治,最初的一炮都是对于政府的一个抗议:不要政府,要把政府的力量减轻到最低,最好做到无为而治。我想全世界人士不会否认:在全世界的政治思想史上,中国提出无为而治的思想、不干涉主义,这个政治哲学,比任何一个国家要早二千三百年。这是很重要的一件大事。"这与他二三十年代对政府规划的部分肯定相比,确实发生了极大的变化。但也应该看到,对"放任主义"的强调,主要还是为后面所批评的极权主义作铺垫的。以胡适的政治哲学或政治学知识,他不可能不知道"无政府主义"并非他所欣赏的维多利亚时代的自由主义,也非他提倡的"健全的个人主义"。

对于孔子的"有教无类",胡适则从维多利亚式自由主义和杜威实验主义的立场出发,加以解读。他将"有教无类"说成是"中国的民主主义教育哲学"。说教育并不是为自己,不是为使自己成为菩萨、罗汉、神仙。"修己"是为了教育自己,为的是社会目标,是将个人与社会贯连起来。因为有这个使命,就感觉到"仁",也就是受教育的"人",因而士大夫阶级格外有一

---

① 本段与下三段,均见胡适《中国古代政治思想史的一个看法》,《胡适全集》第8卷,第449—462页。

种尊严,即《论语》说的"不降其志,不辱其身",将整个人类视为个人的担子。故以"自由民主的教育哲学"产生了"健全的个人主义"。

但冷战局面对胡适最明显的影响更是使其重新反省上古思想,而重新定位墨学,关注到《商君书》和韩非思想的极权倾向即是例证。胡适解释说,在《中国哲学史大纲(卷上)》中,他将墨家定位成"左派",是因为"当时认为墨家是反儒家的;儒家是守旧的右派,而墨家是革新的左派。但这几十年来……我看墨子的运动是替民间的宗教辩护,认为鬼是有的,神是有的。这种替民间宗教辩护的思想,在当时我认为颇倾向于左;但现在看他,可以算是一个极右的右派——反动派。尤其是讲宗教政治的部分,所说的话是右派的话"。在政治思想上,墨子的《上同篇》(又作《尚同》)体现出的也是"民主集权制"。故"从政治方面讲,老子是站在左派,而墨子是站在极右派"。对胡适而言,《商君书》和《韩非子》的极权倾向则是一个时代性的新发现。他反省说:"在三十五年前我写《中国哲学史大纲》时,就很不注意《商君书》和韩非子的书。这种书因为在那时候,没有能看得懂,觉得有许多东西好像靠不住。等到这几十年来,世界上有几个大的极权政府,有几个已经倒了,有的还没有倒。因为这个缘故,我们再回头看墨子、商君的书,懂了。这是经过三十多年的变化而生的转移。"

从20世纪40年代末胡适对孔子及上古思想传统的解读不难发现,时势变迁对其思想和学术研究的巨大影响。胡适早年"暴得大名",领一时风骚,得益于顺应"时代",故在学术层面,将"时代精神"作为评判的重要标准,在现实层面,则以追求"时代精神"为务。杜威实验主义提供的经验论以及他本人秉持的知识人的现实关怀,亦在支撑着"时代精神"。但反过来看,他的思想和学术,亦不能不受时代或时势的影响。这个特点也体现在《说儒》之中。此为一方面。

就另一方面言,从20世纪40年代末开始的胡适对中国"自由主义传统"的挖掘,虽更多地偏向于政治学而与历史学稍远,但这种基于历史或思想史,又运用其他人文社会科学方法谋求中国传统现代转化的方式,并不始于此时,其最集中地体现正是在《说儒》中,只不过因为研究对象的差异,后者更多地显示出学术的意味。其中历史叙述占据了大部分,比较宗教学、人类学或民族学、神话学以及文学史诗的运用也容易识别,但现实关怀的因素往往被遮蔽。或许是时过境迁,即使到晚年胡适自己虽屡次自信地提到《说儒》开山的价值,却也有意不去说破,这都给后来者探寻其中的文化密码增添了难度。

二、新形象和新儒行:《说儒》中的孔子

《说儒》虽然说的是"儒",实际却兼及儒家,而说到儒家就必然涉及创立者孔子,但胡适却依历史进程叙述"儒"在前孔子时代的起源,这样,孔子不再是中国思想文化正统谱系的开山,而是历史或思想史、文化史进程中的枢纽人物,即成为历史或思想史、文化史的一分子,而不是历史或思想史、文化史的创始者和唯一主角。然在《说儒》中孔子又被塑造成儒教的"教主",明显与历史进程中的孔子定位相牴牾。此一牴牾鲜为后人所体察,其原因更未见探讨。

1. 作为证据的孔子

《说儒》前三节,有关"儒"的起源,基本是历史叙述。孔子出现在第一节中,也主要是为了证明"儒是殷遗民""儒是殷民族的教士"的判断。如果不算胡适征引的章太炎《原儒》,《说儒》最早提到孔子的是《论语》中孔子对弟子言:"女为君子儒,毋为小人儒。"不过,胡适的重点在下面的话:

> 这可见当孔子的时候,"儒"的流品是很杂的,有君子的儒,也有小人的儒。向来的人多蔽于成见,不能推想这句话的涵义。若依章太炎的说法,当孔子以前已有那些广义的儒,这句话就很明白了。

胡适所说的"向来的人多蔽于成见"实是批评后儒以及并世的文化保守派不愿承认"儒"的宗教出身和早期的鄙陋,他之所以重视章太炎《原儒》,是因为后者亦以为广义的"儒"在孔子以前已经出现。今文家以孔子为儒家的创立者,往往以为孔子之前无儒可言,章太炎以古文家的态度,否定孔子之前无儒之旧说。接受《原儒》之观点,正说明胡适对今文家一些观

点的否定,他的今文立场亦在部分地发生变化。①但更重要的是,胡适是以现代眼光解读章说,他看到的是内中的"历史的观念",惟根据"历史的观念"才能解构后儒塑造的"道统"。而由此将历史上推到殷商,则不仅超越了今文家,亦超越了在学术上相当欣赏的王国维,后一点恰是胡适学术野心的一种隐晦体现。将孔子放置在历史中,这是重新建构中国文化史新谱系的基础,进而依据考古的新发现,将历史上推至殷商,从而完成了一个从宗教到人文的世界文明的普世性转化。这样,中华文化或文明便被纳入到了一个更为宽广的世界文化或文明之中。

尽管如此,在《说儒》前三节仍是历史地呈现,孔子既非主角,又非主要的叙述对象,只起到证明或旁证的作用。换言之,孔子只是可供研究的历史材料。不过,胡适反对章太炎有关"类名"的"儒"亦值得注意。他说:

> 但太炎先生的说法,现在看来,也还有可以修正补充之处。他的最大弱点在于那"类名"的儒。(其实那术士通称的"儒"才是类名。——原注)他在那最广义的儒之下,另立一类"六艺之人"的儒。此说的根据只有《周礼》的两条郑玄注。无论《周礼》是否可信,《周礼》本文只是一句"儒以道得民"和一句"联师儒",这里并没有儒字的定义。郑玄注里说儒是"有六艺以教民者",这只是一个东汉晚年的学者的说法,我们不能因此就相信古代(周初)真有那专习六艺的儒。何况《周礼》本身就很可疑呢?

表面看,这是信与不信《周礼》的分歧,其实涉及"儒"起源的根本问题,即"儒"的起源和性质究竟是人文的,还是神文的?章太炎《原儒》中有关"六艺"的说法,今人已有材料证明是合理的。②但彼时的章太炎,在内心里或仍以神文性为一弊端,要有所转化才能接续上中华文化的人文特性,而为

---

① 之所以说是"部分地发生变化",是因为此时胡适没有摆脱今文家的影响,如在撰写《说儒》时,他仍不相信《周礼》。
② 如前引陈来《古代宗教与伦理——儒家思想的根源》即有相关的论证。

了照顾接受者的承受力,故仅凭《周礼》郑玄注的两个注,就确定"类名之儒"为"六艺之人",这样,最接近于儒家的那个"儒"就不再是"巫觋"或教士而是宫内或宫外教授"六艺"之术的教育工作者。胡适直接批评的是章太炎在材料上的缺失,实际上则是在坚持神文或宗教起源。这或是胡适与章太炎以及大多数新旧派学者最大的不同,他不认为神文或宗教起源有损于中华文化的形象。相反,神文性恰成了中华文化与世界文明在起源上的共通之处。

在《说儒》第二节中胡适引用《礼记·儒行》记孔子对鲁哀公所说"丘少居鲁,衣逢掖之衣;长居宋,冠章甫之冠。丘闻之也:君子之学也博,其服也乡。丘不知儒服"后评论说:"孔子的祖先是宋人,是殷王室的后裔,所以他临死时还自称为'殷人'(见《檀弓》)。他生在鲁国,生于殷人的家庭,长大时还回到他的故国去住过一个时期。(《史记·孔子世家》不记他早年居宋的事。但《儒行》篇所说无作伪之动机,似可信。——原注)他是有历史眼光的人,他懂得当时所谓'儒服'其实不过是他的民族和他的故国的服制。儒服只是殷服,所以他只承认那是他的'乡'服,而不是什么特别的儒服。"这仍是作为"儒"乃"殷遗民"的证据。

叙述商文化对周文化的"倒征服"时,孔子及其言语也只是证据。胡适说,"殷民族在东土有了好几百年的历史,人数是很多的;虽没有政治势力,他们的文化的潜势力是不可侮视的"。他引用《论语·为政》中孔子所说"周因于殷礼,所损益可知也",以为孔子有"历史眼光",但孔子依旧是"人",与"神"(教主)无甚关联。

具体地说,孔子的职业是教师。这是胡适从孟僖子(?—前524)令其两个儿子从孔子学"礼"推出的结论。他以为,"孔子有'博学''知礼'的名誉,又有'学而不厌,诲人不倦'的精神,故相传他的弟子有三千之多。这就是他的职业了"。从职业上理解孔子,正如从职业上理解"儒"一样,所取的社会史的视角,仍是胡适所说的"历史眼光"的一种体现。

秉此"历史眼光",胡适亦指出,在传授的同时,孔子仍主持和参与相礼的活动,因为授徒与相礼是"儒"的生存方式,都是他们的"衣食之端"。胡适说:"孔子也很注重丧祭之礼,他作中都宰时,曾定制用四寸之棺,五寸之椁。(见《檀弓》有若的话。——原注,下同)他承认三年之丧为'天下之通丧',又建立三年之丧的理论,说这是因为'子生三年然后免于父母之怀'(《论语》十七)。这都可表示他是殷民族的宗教的辩护者,正是'儒'的本色。"孔子相礼的记载,《曾子问》记孔子"从老聃助葬"较著名,亦为一证据。胡适又引《檀弓》所记卫国大夫司徒敬子请相礼,即"国昭子之母死,问于子张曰:'葬及墓,男子妇人安位?'子张曰:'司徒敬子之丧,夫子相,男子西乡,妇人东乡'",①且评论说,"孔子在卫国,还为人相丧礼,我们可以推想他在鲁国也常有为人家相丧礼的事"。而关于孔子及其弟子时代相礼的活动,胡适直到晚年,亦深信不疑,且仍在补充相关的材料,以证《说儒》所言不虚。前引1953年10月7日所加按语"《先进篇》'赤尔何如'一段,赤所谓'端章甫,愿为小相焉',也是'相礼'之一例。《乡党篇》有'君君[召]使摈'一章,也是'相礼'之一例"即为证明。

胡适用《檀弓》记孔子助友人原壤(生卒年未详)治椁事,证明即便是孔子为人相礼助丧,亦未必都得到尊敬和重视。受到轻慢待遇的还有其弟子,胡适举曾子与子贡(前520—前456)在鲁国权力之士季孙(生卒年未详)处的经历,或为了说明儒者的地位已经在发生变化,助丧相礼虽仍为社会风俗,但由于儒者地位的下降,为得到这项可以糊口的工作,不得不如《墨子·非儒》所描述的那样"五谷既收,大丧是随,子姓皆从,得厌饮食",闻"富人有丧,乃大说喜"。

胡适在此节中旨在以有限的材料描述儒的生活状态,为避免争议,往往慎用《墨子》《荀子》和《庄子》中批儒的言论,他要贬损的亦非孔子,而是孔子的弟子及后世的儒家。这虽是章太炎以降的一贯之见,但亦是建构新孔子形象所不可或缺的一环。

仔细体会亦不难发现,同样是描述治丧相礼的受人轻视,孔子与弟子的待遇是不同的。上述的孔子为原壤治椁,实是孔子道义的展示,而曾子、子贡主动赴季孙宅邸相礼,其过程则相当的狼狈和落魄。故胡适感叹说,孔子

---

① 远流版《说儒》另有胡适按语:"伪书《家语》也采孔子相司徒敬子之丧的故事。"(见第36页)看来,胡适对这个故事也是相信的。

的"那些大弟子,都是'习于礼者',只能在那些达官富人的丧事里,指手划脚的评量礼节,较量袭裘与裼裘的得失,辩论小敛之奠应在东方或在西方。《檀弓》所记,已够使人厌倦,使人失望,使人感觉孔子的门风真是及身而绝了"! 由此可知,孔子对宗教形式与内容的辨析,以及对形式本身的超越,颇有出类拔萃、出淤泥而不染的独行、高远和特出。

其实,在孔子时代,丧礼的形式所以引发争议,是因为社会发展后,它本身也面临着挑战和变革。《说儒》所引几条孔门弟子有关"丧礼"形式的争议旨在说明,烦琐的仪礼连弟子们亦不解其内涵和规范,从而产生歧义。烦琐的形式最易造成重外表而不重内心,这就走向了"礼"之反面,形成荒诞的、形式上的"礼"。孔子提倡的"礼之本",言"礼,与其奢也,宁俭。丧,与其易也,宁戚"(《论语·八佾》),是为了回到真情实感之上,因而顺应了"礼"之变革的要求。在胡适看来,孔子在《论语》中所言的"祭思敬,丧思哀",即是"礼之本"最好的证明。而《檀弓》述子路(仲由,前542—前480)引孔子的话所说"丧礼,与其哀不足而礼有余也,不若礼不足而哀有余也。祭礼,与其敬不足而礼有余也,不若礼不足而敬有余也",则"都明明的说还有比'礼'更为根本的在,明明的说礼是次要的('礼后')",这也是典型的重"礼之本"的表现。他指出,"我们看孔子对子路说:'啜菽饮水尽其欢,斯之谓孝;敛手足形,还葬而无椁,称其财,斯之谓礼'(《檀弓》;同书里,孔子答子游问丧具,与此节同意——原注);又看他在卫国时,遇旧馆人之丧,'一哀而出涕',就'脱骖而赙之',——这都可见他老人家是能见其大的,不是拘泥仪文小节的"。尽其性,故有人文展现;不拘小节(礼),故能超然。这是胡适要突出的孔子形象。

如果考虑胡适中国公学时代即不满于传统仪节的繁文缛节,亦不难理解,此处有将现代意识代入历史叙述之中的意味。或者说,在他看来,孔子的所想符合了现代精神。然孔子依旧在"人"的层面,尽管胡适已经在这一节中谈及孔子的"教主思想",但并没有突破历史的藩篱。孔子是兼顾授徒的教师和相礼的教士,虽免不了"招人轻侮之道",却比同代人及弟子更为超拔,又更具远见。

在第三节结尾,胡适说:"以上记'儒'的生活,我们只用那些我们认为

第七章　建构重心:《说儒》的文化密码(下)

最可信的史料。"他强调有意毁谤儒者,描写不近情理的材料,都不愿意引用,也无意"毁谤孔门圣贤",且引用孔子自己对于生活状态的描述。如《论语·子罕》:"出则事公卿,入则事父兄;丧事不敢不勉,不为酒困,——何有于我哉?"他评论说:

> 在这里,我们可以看见一个"儒"的生活的概略。纵酒是殷民族的恶习惯(参看前章引《酒诰》一段——原注),《论语》里写孔子"不为酒困","唯酒无量,不及乱",还可见酗酒在当时还是一个社会问题。"丧事不敢不勉",是"儒"的职业生活。"出则事公卿",也是那个不学稼圃的寄生阶级的生活的一方面。

然这个总结并没有结束,在第四节的开头,他仍在进行总结。他说:

> 在前三章里,我们说明了"儒"的来历。儒是殷民族的礼教的教士,他们在很困难的政治状态之下,继续保存着殷人的宗教典礼,继续穿戴着殷人的衣冠。他们是殷人的教士,在六七百年中渐渐变成了绝大多数人民的教师。他们的职业还是治丧,相礼,教学;但他们的礼教已渐渐行到统治阶级里了,他们的来学弟子,已有周鲁公族的子弟了(如孟孙何忌,南宫适);向他们问礼的,不但有各国的权臣,还有齐、鲁、卫的国君了。
> 　这才是那个广义的"儒"。儒是一个古宗教的教师,治丧相礼之外,他们还要做其它的宗教职务。

如果从上述的总结以及《说儒》的标题看,"儒"的来源,"儒"在殷周和春秋时代的生活状态叙述过后,内容已基本完整,这很可能亦是胡适撰写《说儒》最初的设想。但写到此处,胡适却没有停笔,下面的第四、第五两节,表面看是将视野转向了对孔子宗教一面的解析,其实解析只是一个方面,更为重要的则是另一面,即胡适通过塑造出一个作为"儒教教主"的孔子,既建构出一个中国文化的新谱系,又达到弥合知识人与百姓之间鸿沟的目的。

2. 何以是"儒教教主"？

胡适两大弟子之一的顾颉刚早年其实意识到了《说儒》中历史叙述和文化建构的多重性，但1949年后，或处于政治、思想批判运动的氛围中，或经历了政治、思想批判运动，心中尚有余悸，他的说法偏向于批判，故1955年3月5日参加中国社会科学院举行的"胡适思想批判"历史组的讨论会后，在当天的日记中提及《说儒》时说"直是造谣耳"。① 1980年，在《我是怎样编写〈古史辨〉的？》中又说，胡适"作了一篇《说儒》，……这就是他为了'信古'而造出来的一篇大谎话"。②

不过，这两个说法未必不是顾颉刚的真实意思。因为顾颉刚早年相信胡适是反孔的，他也认同钱玄同把胡适与他称为"打老牌""孔家店"的代表，且说"打老牌""孔家店""非作严密的研究，不易得到结果"。③斥《说儒》是"造谣"或胡适在说"大谎话"均是基于考据学的立场。因为《说儒》中孔子的"教主"塑造的史实依据，在他看来，并不坚实，而胡适建构或重建古代文化史谱系，亦违背了"疑古"或学术革命的初衷。

但1939年，顾颉刚对《说儒》的认知也有些不同。这年1月26日为了预备"中国古代史"课程有关孔子的内容以及准备撰写一系列有关殷周时代的论文，顾颉刚专门通读了《说儒》。在当天的日记中，他写道：

> 胡先生《说儒》一文为近年名作，顾前数年在平太忙，翻之而已，并未从头看下。今日乃得自始至终读一下，觉其中说话一半可赞成。④

此时顾颉刚与胡适的关系已经疏远，他对《说儒》的评价主要是基于学术。具体看，他赞成的应该是《说儒》的前三节基本遵循历史的部分，不赞成的

---

① 顾颉刚1955年3月5日日记，《顾颉刚日记》第7卷，第663页。
② 参见顾颉刚《我是怎样编写〈古史辨〉的？（上）》，《中国哲学》第2辑，第341页。
③ 顾颉刚致殷履安，1924年6月14日，《顾颉刚全集·顾颉刚书信集》卷4，第447页。
④ 顾颉刚1939年1月26日日记，1月27日日记又有："上古代史二堂（孔子）。"均见《顾颉刚日记》第4卷，第193页。另外，此时顾颉刚正在撰写《中华民族是一个》等文。

大概就是后三节,孔子为"儒教教主"的建构以及"老子是个'老儒'"的判断。

前引冯友兰1955年所说的"胡适《说儒》要达到一个目的,就是要把孔子的地位抬高,把老子的地位降低,把孔子恢复到哲学史上的正统地位",部分是为自己辩护,因为胡适曾公开批评冯友兰的"正统派"倾向,在"老孔先后"的问题上,也与之相左。但在这个问题上,确如胡适1948年所言"那是冯友兰先生们不会了解的"。①

在第三节结尾到第四节开头,胡适反复地总结,其本身暗示了一个叙事的转向。从胡适自身的学术脉络看,他1930年撰写的《中古哲学史》和《中国中古思想史长编》关注的一个重要问题便是儒教的形成。儒教的产生自然在汉代。汉代的儒教在胡适也不能等同于原始的儒、儒家及其思想。而胡适以汉代为儒教产生的时段更多的是现代宗教概念的套用,汉代儒教先是从方士的谶纬之学始,这是胡适一直关心"齐学"的原因,随后就是所谓"印度宗教的侵入,造成一个黑暗的中古时代"。②然佛教这个外来因素与汉代谶纬之学,都不能解决一个儒教产生的源头问题。而儒教与儒家毕竟具有相关性,要厘清这个相关性则肯定会涉及儒家的宗教一面。

《说儒》第四、第五两节有关孔子的叙述与前三节的逻辑上关联的媒介就是殷周教士阶层——"儒"及他们所信奉的宗教。因为既然殷人以自身的文化"倒征服"了周人,"儒"又是殷商遗民中的教士;有宗教,又有教士,则必有教主。而孔子又是殷遗民之后,他自然成为最佳的候选人。胡适在叙述中也有意强化这个逻辑的关联。他说:"儒是一个古宗教的教师,治丧相礼之外,他们还要做其他的宗教职务。"他引用《论语》"乡人傩,(孔子)朝服而立于阼阶"后以为,"傩是赶鬼的仪式"。而驱鬼与求雨都与宗教仪式有关。"这可见当时的儒者是各种方面的教师与顾问。丧礼是他们的专门,乐舞是他们的长技,教学是他们的职业,而乡人打鬼,国君求雨,他们也

---

① 胡适致陈之藩,1948年3月3日,《胡适全集》第25卷,第324页。
② 参见胡适《费经虞与费密》,《胡适全集》第2卷,第76页。类似的话,胡适在论著中多次提及。

都有事,——他们真得要无所不知无所不能的了。"

对"儒"的角色细分,虽不全属原创,仍有相当的意义。"乐舞"一项显然吸收了章太炎《原儒》中的见解。"教学"成为"儒"的"职业",与傅斯年所说相似,但胡适更强调这个"职业"之外,"儒"所兼顾的传统相礼义务,也正是从神文向人文过渡时期的表现。其中"丧礼"之所以成为"专门",是因为"丧礼"是祖先教中最为重视、最有代表性的礼仪。"乡人打鬼"是民众的需求,"国君求雨"则显示国家意志。至于"无所不知无所不能"未必属于他们的职业特点,而是巫祝通过职业塑造所达到的效果。这有点近乎"神"的效果,符合周至春秋的知识水平,故乃是一般人心目中"儒"的形象。而因为"儒""近乎于神","儒的职业需要博学多能,故广义的'儒'为术士的通称"。

胡适强调"儒"为"术士"是为了强调中华文化起源的宗教性,这亦是塑造孔子"教主"形象的基础,故他最反对章太炎《原儒》中"类名之儒"为"六艺之士"的结论。因为受今文家影响,不信《周礼》,亦不信《尚书》,中华文化的人文性就不能认定在西周完成,而只能是孔子时完成的。如果按照章太炎的意思,则"儒"的角色已经转换成"师儒",人文性增加,宗教性减少,儒家的宗教起源或与宗教的关联就不存在,那么,孔子的宗教一面亦不复存在,"儒教教主"之事,自然无从谈起。也即是说,"儒"无论是什么教不重要,重要的是,"儒"起源必然与宗教有关。

问题在于,《说儒》中"儒"需要由广义的术士向"私名"转换,才能对接后来的"儒家"或儒教"。而在胡适看来,完成这个转换的枢纽人物就是孔子。他说:

> 这个广义的,来源甚古的"儒",怎样变成了孔门学者的私名呢?这固然是孔子个人的伟大成绩,其中也有很重要的历史的原因。孔子是儒的中兴领袖,而不是儒教的创始者。儒教的伸展是殷亡以后五六百年的一个伟大的历史趋势;孔子只是这个历史趋势的最伟大的代表者,他的成绩也只是这个五六百年的历史运动的一个庄严灿烂的成功。

这里有两个定位最为重要。一是"孔子是儒的中兴领袖,而不是儒教的创始者"。这等于是将"儒"作为一个文化史的起源,而不是像以往那样,将孔子创立儒家,作为一个"道统"的源头。这样,在将中国文化的历史上溯到殷商的同时,也解构了"道统"的基础。从此意义上说,《说儒》对文化史的建构是否定"道统"的。这也是胡适思想由"疑古"到"信古"转变的一个具体体现。他开始根据安阳小屯有关殷商的考古新发现来作为建构中国文化史的依据。

二是孔子成为"中兴领袖","只是这个五六百年的历史运动的一个庄严灿烂的成功",它本身"有很重要的历史的原因"。胡适强调"历史的原因"或者"历史运动"并不完全是障眼法,他确实需要在"历史运动"或"复兴民族的运动"中来塑造孔子。因为胡适是以耶稣及其经历为模板来塑造孔子的"教主"形象的,而《旧约》中有关耶稣的描述,在胡适看来,就是一段犹太民族寻求复兴的历史,那么,孔子作为"儒教教主"也不可能脱离春秋时代的历史。

胡适指出:

> 但在那殷商民族亡国后的几百年中,他们好像始终保存着民族复兴的梦想,渐渐养成了一个"救世圣人"的预言。这种预言是亡国民族里常有的,最有名的一个例子就是希伯来(犹太)民族的"弥赛亚"(Messiah)降生救世的悬记,后来引起了耶稣领导的大运动。这种悬记(佛书中所谓"悬记",即预言——原注)本来只是悬想一个未来的民族英雄起来领导那久受亡国苦痛的民众,做到那复兴民族的大事业。但年代久了,政治复兴的梦想终没有影子,于是这种预言渐渐变换了内容,政治复兴的色彩渐渐变淡了,宗教或文化复兴的意味渐渐加浓了。犹太民族的"弥赛亚"原来是一个复兴英雄,后来却变成了一个救世的教主,这是一变;一个狭义的,民族的中兴领袖,后来却变成了一个救度全人类的大圣人,这一变更远大了。我们现在观察殷民族亡国后的历史,似乎他们也曾有过一个民族英雄复兴殷商的悬记,也曾有过一个圣人复起的预言。

很难说胡适对比较宗教学和宗教史学有严格意义上的学科自觉,但比较宗教学所遵循的进化原理以及宗教史学本身的历史描述方式,不仅可以为其所接受,且直接运用到了孔子作为"儒教教主"的建构中。世界各文明发源地宗教的共通,民间宗教的一致以及民俗文化在一定程度上的相似,则是以犹太教和基督教教主神圣化类比孔子神圣化的理念基础。

1933年10月30日,受上海亚东图书馆汪原放(1897—1980)委托到胡适家居住,并催促和协助编辑、校勘《胡适文存》四集(即后来改由商务印书馆出版的《胡适论学近著》)和整理《藏晖室札记》的上海亚东图书馆编辑、胡适的同乡至友章希吕(1892—1962)在1934年4月11日日记中说:

> 适兄说《新旧约》是一部奇异之书,得暇当看一遍。①

胡适1934年4月12—14日间有一则日记云:

> 续写《说儒》。因引《左传》昭七年"孟僖子病不能相礼"一段,检《史记·孔子世家》对看,……②

如果将这两则材料对看即可知,此时《说儒》正写至第三节接近于结尾处。引《左传》昭七年"孟僖子病不能相礼"一段,是为说明孔子在从事教师职业之外,尚兼顾相礼。紧接着这一段,胡适又引《檀弓》所记孔子临去世前七日跟弟子子贡的对话,并评论说:

> 看他的口气,他不但自己临死还自认是殷人,并且还有"天下宗予"的教主思想。(看下章)

---

① 参见章秋宜、徐子超选注《章希吕日记(摘录)》,收入颜振吾编《胡适研究丛录》,北京:生活·读书·新知三联书店,1989年,第255页。
② 这则日记夹在4月11—15日之间,仅列出年月,日期在"1"后空缺,系底本未印出,应为12—14日之间的一天。参见《胡适全集》第32卷,第350页。

"看下章"为原文所有,很可能是胡适后来添上去的,但说孔子有"'天下宗予'的教主思想"则表明,胡适的确由此想到了耶稣的神圣化过程,故想再精读《圣经》。但现有材料,无法证明胡适真的践履精读《圣经》的愿望,从章希吕4月30日日记"把适兄做的《说儒》抄一、二两章,计一万字"①可知,此时真正定稿的仅是第一、第二两节。而从《说儒》第四、第五两节的内容看,以胡适原有的基督教知识,他对《圣经》的熟悉程度和耶稣成长史的了解,已足以支持《说儒》中的基督教与儒教在起源上的比较。

故可以说,耶稣神圣化并非启发胡适撰写《说儒》的原因,而是撰写过程中发现耶稣的"教主"神圣化过程与有关孔子的记载存在某种"同"的一面。这个"同"的一面,不仅是具体内容的相似,亦包括处境和心理的相似,它可以帮助建构一个作为"儒教教主"的孔子。

前已述及,"九一八"事变以后,胡适面对中日整体实力的差距,对战争的失败是有思想准备的。其所承受的巨大心理压力,在与章希吕的谈话中表露得比较明显。据章希吕1935年7月1日日记记载,胡适"对于二次世界大战怀了一个不能幸免之惧,中国尤首当其冲,牺牲必大,那时人民的痛苦必比现在尤甚。但中国能否翻身,就在这个世界大混战中"。②这样的心理也直接影响到了对于孔子"儒教教主"的塑造。

《说儒》第四节从春秋宋国宋襄公谋求民族复兴说起就是这种心理引起的。宋国的例子很容易让人想到"九一八"事变后的中国。四面楚歌或尚谈不上,却同样面临着巨大的民族消亡的危险。当然,在《说儒》中,这是孔子时代经历的"历史运动"的一部分。胡适说:

> 这个历史运动是殷遗民的民族运动。殷商亡国之后,在那几百年中,人数是众多的,潜势力是很广大的,文化是继续存在的。但政治的势力都全在战胜的民族的手里,殷民族的政治中心只有一个包围在"诸姬"的重围里的宋国。宋国的处境是很困难的。

---

① 见《章希吕日记(摘录)》,《胡适研究丛录》,第257页。
② 同上书,第262页。

后来冯友兰就《说儒》相关论述与胡适商榷时,力证宋国并不弱。①实际上,《说儒》也说到宋国四面楚歌后,即宋襄公后三百年,"宋君偃自立为宋王,东败齐,南败楚,西败魏"。但冯的这个质疑表明,他也意识到胡适对宋国柔弱的描述有现实心理的影响和现实因素的代入,只是不想就此说破。

《说儒》言宋国有个"复兴殷商"的"民族复兴的运动"只是铺垫,重点在从"政治复兴"到"文化复兴"的转换,这才是胡适的根本诉求。而"文化复兴"本身亦需要有文化的色彩,即需要有经典支撑,有一个具体的文字上的传承和展现。宋是"春秋五霸"之一,属殷商旧邦,国民多为殷遗民,关键是《诗经·商颂》据说是宋人所作。②而《诗经》又是"五经"之一,这是胡适选择《诗经·商颂·玄鸟》演绎创教神话的重要原因。

胡适大多时候是将《诗经》视作史料的。其博士论文《中国古代哲学方法之进化史》(《先秦名学史》)中大量引用《诗经》"作为当时社会和文化生活状况的见证"。③正如晚年在《口述自传》中所说,在《中国古代哲学方法之进化史》中,"我没有引用任何不可充分信任之书,和不十分可靠之文。我指出所谓《五经》之中,只有《诗经》一项我是可以完全信任的"。④直到1925年9月,胡适仍在武昌大学以《谈谈〈诗经〉》为题的演讲中详述其"《诗经》史料"说。他指出,"《诗经》不是一部经典。……因为《诗经》并不是一部圣经,确实是一部古代歌谣的总集,可以做社会史的材料,可以做政治史的材料,可以做文化史的材料。万不可说它是一部神圣经典"。⑤而1931年9月11日,胡适对初刊于1925年《晨报副刊·艺林旬刊》第20期上、1929年又收入上海亚细亚书局《文学论集》的刘大杰(1904—1977)的记

---

① 冯友兰:《原儒墨》,《清华学报》第10卷第2期,1935年4月,第283页。详见本著第八章。

② 高亨也认为,《商颂》是周代宋国的作品。参见其《诗经今注·诗经简述》,上海:上海古籍出版社,1980年,第10页(文页)。

③ 胡适:《先秦名学史》,《胡适全集》第5卷,第16页。

④ 《胡适口述自传》,《胡适全集》第18卷,第287页。

⑤ 胡适:《谈谈〈诗经〉》,《胡适全集》第4卷,第603页。

录稿进行修改时,主要观点并没有发生变化,①其修改稿仍交当年出版的《古史辨》第 3 册,说明他本人依旧持此一说。

胡适在很长一个阶段,都是在尝试以自己的见解"在破坏的方面,当打破一切旧说",②将《诗经》作为史料看待,即是为了解构《诗经》作为儒家经典的神圣性,但作为史料这个延续章学诚"六经皆史"的传统只是一个开始。在内容上,胡适对《诗经》是民间"歌谣"的进一步认定,则是为了淡化《诗经》的官方色彩。

胡适所见代表了新文化运动以降的新派学者对《诗经》的看法。作为弟子顾颉刚对胡适的这个态度就相当认同。他 1923 年初在《小说月报》上发表的《〈诗经〉的厄运与幸运》中说道:"《诗经》这一部书,可以算作中国所有的书籍中最有价值的;……我们要找春秋时人以至西周时人的作品,只有它是比较的最完全,而且最可靠。"但《诗经》在历来儒者手里玩弄,好久蒙着真相"。"一二儒者极力拥护古乐诗,却只会讲古诗的意义,不会讲古乐的声律。因为古诗离开了实用,大家对它有一点历史的态度。但不幸大家没有历史的知识可以帮着研究,所以结果只造成了许多附会"。③

基于启蒙意识,解构《诗经》的神圣性,在胡适那里,其意义是双重的,既有破坏"道统"的学术革命的成分,又有"回到原典"的求真精神,但从现代眼光上观照《诗经》只是胡适对《诗经》态度和研究的一个面相。

胡适也会从历史层面或从儒家的立场上看待《诗经》,此时《诗经》作为"五经"的经典性质,胡适也是承认的。1931 年胡适为美国麦克米伦出版公司(Macmillan Publishers Limited)出版的《社会科学百科全书》(*Encyclopedia of the Social Science*)撰写的"孔教"(Confucianism)词条,虽然面对的主要是

---

① 笔者核对的是艺林社编《文学论集》(上海亚细亚书局 1929 年版)所收之《谈谈〈诗经〉》,见第 1—20 页。

② 这是 1921 年 4 月 27 日,胡适在其侄子胡思永(1903—1923)与章衣萍(1902—1947)等人组织的读书会上作题为《〈诗经〉的研究》的演讲时所说。见胡适 1921 年 4 月 27 日日记,《胡适全集》第 29 卷,第 219 页。

③ 以上见顾颉刚《〈诗经〉的厄运与幸运》,分别刊《小说月报》第 14 卷第 3 号,1923 年 3 月 10 日,第 1—2 页(文页);第 14 卷第 5 号,1923 年 5 月 10 日,第 14 页(文页)。

外国读者,为便于理解,他自然会将"孔教"与基督教相提并论。如将《诗经》《书经》《易经》《仪礼》称为"孔教的旧约";将《论语》《孟子》《孝经》《中庸》称为"孔教的新约"。词条说正如犹太教存留在基督教的《旧约》中,中国古代的宗教与仪式也保留在儒家之前的经典中,且由儒家继承与传承。①这也与他一向视《旧约》为历史著作,具备史料价值的观点相契合。如果将这个说法与《谈谈〈诗经〉》中"《诗经》到了汉朝,真变成了一部经典"②放一起考察,则不难发现,从儒教的立场看,胡适也接受《诗经》成为儒教"圣经"的观点。

然在《说儒》出现前,胡适从未将《诗经》当作预言性的"史诗"(常表述为"故事诗"),甚至在1928年6月出版的《白话文学史(上卷)》中认为,"故事诗(Epic)在中国起来的很迟,这是世界文学史上一个很少见的现象"。此处还特别以《诗经·大雅·生民》和《诗经·商颂·玄鸟》为例,说这两篇"都是很可以作故事诗的题目,然而终于没有故事诗出来。可见古代的中国民族是一种朴实而不富于想象力的民族。他们生在温带与寒带之间,天然的供给远没有南方民族的丰厚,他们需要时时对天然奋斗,不能像热带民族那样懒洋洋地睡在棕榈树下白日见鬼,白昼做梦。所以'三百篇'里竟没有神话的遗迹。所有的一点点神话如《生民》,《玄鸟》的'感生'故事,其中的人物不过是祖宗与上帝而已,所以我们很可以说中国古代民族没有故事诗,仅有简单的祀神歌与风谣而已"。③

值得注意的是,此段话中的一句夹注:"《商颂》作于周时,《玄鸟》的神话似是受了姜嫄故事影响以后仿作的。"这说明,胡适此时并不认为,《玄鸟》篇是儒教创教的神话,既然是仿作周之产生的神话——姜嫄故事,自然也与殷商无关。这个"疑古"的认知在《说儒》中发生了很大的变化。

---

① 参见胡适"Confucianism"(《孔教》),《胡适全集》第36卷,第549—550页。1959年7月7日在题为"The Scientific Spirit and Method in Chinese Philosophy"(《中国哲学里的科学精神与方法》)的英文演讲中,胡适同样将朱熹所注的《四书集注》称为"新儒家的'新约'"。见《胡适全集》第8卷,第498页。
② 胡适:《谈谈〈诗经〉》,《胡适全集》第4卷,第604页。
③ 本段与下段,见胡适《白话文学史(上卷)》,《胡适全集》第11卷,第276页。

第七章 建构重心:《说儒》的文化密码(下)

在《说儒》中,胡适重释《玄鸟》篇时,特别强调的是"试撇开一切旧说"。事实上,这里的"旧说"不仅包括历代的注疏、同代人的解析,亦未必不包括他自己"中国没有故事诗传统"以及"《玄鸟》的神话似是受了姜嫄故事影响以后仿作"的前说。

《说儒》对《玄鸟》篇解读确实不同于旧说,它不是从历史,而是从史诗或神话重建的视角立论的,胡适指出:

> 此诗旧说以为是祀高宗的诗。但旧说总无法解释诗中的"武丁孙子",也不能解释那"武丁孙子"的"武王"。郑玄解作"高宗之孙子有武功有王德于天下者,无所不胜服"。朱熹说:"武王,汤号,而其后世亦以自称也。言武丁孙子,今袭汤号者,其武无所不胜。"这是谁呢?殷自武丁以后,国力渐衰;史书所载,已无有一个无所不胜服的"武王"了。我看此诗乃是一种预言:先述那"正域彼四方"的武汤,次预言一个"肇域彼四海"的"武丁孙子——武王"。"大糦"旧说有二:《韩诗》说糦为"大祭",郑玄训糦为"黍稷",都是臆说(朱骏声《说文通训定声》误记《商颂·烈祖》有"大糦是承",训黍稷;又《玄鸟》有"大糦是承",《韩诗》训为大祭。其实《烈祖》无此句——原注)。

按照胡适的诠释,这个"糦"字乃是"囏"字,即"艰"字。他据"艰"字籀文,以为"字损为糦"。故说:

> 《周书·大诰》,"有大艰于西土,西土人亦不静"。"大艰"即是大难。这个未来的"武王"能无所不胜,能用"十乘"的薄弱武力,而承担"大艰";能从千里的邦畿而开国于四海。这就是殷民族悬想的中兴英雄。(郑玄释"十乘"为"二王后,八州之大国",每国一乘,故为十乘!——原注)

现在,研究《诗经》的学者多认定《玄鸟》篇的史诗性质,尽管"玄鸟"指汉代毛诗所谓的"燕子",或民国时期闻一多(1899—1946)的"凤凰"说,还是近年来学者声称的"鸱鸮"(猫头鹰),仍存在争议,但亦基本认定这段文字本身展示出的中国上古神话的原型。①不过,胡适似走得更远,他认定《玄鸟》篇含有一个"预言",这不仅将"玄鸟"与殷商传统勾连了起来,且将《诗经》塑造成了一部如同基督教《旧约》的"圣经"。

至于"武丁孙子——武王靡不胜。龙旂十乘,大糦是承"一句中的"糦",今多训为"饎",即"酒食"之意,指祭祀用的酒食。全句指各地诸侯王来朝拜武丁。②而胡适却训作"囏",进而解读为"大难"。所谓"'大艰'即是大难。这个未来的'武王'能无所不胜,能用'十乘'的薄弱武力,而承担'大艰';能从千里的邦畿而开国于四海。这就是殷民族悬想的中兴英雄"则明显是现实关怀的渗入,正说明胡适建构孔子"儒教教主"的现实考量。在胡适看来,把不可能的事变成可能的事,就会产生"悬想",这也是他所赞颂的孔子"知其不可而为之"精神的一个具体影响和一次具体运用。而以弱胜强,不仅是胡适对"九一八"后中国处境感受的又一次代入,更是在"大艰""大难"后寄托着胜利的希望的。

《说儒》的叙述在许多地方,都有这种历史、神话、宗教以及寓言的多重意味。随后胡适所说的"但世代久了,这个无所不胜的'武王'始终没有出现,宋襄公中兴殷商的梦是吹破的了。于是这个民族英雄的预言渐渐变成了一种救世圣人的预言",就属于这一类。表面看,它是由政治复兴向文化复兴,由史诗向宗教转化的过程描述。如果结合1934年前后,自由主义知识人对于"圣王"出现的企盼,就不难发现,此处对"武王"出现企盼破灭的叙述多少有些双关的意味。

在国难当头时,同样是盼望着形成一个中国社会的重心,胡适与丁文江、蒋廷黻、钱端升、陶希圣等人的不同之处,就在于他更希望顺势从根本上改变,即将这个社会重心建立在文化重心的基础之上,而即使企盼"圣人",

---

① 参见叶舒宪《玄鸟原型的图像学探源——六论"四重证据法"的知识考古范式》,《民族艺术》2009年第3期,第84页。

② 参见高亨《诗经今注》,第528页;褚斌杰《诗经全注》,北京:人民文学出版社,1999年,第286页。

这个"圣人"也与政治领袖无关,而是文化意义之上的,具有开放姿态和普世情怀的"圣人"。

在"圣人"之前,胡适又钩沉出一个与孔子有关的"达人"传说,这是"教主"形成过程的一环。为此,不惜引用他以前慎用的《左传》。《左传·昭公七年》记孟僖子将死时,召其大夫所说的"吾闻将有达者,曰孔丘,圣人之后也,而灭于宋",以及据臧孙纥(武仲,生卒年未详)所言"圣人有明德者,若不当世,其后必有达人"。胡适指出,"如果这种记载是可信的,那就可见鲁国的统治阶级那时已注意到孔子的声望,并且注意到他的家世;说他是'圣人之后',并且说他是'圣人之后'的'达者'"。后又加按语说,"《论语》十二,'子张问,士何如斯可谓之达矣?子曰,何哉尔所谓达者?子张对曰,在邦必闻,在家必闻。……'此可以解释'达者''达人'的普通意象"。①

既是"普通意象"就不限于官方或统治阶层,《诗经》成为"圣经"亦是因为它符合民间性的这个要求。但《说儒》关注民间,绝不仅仅拘泥于宗教产生于民间的常识,它本身也是新文化运动平民主义意识的延续。从某种程度上说,《说儒》对民间传说的重视和勾连,就是五四新文化运动后,以北大为核心的一些学者重视民间,进行民间歌谣的调查和挖掘的顺延。

就胡适个人言,这个顺延也是自然而然的。《诸子不出于王官论》开启的就是排除官方的自由解读之风气,他的"文学革命"亦是为了打破"我们"与"他们"的隔阂,消除"我们"与"他们"的界限,而他本人就是民间歌谣调查和挖掘的积极提倡者。但"九一八"事变后的危局,让胡适意识到"我们"与"他们"的隔阂依旧明显。在时事评论中,他对传统近乎极端的批评,当然有出于现实或政策上的考量和对文化本身的认知,但没有得到他所预期的反应,也是重要原因。随着学科化的推进,学术研究关注的问题不再是现实,也就是说,不再以"问题"为导向,亦加剧了这层隔阂。在常态社会,类似问题解决起来在时间上至少犹有宽裕,但国难当头的危局下,似乎就非要面对,且刻不容缓了。原本这个意识是隐含于胸的,现在就明显

---

① 此按语据远流版《说儒》,第50页。

表现了出来。

当然,如何弥合知识人与百姓之间的鸿沟,在胡适的友朋中也未必一致。钱玄同就主张,抗战"不可倚赖群众"。①而 1935 年 7 月以通俗读物编刊社的成立为标志,顾颉刚为抗战动员群众计而热衷于编撰通俗读物,对此胡适也不以为然。②20 世纪 30 年代,在现实层面,胡适大多扮演"魔鬼辩护士"的角色,所言大多极端,其本身就是精英立场所致,但在《说儒》中,胡适的论述与现实层面的表现完全不同。

前文已述及,《说儒》中描述殷亡后,百姓与作为知识人的"儒"的表现和体验完全不同。前者照旧生活,而后者则逐渐堕入下层,遂成人们嘲笑的对象。然在这样的待遇下,"儒"仍需承担民族或文化复兴的责任,其压力自然大于一般百姓。这不仅是历史的描述,亦是胡适现实中的真切体验的展现,或者说是非有现实体验无法真切地描述的。

弥合知识人与百姓之间鸿沟的思考或愿望是借助民间传说、神话重建宗教及其精神来完成的。个中原因,用 1925 年陈源的话说,就是"中国的智识阶级和老百姓非但隔了一道河,简直隔了一重洋。你们管尽提倡你们的新文化运动,打你们科学和玄学,文言和白话,帝国主义有没有赤色的仗,他们悟善社、同善社的社员还是一天一天的加多"。"那些官绅似乎非但没有

---

① 钱玄同 1932 年 4 月 8 日日记,《钱玄同日记(影印本)》第 8 卷,第 4355 页。

② 关于创办通俗读物编刊社和成立禹贡学会,创办《禹贡》半月刊得不到学界同人的支持和理解,顾颉刚在书信中说得相当明白。1935 年 8 月 15 日,顾颉刚在致叶圣陶的信中说到,"不知为什么,向我表同情的,只有青年。而前辈与同辈则皆视若无睹,甚且目笑存之"。(收入孔另境编《现代作家书简》,上海:生活书店,1936 年,第 320 页)此说尚比较含蓄,1951 年 12 月 2 日,在《大公报》组织的"胡适思想批判座谈会"上,他则直白地说,胡适是反对者之一。此事亦是他与胡适思想分歧的表现之一。(参见顾颉刚《从我自己看胡适》,上海《大公报》,1951 年 12 月 16 日,第 5 版)类似的话语也出现在于 1979—1980 年间撰写的《我是怎样编写〈古史辨〉的?(下)》中。(具体见《中国哲学》第 6 辑,北京:生活·读书·新知三联书店,1981 年,第 395 页)但考虑到二说均是在批判语境下或对批判尚心有余悸的话语,其中迎合时势的因素不可避免,因而真实性有待论证。实际上,有关通俗读物出版的问题,顾颉刚 1947 年 11 月 27 日在致胡适的信中,亦曾提及与通俗读物相关的"普及"与"提高"的问题,可知此事尚不至于导致他们之间的思想和关系到水火不相容的地步。(参见《顾颉刚全集·顾颉刚书信集》卷 1,第 495 页)

出中古时期,简直还应当向斐洲的土人学些文化呢"。①胡适当然不止于仅仅面对这样的现实,他在面对现实之时,也还有改造现实的愿望,这个愿望是通过内部改造的方式,即通过重新塑造孔子的形象来完成的。

《说儒》在提到宋襄王的政治复兴愿望时说:

> 周室东迁以后,东方多事,宋国渐渐抬头。到了前七世纪的中叶,齐桓公死后,齐国大乱,宋襄公邀诸侯的兵伐齐,纳齐孝公。这一件事成功(前642)之后,宋襄公就有了政治的大欲望,他想继承齐桓公之后作中国的盟主。他把滕子、婴齐捉了;又叫邾人把鄫子捉了,用鄫子来祭次睢之社,"欲以属东夷"。用人祭社,似是殷商旧俗。《左传》昭公十年,"季平子伐莒,取郠,献俘,始用人于亳社"。这样恢复一个野蛮的旧俗,都有取悦于民众的意思。宋襄公眼光注射在东方的殷商旧土,所以要恢复一个殷商宗教的陋俗来巴结东方民众。

这当然不是简单的"礼失求诸于野"的思维。从历史上说,宋国的下层即是殷遗民,取悦民众,自然指的是取悦这部分遗民;而取悦的方式却不是政治而是文化,甚或是宗教的,"亳社"作为殷商的祭祀之社在《说儒》中是有文化象征意味的,它表明殷商文化在周代的香火延续。

胡适对孔子成为"教主"之"悬记"的塑造基本都是遵循着民间的路径。传说、巧合、预言以及应验,都符合民间的风俗、期待和想象。但这些与其说是历史,不如说是宗教和神话更合适。胡适在这里使用的是"猜想"和"假定",因为讲求"拿证据来"的他也知道,这些至少在当时还很少能够找到充足的证据。但宗教、神话是不需要充足历史证据的,只要能够自圆其说。

有关孟僖子引用鲁国"圣人"臧孙纥"圣人有明德者,若不当世,其后必有达人"的预言,胡适也认为,"不过是一种泛论",孔丘其时只有两岁,"当然不是为孔丘说的"。但他"猜想"臧孙纥的"这话也许是受了当时鲁国的

---

① 分别见西滢《闲话》,《现代评论》第2卷第45期,1925年10月17日,第18、19页。此文收入《西滢闲话》时题为《捏住鼻子说话》。

殷民族中一种期待圣人出世的预言的暗示"。他的理由是孟僖子既然说"吾闻将有达者曰孔丘",可见已"听见了外间民众纷纷说到这个殷商后裔孔丘,是一位将兴的达者或圣人"。这种传说虽然与臧孙纥的"预言"无关,"但看孟僖子的口气,好像民间已有把那个三十多岁的孔丘认做符合某种悬记的话,所以他想到那位不容于鲁国的圣人臧孙纥的悬记,说,'今其将在孔丘乎?'这就是说:这个预言要应在孔丘身上了"。

"巧合"在民间往往被理解成一种愿望或理想的应验,亦是宗教建构的一种方式。因为对一般百姓言,现实中的念想,往往不能实现,故凡与此相关的巧合、反应或偶然相关事件的发生,都可视作"应验",这是一种代偿式的愿望或理想的实现方式,它应属于民俗学、人类学或民族学、宗教学研究的范畴。故胡适的"猜想"或可以说是基于民俗学、人类学或民族学以及宗教学的。

正是从此视角,胡适可以继续地假定。他说:

> 所以我们可以假定,在那多数的东方殷民族之中,早已有一个"将有达者"的大预言。在这个预言的流行空气里,鲁国"圣人"臧孙纥也就有一种"圣人之后必有达者"的预言。我们可以猜想那个民间预言的形式大概是说:"殷商亡国后五百年,有个大圣人出来。"

这个"假定"或"猜想"的跨度确实比较大,它亦不符合彼时学者或知识人的想象。这一点胡适自己也未必不明白,后来孟森给《说儒》提出的八点意见中就包括这个"悬记"问题,胡适的回复是:"五百年悬记之说,自是我的大胆妄说。但这个假设亦可解释许多疑难,故姑妄存之,以待后人之推翻。"[1]不过,这个"假定(设)"亦可理解成是实验主义式的。在实验主义看来,任何的"真理"都是假定(设)。也就是说,胡适的回复并非完全是谦虚,在这个"悬记"没有被推翻前,它还是一个可以立足的结论。

---

[1] 胡适致孟森,1934年8月30日,《胡适全集》第24卷,第210页。

第七章 建构重心:《说儒》的文化密码(下)

此时,胡适几乎在发挥想象力了。因为下面他又将孟子"五百年必有王者兴,其间必有名世者"作为"悬记"的定义。不仅如此,这个"五百年必有王者兴"的"悬记"还与尧舜禹三代关联起来。因为《孟子·尽心下》有"由尧舜至于汤,五百有余岁。……由汤至于文王,五百有余岁。……由文王至于孔子,五百有余岁。……由孔子而来,至于今,百有余岁。去圣人之世若此其未远也,近圣人之居若此其甚也,然而无有乎尔,则亦无有乎尔!"

这种"五百年"一次轮回符合宗教建构的逻辑,因为有重复性才能建立可信度,亦才可能形成传承的谱系。而有此三代的前驱,也与《说儒》前三节中努力证明的孔子之前即有"儒"的结论相契合了。到这里,胡适的叙述差不多已经成为史诗式的了,甚至他内心里的激动亦仿佛跃然纸上了。下面的评论使用的就是史诗般的语言,他说:"这样的低回追忆不是偶然的事,乃是一个伟大的民族传说几百年流行的结果。"

这样的动情自然不是历史学的要求,但如果考虑到国难当头的急迫和压抑,再联系两年前他在《中国历史的一个看法》中对中华文化这个"老英雄"的史诗般演说,那种急切需要发泄,需要昂扬斗志的愿望,就可以理解了。而理解了这个心理,也可以部分地理解他何以要将孔子塑造成"儒教教主"。这或也是一种代偿心理在起作用。

胡适在《说儒》中将宋襄公所谓"民族复兴运动"作为建构孔子"教主"的起始,实际上也与这"五百年必有王者兴"的"悬记"有关。他说:

> 孔子生于鲁襄公二十二年(前551),上距殷武庚的灭亡,已有五百多年。大概这个"五百年必有王者兴"的预言由来已久,所以宋襄公(泓之战在前638——原注)正当殷亡后的第五世纪,他那复兴殷商的野心也正是那个预言之下的产儿。到了孔子出世的时代,那预言的五百年之期已过了几十年,殷民族的渴望正在最高度。这时期,忽然殷宋公孙的一个嫡系里出来了一个聪明睿智的少年,起于贫贱的环境里,而贫贱压不住他;生于"野合"的父母,甚至于他少年时还不知道其父的坟墓,然而他的多才多艺,使他居然战胜了一个当然很不好受的少年处境,使人们居然忘了他的出身,使他的乡人异口同声的赞叹他:

> "大哉孔子！博学而无所成名！"
> 这样一个人，正因为他的出身特别微贱，所以人们特别惊异他的天才与学力之高，特别追想到他的先世遗泽的长久而伟大。所以当他少年时代，他已是民间人望所归了；民间已隐隐的，纷纷的传说："五百年必有圣者兴，今其将在孔丘乎！"甚至于鲁国的贵族权臣也在背后议论道："圣人之后，必有达者，今其将在孔丘乎！"

这样的描述明显有耶稣成长史的痕迹或者受基督教创教史的启发。

胡适引用《论语·子罕》"大哉孔子！博学而无所成名！"主要是受郑玄、朱熹等人的影响，认为此说表示出百姓（达巷党人）对孔子的称颂；①引《论语·述而》"子曰：天生德于予，桓魋其如予何？"一句是为了证明孔子与"天"的关联；引"子畏于匡，曰：文王既没，文不在兹乎？天之将丧斯文也，后死者不得与于斯文也。天之未丧斯文也，匡人其如予何？"（《论语·子罕》）是表示承继了文王之经纬天地之"文"；而引"子曰：凤鸟不至，河不出图，吾已矣夫！"（同前）则进一步与汉代儒者的说法相似了，这是典型的宗教进路。

在胡适看来，此时的孔子已经满足了"教主"的一切条件：

> 因为古来久有那个五百年必有圣者兴的悬记，因为孔子生当殷亡之后五百余年，因为他出于一个殷宋正考父的嫡系，因为他那出类拔萃的天才与学力早年就得民众的崇敬，就被人期许为那将兴的达者，……

民间期待亦可以转化成一种自我期许。因为孔子"是不满意于眼前社会政治的现状的"，这种自我期许亦带有改造社会之意。宗教的建构与历史的建构不同，前者会将历史话语和事件从历史语境中抽离出来，进行符合

---

① 近年，李零教授又有新说，以为此话恰是讥讽孔子只博不专的。不过，他并不认为这足以贬低孔子，他说，"孔子是通人，而不是蔽于一曲的专家"。参见其《丧家狗——我读〈论语〉》，太原：山西人民出版社，2007年，第176页。

自身逻辑的重新组合。这里不能不说,胡适确实是熟读《论语》的。《论语·子路》中"斗筲之人,何足算也!"本是子路问"士",孔子答复时顺便抱怨官员气量小、见识短的,另一句"苟有用我者,期月而已可也,三年有成",明显是周游列国而无人理会后失望、愤懑的一种发泄,却成了"不满社会政治的现状"和"自信力"的体现;《论语·微子》中"鸟兽不可与同群,吾非斯人之徒与,而谁与?天下有道,丘不与易也"本也是受到长沮(生卒年未详)、桀溺(生卒年未详)二位隐士的揶揄后的反应,却得出孔子"对于整个的人类是有无限同情心"的结论。

胡适说:

> 所以他也不能不高自期许,把那五百年的担子自己挑起来。他有了这样大的自信心,他觉得一切阻力都是不足畏惧的了:"桓魋其如予何!""匡人其如予何!""公伯寮其如命何!"他虽不能上应殷商民族歌颂里那个"肇域彼四海"的"武王",难道不能做一个中兴文化的"文王"吗!

对宗教持怀疑态度的胡适建构出一套上古宗教的神话谱系,他或许意识到会引起质疑,故在对"子曰:凤鸟不至,河不出图,吾已矣夫"的解读中特别强调,这是"幼稚的民族神话"。他说:

> 凤鸟与河图的失望,更可以证明那个古来悬记的存在。那个"五百年必有王者兴"的传说当然不会是那样干净简单的,当然还带着许多幼稚的民族神话。

神话出现在上古,与彼时的认知水平有关,这亦是如此勾勒的合法性的依据。胡适强调这一点的原因,还是着眼于百姓(即"民众")的信仰、习俗。他说:

> "天命玄鸟,降而生商",正是他的祖宗的"感生帝"的传说。凤鸟

之至,河之出图,麒麟之来,大概都是那个五百年应运圣人的预言的一部分。民众当然深信这些。

至于孔子,在胡适看来,虽然"不语怪力乱神","但他也不能完全脱离一个时代的民族信仰"。将"民族信仰"赋予"时代"性,依然是在强调这个建构方式本身的合法性。民间传说在这里也起到了支撑作用,胡适引用的是《公羊传》和《史记》有关"《春秋》绝笔于获麟"传说的记载,以为"天生德于予","天之未丧斯文也","天丧予","下学而上达,知我者其天乎!"等等,都是孔子相信"受命于天"的证明。

值得注意的是,讲到"天"的问题时,胡适有意与宋代理学家的天理观保持距离。他说:"此等地方,若依宋儒'天即理也'的说法,无论如何讲不通。"这不仅是为了延续新文化运动反理学的新传统,亦是为了避免将"天"完全抽离出具体历史语境,而成为玄学和神圣化的一元论。故即使是从宗教、神话上立论,胡适仍尽量不脱离历史,这是旧约的宗教历史学的路径,与新约的宗教路径稍有区隔。此处也一样,他是沿着与历史更为接近的民俗学路径来建构这个新孔子的。

《说儒》在塑造孔子"儒教教主"的新形象时,是从政治层面的复兴到文化层面的复兴,再由复兴的民族英雄向救世的"教主"转化的。在这个过程中,民间传说、个人期许是两个塑造的元素,第三个元素便是孔门弟子和时人的颂扬、景仰。对后一个元素,胡适仍沿用前面的信史原则,引用的是《论语》和《檀弓》,只是依照塑造的需要重新进行了组合。如《论语·八佾》仪封人(生卒年未详)所说"二三子何患于丧乎?天下之无道也久矣。天将以夫子为木铎"。《论语·宪问》南宫适(生卒年未详)问孔子一段,亦为胡适所重释,他说:"南宫适是孟僖子的儿子,是孔子的侄女婿。他问这话,隐隐的表示他对于某方面的一种想望。"既然南宫适所征求的是羿、奡和禹、稷等传说中的人物有关天下的大事,这个"想望"自然也与史诗中的英雄或帝王有关。子贡所说"仲尼,日月也。……人虽欲自绝,其何伤于日月乎?多见其不知量也"以及"夫子之不可及也,犹天之不可阶而升也。夫子之得邦家者,所谓立之斯立,道之斯行,绥之斯来,动之斯和;其生也荣,其死也哀:——如之何其可及也"(均见《论语·子张》),都有弟子为其师辩护之意,但抽离语境,孔子的"日月"神话与现实中的英明领袖的想象并存,这种现象已不再是一般人所能达至的境界了。

按照顾颉刚的发现,神话或民间传说总是层累式的,《说儒》对孔子新形象的塑造也遵循了这个原则。胡适征引一百年后,孟子追述宰我(予,前522—前458)、子贡、有若赞颂孔子的话,多是如此。如宰我说:"以予观于夫子,贤于尧舜远矣!"(《孟子·公孙丑上》)宰我未见尧舜,却得此结论,可知他内心对孔子颇有神而化之的一面。子贡说:"见其礼而知其政,闻其乐而知其德,由百世之后,等百世之王,莫之能违也。自生民以来,未有夫子也。"(同前)这个说法简直是把孔子当成"百世之王"了,只是没有预想到后来成了"素王"。有若更为夸张:"岂惟民哉?麒麟之于走兽,凤皇之于飞鸟,太山之于丘垤,河海之于行潦,类也。圣人之于民,亦类也。出于其类,拔乎其萃,自生民以来,未有盛于夫子也。"(同前)孔子已经不是人而是神了。当然,孟子对孔子的看法也是在这个层累式的过程中的加码,他说:"自生民以来,未有孔子也。"(同前)

胡适说:"这就是一个无冠帝王的气象。他自己担负起文王以来五百年的中兴重担子来了,他的弟子也期望他像'禹稷耕稼而有天下',说他'贤于尧舜远矣',说他为生民以来所未有,这当然是一个'素王'了。"此点还是就文化上言。胡适也知道,"素王"乃后世的册封,现实中的孔子是不甘心作"素王"。用其话说就是,"孔子是一个热心想做一番功业的人",有"救世热肠",因而"一生栖栖皇皇奔走四方"。

不回避孔子奔走四方的"栖栖皇皇",这种不为尊者讳,是《说儒》异于"尊孔派"之处,而反复地强调孔子的"栖栖皇皇"的失落状,正说明印象极深,亦可谓体会极深。如果与上面的"救世热肠"对比,所显示出的孔子的失落感,亦是胡适自己现实境遇的写照。《说儒》中重释《论语》公山弗扰(不狃,生卒年未详)召孔子和佛肸(生卒年未详)召孔子二事(均见《阳货》),即不仅是切身感受的发挥,亦隐含着一种自我辩解,又兼顾着批评后世儒家的"为尊者讳"。胡适说:

> 后世儒者用后世的眼光来评量这两件事,总觉得孔子决不会这样看重两个反叛的家臣,决不会这样热中。疑此两事的人,如崔述(《洙泗考信录》卷二),根本不信此种记载为《论语》所有的;那些不敢怀疑《论语》的人,如孔颖达(《论语正义》十七),如程颐、张栻(引见朱熹《论语集注》九),都只能委曲解说孔子的动机。其实孔子的动机不过是赞成一个也许可以尝试有为的机会。

这最末一句,正是胡适最为欣赏,也是后面提到的孔子的"知其不可而为之"的"新儒行"之一的"新精神"。这是一个方面。

胡适又说:

> 从事业上看,"吾其为东周乎?"这就是说,也许我可以造成一个"东方的周帝国"哩。从个人的感慨上说,"吾岂匏瓜也哉?焉能系而不食?"这就是说,我是想做事的,我不能像那串葫芦,挂在那儿摆样子,可是不中吃的。这都是很近情理的感想,用不着什么解释的。

这个"近情理"也就是把孔子当"人"看,换言之,即使成"教主",孔子亦不脱人情味,它反衬了宋儒的不讲情理。故提到孔子到了晚年,有时感叹其壮志的消磨,最动人的自述"甚矣吾衰也!久矣吾不复梦见周公!"胡适不禁感慨:"这寥寥两句话里,我们可以听见一个'烈士暮年,壮心未已'的长叹。"

历史上的孔子虽有实现周公征服东方的"伟大的梦",但在有生之年终于未能如愿。用胡适的话说,就是"五百年必有王者兴"的"悬记""终于这样不满意的应在他的身上了"。但根据基督教创教的原理,人转化成神的过程是在死后由后人完成的,没有现世之人可以封神,耶稣就是在死后被封神。胡适随后引用耶稣复活的故事,寓意在于,孔子死后,如果借助于神话和民间传说,也可以复活成为民族的"神",但条件是,要借"外邦人的光"。而进一步看,他或在暗喻在危机时刻中华文化的复兴需要一个置之死地而后生的过程。这符合胡适将悲观转化成希望的乐观主义。

第七章 建构重心:《说儒》的文化密码(下)

胡适总结说:

> 殷商民族亡国以后,也曾期望"武丁孙子"里有一个无所不胜的"武王"起来,"大糦是承","肇域彼四海"。后来这个希望渐渐形成了一个"五百年必有王者兴"的悬记,引起了宋襄公复兴殷商的野心。这一次民族复兴的运动失败之后,那个伟大的民族仍旧把他们的希望继续寄托在一个将兴的圣王身上。果然,亡国后的第六世纪里,起来了一个伟大的"学而不厌,诲人不倦"的圣人。这一个伟大的人不久就得着了许多人的崇敬,他们认他是他们所期待的圣人;就是和他不同族的鲁国统治阶级里,也有人承认那个圣人将兴的预言要应在这个人身上。和他接近的人,仰望他如同仰望日月一样;相信他若得着机会,他一定能"立之斯立,道之斯行,绥之斯来,动之斯和"。他自己也明白人们对他的期望,也以泰山梁木自待,自信"天生德于予",自许要作文王周公的功业。到他临死时,他还做梦"坐奠于两楹之间"。他抱着"天下其孰能宗予"的遗憾死了,但他死了也"复活"了:"人能弘道,非道弘人。"他打破了殷周文化的藩篱,打通了殷周民族的畛域,把那含有部落性的"儒"抬高了,放大了,重新建立在六百年殷周民族共同生活的新基础之上;他做了那中兴的"儒"的不祧的宗主;他也成了"外邦人的光","声名洋溢乎中国,施及蛮貊,舟车所至,人力所通,……凡有血气者莫不尊亲"。

由此可知,尽管基督教创教史和耶稣的经历是胡适建构孔子"儒教教主"形象的模板,但在他心目中,孔子复活,成为"教主",与基督教的耶稣复活不完全相同。中国式的复活更关乎文化和学派,而非一个人格化的独一无二的神——上帝。

由"民族复兴的英雄"到"救世的教主",再到"救度全人类的大圣人"。也就是,由狭义的国别性、民族性转换成世界性、普世性,这是胡适塑造孔子"儒教教主"的三部曲,它与新"教主"的"新儒行"一样,体现出的是胡适内心里的一种超越的希望。

3. 新"教主"的"新儒行"

冯友兰在1955年批判胡适思想时,曾提及胡适将孔子塑造成一个"全人类"的"教主"。当然,出于批判需要,他使用了特定的政治话语,但正如前述,他意识到胡适将孔子的"仁"拓展到普世性的"全人类","为全人类服务",则确是学者的学术和思想敏感的体现。

实际上,这个"全人类"的说法来自耶稣基督的启发,这是胡适试图用一种世界性宗教来改造地方性宗教的尝试。用贺麟的话说,胡适是"吸收基督教的优点来充实儒家,加强儒家的宗教精神"。贺麟认为,在这一点上,自己"比较接近胡适"。当胡适放弃了"打倒孔家店"的立场,把孔子说成像一个宗教家和教主时,他是"非常赞成的"。①

作为哲学家出身的胡适,在塑造出"教主"孔子后,自然需要给这个"教主"一个基本的定位;不仅要明确基本定位,且要赋予新的行为方式,即所谓"新儒行"。前文已提及,在20世纪30年代的国难危局下,章太炎曾以重释《礼记·儒行》刚毅一面来提振国人的士气。胡适塑造孔子为"教主"亦部分出于同样的初衷。但与章太炎单纯以历史唤起爱国热情,以刚毅来鼓舞抵抗侵略精神动力的传统方式不同,胡适更希望拓宽眼界,在现代文化和现代意识上重塑"儒行"。现在看来,他在对基督教历史的借鉴,取长补短,重塑一个时代需要的孔子的同时,加入了许多自身的现实感受和现实关怀的因素。

从《说儒》对孔子"教主"取向的塑造和"新儒行"内容的阐释看,胡适最关注的是处在世界之中,中国及其文化所应取的姿态。故他在第五节一开始就提到"孔子所以能中兴那五六百年来受人轻视的'儒',是因为他认清了那六百年殷周民族杂居,文化逐渐混合的趋势"。在这样的情形下,依照胡适文化交流的自由原则,同化、影响或相互同化、相互影响就必不可少。故他说"所谓'周礼',其实是这五六百年中造成的殷周混合文化",这是因为"旧文化里灌入了新民族的新血液,旧基础上筑起了新国家的新制度,很

---

① 贺麟:《两点批判,一点反省》,《人民日报》1955年1月19日,第3版。

自然的呈显出一种'粲然大备'的气象"。这后一个说法在近17年前撰写的《先秦名学史·导论》中也出现过，①看来，胡适在学术层面，对中西、新旧文化的态度仍然延续着。

孔子所说的"夏礼，吾能言之，杞不足征也。殷礼，吾能言之，宋不足征也。文献不足故也。足，则吾能征之矣"（《论语·八佾》）被胡适解释为文化同化的结果。他说："夏殷两个故国的文化虽然都还有部分的保存，——例如《士丧礼》里的夏祝商祝，——然而民族杂居太长久了，后起的统治势力的文化渐渐湮没了亡国民族的老文化，甚至于连那两个老文化的政治中心，杞与宋，都不能继续保存他们的文献了。杞国的史料现在已无可考。"

当然，以今之眼光看，"文献"不限于"文字史料"，也包含了旧时代的那些人和文物。但这不影响胡适文化同化的解读，而这个解读也符合胡适所谓"历史的眼光"。在胡适看来，孔子便具备这个"历史的眼光"。因为在当时，文化交叠已成事实。"在五六百年中，文献的丧失，大概是由于同化久了，虽有那些保存古服古礼的'儒'，也只能做到一点抱残守缺的工夫，而不能挽救那自然的趋势。可是那西周民族却在那五六百年中充分吸收东方古国的文化；西周王室虽然渐渐不振了，那些新建立的国家，如在殷商旧地的齐鲁卫郑，如在夏后氏旧地的晋，都继续发展，成为几个很重要的文化中心。"至于"五百年必有王者兴""悬记"的源头宋国，则处于"姬周诸国包围之中，早就显出被周文化同化的倾向来了"，连属于"周道"的谥法也被采用了。

问题是，在这个大趋势下，作为"教主"的孔子的态度。胡适说，孔子"他知道那个富有部落性的殷遗民的'儒'是无法能拒绝那六百年来统治中国的周文化的了，所以他大胆的冲破那民族的界限，大胆的宣言：'吾从周！'"这里的重点是"部落性的殷遗民"，因为在胡适看来，孔子是超越了部落的，他的"吾从周"同时也顺应了世界大势。这样，孔子不仅不拒绝异质文化，且是主动采取开放和包容的态度的。

---

① 参见《胡适全集》第5卷，第11—12页。

而有此开放与包容,正说明孔子具备"历史的眼光"。胡适说,孔子"认清了那个所谓'周礼'并不是西周人带来的,乃是几千年的古文化逐渐积聚演变的总成绩,这里面含有绝大的因袭夏殷古文化的成分",故有"殷因于夏礼,所损益,可知也。周因于殷礼,所损益,可知也"(《论语·为政》)之说。而"历史的眼光"或"历史的看法"在胡适那里显然是思想上或学术上的革命性的表现,故他说,"有了这种历史见解,孔子自然能看破,并且敢放弃那传统的'儒'的保守主义"。

进一步看,孔子又是一个转折性的人物,即将神文性的旧宗教改造成了人文性的新宗教。胡适说:

> 在这句"吾从周"的口号之下,孔子扩大了旧"儒"的范围,把那个做殷民族的祝人的"儒"变做全国人的师儒了。"儒"的中兴,其实是"儒"的放大。

人文化的"师儒",确是"儒"的放大,这也与传统学者对于中华文化人文特征的认知接上了轨。但孔子的包容阔大,还不止于此。既然孔子以"历史的眼光"冲破了"儒"的保守,依此逻辑推论,孔子就肯定有现代意味。胡适说:

> 孔子所谓"从周",我在上文说过,其实是接受那个因袭夏殷文化而演变出来的现代文化。所以孔子的"从周"不是绝对的,只是选择的,只是"择其善者而从之,其不善者而改之"。

文化的自由和择善选择,是胡适强调的一个原理,这个原理放诸20世纪30年代的现实中,就是接受和吸收西洋以科学为基础的"现代文化"。孔子接受"现代文化"固然在于选择,其中选择上的包容和开放才是一个关键。胡适强调"从周"既包含了因袭,又包括创造,这也就是后面他所说的"折衷主义",即上面"择其善者而从之,其不善者而改之",其实与新文化运动的新派学者的"拿来主义"原则并无二致。可以说,这是典型的对历史的现代诠释。

胡适说,"孔子的伟大贡献正在这种博大的'择善'的新精神。他是没有那狭义的畛域观念的"。故能对外来文化的"择善"从之;"狭义的畛域"包括空间上的,也包括职业、阶级,这更像是胡适的夫子自道,但放在《说儒》里作为孔子的诉求之一,又颇有一语双关,讽世或者提示时人的意味。

在定位了孔子之后,"儒行"的重新解读,也就是顺理成章的一步。胡适是将"君子周而不比"(《论语·为政》)与"君子群而不党"(《论语·卫灵公》)放在一起说的,这是在讲知识人的独立性;而在他看来,孔子所言"君子之于天下也,无适也,无莫也,义之与比"更是表现了一种超越的眼光,故能以"有教无类"的教育原则"打破一切阶级与界限"。

因为有此超越一面,孔子提倡的"仁"亦"就是那用整个人类为对象的教义"。故"'仁'就是要尽人道,做到一个理想的人样子"。"仁"就是做人,"居处恭,执事敬,与人忠"是做人最低限度的要求。但"仁"亦是用那理想境界作人生的目标,如曾参"士不可以不弘毅:任重而道远。仁以为己任,不亦重乎?死而后已,不亦远乎?"这就是孔子的最博大又最平实的教义。儒家的"仁"与耶稣的"博爱"的一致性在此也被凸显出来。胡适说:

> "仁以为己任",就是把整个人类看作自己的责任。耶稣在山上,看见民众纷纷到来,他很感动,说道:"收成是好的,可惜做工的人太少了。"曾子说的"任重而道远",正是同样的感慨。

胡适将孔子"新儒行"或"新儒教"的产生定义成:

> 从一个亡国民族的教士阶级,变到调和三代文化的师儒;用"吾从周"的博大精神,担起了"仁以为己任"的绝大使命。

如果上面的说法中"时代精神"尚比较隐晦的话,胡适下面重释的儒家"新儒行"则直接地回应了"九一八"后的危局。他说,孔子"自己没有那种亡国遗民的柔逊取容的心理。'士不可以不弘毅:任重而道远',这是这个新运动的新精神"。胡适引用孔子"志士仁人,无求生以害仁,有杀身以成仁"(《论语·卫灵公》)以及孟子"志士不忘在沟壑,勇士不忘丧其元"(《孟子·滕文公下》)的名言,都是为了提倡刚毅的这个新精神。

或许是将上古的知识人——士——的起源看作是武士,故胡适将孔子的这些说法直接推断为"受了那几百年来封建社会中的武士风气的影响"。他说,孔子"把那柔懦的儒和杀身成仁的武士合并在一块,造成了一种新的'儒行'"。这一"新儒行"又与"仁"的理念相结合,从而形成了理想的人格,即"君子儒"的人格。而这个"君子儒"的人格不仅有刚毅的一面,且加上了"见利思义,见危授命"(《论语·宪问》)的担当,甚至有"可以托六尺之孤,可以寄百里之命,临大节而不可夺也"(《论语·泰伯》)这种"弘毅的人格"。在此将"见危致命"的人称为"武士道的君子",又将"士见危致命,见得思义,祭思敬,丧思哀,其可已矣"(《论语·子张》)称为"武士道"的信条,如此强调"武士道",或许还有与日本针锋相对及争"武士道"正统的考量。胡适说,孔子"提倡的新儒行只是那刚毅勇敢,担负得起天下重任的人格"。"这是一个新的理想境界,绝不是那治丧相礼以为衣食之端的柔懦的儒的境界了。"

但与晚年章太炎强调《儒行》刚毅一面不同,胡适并不否定柔道的作用。在他看来,儒行是分层或存在不同境界的,换言之,儒行之中,本身含有柔逊的成分,"谦卑的态度,虚心的气象,柔逊的处世方法,本来是几百年来的儒者遗风",孔子亦非抹杀此道,但"他不过不承认这一套是最后的境界,也不觉得这是唯一的境界罢了"。这里强调柔道遗存,当然是为了历史地理解儒行,但就《说儒》言,亦是在为第六节"老子是个'老儒'"的论断作铺垫。

不过,对比柔道,刚毅或更是时代所需,故胡适对"新儒行"的总结,仍将后者放在更为重要的地位,而这个由"柔逊"到"刚毅"的转化,全是拜孔子所赐的。胡适以为,"建立那刚毅威严,特立独行的新儒行"的结果便是"超过那柔顺的儒风"。而孔子改造的"新儒行"的意义则是:

> 他把那有部落性的殷儒扩大到那"仁以为己任"的新儒;他把那亡国遗民的柔顺取容的殷儒抬高到那弘毅进取的新儒。这真是"振衰而

起儒"的大事业。

超越"部落性"即是提倡普世性,它在道德层面的体现便是"仁",是以"仁"为道德上的超越的。这种解读既充满了理想、希望的色彩,又有现实关怀的意味。

4."老子是个'老儒'"

1936年12月,罗根泽(1900—1960)在《古史辨》第6册自序中说到,1933年以后,胡适先生一面作《评论近人考据老子年代的方法》,"以破老子晚出说;一面又作《说儒》,以立老子早出说。首说:'儒是殷民族的教士;他们的衣服是殷服,他们的宗教是殷礼,他们的人生观是亡国遗民的柔逊的人生观'。又以先秦止有儒墨两家,'道家'之名始见于《史记》","乃是一个'因阴阳之大顺,采儒墨之善,撮名法之要'的混合学派"而断定"老子也是儒"。①罗根泽此说,也为后世学者所采纳。②从《说儒》第六节有关老子的内容看,其中有重塑老子历史及其地位的内容,但罗先生的说法并不能说明胡适何以突然祭出"老子是个'老儒',是一个殷商老派的儒"的石破天惊的大胆假设。

1934年11月5日,即胡适1933年5月在北大《哲学论丛》第1集上发表《评论近人考据老子年代的方法》的大半年后,冯友兰在《大公报·世界思潮》第85期上发表《读〈评论近人考据老子年代的方法〉——答胡适之先生》,作出较为详尽的回应。其中说:

> 胡先生可以说:"你们可以等新材料的发现呀。为什么不展缓判断呢?"所说展缓判断的气度,话可以如此说,但我们不能如此行。譬

---

① 参见罗根泽《〈古史辨〉第6册·自序》,罗根泽编著:《古史辨》第6册,第14—15页(自序页)。
② 如陈文采《"老子年代"问题在民初(1919—1936)论辩过程的分析研究》,台南:《台南科大学报(人文管理)》第26期,2007年9月,第4页;赵润海《胡适与〈老子〉的时代问题——一段学术史的考察》也认为,这是"胡适原来抱持的对孔老观点更进一步的加强"。收入《胡适与现代中国文化转型》,第414页。

> 如我写哲学史,我总要把《老子》放在一个地方。如果把《老子》一书放在孔子以前,我觉得所需要的说明,比把它放在孔子以后还要多。因为现在我们对于先秦历史的认识,与以前大不相同。就现在我们对于先秦历史的认识,把《老子》放在孔子以后,是最说得通的办法。①

其实,胡适在撰写《说儒》时亦面临着同样的不能"展缓判断"的难题,因为当孔子成为"儒教教主"后,他也"要把'老子'放在一个地方"。只是冯友兰讲的是《老子》一书,胡适要处理的则是老子其人。而在《胡适论学近著》中,《评论近人考据老子年代的方法》和《与钱穆先生论〈老子〉问题书》《致冯友兰先生书》都是作为附录附在《说儒》之后的,由此可知,对于老子年代问题的争论,胡适还是想以此作为答复。虽然此三文(信)谈的多是思想方法,且如罗根泽所说是从"破"的一面立论,而《说儒》确也涉及"立"的内容,但仍说明他并非需要再画蛇添足。更重要的是,纠结于"老孔先后"不足以促发胡适重新定位老子的兴趣。因为《说儒》中"老子是个'老儒'"的大胆假设即表明,胡适早已从"老前孔后"的问题域中跳脱了出来。这个大胆假设即成了其历史想象力的一次尝试。

在《说儒》中,胡适的一个重要认知是殷商宗教乃中华文化的起点,这个新见基于史语所的安阳小屯考古新发现的启发。但当孔子从历史进程中的转折点式人物转化成民众心目中的"儒教教主"后,其地位则大为不同。出于现实需要,又受基督教启发,胡适在塑造这个"教主"时,可谓极尽描述之能事。孔子已经与耶稣比肩,眼光超越国界,而成了"全人类"的神。这一切与他早年立老子为中国哲学的开山,以破"道统"的诉求明显存在牴牾。

胡适《中国哲学史大纲(卷上)》从老子讲起的原因比较复杂。除了前文所说的受西洋哲学史写法的影响,而西洋哲学从自然哲学开始的写作范式,如果放到中国,只能从老子讲起才合适以外,从启蒙上看,胡适1917年

---

① 冯友兰:《读〈评论近人考据老子年代的方法〉——答胡适之先生》,《大公报·世界思潮》第85期,1934年11月15日,第3张第11版。

在《先秦诸子进化论》的演讲稿中提到"先有老子的自然进化论,打破了'天地好生'上帝'作之君作之师'种种迷信。从此以后,神话的时代去,而哲学的时代来"。①《中国哲学史大纲(卷上)》亦是本此叙述顺序以为基本框架的。而因为康德、黑格尔等欧洲古典哲学家"中国无哲学"的判断主要指儒家人生哲学,以老子的自然哲学以及本体论来证明中国有哲学就关乎民族的学术自尊了。这是胡适以老子为中国哲学开山的情感因素。虽然在胡适从"哲学史"转为"思想史"后,这个情感因素亦不再重要,但以"今日之我与昨日之我战"(梁任公语),用上引冯友兰之语说,真是"话可以如此说,但我们不能如此行"。

就以"打破了'天地好生'上帝'作之君作之师'种种迷信"为例。这个从神文性向人文性转化原来是老子的贡献,现在成了孔子这个"教主"的贡献。如果仅就胡适理解的实验主义来解读这个问题,很容易将哲学话语与一般话语混淆起来,形成简单的误读。如胡适曾说过,"科学律例是人造的","是假定的,——是全靠他解释事实能不能满意,方才可定他是不是适用的"。这句话的前提是"从前认作天经地义的科学律例",针对的则是科学律例"永永不变"的旧说,旨在提出一个实验主义的观点,"实验主义绝不承认我们所谓'真理'就是永永不变的天理;他只承认一切'真理'都是应用的假设,假设的真不真,全靠他能不能发生他所应该发生的效果。""真理不过是对付环境的一种工具;环境变了,真理也随时改变"。②而胡适所批评的中国历史不讲究史料,以及批评陆王心学"偏重主观的见解,不重物观的研究",强调"每立一种新见解,必须有物观的证据"③的"拿证据来",都可以证明,所谓解释也不是随心所欲地凭空臆造。但当胡适重新定位孔子后,老子地位就需重新定位,也即是说,在学术观点发生变化后,寻找与之相适应的合理解释,与纯粹的主观臆造不可等量齐观。

---

① 胡适:《先秦诸子进化论》,《科学》杂志第3卷第1期,1917年1月,第40页。
② 分别见胡适《实验主义》,《新青年》第6卷第4号,1919年4月15日,第344、345页。
③ 分别见胡适《清代汉学家的科学方法》,《北京大学月刊》第1卷第5号,1920年9月,第29、31页。

今据北大藏西汉简本《老子》，在战国时，《老子》已经称"经"，可知其重要地位远超以往之想象。①但20世纪30年代，学者尚无此幸运，胡适他们只能根据古书和有限的考古新发现来推断。胡适在这一节起首所言的"'道家'一个名词不见于先秦古书中。在《史记》的《陈平世家》《封禅书》[《魏其武安侯列传》]，《太史公自序》里，我们第一次见着'道家'一个名词。司马谈父子所谓'道家'，乃是一个'因阴阳之大顺，采儒墨之善，撮名法之要'的混合学派。因为是个混合折衷的学派，他的起源当然最晚，约在战国的最后期与秦汉之间"②在致冯友兰信中已经谈及。他不相信"道家"出于先秦最重要的理由是先秦古书中不见"道家"一词，这是从反面言。就正面言，他说："最可注意的是秦以前论学术派别的，没有一个人提到那个与儒墨对立的'道家'。孟子在战国后期论当时的学派，只说'逃墨必归于杨，逃杨必归于儒'。韩非死在秦始皇时，他也只说'世之显学，儒墨也'。"

从逻辑上讲，如果先秦仅有"儒""墨"两家，而"道家"未形成，老子以及庄周就需要安放在两家之中。实际上，胡适在《说儒》的前半部，对"儒"定义时，已经为儒、道一体作了铺垫。因为这个"术士"既包含宗教之士，又是知识人的泛称，即所有的"士"。老子作为周之"守藏室之史"或"柱下史"自不能不称"士"。这是胡适所说的"无论是齐鲁儒生，或是燕齐方士，在先秦时代总称为'儒'，都属于'儒者'的一大系"。也即是说，儒生与方士都属于儒，"总称"的"儒"和"儒者"这个"大系"均可泛称为"士"。

《说儒》是胡适由"疑古"向"古史重建"转变的代表作，而"古史重建"所要求的便是从"求异"转而"求同"，正是以"同"的视角，胡适意识到了学术或文化发生学由模糊到清晰、由综合到分工的特点，并由此提出儒、道一体，"老子是个'老儒'"的大胆假设。

前文提及有学者说，马王堆文献出土和郭店《老子》出现，让《老子》出

---

① 参见韩巍《北京大学藏西汉竹书本〈老子〉的文献学价值》，《中国哲学史》2010年第4期，第18页。

② 此句中，《说儒》原稿、商务初版和《胡适全集》、中华书局版《胡适学术文集》均作"《封禅书》"，此应是胡适之误。远流版则径改为"《魏其武安侯列传》"。

于汉代和《老子》成书于战国末期的观点"不攻自破"的话或有些绝对,但当下研究老子和道家的学者中,大多已不再认定儒、道对立。在"老孔先后"的问题上,也越来越倾向于胡适的观点。诸如陈鼓应先生所言的"郭店《老子》出土后,打破了老子晚出说的谬误",裘锡圭先生经考证后的结论,简本《老子》的确没有"绝弃仁义"的意思,以及20世纪30年代是将老子在世的时间定在孟子与墨子之间的张岱年在晚年则认为,老子是春秋末年孔子同时代的人,《老子》是老聃之作,但后人有所增益等等,都是有代表性的。

以往谈胡适主张"老前孔后",多以为是在株守"传统"。持此论者潜意识中便有胡适亦"保守"的意思。其实,胡适更多地还是着眼于解构"道统",其内在的还是现代学术和晚清以降诸子学的思维,但这个思维在《说儒》发生了变化。不仅是变化,且是完全跳出原有的"孔老先后"的问题域,以全新的"求同"的思维,在儒、道一体上立论。故胡适说:

> 还有那个孔子问礼于老聃的传说,向来怀疑的人都学韩愈的看法,说这是老子一派的人要自尊其学,所以捏造"孔子,吾师之弟子也"的传说。(姚际恒《礼记通论》论《曾子问》一篇,说,"此为老、庄之徒所作无疑"。——原注)现在依我们的新看法,这个古传说正可以证明老子是个"老儒",是一个殷商老派的儒。

就现实言,在国难当头之时,需要重新阐发民族精神中刚毅一面以鼓舞士气,亦是胡适所说的"新儒行"的核心,但与"刚毅"的现实需要相较,老子的学说即便有"以柔克刚"的辩证功效,亦属远水。而早在留美时代,胡适就认定老子是"不抵抗主义"的,[①]后世学者更有将老子当成"败北主义者",老子学说则被说成是《老子》里体现了"败北主义"和"否定哲学"。[②]此

---

① 如胡适1914年10月26日的札记中提及托匀(尔)斯泰等"不抵抗主义",说"老子闻之,必曰是也。耶稣、释迦闻之,亦必曰是也"。当然,胡适并无贬义,相反,这是他的和平主义理念的源头之一。《藏晖室札记·国家主义与世界主义》,《胡适全集》第27卷,第533页。
② 参见〔日〕白川静《孔子传》,吴守钢译,北京:人民出版社,2014年,第176页。

时过于强化老子学说的正面效应,确有些不合时宜。

"柔"既不合时宜,老子学说中又明显存在"柔"的成分,在时间上老子又早于孔子,将老子解读成了那个相礼的术士的"老儒"也就顺理成章。胡适说:

> 如果"儒,柔也"的古训是有历史意义的,那么,老子的教义正代表儒的古义。

古义即"儒"的原始义,代表"古义"的老子自然就是"正宗的老儒"。问题主要出在"儒"本身是术士,而孔子已然是"儒教教主",但老子早于孔子又不可动摇。宗教的起源被认定后,老子相礼或如胡适所说乃"相礼的大师"就是必然的结论。虽然胡适提出"老子是个'老儒'"的假设,超越了原来"老孔先后"的问题域,但为证明老子、孔子的一致性,须先回到原有的问题起点,故《说儒》第六节又用了一些篇幅说明"孔子问礼于老子"的可信,其中胡适对于《史记》和《礼记·曾子问》的信赖,显得比较突出,而更为突出的是他发现史籍中之老子形象有一个层累式的变化过程,即"从一个最拘谨的丧礼大师,变到一个最恣肆无礼的出世仙人"。

至于"正宗老儒"与"新儒"的不同,《说儒》依据的基本上是进化论和实验主义原理。在胡适看来,老子代表的"正宗老儒"与孔子代表的"新儒"的不同在于宗教观。显然,根据进化论的观点,由宗教到人文是一个必然的趋势。而老子的宗教表现,比如"宽柔以教,不报无道","犯而不校","报怨以德","无为而无不为","不争而善胜"等等,虽含有强烈的"宗教上的信心",但这个宗教信心却是"过情"的。"过情"即违反人情。与之不同,孔子对"过情"宗教的改造就是重新尊重人情物理,故"报怨以德"被平实中庸的"以直报怨,以德报德"所替代。这里判断宗教的标准显然不是历史而是现代的,其理论依据是实验主义哲学观点,即从"哲学家的问题"到"人的问题"。

而一方面在20世纪30年代的特殊条件下,胡适不可能赞扬老子的"柔",或者以"守雌"来御敌,另一方面,晚清以降,新派知识人对西洋"进取"精神的向往和倡导也再次体现在此处。只是他将"进取"表达成"积极"和开放的行为,而将"柔"表达成"消极"和退步的举动。胡适说:

> 那个消极的柔儒要"损之又损,以至于无";而这个积极的新儒要"学如不及,犹恐失之","学而不厌,诲人不倦"。那个消极的儒对那新兴的文化存着绝大的怀疑,要人寡欲绝学,回到那"无知无欲"的初民状态;而这个积极的儒却讴歌那"郁郁乎文哉"的周文化,大胆的宣言:"吾从周!"那个消极的儒要人和光同尘,泯灭是非与善恶的执着;而这个刚毅的新儒却要人"无求生以害仁,有杀身以成仁";要养成一种"笃信好学,守死善道","造次必于是,颠沛必于是"的人格。

但第六节中有关"老子是个'老儒'"的定位,或者说,对于"老孔先后"的变相回应仅止于此。下面的内容则完全跳脱出纯粹综合性结论的俗套,变成了对知识人与百姓之间关系的反思,以及中华文化人文一面形成的重估。

三、吊诡的结局:"教主"神话的解构

《说儒》第六节后半部分之所以不是整个论文的小结,是因为它与前面几节内容的关联性主要在于继续地探讨老子、孔子与殷商的宗教,但这个探讨已非逻辑上的顺延,而是发生了逻辑上的突变,且超越了历史学的层面,成了以学术方式解开现实之惑的尝试。

前文较多讨论20世纪20—30年代胡适现实地位和学术地位的变化,特别是"九一八"后,胡适的对日态度及其对国民党政府对日政策的影响、分歧,他个人的际遇等等,旨在说明《说儒》中胡适为何执拗地将一个"儒"之起源的钩沉转化成知识人与百姓之间的关系以及中国宗教或文化的发生学的探讨,进而又直接将此探讨转换成一种知识人的自我反省。简言之,这是现实际遇与内心困惑引发的思考在学术研究中的一个折射,或者反过来说,是以学术研究的方式来释解内心的困惑。但这个初衷本来在于借助历

史来自我解惑,却揭示出了知识人与百姓之间难以调和的根本矛盾。

在《说儒》第六节中,胡适批评老子宗教观的"过情",并不意味着老子是个纯粹的宗教家。如果"老子是个'老儒'"指老子是纯粹的宗教家的话,那么,胡适1934年所言"全部推翻"从前关于中国思想史的见解,①或1951年自称"根本推翻了我过去对于中国古代思想史的见解"②就是成立的。实际上,所谓"全部推翻"是加上了回忆者的理解,而"根本推翻"是在具体语境下的言之过甚。从《说儒》的内容看,后者仅指以中华文化殷商宗教的源头来替代老、孔思想的源头,这一点恰是受傅斯年启发的。故说《说儒》的内容是"从头再来"可以,但断言"根本推翻"则未必妥当,至少其中没有改变老子中国哲学史开山和思想家的地位和特性。

其实,《说儒》第六节肯定老子和孔子"都是一个知识进步的时代的宗教家"与前面将孔子塑造成"儒教教主",在逻辑上是相互牴牾的。因为即便孔子的"教主"形象是出于民间想象,他也不应该具备相对明确的理性。老子也一样,如果他是比孔子更老的"老儒",一定是比孔子更为保守的宗教家,他同样不应存有理性之念。但这里,胡适所谓"知识进步的时代的宗教家"最重要的依据便是老子开创的"天道观念",这个观念不仅与胡适以往对老子自然主义的"哲学突破"的描述相契合,亦为孔子所接受,并进一步地加以发展了。胡适说:

> 所谓"以天为不明,以鬼为不神"(《墨子·公孟》——引者),现存的孔门史料都没有这种极端言论,而《老子》书中却有"天地不仁","其鬼不神"的话。儒家(包括孔老)承认天地万物都有一定的轨迹,如老子说的自然无为,如孔子说的"天何言哉?四时行焉,百物生焉",这自然是社会上的常识积累进步的结果。相信一个"无为而无不为"的天道,即是相信一个"莫之为而为"的天命;这是进一步的宗教信心。

---

① 参见林同济《第三期的中国学术思潮——新阶段的展望》,《战国策》第14期,1940年12月1日,第1页。

② 胡适:《傅孟真先生的思想》,《胡适作品集·胡适演讲集二》第25册,第60页。

这是说,无论老子,还是孔子,他们处在春秋时期的宗教与人文交错的氛围中,必有宗教家的一面,对鬼神还存有敬畏。虽然如此,却不再信旧式建立在迷信鬼神基础上的原始宗教,而是重新认识了"天道"的知识人。老子在此前并非是宗教信徒或宗教领袖,而是一个富于理性的宗教从业者。他相信天道,但又从事相礼的兼职。孔子与之一样,既从事相礼,又创办私学,他与老子都是处在转型时代知识阶层的顶端,他们不同于一般的"儒"的地方是,以天道观念完成了对宗教的超越,从而使中华文化走上人文之路。

在胡适看来,老、孔天道观念是思想史或文化史上的一大突破,他说:"既然相信一个'独立而不改,周行而不殆'的天道,当然不能相信祭祀事神可以改变事物的趋势了。"不过,吊诡的是,这种理性观念亦拉开了与百姓对宗教的信仰、对于"教主"的想象和企盼的距离,成为知识人与百姓相互沟通的屏障。

因为初衷是为了自我解惑,胡适更多的是从知识人自身去找寻原因。老子和孔子对"礼之本"的理解,即是一例。前文已涉及《说儒》第三节中孔子有关"礼之本"的解说,彼时胡适更多的是在塑造孔子的新形象,而此节又以老子对"礼"批评,再提孔子有关"礼"之见解。在胡适看来,老子所言"礼者,忠信之薄而乱之首也","是深知礼制的人的自然的反动"。而"老子、孔子都是深知礼意的大师,所以他们能看透过去,知道'礼之本'不在那礼文上。孔子看见季氏舞八佾,又旅于泰山,也跳起来,叹口气说:'呜呼!曾谓泰山不如林放乎!'后世的权臣,搭起禅让台来,欺人寡妇孤儿,抢人的天下,行礼已毕,点头赞叹道:'舜禹之事,吾知之矣!'其实那深知礼意的老聃、孔丘早已看透了!"但问题是,宗教的要素之一便是仪礼,这亦是维护其神圣性、合法性的依据之一。如果仪礼不重要,或内容较形式更重要,等于是解构了宗教仪礼的神圣意义。这是老、孔所代表的理性的儒与传统商祝式的儒的理念冲突或者说区隔之一。

而因为有此注重"礼之本"观念,宗教仪式的神圣性和鬼神的观念自然就松动了。胡适说:

> 儒家讲丧礼和祭礼的许多圣贤，可曾有一个人是深信鬼神而讲求祭葬礼文的？

不信鬼神，自然无纯粹的宗教心或宗教情感，而在怀疑鬼神存在之后，并没有转而注意人本身，自然也不会产生关心人的情愫，所以才会计较与宗教有关的外在仪礼的细节。胡适说：

> 这些圣人贤人斤斤的讨论礼文的得失，无论是拜上或拜下，无论是麻冕或纯冕，无论是经衰而吊或袭衰而吊，甚至于无论是三年之丧或一年之丧，他们都只注意到礼文应该如何如何，或礼意应该如何如何，却全不谈到那死了的人或受吊祭的鬼神！

但即便不拘泥于宗教礼仪的细节，不再相信鬼神观念的孔子亦"不过能比一般职业的相礼祝人忠厚一等而已"。因为他主张的"子食于有丧者之侧，未尝饱也"；"子于是日哭，则不歌"（均见《论语·述而》）；"丧事不敢不勉，不为酒困"（《论语·子罕》）等，"都只是体恤生人的情绪"，是外在的境界，而非平常人内心崇信鬼神的宗教态度。他强调"祭如在，祭神如神在"即是如此。"如在"并非真在，"如"即是假装，"如在"即假装地以为"在"，这是不同于传统和真正的宗教信仰之处。胡适认为，这个"如"的宗教心理学，在孔门的书里发挥得很详尽。他说：

> 所以我们读《檀弓》所记，以及整部《仪礼》《礼记》所记，都感觉一种不真实的空气，《檀弓》里的圣门弟子也都好像《士丧礼》里的夏祝商祝，都只在那里唱戏做戏，台步一步都不错，板眼一丝都不乱，——虽然可以博得"吊者大悦"，然而这里面往往没有一点真的宗教感情。

他认为，

> 这是用一种精神作用极力催眠自己，要自己感觉得那受祭的人

"如在"那儿。这种心理状态不是人人都训练得到的,更不是那些替人家治丧相礼的职业的儒所能做到的。

胡适毕竟不是宗教中人,他无法容忍这种"如"的假装,认定其为缺乏真情实感,这仍是启蒙主义意识。

关键是这个"假装"的缺乏真情实感的行为要求有非常高的"境界"或技巧,这一点连孔门弟子亦无法理解、无法做到,何况一般百姓。应该说,这中间的启蒙主义意识只是自然流露,胡适的困惑是知识人何以与一般百姓疏离?故他把自我解惑的重点放在了对知识人本身的反思,亦即作为知识人的一种自我反省。

胡适的反思或自省分成两个方面。就正面言,正是因为老子讲"以道莅天下,其鬼不神"(《道德经·六十章》),孔子言"敬鬼神而远之"(《论语·雍也》),使他们成为"知识进步的时代的宗教家"。但也因为他们的思想太过超前,其行为方式,亦让孔门弟子不解。胡适举的是《论语·述而》子路请祷一段:"子疾病,子路请祷。子曰:'有诸?'子路对曰:'有之。'诔曰:'祷尔于上下神祇。'子曰:'丘之祷久矣。'"他评论说:"子路尚且不能了解这个不祷的态度,何况那寻常民众呢?"

思想"超前"只是就正面言。从反面看,胡适使用的"长袍阶级的哲学"最值得注意。他说:

> 我们在这里,还可以进一步指出老子、孔子代表的儒,以及后来分家以后的儒家与道家,所以都不能深入民间,都只能成为长袍阶级的哲学,而不能成为影响多数民众的宗教,其原因也正在这里。

"长袍阶级的哲学"似乎只是在讲结果,但在胡适亦未必不是原因。实验主义所强调的"问题意识"以及"人的问题",其本身是视经院哲学为中世纪的产物而加以反对的。在胡适的眼里,从中世纪到现代社会的转型,其标志之一便是从宗教走向非宗教的世俗社会。就胡适个人来说,他对思想、理论或学术的现实影响力和社会影响的重视,亦让经院哲学(即此处的"长袍阶级的哲学")成为其辞典里的反义词。而如果考虑20世纪30年代的民族危机与大学学科化、专业化几乎并行,以及胡适本人在学科化、专业化之后被学院派的排斥,这段话中显然含有对学科化、专业化后,学院派学者只关心专业本身的问题和专业内的成长,不关注现实问题的批评。因为这样做只能让知识人、学者像"文士"或"法利赛人"一样,离百姓越来越远,当然对社会的影响力也越来越弱。

傅斯年在《周东封与殷遗民》中发现了上古时代"文士"与民间信仰之间的疏离。①这个发现到《说儒》中被继续拓展和深挖。胡适比较基督教的创教史,不仅是为了说明儒教与基督教在发生学上有何相似,而是为了揭示一个历史的吊诡。而这个吊诡,正是出于他对知识人与百姓之间隔膜的现实体验,亦是他内心中的一大困惑。胡适说:

> 所以我们读孔门的礼书,总觉得这一班知礼的圣贤很像基督教《福音书》里耶稣所攻击的犹太"文士"(Scribes)和"法利赛人"(Pharisees)。

又解释道:

> "文士"与"法利赛人"都是历史上的派别名称,本来没有贬意。因为耶稣攻击过这些人,欧洲文字里就留下了不能磨灭的成见,这两个名词就永远带着一种贬意。我用这些名词,只用他们原来的历史意义,不含贬议。②

如果胡适所言是真的,他应该主要是客观地描述与犹太的"文士"和

---

① 傅斯年:《周东封与殷遗民》,《中央研究院历史语言研究所集刊》第4本第3分,1934年,第289页。
② 远流版有胡适后来补充的按语:"天主教新译的《福音》皆译作'经师'和'法利塞[赛]人'。'经师'之名远胜于'文士'。适之。"参见远流版《说儒》,第96页。

"法利赛人"一样精通古礼、"习于礼"的"儒"的现实境遇,但这个缺乏真情实感终究是一个不能不注意的问题。不仅是耶稣加以谴责,一般百姓亦不甚满意。这是社会或文化转型过程中,知识人遭遇的尴尬。从思想上看,"中国古代的儒,在知识方面已超过了那民众的宗教,而在职业方面又不能不为民众做治丧助葬的事,所以他们对于丧葬之礼实在不能有多大的宗教情绪",这一切仿佛也符合情理,但"儒"或上古知识人却处在一个宗教氛围仍很浓厚的社会之中。从宗教的立场上说,没有对宗教的真情实感就是对信仰的大不敬,而就社会层面看,则肯定是社会人群中的另类。

胡适说:

> 老子已明白承认"礼者忠信之薄而乱之首"了,然而他还是一个丧礼大师,还不能不做相丧助葬的职业。孔子也能看透"丧与其易也宁戚"了,然而他也还是一个丧礼大师,也还是"丧事不敢不勉"。他的弟子如"堂堂乎"的子张也已宣言"祭思敬,丧思哀,其可已矣"了,然而他也不能不替贵族人家做相丧助葬的事。

面对这样的境遇,他不能不感叹:

> 苦哉!苦哉!这种智识与职业的冲突,这种理智生活与传统习俗的矛盾,就使这一班圣贤显露出一种很像不忠实的俳优意味。

没有思想的人,只能称木头人;没有对宗教的真情实感,在宗教信仰者的眼里,当然只能是只会表演的"俳优"了。胡适在这里不仅揭示出了"儒"面临的"智识与职业的冲突"和"理智生活与传统习俗的矛盾",且揭示了他们的生存状态:他们没有根性,是寄生阶层,只能靠为君主、主人或他人表演来换取生存的机会。此显然不是现代知识人的追求,却往往是知识人生存的现实。这是从知识人生存的方式看问题的。

从社会学的视角看,知识人知识和理念的超前与社会发展的滞后,或注定使知识人处于尴尬境地。矛盾的根源恐怕是,真正的知识人的思维永远是超前的,而百姓的思维并没有随着社会发展而提升,或至少不可能与知识人同步。关注社会与观念错位的冲突和矛盾,从根本上说,还是新文化运动的观念层面变革的进路。此一进路也是知识人本质特征所决定的,是理想与现实永远不能同步的规律的反映。这一切在《说儒》如此的凸显,应该缘于胡适20世纪30年代刻骨铭心的个人体会,那种与新文化运动时期完全不同的际遇反差,那种充满期望而又无以为用、无人响应的"孔子式的孤独"。

问题在于,不被一般百姓所理解和接受的理性正是中华文化从宗教走向人文的动力。这是又一个吊诡。

但在胡适看来,最为吊诡的结果是,一般百姓的期盼与知识人所扮演的角色发生的错位。具体地说,就是:

"五百年必有圣者兴",民间期望久了,谁料那应运而生的圣者却不是民众的真正领袖:他的使命是民众的"弥赛亚",而他的理智的发达却接近那些"文士"与"法利赛人"。

也即是说,百姓需要一个主宰的"神",而孔子这个"新儒",这个"儒教教主"却是讲究理智,对鬼神保持着距离的"人"。"他的理智生活使他不能不维持一种严格的存疑态度","知之为知之,不知为不知,是知也"。于是,孔子成了一般百姓所不能了解的宗教家。"他虽然在那'吾从周'的口号之下,不知不觉地把他的祖先的三年丧服和许多宗教仪节带过来,变成那殷周共同文化的一部分了,然而那不过是殷周民族文化结婚的一份赔嫁妆奁而已。"因为"他的重大贡献并不在此,他的心也不在此,他的历史使命也不在此。他们替这些礼文的辩护只是社会的与实用的,而不是宗教的:'慎终追远,民德归厚矣。'所以他和他的门徒虽然做了那些丧祭典礼的传人,他们始终不能做民间的宗教领袖"。

前文已述,《说儒》第四、第五节着力塑造孔子"儒教教主"的形象时,胡适虽然亦强调历史及民间的一面,但诸多内容都加上了自我解读和理解,这个"教主"神话的整体框架是预设的,然后向里面添加历史、神话传说的内容和民间的希望。但当胡适在此说孔子等儒家"始终不能做民间的宗教领袖","那应运而生的圣者却不是民众的真正领袖"时,前面对孔子"教主"形象的塑造,则因为这种吊诡而失去了意义。

胡适以自己的文字建构的这个"儒教教主"神话,到《说儒》的结尾,又以自己的文字解构了这个神话。从这一点看,胡适内心里终究还是理性大于一切的。他不可能成为宗教的信徒,自然也无法拥有真正地建构出一个新的"神"的力量和决心,哪怕是在国难当头的特殊年代和非常处境下也一样。他终究是一个现代知识人。

但从胡适的叙述看,他对知识人与百姓之间隔膜的无奈,让他揭示出了理性与宗教之间、理性与社会信仰之间最深刻的冲突和矛盾。胡适说,《说儒》最终的成品完全超出了撰写之初的预想,而超出部分中最重要的,恐怕就是从"儒"之起源的探讨开始,最终以揭示理性与宗教之间、理性与社会信仰之间最深刻的冲突和矛盾结尾,这期间又自觉或不自觉地渗入了诸多他个人的人生体验、现实感受和现实思考,确实让他感到意外和欣慰。

从另一视角说,老、孔在宗教的问题上,确是超拔于同代人的,但他们受到的待遇或者说所付出的代价,却也是因为超拔于同代人的。这一种深切的困境也只有像胡适这一类,同样能够超拔于同代的人才能理解和体会到。故此,乐观主义者胡适,在此问题上显然是悲观的。

第八章

《说儒》的争议和反响

《说儒》正式发表前,胡适循例自印若干本,分送友朋,征求意见。但除前述孟森反馈的八条具体意见外,其他朋友的意见迄今未见。钱玄同是受赠者之一,他在1934年9月27日日记中记有"……借阅《古史辨》第4册等等,及适之之《说儒》稿";① 1935年11月18日,钱玄同致胡适信又云,"前借尊藏谭复生遗墨照片一份,及大著《说儒》原稿两册,兹均检出奉还",② 仅此而已,再无相关记载。因与胡适关系疏远,《说儒》发表时,顾颉刚仅"翻之而已",到1939年,即《说儒》出版四年后,方认真阅读一过,且"觉其中说话一半可赞成"。③

---

① 钱玄同1934年9月27日日记,《钱玄同日记(影印本)》第9卷,第5292页。此处"……《说儒》稿"句后,有"适之此文甚长"字样,但被划去。
② 钱玄同致胡适,1935年11月18日,收入《胡适遗稿及秘藏书信》第40册,第458页。
③ 顾颉刚1939年1月26日日记,《顾颉刚日记》第4卷,第192—193页。余英时先生将"不赞成的另一半"解读成"是关于老在孔先的见解",似乎还需要进一步辨析。参见其《未尽的才情——从〈日记〉看顾颉刚的内心世界》,《顾颉刚日记》第1卷,第26页(文页)。相关辨析,见本著第七章。

后来的学者往往说，《说儒》发表后即引起激烈的争论，此见并不完全符合史实。因为所谓争论，无论老辈，还是新进，大多属于新派或赞同新派一路，真正意义上的旧派老辈，反而很少发言。而从争论的具体情况看，新派的同辈学者中，除冯友兰、郭沫若，都曾一度保持沉默，或但在课堂上发表不同意见，正式成文予以商榷则要到七八年后，倒是一些颇有史学功底的学生辈热衷于挑战权威，这中间倒包括景从旧派者，他们成了争议和反响的先锋。

第一节 青年无畏：学生辈的回应和挑战

从蔡元培1917年改造北大至20世纪30年代初，中国大学文史专业的学生也是人才辈出的。这些学界新进往往借助现代传播工具来传播学术，形成规模效应。以北大为例，正在就读的罗家伦即兼任北京《晨报副刊》的编辑，发表和翻译了许多文章。由北大"新潮社"编辑的《新潮》杂志的发行量甚至超过了《新青年》。到20世纪30年代初，北大学生仍是《晨报副刊》的重要撰稿人，而史学系学生傅乐焕（1913—1966）、邓广铭（1907—1998）等负责主持编辑的天津《益世报·读书周刊》和北大学生团体"潜社"所办《史学论丛》，亦以讨论史学相关的学术问题为己任，有关《说儒》最初的反应正是出自这三家刊物。

一、细节辨正：新派青年的质疑

正如彼时一位正在担任钱穆助教的学生辈所说，《说儒》发表引起治国学者的注意，是因为"儒的问题，差不多是我国一切学术的开端，应该首先解决的，胡先生加之以说，算是握住了问题的重心"。[①]而《说儒》所提出的问题，其研究视角、研究方法和相关的结论都是与众不同，且具有思想上和学术上的震撼力的，这一点对于学生辈，即学术青年的吸引力较之同辈人或更为明显。

---

① 贺次君：《〈说儒〉质疑》，《史学论丛》第2册，1935年11月，第1页（文页）。

北大哲学系出身的江绍原(1898—1983)，亦是胡适的学生辈，1934年任河南大学文学院院长。《说儒》出版后，他几乎是第一时间发表了评论和商榷意见。从1934年12月16日开始，江绍原连续在北平《华北日报》上发表了《古宋君臣们的民族复兴运动——驳胡适之》《力劝宋襄公复兴殷民族者谁耶?》和《"天之弃商久矣……"是谁说的?》等四篇文章。① 1935年8月11、13日、10月1、2、7—9日以及10月21日，又在《北平晨报》上先后发表了《读胡适之〈说儒〉和冯友兰〈原儒墨〉》《读胡适之〈说儒〉和冯友兰〈原儒墨〉(续)》和《暂结束读胡适之〈说儒〉和冯友兰〈原儒墨〉》。②

当然，江绍原是在承认《说儒》"不失为一篇极不可多得的文章"③的前提下进行商榷的。他虽质疑胡适"不但把《诗经·商颂·玄鸟篇》断为殷商遗民预先歌诵那位将出世的真龙天子之专诗，而且从《左传》僖公二十二年一段文字中，看出宋国君臣们曾共同做过一次复兴民族的实际运动"，却主要是不同意胡适对《左传》僖公二十二年的解读，乃至发挥。

《说儒》第四节谈宋襄公的"民族复兴运动"，先是盂之战被楚人捉去，后是泓之战大败于楚人，宋襄公伤股，再作俘虏。在泓之战前，胡适引《左传》僖公二十二年所记："大司马固谏曰：'天之弃商久矣。君将兴之，弗可赦也已。'"以为其中大司马是"公子目夷，即子鱼"，而"固"是形容"谏"字的副词，且引申道："子鱼先反对襄公争盟。到了将战，他却主张给楚兵一个痛快的打击，故下文力主趁楚师未既济时击之。"④这其实颇有夫子自道

---

① 16日文章据江绍原《力劝宋襄公复兴殷民族者谁耶?》一文所述，但未查及，其余三篇分别刊于12月21、22—24和25日。
② 《读胡适之〈说儒〉和冯友兰〈原儒墨〉》和《读胡适之〈说儒〉和冯友兰〈原儒墨〉(续)》在发表时间的标注上，尚存在不一致，因一时无法核对《北平晨报》，发表时间暂据蔡仲德《冯友兰先生年谱初编》，第159—160页。耿云志主编《胡适论争集》(中卷)将《读胡适之〈说儒〉和冯友兰〈原儒墨〉》第一部分的发表时间标注为8月31日，北京：中国社会科学出版社，1998年，第1818页。
③ 参见《力劝宋襄公复兴殷民族者谁耶?》，原刊《华北日报》，1934年12月22—24日，收入《胡适论争集》(中卷)，第1820页。
④ 具体见胡适《说儒》，《中央研究院历史语言研究所集刊》第4本第3分，1934年，第256—257页。

的意味。胡适对日作战前后正是如此态度,故最能理解,亦最愿意接受此说。然此一建构的逻辑,并不合文献原意,其所认"大司马"为"子鱼",将"固"解作副词,今天看来,亦非确解。

江绍原指出:

> 据旧说:宋大司马一向不主张宋国出头争霸;在泓战之前,他仍主张与楚和,无奈襄公不听,不得已才劝他趁楚师未济,迎头痛击。若照胡先生的看法,则大司马虽一向不主张宋国多事,在泓战之前却忽然转变。这转变的理由,不知安在?他难道是受了《玄鸟篇》的鼓舞么?然《玄鸟篇》说只消"龙旂十乘",便能"大糦是承";那么他为什么不劝襄公"龙旂十乘,河这边等。寡能胜众,动不敌静,着急无用";反说"彼众我寡,及其未济也,请击之"耶?①

具体到"固"的释解,江绍原详细列表说明"这位大司马似即名'固'"。而"胡先生忙于找殷商遗民复兴祖国的史料,一时大意,竟将'固'这个专名认为一副词了"。②

这样的细节考据,其背后仍是不同意胡适有关宋襄公"民族复兴运动"的建构。因为文章是发表在报纸上的,江文颇有调侃的意味,且适可而止地停下了讨论。这一点与他和其师周作人的商榷类似。③江是周作人的四大弟子之一,商榷亦在所难免,可知彼时学术界中,学者之间、师生之间在学术上的相互质疑、商榷实属正常。

---

① 以上除另注外,均见《古宋君臣们的民族复兴运动——驳胡适之》,《胡适论争集》(中卷),第1818—1820页。
② 参见江绍原《力劝宋襄公复兴殷民族者谁耶?》,《胡适论争集》(中卷),第1820页。江绍原另一文《"天之弃商久矣……"是谁说的?》亦基本是在考据公孙固之事。具体见《胡适论争集》(中卷),第1846—1847页。今据杨伯峻编著《春秋左传注(修订本)》,此"固"亦被认定为宋庄公之孙,即公孙固。北京:中华书局,1990年,第396页。
③ 具体见陈泳超《江绍原及其礼俗迷信小品》,收入江绍原著,陈泳超整理《民俗与迷信》,北京:北京出版社,2003年,第5页。

与晚年在肯定之余偶有诟病不同,1934年底胡适《说儒》发表时,正在北大文科研究所任助理的杨向奎扮演的是拥戴者的角色。① 《说儒》发表之时,杨向奎基本是肯定胡适观点的,即使有不同意见,亦是以补益的姿态出现,甚至站在胡适立场上回应冯友兰和贺次君(生卒年未详)两位有关《说儒》的批评。

天津《益世报·读书周刊》系由北大文学院史学系学生负责编辑,关于此点,报纸版面上为投稿者提供的通讯地址即可证明。既有此方便,杨向奎《读〈说儒〉》刊登于此就在情理之中。他写道:"……胡适之先生的长文《说儒》一篇,体大思精,乃近年来国内最重要之论文。"这是他之评论重要的前提。杨向奎在指出胡适"论儒是殷民族的教士;他们的衣服是殷服,他们的宗教是殷礼,他们的人生观是亡国遗民的柔逊的人生观"一说"是无可非议"后,又另举《庄子·内篇·逍遥游》"宋人资章甫而适诸越,越人断发文身,无所用之"以及《庄子·杂篇·说剑》记庄子儒服而见赵文王(约前309—前266)以为补证。他指出,"庄子本蒙人,《史记》索隐引刘向《别录》云'宋之蒙人也',则庄子亦宋人,以宋人而服儒服,则儒服之为宋服益可知"。又引《礼记·郊特牲》"委貌,周道也。章甫,殷道也。毋追,夏后氏之道也",且以为"是儒服为殷服已无疑问"。②

至于"儒"之"柔"的解读,杨向奎所另添的几条证据前文已详引,此处恕不再重复。这样的补证,当然是以承认胡适《说儒》基本观点为前提的。

杨向奎纠正胡适误识的话语也相当平和,此文的第三部分,才是真正意义上的商榷。他与江绍原一样,亦认为《说儒》将"大司马"视作"子鱼",将"固"解为副词,实非恰切。他以《韩非子·外储说左上》所记"宋襄公与楚人战于涿谷上,宋人既成列矣,楚人未既济。右司马购强趋而谏曰:'楚人众而宋人寡,请使楚人半涉未成列而击之,必败。'襄公曰:'寡人闻君子曰:

---

① 王尔敏先生《当代学者对于儒家起源之探讨及其时代意义》一文发表较早,恐因条件所限,未见到杨向奎《读〈说儒〉》原文,故没有察觉杨本人在评论《说儒》上前后有所变化。
② 杨向奎:《读〈说儒〉》,《益世报·读书周刊》第43期,1936年4月9日,第3张第12版。以下引文均出自此文。

不重伤,不擒二毛,……'"证明此时的大司马,实为购强(生卒年未详),非子鱼(目夷,生卒年未详)。他说:"胡先生以为大司马即公子目夷。关键在于'固'字之如何解说,如依《韩非子》所引之《春秋名字解诂》的说法,则'大司马固'似即'右司马购强'而非目夷。"他又引刘师培之《周季诸子述〈左传〉考》所说"僖二十二年大司马固谏,《韩非子》作右司马购强趋而谏。则'固为人名(固即购强,强固义近,其名字正相应)',非司马即子鱼",辅证己之观点。①

不过,即便商榷,杨向奎亦颇存虔诚之意,故结尾处仅说:"刘氏之解说,我以为可以用。"这也说明,他其时确是赞同《说儒》中胡适之见的。

二、"先见"各异:旧派青年的商榷

江绍原、杨向奎虽与胡适商榷,但学问偏新,对上古文化和孔儒的认知,与胡适近似。与之不同,另一学生辈李源澄则学问偏向旧派,他曾先后师从廖平、蒙文通,并向章太炎请益,1934年适在支那内学院从欧阳竟无(1871—1943)学佛。故其学问,实是兼顾了今文和古文两家的。胡适《说儒》出现后,迄今未发现有旧派老辈公开回应,李文因与旧派的渊源,实可视作旧派老辈观点之代表,此亦是可注意之处。

1934年10月,胡适赴南京参加"全国考铨会议",其间受邀进行了多场演讲,现在能够确证演讲"儒与孔子"的,一次是在中央大学,另一次是在考试院。南京一向是"南高"一派的重地,胡适选择演讲此主题,至少比较得意此说,而对于国民党政府潜在的"尊孔"政策亦是一个警示。

李源澄最初是在南京考试院聆听胡适演讲"儒与孔子"后产生疑问的,通读《说儒》全文后遂撰《评胡适〈说儒〉》②正式提出商榷。李文首先发现

---

① 主要撰于1939年至1941年间,且陆续遴选发表的顾颉刚《浪口村随笔》中有"大司马固谏"条,其中说:"僖八年《传》'宋公疾,大子兹父固请曰,……'此足以证'大司马固谏曰'非公子固,即司马目夷也。"《顾颉刚全集·顾颉刚读书笔记》卷4,第118页。

② 李源澄:《评胡适〈说儒〉》,《国风半月刊》第6卷第3—4合期,1935年2月1日,第24—35页。以下未引注者,均出自此文。

了《说儒》的一个牴牾之处,他指出:

> 胡先生在第一章不是说章太炎先生用的郑注是东汉人的说法,不足征信吗?为甚偏要用许慎的《说文》来证明周之儒为柔,或更古至殷之儒为柔,东汉人郑玄之说必不可信,东汉人许慎的说法,则是天经地义,岂非大不可解之事。

这个发现有道理,是因为《说儒》确有此问题。但如果从胡适的立场看,郑注与许书毕竟不同,前者为笺注,后者为字义解释。从时间上看,许慎也较郑玄为早,相对来说亦符合"去古不远"的原则。这个小事或只能说明在上古史料缺乏的情况下,治古史者的一种无奈。其非胡适一人如此,所有上古史研究者都不能例外。实际上,李源澄不满的还非这一点,而是胡适将"儒"的特性解读成"柔懦"。

李文从《说儒》第二节起,直到第六节,逐节讨论,但基本意见却可从下面的话看出:

> 胡先生的意思是想证明孔子就像耶稣,商之遗民,就像犹太人,大概是先有这个观念,然后在古书堆中,去寻材料,以证成其说。

指出胡适存"先见",自然要标榜自己无成见,故他又说:"我自思是无成见的人。"由"成见"之指出,可知时人已经在将胡适当成用"西洋成见"套用中国思想之人的代表,这一点金岳霖亦复如此。①

或受廖平影响,李源澄不赞成孔子之前有"儒"。他以为,胡适因不信《周礼》,只能以《论语》初见的"儒"字为最早,"不过《论语》这本书,成于何年何月,初无定论,至少总在孔子没后若干年,假定在孟子以前已有《论语》,则此书已是在孔门弟子众多之候[后],不能证明孔子以前,即有许多

---

① 参见金岳霖《审查报告二》,冯友兰:《中国哲学史》(上下册)附录。

的儒"。这样就使问题又回到了今、古文之争的轨道上。

李源澄不承认"儒"的特性与"柔懦"相关,①亦不认可胡适对周代殷遗民的论证,他讽刺说,"胡先生列了许多证据,来证明周之人民是殷朝的遗民,在我看来,实在是何'许子之不惮烦'"。在他看来,周代商后,承继了前朝的文化,这乃是公例,无须大惊小怪,却不知胡适之证明殷遗民的存在,对于《说儒》在推动上古文化史宗教起源的意义重大。故此,他会以为"周社、亳社,不过一个是后起的祀典,一个是先有之祀典,人民安之,不为变动,亦极寻常之事,不足为殷、周民族对峙之证"。这样的结论,亦显示出彼此所论确是针锋不接的。

《说儒》所引据和解读的正考父鼎铭,由于想象力过分充盈,而成同代及后世学者指出的一大瑕疵。但李源澄对此的批评却与众不同。他说:"至于胡先生举正考父以为殷民族的人生观,此尤觉可笑,人之不同,即父兄子弟,亦不能强同,以一人而代表一民族,未见其合理。"原来李源澄还是不相信一个中西文化的比较,故他又说:"旧来的人,相信殷因夏礼,周因殷礼的话,故对于此类,全无问题。胡先生把殷朝当着犹太,把孔子作成耶稣,于是到处皆是问题"。从此二说亦可知,民国学界旧派与新派之间确实隔膜极深。

李源澄与几位学生辈的新派,在史学的细部知识或已超越胡适,因而能指出或纠正一些硬伤,但在整体上仍不能与胡适比肩或对话,故他们所言也多以推论为主。李源澄预存的不同意《说儒》中孔子与耶稣类比的"先见",就显系接受古文家的观念。1934年,他写信向章太炎请益,后来又到苏州从章太炎学习,所受影响是肯定的。章太炎《原儒》之所以突出一个"类名"的"儒",且解读成"六艺之士",就是本着或维护着一个中华文化的人文定位。晚清民国学界的老辈或旧派学者,如上述张尔田、江瑔、刘咸炘亦复如此。而这一点恰也是李源澄与胡适的分歧所在。

先见不同,取向差异,往往容易各讲各的。其实,《说儒》儒之相礼是为

---

① 其实,在《说儒》中或为避免理解上的偏差,胡适比较多使用"柔逊"这个相对中性的词,而非"柔懦"。

"衣食之端"的结论,不过是原始儒生存方式的历史叙述,非含贬义。但正像前述之孟森一样,旧派或尊儒者往往不能平静接受,李源澄内心里或亦有此"先见"。故他要指《说儒》采《墨子·非儒》之见,以为使用这种"异家相诋之辞"为证据,是胡适为了有意专诋儒家和孔子。《说儒》讨论"三年之丧",且说明儒者和老、孔治丧礼,是基于对祖先教的认知。此点李源澄显然也不甚理解。他说,"至于三年之丧这个问题,在胡先生当然认为是发千古之闷,我觉得是过于求深之蔽。三年之丧之制,是一件事,行三年之丧,又是一件事"。将"礼制"与"行礼"二分,确是卓见,但此与胡适《说儒》的论证无关。李源澄接着说:"本来儒家是重礼乐的,孔子观于乡,与于腊,射于瞿相之圃,又何尝不是礼,并非如胡先生所说以治丧相礼为职业。礼谨于治生死,故《礼记》所载关于丧祭之礼为多。"殷周之礼自然不止于丧礼,胡适独以"三年之丧"举例,亦因为祖先教最重于丧礼。因李源澄存有不同意宗教起源的"先见",他会将此归因于"胡先生心中早有神父观念,故把《礼记》中所有孔子与其弟子之为人相礼者,皆当作神父看",如此一来,《说儒》所述自然"未免不是当时的实事"。说到底,这仍是中华文化的宗教起源与人文起源之争的反映。虽然李源澄强调自己并不反对儒者相礼,他反对的是儒以此为职业,但随后所说的"即但儒者的职业就是与人相礼,而巫祝自巫祝,儒者亦自儒者",仍说明他所反对的实在就是相礼,特别是治丧礼的儒的"卑贱出身"。这亦与孟森一样,都属于今人解古史的"今见"使然。

因为有此人文起源取向,李源澄很难理解《说儒》中对孔子"儒教教主"的建构。他并非是就具体建构的细节讨论,而是一开始就先否认这个建构的合理性,然后再由此而推究其原。前文已述,"五百年必有王者兴"式的建构并非基于历史,它关乎宗教起源或宗教发生学。李源澄说:"胡先生又以孟子'五百年必有王者兴'的话,为孔子应期而生,不知此乃孟子之私言。'五百年必有王者兴',是说尧舜至于汤,由汤至于文王,恰五百岁,由文王至于孔子亦适当其数,并非先有'五百年必有王者兴'的预言"。因从一般意义上理解孔子,李自然将孔子当成一个有才华、有抱负之士,而此类人有所自任,亦属正常,又由于内心里存有人文高于宗教之念,故他反而认为胡适对于宗教预言的暗示,"孔子以部落性的儒,变为广大的儒,柔懦的儒,变为刚毅的儒",均非提升孔子的形象,"未免太小视孔子"。结果就是,胡适无论批评孔子、儒家,还是表彰孔子、儒家,都成了问题。

以笔者有限的观察,迄今无批评者或研究者发现《说儒》中的文化上的"倒征服",此时尚处于学力积累阶段的李源澄自不可能例外。因主要受学于旧派学者,对历史建构与宗教建构的差异往往缺乏把握,故不可避免地产生了理解上的障碍;而因文化认知上的不同,亦在理解《说儒》的文化理念时无法施以同情。如李源澄说:"最妙的是(胡适)一方面说宋国早已经同化于周了,一方面又说殷民族用那不抵抗主义,以保守其固有文化,真韩非所谓'以子之矛,陷子之盾'。"这种典型的文化上的"倒征服",本身并不存在抵牾,却因先见和误解而"把殷民族当成犹太人""把孔子当成耶稣"所致,且推而论之,以为是"左右失据"。李源澄说:"因为他要把殷民族当成犹太人,故不能不说他们在不抵抗主义之下过日子。而典籍所载,处处皆莫有殷周文化对峙的痕迹,故不得不说他们是同化了。因为要把孔子当成耶稣,故勉强附会,说他的先师就是商祝。而孔子与孔门弟子的书籍上,都不是那样,故又不能不说是孔子改良。这种说法,是左右失据。"

因为认定人文起源,自然会将儒之起源与人文思想萌芽的周代相勾连。李源澄就特别强调孔子的"尊周"。所谓"吾从周",在他看来,就是孔子集周公智慧和周文化之大成。连带着的问题是老子亦无宗教之气象,故他不赞同"老子是商祝",亦不赞同《说儒》"老子是个'老儒'"的判断。他说,"还有胡先生说老子与孔子是一条路的朋友,我是很赞同的,不过胡适先说老子是老儒,我是根本不知道有所谓老儒,……要知道老子是莫有宗教意味的"。但在"老孔先后"的问题上,因《说儒》之说很容易被误判为"尊从古说",反而让他们一致起来,李源澄甚至在文中专门进行了详尽的补充论证,只是受旧派信古的原则影响,他不赞同胡适提倡的辨伪,说"辨伪的方法,……未尝不可用,不过这类证据,只能作陪客,是不能作主人,如其不慎,实是学术之害"。

当然,《评胡适〈说儒〉》也非处处提出商榷,在墨子与孔、老的不同上,李源澄也表示赞同胡适之见。不过,他亦补充说:"……孔老虽在墨子之前,他们的思想,严格的说,还是新教。墨子虽然稍后,他的思想,仍是旧教。

第一,是孔老皆重心性,墨子则重天志,一由心发,一由外作,是根本不同的。第二,墨子信鬼神,老子孔子对于鬼神之事,虽不昌言排斥,但总是以人事为重。"这自然仍是古文家的观点。

虽就教于旧派,作为年轻的一代,李源澄与传统旧派的"尊孔",以及今文家的神圣化孔子已有不同。1935年8月,他在《尊孔论》结尾写道:"吾人今日之尊孔,非第孔子之道周于世用而足尊也,即其言无一当于今之世,亦当尊亲无穷,况其原理,至今不变,举而措诸天下无难。"①仅读此句,或以为李源澄颇似旧派的卫道式"尊孔",其实他对孔子和儒家的看法,基本是秉持历史观点的。1939年5月,在《评陈独秀的〈孔子与中国〉》中,他说,"我所谓尊孔,并不是像旧来开口骂人离经叛道,闭口骂人非圣无法,把孔子当着护身符,对于孔子的人格学术全不了解那样的尊法;简单一些说,我们尊孔与儒家祀其先人的意义差不多。无论怎样反对孔子的人,终不能够抹杀孔子在当时的价值,与传播文化于后的功绩"。一年后,他又在《与陈独秀论〈孔子与中国〉》中将表述稍加修改,以"追远报本"替代"祀其先人",即以"影响于生者"的历史态度代替仅仅追怀先人的情感,以及祭祀的宗教色彩。这时候,古文家章太炎的影响显然大于早年的今文家廖平。李源澄说,"章先生不主张建立孔教,是反对康、陈他们把孔子当作宗教,并非反对尊孔。近来主张尊孔的人,都忽略了尊孔的历史性"。他强调即便是追怀先人,也要以凝聚民族精神为原则。他指出:"我们现当国家民族垂亡的时候,应如何发挥我们的民族精神,爱护我们的民族文化,尊崇我们的民族先知,随时随地遐想我们国家民族的光荣历史,唤起我们民族的自尊心,使涣散的民族凝固起来,使疲萎的民族振发起来……"②后一见解,几与前述晚

---

① 李源澄:《尊孔论》,《新亚细亚》第10卷第2期,1935年8月1日,第97—98页。
② 参见李源澄《评陈独秀的〈孔子与中国〉》,《新西北月刊》第1卷第4期,1939年5月10日,第26页;修改稿相关内容,又见其《与陈独秀论〈孔子与中国〉》,《国是公论》第35期,1940年5月1日,第8—9页。此处之所以说"古文家章太炎的影响显然大于早年的今文家廖平",而不是说"古文家章太炎的影响显然替代早年的今文家廖平的影响",是因为李源澄对于祭祀孔子还是有着好感的,他在后一文中特别提到,章太炎"忽略了孔庙的意义"(第9页)。这句话并未出现在前文中。

年章太炎的主张如出一辙。

类似的话语,也出现在另一位学问偏于旧派的《说儒》评论者李翘(1896—1970)的《说儒》中。李翘从年龄与经历上看,基本可算是胡适的"学生辈",其所论与李源澄之见,均有承继章太炎的意味,故系于此,一并解读。

李翘《说儒》,1935年6月30日刊于《浙江省立图书馆馆刊》第4卷第3期,在文尾的"编者附识"中专门提及李源澄《评胡适〈说儒〉》,言其文"以矛攻盾,尤见犀利",而读者读李孟楚(翘)之《说儒》,则"庶不致为'儒为柔懦'之说所误与?"①由此可知,李翘其文虽未提胡适同名论儒之文,其意却是针对胡适,即《说儒》所谓"儒为柔懦"的。

李翘《说儒》亦是从"儒"之字义说起,与旧派一样,往往将"儒"与"儒家"混为一谈。其有关"儒"字的解释,基本材料多取自前人,如《周礼》《论语》《孟子》《庄子》《韩非子》《法言》《风俗通义》《礼记·儒行》和《中庸》有关"儒"的定义,均一一罗列,只是以《吕氏春秋》证儒,尚不多见。

在20世纪30年代民族危机之时,旧派学者以古代刚毅之德汇聚民心、鼓舞士气的希望在前述晚年章太炎那里已经相当明显,实际上,他们始终无法理解胡适《说儒》中对于"儒"之"柔"的一面诠释的历史意味,故往往放大、更改,直接将"柔逊"写作"柔懦",这样的负面理解,实与其期待相关,误读之处,自在所难免。

李翘也一样,他的现实针对性,不仅是现实中的国难,亦包括胡适对于"儒"的解读,故一开始就将《论语》"士不可以不弘毅""士见危授命,见得思义"亮出来,至于《吕览》所以为他所珍重,亦与刚毅之气节有关。如他引《士节篇》"士之为人,当理不避其难,临患忘利,遗生行义,视死如归"及《士容论》之"士不偏不党,柔而坚,虚而实,其状朗然不儇,若失其一(此四字李文漏引——引者)。傲小物而志属于大,似无勇而未可恐;狠执固横,敢而不可辱害(此处断句有别于日常,现仍依原文——引者),临患涉难,而处义

---

① 参见李翘《说儒》,《浙江省立图书馆馆刊》第4卷第3期,1935年6月30日,第7页。下引未注出者,均见此文。

不越",此亦是将希望赋予了解读之中。正如李翘自己所说:"余故详说博稽,明其本始,以著此篇,而昌明我民族贞刚特立之美德。国家方谋匡复,庶有闻风而兴起者矣。"

为说明"儒"士之刚毅,李翘又将《韩非子·显学》"世之显学,儒、墨也"直接解读成"儒墨并举",进而将墨之侠义引入儒之中,赞"任侠之风,儒者倡之",因为"此侠原于儒,而不专属墨之实也","儒既秉此贞刚之德,是以四民则首士"。这亦是晚清浙籍学者孙诒让的《墨子间诂》的思路。

李翘以后来的"儒行"反证"儒"之非"柔"未必真能否决胡适《说儒》有关"儒"之"柔"性的意见,因为胡适只是想证明,孔子之前的"儒"具有这一历史特征而已。

三、唯物论影响下的社会史的回应

1934年12月3日,因所谓"危害民国罪"被国民党政府属下的江苏最高法院终审处以有期徒刑八年,于南京老虎桥江苏第一监狱服刑的陈独秀在致时任中央大学校长的罗家伦的信中说:"适之近著《儒论》,尊处如有,亦求赐一份,弟方写一册《孔子与儒家》,急须参考也。"[①]此处的"儒论"当指《说儒》,陈独秀写作有关孔子与儒家的论文,希望参考《说儒》,以他对胡适的了解,及其与胡适持续未断的友谊,也是顺理成章。

接受唯物论的陈独秀,早在1923年11月为亚东图书馆有关"科玄论战"的相关文章结集的《科学与人生观》写序时,便运用唯物论原理品评"科

---

① 陈独秀致罗家伦,1934年12月3日,收入罗久芳编著《五四飞鸿——罗家伦珍藏师友书简集》,天津:百花文艺出版社,2010年,第68页。信中个别内容和标点,据原信影印件作了更改。《书简集》编者未确认此信的具体年份,此处所列出的1934年,是根据文中内容确定的。又,陈独秀《孔子与儒家》后未见发表,今存的《孔子与中国》就内容看,应为《孔子与儒家》的导言部分,系刊登在1937年10月1日《东方杂志》第34卷第18—19号合刊,时间虽已在三年之后,但拟订撰写计划的时间却在1934年11月。这也可以反证此信写于1934年。具体参见陈独秀致汪原放,1934年11月3日,收入任建树主编《陈独秀著作选编(1932—1942)》第5卷,上海:上海人民出版社,2009年,第97—98页。

玄论战"中有代表性的观点,以及胡适有关"科学人生观"的见解,且还因此引起胡适的迅速反弹。①陈独秀在序言结尾所说,似乎也是最后通牒式的:"我们相信只有客观的物质原因可以变动社会,可以解释历史,可以支配人生观,这便是'唯物的历史观'。我们现在要请问丁在君先生和胡适之先生:相信'唯物的历史观'为完全真理呢,还是相信唯物以外像张君劢等类人所主张的唯心观也能够超科学而存在?"②

1934年的陈独秀虽仍秉持唯物论,却已回归了新文化运动立场,新文化运动的情结直接影响着《孔子与中国》的主题,这个情结,简言之,即以"现代"的标准重审中国传统和学术。故在文章开头,陈独秀即引尼采"经评定价值始有价值;不评定价值,则此生存之有壳果,将空无所有"。且直言"评定"的标准是"现代知识"。③应该说,这个新文化运动的标准,与胡适是一致的,后者在前引《新思潮的意义》中提到的"重估一切价值"及"评判的态度"出于同样的认知。

但毕竟陈独秀是着眼现实政治的"老革命党",④《孔子与中国》对孔子与儒家的评论完全是基于无神论的。故他指出的孔子的"第一价值"便是"非宗教的态度",他说:"自上古以至东周,先民宗教神话之传说,见之战国诸子及纬书者,多至不可殚述,孔子一概摈弃之。"按照陈的理解,孔子言鬼神与墨家最大的不同,在于"义在以祭享"。即只将鬼神作为治国治天下之本祭在那里,至于是否存在鬼神,"则视为不可知之事,而非所深究"。"天命"亦如此,"乃悬拟一道德上至高无上之鹄的,以制躬行,至于天地之始万物之母,则非所容心"。此一说法与《说儒》中所言孔子"祭如在;祭神如神

---

① 具体见胡适《答陈独秀先生》(11月29日),亚东图书馆编:《科学与人生观(全二册)》,上海:亚东图书馆,1923年,第29—33页(胡序页)。随后,即12月9日,陈独秀又有《答适之》,见同书,第33—42页。但12月16日,胡适在致亚东图书馆编辑章希吕的信对陈的答复表示了不满,其中说:"仲甫的答书,近于强辩,末段竟是诬人,使我失望。"参见《胡适全集》第23卷,第417页。
② 陈独秀:《〈科学与人生观〉序》,《科学与人生观(全二册)》,第11页(陈序页)。
③ 陈独秀:《孔子与中国》,《东方杂志》第34卷第18—19号合刊,1937年10月1日,第9页。以下未另外出注者,均见此文。
④ 这个说法见1961年8月28日胡适致李孤帆的信,《胡适全集》第26卷,第682页。

在"一句的解读近似,均是讲处在转型期的孔子和儒家对鬼神态度的变化,只是他没有像胡适一样进行详细的学理论证和分析。

与《说儒》另一相关的,是对于《周礼·天官·大宰》及郑玄有关师儒的注释。陈独秀认定孔子的"礼"是治国之礼,"儒是以礼治国的人,礼是君权、父权、夫权三纲一体的治国之道,而不是礼节仪文之末",故无论"六艺",还是丧礼、嘉礼,因都"说不上治术",自然与孔子以前的儒以及孔子本人无关。这里没有强调,但看得出,孔子前有儒,这个胡适《说儒》所承继的晚清以降的观点,陈独秀是认同的。陈独秀对"汝(女)为君子儒,毋为小人儒"的解读,亦是秉此"治国之术"的先见的。他说:"此所谓君子小人,与'小人哉樊须也'之小人同义,彼谓稼圃为小道末艺,非治国平天下的大道,此谓小人儒为习于礼、乐、射、御、书、数的小儒,非以礼教治国安民的君子儒。"

如果说,依陈独秀的无神论见解以及文中对彼时兴起的"尊孔"的文化保守主义倾向的批评,他是不可能同意《说儒》对孔子"儒教教主"的建构的,哪怕这个建构有着巫史传统的合理依据也一样。但《孔子与中国》并没有直接回应《说儒》,其所论也仅只是间接地回应了相关的问题。而以唯物论的立场直接回应胡适《说儒》者,除了郭沫若的两篇驳论以外,就应该算是刘兴唐(1907—1969)所撰之《儒家的起源》了。

20世纪30年代初,唯物论兴起后,直接推动了社会史的研究,亦影响到儒之起源问题的探究。1936年11月,刘兴唐发表在北平《人生评论》第2期上的《儒家的起源》一文,即是其中之一。以唯物论为指导的社会史视角,相对注重理论和方法,与占主流地位的科学史学的研究视角自然不同。刘文一开始就提到,他不是"实证主义者,所以在考据方面,一定比较差",他是把儒家"当作社会上的一个阶层看待",且由社会制度引起的变化来考察由一种社会形态转化为另一种社会形态,这是他讨论"儒家的起源"的目的。①

---

① 参见刘兴唐《儒家的起源》,《人生评论》第2期,1936年11月10日,第4页(文页)。不重考据亦并非全出于谦虚,此文使用古史材料,用其话说便是"真伪杂错"(语见第8页)。以下所引未另注者,均出自此文。

但作为史学研究者,刘兴唐也并非完全抛却史料,1936年2月1日,他在《疑古与释古的申说》中,就批评"释古派"不重史料,任意用伪史。他说:"一味的反对疑古,无条件相信伪书的记载,直把后来人所装扮起了死后的古人,当作古史的本来面目,这种人据我看来,根本是不可救药的。"而"科学的历史家,他的任务,是要脱去古史上一切的神秘外衣,他并不是见到伪史料,便一脚踢开。他们,是把历史上的早早晚晚的神话传说,都当作可贵的史料着[看]待"。不过,在《儒家的起源》中,他却没有实现"脱去古史上一切的神秘外衣"的愿望,史料的鉴别显然还在其次,所谓"方法",在他看来更为重要,这一点在《疑古与释古的申说》亦被突出地强调,他说,"在历史科学上,方法与材料是对立的统一,不过方法却站在主导地位"。①在另一篇题为《历史之材料与方法》的文章中,刘兴唐更是直白地说:"在历史科学上,方法论是唯一的先决问题。"②

表面上看,《儒家的起源》仅有一句话涉及《说儒》,且还是否定性的,他说:"胡适之先生便以此柔字而谓为儒是一种弱者,是亡国之民,似乎有些近于牵强。"而在论儒的问题上,还同意冯友兰《原儒墨》对"官失其守"的见解(本章第二节会详论),但实际上,此文在许多方面受到胡适《说儒》的启发,精神上的契合之处亦不少,只不过是化得好而已。

胡适之《说儒》最重要的见解之一,便是"儒"乃"殷民族的教士"。换言之,以有"信史"为据的中华文化如果从殷商起源,那么她就有一个宗教起源。这个观点显然被刘兴唐所接受。《说儒》中将"儒"看作殷周士人的泛称,此点亦被采纳。刘兴唐将两个观点结合,说:"我们既然把儒者作为原始的知识分子看待,自然他和原始的宗教中的僧侣分不开家。"而有此前提,胡适强调的普世性亦被其派上用场。他说:"我们如果把儒当作原始社会之知识分子看待,则在全世界各民族之发展都是同一的,是合法则的。"

《说儒》从儒服上证"儒"乃"殷民族的教士",无论结论成立与否,其社

---

① 以上分别见刘兴唐《疑古与释古的申说》,《食货半月刊》第3卷第5期,1936年2月1日,第2、1页。
② 刘兴唐:《历史之材料与方法》,《读书季刊》第1卷第1号,1935年6月1日,第82页。

会学的意味和社会史视角,在彼时都是新颖的。刘兴唐亦从"儒服"说起。他虽然在儒服是周制上吸收了冯友兰的见解,但他所说的"章甫也或许是借用殷冠",以及将儒服看作"周代僧侣的制服,而不是一般人所通用的衣服",前者乃接受了《说儒》之见,而后者则支持了胡适"儒"之为"教士"的论断。

《儒家的起源》第三节"儒者的生活",就排列的逻辑上看,亦是从《说儒》借鉴的。不过,刘兴唐显然更愿意以阶级的眼光看"儒"或"儒家",相对胡适的谨慎,他显得更为直接。他说:"儒者的生活,和其他贵族都不很相同。他们的衣食来源,并不是取之于他所分有土地之上农民所纳的地租,复不是自己耕种他自己所领有的土地取得农产物。而是贵族们的寄生虫,游食于诸侯,和普通所说的士是不相同的。"因为有此直白,他也不避"小人儒",说他们像印度农村公社的僧侣一样,依附于"农村公社"生活。

《儒家的起源》与其他学者不同的是,将"儒"分成了五个"流别",即除"孔系的儒者"外,还有"侏儒之儒""方士或术士""中国的道家(仅指老庄)"和"祝"。他总结说:"这五个支派,据我的观察,都和宗教有关。所谓有术,不一定都是六艺之术。我们在这里暂且名为儒教。"当然,他亦说,"儒"在孔子创儒家前是僧侣,"不过到孔子时代名为儒家之后,已完全脱离了宗教的领域"。

前文提及,刘兴唐对胡适将"儒"之"柔"解读为"柔弱"颇不以为然。其实,这与前述的"柔儒"一样,都属误读。在刘文的后半部,他亦论及"儒"的柔一面,只是对象成了"侏儒"。他说,在侏儒身上,"亦可以稍见柔弱之义"。侏儒的解读在精神上与胡适也是一致的,就是不回避上古史实中那些现在看来不甚美好的部分。胡适早就批评国民党的宣传部长叶楚伧(1887—1946)将古代中国美化成"美德筑成的黄金世界"。①在这一点上,左翼青年刘兴唐显然与胡适存在共识,他说:"拼命的替古人辩护,想古代的社会造成一个黄金时代,那有什末[么]用处呢?"

---

① 分别见胡适《新文化运动与国民党》,《新月》第 2 卷第 6—7 号合刊,1929 年 9 月 10 日,第 1、5 页(文页)。

由于这个不避嫌的态度,让《儒家的起源》发现了一个以往学者没有发现的问题。前文提及,章太炎《原儒》曾有一种无意识的暗示,就是"明灵星舞子吁嗟以求雨者谓之儒",阎步克教授以"乐师"解"儒"即受此启发。而刘兴唐是从侏儒而定其为"乐师"的。他从《史记·孔子世家》"优倡侏儒为戏而前"中看出,"侏儒是一种乐师,是帝王的玩物"。"他们实际上是后世伶界的先驱",他们之所以叫"儒",是因为他们"也是古代僧侣之一种,是宗教的产物"。这个说法确实是发前人之未发。

关于老庄为代表的道家亦为"儒",即刘兴唐说的,"中国的道家(仅指老庄而言),我们也很难否认其为儒者的一个流别",与《说儒》"老子是个'老儒'"在方向上亦是一致的,只是刘更强调老庄的原始僧侣角色。

刘兴唐最后说:"我们的结论,是儒家出于孔子,但儒教却不始自孔子。儒家的前身是儒教,但儒教却不即是儒家,而亦不单单只化为儒家。"《儒家的起源》中的解说,虽有社会经济和环境论的铺陈,但结论上并没有超越胡适《说儒》,换言之,胡适《说儒》就"儒"之起源的探索,乃至其所建构的中华文化起源谱系的整体框架,仍是继续思考相关问题不能绕开的路标。

第二节　新派间的学术博弈:同辈学人的商榷

1935年1月2日,胡适在《一九三四年的回忆》中提到《说儒》引起的反应。其中说,"奇怪的很,一班老辈学者,如陈垣先生,如张元济先生,如高梦旦先生,倒是都很热心的赞成我此文的"。①老辈学者赞同《说儒》恐多是从"兼济天下",亦即现实关怀上考量,如1930年4月16日,张元济在阅读胡适所赠之《中古哲学史》征询意见稿后回信说:

> 昨天下午收得先生的《中古哲学史》第三、四章的大稿,随即靪成本子,一口气读完。晚上临睡在床上又重读了一半。觉得那李斯一节

---

① 胡适:《一九三四年的回忆》,《胡适全集》第32卷,第407页。

说来最透澈、最和平,真是有价值的。现在一班屠狗卖缯的和那乡下老太婆(我想吕雉年轻的时候一定是个很会卖俏的姑娘,所以会给刘邦看上)都上了台!要将那二千年前的故事扮演一回,而且人人都要想做孔子,诛诛少正卯。恐怕"革命成功之后,统一的专制局面又回来了,学术思想的自由仍旧无望"。这便怎好?谢谢你的书稿。①

这样的"兼济天下"之意,也促发了1937年5月,抗战即将爆发之时,张元济编辑出版《中华民族的人格》一书,以古代志士的精神,鼓舞士气。②

胡适又说:"有些人——少年人居多!——一时大概不会接受这些见解。"他举出刘节(1901—1977)的来信,云"大著甚多卓见,然吾辈深信老子晚出者殊未敢苟同也"。而胡适的答复则有些调侃的意味,他说:"《说儒》是我自己纠谬补过之作,用志吾过而已,本来不曾妄想改变别人的成见呵!"③

观彼时学界的状况,史学界的青年学人受学科化、专业化培养,倾向作"窄而深"的专题研究,与老辈"兼济天下",发扬民族精神的追求和诉求完全不同,而注重细节的真实与否,自然会有所异议。

除上述诸人外,协助胡适校订《说儒》初印稿的丁声树(1909—1989),则对胡适"殷人无谥法"说提出质疑,以为周之文、武、成、康、昭,"实在是生号",且以段玉裁《古文尚书撰异》、王国维《遹敦跋》以及郭沫若《金文丛考·谥法之起源》相关论述证之。④

但"少年人"中亦非全都如此。夏承焘(1900—1986)即在"阅胡适《说

---

① 张元济致胡适,1930年4月16日,《张元济全集》第2卷,北京:商务印书馆,2007年,第546页。
② 参见张元济编著《中华民族的人格》,上海:商务印书馆,1937年。此著到1947年已印行了六版。
③ 胡适:《一九三四年的回忆》,《胡适全集》第32卷,第407页。
④ 丁声树致胡适,1934年7月29日,收入《胡适遗稿及秘藏书信》第23册,第320—321页。

第八章 《说儒》的争议和反响

儒》"后,"为之叹服",且说"此文近人虽多驳议,然自足益人神智"。① 而孙楷第(1898—1986)更是夸张,他在致胡适的信中形容一气读完《说儒》后的心情说:

> ……快乐极了,并且倾倒的了;虽然不是当面,没有下拜,然而胸中当时的确有下拜的诚心诚意。

关于《说儒》的内容,他说:

> 先生此文说儒就是殷的遗民,殷亡后还为人赞礼,以此谋生,因为社会的需要,也有了儒者相当的地位。其地位等于阔人家的清客,等于皇上家的太常寺史,等于现在的堪舆地师。虽然主家对他有客气的礼貌,而实在是祇候人的。孔子和他的门生、老子都作过这样的事。而孔、老二位大师,器识特宏,所以司礼而仍不泥于礼,知道礼之本意不在形式,所以是大师。这样推阐儒的原委,似奇实正,似险实平,证据确凿,一丝不漏,真是有价值的文字。
>
> 先生从前作哲学史是以归纳方法、科学方法说明哲学的历史;这一篇鸿文是以精深的历史研究,证明了一派哲学的来历始末,虽然异曲同工,而此著尤为气魄沉雄,高视卑察,实非一般小儒所可及。

因为是私信,孙楷第无所顾忌,故又将胡适与章太炎、陈寅恪相比较,以为《说儒》实超越了章、陈之文章,他说:

> 章太炎先生虽然略发其端,其实他的文疏而不密,不过如诗古音之有陈第发其端,伪古文、伪经之有洪迈等发其端而已矣。以先生之忙,以先生之学有多方,而沉潜学术有如此之穷幽极香之作,殆所谓天纵精

---

① 夏承焘1936年3月23日日记,收入《夏承焘集·天风阁学词日记(一)》第5册,杭州:浙江古籍出版社、浙江教育出版社,1997年,第436页。

力过绝人者耶！依我个人私见,此文在近几年谈历史、谈学派的文可为第一。据我所看的文章,最惊叹的如陈寅恪先生的《李唐番姓前后二考》,穿穴旧史,甚为周密详审；然陈先生所提到的问题比较单纯,其取材范围亦有一定限度,如先生此文,所取包四部之书,组织穿穴,尤难尤苦,从极复杂的头绪中理出,成了一本极正确极有条理的书,不特明儒者一家之学,亦且明殷商成周两代之事,快极快极！①

至若时在北大史学系读书的王崇武(1911—1957)更是生出续《说儒》之念,且径自付诸实施。②而曾经留德、对胡适执弟子礼的姚从吾则在来信中说:"承赐近著《说儒》,极感。读后又得到许多新的指示,很觉愉快。"他同时向胡适介绍了德国汉学家福兰阁(Otto. Franke,1863—1946)父子的情况,且提供了具体的联络地址,建议胡适将《说儒》及英文《中国的文艺复兴》加以相赠。③而《说儒》后来正是由福兰阁之子傅吾康(Wolfgang Franke,1912—2007)译成德文,以《胡适关于儒的起源及其与孔子、老子的关系》("'Der Ursprung der Ju und ihre Beziehung zu Konfuzius und Lao-Dsi' von Hu Shi")为题,刊登在1935年和1936年的《汉学特刊》(Sinica-Sonderausgabe)上,④从而影响了雅斯贝尔斯。

胡适还提到林宰平、冯友兰、顾颉刚等三位可能的反对者,这三位都不能称"少年",其中冯、顾虽是学生辈,但学问上已能与胡适比肩,甚或在一些方面超越了后者,他们算是同代、同辈人或更合适。胡适所谓"大概都不肯接受",亦主要指有关老子的定位,不过,冯友兰显然与其他二位不同。

---

① 详见孙楷第致胡适,1934年12月10日,收入《胡适论学往来书信选》上册,第505—506页。

② 王崇武在1935年12月30日致胡适的信中说:"续〈说儒〉》未审检出否？生再欲往取,以恐先生忙辄作罢。"他应是索回前次提交胡适指正或推荐发表的《续〈说儒〉》原稿。收入《胡适遗稿及秘藏书信》第24册,第267页。

③ 姚从吾致胡适,1934年11月16日,收入《胡适遗稿及秘藏书信》第31册,第68—69页。

④ 参见〔德〕傅吾康《为中国着迷——一位汉学家的自传》,欧阳甦译,李雪涛等校,〔德〕傅复生(Renata Franke)审定,北京:社会科学文献出版社,2013年,第53页。

一、意气以外：冯友兰的全面商榷

前文提及的冯友兰对胡适的反戈，一个重要表现就是以"释古"替代"疑古"，以后者为新的"时代精神"的代表来解构胡适学术中心地位。这一切当然与胡适对冯友兰的批评有关，但从冯友兰的视角看，他本人对胡适地位的执着挑战并没有就此结束。论者往往注意从冯友兰的《中国哲学史》（上下册）对胡适的超越来论证胡适"过时"，甚至以为是胡适对冯友兰不满最主要的原因，这样一来，胡适简直成了气量狭隘的"小人"。其实，冯著《中国哲学史》（上下册）虽有意避开知识论和胡适的断代法，但仍属于"以西释中"的范式，故仍是在胡著《中国哲学史大纲（卷上）》基础上的青出于蓝之作，胡适作为先驱或老师何来妒忌学生的理由？实际上，最让胡适恼火的，除去前述冯友兰以留学生的背景而承继"正统派"之余绪以外，还是因为冯友兰一直以自己为对手，表面恭迎，背后立异，到1934年更屡屡直接挑战。这种内部的反戈，在胡适内心的感受中，比旧派和左翼的批评确实要严重得多。

《说儒》发表后，同辈知名学人中冯友兰是第一位撰文公开表达商榷意见的。这篇题为《原儒墨》的商榷文，发表在1935年4月出版的《清华学报》第10卷第2期上。① 1993年，冯友兰女婿蔡仲德（1937—2004）教授编著《冯友兰先生年谱初编》时，有关《原儒墨》仅说，"是月 《原儒墨》刊于《清华学报》10卷2期。此文认为儒家出于文士……认为墨家出于武士……认为上层失业之流民多成为文士，下层失业之流民多成为武士"。② 这固然是为了淡化意气的成分，却也将此文的丰富内涵同时淡化了。

其实，《原儒墨》不仅是知名学人中第一篇公开商榷之文，其力度在几篇商榷文中，也是最强的。它不是就某一个问题进行商榷，而是就《说儒》

---

① 冯友兰：《原儒墨》，《清华学报》第10卷第2期，1935年4月，第279—310页。以下未出注者，均见此文。

② 参见《冯友兰先生年谱初编》，第155页。

立论基础,逐条质疑,几乎全盘否定了胡适之《说儒》。

然这还不是此文的最大特点,其最大特点是,没有就《说儒》观点部分作过多的讨论,而主要是从支撑观点的证据上,使用胡适最擅长的考据方法与胡适商榷。也即是说,是用胡适之法还治胡适之身。客观地看,冯友兰使用考据方法,亦是秉承专业化、学科化后的学术规范,颇显示他们那一代学人对于观点多元的尊重,以及对坚实证据的追求。因为《说儒》是史学著作,而学科化倾向出现后,"考据"已经成为史学研究通用的方法之一,亦成为最重要的标准。王晴佳教授甚至认为,"(胡适)对冯友兰《中国哲学史》的轻视,就是因为在他眼里,冯著的方法不太入流"。①而在冯友兰自己,则未必会有如此认知。他现在以不甚擅长的考据,加上擅长的推理来挑战胡适的证据,可见其学术自信的程度已经相当高。当然,如果参考前述1954—1955年的"胡适思想批判"运动中,冯友兰所显示出的对胡适整体学术与思想的谙熟亦可知,这种学术自信源自他发现了《说儒》并非单纯考据之作,其在考据上的弱点最易攻破。

《原儒墨》所作的学术史回顾提到了傅斯年的《战国子家叙论》(讲义稿)以及钱穆的《先秦诸子系年》(稿本),前者的"职业说",后者的"一流品"都为冯友兰所接受。在他看来,这两个观点,胡适《说儒》亦是接受的。

冯友兰的第一个质疑是《说儒》有关"最初的儒都是殷人,都是殷遗民"的判定,他提出的反论是"儒不必与殷民族有关"。但其实,这个问题他自己亦意识到,如果不信《周礼》,就仅凭现有材料,根本无法进行考据。因为有此局限,冯以前的论著便无法追溯儒之起源。但自己无法追溯,并不等于不可以质疑他人的追溯。冯友兰就发现胡适所用证明儒为殷遗民的证据,基本是孔子以后的。

有意思的是,这里他没有用新证据(事实上也没有)推翻胡适之见,而是以胡适曾经批评他有关老子在孔子之后观点是逻辑上的"丐词"的方式回击胡适也犯了逻辑上同样的错误。他说:

---

① 王晴佳:《中国史学的科学化——专科化与跨学科》,收入《20世纪的中国:学术与社会·史学卷》(下),第620页。

第八章 《说儒》的争议和反响

胡先生所引《墨子》《檀弓》《荀子》中对于儒批评叙述之话,皆是说当时之儒是如此。这中间有几个命题:(一)当时有儒;(二)当时之儒是如此;(三)古代有儒;(四)古代之儒是如此。用(一)、(二)证(四),即已有很大的危险;若以(一)、(二)证(三),那恐怕是不可能。

冯文指孔子后的证据亦包括《说文》,他所以反对这个由刘师培奠基,章太炎创为范式的进路,从根本上说,还是不同意儒是起源于宗教,这与旧派学者是一致的;而冯友兰又一向尊孔,以孔子为中华文化的创始者,故不同意孔子前有老子,自然也不同意孔子之前有儒,这是胡适、钱玄同及同代学者所谓"正统派"指责的原因。①

而从字义上诠释"儒"就必然涉及"柔"。冯友兰指出:

说儒字之本义,涵有柔弱之义,也缺乏较早的证据。不过此说是可通的。我也以为儒字有柔弱之义。不过我所以持此说之理由,与胡先生不同。下文自明。现在我们所要说明者,即儒字虽有柔义,儒之一种人,虽可称为弱者,但不必与亡国民族有关系。

这么绕来绕去,等于是不愿意承认儒之"柔",而胡适将之与"亡国民族"联系在一起,则是另一个问题。

冯友兰针对《说儒》有关宋襄公的"民族复兴运动"所说的"宋是殷民族之遗,但宋人并不弱"现在看来更接近于史实。但就冯友兰所举的例证看,这个问题还可以再讨论。冯文说:"胡先生因为宋国有个正考父谦卑自牧,遂以为'宋国所以能久存,也许是靠这种祖传的柔道'",这说明对于正考父鼎铭,他并不存异议。他以《左传》宣公十四、十五年的记载为例指出:

---

① 钱玄同1934年9月27日日记中说:"至商务购冯友兰《中国哲学史》全部,正统得很。"《钱玄同日记(影印本)》第9卷,第5292页。前述陈钟凡《二十年来我国之国故整理》一文在评价冯著《中国哲学史》时亦说:"近冯友兰著《中国哲学史》,上册述周秦哲学,持论精当;下册迄汉至清代哲学,限于正统派人物,取材未免太窄。"《学艺》第16卷第1号,1937年1月15日,第5页(文页)。

"楚子使申舟聘于齐曰：'无假道于宋。'""及宋,宋人止之。华元曰：'过我而不假道,鄙我也。鄙我,亡也。杀其使者,必伐我。伐我,亦亡也。亡一也。'乃杀之。"楚人果伐宋,把宋国围到"易子而食,析骸以爨"之程度；然而华元还说："虽然,城下之盟,有以国毙,不能从也。"这是何等的刚强。①

然就这一例证,尚不足以证明宋国之"刚强"。华元(？—公元前573年)所言,并不叫"刚强",而是有韧性；弱国也可能有韧性,但不一定刚强。因为宋毕竟被楚打败了。

冯友兰质疑的第二点是"殷周文化异同问题"。其实,无论是胡适,还是傅斯年,他们都是根据王国维"两个民族"论来看待殷、周文化的。冯友兰没有直接反对此说,他换了一个视角,即从融合上看殷、周文化,这自然是"同"的方面多,"异"的方面少。②但《说儒》所言既然是"民族复兴运动",当然指周初,而不可能是全部融合以后。冯友兰的殷、周文化融合亦是立足于周初。他说："我的意见是殷周虽为二不同民族,原有的文化亦不必一样,但在殷末周初之际,殷周民族间之界限已似亦不如胡傅二先生所想像之显著。"他举周初先有"以殷治殷",后有周公东征,以为这并非种族战争,而是政治、种族兼而有之。这还是他的中国哲学史的思维,即将文化问题当成一个时间问题,这样中西问题即成了古今问题,而此处的殷、周文化问题也同样成了先后问题,如此一来,文化的差异就是次一级的问题,融合既成主流,那么"旧说以'三代'文化一贯"自然"大致是不错的"。

如果从这个视角看,孔子所说"殷因于夏礼,所损益,可知也。周因于殷礼,所损益,可知也。其或继周者,虽百世可知也"(《论语·为政》)以及《论语·八佾》"哀公问社于宰我,宰我对曰：'夏侯氏以松,殷人以柏,周人

---

① 冯文此处是评述式摘引,包括华元之语,亦非全部。
② 有关"求同"的取向,符合彼时冯所接受的黑格尔"正反合"的解释模式,也即是"释古"阶段的基本取向,这一点在《哲学在当代中国》有较明确的说明。参见《三松堂全集》第11卷,第269—270页。

以栗'"就是很好的证据,故冯友兰说:"'以松'、'以柏'、'以栗'虽不同,而都有社"。这还是讲融合、共通,是从"同"的一面理解。但孔子和宰我所言只是后人有关文化传承的总结,并不能说明周初的具体情况。这就很难推翻《说儒》以及《周东封与殷遗民》的结论。

与之相关的进一步的质疑是针对"儒服"的。因在《说儒》里,胡适将《墨子》"公孟子曰:君子必古言服然后仁"中的"古服"解读成殷服。冯友兰据此段下文,即"墨子曰:子(公孟子)法周而不法夏,非古也",以为"公孟子之古言服,乃是周言周服,墨子时所谓'古'不必即'指被征服的殷朝'"。这确是一个有力的反证。

因为公孟子见墨子时是"戴章甫,搢忽,儒服"的,下面自然会涉及"章甫",这也是胡适定"儒"为"殷遗民"的证据之一。冯友兰说:"如果章甫是殷冠一点有什么重要的意义,章甫须只是殷冠而不是周冠方可。如章甫是殷周并用之冠,则我们不能因为某人或某种人戴章甫,即断定其与殷有关。"将章甫看作殷、周并用的礼冠,是冯的基本观点。他引证的是《论语·先进》公西华所说"宗庙之事,如会同。端章甫,愿为小相焉"。且评论道:"宗庙会同,乃重大典礼。参加其事者,穿戴似必须合时王之制。如有人以亡国民族之衣冠参加,似不相宜。据此,则章甫虽起原于殷,而亦为周制所用。"但此点为推理,作为证据则仍未尽然。殷、周并用,不过是一种混同状态,即既可是殷冠,又可是周冕,亦难否决《说儒》章甫乃殷冠的结论。

前述《说儒》一大贡献是发现了文化上的"倒征服"原理,依此原理,周文化最初是被殷文化所同化的。而在周初,周的统治者又对殷遗民采取怀柔政策,尊重殷之风俗亦合情理,再者,孔子自称"殷人",其学生公西华,以殷礼冠章甫为祭祀礼仪的规范,亦不为过。故此点质疑并未像有关儒服的质疑那样有力。

杨向奎《读〈说儒〉》中专有一段讨论冯友兰的这个例证,其中说:

> 这里我们觉得他(指冯友兰——引者)反来给胡先生找证据了!公西华是孔子的弟子,而儒家当时是以相礼为职业的,当然服用他们的制服。我们这可以分为几层意见和冯先生讨论。第一,他说参加宗庙

之事相礼者似不能衣亡国之衣冠,我们要问,他要用亡国之人来相礼,为什么不许其服亡国之衣冠呢? 如以现在的眼光来看,岂止不应服亡国之服,即宗庙之事,又安能许亡国之人来参加? 第二,我们须知道公西华并没有去相礼呢! 他只是愿为小相,如果真去参加果为小相,或者人家还不许他戴章甫,这也不过是公西华的一种希望而已。没有说他戴章甫以相宗庙之事,如何就拿来当证据。第三,冯先生其实也知道没有坚强的证据,所以也没有什么坚强的理论,只得说"似必须合时,王之制"、"似不相宜"等模棱的话。而妙在冯先生的结论,就建筑在两个"似"字上,真疏忽的可以。①

冯友兰不认同中华文化的宗教起源这个《说儒》的新论,希望维护传统的人文起源说,故针对儒与宗教关联的证据提出了系列质疑,"论儒与'商祝'"即是其一。胡适为证明儒与殷之宗教的关系,据《士丧礼》与《既夕礼》(即《士丧礼》的下篇)以为其中二十二次泛称之"祝",均是"商祝"。这是破郑注、贾疏的新说,但冯友兰以为传统注疏更符合情理。因《仪礼注疏·士冠礼第一》贾疏有"《周礼》取别夏、殷,故言周;《仪礼》不言周者,欲见兼有异代之法,故此篇有醮用酒,《燕礼》云诸公,《士丧礼》云商祝、夏祝,是兼夏、殷,故不言周"。他以为,"旧注以为泛称'祝'者都是'周祝',其说是可通的。因为《士丧礼》二篇中,明分'祝'为三种,即'夏祝''商祝''祝'。《士丧礼》为周人之书,对于'周祝'只称'祝',本是很在情理的。若泛称'祝'者亦指'商祝',则《士丧礼》中又何必作'商祝'与'祝'之区别呢?"而胡适的假定,即"因为此种士丧礼虽然偶有杂用夏周礼俗之处,其根本的礼节仍是殷礼,故相礼的祝当然以殷人为主"之说,在他看来,亦需要证明。冯友兰所指确实触及了《说儒》在此问题上的短板。这亦是前说冯友兰以考据对付胡适的典型例证。

冯友兰进一步追问的是"商祝"与儒者的关系,他以为胡适过分以"商

---

① 杨向奎:《读〈说儒〉》,《益世报·读书周刊》第 43 期,1936 年 4 月 9 日,第 3 张第 12 版。

祝"来包办一切。他说,"我们即承认原来的儒者是殷人,《士丧礼》中所说祝都是商祝,商祝及祝,亦都是殷人;但若无别的证据,我们仍不能说原来的儒者就是商祝。相礼是儒者职业之一,这是对的;但相礼与作祝是两回事"。不过,这个结论与前面的质疑都有一个特点,即以后世的情形推定最初的情形,因而不仅忽视了最初的情形,亦忽视转型期的历史状况。冯仍以前引公西华为例,以为儒者相礼只是兼顾,这与《说儒》所说并不抵牾。因为此时儒家已经形成,教育既然是主要职业,相礼自然成了副业。这并没有推翻《说儒》有关"儒"的"教士"渊源的结论。

冯友兰说:"我并不否认《士丧礼》所说之礼'根本仍是殷礼'。因为我是承认'周因于殷礼'之说的。但是若说《士丧礼》所说之礼只是殷礼,在周只民间之殷人行而统治阶级之周人不行,则大有问题。因为行士丧礼之'士',本身就不是庶民。照其所说的那些派头,也不是庶民所能办的。"其原因是"一则胡先生所主张,与经文文义不合;二则我们以为这些礼既是殷周并行之礼,似不必以为必为殷人所包办"。这还是没有接受傅斯年有关周初殷遗之地,上层是周人、下层是殷人的观点所致。因为如果依傅斯年之见,这个下层的殷人恰恰不是一般的"庶民",而是有文化的前贵族,故有"礼失求诸野"之说。

这也就牵涉《说儒》另一个争议极大的论断,"三年之丧为殷制"。冯友兰亦明白此说是《说儒》一个关键点。他说:

> 胡先生所举以证明儒与殷民族有关之证据,要以三年之丧为殷礼,而且只为殷礼一条,为最有力了。此说倡自傅先生,于胡先生很有用。因为他们的说若能成立,则三年之丧不但是殷礼,而且非周礼,最合乎证明儒讲殷礼之用。不过我们仔细研究起来,我们觉得傅胡二先生之说之能立与否,还是很可疑的。

冯友兰辨"三年之丧"还有一层原因,就是《说儒》"三年之丧"是"殷民族的丧礼"一说与其《中国哲学史》(上册)中有关"三年之丧"的意见相左。在《原儒墨》里,冯友兰说,他的《中国哲学史》是主"三年之丧"为"周制"

的,"为周王所应该行而在事实上未行者"。但查《中国哲学史》(上册)相关论述,并未明说为"周制",而更多地强调"天下之通丧",由孔子"加以理论的根据"。然有一句话值得注意,冯友兰说,"或谓三年之丧之制,乃孔子所定"。①这个"或"字,显然指的是胡适,后者在《中国哲学史大纲(卷上)》中正是以"三年之丧"为孔子创制,而直到《说儒》才改为殷制的。不过,以《原儒墨》所论看,毋宁说冯友兰以前的"周制"论亦非确定,不如说已经发生动摇更合适。冯友兰说,"我说他是周制,并不否认他亦是殷制。其根本大概仍是殷制。不过为长子三年一点,或是周人所'益'"。

前文已述,《说儒》以《周易》"需"卦来描述"儒"之"忧患意识"为一争议的箭垛。冯友兰亦是弯弓者之一。他认为,后世之人受《易传》的影响,将《周易》这个筮占之用的内容,衍生出"人生观",而有无"人生观"本身是待考的。但冯友兰最为反对的,还是《说儒》将此与"亡国民族"联系在一起。他说:"即令《易》中有此种人生观,而亦不必与亡国民族有关,因持此种人生观者,不必皆亡国民族也。"在他看来,《周易》乃"周史"甚明,既是"周史",与殷人自然无关。

《说儒》另一箭垛,即"悬记"说,亦是冯友兰不能接受的。冯友兰虽然尊孔,但以人文始祖尊之的,他并不信教,自然无法理解,亦不愿承认"悬记"说。其实,彼时及后世的人文学者,都不大能理解何以胡适会突然创"悬记"说而将孔子建构成"儒教教主"。这个从民间立场的阐释,触动的是中国有无宗教的大问题,兹事体大,非有多重理解(比如既具备重新理解中华文化源头之心,又理解胡适话语的具体语境,同时还须对宗教发生学有了解之同情)是不可能接受的。冯友兰《原儒墨》只想从考据上拆解《说儒》的基础,故他仍是从证据的层面去质疑"悬记"说的。

这里需要先提一桩小公案。前述江绍原1934年12月,在《华北日报》上曾以《古宋君臣们的民族复兴运动——驳胡适之》《力劝宋襄公复兴殷民族者谁那?》《"天之弃商久矣……"是谁说的?》等诸文质疑《说儒》。1935

---

① 以上均见冯友兰《中国哲学史(全二册)》,第90页。

年8月11日,他又在《北平晨报》上发表《读胡适之〈说儒〉和冯友兰〈原儒墨〉》一文,其中说:"胡适之先生《说儒》一文发表于中央研究所刊物之后,我曾写一组短文评论其中各点(均见二十三年十二月及二十四年一二两月《华北日报》)。2月初被友人邀往开封,评论工作,因而暂停。4月中河南大学嵇文甫先生出示冯友兰先生《原儒墨》之作(《清华学报》抽印本),始知冯先生对于《说儒》一文亦发表不少意见。我尤引为幸事者。7月上旬由汴返平后,检阅寓中积存的寄来件,见《原儒墨》单行本亦在其中,惜封皮已失,不知是哪位朋友赠我的了";"冯文极令我感兴趣,因为它所论及关于《说儒》的各点,不但有些是拙作已经讨论过的,而且有些是我只对人口头评论过,然尚未形诸楮墨的"。虽然他也说,"我文不知冯先生读过否,他所见与余却确有同异",①但这席话或有暗示冯友兰擅自借用了其文、其说的意思,他在《读胡适之〈说儒〉和冯友兰〈原儒墨〉》中转而与《原儒墨》力辨异同,亦颇有意味。

现在看,冯友兰《原儒墨》质疑《说儒》"悬记"说时,确与江绍原以上诸文有一致处,它们都是以《左传》僖公二十二年所记及《诗经·玄鸟》为例证的,但二人在解释上还是稍有不同。譬如对《左传》僖公二十二年中"弗可赦也已"的断句,江尊杜预(222—285)读作"弗可,赦也已",而冯则与胡适读法一样,以为杜预误读,故一并连读。胡适将此句连读,是为说明"天之弃商久矣。君将兴之",故"力主趁楚师未既济时击之",即所谓"既要做中兴殷商的大事,这回不可放过敌人了"。②而以江绍原的解释,此句则成了"不如赦楚,勿与战",③自然与"民族复兴运动"无关了。但冯友兰的解释

---

① 均见江绍原《读胡适之〈说儒〉和冯友兰〈原儒墨〉》,《北平晨报》,1935年8月11日,收入《胡适论争集》(中卷),第1816—1817页。
② 参见胡适《说儒》,《中央研究院历史语言研究所集刊》第4本第3分,1934年,第256—257页。
③ 江绍原:《古宋君巨们的民族复兴运动——驳胡适之》,《胡适论争集》(中卷),第1819页。有意思的是,当冯友兰质疑胡适将"赦"解作"舍"时,江绍原又在为胡适辩护,说"赦""舍"二字古可通用,"赦"即是"捨"。参见《读胡适之〈说儒〉和冯友兰〈原儒墨〉》,同上书,第1817页。

朝向了另一个方向，他是从历史的情理上看的，故"弗可赦也已"之解释，乃是"以为襄公违天必有大咎"。他说，"此可证明当时并没有什么殷民族复兴之悬记。而宋襄公'寡人虽亡国之余，不鼓不成列'之言，亦不像有什么自以为上应悬记之自信力"。

有关胡适将改《玄鸟》篇"大糦是承"为"大艰是承"，冯友兰与江绍原一样，都以为不必改字，意思亦可通。冯并且还引甲骨文的最新研究论文，说明殷之末世，还有一个武功很大的时期。他说，"颂之为体，乃铺扬过去功德，以发皇先烈者。其叙过去功德，或有不实之处。但若以将来幻想，纳入颂中，恐无此例"。这后一句话似有双关成分，指"悬记"说近于幻想。

因为冯友兰不承认中华文化的宗教起源，尊孔子为人文始祖，周公为英明领袖，而这一切在胡适、傅斯年那里都是与殷商祖先教关联的，故冯友兰要质疑这个关联。他说：

> ……胡先生所举之例，不过皆只足以证明孔子之自命不凡，及当时人之以他为圣人；不足以证明殷民族有什么悬记。而且孔子虽自命不凡，他却仍不离乎儒之态度。此点所谓儒之态度，是指儒之必须"依人成事"之一点而言。儒本是预备为人所用之一种人。

冯显然只注意到胡适孔子"儒教教主"的问题，而忽视了《说儒》对于孔子这个"教主"人或人文一面的描述和建构。这是人文视角与宗教视角的差异引起的。而随后冯友兰的"道统"意识亦显示了出来，这个"道统"是自周公起的，由孔子发扬光大。他说，孔子"一生志愿，在于学周公"，"在儒家之传说中，周公只是一个'一人之下万人之上'之相。孔子只以周公自许，因为他始终自处于为人所用之地位"。他对"文王既没，文不在兹乎？"（《论语·子罕》）的解读是，孔子有学文王之意，在儒家传说中，文王为古代文化学术之继承者，如孟子所说，"五百年必有王者兴"之公式中，以文王继汤是其例。重点在下面的说法：

第八章 《说儒》的争议和反响

孔子在文化学术方面，欲继文王之"道统"；在政治方面，欲有周公之建树。

前文已分析，《说儒》以基督教的所谓"悬记"为模板建构出孔子这个"儒教教主"，是胡适从宗教发生学上推演和想象出来的，他是想通过建构百姓心目中的"教主"形象来弥合知识人与百姓之间的鸿沟，其依据的是宗教，而非历史。但从胡适对孔子的塑造可知，胡适本人亦未必没有孔子"舍我其谁"的自期，在他那里，知识人仍是影响社会的精神或思想上的领袖和动力。而冯友兰对孔子的认知，则着重于"帝师"的角色。他还是认为，儒本身是为人所用的，知识人的命运终究也是如此。这样在解读上就显示出了差异。《原儒墨》在反对胡适的"教主"说时，正体现了冯友兰本人的这一认知。他说：

他（指孔子——引者）虽有"天下宗予"之野心，而"天下宗予"仍须靠明王之兴。若"明王不兴"而因之天下不能宗他，他亦只好付之长叹而已。此不足为孔子病，因原来之儒，本是为人所用之人也。不过若以孔子为应悬记而生之救世主比之耶稣，则此耶稣未免太"乏"了。

冯友兰最后将"儒"的起源归纳为："乃因贵族政治崩坏以后，以前在官的专家，失其世职，散在民间，或有有知识的贵族，因落魄而亦靠其知识生活。"故"所谓儒是一种有知识，有学问之专家；他们散[在]民间，以为人教书相礼为生"。这应该是在"官守说"基础上的"职业说"。

需要注意的是，在《原儒墨》商榷的部分结束时，冯友兰说："胡先生的对于儒及孔子之看法，是有点与今文经学家相同。我们的看法，是有点与古文经学家相同。"这个春秋笔法所要表达的意涵亦相当丰富。冯友兰其实是在说，他自己是尊重历史原则的，是古文家的"六经注我"，而胡适是因现实关怀而想象的，是今文家的"我注六经"；而今文家重立教，古文家重人文。这当然是针对胡适才如此说，冯友兰自己也并非全如此。

二、借问胡适:郭沫若的"思想战"

前文已述,20世纪20年代末30年代初,唯物论一派兴起后,对胡适地位的挑战,可谓直言不讳。郭沫若就在《中国古代社会研究·自序》中以"舍我其谁"的气派,判决了胡适的"过时"。但郭、胡之间学术关系的复杂性在于,其中有政见不同的因素,有学术路向的差异,亦有挑战权威的锐气和由此而来的意气。王尔敏先生即注意到,郭沫若在《借问胡适》中有"争持创作权之意趣"。① 因为"儒"之"职业说",虽为傅斯年最早提出,但傅著《战国子家叙论》只是作为其中山大学的讲义,并未发表,故以发表言,胡适之《说儒》为最早,但郭沫若以为,他十年前已经提出此说。其实,郭沫若在其商榷文中,亦多次提及自己有关殷周的论文早已发表,或也有不被认同的隐怨在其中。但作为广义的新派学者,郭沫若与胡适(特别是"疑古"时期),在对于古代、对于孔子的态度上,对于历史的大胆假设上,对于证据的重视上以及在学术中渗透现实关怀上,亦有着相当的一致。这后两方面亦体现在郭沫若《借问胡适》和《论儒家的发生》等两篇论争文中。不过,《借问胡适》中的讥讽,甚或相对激烈、夸张和肆意的语气往往掩饰了他们的一致,放大了差异。此点与冯友兰《原儒墨》正相反,后者是分歧远大于一致,但语气上却显得相当谦恭、虔诚。

郭沫若1937年7月20日在《中华公论》创刊号上发表的《借问胡适》②的副标题是"由当前的文化动态说到儒家"。1957年9月,科学出版社出版新版《青铜时代》时,标题改为《驳〈说儒〉》,且将第一部分"替鲁迅说几句话"、第二部分"论胡适的态度"和第三部分"谈到《说儒》"前面的引言和结尾的两段评论全部删除;文字上的修改则主要是删除了一些讽刺语和诸如

---

① 参见王尔敏《当代学者对于儒家起源之探讨及其时代意义》,《中国现代史专题研究报告》第2辑,第96页。
② 郭沫若:《借问胡适——由当前的文化动态说到儒家》,《中华公论》创刊号,1937年7月20日,第85—100页。以下引文非另注者,均引自此文。

"胡适博士"之类的反讽式称呼,以及个别关于实用(验)主义的政治表达。

从《借问胡适》的前两部分和第三部分"谈到《说儒》"的引言看,胡适与苏雪林的通信是引发郭沫若撰文驳《说儒》的直接原因。但因郭沫若失察,以为胡、苏的通信1937年3月1日已经以《关于当前文化动态的讨论》为题公开发表在汉口《奔流》半月刊第1期上,进而以为此系胡适授意公布私信,故指责胡适是"既已借刀杀人,而又来假惺惺地装个正经"。至于胡适回信中所谓"'叛国'之徒",本系袭用苏雪林来信中臆测邹韬奋(1895—1944)等人时所用之词,其意还在批评左翼知识青年,此点因"叛国"而特别让郭沫若不快。他直接质问道:"'叛国之徒'是什么意义呢?"当然,胡适答信中更让郭沫若不快的,还是面对来自唯物论派批评的轻蔑态度,即胡适针对左翼知识青年的批评所说的"不知为什么,我总不会着急。我总觉得这一班人成不了什么气候。他们用尽方法要挑怒我,我总是'老僧不见不闻',总不理他们。你看我的一篇《西游记的第八十一难》没有(《论学近著》)?我对他们的态度不过如此。这个方法也有功效,因为是以逸待劳。我在1930年写《介绍我自己的思想》,其中有二三百字是骂唯物史观的辩证法的。我写到这一页,我心里暗笑,我知道这二三百字够他们骂几年了!"① 郭沫若说,"我觉得,他是过于自负了一点,而且不免也过于自私,他的党派意识似乎也很强,除掉于他自己或他周围的人有些决定的好处之外,他往往会睁着眼睛大胆地抹煞人和事实的存在的"。

郭沫若这句话要与他的另一句话一起读才能感觉出其对胡适的复杂心理,他说:"胡适博士的存在,在我们自然也是应当夸耀的。他的学问、才情、和历来的功绩,我们——至少我自己——是瞻仰着的。"当然这种羡恨交加只是隐性的,郭沫若为唯物论的辩护,让他将驳《说儒》的学术观点染上了"思想战"的色彩,因而多少超越了学术探讨的边界。这也是为什么在时过境迁,重版《青铜时代》时要删除相关的内容的原因。

郭沫若的学术研究一向有现实关怀的成分,这也让他意识到了胡适撰

---

① 胡适复苏雪林,1936年12月14日,《胡适来往书信选》中册,第338页。这段文字的大部分也被郭沫若《借问胡适》所引用。

写《说儒》时的现实因素。他说：

> 那文章(指《说儒》——引者)是很堂皇的,博引宏征,高瞻阔步,蛇蛇炎炎,垂三万言(原文如此——引者),我想,那一定是博士的得意之作。那文字不仅是"论学",其实是大有关系于世道人心。
>
> 像《说儒》这篇大文,实在是近来罕有的雄篇,既"慷慨"以"激昂",又"有光"而"有热"。

前一句中"关系于世道人心"就是一个例证。后一句虽是针对胡适在复苏雪林信中自称的"我们又不甘心做你说的'慷慨激昂有光有热'的文字"而加以讽刺的,但对于《说儒》非纯粹"为学术而学术"的一面,亦有所意识。

郭沫若还注意到民族危机的因素对《说儒》的影响,虽依旧有所讽刺。他说,《说儒》中胡适以耶稣为模板对孔子的塑造,"真真是堂哉皇哉,波澜壮阔,在胡适博士的著作中,这样的文字我恐怕都是很少见的。这不用说是有近时的'民族复兴'的气运在里面流荡,民族之气钟于一人,所以下笔才能有这样的雄浑"。当然,郭沫若是反对孔子的,故他说：

> 读了这篇文章而不受启发,不从新睁开眼睛来看看我们这位伟大的圣人,不感叹着我们这位伟大的圣人是"复活"了,这样的人,我相信是不会有的。我自己就是受了启发而睁开了眼睛来的一个,我看见我们的圣人的确是"复活"了,"复活"在南京或北平的十字街头,坐着汽车,似乎还衔了只"埃及"烟在口里。

如果将后面一句与下面说的"我相信胡适一定是民国以来第一位值得进孔庙的儒者"联系起来,再与1954年的"当今孔子"说一并看,郭沫若暗示胡适自比孔子之意是明显的。这从一个侧面证明,胡适撰写《说儒》确是体会到了落魄时期孔子的境遇,亦即"孔子式的孤独"。

但《说儒》毕竟是有关儒之起源的学术探讨,且充满新见,《借问胡适》所要进行的"思想战"自然也要从学问上入手,用郭沫若的话说,就是"做学问与纯粹地做文章不同,非有坚实的根据,是不行的"。他也不否认,"胡适博士是当今的大学者,他而且是素来主张怀疑,注重实验的人。他发表出了那样堂皇的一篇文章,不能说是没有根据。所以问题便在他的根据上了,那根据如不坚实,尽管是怎样堂皇的建筑,终不外是一座蜃气楼"。

郭沫若提出的第一个异议之处是有关"三年之丧"的,实际上他是同意胡适的旧说,即"三年之丧"为孔子创制。但《说儒》中,胡适根据傅斯年之见而自我否定,将"三年之丧"直视为殷制,则与其认知大相径庭。郭沫若以为,胡适这样做,只是"在求文献的彼此相安,面面圆到上,诚然是美满的发明,但可惜依然是没有证据"。也即是说,在具体商榷中,郭沫若仍是秉持史学原则的,因而首先是讨论考据或证据的准确与否。

郭沫若以安阳小屯发掘的殷代卜辞为例,说并无"三年之丧"的相关记载。这一点虽未必都为胡适所承认,①但对新材料的解读,至少在辨识甲骨文这个工具上,郭沫若确是领先的。不过,甲骨文的罗列并非重点,《借问胡适》质疑的仍是《说儒》的证据之一,即《论语·宪问》所涉之"高宗谅阴,三年不言"。郭沫若以为此句话本身有些不近情理,胡适《说儒》的解读亦不近情理。他说:"我觉得我们的圣人似乎有点所答非所问。'谅阴'或'亮阴'(也有作'谅闇'或'梁闇'的——原注)这两个古怪的字眼,怎么便可以解为守制呢?一个人要'三年不言'不问在寻常的健康状态下是否可能,即使说用坚强的意志力可以控制得来,然而如在'古之人'或古之为人君者,

---

① 前文述及,丁声树为胡适校订《说儒》初印稿时提到郭沫若之《谥法之起源》。1934年8月7日,胡适在给丁声树的复信中说,"今天偶检郭沫若《谥法之起源》读一遍,深觉今日学者之过于大胆,敢用未认得的金文来做证据,我愧未能也";"我很佩服今日一些学者努力求认得甲骨文字与金器文字。但我总觉得,在认得文字,通其文法之前,我们不可轻易用金文作论证的根据。在这一点上,金文的危险尤大于甲骨文"。他的依据是"甲骨文出土者多,其出土之地域甚小,其制作之年代相距不甚远,其材料性质又颇相同,故可比较归纳",但金文、钟鼎文不同,"出土较少,其地域大,其时代长,其材料多孤立,故不易比较"。而"今日去通晓此种古文字之期尚远,读法人人殊异",故"皆是假设而已,未足用为史实之证据"。他最后说:"这也是'替魔鬼作辩护士',小万柳堂中诸公定笑我落伍了!"(参见《胡适全集》第24卷,第205—206页)此乃胡适所说"不学时髦"的心态显现,但现在看来,不承认金文,犹章太炎之轻视甲骨文,值得重审。

在父母死时都有'三年不言'的'亮阴'期,那么《无逸篇》里所举的殷王有中宗、高宗、祖甲,应该是这三位殷王所同样经历过的通制,何以独把这件事情系在了高宗项下呢?"

郭沫若随后提出他著名的"不言症"(Aphasia)之说,即殷高宗患上了"不言症",三年不言不是因为遵"三年之丧"礼俗,而是不能说话。他又从字义、医学和历史三方面去论证,如认定"谅阴"或"谅闇",大约是"不言症"的古名。因"阴同闇是假为瘖,口不能言谓之瘖,闇与瘖同从音声,阴与瘖同在侵部"。但这个字义的解释,亦引起时人的异议。1946年8月,岑仲勉(1885—1961)在《"三年之丧"的问题》一文所附《"谅阴"的意义的推测》中提到,董作宾虽在甲骨文中发现"疾舌"连用,或可证郭沫若之"不言症"说,但仍只说郭的"不言症"是"大胆的假设"。岑仲勉从字义上提出质疑,认为训"谅"为"明确""真正",而连用"谅阴"训作"真闇",都属"生吞活剥",况且卜辞中已有"疾舌"以表示"不言症",为何《尚书》不照样引用?①

在岑之前,即1940年5月,顾颉刚在《高宗谅阴》中提出换个角度加以考量。他说,"推求文义,知亮阴者乃言与不言之问题,而非有礼与无礼之问题"。而高宗之不言,"亦谓其恐不善而不言,不以居丧而不言也",抑或为"默以思道"。至于"三年"本身是个虚词,"非真三年也,状其久也"。②

《借问胡适》往往在质疑后,又提出个人之见,在质疑《说儒》有关《周易》"需"卦的解释时亦复如此。现在看来,《说儒》所谓"《周易》制作的时代已不可考了"并非虚语,胡适相信《周易》的形成有一个历史的过程,至于具体年代,有待后世发掘,这是一个比较谨慎的态度。而郭沫若之历史研究,性喜大刀阔斧,优点是结论明确,缺点则或是结论下得稍显轻率。因为

---

① 岑仲勉:《"谅阴"的意义的推测》,参见《"三年之丧"的问题》附录。不过,岑仲勉《"三年之丧"的问题》重点在讨论"三年之丧",他以为,"三年丧制的学说,是东周以后逐渐成立的,孔子固是提倡最力的一人,但并不是他的创制"。均《东方杂志》第42卷第15号,1946年8月1日,第44页。

② 参见顾颉刚《浪口村随笔(三续)·高宗谅阴》,《责善半月刊》第1卷第4期,1940年5月1日,第20页。最末一句话,在《责善半月刊》的初刊稿中未出现,段首有"又按",应是后来添加的,参见《顾颉刚全集·顾颉刚读书笔记》卷16,第143页。

不同意胡适关于"需"卦与"儒"的关联,故便提出《周易》的制作年代是"战国前半(期)",进而提出其作者是馯臂子弓。这个说法与上述"不言症"之说,同样不为今人所采信。

郭沫若之所以得出"三年之丧实为孔子所创制"的结论,是因为在他看来,"孔子认定要改变制度,同时恐怕出诸自己的见解,不为人所信从,故托言古代就有这种制度。在中国古代社会里不是说过,孔子托于唐虞三代,墨子崇奉夏禹,最后道家以黄帝作祖宗。孔子为什么要托古呢?因为人是崇拜偶像的,宣扬一般人所没有看到的古人是怎样怎样的好,消极方面可以减少阻碍,积极方面又可使人信从。这是孔子的苦心并不是孔子存心骗人。为了好而骗人,是没有关系的"。①这个"托古改制"的理由,明显出自今文家。

受今文家影响,郭沫若自己亦不否认。《论语·述而》"子曰:'加我数年,五十以学《易》,可以无大过矣!'"历来是孔子读《易》的证据,但郭沫若的解读是,"今天说《易经》是战国初年的东西。那么对孔子读过《易经》的话,又作何解释呢?大家知道中国文学有古文今文两派吗?'五十以学'下面的'易',今文派是作'亦'的。就是说:'加我数年,五十以学,亦可以无大过矣'。可见古文派在这儿玩了把戏,实际上孔子并没有看过《易经》,所谓'晚年好易,韦编三绝'的话,那完全是假造的"。②围绕此说法的争议已近一千四百多年,至今聚讼未已,郭说只可算是一家之言。

正考父鼎铭见于《左传》鲁昭公七年和《史记·孔子世家》。郭沫若的解读亦体现今文家的风格,他直接认定二书有关记载是刘歆"造假"。他说:"《左传》昭七年文是刘歆的造作固不用说,便是《史记·孔子世家》中的关于正考父的那一段,明明也是经过刘歆窜改的。"他认为,正考父鼎铭"一命而偻,再命而伛,三命而俯,循墙而走,亦莫余敢侮,饘于是,鬻于是,以糊余口"的前半段是"剽窃《庄子》",后半段是"摹仿《檀弓》"。此说乃是不信

---

① 郭沫若:《论儒家的发生》,《学习生活》第3卷第2期,1942年7月20日,第79页。
② 同上书,第79—80页。在《借问胡适》中,郭引的是陆德明《经典释文·论语音义》,言《鲁论》"易"作"亦"。

《左传》所致;而不信《左传》即是今文家的态度。①

在《借问胡适》第三部分"谈到《说儒》"的结尾处,郭沫若曾说,"假使是纯粹地立在宗教的情操上说话,《说儒》是无可辨[辩]驳的"。这说明他确实意识到胡适有建构宗教的一面,但作为唯物论者,郭本人毕竟不信宗教,故在他看来,即使"宗教的情操",亦需要受到证据的检验。《说儒》将《玄鸟》篇视为"宗教预言",这是从宗教发生学上立论的,而后来的质疑大多从证据上解构,郭沫若亦不例外。他甚至以为,《说儒》有关"宗教预言"的建构是"牵强附会得太厉害了"。不过,到五年后发表的《论儒家的发生》一文中,或是正值抗战,出于"一致对外"政策考量;或亦因是演讲,面对的听众立场差距较大的关系,郭的口气稍微缓和一些,论述也相对客观。他说:"胡先生的《说儒》的出发点,一是根据近年来的古代社会研究,已证明殷、周两代是奴隶制度,一是对比,以耶稣基督教作对比,基督教《圣经》上,有许多预言,后来就应在耶稣身上。"这说明他确是看到了胡适的一部分构想,但没有(也不可能)去理解胡适的苦心。他说,胡适以为"儒"也是这样,"殷民族原是贵族,以天下的统治权被周武王夺去于是变为奴隶,但也有预言,说将来定有圣人出来,恢复固有光明。胡氏就引正考父故事作为预言的一个根据,其实这根据是靠不住的"。这是因为胡适"把赞美事实的诗,弄成预言诗了"。

值得一提的是,郭沫若有关《周易》年代的判定却有胡适的影子。他指出,"再从思想上说:《易经》说明宇宙的原理为变化,宇宙时时刻刻在变,变

---

① 为了说明剽窃自《庄子》,郭沫若特别引《庄子·列御寇》"一命而伛,再命而偻",而非《左传》"一命而偻,再命而伛"。他说:"伛与偻,是'伛偻'这个联绵字的拆用。伛偻或作痀偻,又或作曲偻,今人言驼背也。……都是一语之转,但都先伛而后偻。一落到刘歆手里,却变成了先偻而后伛。这分明是他的记忆混了线。《左传》是这样,《史记》也是这样,正足证是出于一个人。""一人"概指刘歆,这里自然是在说刘歆据《庄子》而伪造正考父鼎铭了。(参见郭沫若《借问胡适——由当前的文化动态说到儒家》,《中华公论》创刊号,1937年7月20日,第94页)"剽窃"和"摹仿"之说亦出自郭沫若1934年12月15日所撰写之《正考父鼎铭辨伪》一文,但具体说法稍有差别。在《借问胡适》中,郭专门提及此文,或亦有责胡适不参考他自己以及同代学者最新成果之意。郭鼎堂:《正考父鼎铭辨伪》,参见《东方杂志》第32卷第5号,1935年3月1日,第67—69页。

是宇宙的原理。又说明宇宙的变化,由于矛盾,由于阴阳刚柔的对立而生变化。离开事('事'字在收入《青铜时代》时改为'神'——引者)的观念,而解释宇宙的变化,这种形而上的思想,是很进步的思想,从这里又可以断定他不是最古的书"。①这正是胡适以前坚持,而在与冯友兰、钱穆等人讨论老子年代问题时反省的依据"思想系统""思想线索"判定年代的方式。②

在论述"儒"之发生时,郭沫若与胡适的观点惊人的相似,以致郭沫若会暗示胡适抄袭了自己的观点。他说:

> 中国文化导源于殷人,殷灭于周,其在中国北部的遗民在周人统制之下化为了奴隶,在春秋时代奴隶制崩溃了下来,接着便有一个灿烂的文化期开花,而儒开其先,这是正确的史实。这种见解,我在十年前早就提倡着而且不断地在证明着,《说儒》的出发点本就在这儿,虽然博士对于我未有片言只字的提及。

对于孔子的态度,郭与胡之间也有相似之处。郭沫若以为,"儒应当本来是'邹鲁之士缙绅先生'们的专号"。这与胡适所说的广义的儒并没有太多区隔。至于他所说的,"儒""在孔子以前自然是有的",亦是对章太炎、胡适等消解儒或儒家"一尊"观念的承袭。而他有关"儒"形象的描述,"古之人称儒,大约犹今之人称文绉绉,酸溜溜,起初当是俗语而兼用轻蔑意的称呼,故尔在孔子以前的典籍中竟一无所见",也与《说儒》不避"儒"出身简陋类似,只是胡适仍存同情之意,而郭对于"儒"显然是轻蔑的。

对"小人儒"和"君子儒"形象的勾画或可看作是郭沫若这种轻蔑的一个例证。他说:

> 儒,在初当然是一种高等游民,无拳无勇,不稼不穑,只晓得摆个臭

---

① 以上分别见郭沫若《论儒家的发生》,《学习生活》第3卷第2期,1942年7月20日,第81、82、79页。此文有关《周易》的讨论与《借问胡适》略有不同。
② 具体见胡适《评论近人考据老子年代的方法》,第7—11页。

架子而为社会上的寄生虫。孔子所说的"小人儒",当即这一类。这种破落户,因为素有门望,每每无赖,乡曲小民狃于积习,多不敢把他们奈何,他们甚而至于做强盗,做劫冢盗墓一类的勾当。

....

但是在社会陵替之际,有由贵族阶级没落下来的儒,也有由庶民阶级腾达上去的暴发户。……暴发户可以诮鄙没落贵族为文诌诌,就是所谓"儒",而文诌诌的先生们也白眼暴发户,说声"彼其之子,不称其服"。更激烈得一点的便要怨天恨人而大呕其酸气了。尽管这样地互相鄙视,但是两者也是相依为用的:暴发户需要儒者以装门面,儒者需要暴发户以图口腹。

这与胡适所谓"衣食之端"之儒,何其相近。

郭沫若接着说:

故儒者虽不事生产(实不能事生产)也可以维持其潦倒生涯。相习既久,儒的本身生活也就不成其为问题了。因为既腾达的暴发户可以豢养儒者以为食客或陪臣,而未腾达的暴发户也可以豢养儒者以为西宾,以教导其子若弟,期望其腾达。到这样,儒便由不生产的变而为生产的。这,大约也就是孔子所说的"君子儒"了。这是儒之职业化。

这显然也是傅斯年有关"儒"的"职业说"的另一个版本。

当然,阶级观点影响郭沫若对历史的判断不止于此。他并不真的否认"儒"之"柔"性,但与胡适的描述不同,他以为,"儒之本义诚然是柔,但不是由于他们本是奴隶而习于服从的精神的柔,而是由于本是贵族而不事生产的筋骨的柔"。[①] "不事生产的筋骨的柔"表面看是体力(物质)上的柔,与精

---

① 这句话的意思在《论儒家的发生》中表达得更清楚,郭沫若说,"儒者柔也,但他并不是出于奴隶的精神的柔。而是出于贵族的筋骨的柔"。参见《学习生活》第3卷第2期,1942年7月20日,第82页。

神无关,但实际上与"奴隶的精神上的柔"并没有本质上的区隔,因为他们是"没落贵族",是革命和批判的对象,这也是为何郭沫若对儒、儒家持批评态度的最根本的原因。说到底,还是阶级立场决定的。

三、中华文化的宗教起源与人文起源:钱穆师生的驳议

钱穆晚年在《师友杂忆》中说:

> 适之《说儒》终于成篇,文长五万字,仍守其初意不变。其说既与余上古史堂上所讲意义大相背驰,诸生举适之此文设问。余遂于堂上明白告诸生,余所持与适之《说儒》不同之所在。诸生或劝余为文驳论。余告诸生:"学问贵自有所求,不应分心与他人争是非。若多在与他人争是非上分其精力,则妨碍了自己学问之进步。……并余已将今天堂上所讲,一一告之适之,不烦再为文辩论。"遂拒不为。诸生乃逸余助教贺次君即就余讲堂所讲撰一文,刊之北大史系同学在天津《益世报》所主办之副刊上。适之见之,大不悦,但亦未撰文反驳。主编此副刊之同学乃欲次君别为一文自解说,次君拒之,谓所辩乃本钱师之说,不能出尔反尔。……自后余来香港,某君在港大《学报》上刊一文,专为讨论适之《说儒》,余始别为一小篇,追忆前说,则已上距当时十年外矣。今余此文,已收入余之《中国学术思想史论丛》第二册。①

这段话有两点值得注意。其一,贺次君刊登在《益世报·读书周刊》上的《〈说儒〉质疑》,系根据钱穆的课堂讲解铺陈为文,观点应主要为钱穆所有;其二,据钱穆回忆,他是赴香港后,方撰《驳胡适之〈说儒〉》,1954 年 1 月刊于香港大学《东方文化》第 1 卷第 1 期上,但这个记忆显然有误。此文最早刊于 1942 年 1 月出版的《学思》第 1 卷第 1 期,文前有"迩来为齐鲁诸生

---

① 钱穆:《〈〈八十忆双亲〉·〈师友杂忆〉合刊〉,《钱宾四先生全集》第 51 册,第 169—170 页。

述先秦学术源流，又纵论及此，适《学思》社征稿，因写以应之"。①可知《学思》所载非演讲记录稿，而确是钱穆亲自"因写以应之"的。今检两个版本，除个别段落和用语略有别以外，主体部分基本一致，故下文除以《学思》版为据，加以分析外，亦引用贺次君文，相互补充、印证。

钱穆在《驳胡适之〈说儒〉》中说，他是在著《先秦诸子系年》时，"乃知许叔重《说文》儒为术士之称"的，依其解释，"术指术艺，术士即娴习六艺之士，而六艺即礼、乐、射、御、书、数也。因知儒墨皆当时社会生活职业一流品"。以六艺为职业一流品，这是钱穆原儒的一个重要主张。此点与章太炎"类名之儒"一致，所本亦为《周官》。而若有先见的话，即均不愿承认中华文化有个宗教起源。事实上，正是这一点激发了钱穆驳论的意愿，换言之，它也是钱穆整个立论的基础。

不过，贺次君《〈说儒〉质疑》率先提到的观点是有关《说文》解"儒"的。他说，"'柔'之一字，与'刚'字对举，如像'荣'之与'辱'、'阳'之与'阴'、'优'之与'劣'、'善'之与'恶'，互有好坏的意思，知其义不甚佳。又训为术士者"。而此"术"在《礼记·乡饮酒义》"古之学道术者，将以得身也"旧注中，即训为"艺"。他说："古代的智识为贵族所独占，智识分子，只是贵族下面的寄生者。古代的平民，能有礼、乐、射、御、书、数之任何一种行业，即为其谋生的工具。""这种人不是贵族，但他通艺术，就称他做'术士'，即'儒'也。《说文》'柔'乃儒的通训，'术士'为儒的别解。后人不详《说文》本义，以术士与柔并说，实在错了。"这后一段话末出注云，"说本钱宾四师"。②

贺氏所言不误。钱穆1933年2月27日在所撰《古史辨》第4册序中即说到《说文》解"儒"，"柔"乃儒之通训，"术士"乃儒之别解。不过，其所言

---

① 此句在《东方文化》版中已经删除。参见钱穆《驳胡适之〈说儒〉》，《学思》第1卷第1期，1942年1月15日，第10页。以下凡所引用，未出注者，均见此文。又，韩复智编著的《钱穆先生学术年谱》已将《东方文化》版改称为"转载"，参见《钱穆先生学术年谱》第3册，台北：编译馆，2005年，第1481页；《钱宾四先生全集》编者亦将此改为"草于抗战期间，初刊于成都《学思》杂志1卷1期"，参见《中国学术思想史论丛（二）》，《钱宾四先生全集》第18册，第318页（《论丛二》页）。

② 参见贺次君《〈说儒〉质疑》，《史学论丛》第2册，1935年11月，第1—2页（文页）。

不止于此。他又说,"后人不辨《说文》句读,以术士与柔两语并说。不知柔非美德,老子正言若反,故乃舍高趋下,弃刚从柔。儒家固不以柔为道。儒只是术士,不论刚柔也。术士者,犹云通习六艺之士耳"。①此文出于《说儒》之前,又刊于《古史辨》第4册上,而此册正文首篇即胡适之《诸子不出于王官论》,胡适不可能漏识,显然胡适没有采纳其所见。

钱穆对《说儒》的第一个正式的质疑是"驳最初儒皆殷人皆殷遗民之说"。其实,在贺次君文中,有关胡适此说,还另添两三则反面的批评,意指胡适证明"儒"为"殷遗民"所使用的材料,如《墨子·公孟》《墨子·非儒》以及《荀子·儒效》基本都是出自反对派或批评者,且多流于推理。②钱文则直接从鲁国状况来讨论殷遗民的可能性。他说,"孔子殷人,不能证儒者皆殷遗民"。钱穆当然承认鲁、卫、宋为殷遗民之聚集地,他举孔子弟子颜回(前521—前481)为例,以为其为鲁人,非殷遗民,其他孔子弟子亦不尽为殷遗民,由此而推论说:"岂得因鲁地有遗民,遂轻谓鲁儒皆殷遗哉?"但现在看,胡适、傅斯年的全称判断虽有些绝对,却相对更合情理。因为像钱穆这样,以少数之例来反证与推理多数,其本身只能证明胡、傅的全称判断太绝对,并不能推翻鲁、卫、宋多数为殷遗民,故保留殷商风俗最多,"儒"因而最可能为殷遗民的判断。而以现有材料,尚无法确切统计或知晓殷遗民在哪怕是公认的鲁、卫、宋为殷遗民之聚集地的占比和范围。故钱说只有"破"的意义,实没有"立"的价值。

针对《说文》有关"柔"的字义解释,钱穆所谓"通解"与"别解"之说,贺文已经申明,而钱自己则补充说,"即谓儒道尚柔,亦未必与亡国遗民相涉"。这与前述冯友兰之说如出一辙,实都是将"亡国遗民"的历史看得太具现实性,故仍是"今见"不同使然。

就历史言,钱穆对于正考父鼎铭的定位是合理的,即这个鼎铭是私人处事格言。他亦同意殷、周"两个民族"论,但其解读却同胡适一样大胆。他说:

---

① 参见《古史辨·钱序》第4册,第1页(序页)。
② 具体见贺次君《〈说儒〉质疑》,《史学论丛》第2册,1935年11月,第2—3页(文页)。

考之古说,殷尚鬼,周尚文。尚鬼者尊信宗教,富于理论想像而长艺术,尚文者,擅政治与军事之组织而重现实,此为殷周两部族特性相异之传说。而征之载籍流传,确可依信。春秋以下之宋人,大率偏骛理论不顾事实,有一往无前之概,盖犹不失其古先之遗风。

在《说儒》中,胡适引宋襄公"君子不重伤,不禽二毛。……寡人虽亡国之余,不鼓不成列"句,说"这也可见殷商后人不忘亡国的惨痛"。钱穆不同意"亡国遗风"之说,更未意识到胡适有卧薪尝胆的现实关怀;即便有所意识,亦不会认同这种关怀方式。他将此句解读为"此谓之狂骛于想像而不顾事实";而有关华元之杀楚使者申舟(?—前595年),即华元曰,"'过我而不假道,鄙我也。鄙我,亡也。杀其使者必伐我,伐我亦亡。亡一也。'乃杀之",钱穆则说,"此谓之偏守理论而轻视事实"。

钱穆自然也是否认"儒"或儒家的特性为"柔"的,他说,"据《论语》与《易经》,儒家论人事皆尚刚不尚柔。则质之东周殷族之风尚,既无柔懦之征,求之儒家经典之明训,亦无主柔之说"。虽然钱穆强调孔子对儒的改造,说"孔子为殷遗,而居东周文献渊薮之鲁邦,其所崇重向往者曰文王周公,盖孔子乃绾合中国往古传统殷周两族一偏理想一重实际之两端,而创为儒道之中庸"。然这样决绝地否认"儒"之"柔"性,亦未必有利于对孔子和儒家的人文传统的卫护。

这里"殷尚鬼,周尚文"的分野是立论的关键。因为"殷尚鬼",钱穆不信"儒"与殷商有关联,故云"儒家言礼皆周礼也"。但"儒家"与"儒"仍有历史的区隔。孔子立儒家,在胡适看来,既有对殷商传统的承续,又有对周文化的汲取。钱穆以孔子曰"夏礼吾能言之,杞不足征也。殷礼吾能言之,宋不足征也。文献不足故也,足则吾能征之矣"而言"此孔子自言夏殷二代之礼因文献不足而不能征";又以孔子"周监于二代,郁郁乎文哉,吾从周"而言"是孔子又言周礼承夏殷二代之后,集文化大成,而为孔子所愿从矣";以"文王既没,文不在兹乎"而断定"孔门言礼直承周代,绝无疑义"。

其实,"周监于二代,郁郁乎文哉,吾从周"一句需与"殷因于夏礼,所损益可知也;周因于殷礼,所损益可知也;其或继周者,虽百世可知也"一并读,这才可能理解"吾从周"的意涵绝不止于"周文化"的意义,或才可体现胡适所谓"历史的眼光"。即便是孔子集大成,这个"大成"中必也有殷商文化的成分。《说儒》中将"吾从周"看作是孔子的一个新的改造,或更接近于原意。

而钱穆征引庄子曰"其在于诗书礼乐者,邹鲁之士,搢绅先生多能明之"(《天下》篇),认定"此鲁存周礼为儒道所木之明据确证也";①又据《左传》哀公二十一年所记"秋八月,公及齐侯、邾子盟于顾。齐人[有]责稽首,因歌之曰:'鲁人之皋,数年不觉,使我高踏。唯其儒书,以为二国忧'",以为"孟武伯问孝于孔子,其父懿子实先为孔子弟子。此称儒书即周室相传古礼书也";继以《白虎通·绋冕》"麻冕者何,周宗庙之冠也"而得出孔子所行之为"周礼"。这样看去,集上古之大成者实为周礼、周文化,孔子根本无所谓"集大成",而整个是周礼、周文化之虔诚的继承者而已。

《说儒》据《周东封与殷遗民》以为,孔子"夫三年之丧,天下之通丧也"中之"天下"指齐、鲁、宋、卫等殷遗民旧地,贺次君《〈说儒〉质疑》评论说:"若果那样,孔子之为孔子,仅仅是个小天下主义者,自私自利,只作殷民族的复兴运动,没有真正一贯的理想,还有什么大的政教关系。孔二先生活该绝祀了。"②但如果按其师钱穆孔子仅尊周礼的论说,则孔子亦未能脱"小天下主义者"的嫌疑。

有关"三年之丧",钱穆基本取《孟子》"三代共之"之礼说。不过,他以为孟子所说是战国的情况,"春秋以前,封建井田之制未破,贵族平民之阶级尚存,平民社会岂得亦守三年之丧礼?"钱穆的独到看法是,"三年之丧,本贵族礼,非庶民所能遵。……礼不下庶人,所谓天下之通丧者,在当时固不赅庶人言"。他并未理会傅斯年所谓民间特指下层的殷人,此中自有贵族,只是因为亡国而沦为平民。故批评说,"胡文遂谓此礼行于绝大多数之

---

① 在后来发表的《驳胡适之〈说儒〉》中,此处另添一新证据,即《小戴礼·明堂位》"凡四代之服器官,鲁兼用之,是故鲁,王礼也,天下传之久矣。礼乐刑法政俗,未尝相变也。天下以为有道之国,是故天下资礼乐焉";钱穆以为,"此儒业独盛于鲁之所由也"。参见其《中国学术思想史论丛(二)》,《钱宾四先生全集》第 18 册,第 305 页(《论丛二》页)。

② 参见贺次君《〈说儒〉质疑》,《史学论丛》第 2 册,1935 年 11 月,第 8 页(文页)。

民众,则又更为远于情实之臆说矣"。①而与之相关的"高宗谅阴",他不像郭沫若那样大胆地以"不言症"解之,但其见亦相当鲜见。他并不否认"高宗谅阴"的存在,但强调"君薨听于冢宰三年者,在殷世已不常行此制",而后之儒家"乃以三年之丧说之,此虽有所本而亦有所饰"。

对于儒服,钱穆认为,是延续周代的"士服",即"儒者缝衣即士服,视当时大夫之服而稍敛其制","要之古无以缝衣为因[殷]制者"。而章甫亦只是当时的"贵族之冠","孔子之冠章甫以其为士君子故,非以其为殷遗民故",也即是说,儒服与章甫,均与殷商无关。但相对《驳胡适之〈说儒〉》的含蓄,贺次君《〈说儒〉质疑》更为直白,其中干脆以"孔子尊周"来指称儒之服饰是"周制"。因为"孔子是尊周的,……假若以孔子为中心的儒,亦可见儒学背景多由于周了。鲁是周公的封国,是周文化所寄托的国家,因周之礼制多存于鲁故也";"孔子在鲁国住得很久,得到了周公的真传"。②从贺次君的理由亦不难看出,赞周实是赞周公,是像古文家一样,将周公当成了中华文化人文性的托命人。

其实,在朝代更迭以后,服饰的交错杂糅都是常见的现象,但各朝代服饰因时尚不同,其特色仍有可能保留,不承认这个起码的区分,则不是历史的态度,如此则朝代亦无甚差别了。故承认《士冠礼》与否成了讨论的基础。

有关《士冠礼》"委貌,周道也。章甫,殷道也。毋追,夏后氏之道也",贺次君另引江永(1681—1762)《乡党图考》:"《杂记》言'委武元缟'。《传》言'太伯端委以治周礼。'又云:'弁冕端委以治民。'又'晏平仲端委立于虎门',则委貌亦单言委。公西华言端章甫犹云端委,未必有取于殷冠。孔子言'少居鲁,衣逢掖之衣;长居宋,冠章甫之冠',似章甫与委貌亦有微异。鲁人歌'衮衣章甫,爱得我所',又似当时章甫与委貌亦通行可通称,未必夫子以殷人常服章甫也。"③但此说受到杨向奎的批评。后者说,"贺次君先生

---

① "则又更为远于情实之臆说矣"在《中国学术思想史论丛(二)》中改为"则稍治古史,知封建社会中绝大多数民众之生活情况者,皆知其为不可能,更不烦于详辨矣"。参见《钱宾四先生全集》第18册,第313页(《论丛二》页)。
② 贺次君:《〈说儒〉质疑》,《史学论丛》第2册,1935年11月,第6—7页(文页)。
③ 同上书,第3—4页(文页)。

的《〈说儒〉质疑》一文,关于儒服一层,又有他的说法,他引江永《乡党图考》的话来说明章甫委貌可通行通称,江永的话的模棱两可尤在上所引冯先生文之上";"看他(指江永——引者)一曰似有微异,又曰可以通行通称,又云未必孔子常服章甫,全是些自己也信不准的话,而贺先生说'这段话说得很透彻'是我们所不了解的。他这样模棱的结论是不能作任何方面证据的,他不是也还说'似章甫与委儿亦有微异'吗?贺先生如何忘了。"杨向奎顺便提到贺引以证儒服为周制之《论语·卫灵公》"服周之冕"的话,说"这也仅是孔子的一种主张而已,不足为证"。①

《说儒》举"三年之丧"为例,是因为祖先教最重丧礼。关于此,钱穆所见亦基本略同,只是他是从人文性上立论。他说:"儒家崇仁,而本原之于孝,儒家尚孝而推极之于丧祭,故儒家言礼特重丧祭。"他们的分歧仍在"殷尚鬼"与"周尚文"之上,故钱穆批评《说儒》"谓儒以相丧为本业,则又大谬不然"。前文提及,钱穆释"术士"为"六艺之士",即以六艺为职业,这还是要避开相礼,更不能接受以相礼为本业。其实,在《说儒》中,胡适亦不认为孔子时,儒家以相礼为本业,只不过孔子偶有相礼之事,且有时无法推脱,但基本是兼顾。这有一个历史变化过程,即从"儒"到"儒家",相礼由职业到业余。胡适并无贬低相礼之意,反而是将此视为上古知识人的职业行为或职业标识。不接受相礼,自然也不可能接受"儒"是"商祝",从根本上说,仍是不愿意承认中华文化有一个宗教起源。

钱穆亦接受了冯友兰据《士丧礼》与《既夕礼》旧注,以为其中二十二次泛称之"祝",均是"商祝"之说。②这或是最有力的细节上的驳议。不过,钱文的解读亦有个人特点,他据《小戴礼·杂记》"恤由之丧,哀公使孺悲之孔子学士丧礼,《士丧礼》于是乎书",以为"士丧礼乃孔门之创制"。这个典型的今文家观点作为驳议的理由并不有力。因为"士丧礼乃孔门之创制"并

---

① 杨向奎:《读〈说儒〉》,《益世报·读书周刊》第43期,1936年4月9日,第3张第12版。
② 在《学思》第1卷第1期上《驳胡适之〈说儒〉》初刊稿的开头,即引冯友兰《原儒墨》,不过,《中国学术思想史论丛(二)》中此段被删除。此说虽未提冯文,却是后者发表在前的。

不能否认儒以前曾是相礼为生。而"士丧礼"若依钱穆之见,专指士阶层所行,亦只能说明它是规范了的丧礼礼仪,并不能否定它的产生存在一个历史过程的事实。

钱文最后是"驳老子是一个老儒是一个殷商老派的儒之说"。钱穆仍强调"岂得以成周本殷商旧地,遂谓凡居成周者皆商人"。关于老子相礼,他取经验论之,以为"老子既为周王室之史官,又何必再为相丧助葬之职业?"而"老子是个'老儒'",在他看来,不仅"无据",亦是违背常识的。但学术上"违背常识"之论,有时候可能是史识卓绝的体现,胡适所说"老子是个'老儒'"即是一例。

贺次君《〈说儒〉质疑》的结尾或可以补充《驳胡适之〈说儒〉》中有关老、孔关系之所未言。贺文写道:"老子与孔子的关系怎样,《老子》书的时代如何,以及《老子》所代表的思想,差不多都有定论了,不容我再为辞费。"这一段话后的夹注特别需要注意,其中说:"钱宾四师有《关于〈老子〉成书年代之[一]种考察》,载《燕京学报》第 8 期。又有《再论〈老子〉成书年代》,载北京大学《哲学论丛》。于老子不得在孔子前,论之甚详。"①学生赞老师,语气不免夸张,以钱穆之说为定论,亦在情理之中。实际上,《关于〈老子〉成书年代之一种考察》从"思想线索"立论的方式,不仅是出于胡适,此问题也未成"定论"。②不过,这亦从一个侧面说明钱穆仍未从"老孔先后"的论域中解脱出来,至少他感觉胡适对其所论并未认真阅读,故不拟再多言。③但这亦可证明,胡适《说儒》中的"大胆假设"确实超越了同代学者,甚至下一代学者的见闻和接受能力。

---

① 贺次君:《〈说儒〉质疑》,《史学论丛》第 2 册,1935 年 11 月,第 12—13 页(文页)。
② 胡适在 1931 年 3 月 17 日致钱穆的信中就指出"思想上的线索"的不可靠。详见《胡适全集》第 24 卷,第 89—91 页。
③ 《古史辨》第 4 册"钱序"中,钱穆说:"适之先生倡九流不出王官之论于前,而不肯信老子后出之说。近闻其谓老子亦儒家,当亦知九流实导流于儒,故迁就而说此。"但他认为,儒乃术士,而老子则为王官,否则为隐士。参见第 2 页(序页)。这里透露一个信息,钱序写于 1933 年 2 月 27 日,胡适此时尚未撰写《说儒》,但此前应至少提及过老子是儒。

结　语

　　晚清民初的原儒至少在三个方面直接或间接地影响到胡适。一是"质验"（或表述为"征验""证验"）观念。这个观念不仅为胡适所承继，且在胡适这里结合了欧洲实证主义，从而在学界得到了确认和广泛的接受，成了历史学专业化、学科化后的学术规范和标准之一。二是现实关怀。晚清的刘师培、章太炎等都是在反对康有为"尊孔""立孔教"的语境下提出原儒的，而由反对派提出儒之起源问题的传统，亦体现在胡适《说儒》中。胡适是以西化派领袖的身份而说儒，且建构出一整套儒之起源的谱系，这不啻是对"尊孔派"不谙自家历史的一种讽刺。三是儒道不分，"史"的提升。这其中既有现实关怀，又存重建中华文化的基础之意和抵抗外来文化冲击之想，但其进路仍是以传统为基础的，即是文史不分家情形下的综合。胡适与之不同之处在于，他是在学科化、专业化后的一次综合，是"科学史学"基础上的一种综合多个学科、多重观念的尝试和超越。

　　将中华文化的起源提升至殷商，必然涉及宗教，而宗教起源的意义，在胡适、傅斯年，或有超越时贤（如王国维）的学术意趣，但亦存一个历史自信、历史眼光和比较宗教学的问题。具备历史自信，有对西洋文明的深入了解,亦拜比较宗教学所赐。因为基督教起源时亦非辉煌,故胡适能超越传统固见,不避"儒"在出身上的简陋,从而将"历史的眼光"和历史态度付诸论述之中。

宗教起源既是历史存在,又有消解"道统"的意义,使孔子不再是中华文化的创始者,而是一个重要的枢纽人物,亦即成为中华文化谱系中一支,诸子百家中的一家,于是与新文化运动反对儒教"定于一尊"相契合了。进一步看,亦有与世界几大文明发源地的文化发生史接轨之意义,这的确让中国文化的问题不再仅仅是"中西问题",而兼顾成为"古今问题",因而也消解了中国融入世界的思维障碍、文化樊篱和心理落差。

由此再看胡适有关孔子"儒教教主"的塑造,这其中有历史、民俗和神话的基础,亦有依据比较宗教学,特别是基督教创教史而诉诸宗教改造的意味。孔子之成"儒教教主"出自民间想象,并非知识人的理性。他亦非绝对和保守的"教主",而是一个眼光向着"全人类"的新式宗教领袖。"儒教教主"孔子身上实承受了胡适的诸多希望:一、对传统宗教的改造,即从民间的祖先教,转变成一个开放、包容的,充满新精神、新态度的现代宗教。二、以民间、民俗和神话的方式塑造孔子,亦是在特定情形下,为弥合知识人与百姓之间的鸿沟所采取的策略。三、在国难当头之时,以孔子改造后的"新儒家"的刚毅来提振信心。四、这个"新孔子"本身的描述,又渗透了胡适的现实际遇。五、这一切基本是以历史性为前提的,又结合了文化学、人类学或民族学、民俗学、神话学以及史诗,是宗教构建与殷周历史的一次重新整合的尝试。

《说儒》基于历史的建构过程,渗透了多重因素,形成了一个多方组合。其中既有学术的,如历史学、文化学、比较宗教学、民族学或人类学、民俗学或神话学和文学史诗,又有知识人的现实关怀,因而仿佛事出偶然,却是时势所迫和心态使然,属于感时忧国,体现知识人的危机意识和社会参与,因而与传统士大夫的"兼济天下"形成了共鸣。

《说儒》作为一篇学术论文,其学术性在20世纪30年代的学界,亦属出类拔萃,在许多方面或仍可称"开山"。它亦是一篇充满现实关怀的应时之作,其中有国难当头,知识人心急如焚的焦虑,亦显示出一种信心和冷静。

因1931年"九一八"事变后,随着民族危机的加剧,国内的民族主义意识高涨,国民党政权潜在的保守倾向日趋明显,文化保守思潮渐而起势,官方提倡的"尊孔读经"亦箭在弦上。①此时以学术的方式去回应相关的学术与现实问题,实是胡适撰写《说儒》重要原因。

无论是同时代的争议,还是后世的研究和讨论,基本都是就《说儒》本身所涉及的材料的辨正和质疑,这的确是学科化、专业化后史学研究价值标准和规范化的体现。但仅以此一方面的讨论,终究不能触动《说儒》的核心或完全推翻《说儒》的结论,故胡适晚年一直相当自信,也是有道理的。因为商榷者,大多没有理解胡适撰文的全部真相,故也不能一击中的。

以中国文化史的视角判定,胡适提出的宗教起源,涉及的是中华文化的"巫史传统"。尽管这个说法仍需要考古新发现来证明,但已经为历史研究或哲学史研究者所重视和采纳,近几年李泽厚先生对"巫史传统"的讨论,②2014年余英时先生出版的《论天人之际:中国古代思想起源试探》,③都有接着《说儒》讲的意味。④ 至于国际回响中,雅斯贝尔斯依据或参考德文版《说儒》构建出的"轴心时代"之说,已为学界所证明。⑤而"轴心时代"的构建本身正体现出了胡适所想表达的世界文明在起源上的共通性的理念。

作为无神论者,胡适一生不信仰宗教,但《说儒》中所体现出的对宗教起源的历史性的理解和对于上古宗教本身的了解之同情,其中所暗示出的一个民间性或民俗性的理解方式,或曰对于宗教民间化本质的认知,往往不

---

① 1934年5月31日,蒋介石、戴季陶等联名,在国民党中央执行委员会123次常委会上提出议案,以每年夏历8月27日为孔子诞辰纪念日,此后,"尊孔""祀孔"政策和活动遂以官方名义,在全国进行推广。

② 具体见李泽厚《历史本体论·己卯五说(增订本)》,北京:生活·读书·新知三联书店,2006年。

③ 参见余英时《论天人之际:中国古代思想起源试探》,台北:联经出版事业公司,2014年。

④ 有关余英时《论天人之际》与胡适之《说儒》之间的承继和关联的解析,参见尤小立《〈论天人之际〉与〈说儒〉:一个现代学术史的考察》,台北:《哲学与文化》月刊第44卷第12期,2017年12月,第143—157页。

⑤ 详见李雪涛《论雅斯贝尔斯"轴心时代"观念的中国思想来源》,《现代哲学》2008年第6期,第86—96页。

能为学者所参透。胡适在《说儒》前后,对于宗教,并无多少正面的表彰,但不影响以一个历史的眼光看待上古的中华文化的宗教起源以及塑造孔子的新形象。

从《说儒》本身看,它确实有许多是"应时而生"的内容,这些内容由于渗透了现实的因素,在构成上显得比较隐晦,然这些内容与学术上的"儒"之起源的探讨又交织在一起,使得整篇论文呈现出多个复杂的层面和意涵。现实因素的渗入在胡适并非是孤例,而是常态。但由于胡适无论在文中,还是谈话、口述自传里,均不愿意点明或者说破,的确给深入理解带来了困难,自然也影响到了此文本应在学界得到的,至少在学术眼光和学术方法上"开山"的地位。

就更深的层面言,《说儒》得不到同时代与其学术地位比肩者的认同,固然与"先见"不同有关。也因为"先见"不同,故对一个古籍上的名词或事件(比如本书中所涉的"儒"之"柔")就有往好里说和往坏里说之区隔。

而再进一步看,则可能是文化或文化理论的认知上的差异引起的,即是否能够承认和尊重文化的假面。如果文化是存在假面,即文化本质上是预设性的,那么任何不脱离历史语境的建构和重塑都有合理性。《说儒》体现的即是胡适的这个认知。

这或还有中国传统思维习惯与西洋思维习惯不同的因素。因为从胡适同代人的商榷看,他们对于证据的重视,固然体现出专业化、学科化后的学术规范,但这一因素背后,仍有一个实证基础的认定,也即是说,在中国学者的思维中确定性的因素仍占据主导地位。查无实据,一如空穴来风,故不予认可。从思想层面说,此乃是学者理性思维的表现,但正是理性思维与百姓的民间性诉求、宗教性思维方式存在着差距。宗教建构本身是非理性的,而学者或知识人却是理性主义者。这就是问题所在。

到《说儒》的末尾,胡适其实仍是充满困惑的,且以为这个困惑或无法从根本上得到解决,大概就是基于以上的原因。

参考文献

一、史料及文献集

〔法〕柏格森(H. Bergson)原著,〔美〕密启尔(Arthur Mitchel)英译:《创化论》(上下册),张东荪重译,上海:商务印书馆,1919年。

北京大学五十周年筹备委员会编:《北京大学五十周年纪念特刊》,北京:北京大学出版部,1948年。

《北京大学哲学系史稿》编委会编:《北京大学哲学系史稿》(内部资料),2004年。

北京大学哲学系中国哲学史教研室胡适批判小组:《批判胡适的中国哲学史研究》,《北京大学学报(人文科学)》1959年第2期。

北京鲁迅博物馆编:《钱玄同日记(影印本)》1—12卷,福州:福建教育出版社,2002年。

〔美〕俾耳德(C. A. Beard)编著:《人类的前程》(Whither Mankind),于熙俭译,上海:商务印书馆,1947年。

蔡仲德:《冯友兰先生年谱初编》,郑州:河南人民出版社,1994年。

曹伯言、季维龙编著:《胡适年谱》,合肥:安微教育出版社,1986年。

陈鼓应注译:《〈老子〉今注今译(修订版)》,北京:商务印书馆,2003年。

陈衡哲主编:《中国文化论集(Symposium on Chinese Culture)》,王宪明等译,福州:福建教育出版社,2009年。

陈寅恪:《陈寅恪集·书信集》,北京:生活·读书·新知三联书店,2009年。

陈中凡著,姚柯夫编:《陈中凡论文集》,上海:上海古籍出版社,1993年。

陈钟凡:《诸子通谊》,上海:商务印书馆,1925年。

程颢、程颐著,王孝鱼点校:《二程集·周易程氏传》第3册,北京:中华书局,1981年。

褚斌杰:《诗经全注》,北京:人民文学出版社,1999年。

丁文江、赵丰田编:《梁任公先生年谱长编(初稿)》,北京:中华书局,2010年。

定生编:《关于胡适之与顾颉刚》,北平:朴社,1929年。

东南大学、南京高师国学研究会编:《国学研究会演讲录》第1集,上海:商务印书馆,1923年。

杜春和等编:《胡适论学往来书信选》(上下),石家庄:河北人民出版社,1998年。

范文澜:《看看胡适的"历史的态度"和"科学的方法"》,《历史研究》1955年第3期。

冯爱群编:《胡适之先生纪念集》,台北:学生书局,1973年。

冯友兰:《三松堂全集》1—14卷,郑州:河南人民出版社,2001年。

冯友兰:《哲学史与政治——论胡适哲学史工作和他底反动的政治路线底联系》,《哲学研究》1955年第1期。

冯友兰:《怀念金岳霖先生》,《哲学研究》1986年第1期。

傅斯年:《傅斯年全集》1—7册,台北:联经出版事业公司,1980年。

高亨:《诗经今注》,上海:上海古籍出版社,1980年。

高平叔编著:《蔡元培年谱》,北京:中华书局,1980年。

高平叔编:《蔡元培全集》1—7卷,北京:中华书局,1984年。

高维昌:《周秦诸子概论》,上海:商务印书馆,1930年。

耿来金整理:《傅斯年未刊手札》,近代史资料编辑部编:《近代史资料》总92号,北京:中国社会科学出版社,1997年。

耿云志:《胡适年谱(修订本)》,福州:福建教育出版社,2012年。

耿云志主编:《胡适论争集》(上中下),北京:中国社会科学出版社,1998年。

耿云志主编:《胡适遗稿及秘藏书信》1—42册,合肥:黄山书社,1994年。

顾潮:《历劫终教志不灰——我的父亲顾颉刚》,上海:华东师范大学出版社,1997年。

顾潮编著:《顾颉刚年谱(增订本)》,北京:中华书局,2011年。

顾颉刚:《顾颉刚全集·顾颉刚读书笔记》卷1—17,北京:中华书局,2011年。

顾颉刚:《顾颉刚全集·顾颉刚古史论文集》卷1—13,北京:中华书局,2010年。

顾颉刚:《顾颉刚全集·顾颉刚书信集》卷1—5,北京:中华书局,2011年。

顾颉刚:《顾颉刚日记》1—12卷,台北:联经出版事业公司,2007年。

顾颉刚:《孟姜女故事研究集》第1册,广州:国立中山大学语言历史学研究所编印,1928年。

顾颉刚:《我是怎样编写〈古史辨〉的?(上)》,《中国哲学》第2辑,北京:生活·读书·新知三联书店,1980年。

顾颉刚:《我是怎样编写〈古史辨〉的?(下)》,《中国哲学》第6辑,北京:生活·读书·新知三联书店,1981年。

顾颉刚等编著:《古史辨》1—7册,上海:上海古籍出版社,1982年。

顾颉刚、钟敬文等著:《孟姜女故事论文集》,北京:中国民间文艺出版社,1984年。

韩复智编著:《钱穆先生学术年谱》1—6册,台北:编译馆,2005年。

韩水法主编:《北京大学哲学学科史》,北京:商务印书馆,2014年。

何应钦讲:《八年抗战与台湾光复》,沈云龙主编:《近代中国史料丛刊续编》第71辑,台北:文海出版社,1970年。

胡不归等:《胡适传记三种》,合肥:安徽教育出版社,2002年。

胡适:《胡适全集》1—44卷,合肥:安徽教育出版社,2003年。

胡适:《胡适作品集》1—37册,台北:远流出版事业公司,1986年。

胡适:《评论近人考据老子年代的方法》,北京:北京大学出版部,1933年。

胡适编:《中国新文学大系·建设理论集》,上海:良友图书公司,1935年。

胡适纪念馆编:《论学谈诗二十年——胡适杨联陞往来书札》,台北:联经出版事业公司,1998年。

《胡适思想批判(论文汇编)》1—8辑,北京:生活·读书·新知三联书店,1955—1956年。

胡适著,欧阳哲生等编:《中国的文艺复兴》,北京:外语教学与研究出版社,2001年。

胡适撰,周质平编译:《不思量自难忘——胡适给韦莲司的信》,台北:联经出版事业公司,1999年。

胡颂平编著:《胡适之先生年谱长编初稿》1—10册,台北:联经出版事业公司,1984年。

胡颂平编著:《胡适之先生晚年谈话录》,台北:联经出版事业公司,1984年。
黄曙辉编校:《刘咸炘学术论集·哲学编》(上下),桂林:广西师范大学出版社,2010年。
江瑔著,张京华点校:《读子卮言》,上海:华东师范大学出版社,2012年。
江绍原著,陈泳超整理:《民俗与迷信》,北京:北京出版社,2003年。
姜义华、张荣华编校:《康有为全集》1—12集,北京:中国人民大学出版社,2007年。
姜义华主编:《胡适学术文集》,北京:中华书局,1991—1998年。
蒋伯潜、蒋祖怡:《诸子与理学》,上海:世界书局,1941年。
金岳霖学术基金会学术委员会编:《金岳霖文集》1—4卷,兰州:甘肃人民出版社,1995年。
金岳霖著,刘培育编:《哲意的沉思》,天津:百花文艺出版社,2000年。
金岳霖著,刘培育整理:《金岳霖回忆录》,北京:北京大学出版社,2011年。
孔另境编:《现代作家书简》,上海:生活书店,1936年。
李季:《我的生平》,上海:亚东图书馆,1932年。
李季:《胡适〈中国哲学史大纲〉批判》,上海:神州国光社,1932年。
李镜池著,曹础基整理:《周易通义》,北京:中华书局,1981年。
李零:《丧家狗——我读〈论语〉》,太原:山西人民出版社,2007年。
李石岑:《李石岑讲演集》,上海:商务印书馆,1929年。
李希泌:《章太炎先生的两篇讲演记录——〈辛亥革命〉〈儒家之利病〉》,《兰州大学学报》1980年第1期。
李学勤主编:《周礼注疏》(全三册),北京:北京大学出版社,2000年。
李云汉主编,刘维开编:《国民政府处理九一八事变之重要文献》,台北:中国国民党中央委员会党史委员会,1992年。
梁启超:《清代学术概论》,《饮冰室合集·专集之三十四》,北京:中华书局,1989年。
刘梦溪主编,蒙默编校:《中国现代学术经典·廖平 蒙文通卷》,石家庄:河北教育出版社,1996年。
刘培育主编:《金岳霖的回忆与回忆金岳霖》,成都:四川教育出版社,1995年。
刘师培:《刘申叔遗书(全二册)》,南京:江苏古籍出版社,1997年影印本。
刘咸炘:《推十书》(增补全本),上海:上海科学技术文献出版社,2009年。

柳诒徵:《国史要义》,长沙:岳麓书社,2010年。

柳曾符等编:《劬堂学记》,上海:上海书店出版社,2002年。

罗尔纲:《师门五年记·胡适琐记(增补本)》,北京:生活·读书·新知三联书店,1998年。

罗久芳编著:《五四飞鸿——罗家伦珍藏师友书简集》,天津:百花文艺出版社,2010年。

罗荣渠主编:《从西化到现代化——五四以来有关中国的文化趋向和发展道路论争文选》,北京:北京大学出版社,1990年。

马乘风:《中国经济史》第1册,上海:商务印书馆,1937年。

马勇编:《章太炎书信集》,石家庄:河北人民出版社,2003年。

马宗霍:《中国经学史》,上海:商务印书馆,1937年。上海书店1984年影印本。

欧阳哲生编:《胡适文集》1—12册,北京:北京大学出版社,1998年。

欧阳哲生选编:《追忆胡适》,北京:社会科学文献出版社,2000年。

欧阳哲生主编:《傅斯年全集》1—7卷,长沙:湖南教育出版社,2003年。

潘公展主编:《五十年来的中国》,重庆:胜利出版社,1945年。

钱宾四先生全集编辑委员会编:《钱宾四先生全集》第5、18、51册,台北:联经出版事业公司,1998年。

秦孝仪主编:《蒋公思想言论总集》第12卷,台北:中国国民党中央委员会党史委员会编印,1984年。

清华大学校史研究室编:《清华大学史料选编》第2卷(上下),北京:清华大学出版社,1991年。

《庆祝蔡元培先生六十五岁论文集(下)》,《中央研究院历史语言研究所集刊》外编之一,1935年。

饶宗颐:《饶宗颐二十世纪学术文集·经术、礼乐》卷4,北京:中国人民大学出版社,2009年。

任建树主编:《陈独秀著作选编》1—6卷,上海:上海人民出版社,2009年。

〔日〕桑原骘藏:《东洋史要》,金为译,上海:商务印书馆,1908年。

申报馆编:《最近之五十年(1872—1922)——申报馆五十周年纪念》,上海:申报馆,1923年。

〔日〕狩野直喜:《中国学文薮》,周先民译,北京:中华书局,2011年。

苏雪林:《苏雪林自选集》,台北:黎明文化事业公司,1977年。

孙星衍:《孙渊如先生全集·平津馆文稿卷上》,上海:商务印书馆,1935年。

汤志钧编:《章太炎年谱长编(增订本)》(上下),北京:中华书局,2013年。

唐德刚:《胡适杂忆》,北京:华文出版社,1990年。

陶希圣:《潮流与点滴》,北京:中国大百科全书出版社,2009年。

〔美〕梯利(Frank Thilly):《西洋哲学史》(上下册),陈正谟译,上海:商务印书馆,1938年。

〔美〕梯利(Frank Thilly)著,伍德(Ledger Wood)增补:《西方哲学史(增补修订版)》,葛力译,北京:商务印书馆,1995年。

王翠兰整理:《朱希祖致张元济手札》,陈建华主编,上海图书馆历史文献研究所编:《历史文献》第7辑,2004年。

王庆祥、萧文立校注,罗继祖审订:《罗振玉王国维往来书信》,北京:东方出版社,2000年。

王世杰:《王世杰日记(手稿本)》1—10册,台北:"中研院"近代史研究所,1990年。

王学珍等主编:《北京大学纪事(1898—1997)》(上册),北京:北京大学出版社,1998年。

王学珍、郭建荣主编:《北京大学史料(1912—1937)》第2卷上册,北京:北京大学出版社,2000年。

〔德〕文德尔班(W. Windelband):《哲学史教程》(上下卷),罗达仁译,北京:商务印书馆,1997年。

吴宓著,吴学昭整理:《吴宓日记》第2册,北京:生活·读书·新知三联书店,1998年。

西滢(陈源):《西滢闲话》,上海:新月书店,1928年。

夏承焘:《夏承焘集·天风阁学词日记(一)》第5册,杭州:浙江古籍出版社、浙江教育出版社,1997年。

夏鼐:《夏鼐日记》卷1—10,上海:华东师范大学出版社,2011年。

夏晓虹编:《追忆梁启超(增订本)》,北京:生活·读书·新知三联书店,2009年。

萧一山:《非宇馆文存》(上中下),北平:经世学社,1948年(增订重印)。

〔英〕谢福芸:《哲学之门——胡适印象记》,郝田虎译,台北:《传记文学》第85卷第2期,2004年8月。

谢无量:《中国哲学史》,上海:中华书局,1916年。

亚东图书馆编:《科学与人生观(全二册)》,上海:亚东图书馆,1923年。

颜振吾编:《胡适研究丛录》,北京:生活·读书·新知三联书店,1989年。

杨伯峻编著:《春秋左传注(修订本)》(全四册),北京:中华书局,1990年。

姚舜钦:《秦汉哲学史》,上海:商务印书馆,1936年。

叶青:《胡适批判》(上下册),上海:辛垦书店,1933—1934年。

艺林社编:《文学论集》,上海:亚细亚书局,1929年。

俞樾著,《续修四库全书》编纂委员会编:《群经平议》,上海:上海古籍出版社,1994—2002年影印本。

曾钊:《面城楼集钞》,清光绪十二年刻,学海堂丛刻本。

张岱年:《回忆清华哲学系——"清华学派"简述》,《学术月刊》1994年第8期。

张岱年:《张岱年全集》1—8卷,石家庄:河北人民出版社,1996年。

张尔田著,黄曙辉点校:《史微》,上海:上海书店出版社,2010年。

张寿林著,林庆彰、蒋秋华主编,陈文采、袁明嵘编辑:《张寿林著作集:古典文学论著》(上下),台北:"中研院"中国文哲研究所,2009年。

张书学、李勇慧整理:《新发现的傅斯年书札辑录》,近代史资料编辑部编:《近代史资料》总91号,北京:中国社会科学出版社,1997年。

张元济:《张元济全集》1—10卷,北京:商务印书馆,2007—2010年。

章太炎著,陈平原选编、导读:《章太炎的白话文》,贵阳:贵州教育出版社,2001年。

章太炎著,傅杰编校:《章太炎学术史论集》,昆明:云南人民出版社,2008年。

章太炎著,傅杰校订:《国学讲演录》,上海:华东师范大学出版社,1995年。

章太炎著,汤志钧编:《章太炎政论选集》(上下册),北京:中华书局,1977年。

章太炎:《章太炎全集》1—8册,上海:上海人民出版社,1982—1999年。

章太炎撰,陈平原导读:《国故论衡》,上海:上海古籍出版社,2003年。

〔英〕甄克思(Edward Jenks):《社会通诠》,严复译,北京:商务印书馆,1981年重印本。

中国革命博物馆整理,荣孟源审校:《吴虞日记》(上下),成都:四川人民出版社,1984年。

中国人民政治协商会议全国委员会文史资料委员会编:《文史资料选辑》第34辑,北京:中国文史出版社,1999年。

中国社会科学院近代史研究所中华民国史组编:《胡适来往书信选》(上中下),北京:中华书局,1979—1980年。
中华梅氏文化研究会编:《梅光迪文存》,武汉:华中师范大学出版社,2011年。
中华书局编辑部编:《唐宋注疏十三经》第2册,北京:中华书局,1998年影印。
钟泰编著:《中国哲学史》,上海:商务印书馆,1929年。
朱传誉编:《胡适传记资料》1—21册,台北:天一出版社,1979—1985年。
朱希祖:《朱希祖日记(全三册)》,北京:中华书局,2012年。
朱偰:《五四运动前后的北京大学》,《文化史料丛刊》第5辑,北京:文史资料出版社,1983年。
朱偰:《我家座上客——交游来往的人物》,《鲁迅研究月刊》2005年第5期。

二、晚清民国时期的报纸杂志

《北京大学日刊》《北京大学研究所国学门月刊》《北京大学研究所国学门周刊》《北平晨报》《采社杂志》《朝华月刊》《晨报副刊(镌)》《大公报》《大夏周报》《大学月刊》《东方杂志》《独立评论》《读书季刊》《读书杂志》《对抗》《二十世纪》《骨鲠》《国风半月刊》《国立第一中山大学语言历史学研究所周刊》《国立中山大学文史学研究所月刊》《国立中央大学文艺丛刊》《国是公论》《国文学会丛刊》《国闻周报》《国学丛刊》《国学季刊》《国学商兑》《湖南大学期刊》《教育今语杂志》《京报·文学周报》《警钟日报》《科学》《理想与文化》《每周评论》《民报》《民铎》《民国日报·觉悟》《南开大学周刊》《努力周报》《前锋》《青年进步》《清华学报》《清华周刊》《人生评论》《社会科学论丛》《社会问题》《社会与教育》《申报》《生活》周刊《食货半月刊》《史地学报》《史学论丛》《史学年报》《太平洋》杂志《涛声》周刊《The Leader》《图书评论》《唯是》《武汉大学文哲季刊》《现代评论》《现代评坛》《现代学生》《向导》《小说月报》《新北辰》《新潮》《新东方》《新教育》《新青年》《新西北月刊》《新亚细亚》《新月》《学衡》《学汇》《学林》《学思》《学习生活》《学艺》《燕京社会科学》《燕京学报》《益世报·读书周刊》《益闻录》《庸言》《宇宙旬刊》《杂志》《责善半月刊》《战国策》《长夜》《浙江省立图书馆馆刊》《制言》《中国新书月报》《中华公论》《中华图书馆协会会报》《中央日报》《中央研究院历史语言研究所集刊》《周论》《自由与进步》

三、研究著作

〔美〕阿里夫·德里克(Arif Dirlik):《中国革命中的无政府主义》,孙宜学译,桂林:广西师范大学出版社,2006年。

〔美〕艾兰(Sarah Allan)、〔英〕魏克彬(Crispin Williams)编,邢文编译:《郭店〈老子〉——东西方学者的对话》,北京:学苑出版社,2002年。

〔日〕白川静:《孔子传》,吴守钢译,北京:人民出版社,2014年。

〔日〕本田成之:《中国经学史》,孙俍工译,上海:上海书店出版社,2001年。

陈鼓应:《老庄新论(修订版)》,北京:商务印书馆,2008年。

陈鼓应主编:《道家文化研究·"郭店楚简"专号》,北京:生活·读书·新知三联书店,1999年。

陈来:《古代宗教与伦理——儒家思想的根源》,北京:生活·读书·新知三联书店,1996年。

陈平原:《中国现代学术之建立——以章太炎、胡适之为中心》,北京:北京大学出版社,1998年。

大陆杂志社编:《通论·经学·哲学》,《大陆杂志语文丛书》第2辑第1册,台北:大陆杂志社印行,1970年。

冯友兰:《中国现代哲学史》,广州:广东人民出版社,1999年。

冯友兰:《中国哲学史(全二册)》,北京:中华书局,1961年重版。

佛雏:《王国维哲学译稿研究》,北京:社会科学文献出版社,2006年。

〔德〕傅吾康(Wolfgang Franke):《为中国着迷——一位汉学家的自传》,欧阳甦译,李雪涛等校,〔德〕傅復生(Renata Franke)审定,北京:社会科学文献出版社,2013年。

傅有德等编:《跨宗教对话:中国与西方》,北京:中国社会科学出版社,2004年。

高亨:《周易杂论》,济南:山东人民出版社,1962年。

〔美〕格里德(J. B. Grieder):《胡适与中国的文艺复兴——中国革命中的自由主义(1917—1950)》,鲁奇译,王友琴校,南京:江苏人民出版社,1989年。

葛兆光:《中国思想史》第1、2卷,上海:复旦大学出版社,1998—2000年。

耿云志、闻黎明编:《现代学术史上的胡适》,北京:生活·读书·新知三联书店,1993年。

耿云志:《胡适新论》,北京:中国人民大学出版社,2010年。
耿云志编:《胡适评传》,上海:上海古籍出版社,1999年。
郭沫若:《中国古代社会研究》,上海:现代书局,1932年。
郭伟川:《中国历史若干重要学术问题考论》,北京:国家图书馆出版社,2009年。
郭沂:《郭店竹简与先秦学术思想》,上海:上海教育出版社,2001年。
郭湛波:《近三十年中国思想史》,北平:大北书局,1935年。
贺麟:《五十年来的中国哲学》,沈阳:辽宁教育出版社,1989年新版。
胡明:《胡适传论》(上下),北京:人民文学出版社,1996年。
胡庆钧:《凉山彝族奴隶制社会形态》,北京:中国社会科学出版社,1985年。
胡秋原:《古代中国文化与中国知识分子》(上下册),北京:中华书局,2010年。
胡伟希:《知识、逻辑与价值:中国新实在论思潮的兴起》,北京:清华大学出版社,2002年。
胡伟希:《转识成智:清华学派与20世纪中国哲学》,上海:华东师范大学出版社,2005年。
黄福庆:《近代日本在华文化及社会事业之研究》,台北:"中研院"近代史研究所,1982年。
江勇振:《舍我其谁:胡适·第一部 璞玉成璧(1891—1917)》,北京:新星出版社,2011年。
江勇振:《舍我其谁:胡适·第二部 日正当中(1917—1927)》(上下篇),杭州:浙江人民出版社,2013年。
姜义华:《章太炎思想研究》,北京:中国人民大学出版社,2009年。
蒋永敬:《抗战史论》,台北:东大图书公司,1995年。
劳思光:《新编中国哲学史》卷1,桂林:广西师范大学出版社,2005年新版。
李君山:《全面抗战前的中日关系(1931—1936)》,台北:文津出版社,2010年。
李庆:《日本汉学史·起源和确立》第1部,上海:上海外语教育出版社,2002年。
李学勤:《走出疑古时代》,沈阳:辽宁大学出版社,1994年。
李泽厚:《历史本体论·己卯五说(增订本)》,北京:生活·读书·新知三联书店,2006年。
廖名春:《〈周易〉经传与易学史新论》,济南:齐鲁书社,2001年。
林甘泉主编:《孔子与20世纪中国》,北京:中国社会科学出版社,2008年。

林毓生:《中国意识的危机——"五四"时期激烈的反传统主义(增订再版本)》,穆善培译,苏国勋等校,贵阳:贵州人民出版社,1988年。

刘俊文主编:《日本学者研究中国史论著选译·上古秦汉》第3卷,黄金山等译,北京:中华书局,1993年。

刘龙心:《学术与制度:学科体制与现代中国史学的建立》,北京:新星出版社,2007年。

刘青峰编:《胡适与现代中国文化转型》,香港:香港中文大学出版社,1994年。

刘巍:《中国学术之近代命运》,北京:北京师范大学出版社,2013年。

刘笑敢:《老子——年代新考与思想新诠》,台北:东大图书公司,1997年。

刘笑敢:《老子古今:五种对勘与析评引论》(上下),北京:中国社会科学出版社,2006年。

逯耀东:《胡适与当代史学家》,台北:东大图书公司,1998年。

罗志田:《再造文明之梦——胡适传》,成都:四川人民出版社,1995年。

罗志田主编:《20世纪的中国:学术与社会·史学卷》(上下),济南:山东人民出版社,2001年。

罗志田:《裂变中的传承——20世纪前期的中国文化与学术》,北京:中华书局,2003年。

罗志田:《国家与学术:清季民初关于"国学"的思想论争》,北京:生活·读书·新知三联书店,2003年。

罗志田:《变动时代的文化履迹》,上海:复旦大学出版社,2010年。

马学良:《云南彝族礼俗研究文集》,成都:四川民族出版社,1983年。

蒙文通:《儒学五论》,桂林:广西师范大学出版社,2007年。

欧阳哲生选编:《解析胡适》,北京:社会科学文献出版社,2000年。

欧阳哲生:《自由主义之累——胡适思想之现代阐释》,南昌:江西教育出版社,2003年。

欧阳哲生、宋广波编:《胡适研究论丛》,长春:黑龙江教育出版社,2009年。

钱穆:《中国史学名著》,北京:生活·读书·新知三联书店,2000年。

秦家懿、〔瑞士〕孔汉思(Hans Küng):《中国宗教与基督教》,吴华译,北京:生活·读书·新知三联书店,1990年。

桑兵:《国学与汉学——近代中外学界交往录》,杭州:浙江人民出版社,1999年。

桑兵:《晚清民国的国学研究》,上海:上海古籍出版社,2001年。
桑兵:《晚清民国的学人与学术》,北京:中华书局,2008年。
桑兵等编:《近代中国学术思想》,北京:中华书局,2008年。
尚小明:《北大史学系早期发展史研究(1899—1937)》,北京:北京大学出版社,2010年。
〔德〕施耐德(L. A. Schneider):《顾颉刚与中国新史学》(*Ku Chieh-kang and China's New History*),梅寅生译,台北:华世出版社,1984年。
孙以楷:《老子通论》,合肥:安徽大学出版社,2004年。
谭宇权:《胡适思想评论》,台北:文津出版社,1996年。
汪荣祖:《史学九章》,北京:生活·读书·新知三联书店,2006年。
王尔敏:《中国近代思想史论》,北京:社会科学文献出版社,2003年。
王汎森:《傅斯年:中国近代历史与政治中的个体生命》,王晓冰译,北京:生活·读书·新知三联书店,2012年。
王汎森:《章太炎的思想(1868—1919)及其对儒学传统的冲击》,台北:时报文化出版事业公司,1985年。
王汎森:《中国近代思想与学术的系谱》,长春:吉林出版集团有限责任公司,2011年。
武汉大学中国文化研究院编:《郭店楚简国际学术研讨会论文集》,武汉:湖北人民出版社,2000年。
夏志清:《中国现代小说史》,香港:香港中文大学出版社,2001年。
熊铁基等:《二十世纪中国老学》,福州:福建人民出版社,2002年。
徐葆耕:《释古与清华学派》,北京:清华大学出版社,1997年。
许冠三:《新史学九十年》(上下册),香港:香港中文大学出版社,1986,1988年。
许倬云:《西周史(增补本)》,北京:生活·读书·新知三联书店,2001年。
杨宽:《西周史》,上海:上海人民出版社,1999年。
杨天石:《找寻真实的蒋介石:蒋介石日记解读》(上下册),太原:山西人民出版社,2008年。
杨向奎:《中国古代社会与古代思想研究》(上册),上海:上海人民出版社,1962年。
杨向奎:《宗周社会与礼乐文明》,北京:人民出版社,1992年。
杨向奎等:《百年学案》(上下),沈阳:辽宁人民出版社,2003年。

尹振环:《重识老子与〈老子〉——其人其书其术其演变》,北京:商务印书馆,
　　2008年。
余英时:《重寻胡适历程:胡适生平与思想再认识》,桂林:广西师范大学出版社,
　　2004年。
余英时:《士与中国文化》,上海:上海人民出版社,2003年。
余英时:《论天人之际:中国古代思想起源试探》,台北:联经出版事业公司,2014年。
张光直:《中国青铜时代》,北京:生活·读书·新知三联书店,1983年。
张舜徽:《汉书艺文志通释》,武汉:湖北教育出版社,1990年。
张太原:《〈独立评论〉与20世纪30年代的政治思潮》,北京:社会科学文献出版社,
　　2006年。
张锡勤:《儒学在中国近代的命运》,北京:人民出版社,2011年。
张耀南、陈鹏:《实在论在中国》,北京:首都师范大学出版社,2001年。
张忠栋:《胡适五论》,台北:允晨文化实业股份有限公司,1987年。
章清:《"胡适派学人群"与现代中国自由主义》,上海:上海古籍出版社,2004年。
章清:《胡适评传》,南昌:百花洲文艺出版社,1992年。
《哲学研究》编辑部编:《中国哲学史论文集》第1辑,济南:山东人民出版社,
　　1979年。
郑师渠:《晚清国粹派——文化思想研究》,北京:北京师范大学出版社,1997年。
《"中研院"历史语言研究所七十五周年纪念文集》,台北:"中研院"历史语言研究
　　所,2004年。
周明之:《胡适与中国现代知识分子的选择》,雷颐译,桂林:广西师范大学出版社,
　　2005年。
周昌龙:《超越西潮:胡适与中国传统》,台北:学生书局,2001年。
周德伟:《自由哲学与中国圣学》,北京:中国社会科学出版社,2004年。
周质平:《光焰不熄——胡适思想与现代中国》,北京:九州出版社,2012年。
朱伯崑:《易学哲学史》1—4卷,北京:华夏出版社,1995年。

四、研究论文

鲍国顺:《刘师培的儒学观》,收入龙宇纯先生七秩晋五寿庆论文集编辑委员会编:

《龙宇纯先生七秩晋五寿庆论文集》,台北:学生书局,2002年。

陈来:《说说儒——古今原儒说及其研究之反省》,《原道》第2辑,北京:团结出版社,1995年。

陈来:《儒服·儒行·儒辩——先秦文献中"儒"的刻画与论说》,《社会科学战线》2008年第2期。

陈文采:《"老子年代"问题在民初(1919—1936)论辩过程的分析研究》,台南:《台南科大学报(人文管理)》第26期,2007年9月。

陈永龄、王晓义:《二十世纪前期的中国民族学》,《民族学研究》1981年第1期。

陈勇等:《现代学术史上的〈说儒〉之争与"原儒"真相》,《学术月刊》2010年第2期。

丁纪:《20世纪的"原儒"工作》,《四川大学学报(哲学社会科学版)》2003年第3期。

冯天瑜:《唯物史观在中国的早期传播及其遭遇》,《中国社会科学》2008年第1期。

冯友兰、朱伯崑:《批判胡适"中国哲学史大纲"底实用主义观点和方法》,《人民日报》,1955年6月24日。

傅剑平:《儒家源起论——兼论儒家分流之文化意义》,香港:《中国社会科学季刊》总第7期,1994年5月。

傅剑平:《原儒新论》,《暨南学报(哲学社会科学版)》1990年第2期。

葛兆光:《〈新史学〉之后——1929年的中国历史学界》,《历史研究》2003年第1期。

韩巍:《北京大学藏西汉竹书本〈老子〉的文献学价值》,《中国哲学史》2010年第4期。

何炳棣:《司马谈、迁与老子年代》,《燕京学报》新9期,北京:北京大学出版社,2000年11月。

何广棪:《读钱宾四先生〈驳胡适之说儒〉札记》,香港:《新亚学报》第32卷,2015年5月。

季蒙、程汉:《胡适〈说儒〉疏说》,《读书》2013年第6期。

解光宇:《也谈"老子是殷商派老儒"》,《孔子研究》2004年第4期。

金冲及:《七七事变前蒋介石对日政策的演变》,《近代史研究》2014年第1期。

金岳霖:《中国哲学》,钱耕森译,王太庆校,《哲学研究》1985年第9期。

景海峰:《儒学定位的历史脉络与当代意涵》,《中国哲学史》1999年第4期。

李存山:《〈老子〉简、帛本与传世本关系的几个"模型"》,《中国哲学史》2003年第3期。

李维武:《现代大学哲学系的出现与 20 世纪上半叶中国哲学的展开》,《学术月刊》2009 年第 11 期。

李雪涛:《论雅斯贝尔斯"轴心时代"观念的中国思想来源》,《现代哲学》2008 年第 6 期。

刘笑敢:《一条断定〈老子〉年代问题的新途径》,《黄淮学刊(哲学社会科学版)》1998 年第 4 期。

罗志田:《"率性"与"作圣":少年胡适受学经历与胡适其人》,《四川大学学报(哲学社会科学版)》1995 年第 3 期。

聂中庆:《郭店楚简〈老子〉研究评述》,《孔子研究》2003 年第 2 期。

欧阳哲生:《胡适与道家》,《中国哲学史》1997 年第 4 期。

彭明辉:《古史辨运动与五四反儒学思潮》,台北:《"中国历史学会"史学集刊》第 20 期,1988 年 5 月。

齐思和:《近百年来中国史学的发展》,《燕京社会科学》第 2 卷,1949 年 10 月。

桑兵:《近代学术转承:从国学到东方学——傅斯年〈历史语言研究所工作之旨趣〉解析》,《历史研究》2001 年第 3 期。

桑兵:《横看成岭侧成峰:学术视差与胡适的学术地位》,《历史研究》2003 年第 5 期。

桑兵:《章太炎晚年北游讲学的文化象征》,《历史研究》2002 年第 4 期。

桑兵:《二十世纪前半期的中国史学会》,《历史研究》2004 年第 5 期。

童炜钢:《胡适的"儒学"观》,《上海师范大学学报》1996 年第 4 期。

汪荣祖:《章实斋六经皆史说再议》,收入黄克武主编《思想、政权与社会力量——第三届国际汉学会议论文集》,台北:"中研院"近代史研究所,2002 年。

王尔敏:《当代学者对于儒家起源之探讨及其时代意义》,"中华民国史料研究中心"编印:《中国现代史专题研究报告》第 2 辑,台北:"中华民国史料研究中心",1985 年。

王汎森:《钱穆与民国学风》,《燕京学报》新 21 期,北京:北京大学出版社,2006 年 11 月。

吴景平:《蒋介石与抗战初期国民党的对日和战态度——以名人日记为中心的比较研究》,《抗日战争研究》2010 年第 2 期。

席云舒:《康奈尔大学胡适的成绩单与课业论文手稿》,胡适研究会编:《胡适研究通讯》2016年第2期。

徐中舒:《甲骨文中所见的儒》,《四川大学学报(哲学社会科学版)》1975年第4期。

阎步克:《儒·师·教——中国早期知识分子与"政统""道统"关系的来源》,《战略与管理》1994年第2期。

阎步克:《乐师与"儒"之文化起源》,《北京大学学报(哲学社会科学版)》1995年第5期。

杨向奎:《读〈说儒〉》,天津《益世报·读书周刊》第43期,1936年4月9日。

杨向奎:《读胡适先生的两篇著作》,《中国社会科学院研究生院学报》1997年第3期。

叶其忠:《理解与选择——胡适与康纳脱的科学方法观比论》,台北:《台大历史学报》第35期,2005年6月。

叶其忠:《无方之方:胡适一辈子谈治学与科学方法平议》,香港:《新亚学报》第27卷,2009年2月。

叶舒宪:《玄鸟原型的图像学探源——六论"四重证据法"的知识考古范式》,《民族艺术》2009年第3期。

尤小立:《胡适与"全盘西化"论再思》,《江苏社会科学》2002年第4期。

尤小立:《启蒙诉求与中国学术现代性范式的建构——以胡适对中国传统学术谱系的认知和梳理为例》,《天津社会科学》2008年第5期。

尤小立:《从〈金岳霖回忆录〉看金岳霖与胡适的角色分歧》,台北:《传记文学》第100卷第5期,2012年5月。

尤小立:《围绕胡适"What is Philosophy?"演讲的史实辨正》,台北:《传记文学》第103卷第5期,2013年11月。

尤小立:《书写与塑造:1949年后"五四"政治话语及政治形象在大陆的确立——以"胡适思想批判"运动为中心的讨论》,台北:《政治大学历史学报》第42期,2014年11月。

尤小立:《钱穆与胡适初识时间考》,台北:《传记文学》第107卷第5期,2015年11月。

尤小立:《从国际视野看胡适与傅斯年对日策略的异同》,《江苏社会科学》2015年第4期。

尤小立:《期待与失望:胡适与国民党政府对日政策分歧的再考察》,《福建论坛·人文社会科学版》2016年第7期。

尤小立:《〈论天人之际〉与〈说儒〉:一个现代学术史的考察》,台北:《哲学与文化》月刊第44卷第12期,2017年12月。

余治平:《儒服、儒者与殷商宗教生活考论》,《河北学刊》2011年第6期。

俞旦初:《中国近代最早的史学会——湖北史学会初考》,《近代史研究》1986年第6期。

张寿祺:《19世纪末20世纪初"人类学"传入中国考》,《社会科学战线》1992年第3期。

张先贵:《关于胡适的"儒的起源说"的新评说》,《孔子研究》1998年第3期。

赵吉惠:《现代学者关于"儒"的考释与定位》,《孔子研究》1995年第3期。

赵雅博:《儒字释义》,台北:《哲学与文化》月刊第14卷第4期,1987年4月。

周予同:《有关讨论孔子的几点意见》,《学术月刊》1962年第7期。

朱高正:《论儒——从〈周易〉古经论证"儒"的本义》,台北:《中国文哲研究通讯》第6卷第4期,1996年12月。又见《社会科学战线》1997年第1期及《传统文化与现代化》1997年第1期。

五、学位论文

林正三:《从胡适与基督教的互动关系谈胡适的宗教情操》,台湾东吴大学中文研究所博士论文,2000年。

附 录

胡适儒学简谱

1891 年
12 月 17 日(农历 11 月 17 日)在上海出生。

1895—1904 年
在家乡安徽绩溪上庄读私塾。接触"四书""五经"。后入上海梅溪学堂读书。

胡适在《四十自述》中提到,大概十一岁(应在 1902 年左右)时就点读了《资治通鉴》,他说,"这是我研究中国史的第一步"。正是读到范缜的《神灭论》的片断,遂变成了一个无神论者。

1905 年
春,转入上海澄衷学堂读书。

在《四十自述》中,胡适谈及在澄衷学堂念书,初读到梁启超的著述时,云"我个人受了梁先生无穷的恩惠。现在追想起来,有两点最分明。第一是他的《新民说》,第二是他的《中国学术思想变迁之大势》"。

"《新民说》的最大贡献在于指出中国民族缺乏西洋民族许多的美德。……他指出我们所最缺乏而最须采补的是公德,是国家思想,是进取冒险,是权利思想,是自由,是自治,是进步,是自尊,是合群,是生利的能力,是毅力,是义务思想,是尚武,是私德,是政治能力。"

"《中国学术思想变迁之大势》也给我开辟了一个新世界,使我知道《四书》、《五经》之外中国还有学术思想。(……他在《清代学术概论》里已不认近二百五十年为衰落时代了。——原注)……在二十五年前,这是第一次用历史眼光来整理中国旧学术思想,第一次给我们一个'学术史'的见解"。

但梁著缺了三个最要紧的部分,让他感觉失望。故云,"这一点野心就是我后来做《中国哲学史》的种子。我从那时候起,就留心读周、秦诸子的书"。

1906 年

9月前,在上海澄衷学堂读书,9月后进入中国公学中学部。

3月18日　日记云:"……取节本《明儒学案》读之。每读至吴康斋(与弼):'人须整理心下,使教莹净。常惺惺地,方好。'又,'责人密,自治疏矣。'又,'人之病痛不知则已,知之而克治不勇,使其势日甚,可乎哉?'等,窃自念小子心地龌龊,而又克治不勇,危矣殆哉!"

3月20日　日记云:"子舆氏有言:'人有不为也,而后可以有为';'耻之于人大矣'。小子自念颇具廉耻心,惟名誉心太重,每致矫揉文过之弊,欲痛革而未逮也。每念孔子'学者为己为人'之戒,胡居仁'为学在声价上做,便自与道离了'之语,辄怵惕危惧不自已。记此所以自警也。"

3月23日　日记云:"程子(颢)'学始于不欺暗室'一语,正是为小子好名之戒。"

胡适在《四十自述》中提及其父亲胡传受理学程朱一系的影响,而他又受父亲这方面的影响。其中云:"理学家因袭了古代的自然主义的宇宙观,用'气'和'理'两个基本观念来解释宇宙,敢说'天即理也','鬼神者,二气

(阴阳)之良能也'。这种思想,虽有不彻底的地方,很可以破除不少的迷信。况且程、朱一系极力提倡'格物穷理',教人'即物而穷其理',这就是近世科学的态度。"

3月24日　圈点的格言是王荆公的"风吹瓦堕屋,正打破我头。瓦亦自破碎,岂但我血流。我终不嗔渠,此瓦不自由"。

3月25日　圈点的格言是朱子的"直须抖擞精神,莫要昏钝,如救火治病然。岂可悠悠岁月"。

3月27日　日记云:"静坐忆及孟子'杨子于我'一章,其评论杨墨二氏皆有至理。"

3月29日　圈点的格言是张子(载)的"义理有疑,则濯去旧见,以来新知"。

4月2日　圈点的格言是陈白沙的"我否子亦否,我然子亦然;然否苟由我,于子有何有焉"。

4月3日　圈点的格言是陆子(九渊)的"上是天,下是地,人居其间,须是做得人,方不枉"。

4月6日　圈点的格言是张南轩的"晚辈假先儒一言半句以济其私,最害事,今日尤甚"。

4月8日　圈点的格言是朱子的"学问须是大进一番,方始有益"。

4月10日　圈点的格言是孟子的"耻之于人大矣。为机变之巧者,无所用耻焉"。

4月14日　从《国民读本》(*Citizen Reader*)译出两句话后评论云:"以上二语,其第一语则'未有己不正而能正人者'之义也,其第二语则'己所不欲,勿施于人''我不欲人之加诸我也,我亦欲毋加诸人'之义也。呜呼,我学者其无唾弃先圣,先圣固与二千年后之泰西哲学家、教育家同其学说也。"

4月16日　圈点的格言是王阳明的"杀人须在咽喉上着刀,吾人为学,当从心髓入微处用力"。(按:语出《传习录》,句子略有异,从胡适日记)

4月21日　日记云:"噫,余过失丛杂,不易尽去。朱子'即此欲去之心,便是去之药'(按:原文如此)一语,其予我以自新之道矣。"

本日　圈点的格言是朱子的"凡日用间,知此一病而欲去之,则即此欲去之心,便是能去之药,但当坚守,常自警觉"。

4月23日　圈点的格言是《孔子家语》的"为虺不摧,为蛇奈何。涓涓不塞,将成江河。绵绵不绝,将寻斧柯"。

4月26日　圈点的格言是董子(仲舒)的"仁者人也,义者我也。以仁待人,以义正我"。

4月27日　圈点的格言是孟子的"万物皆备于我矣,反身而诚,乐莫大焉"。

5月2日　日记云:"余平时行事,偶拂意,则怫然,怒不可遏,以意气陵人。事后思之,辄愧怍无已,盖由于不能克己之故,即程子所谓'为气所胜习所夺'也,后当深戒之。"

本日　圈点的格言是小程子(颐)的"学者为气所胜,习所夺,只可责志"。

5月3日　圈点的格言是荀子的"行衢道者不至,事两君者不容。目不两视而明,耳不两听而聪"。

5月10日　圈点的格言是小程子(颐)的"《记》曰:'君子庄敬日强,安肆日偷'。盖常人之情,才放肆,则日就放荡;才检束,则日就规矩"。

5月11日　圈点的格言是陆子(九渊)的"彘鸡终日营营,无超然之意。须是一刀两断,何故萦萦如此?萦萦底讨个什么?"

5月12日　圈点的格言是王阳明的"且以所见者,实体诸心,必将有疑;果无疑,必将有得;果无得,又必有见"。

5月15日　圈点的格言是孟子的"君子有终身之忧,无一朝之患也"。

5月20日　日记云:"二兄为余言好名之病,复以朱子《近思录》授予,命予玩味之,谓当择其切于身心处读之,其'太极''无极'等说,可姑置之也。"

后在《四十自述》中云:"这是我读理学书的第一部。"

本日　圈点的格言是《易》的"天行健,君子以自强不息"。

5月21日　圈点的格言是小程子(颐)的"治怒为难,治惧亦难。克己所以治怒,明理所以治惧"。

5月22日　引王阳明"未有知而不行者,知而不行,只是未知"以自警。

5月28日　日记云:"二兄复以《二程粹言》二册授予,令玩味之。"

5月31日　圈点的格言是孟子的"枉己者,未有能直人者也"。

6月1日　圈点的格言是小程子(颐)的"懈心一生,便是自暴自弃"。

6月4日　圈点的格言是陆子(九渊)的"仰首望南斗,翻身依北辰,举头天外望,无我这般人"。

6月5日　日记云:"偶读《学记》至'记问之学,不足以为人师'句,未尝不生大感慨。夫本校教员有不借记问而足为人师者乎? 无有也。……昔二兄言中国文学三十年后将成为绝学,吾始闻而疑之,今观于今日之为人师者而大惧,惧吾兄之言果验也。"

6月6日　圈点的格言是朱子的"或言人事烦。曰,大凡事只得耐烦做将去,方起厌心便不得"。

6月7日　圈点的格言是小程子(颐)的"处事不精,皆由养之不完固"。

6月11日　圈点的格言是王阳明的"言语无序,亦足以见心之不存"。

有关王阳明,《四十自述》中提及在澄衷学堂的第二年,曾在自治会上演说《论性》,云"我驳孟子性善的主张,也不赞成荀子的性恶说。我承认王阳明的性'无善无恶,可善可恶'是对的"。

又引用孟子"人性之善也,犹水之就下也。人无有不善,水无有不下",云:"孟子不懂得科学,……——不知道水有保持水平的道理,又不知道地心吸力的道理。……水无上无下,只保持他的水平,却又可上可下,正像人性本无善无恶,却又善又恶!"

6月13日　圈点的格言是荀子的"小人之学也,入乎耳,出乎口;口耳之间则四寸耳,曷足以美七尺之躯哉"。

6月21日　圈点的格言是大程子(颢)的"静后见万物,自然皆有春意"。

7月19日　圈点的格言是孔子的"君子耻其言而过其行"。

9月　读《老子》。

1908年

9月前在中国公学中学部读书,9月后在中国新公学读书、自学兼任英文教员。

8月27日 《无鬼丛话》开始在《竞业旬报》第25期上连载,后分别刊于9月6日至11月4日,第26、28、32期上。其中云:"宋儒持无鬼之论者甚多,司马温公攻之尤力。……后读《资治通鉴》,范缜之言曰:'神之于形,犹利之于刀,未闻刀没而利存,岂容形亡而神在哉!'始知温公此言,盖本于此。"

9月25日 在《竞业旬报》第28期上发表《论毁除神佛》。其中云:"神道是无用的",因为"神佛是泥水匠塑的,木匠雕的";"人在则精神在,人死精神也飘散了,世间断没有鬼,所以世间更没有神佛"。"我们堂堂地做个人"。

10月5日 在《竞业旬报》第29期上发表《本报之大纪念》,云:"……把那从前种种无益的举动,什么拜佛哪!求神哪!缠足哪!还有种种的迷信,都一概改去,从新做一个完完全全的人,做一个完完全全的国民,大家齐来,造一个完完全全的祖国……"

同期《竞业旬报》上又有《论承继之不近人情》(原名《论承继之非理》,初刊在1908年9月上旬出版的,由李辛白主编《安徽白话报》第1期上,文字上略有别)一文。其中云,"一个人,便有一个人的人权,极尊贵,极神圣,断不可自己丢了,也不许他人干涉侵犯,这是一定的公理"。又提到孔子,云:"你看孔子死了多少年了,然而我们个个敬重他,纪念他,孝顺他。……这可并不是因为孔子的子孙的原故,都只为孔子发明许多道理,有益于社会,所以社会都感谢他,纪念他,这不是把全社会都做他的子孙了么?"

12月4日 在《竞业旬报》第35期上发表《白话(二)·独立》。其中云:"'独立'二字的意思,说的浅些,就是自立,就是自立靠自己,不要依赖别人;说得深些,就是孟子说的富贵不能淫,贫贱不能移,威武不能屈,那才是真独立。"又云,"孔子是个人,我也是个人,皇帝是个人,我也是个人"。

1909年

10月前在中国新公学读书,11月,在上海华童公学教国文。

1月2日 在《竞业旬报》第38期上发表《白话(四)·名誉》,其中云:

"你想那历史上有一位孔子,他生平劳劳碌碌,东奔西走,总想寻一个机会,做一番惊天动地、济世安民的大事业,到了后来,人老了,头发也白了,他还要做了许多书来劝人,这位孔子自然是一位大圣人了。他也曾经说过一句话是:'君子疾没世而名不称焉',这句话的意思,和那'死无所名,非壮士也'一句话,一模一样的意思。照这话看来,这位孔子,他生平的事业,虽说是以天下为己任,但是那位孔子,终究是一位很爱名誉的了。看官,这是一个爱名誉的大圣人。"

1910 年

5 月前,在上海华童公学及存厚小学兼课。

2 月 5 日　日记云,"读马通伯先生《抱润轩集》。此君似专治《礼》者,其《为人后辨》诸篇,说理至精辟,近代古文家一巨子也"。

5 月　赴京,预备参加第二期庚子赔款留美官费生考试。由杨景苏(志洵)指点,从《十二经注疏》读起。胡适在《四十自述》中云,"我读汉儒的经学,是从这个时候起的"。

1911 年

在康奈尔大学农学院读书。

2 月 5 日　读《左传》两卷。
3 月 5 日　在学生组织的有关中国情状的讨论会中讲述《三教源流》。
4 月 7 日　读《左传》。
4 月 8 日　日记云:"读《左传》毕。计余自去冬读此书,至今日始毕。"
4 月 12 日　读《周南》。
4 月 13 日　日记云:"读《召南·邶风》。汉儒解经之谬,未有如《诗》笺之甚者矣。盖诗之为物,本乎天性,发乎情之不容已。诗者,天趣也。汉儒寻章摘句,天趣尽湮,安可言诗?而数千年来,率因其说,坐令千古至文,尽成糟粕,可不痛哉?故余读《诗》,推翻毛传,唾弃郑笺,土苴孔疏,一以己意为造《今笺新注》。自信此笺果成,当令《三百篇》放大光明,永永不朽,非自夸也。"

4月22日 日记云:"读《诗》,王、郑、齐、魏、唐、秦诸国风。"

5月11日 日记云:"夜读《小雅》至《彤弓》。'受言藏之'、'受言囊之'等句,忽大有所悟。余前读诗中'言'字,汉儒以为'我'也,心窃疑之。因摘'言'字句凡数十条以相考证,今日始大悟,因作《言字解》一篇。"

5月26日 读《说文》。

6月12日 日记云,"读《马氏文通》,大叹马眉叔用功之勤,真不可及,近世学子无复如此人才矣"。

6月17日 日记云:"经课。讨论会,题为'孔教之效果',李佳白君主讲,已为一耻矣,既终,有 Dr. Beach 言,君等今日有大患,即无人研求旧学是也。此君乃大称朱子之功,余闻之,如芒在背焉。"

本日 在致章希吕的信中谈及医治读书"无恒"的三法,其第三法是:"时时自警省",其中引朱子"德不进,学不勇"。

6月18日 日记云:"讨论课,题为'祖先崇拜'(Ancestor Worship)。"

又有附记云:"这一次在宇可诺松林(Pocono Pines)的集会,几乎使我变成一个基督教徒。"

9月9日 读《荀子》第二卷。

9月13日 读《荀子》半卷。

9月18日 读《荀子》。

9月21日 读《荀子》。

9月22日 读《荀子》。

10月3日 日记云:"得觏庄(即梅光迪)《颜习斋年谱》,读之亦无大好处。"

10月4日 与梅光迪论宋儒之功,近二千言。

1912年

春季,转入康奈尔大学文学院。

10月14日　日记云,"忽思著一书,曰《中国社会风俗真诠》,取外人所著论中国风俗制度之书——评论其言之得失,此亦为祖国辩护之事"。并列出目录,其中有论"孔子之伦理哲学"一节。

10月24日　日记中进行宋儒式道德上的"自警"。此次云:"汝自信为志人,为学者,且能高谈性理道德之学,而言不顾行如是,汝尚有何面目见天下士耶?"

12月1日　在康奈尔大学 Barnes Hall(巴恩斯大厅)演讲"孔教"。

后来(1936年7月20日)在《留学日记·自序》中云:"我们中国学生对于'儒教'大概都有一点认识。但这种认识往往是很空泛的,很模糊的。假使有一个美国团体请你去讲演'儒教是什么',你得先想想这个讲演的大纲;你拿起笔来起草,你才感觉你的知识太模糊了,必须查书,必须引用材料,必须追溯儒教演变的历史。……你经过这一番'表现'或'发挥'(expression)之后,那些空泛的印象变着实了,模糊的认识变清楚明白了,那些知识才可算是'你的'了。那时候你才可以算是自己懂得'儒教是什么'了。"

12月13日　日记云:"昨日作文论阿里士多得'中庸'说。尝谓宋儒'不易之谓庸'之说非也。中者,无过无不及之谓。《中庸》屡言贤者过之,愚不肖不及;又论勇有南北之别,皆过与不及之异也。又言舜执其两端,用其中于民,此则与阿氏中说吻合矣。庸者,寻常之谓,如庸言庸行之庸,书中屡及之。又言素隐行怪之非,以其非庸言庸行也。"

1913年

在康奈尔大学文学院读书。

1月　在《留美学生年报》第2年本上发表《〈诗经〉言字解》。8月又刊《神州丛报》第1卷第1期。

7月30日　致母亲信中有诗云:"闭户注群经,誓为扫尘垢。"

10月8日　《藏晖室札记·道德观念之变迁》云:"若以'犯而不校'之说往,则复仇者又见非于孔子之门矣。若以'以德报怨'之说往,则复仇者又将见斥于老氏、耶氏之门矣。……复仇者所见为真是非之一面,孔、佛、耶、老所见亦真是非之一面也。"

12月23日 《藏晖室札记·假期中之消遣》云,"……惟吾辈去国日久,国学疏废都尽"。

1914年
在康奈尔大学文学院读书。

1月23日 《藏晖室札记·孔教问题》云:"今人多言宗教问题,有倡以孔教为国教者,近来余颇以此事萦心。昨复许怡荪书,设问题若干,亦不能自行解决也。"

这八个问题是:(1)立国究须宗教否?(2)中国究须宗教否?(3)如须有宗教,则以何教为宜?(4)如复兴孔教,究竟何者是孔教?其中又包括:孔教之经典是何书?"孔教"二字所包何物?(5)今日所谓复兴孔教者,将为二千五百年来之孔教欤?抑为革新之孔教欤?(6)苟欲革新孔教,其道何由?如:学说之革新耶?礼制之革新耶?并二者为一耶?何以改之?从何入手?以何者为根据?(7)吾国古代之学说,如管子、墨子、荀子,独不可与孔孟并尊耶?(8)如不当有宗教,则将何以易之?如:伦理学说耶?东方之学说耶?西方之学说耶?法律政治耶?

本日 《藏晖室札记·非驴非马之大总统命令》附录了1913年11月26日袁世凯颁布的"大总统命令",内容是授予孔门后代——"衍圣公"孔令贻"一等嘉禾章"。且评论云:"此种命令真可笑,所谓非驴非马也。"

1月28日 《藏晖室札记·"宗教之比较研究"讲演》中追记有关康奈尔大学基督教青年会"宗教之比较研究"之演讲。其中胡适的讲题分别是"中国古代之国教""孔教"和"道教"。

本日 《藏晖室札记·壁上格言》云,"余壁有格言云:'If you cant it out loud, keep your mouth shut.'……此与孔子'知之为知之,不知为不知,是知也'同意"。

2月4日 《藏晖室札记·郊天祀孔》云,"报载'政治会议'通过大总统郊天祀孔法案。此种政策,可谓舍本逐末,天下本无事,庸人自扰之耳"。

2月9日　《藏晖室札记·〈说文〉有许多字不满人意》举《说文》中几字的解释,言"多而无当,是汉人说经大病"。

4月10日　读 F. G. Henke 所著《王阳明——中国之唯心学者》一文。

5月28日　《藏晖室札记·吾国人无论理观念》日记云,"吾尝谓吾国人无论理观念"。此为读留美中国学生一文的感慨。

6月2日　《藏晖室札记·〈春秋〉为全世界纪年最古之书》云:"全世界纪年之书之最古而又最可信者,宜莫如《春秋》。"

本日　《藏晖室札记·〈大英百科全书〉误解吾国纪元》云:"《春秋》《竹书》皆以君主纪年。《尚书·虞书》屡纪在位之年,惟不知其时系以帝王纪元否?《商书·伊训》'惟元祀',《太甲中》'惟三祀',皆以帝王纪年之证。《周书·泰誓上》'惟十有三年',《传》序皆以为周以文王受命纪元也(参观《武成》'惟九年大统未集'句下注——原注)。余以为此乃武王即位之年耳。《洪范》'惟十有三祀',疑同此例。此后纪年之体忽不复见,惟《毕命》'惟十有二年'再一见耳。"

7月26日　《藏晖室札记·"是"与"非"》云:"孔子曰:'父为子隐,子为父隐,直在其中矣。'仁人之言也。故孔子去鲁,迟迟其行,曰:'去父母之国之道也。'其作《春秋》,多为鲁讳,则失之私矣。然其心可谅也。"

8月24日　《藏晖室札记·〈神灭论〉与〈神不灭论〉》。按语云,"今《礼运》无'三日齐'之文,惟《祭义》云,'齐三日,乃见其所为齐者'"。引沈约《神不灭论》又云,"此论盖用论理学家所谓'类推法'(Inference by Analogy)也"。引沈约《难范缜〈神灭论〉》复言:"轮回之说之确否,尚是疑问。"再有:"吾十一二岁时读《通鉴》,见范缜此譬,以为精辟无伦,遂持无鬼之论,以此为中坚。十七岁为《竞业旬报》作《无鬼语》,亦首揭此则。年来稍读书治科学,始知其论理亦有疵,而不知沈氏在当时已见及此也。"

8月26日　《藏晖室札记·范缜〈因果论〉》评范缜《因果论》。

8月31日　《藏晖室札记·亚北特之〈自叙〉》中议兼爱论时云:"孟子曰:'墨子兼爱,是无父也。'兼爱与仁心仁政有何分别?'禹思天下有溺者,由己溺之也。稷思天下有饥者,由己饥之也。''伊尹思天下之民匹夫匹妇有不被尧舜之泽者,若己推而纳之沟中。'此皆兼爱之说也,孟子皆推崇之,而独攻墨子之兼爱,何也?"

9月13日 《藏书室札记·波士顿游记》中云:"吾国道教亦最迷信,乃以老子为教祖,以《道德经》为教典,其理玄妙,尤非凡愚所能洞晓。余据此二事观之,疑迷信之教宗,与玄奥之哲理,二者之间,当有无形之关系。其关系为何?曰,反比例是也。宗教迷信愈深,则其所傅会之哲学愈玄妙。彼昌明之耶教、孔教,皆无有奥妙难解之哲理为之根据也。"

复云:"吾国家族制度以嗣续为中坚,其流弊之大者有六(略)。"

又云:"(章太炎)《诸子学略说》,多谬妄臆说,不似经师之语,何也?"

9月14日 《藏晖室札记·再论无后》引《左传》叔孙豹答范宣子语,继续批评"无后主义"。

10月7日 《藏晖室札记·征人别妇图》云,"至于执戈以卫国,孔子犹亟许之"。

10月20日 补充云,"国家思想惟列国对峙时乃有之。孔子之国家思想,乃春秋时代之产儿"。

10月26日 《藏晖室札记·"一致"之义》与世界和平基金会董事讷司密斯(G. W. Nasmyth)谈一以贯之的伦理之术,其中云:"其唯一致乎?一致者,不独个人言行一致也。己所不欲,勿施于人。所不欲施诸吾同国同种之人者,亦勿施诸异国异种之人也。此孔子所谓'恕'也,耶氏所谓'金律'也,康德(Kant)所谓'无条件之命令'也,斯宾塞所谓'公道之律'也,弥尔所谓'自由以勿侵他人之自由为界'也;皆吾所谓一致也。一致之义大矣哉!"

11月10日 《藏晖室札记·备作宗教史参考之两篇呈文》中附《张勋请复张真人位号呈》和《内务部议复呈》并评论云:"张呈固无理,而内务部复呈曰:'"天师""真人"诸名号本为教中信徒特立之称。……信教自由,载在《约法》,人民愿沿旧称,在所不禁,断无由国家颁给封号印信之理。'果尔,则尊孔典礼,'衍圣'封号,又何以自解?盖遁辞耳!"

11月16日 《藏晖室札记·袁氏尊孔令》中附袁世凯《尊孔令》全文,且评论云:"此令有大误之处七事,如言吾国政俗'无一非先圣学说发皇流衍',不知孔子之前之文教,孔子之后之学说(老、佛、杨、墨),皆有关于吾国政俗者也。其谬一。今日之'纲常沦致,人欲横流',非一朝一夕之故,岂可尽以归咎于国体变更以后二三年中自由平等之流祸乎？其谬二。'政体虽取革新，礼俗要当保守'。礼俗独不当革新耶？（此言大足代表今日之守旧派。——原注）其谬三。一面说立国精神，忽作结语曰'故尊崇至圣'云云，不合论理。其谬四。明是提倡宗教，而必为之辞曰绝非提倡宗教。其谬五。'孔子之道，亘古常新，与天无极'，满口大言，毫无历史观念。'与天无极'尤不通。其谬六。'位天地，育万物，为往圣继绝学，为万世开太平，苟有生知血气之伦，皆在范围曲成之内'，一片空言，全无意义，口头谰言，可笑可叹。其谬七。嗟夫，此国家法令也，掷笔一叹！"

12月3日　译《诗经·木瓜》诗一章。

1915年

在康奈尔大学读博士课程，9月20日后转入哥伦比亚大学哲学系，师从杜威，继续攻读博士学位。

2月18日　《藏晖室札记·自课》云："曾子曰：'士不可以不弘毅：任重而道远。仁以为己任，不亦重乎？死而后已，不亦远乎？'此何等气象，何等魅力！"

3月8日　《藏晖室札记·梦想与理想》云："今日大患，在于无梦想之人耳。""尝谓欧人长处在敢于理想。"又云："吾国先秦诸子皆有乌托邦：老子、庄子、列子皆悬想一郅治之国；孔子[孟子]之小康大同，尤为卓绝古今。汉儒以还，思想滞塞，无敢作乌托邦之想者，而一国思想遂以不进。"

4月27日　《藏晖室札记·立异》云："有人谓我大病，在于好立异以为高。"

5月23日　《藏晖室札记·读梁任公〈政治之基础与言论家之指针〉》云："任公又有一文论孔子教义，其言显刺康南海、陈炳章之流，任公见识进化矣。"此文应指发表在1915年2月《大中华杂志》第1卷第2期上的《孔子教义实际裨益于今日国民者何在欲昌明之其道何由》。

7月1日　《藏晖室札记·记国际政策讨论会》追记卡内基世界和平基金会与波士顿世界和平基金会共同召集的国际政策讨论会，其中云："孟子言勇至矣：'抚剑疾视，曰："彼恶敢当我哉！"'此匹夫之勇也。孔子困于匡，厄于陈蔡而不拒；耶稣钉死于十字架而不怨；老氏不报怨：此大勇也。其勇在骨，其勇在神。"

7月23日 《藏晖室札记·节录〈王临川集〉三则》，其中两则分别与孔子、老子相关。

8月9日 《藏晖室札记·老子是否主权诈》为读《大中华杂志》第1卷第6期上谢无量著《老子哲学（续）》第二编"本论"第一至十章的感想。其中云，"其《宇宙论》极含糊不明，所分两节，亦无理由。其下诸论，则老子之论理哲学耳，所分细目，破碎不完。其论'老子非主权诈'一章，颇有卓见，足资参考"。

8月18日 《藏晖室札记·论"文学"》云："作诗文者，能兼两美，上也。其情之所动，发而为言，或一笔一花之微，一吟一筋之细，苟不涉于粗鄙淫秽之道，皆不可谓非文学。孔子删《诗》，不削绮语，正以此故。其论文盖可谓有识。后世一孔腐儒，不知天下固有无所为之文学，以为孔子大圣，其取郑、卫之诗，必有深意，于是强为穿凿附会，以《关雎》为后妃之词，以《狡童》为刺郑忽之作，以《著》为刺不亲迎之诗，以《将仲子》为刺郑庄之辞，而诗之佳处尽失矣，而诗道苦矣。"

8月21日 《藏晖室札记·"证"与"据"之别》云："'《诗》云："普天之下，莫非王土；率土之滨，莫非王臣。"而舜既为天子矣，敢问瞽瞍之非臣，如何？'是据也，据经典之言以明其说也。'《诗》云："娶妻如之何？必告父母"信斯言也，宜莫如舜。舜之不告而娶，何也？'是亦据也。"

"吾国旧论理，但有据而无证。证者，乃科学的方法，虽在欧美，亦为近代新产儿。当中古时代，宗教焰方张之时，凡《新旧约》之言，皆足为论理之前提。《创世纪》云，'上帝创世，六日而成。'故后之谈'天演进化'论者，皆妄谈也。此亦据也。……"

"今之言论家，动辄引亚丹斯密、卢骚、白芝浩、穆勒，以为论理根据者，苟不辅以实际的经验，目前之时势，其为荒谬不合论理，正同向之引'子曰''诗云'者耳。"

8月29日 《藏晖室札记·辟古德诺谬论》云："前作文论袁世凯将称

帝及古德诺赞成此议之风说,颜之曰 China and Democracy(《中国与民主》)。意有未尽,复作一文,专论古德诺与中国之顽固反动(Goodnow and Chinese Reactionism)。"

10月　《藏晖室札记·〈圣域述闻〉中之〈孟子年谱〉》以为此年谱不可信。(原《留学日记》未列具体时间,因排列在10月间,依例系于此。下面三则亦同此例。)

本月　《藏晖室札记·姚际恒论〈孝经〉》录姚氏《古今伪书考》论《孝经》云:"是书来历出于汉儒,不惟非孔子作,并非周秦之言也。……《戴记》中诸篇,如《曾子问》《哀公问》《仲尼燕居》《孔子闲居》之类,同为汉儒之作。后儒以其言孝,特为撮出,因名以《孝经》耳。"

本月　《藏晖室札记·论宋儒注经》中录赵翼《陔馀丛考》四则,袁枚《随园诗话》二则。按语云:"宋儒注经,其谬误之处固不少,然大率皆有所循。后人不知宋儒集注之功之大,徒知掇拾一二疵瑕以为宋儒诟病,非君子忠厚存心之道也。"

"宋儒注经之功,非以之与汉注唐疏两两相比,不能得其真相。汉儒失之迂而谬,唐儒失之繁而奴。宋儒之迂,较之汉儒已为远胜,其荒谬之处亦较少。至于唐人之繁而无当,及其不注经而注注之奴性,则宋儒所不为也。"

本月　《藏晖室札记·为朱熹辨诬》中云:"朱子注《诗》三百篇,较之毛传郑笺已为远胜。近人不读书,拾人牙慧,便欲强入朱子以罪,真可笑也。"

1916年
在哥伦比亚大学哲学系攻读博士学位。

2月24日　《藏晖室札记·〈诗经〉言字解》引言称,"偶检旧稿,得辛亥所作《〈诗经〉言字解》读之"。其正文云:"《诗》中言字凡百余见。……今观《尔雅》一书,其释经者,居其泰半,其说或合于毛,或合于郑,或合于何休、孔安国。似《尔雅》实成于说经之家,而非说经之家引据《尔雅》也。鄙意以为《尔雅》既不足据,则研经者宜从经入手,以经解经,参考互证,可得其大旨。"

又云:"是在今日吾国青年之通晓欧西文法者,能以西方文法施诸吾国古籍,审思明辨,以成一成文之法,俾后之学子能以文法读书,以文法作文,则神州之古学庶有昌大之一日。若不此之图,而犹墨守旧法,斤斤于汉宋之异同,师说之真伪,则吾身有涯,臣精且竭,但成破碎支离之腐儒,而上下四千年之文明将沉沦以尽矣。"

3月29日 《藏晖室札记·吾国古籍中之乌托邦》中云:"吾国之乌托邦正复不逊西人";"《管子》乃绝妙乌托邦也。管仲之霸业,古人皆艳称之。然其所行政策,《左传》绝无一语及之。今所传其'作内政以寄军令'及'官山海'(盐铁官)有诸制,皆仅见《管子》之书,疑未必真为管仲所尝行者也。以适观之,其书盖后人伪托管子以为乌托邦,近人所谓'托古改制'是也"。

又云:"《周礼》乃世间最奇辟之乌托邦之一也。此书不知何人所作,然决非'周公致太平之迹'也。《周礼》在汉世,至刘向父子校书始得著录。其时诸儒共排以为非。……要之,此书乃战国时人'托古改制'者之作。"

本日 《藏晖室札记·柳子厚》云:"吾国人读书无历史观念,无批评指责之眼光。千古以来,其真足称'高等考据家'者,唯柳子厚一人耳。如《王制》一书,汉人卢植明言'汉文帝令博士诸生作此篇'(见《注疏》),而后人犹复以为周制(如马氏《绎史》),抑何愚也!"

4月5日 《藏晖室札记·吾国历史上的文学革命》云,"文亦遭几许革命矣。孔子以前无论矣。孔子至于秦汉,中国文体始臻完备"。且举"语录体者,以俚语说理记事"者为例,记有大程子(颢)、二程子(颐)、朱子和陆子等诸文。

4月8日 《藏晖室札记·写定〈读管子〉上、下两篇》云:"上篇论《管子》非管子自作,乃战国末年治调和之道家学者所作,而托于管子以自重耳";"下篇乃驳梁任公《管子》中语"。

4月13日 《藏晖室札记·评梁任公〈中国法理学发达史论〉》云:"梁任公著《管子》(宣统元年),其论《管子》书中之法治主义及其经济政策,皆有可取之处。惟梁先生以此诸项为管子所尝实行,所尝著述,此则根本错误,不容不辨。"

又云:"(梁启超)未明'自然法'与'理法(或性法)'交承授受之关系";"儒家言最近民权者莫如孟子";"'主权在民'与'立法权在民',非一事也。孟子主张主权在民者也,而未尝言立法权在民,此间有历史上关系,不可遽责古人。盖吾国前此本无国民立法之制。……吾国言民权者如孟子,惟无所取法,故其于民主立法之说寂然无闻";"孟子言民权必称尧舜,犹孟德斯鸠之称英伦,卢梭之称罗马、瑞士也。此可见历史成例之重要矣"。

又指出梁氏论老子之大谬有三:"第一,梁氏不知老子之自然法乃儒家法家言治言法之所自出。儒家之论无为之治及自然法,虽谓出于老子可也。(孔子尝受学于老子。《论语》尝称无为之治。《易》之言自然法亦与老子不悖。)若法家之出自老子,则《管子》《韩非》之书具在,不待吾赘言矣"。"第二,老子未尝不许应用自然法以为人定法也。……老子处处教人法自然"。"第三,梁氏谓老子既以无法为观念,则亦无法之观念可言,则尤谬矣,老子之自然法,'无为'而已,'自然'而已"。

又言梁氏论墨家之大误处几点:"(1)墨家认天志为正义之法仪,是未尝不认自然法也。欧洲学者多以自然法为上帝之法,虽孟德斯鸠亦持此说";"(2)谓人民总意说与自然法恒相随,亦大误也。霍布士认有自然法者也,而归结于君主专制";"(3)墨子非不认人民总意者也。'人民之总意'与'人人之私意'有别。……此天志也,而即人民总意也";"(4)墨家与儒家(孔子)大异之点在其名学之不同。孔子正名。其名之由来,出于天之垂象,出于天尊地卑。故其言政,乃一有阶级之封建制度,所谓'君君臣臣父父子子'者是也。墨子论名之由来出于人人之知觉官能,西方所谓'实验派(Empiricism,今译经验主义;实证论)'也。人见物,各以意名之。名之流行,由'互诺'而定。……惟人人各有其义,又人人皆为名之起原(即正义之起原。梁氏谓墨家以正义之源一出于天,非也。墨家以天志为正义之法仪耳,非以天志为之原也),故墨子兼爱平等之说实以其名学为之根据。孟子虽非墨家兼爱之说,而其政治思想以民权为归宿,其受墨家之影响于无形之中者大矣。梁氏知孟子民意之说根据于'人心之所同然者何也义也理也'之说,是矣。而不知孟子之名学,已非复孔子之名学,乃变形的墨家之名学也"。

又云:"梁氏此书有大弱点三焉":"第一,不明历史上诸家先后授受之关系";"第二,梁氏于孟子、墨子、老子、荀子之学说似无确见";"第三,梁氏不明诸家之名学,故于法家学理上之根据茫然无所晓"。

4月13日 《藏晖室札记·怡荪、近仁抄赠的两部书》云,"友朋知余治诸子学"。

4月19日 《藏晖室札记·作文不讲文法之害》云:"昨日有名 W. D. Gates 者演说,引'先行其言'一节,以示孔子与近世'致用主义'相同。其所引,盖 Marshman 所译。余以此章本无定论,未足为据。"

6月7日 《藏晖室札记·"尔汝"二字之文法》举《论语》《檀弓》为例,又对比《尚书》,证"尔汝"的用法。其中云:"研究此种用法有何用乎? 曰,可以为考据之用。战国以后,尔汝两字之用法已无人研究,故汉人伪作之书,其用对称代词,如尔字,汝字,乃字,皆无条理可寻,皆不合古人用法。其为伪托之书,于此可见一斑。""凡后人伪托古书,往往用后世之字及后世之文法,非有语学的(philological)考据,不足以揭破之。""即如《尚书》中《盘庚》《太甲》《泰誓》诸篇,以此所列诸通则证之,其为伪托,可无疑也。"

7月5日 《藏晖室札记·恍如游子归故乡》中云,"余告以近治先秦诸子学,苦无善本"。

7月29日 《藏晖室札记·"杂诗"二首》,其中《中庸》诗云:

"取法乎中还变下,取法乎上或得中"。
孔子晚年似解此,欲从狂狷到中庸。

《孔丘》诗云:

"知其不可"而变之,亦"不知老之将至"。
认得这个真孔丘,一部《论语》都可废。

8月31日 《藏晖室札记·读〈论语〉二则》就《论语·子罕》"牢曰:子云,'吾不试,故艺'"句何晏旧注提出异议,加按语云:"此说殊牵强。……(此句)言旧传之艺但习之,无尝试之必要;唯新奇未经人道过之艺,始须尝试之耳。"又对阮元《校勘记》释《论语·宪问》"子贡方人。子曰：'赐也贤乎哉！夫我则不暇'"句提出异议，加按语云："当读'赐也贤乎我夫！我则不暇。'上我字误作哉，形近而误也。皇侃本似最后出。校书者旁注哉字，以示异本。后人不察，遂并写成正文，而以文法不通之故，又移之于夫之下耳。"

9月1日　《藏晖室札记·又一则》认定《论语·公冶长》"曰：'仁矣乎?'曰：'未知焉得仁'"之旧读"未知。焉得仁?"误，云"此五字宜作一句读"。

本日　《藏晖室札记·论"我吾"两字之用法》云："昨夜读章太炎《检论》中之《正名杂义》，见其引《庄子》'今者吾丧我'一语，而谓之为同训互举，心窃疑之。因检《论语》中用吾我之处凡百一十余条，旁及他书，求此两字的用法，乃知此两字古人分别甚严。章氏所谓同训互举者，非也。"

9月2日　《藏晖室札记·读〈论语〉一则》云："去年读《论语》至'事父母几谏。见志不从，又敬不违，劳而不怨。'(《里仁》)谓旧读法非也。'见志不从'四字作一读读，始于包氏注，后儒因之，谓'见父母志有不从己谏之色'，甚荒谬。适ام当读如下法：'事父母，几谏见志。不从，又敬不违，劳而不怨。''几谏见志'，谓婉词以谏，自陈见其志而已。"

9月2—3日　参加中国科学社在美国麻省安多佛菲利普斯中学(Phillips Academy Andover)召开的第一次年会。在演讲会环节，以"先秦诸子进化论"为题进行了演讲。

9月3日　《藏晖室札记·读〈易〉(一)》就《周易·系辞下》"几者，动之微，吉之先见者也"之《周易正义》解"诸本或有'凶'字者，其定本则无也"加按语云："吉下有'凶'字者，是也。此处阮元《校勘记》无一语。盖唐人所谓'定本'，已无此字。阮元所见诸本，以唐《石经》为最古，其他诸本更不及见有'凶'字之本矣。"

9月4日　《藏晖室札记·读〈易〉(二)》就《周易·系辞上》"圣人有以见天下之赜，而拟诸其形容，象其物宜，是故谓之象"韩康伯之注"乾刚坤柔，各有其体，故曰拟诸形容"，加按语云："据韩注，则彼所见本'诸'下无'其'字，故以'诸'字作'各种'两字解。此说甚通。'诸'下之'其'字，乃后世浅人依下文文法妄加入者也。"

9月5日 《藏晖室札记·王阳明之白话诗》中录有几首王氏的诗。

9月12日 《藏晖室札记·读〈易〉(三)》云:"《易·系辞》下第二章,可作一章进化史读。其大旨则'见乃谓之象,形乃谓之器,制而用之谓之法,利用出入民咸用之谓之神'之意也。此数语含有孔子名学之大旨。包牺氏一章,则叙此作器制法之历史也。此章中象卦制器之理,先儒说之,多未能全满人意。"

9月14日 《藏晖室札记·研(读〈易〉四)》云:"《易》有'夫易,圣人之所以极深而研几也。'又曰:'能说诸心,能研诸虑。'……古人如老、孔,皆以'天下大事必作于细',故其论断事理,先须磨而碎之,使易于观察,故曰研也。"

本日 《藏晖室札记·几(读〈易〉五)》云:"余尝谓《列子》《庄子》中'种有几'一章,含有生物进化论之精义,惜日久字句讹错,竟不能读耳";"顷读《易》至'极深而研几也',阮元《校勘记》云:'《释文》,几,本或作机。'此亦几机互讹之一例也"。

11月1日 《藏晖室札记·读〈论语〉》为阮元《校勘记》注《论语·宪问》"子曰:'君子耻其言而过其行。'"之"皇本,高丽本,'而'作'之','行'下有'也'字。按《潜夫记·交际篇》,'孔子疾夫言之过其行者',亦作'之'字"加按语云:"阮校是也,'而'当作'之'。朱子曰:'耻者,不敢尽之意;过者,欲有余之辞。'此曲为之说耳。"

11月6日 《藏晖室札记·欧阳修〈易童子问〉》云:"此书下卷论《系辞》《文言》《说卦》而下'皆非圣人之作。而众说淆乱,亦非一人之言。'"举几则范例,又言"欧阳氏此书,乃吾国考据学中少见之大胆议论"。

11月17日 《藏晖室札记·作〈孔子名学〉完自记二十字》云:

推倒邵尧夫,烧残太极图。
从今一部易,不算是天书。

12月26日 《藏晖室札记·古文家治经不足取》云:"顷得吴挚甫《点勘墨子读本》,读之终卷,仅得可采者一二事耳。古文家治经治古籍最不足取,以其空疏也。"

本日 《藏晖室札记·论训诂之学》云:"考据之学,其能卓然有成者,皆其能用归纳之法,以小学为之根据者也。王氏父子之《经传释词》《读书杂记》,今人如章太炎,皆得力于此。吾治古籍,盲行十年,去国以后,始悟前此不得途径。辛亥年作《〈诗经〉言字解》,已倡'以经说经'之说,以为当广求同例,观其会通,然后定其古义。吾自名之曰'归纳的读书法'。其时尚未见《经传释词》也。后稍稍读王氏父子及段(玉裁)、孙(仲容)、章诸人之书,始知'以经说经'之法,虽已得途径,而不得小学之助,犹为无用也。两年以来,始力屏臆测之见,每立一说,必求其例证。"

本日 《藏晖室札记·论校勘之学》云:"西方学者治此学最精。……今撷其学之大要,作校书略论"。其方法凡三:"一、求古本。愈古愈好";"二、求旁证";"三、求致误解之故"。又云:"校书以得古本为上策。求旁证之范围甚小,收敛甚少。若无古本可据,而惟以意推测之,则虽有时亦能巧中,而事倍功半矣。此下策也。百余年来之考据学,皆出此下策也。吾虽知其为卜策,而今日尚无以易之。归国之后,当提倡求古本之法耳。"

1917 年

5 月下旬,从哥伦比亚大学哲学系通过答辩、毕业,未正式取得博士文凭(1927 年补发)。6 月下旬,回国,9 月初,出任北京大学教授。

1 月 在中国科学社第一次年会上的演讲稿《先秦诸子进化论》,刊《科学》第 3 卷第 1 期。5 月份,对此文进行了修改,修改稿又在 9 月出版的《留美学生季报》第 4 卷第 3 号上刊登,改题为《先秦诸子之进化论》。其中第二章为"孔子的进化论",第六章为"荀卿、韩非的进化论"。

1 月 24 日 《藏晖室札记·补记"尔汝"》举《论语·公冶长》句及旧注为例,云:"吾前作《尔汝篇》,以为凡今言'你的''你们的',古皆用'尔'不用'汝',……今若依朱注,则'吾与汝弗如也'同于'吾许汝之弗如也',汝在偏次,故当用尔。……此又可证此律之严也。"

2 月 22 日 《藏晖室札记·又记"吾我"二字》据俞樾《茶香室丛钞》卷

一录杨复吉《梦阑琐笔》有关"吾我"的解释后云:"杨氏所释孟子一句,则非也。'吾浩然之气'之吾乃偏次,谓'我的'也。"

3月　《尔汝篇》,刊《留美学生季报》春季第1号,又刊1918年2月5日至6日《北京大学日刊》。

本月　《吾我篇》,刊《留美学生季报》春季第1号,又刊1918年2月19日至21日《北京大学日刊》。

4月　《藏晖室札记·汉学家自论其为学方法》收录了顾炎武、戴震、钱大昕、惠栋论学方法的书信及著作片断。

本月　《藏晖室札记·几部论汉学方法的书》录论汉学方法之"最要者"若干,其中有段玉裁《与诸同志论校书之难》,王引之《经义述闻》卷廿九—三十,《通说》上下,王引之《经传释词》,阎若璩《古文尚书疏证》,惠栋《古文尚书考》,俞樾《古书疑义举例》,章太炎《国故论衡》等。

4月11日　《藏晖室札记·九流出于王官之谬》云:

> 此说出自班固,固盖得之刘歆。其说全无凭据,且有大害,故拟作文论其谬妄。今先揭吾文之大旨如下:
>
> (一)刘歆以前之论周末诸子者皆不作如此说。
>
> 　　(1)《庄子·天下篇》。
>
> 　　(2)《荀子·非十二子篇》。
>
> 　　(3)司马谈《论六家》。
>
> 　　(4)《淮南子·要略》。
>
> (二)学术无出于王官之理。
>
> 　　(1)学术者,应时势而生者也。(《淮南·要略》)
>
> 　　(2)学术者,伟大哲士之产儿也。
>
> (三)以九流为出于王官,则不能明周末学术思想变迁之迹。
>
> (四)《艺文志》所分九流最无理,最不足取。
>
> 　　(1)不辨真伪书。
>
> 　　(2)不明师承。
>
> 　　(3)不明沿革。

4月16日　《藏晖室札记·作〈论九流出于王官说之谬〉》云：

作《论九流出于王官说之谬》成，凡四千字：
（一）刘歆以前无此说也。
（二）九流无出于王官之理也。
（三）《七略》所立九流之目皆无征，不足依据。
（四）章太炎之说亦不能成立。(1)其所称证据皆不能成立。(2)古者学在官府之说，不足证诸子之出于王官。
（五）结论。
此文寄与秋桐（章士钊）。

4月17日　《藏晖室札记·记荀卿之时代》云："荀卿之时代最难定"；"吾以为诸（旧）说受病之根，在于误读《史记·孟轲荀卿列传》。此传已为后人误增无数不相关之语，故不可读"；"故吾意以为荀卿至齐盖在齐王建之初年，约当西历前二六〇年之际。其时卿年已五十。当春申君死时，卿年约七十矣。其死当在其后数年之间，盖寿七十余岁。不及见李斯之相秦（前213），亦不及见韩非之死也（前233）"（按：此说与今不同）。

4月20日　《藏晖室札记·清庙之守》云："《艺文志》言墨家盖出于清庙之守，吾已言其谬矣。今念清庙究是何官，此说汉儒无人能言之。""夫汉儒不能明知清庙为何物，乃谓清庙之官为墨家所自出，不亦诬乎？"

4月27日　完成博士毕业论文《中国古代哲学方法之进化史》(*A Study of the Development of Logical Method in Ancient China*)。

其第二编为"孔子的逻辑"，包括"传略"，第一章"孔子的问题"；第二章"易经"；第三章"象或者'意象'"；第四章"辞或者判断"；第五章"正名与正辞"。

第四编为"进化和逻辑"，其中第三章"荀子"；第四章"荀子（续）"。

5月3日　校对博士毕业论文打印稿。

5月4日　上交博士毕业论文，凡243页，约9万字。原稿始撰于1916年8月初，约9个月完成。

5月22日 博士学位口试完成。

10月15日 《论九流出于王官说之谬》以《诸子不出于王官论》为题,刊《太平洋》杂志第1卷第7号。1945年11月,顾颉刚主撰的《当代中国史学》说:"胡先生的《诸子不出于王官论》,是近今研究诸子学转变风气的第一篇重要文章。过去的学者都承认刘歆、班固等的说法,认为诸子之学都是王官之学之余裔。胡先生否认此说,谓诸子之学皆春秋战国之时势世变所产生。此说一出,诸子之学之真价值和真地位乃完全显著。此后钱穆、冯友兰、罗根泽诸位先生都受此说的影响(不过冯先生虽否认诸子皆出王官的旧说,但他另有其诸子之学的源起说,谓诸子学与王官之学也有相当的关系,其说后出而很近情)。"

11月20日 答钱玄同书中云:"即如孔子时代,原不以男女相悦为非,故叔梁纥与徵在'野合而生孔子'(见《史记》),时人不以此遂轻孔子。及孔子选诗,其三百篇中,大半皆情诗也。……后之腐儒,不明时代之不同,风尚之互异,遂想出种种谬说来解《诗经》。诗之真价值遂历二千余年而不明,则皆诸腐儒之罪也。"

12月3日 创立北京大学哲学门研究所,自任主任。

1918年
在北京大学任教。

1月15日 《归国杂感》在《新青年》第4卷第1号上刊登。其中云:"我是学哲学的,自然先寻哲学的书。不料这几年来,中国竟可以算得没有出过一部哲学书。找来找去,找到一部《中国哲学史》,内中王阳明占了四大页,《洪范》倒占了八页!"

3月15日 《论"奴性的逻辑"》发表在《新青年》第4卷第3号上,据胡适说,原文系《西洋哲学史大纲·导言》中的一段,但今存的《西洋哲学史大纲》手稿,《导言》部分暂缺。其中云:"什么叫做奴性的逻辑呢?例如甲引'妇人,伏于人也',以为男女不当平等;乙又引'妻者,齐也',以为男女应当平等。这便是奴性的逻辑。如今的人,往往拿西洋的学说,来做自己的议论的护身符。……不去研究中国今日的现状应该用什么救济方法,却去引那些西洋学者的陈言来辩护自己的偏见:这已是大错了。"

4月15日 《建设的文学革命论》在《新青年》第4卷第4号上刊登。提到要从"破坏一方面下手",从"建设一方面用力"。

7月14日 答朱经农书中云:"《左传》、《史记》,在'文言的文学'里,是活的;在'国语的文学'里,便是死的了。"

7—8月间 在致钱玄同信中云:"我所有的主张,目的并不止于'主张',乃在'实行这主张'。故我不屑'立异以为高'。我'立异'并不'以为高'。我要人知道我为什么要'立异'。换言之,我'立异'的目的在于使人'同'于我的'异'。"

1919年

在北京大学任教。

2月 《中国哲学史大纲(卷上)》作为"北京大学丛书"之一,由商务印书馆出版,蔡元培作序。至本年12月,《中国哲学史大纲(卷上)》出第三、四版。1920年《中国哲学史大纲》第6版出版,1922年第8版出版,1931年第15版出版。

其第四篇"孔子",包括:第一章"孔子略传";第二章"孔子的时代";第三章"易";第四章"正名主义";第五章"一以贯之"。

第五篇"孔门弟子"。

第十篇"荀子以前的儒家",包括:第一章"《大学》与《中庸》";第二章"孟子";

第十一篇"荀子",包括:第一章"荀子";第二章"天与性";第三章"心理学与名学"。

2月15日 《不朽——我的宗教》在《新青年》第6卷第2号上刊登。其中云:"不朽有种种说法,但是总括看来,只有两种说法是真有区别的。一种是把'不朽'解作灵魂不灭的意思。一种就是《春秋》、《左传》上说的'三不朽'。"

"《左传》说的三种不朽是：（1）立德的不朽，（2）立功的不朽，（3）立言的不朽。……又如孔教会的人每到了孔丘的生日，一定要举行祭孔的典礼，还有些人学那'朝山进香'的法子，要赶到曲阜孔林去对孔丘的神灵表示敬意！其实孔丘的不朽全在他的人格与教训，不在他那'在天之灵'。大总统多行两次丁祭，孔教会多走两次'朝山进香'，就可以使孔丘格外不朽了吗。"

"中国儒家的宗教提出一个父母的观念，和一个祖先的观念，来做人生一切行为的裁制力。……这都是'神道设教'，见神见鬼的手段。这种宗教的手段在今日是不中用了。还有那种'默示'的宗教，神权的宗教，崇拜偶像的宗教，在我们心里也不能发生效力，不能裁制我们一生的行为。"

6月29日 《欢迎我们的兄弟——〈星期评论〉》刊《每周评论》第28号，其中云："那些提倡尊孔祀天的人固然是不懂得现时社会的需要，但是那些迷信军国民主义或无政府主义的人就可算是懂得现时社会的需要吗？要知道舆论家的第一天职就是要细心考察社会的实在情形。一切学理，一切 Isms，都只是这种考察的工具。"

7月20日 《孔教精义?》刊《每周评论》第31号，其中云："原来孔二先生的学说还有军事的作用！怪不得军阀派要尊孔了！"

8月15日 撰成《清代汉学家的科学方法》（收入《胡适文存》一集时改题为《清代学者的治学方法》）前6章，第7章、第8章分别作于1920年春和1921年11月4日；全文分别刊于1919年11月、1920年9月和1922年2月《北京大学月刊》第1卷第5、7、9号上。

其中云："当印度系的哲学盛行之后，中国系的哲学复兴之初，第一个重要问题就是方法论，就是一种逻辑。……直到后来宋儒把《礼记》里面一篇一千七百五十个字的《大学》提出来，方才算是寻得了中国近世哲学的方法论。""《大学》的方法论，最重要的是'致知在格物'五个字。"

"但是这种方法何以没有科学的成绩呢？这也有种种原因。（1）科学的工具器械不够用。（2）没有科学应用的需要。……（3）他们既不讲实用，又不能有纯粹的爱真理的态度。……但他们所希望的，并不是这个物的理和那个物的理，乃是讲一种最后的绝对真理。……他们所希望的是那'一旦豁然贯通'的绝对的智慧。这是科学的反面。"

"……宋儒的格物说,究竟可算得是含有一点归纳的精神。""中国旧有的学术,只有清代的'朴学'确有'科学'的精神。""汉学家的工夫,无论如何琐碎,却有一点不琐碎的元素,就是那一点科学的精神。""凡成一种科学的学问,必有一个系统,决不是一些零碎堆砌的知识。……清代的校勘学却真有条理系统,故成一种科学。""他们(按:指清代学者)用的方法,总括起来,只有两点。(1)大胆的假设,(2)小心的求证。假设不大胆,不能有新发明。证据不充足,不能使人信仰。"(按:《北大月刊》稿与《胡适文存》稿句子略有别,此处依《文存》)

8月16日 在答毛子水的信(即《论国故学——答毛子水》,刊10月30日《新潮》第2卷第1号)中云:"我以为我们做学问不当先存这个狭义的功利观念。做学问的人当看自己性之所近,拣选所要做的学问,拣定之后,当存一个'为真理而求真理'的态度。研究学术史的人更当用'为真理而求真理'的标准去批评各家的学术。学问是平等的。发明一个字的古义,与发现一颗恒星,都是一大功绩。""我们应该尽力指导'国故家'用科学的研究法去做国故的研究,不当先存一个'有用无用'的成见,致生出许多无谓的意见。"

8月22日 录武亿《群经义证》一则,评论云,"这可见古代封建制度的社会组织法的一部分"。

录程廷祚《晚书订疑》一则,论道德二字,德字最古,而道字后起。评论云:"此论甚是,但有小误。如老子不在《春秋》之后。"

8月31日 《四论问题与主义》刊《每周评论》第37号,其中云:"一样的时代,老聃的主张和孔丘不同,为什么呢?因为老聃和孔丘的个人才性不同,家世不同,所受教育经验不同,故他们的见解也不同,见解不同,故解决的方法也不同了。"

又云:"即如老聃的学说未通行的时候,已能使孔丘不知不觉的承认'无为之治'的理想;墨家的学说虽然衰灭了,无形之中,已替民间的鬼神迷信,添了一种学理上的辩护,又把儒家提倡'乐教'的势力减了许多;又如法家的势力,虽然被儒家征服了,但以后的儒家,便不能不承认刑法的功用。"

11月1日 撰成《新思潮的意义》,刊1919年12月1日《新青年》第7

卷第1号。其中云:"二十年前,康有为是洪水猛兽一般的维新党。现在康有为变成老古董了。康有为并不曾变换,估价的人变了,故他的价值也跟着变了。这叫做'重新估定一切价值'。"

"例如孔教的问题,向来不成什么问题;后来东方文化与西方文化接近,孔教的势力渐渐衰微,于是有一班信仰孔教的人妄想要用政府法令的势力来恢复孔教的尊严;却不知道这种高压的手段恰好挑起一种怀疑的反动。因此,民国四五年的时候,孔教会的活动最大,反对孔教的人也最多。"

有关整理国故,云:"整理就是从乱七八糟里面寻出一个条理脉络来;从无头无脑里面寻出一个前因后果来;从胡说谬解里面寻出一个真意义来;从武断迷信里面寻出一个真价值来。为什么要整理呢?因为古代的学术思想向来没有条理,没有头绪,没有系统,故第一步是条理系统的整理。因为前人研究古书,很少有历史进化的眼光的,故从来不讲究一种学术的渊源,一种思想的前因后果,所以第二步是要寻出每种学术思想怎样发生,发生之后有什么影响效果。因为前人读古书,除极少数学者以外,大都是以讹传讹的谬说,——如太极图,爻辰,先天图,卦气,……之类,——故第三步是要用科学的方法,作精确的考证,把古人的意义弄得明白清楚。因为前人对于古代的学术思想,有种种武断的成见,有种种可笑的迷信,——如骂杨朱、墨翟为禽兽,却尊孔丘为德配天地,道冠古今!——故第四步是综合前三步的研究,各家都还他一个本来真面目,各家都还他一个真价值。"

11月8日 在《寄廖仲恺先生的信》(刊1920年2月《建设》杂志第2卷第1号)中云:"古代的封建制度决不是像《孟子》、《周官》、《王制》所说的那样简单。"

12月 《中国哲学史大纲》卷中《中国中古哲学史(讲义稿)》前七章由北大出版部印行。

其中第十三篇,包括:第四章"董仲舒";第五章"'道士派的儒学'";第七章"王充与评判的精神"。

1920年

在北京大学任教。

1月9日 在《答胡汉民、廖仲恺先生的信》中云:"《周礼》是伪书,固不可信。《王制》是汉朝的博士造的……《公羊传》是到汉景帝时公羊寿与胡母生方才写定的。……大概《穀梁传》也是汉初申公江翁的时代才写定的。我对于'今文''古文'之争,向来不专主一家。……我对于《春秋》,虽承认《公》、《穀》两传为孔门春秋派的正传,但是我觉得这两部书里一定有汉初的人加入的材料。"

又云:"汉代是一个造假书的时代,是一个托古改制的时代。西汉末年忽然跑出一部《周礼》来。《周礼》一书,我起初只承认他是战国末年的一部大乌托邦。现在我仔细看来,这书一定是《孟子》、《王制》以后的书,一定是用《孟子》、《王制》作底本来扩大的。"

5月15日 有《忙里偷闲的读书录》一则,抄录《论衡》卷二十九《案书》若干句,并加按语云:"王充极推崇《左传》,但他'言多怪'一段,已怀疑了;末段说:'左氏传《经》,辞语尚略,故复选录《国语》之辞以实',竟是直说《左传》'选录《国语》之辞以实'。""此段,康有为、崔适俱未引,故抄在此。"

5—6月间 撰《忙里偷闲的读书录·〈尚书〉篇目考》。

10月左右 撰《忙里偷闲的读书录·梁任公》,此文应为读梁启超《清代学术概论》征求意见稿的笔记。《清代学术概论》成于1920年10月,连载于11—12月《改造》第3卷第3—5期。据《胡适日记》1921年5月2日条,梁启超曾将原稿奉与胡,胡并有意见返还,梁亦据此修改。

其中云:"第十一章论'正统派之学风'之特色。此章最弱。如云'选择证据以古为尚'。此误也。又云:'孤证不为定说,其无反证者姑存之,得有续证则渐信,遇有力之反证则弃之'。此固不误,然须举例乃明。"

11月20日前后 在致顾颉刚信中云:"你的《清籍考》内没有姚际恒。此人亦是一个很大胆的人。"

12月14日 在致青木正儿的信中云:"清康熙时,有一位怪特的学者,名姚际恒,是一位极大胆的疑古家。"又云:"章实斋一生最讲究史法,不料他死后竟没有人好好的为他作一篇传!"

12月18日　在致顾颉刚信中云:"我想做一篇长序(按:指为点校的姚际恒《古今伪书考》作序),(1)略驳章实斋《言公篇》的流弊。旁人如此说,尚可恕。实斋是讲'史学'的人,故不可不辨。(2)申说我自己'宁可疑而过,不可信而过'之旨。(3)略述'订疑学'之历史,——起王充,以至于今。(4)论'订疑学'不可不施行于《道藏》及《释藏》。"

12月24日　在答顾颉刚《〈古今伪书考〉跋》后批阅,"我主张,宁可疑而过,不可信而过"。

12月29日　在致顾颉刚信中提出了选编古代辨伪文字的上下限,即断自宋濂,下迄姚际恒。

1921年
在北京大学任教。

1月18日　在致胡近仁的信中云:"《哲学史》中、下卷大概夏间可成。"

1月24日　在致顾颉刚的信中云:"近日得崔述的《东壁遗书》,觉得他的《考信录》有全部翻刻的价值"。

1月28日　在致顾颉刚的信中云:"《考信录》在清代要算一大奇书";"《考信录》甚多使人失望处,你看了便知。但古今来没有第二个人能比他的大胆和棘手的了。以后,你的《伪史考》即可继此而起,把他的判断再细细判断一回。"

又云"我的古史观是":"现在先把古史缩短二三千年,从《诗》三百篇做起";"将来等到金石学,考古学发达上了科学轨道以后,然后用地底下掘出的史料,慢慢地拉长东周以前的古史";"至于东周以下的史料亦须严密评判,'宁疑古而失之,不可信古而失之'"。

4月27日　晚间,为其侄胡思永等组织的读书会演讲《诗经的研究》,其中云:"关于'三百篇'的见解,在破坏的方面,当打破一切旧说。"

4月28日　在燕京大学演讲《诗经的研究》,其结论是:"古来研究《诗经》的人,或能下死工夫(如陈奂、胡承珙等),或能有活见解(如方玉润等)。可惜无人能兼有死工夫与活见解两事。朱熹颇近于此,可惜他不曾生晚七百年！我们将来必须下死工夫去研究音韵、训诂、文法，然后从死工夫里求出活见解来。"

5月13日　　日记云："吴又陵先生来谈。吴先生送我一部《费氏遗书》三种。……《弘道书》确是一部奇书。费君父子与孙奇逢、颜元、李塨同时，这几个人都是趋向实际主义的。但颜、李都是不肯做历史研究的人，他们的眼光往往太狭窄，脱不了北方儒者的气象。孙君略有历史眼光，故他的《理学宗传》可算是哲学史的一种。但孙君终是陋儒，他的眼光至多不过能调和程朱、陆王之争罢了。费君虽曾作孙君的弟子，但他的眼光见解远在北学诸老儒之上，他的历史的见解尤可佩服。他不但不屑调和朱陆，他竟老实说'安石，程朱小殊而大合'！这种眼光，真是了不得。"

5月17日　　日记云："……姚（际恒）氏疑古最勇。""……对于《大学》、《中庸》、《礼运》诸篇，排斥最力。"

5月20日　　日记云，"读王柏《书疑》九卷。这书以'疑'为名，却全不会疑！……王柏不但信古文，并且用古文来疑今文！……其余各篇也不过是理学先生的见解，全用主观的意见来颠倒经文"。

5月23日　　日记云，吴虞是"近年攻击孔教最有力的人"。

6月13日　　日记云："焦循为清学大师，他这样攻击'汉学'，很可注意。清学中，惠氏一派以至江藩，可称'汉学'，真该受这一顿痛骂。戴氏一派其实并非汉学，他们只是'清学'，他们能用汉人，而不为汉人的奴隶。王氏父子属于这一派。"

6月16日　　撰《〈吴虞文录〉序》，刊6月20—21日《晨报副镌》，又载6月24日《民国日报·觉悟》。其中云："正因为二千年吃人的礼教法制都挂着孔丘的招牌，故这块孔丘的招牌——无论是老店，是冒牌——不能不拿下来，捶碎，烧去！""我给各位中国少年介绍这位'四川省只手打孔家店'的老英雄——吴又陵先生！"

6月19日　　日记云："早晨天将明时，忽得一怪梦，梦中我得一个设论：孔子在《论语》里不常谈'天下'，似只有《问禘》一章说，'知其说者之于天下也'，此外惟《季氏第十六》篇说'天下'最多，而此篇为伪作。我正在翻《论语》，想证实此说，忽然醒了。""我姑且翻《论语》一查，查得《论语》中说

'天下'凡十七次。"

7月3日 日记录与英国驻华使馆参赞谈话,其中云:"至于思想,唐代除了一两个出色的和尚以外,竟寻不出几个第一流思想家。至于学问,唐人的经学远不如宋,更不用比清朝了。"

7月9日 日记中录与日本学者小柳司气太笔谈,云:"他尚信儒教,说'儒教为中国文化一大宗,其中有几多真理,一旦弃去,甚可痛惜。'我说,'我们只认儒教为一大宗,但不认他为唯一大宗。儒家固有真理,老、庄、墨翟也有真理'。"

7月23日 日记云,"到(上海)国语讲习所演说,题为《中国哲学的线索》,大旨说哲学的内部线索就是哲学方法的变迁"。

7月31日 日记中录在南京(应是南京高师暑期学校)演讲《研究国故的方法》,约分四段:(1)历史的观念,"一切古书皆史也"。(2)疑古,"宁可疑而过,不可信而过"。(3)系统的研究,"要从乱七八糟里寻出个系统条理来"。(4)整理,"要使从前只有专门学者能读的,现在初学亦能了解"。演讲稿刊8月4日《民国日报·觉悟》。

日记云:"演讲后,有去年暑期学校学生缪凤林君等围住我谈话,缪君给我看某君做的一篇驳我'诸子不出于王官说'的文字,某君是信太炎的,他的立脚点已错,故不能有讨论的余地。"

8月12日 读孙德谦(字益庵,元和人)的《诸子通考》。日记云:"孙君当时能主张诸子之学之当重视,其识力自可钦佩。……(孙说)'诸子为专家之业,其人则皆思[有]以救世,其言则无悖于经教;读其书者,要在尚论其世,又贵审乎所处之时而求其有用。'这个观念是我很赞成的。但他说'其言则无悖于经教',似仍未脱儒家的窠臼。"

又云:"向来信《汉书·艺文志》的人,多信'道家出于史官'之说。其实老子一派的学说多偏向破坏,——老最甚,——很缺乏历史的观念。……儒家都是根据于一种历史的观念的。孔子的一生最富于历史的观念,故有三代因革,损益可知的话,又他一生最注重文献的保存,后来的儒家也都抱此保存文献的志愿。故说儒家为历史的学派,当可成立。若说道家出于史官,只可算是上了刘歆、班固的当了。"

10月12—17日 《记费密的学说——读费氏〈弘道书〉的笔记》刊《晨报副镌》。其中云:"费君父子都长于历史知识。故他们第一步便要打破宋儒的'道统论'。""他们以为最古政教不分,君师合一,政即是道。后来孔子不得位,故君师分为二,故帝王将相传治统,而师儒弟子传道脉。"

10月23日 《中国哲学的线索》演讲稿(王伯明记录)刊于《民国日报·觉悟》及(华超记录)11月20日《教育杂志》第13卷第11号上。其中云:"思想必依环境而发生,环境变迁了,思想一定亦要变迁。"

10月31日 日记云:"读李觏(泰伯)的《直讲集》。李觏在北宋是一个极重要的思想家,而《宋元学案》不为他立学案,只把他附在范仲淹的学案内,可谓冤枉。……今读他的集子,更可以知道他的思想最有条理,最有精采,最可代表江西学派的精神。"

11月1日 日记云:"上课,近世哲学讲思想的背景,始提出李觏的名字。我疑心王安石曾受李觏的影响,因为他们两人的思想真有点相同。"

11月2日 日记云:"今日见《宋史》(432)《李觏传》末有云:'门人邓润甫熙宁中上其《退居类稿》、《皇祐续稿》并《后集》……'。邓润甫亦是建昌人,与李觏同乡,……乃王安石的一个健将。他于变法时代奏上李觏的遗著,可见李觏的学说在新法一派人的眼里确是同调。"

11月4日 补作《清代汉学家的科学方法》第8章,并校对完成稿后云:"此篇亦是一篇很好的方法论,见解与做法都有一点长处,故尚可存。"(原稿尾署"11月3日")

11月14日 撰成《记李觏的学说》。此稿起于本月3日。收入《胡适文存》二集,上海亚东图书馆1924年初版。

本月 在致章士钊的信(即《论墨学·我的第二书》)中云:"太炎先生论治经与治子之别,谓经多陈事实,而诸子多明义理,这不是绝对的区别。太炎先生自注中亦已明之。其实经中明义理者,何止《周易》一部?而诸子所明义理,亦何一非史家所谓事实?盖某一学派持何种义理,此正是一种极重要的事实。"

本月 柳翼谋(诒徵)《论近人讲诸子之学者之失》刊《史地学报》第1卷第1号。其中对胡适《诸子不出于王官论》《中国哲学史大纲(卷上)》中的观点进行了批评。

1922 年
在北京大学任教。

1月21日　撰《〈章实斋先生年谱〉自序》。
本月　《章实斋先生年谱》由商务印书馆出版。
本月　北京大学研究所国学门成立,任研究所国学门委员会委员。
2月7日　日记云:"上课,《近世哲学》讲程颢,用他的'天理'观念作纲领,颇能贯通一切。"
2月18日　被推为《国学季刊》主任编辑。
2月24日　日记云:"上课,讲程颐完。我讲程颐,注重他的'致知'一方面。他的格物说,指出知为行之明灯,指出思想如源泉,愈汲则愈清,指出'学原于思',指出'怀疑'的重要,指出格物的范围,——这都是他的特殊贡献。宋代的哲学到此方才成为独立的学派。……直到朱熹,方才直接程颐,发挥光大他的格物说。"
3月2日　日记云:

拟重编《中古哲学史》,拟分两部,六篇:
部甲,两汉魏晋
篇一,道家的成立。
篇二,新儒教的成立。
篇三,自然主义的发展。
部乙,六朝唐(印度化的时期)
篇一,输入时期。
篇二,分宗时期。
篇三,革命时期。

3月3日　撰成《五十年的中国文学》(即《五十年来中国之文学》)。

其中云:"章炳麟是清代学术史的押阵大将,但他又是一个文学家。他的《国故论衡》《检论》,都是古文学的上等作品。这五十年中著书的人没有一个像他那样精心结构的;不但这五十年,其实我们可以说这两千年中只有七八部精心结构,可以称做'著作'的书,——如《文心雕龙》《史通》《文史通义》等,——其余的只是结集,只是语录,只是稿本,但不是著作。章炳麟的《国故论衡》要算是这七八部之中的一部了。"

3月4日 北京大学哲学社邀请梁启超来北京大学进行两天演讲,讲题是《评胡适之〈中国哲学史大纲〉》,在演讲中,梁对胡著进行了直率的批评。

3月5日 梁启超继续演讲。胡适出席,并公开答辩。当日日记云:"他(按:梁启超)今天批评我讲孔子,庄子的不当。然而他说孔子与庄子的理想境界都是'天地与我并生,而万物与我为一',不过他们实现这境界的方法不同罢了!这种见解,未免太奇特了!他又说,庄子认宇宙为静的!这话更奇了。""他讲孔子,完全是卫道的话,使我大失望。"

胡适答辞云:"梁先生常说我的时代观念太分明了。这一点我不但不讳,还常常自夸。我这部书的特点,一是时代分明,二是宗派分明。我决不会把孔子、庄子说成有同样的主张,同主张'万物与我并生,而万物与我为一'!""但是这种不同的观点都是好的。我希望多得许多不同的观点,再希望将来的学者多加上考虑的工夫,使中国哲学史不致被一二人的偏见遮蔽了。梁先生今天的教训就是使我们知道哲学史上学派的解释是可以有种种不同的观点的。"

3月6日 日记云:"梁任公前天评我的《哲学史》,中有一段,说《老子》一书是战国之末的出品。"理由中与儒家相关的是:(1)《史记·老子传》叙老子世系,孔子的十三代孙与老子的八代孙同时。一可疑。(2)孔子、墨子、孟子都不提及老子。二可疑。(3)依《曾子问》说的,老子是一位拘谨守礼的人,和五千言的精神恰恰相反。三可疑。……(6)从文字语气上论,……。又用"仁义"对举的好多处,这二字连用,是孟子的专卖品……。六可疑。

又云:"这虽不是驳我的书,却也有讨论的价值。""(1)《史记·老子传》最不可靠。任公既说他是一大堆神话,为什么还信此世系?""(2)孔子不提及老子,但'或曰,以德报怨',今见于《老子》。孔子崇拜'无为而治',似也是老子的影响。况且孟子同时人也不提及孟子;庄子同时人也只有荀子提及他。《荀子·非十二子篇》提及孟轲,但《韩诗外传》无之。""(3)此更无可疑。老子本是一个很退缩谦卑的人,'损之又损,以至于无'。有许多革命思想家是很拘谨的。尼采便是一例。"

3月14日　日记云:"我曾说程颐的格物说,乃是宋学的一大贡献,乃是汉学的真渊源;而程门弟子无一人能传其说者;他们都想走捷径。直到李侗始回到程颐的格物说,至朱熹方才发挥光大此说。"

3月16日　日记云:"夜读王懋竑《朱子年谱》。"

3月26日　读戴震《孟子字义疏证》云:"此书真厉害!"

3月29日　日记云:"上课,讲新儒教。新儒教是儒、墨、方士的糁合物。《郊祀志》可代表他的背景,《五行志》可代表他的神学,董仲舒可代表他的哲学。"

3月30日　日记云:"读康有为的《春秋董氏学》,这书乃是把《春秋繁露》分类编纂的,条理颇好。""我以为董仲舒受墨家影响,有两个证据:(1)天志(天人感应之说)论。(2)兼爱兼利之说。"

4月21日　日记中纪孔丘的世系。

4月22日　日记云:"上课,讲今文家的新儒教与古文家的新儒教的区别,大旨有一要点:前者重在灾异,后者重在符谶。"

4月23日　日记云:"中国很少精心结构而有系统的著作。戏略举如下",其中"古代"有:《荀子》(残);"中古"有:《周礼》(未完)、《论衡》;"近古"有:"李觏书三种"、《诸子辨》《明儒学案》《宋元学案》(?)、《明夷待访录》《黄书》《原善》《孟子字义疏证》《绪言》《文史通义》《考信录》《今古学考》《新学伪经考》《孔子改制考》《仁学》《訄书》《国故论衡》《文始》等。(按:括号里的字句、标点符号为原文所有)

4月25日　日记云:"上课,讲陆九渊的哲学方法。大旨说他这种方法固是对朱学的一种反动,却实有趋向武断主义的危险。"

4月26日　日记云:"上课,以《周礼》来讲古文家的新儒教。"又有:

"到平民大学讲演《诗经》三百篇;结论三条,略与前不同","(1)须用歌谣(中国的,东西洋的)做比较的材料,可得许多暗示";"(2)须用社会学与人类学的知识来帮助解释";"(3)总之,用文学的眼光来读《诗》。没有文学的赏鉴力与想像力的人,不能读《诗》"。

5月5日　日记云:"作《新儒教的成立》一文,未完,此是为《国学季刊》作的。"

5月6日　在致钱玄同的信中云:"昨天动手作一文,题为《新儒教的成立》,前半是今文家的儒教,后半是古文家的儒教。"

5月8日　撰《新儒教的成立》,未完。分段如下:(1)释"新儒教"。(2)古宗教与墨教。(3)各地的"民族的宗教"。(4)政治的背景。(5)董仲舒——今文家的新儒教。(6)刘向与他的同时人。(7)刘歆与王莽——古文家的新儒教。

5月9日　日记云:"上课,讲叶适。永嘉一派最富于历史的观念。"

5月13日　在致钱玄同的信中云:"你说今古文的问题,很不错的。前人所认为伪的,大概是伪的居十之九。(其中亦有例外,如《檀弓》我决不承认为假的。)前人所认为真的,我们还须仔细评判。"

6月7日　日记云:"今天讲杨简完。杨简的哲学最有系统,远胜陆九渊。"

6月13日　日记云:"上课,讲吴与弼、胡居仁。胡居仁是朱学的正宗。"

6月15日　章太炎在《致柳(翼谋)教授书》中批评胡适。此信刊1922年8月《史地学报》第1卷第4号。

6月23日　日记云:"泰州一派最有趣,这是杨朱的学说,挂上了四书五经的招牌。他的'安身',就是杨朱的存我、为我。他的'明哲保身论'尤可注意。"

7月11日　英文博士论文《先秦名学史》印成,着手校改序言。

7月12日　日记云:"读翁方纲的《复初斋文集》。卷七有几篇文字都是讨论'考订学'的方法的,颇有参考的价值。"

8月18日　准备整理和注释《诗经》,暂定名"胡适试做的《〈诗经〉新解》",以后几天续写了诸篇。

8月25日　撰成《〈诗经〉新解》第1卷。

8月26日　与日本学者交谈,其中云:"我们的使命,是打倒一切成见,中国学术谋解放。""我们只认方法,不认家法。"又云:"南方史学勤苦而太信古,北方史学能疑古而学问太简陋。将来中国的新史学须有北方的疑古精神和南方的勤学工夫。""中国今日无一个史家。"

10月　英文《先秦名学史》由上海亚东图书馆出版。

11月5日　开始撰《〈国学季刊〉序言》(即《〈国学季刊〉发刊宣言》)。

11月9—15日　日记云:"作《〈国学季刊〉序言》,约一万多字,颇费周折;这是代表全体的,不由我自由说话,故笔下颇费商量。我做的文章之中,要算这篇最慢了。"

11月16日　撰成《〈国学季刊〉序言》。

11月18日　根据钱玄同的意见,修改《〈国学季刊〉序言》。

1923年

在北京大学任教,因病告假一年。

1月　在《国学季刊》第1卷第1号上发表《〈国学季刊〉发刊宣言》。其中云:"有些人还以为西洋学术思想的输入是古学沦亡的原因;所以他们至今还在那里抗拒那他们自己也莫名其妙的西洋学术。有些人还以为孔教可以完全代表中国的古文化;所以他们至今还梦想孔教的复兴;甚至于有人竟想抄袭基督教的制度来光复孔教。"

"'国学'在我们的心眼里,只是'国故学'的缩写。中国的一切过去的文化历史,都是我们的'国故';研究这一切过去的历史文化的学问,就是'国故学',省称为'国学'。'国故'这个名词,最为妥当;因为他是一个中立的名词,不含褒贬的意义。'国故'包含'国粹';但它又包含'国渣'。……打破一切门户成见:拿历史的眼光来整统一切,认清了'国故学'的使命是整理中国一切文化历史,便可以把一切狭陋的门户之见都扫空了。"

"国学的使命是要使大家懂得中国过去的文化史;国学的方法是要用历史的眼光来整理一切过去文化的历史。国学的目的是要做成中国文化史。"

2月25日　在《东方杂志》第20卷第4号上发表《一个最低限度的国学书目》。此文3月4日又刊《读书杂志》第7期。

3月28日　撰《读梁漱溟先生的〈东西文化及其哲学〉》。此文发表在4月1日《读书杂志》第8期上。其中云："文化的分子繁多,文化的原因也极复杂,而梁先生要想把每一大系的文化各包括在一个简单的公式里,这便是笼统之至。"

"……我们说汉儒迂腐,宋儒稍能疑古,而清儒治学方法最精。这都不过是时间上,空间上的一种程度的差异。……他还更进一步,凭空想出某民族生活是某种作用运用某种作用,这真是'玄之又玄了'。"

"文化是民族生活的样法,而民族生活的样法是根本大同小异的。为什么呢?因为生活只是生物对环境的适应,而人类的生理的构造根本上大致相同,故在大同小异的问题之下,解决的方法,也不出那大同小异的几种。这个道理叫做'有限的可能说'(The principle of limited possibilities)。"

"又如思想史上,这三大系的民族都曾有他们的光明时代与黑暗时代。思想是生活的一种重要工具,这里面自然包含直觉,感觉,与理智三种分子,三者缺一不可。但思想的方法不是一朝一夕可以完备的,往往积了千万年的经验,到了一个成人时期,又被外来有阻力摧折毁坏了,重复陷入幼稚的时期。……如墨家的成绩,梁先生也不能不认为'西洋适例'。……宋学是从中古宗教里滚出来的,程颐、朱熹一派认定的格物致知的基本方法。大胆的疑古,小心的考证,十分明显的表示一种'严刻的理智态度,走科学的路'。这个风气一开,中间虽有陆王的反科学的有力运动,终不能阻止这个科学的路重现而大盛于最近的三百年。"

4月3日　日记云："用英文作一文,述'中国的文艺复兴时代'。此题甚不易作,因断代不易也。"

又云："我以为中国'文艺复兴时期'当自宋起,宋人大胆的疑古,小心的求证,实在是一种新的精神。……程颐提倡格物致知,张载提倡善疑,皆前古所不敢道。这种精神,至朱熹而大成。不幸而后来朱学一尊,向之以疑古以求得光明的学者,后来皆被推崇到一个无人敢疑的高位!……故朱熹本可以作中国的培根、笛卡尔,而不幸竟成了中国的圣汤姆(按:今译阿奎纳)。"

"王学之兴,是第二期"。"清学之兴,是第三期"。"近几年之新运动,才是第四期"。

4月 在《国学季刊》第1卷第2号上发表《科学的古史家崔述》,此为本年春季开始撰写的《崔述的年谱》的前两部分,其中云:"我深信中国新史学应该从崔述做起,用他的《考信录》做我们的出发点;……他认为伪书的都是不可深信的史料:这是中国新史学的最低限度的出发点。"

"'汉学'和'宋学'表面上似乎很不同,其实清代的汉学大师,除了惠栋、江藩一班迷信汉儒的人之外,和汉儒的精神相去最远,和宋儒朱熹一派倒是最接近的。他们无论怎样菲薄宋儒,无论怎样抬高汉儒,但学术史上演进的线索是终究瞒不住的。于今事过境迁了,我们冷眼观察清代三百年的学术,不能不认那推崇朱子的崔述和那攻击朱子最厉害的毛奇龄、戴震同是一条路上的人。他们都很接近朱熹,而很不接近毛公、郑玄!"

5月30日 在致顾颉刚的信中云:"关于古史,最要紧的是重提《尚书》的公案,指出《今文尚书》的不可深信。我盼望你能抽出工夫,把犹太民族的古史——《旧约》——略读一遍,可以得不少的暗示。"

本月 张君劢在《再论人生观与科学并答丁在君》一文中云:"胡适之受清学之影响,大抵扬汉而抑宋。"

7月1日 陈独秀在《前锋》第1卷第1期上发表题为《国学》的随感中批评"整理国故"时云,"胡适之、曹聚仁这几位先生,妙想天开,要在粪秽里寻找香水"。此文被胡适录在11月的《山中杂记》中。

10月28日 在杭州撰成《拟"整理国故"计划》,未见发表。

11月4日 日记附上了罗素《早期中国哲学》一文,其中云:"他(按:指胡适)认为儒家学说并不能满足当代中国的需要,但是,作为一个爱国者,他力求发现与西方相连的新思想的历史之源。"

12月10日 在南京东南大学演讲《书院制史略》,演讲稿刊12月17、18日上海《时事新报·学灯》,12月24日《北京大学日刊》第1371号及1924年2月10日《东方杂志》第21卷第3号。其中云:"清时学术思想,多不尊重理学一派,只孜孜研究考据实用的学问。"

12月16日 日记云:"往访王静庵(国维),谈了一点多种[钟]。他说戴东原之哲学,他的弟子都不懂得,几乎及身而绝,此言是也。戴氏弟子如段玉裁可谓佼佼者了,然而他在《年谱》里恭维戴氏的古文和八股,而不及他的哲学,何其陋也!"

"他(按:指王国维)又说,西洋人太提倡欲望,过了一定限期,必至破坏毁灭。我对此事却不悲观。即使悲观,我们在今日势不能不跟西洋人向这条路上走去。他也以为然。我以为西洋今日之大患不在欲望的发展,而在理智的进步不曾赶上物质文明的进步。"

12月18日　日记云:"读戴东原书后,偶读焦循《雕菰楼集》,始知戴氏的哲学只有焦里堂真能懂得。"

又云:"宋明儒者抬出一个'理'字,可以用来争自由,破迷信,攻击暴君奸相,养成一种特立独行的风气。"

12月19日　日记云:"与任公书中论东原与颜李学派的关系,不由于是镜,而由于程廷祚的《论语说》。"

本日　撰《戴东原在中国哲学史上的位置》,为《戴东原的哲学》的一部分,刊1924年1月6日《读书杂志》第17期。其中云:"很少人知道他(按:指戴震)是朱子以后第一个大思想家、大哲学家。……论思想的透辟,气魄的伟大,二百年来,戴东原真成独霸了!"

12月27日　在致钱玄同的信中云:"近年多读颜习斋、李恕谷的著作,觉得他们确是了不得的思想家,恕谷尤可爱。你说我'不甚爱颜习斋',那是'去年的我'了! 近作《东原的哲学》,开端即叙颜、李。又有书与梁任公,——已付《读书杂志》,——论颜学与戴学的关系似与是仲明无关,而似以程廷祚——'应征君'——为线索。戴子高所说,似不误也。"

1924年
在北京大学任教,以休养为主。

1月7日　读毛奇龄《西河合集》后云:"北学多似大刀阔斧,而南学多似绣花针。颜李之学,真北方之学也。惠戴之学,真南方之学也。"

1月14日　日记中记与梁启超谈话,云:"任公谓东原受颜李影响自无可疑,但东原与绵庄(程廷祚)的关系甚少实证。我把在山上所得的告诉他,他仍不甚信。"

1月27日　在南京东南大学国学研究班讲《再谈谈"整理国故"》,记录稿刊2月25日《晨报副镌》。谈四种整理方式:1.最低限度之整理——读本式整理。2.索引式的整理。3.结账式的整理。4.专史式的整理。

2月8日　撰《古史讨论的读后感》,刊2月22日《读书杂志》第18期。其中云:"我们对于'证据'的态度是:一切史料都是证据。但史家要问:一、这种证据是在什么地方寻出的?二、什么时候寻出的?三、什么人寻出的?四、依地方和时候上看起来,这个人有做证人的资格吗?五、这个人虽有证人资格,而他说这句话时有作伪(无心的,或有意的)的可能吗?"

4月29日　钱玄同(署名XY)《孔家店里的老伙计》一文刊《晨报副镌》,其中认为,孔家店有老牌和冒牌二种,都该打倒;近来打老牌的打手是胡适和顾颉刚,打冒牌的打手是陈独秀、易白沙、胡适、吴稚晖、鲁迅、周作人。

6月29日　顾颉刚在北京大学演讲"国学大意",将现今国学研究分成五派,其中云:"四是学术史,……要求把文化的进程做一个系统的排列。胡适、章炳麟、梁启超等都是这一派的代表。"

7月9日　在致钱玄同的信中云:"王船山的《正蒙注》、《俟解》、《思问录》、《噩梦》,皆可看。他得《正蒙》之力甚多。他要人明白自己在宇宙间的高等地位,努力做'超人'(豪杰)。……所以我说他似尼采。"

9月17日　撰《费经虞与费密》。其中云:"费氏父子都长于历史知识,故他们第一步便要打破宋儒的'道统论'。""这种道统论一日不去,则宋明理学的尊严一日不破。""(他们父子)也提出一种他们认为正当的道统论。他们以为最古政教不分,君师合一,政即是道。后来孔子不得位,故君师分为二,故帝王将相传治统,而师儒弟子传道脉。但所谓'道'仍是古昔的政教礼制"。

"这种见地,……却是几千年无人敢说,无人能说的大见识。他的主旨只是要使思想与人生日用发生交涉;凡与人生日用没交涉的,凡与社会国家的生活没关系的,都只是自了汉的玄谈,都只是哲学家作茧自缚的把戏,算不得'道'。"

"宋以来的理学有几个大毛病：第一，不近人情；第二，与人生没大交涉；第三，气象严厉，意气陵人。"

"费氏父子一面提倡实事实功，开颜李学派的先声；一面尊崇汉儒，提倡古注疏的研究，开清朝二百余年'汉学'的风气：他们真不愧为时代精神的先驱者！"

1925 年
在北京大学任教，以休养为主。

1月1日 《朝鲜日报》刊胡适所撰之《当代中国的思想界》。其中云："17世纪后，中国思想界在纯正的哲学空想中出现了实学。清朝末年，为全中国瞩目的外交、军事、政治诸方面开始革新，但未重视中国实学和西洋思想。"

"欧洲大战结束后的1918年，中国少数领导人（按：指梁启超师生等）访问了欧洲。……他们对西方物质文明的毁灭现象深感不安。于是，一时间，出现了赞美东洋文化的潮流，开始议论起孔子、老子的人性论。"

"梁漱溟氏的著作大受尊孔的旧学者们的欢迎。但彼等却遭到新思想的抵制。正当苦待拥孔人士出台时，梁漱溟氏拍案而起，一时间，守旧学者们打起'东洋文化乃精神生命'的旗帜，好一派复活的新气派。正当彼等欣喜若狂时，著名的梁启超氏，以其固有的名声撰写并出版了《先秦政治思想史》一书，赞颂孔子之伦理及其政治哲学，又掀起一股热潮。接着，梁启超氏又提出'中国文化学院创立案'，但未能实现。梁启超氏对学院发起人说：'孔子之人生哲学，乃世界最善者。作为宗教，则以佛教居首，宗教产生的文化，乃世界最佳文化'。过分赞扬旧哲学家，对于从事近代科学研究、为科学真理进行辩护且具有科学地位的多数学者来说，是个打击。由此，便引发了'人生观与科学'的持久论争……"

3月30日 撰《汉初儒道之争》，刊《北京大学研究所国学门周刊》第1卷第2期。

4月4日　在致马裕藻的信(又名《焦循的〈论语通释〉——与马幼渔先生书》)中云:"(焦循)力主忠恕容忍,是为了当日门户之争而发的。"

4月9日　撰《翁方纲与墨子》,刊5月29日《猛进》周刊第13期。

4月12日　在复钱玄同信中云:"……我近来觉得今文家之中,有陋气的居多,有奇气的颇少,恐怕搜求的结果是粪土之多远过于香水呵。"

"'挤香水'的话是仲甫的误解。我们说整理国故,并不存挤香水之念;挤香水即是保存国粹了。我们整理国故,只是要还他一个本来面目,只是直叙事实而已,粪土与香水皆是事实,皆在被整理之列。"

5月17日　在北京大学哲学研究会上演讲《从历史上看哲学是什么》,刊5月31日《国闻周报》第2卷第20期。其中云:

"正统哲学有三大特点":"(1)调和新旧思想,替旧思想旧信仰辩护。带一点不老实的样子。""(2)产生辩证的方法,造成论理的系统,其目的在护法卫道。""(3)主张二元的世界观,一个是经验世界,一个是超经验的世界。在现实世界里不能活动的,尽可以在理想世界里玩把戏。现在要拿杜威先生关于正统哲学的解释,来看是否适用于中国。我研究的结果,觉得中国哲学完全可以适用杜威的学说。""中国古代的正统哲学是儒墨两大派,中古时代是儒教,近世自北宋至今是宋明理学,尤其是程朱的理学。"

8月13日　撰成《戴东原的哲学》,刊12月《国学季刊》第2卷第1号。其中云:"中国近世哲学的遗风,起于北宋,盛于南宋,中兴于明朝的中叶,到了清朝,忽然消歇了。……自顾炎武以下,凡是第一流的人才,都趋向做学问的一条路上去了;哲学的门庭大有冷落的景况。……北方特起的颜元、李塨一派,虽然自成一个系统,其实只是一种强有力的'反玄学'的革命;固然给中国近世思想史开了一条新路,然而宋明理学却因此更倒霉了。"

"反玄学的运动,在破坏的方面居然能转移风气,使人渐渐地瞧不起宋明的理学。在建设的方面,这个大运动也有两种趋势:一面是注重实用,一面是注重经学:用实用来补救空疏,用经学来代替理学。"

"汉朝的经学重诂训,名为近古而实多臆说;唐朝的经学重株守,多注'注'而少注经;宋朝的经学重见解,多新义而往往失经的本义。清朝经学有四个特点:(一)历史的眼光,(二)工具的发明,(三)归纳的研究,(四)证据的注重。"

"经学与哲学的疆界不分明,这是中国思想史上的一大毛病。经学家来讲哲学,哲学便不能不费许多心思日力去讨论许多无用的死问题,并且不容易脱离传统思想的束缚。哲学家来治古经,也决不会完全破除主观的成见,所以往往容易把自己的见解读到古书里去。"

冯友兰1955年3月在《哲学研究》该年第1期发表的《哲学史与政治——论胡适哲学史工作和他底反动的政治路线底联系》中云:"一直到1925年革命运动高涨时期,胡适这才在他底'戴东原的哲学'中正式反对'吃人的礼教'。"

10月27日 在吴淞国立政治大学及炮台湾中国公学演讲《谈谈二千五百年的中国哲学》。

1926年
在北京大学任教,7月赴欧洲。

4月23日 给王云五《四角号码检字法》作序云:"近年以来,'整理国故'的喊声居然成了一种时髦的倾向。但'整理'一个名词的意义似乎还不曾得着充分的了解。穿凿傅会,算不得整理;武断的褒贬,也算不得整理。"

6月6日 撰成《我们对于西洋近代文明的态度》,刊7月10日《现代评论》第4卷第83期。其中云:"西洋近代文明的精神方面的第一特色是科学。科学的根本精神在于求真理。……只有真理可以使你自由,使你强有力,使你聪明圣智;只有真理可以使你打破你的环境里的一切束缚,使你戡天,使你缩地,使你天不怕,地不怕,堂堂地做一个人。"

7月24日 开始撰《介绍几部新出的史学书》,26日撰成,刊9月4日和11日《现代评论》第4卷第91、92期。其中云:"这(指《古史辨》第1册)是中国史学界的一部革命的书,又是一部讨论史学方法的书。此书可以解放人的思想,可以指示做学问的途径,可以提倡那'深彻猛然的真实'的精神。"

"到民国十年1月,我们才得读崔述的《考信录》。我们那时便决定,颉刚的'伪史考'即可继《考信录》而起。崔述推翻了'传记',回到几部他认为可信的'经'。我们决定连'经'都应该'考而后信'。"

8月17、18日　傅斯年在致胡适的信中云:"觉得先生这一部书(按:指《中国哲学史大纲(卷上)》),在一时刺动的效力上论,自是大不能比的;而在这书本身的长久价值论,反而要让你先生的小说评居先。何以呢？在中国古代哲学上,已经有不少汉学家的工作者在先,不为空前;先生所用的方法,不少可以损益之处,难得绝后。"

"……《汉书·艺文志》上的话语,先生以为完全不通,自然对的;但我偶然想起,他们何以不通到这步田地(如论墨子),细把经部一看,恍然大悟,他是把当时的状况和汉朝的状况混了宗。"

11月11日　在英国剑桥大学演讲《中国近一千年是停滞不进步吗》,英文演讲稿刊《剑桥月报》第48卷1176期。其中云:"唐朝有一件可注意的事,就是完全没有独创的学术和现世的思考。唐朝最有名的学者如韩愈、李翱,只是平庸不足道的思想家,但是四百年的禅宗训练终于能够产生一个辉煌的哲学思考的时代。"

"哲学的第一阶段的结束是朱子一派得了很高的地位。这一派虽然承认潜思默想的价值,还是倾向于着重由'格物'来扩张知识的重要性。第二阶段(1500—1700)又有王阳明学派的神秘主义的复活。……虽然都是明白反佛教,却从没有完全脱掉中古中国佛教时代传下来的'宗教性'的人生观,这个人生观往往还妨碍新儒家哲学的基本上是理性主义的趋向充分发达。"

"然而17世纪又开始了一个新时代。十七十八世纪有第一等头脑的人抛开了宋、明的哲学思考,认为那都是武断的、无用的,而把他们的精力用在纯粹靠客观方法寻求真理上。……知识必须是客观的,理论必须以实证为根据的:这就是那个时代流行的精神。"

1927年

上半年,在美国讲学,5月17日回国,居上海。

1月11日 抵达纽约,期间在泛太平洋俱乐部演讲《中国文化的再生》,刊5月14日《太平洋杂志》(Trans-Pacific)第14卷第20期。

2月1日 日记云:

> 我的哲学讲演题目为:《中国哲学的六个时期》。
>
> 一、第一次造反,第一次调和,第一次反动。(600—200 B.C.)
>
> 二、统一的时期(200 B.C.,300 A.D.)
>
> (一)第一次统一(道家)
>
> (二)第二次统一(儒家)
>
> (三)反抗(王充至魏晋)
>
> 三、佛教的征服中国,与中国的反抗(300 A.D.—1100)
>
> 四、中国哲学的复兴(1050—1150)
>
> 五、理学的时期(1150—1650)
>
> 六、反理学的时期(1650—1850)

2月7日 撰答浩徐(即《"整理国故"与"打鬼"》),刊3月19日《现代评论》第5卷第119期。其中云,"我披肝沥胆地奉告人们:只为了我十分相信'烂纸堆'里有无数无数的老鬼,能吃人,能迷人,害人的厉害胜过柏斯德(Pasteur)发见的种种病菌。只为了我自己自信,虽然不能杀菌,却颇能'捉妖''打鬼'"。

"用精密的方法,考出古文化的真相;用明白晓畅的文字报告出来,叫有眼的都可以看见,有脑筋的都可以明白。这是化黑暗为光明,化神奇为臭腐,化玄妙为平常,化神圣为凡庸:这才是'重新估定一切价值'。他的功用可以解放人心,可以保护人们不受鬼怪迷惑。"

"但我自信,中国治哲学史,我是开山的人,这一件事要算是中国一件大幸事。这一部书的功用能使中国哲学史变色。以后无论国内国外研究这一门学问的人都躲不了这一部书的影响,凡不能用这种方法和态度的,我可以断言,休想站得住。"

此文附录陈源的《跋语》云:"吴稚晖先生说:'胡先生的《大纲》,杂有一部分浇块垒的话头,虽用意是要革命,也很是危险,容易发生流弊,果然引出了梁漱溟的文化哲学及梁启超的学术讲演。胡先生所发生的一点革命效果,不够他们消灭'。他的话真是说的入骨三分。"

4月17日 撰《论〈左传〉之可信及其性质》,刊11月1日《国立第一中山大学语言历史学研究所周刊》第1集第1期。

10月4日 撰成《〈左传真伪考〉的提要与批评》,收入1930年上海亚东图书馆出版的《胡适文存》三集。

12月 在上海东亚同文书院演讲《中国近三百年的四个思想家》,即顾炎武、颜元、戴震、吴敬恒。演讲稿刊1928年1月25日至2月15日《贡献旬刊》第6—8期。

1928年
居上海,4月,出任中国公学校长。

2月7日 改定《几个反理学的思想家》。此即是在上海东亚同文书院《中国近三百年的四个思想家》的演讲稿基础上的改定稿。其中云,中国的近世哲学可分两个时期:(A)理学时期(1050—1600);(B)反理学时期(1600—今日)。

> 反理学的运动有两个方面:
> (1)打倒(破坏)
> 打倒太极图等等迷信的理学,——黄宗炎、毛奇龄等。
> 打倒谈心说性等等玄谈,——费密、颜元等。
> 打倒一切武断的,不近人情的人生观,——颜元、戴震、袁枚等。
> (2)建设
> 建设求知识学问的方法,——顾炎武、戴震、崔述等。
> 建设新哲学,——颜元、戴震等。

"……顾炎武代表这时代的开山大师。颜元、戴震代表十七八世纪的发展。最后的一位,吴稚晖先生,代表现代中国思想的新发展。"

"程朱一派走上了格物致知的大路,但终丢不了中古遗留下来的那一点宗教的态度,就是主敬的态度。他们主张静坐,主张省察'喜怒哀乐未发之前是何气象',主张无欲,都属于这个主敬的方面,都只是中古宗教的遗毒。"

"宋儒以来的理学挂着孔教的招牌,其实因袭了中古宗教的种种不近人情的教条。中古宗教的要点在于不要做人而想做菩萨神仙。这固是很坏,然而大多数的人究竟还想做人,而不想做神仙菩萨。故中古宗教的势力究竟有个限度。到了理学家出来,他们把中古宗教做菩萨神仙之道搬运过来,认为做人之道,这就更坏了。"

戴震那个"时代是一个考证学昌明的时代,是一个科学的时代。……他的哲学是科学精神的哲学"。

"到了最近一二十年中,中国的学者学得西洋正统哲学(也是富有中古宗教的遗毒的)的皮毛,回转头来做点杂糅傅合的工夫,于是正统的理学居然又成为国粹的上上品;捧场鼓吹的人又不少了。"

2月28日　邮寄《几个反理学的思想家》给吴稚晖并附信云,"作此文的大意,先生是明眼人,定能看出此中总不免有点'借刀杀人'的动机"。

4月4日　日记云:"上课。我讲'道学'的起源。向来学者知其出于道士,固然不错;但最要紧的是要知道道学起于政府的反对党,尤须知道他起于那曾被压迫、曾受摧残的反对党。……不知当日江西派与洛阳派的争斗,便不能知道道学的真意义。"

7月2—3日　撰成《名教》,刊7月10日《新月》第1卷第5号。其中云:"我们的古代圣贤也会提倡一种'理智化'了的'名'的迷信,几千年来深入人心,也是造成'名教'的一种大势力。卫君要请孔子去治国,孔老先生却先要'正名'。他恨极了当时的乱臣贼子,……所以他只好做一部《春秋》来褒贬他们,'一字之贬,严于斧钺;一字之褒,荣于华衮'。这种思想便是古代所谓'名分'的观念。"

7月31日　在上海东方图书馆举办的图书馆学暑期讲习班上讲《中国书的收集法》,刊1934年4月30日《中华图书馆协会会报》第9卷第5期。

其中云:"孔子是道学家,可是他删诗而不删掉极淫乱的作品,正可充分地表现他有远大的目光。……因为有这种态度,这种眼光,所以为中国、为全世界保存了最古、最美、最有价值的文学史料、社会史料、宗教史料、政治史料。"

9月　撰《治学的方法与材料》,刊11月10日《新月》第1卷第9号。其中云:"从梅鷟的《古文尚书考异》到顾颉刚的《古史辨》,从陈第的《毛诗古音考》到章炳麟的《文始》,方法虽是科学的,材料却始终是文字的。科学的方法居然能使故纸堆里大放光明,然而故纸的材料终久限死了科学的方法,故这三百年的学术也只不过文字的学术,三百年的光明也只不过故纸堆的火焰而已!"

"虽然做学问的人不应该用太狭义的实利主义来评判学术的价值,然而学问若完全抛弃了功用的标准,便会走上很荒谬的路上去,变成枉费精力的废物。这三百年的考证学固然有一部分可算是有价值的史料整理,但其中绝大的部分却完全是枉费心思。如讲《周易》而推翻王弼,回到汉人的'方士易';讲《诗经》而推翻郑樵、朱熹,回到汉人的荒谬诗说;讲《春秋》而回到两汉陋儒的微言大义,——这都是开倒车的学术。"

11月4日　给胡朴安的答信中云:"我不认'中国学术与民族主义有密切的关系',若以民族主义或任何主义来研究学术,则必有夸大或忌讳的弊病。我们整理国故,只是研究历史而已,只是为学术而作功夫,所谓'实事求是'是也,绝无'发扬民族之精神'的感情作用。"

12月　演讲《怎样医治浪漫病》(为《治学方法》的一部分),记录稿刊12月9日《民国日报·觉悟》。其中云:"我们中国要研究有结果,最要紧的是要到自然界去,找自然材料。做文学的更要到民间去到家庭里去找活材料。"

1929年
在上海,任中国公学校长。

3月14日　顾颉刚来沪拜访胡适,胡适说:"现在我的思想变了,我不疑古了,要信古了!"

6月3日 在上海大同大学演讲《哲学的将来》。其中云:"过去的哲学只是幼稚的、错误的或失败了的科学。""将来只有思想家而无哲学家,他们的思想已证实的便成为科学的一部分,未证实的叫做待证的假设。"

8月 何定生编辑的《关于胡适之与顾颉刚》(后又名《治学的方法与材料及其它》)一书由北平朴社出版。内中对胡适多有异议。

11月19日 撰成《新文化运动与国民党》,刊《新月》第2卷第6—7号合刊(按:出版时间虽标明9月10日,但实际出版日期推迟,应在11月以后,具体时间待考。另,此文落款时间为"11月29日",现时间从胡适日记)。其中云:"我们当日批评孔孟,弹劾程朱,反对孔教,否认上帝,为的是要打倒一尊的门户,解放中国的思想,提倡怀疑的态度和批评的精神而已";"新文化运动的根本意义是承认中国旧文化不适宜现代的环境,而提倡充分接受世界的新文明"。

本年 撰《儒教在汉代被确立为国教考》(英文),刊1929年《亚洲文会北华分会杂志》第60卷。其中云:"把儒教作为国教的建立,或者更确切地说定为国教的最重要的一步,则是采用儒家经籍作为政府文官考试制度的基础。"

"我们必须称它为'汉儒',以便一方面有别于孔、孟关于道德伦理和社会的教导;另一方面也有别于宋代的新儒家哲学。""这种新儒教必然是一种人为合成的宗教,里面融入了众多民间流行的迷信和国家崇尚的因素。……薄薄地涂上一层儒家以前和儒家的经籍作为伪装,以便使它以文雅和权威的姿态出现。从这方面来说,汉代的新儒教确实是中国的国教。"

"……汉代新儒教的观点,至少包括下列各要点:(1)信奉天上有神,它有意志,有意识,并监视着人们和政府的所作所为;(2)信奉一切神怪及死后灵魂也监视着人们和政府的一切行动;(3)信奉善恶因果报应思想;(4)信奉天人感应,邪恶的行为会带来上天预先的警告和事后盛怒的惩罚,善良的行为会带来吉利的征兆和回报;(5)信奉由事都有先兆,并能人为地使天意转缓,甚至靠做大量的善行义举来改变天意;(6)信奉占星学是一门解释天象和人类及政治事件关系的科学。"

"总而言之,新儒家完全是宗教的口气,它的根本目的,无论是有意还是无意,几乎全部是为政治服务的。""……汉代的新儒教是完全不同于孔子的不可知论的人文主义或孟子的民主主义政治哲学的。"

1930 年
在上海中国公学任校长,11 月 30 日重返北平,任职中华教育文化基金董事会。

1—2 月　《陆贾〈新语〉考》刊《北平图书馆馆刊》第 4 卷第 1 号。

2 月 1 日　在致顾颉刚的信中云:"《系辞传》只是说理之书,太史公从不曾把此书当作史实看,故不把这些话收入《五帝本纪》中去。"

"我的意思以为《新语》与《氾论训》同受《系辞》此文的暗示。两书各有所主张,都不同'制器尚象'之义,故放胆发挥,而不直引其文。两书皆说理之作,故不妨自由去取。两书之用此等制作之事,与先秦学者言必称尧舜正同。司马迁则是史家,不能如此自由,故他不用此文制作之事……"

"至于'观象制器'之说,本来只是一种文化起源的学说。原文所谓'盖取诸某象',正如崔述所谓'不过言其理相通耳,非谓必规摹此卦然后能制器立法也'。……所谓观象只是象而已,并不专指卦象,卦象只是象之一种符号而已。"

"故我在《中国哲学史》论'象',把《系辞》此章与全部六十四卦的《象传》合看,使人明白这个思想确是一个成系统的思想,不是随便说说,确曾把全部《易》都打通了,细细想过,组成一个大理论。"

2 月中下旬　郭沫若《中国古代社会研究》结集,由上海联合书店出版。其"序言"云:"胡适的'中国哲学史大纲',在中国的新学界上也支配了几年,但那对于中国古代的实际情形,几曾摩着了一些儿边际?社会的来源既未认清,思想的发生自无从说起。所以我们对于他所'整理'过的一些过程,全部都有从新'批判'的必要。"

2—3 月上旬　撰《齐学》,为《中国中古思想史长编》第一章。

3 月 14—20 日　撰《杂家》(后改题《读〈吕氏春秋〉》),为《中国中古思想史长编》第二章第二、三部分。其中云:"儒家的'孝的宗教'虽不是个人主义的思想,但其中也带有一点贵生重己的色彩。孝的宗教教人尊重父母的遗体,要人全受全归,要人不敢毁伤身体发肤,要人不敢以父母之遗体行殆,这里也有一种全生贵己的意思。'大孝尊亲,其次弗辱',这更是贵生的精神。推此精神,也可以养成'不降其志,不辱其身'的人格。所不同者,贵生的个人主义重在我自己,而儒家的孝道重在我身所自生的父母,两种思想的流弊大不同,而在这尊重自身的一点上确有联盟的可能。"

"儒家的孟荀都主张君主。孟子虽有民为贵之论,但也不曾主张民权,至多不过说人民可以反抗独夫而已。古代东方思想只有'民为邦本''民为贵'之说,其实并没有什么民主民权的制度。极端左派的思想确有'无君''无所事圣王'之说,但无政府是一件事,民主制度另是一件事。"

3月17日　日记云:"简单说来,《吕氏春秋》是秦学,道家是齐学,儒家是鲁学。这三个地域的不同,国势的不同,环境的不同,便使这三系思想呈显不同的性质。"

3月20日　收到冯友兰奉寄的《中国哲学史》上册征求意见稿。

3月26日　撰成《秦汉之间的思想状态》,为《中国中古思想史长编》第三章。

3月31日　草成《道家》,为《中国中古思想史长编》第四章。

本月　撰《述陆贾的思想》,收入1937年1月上海商务印书馆《张菊生先生七十生日纪念文集》。其中云:"(陆贾的进化论)很可以使我们想到《周易·系辞传》中论古圣人观象制器的一段,文字也很有因袭的痕迹。"

4月16日　开始撰写《淮南王书》,为《中国中古思想史长编》第五章。

4月30日　撰成《中国中古思想史长编》第五章。

本日　日记附顾颉刚《阮元〈明堂论〉》一文。

本日　附张元济4月7日来信,其中云:"前日承惠《中古哲学史》稿,竭二小时之力,展读一遍。'大月分牌'一段,揭出吾国二千余年政治之精髓,真千古不磨之论,不胜倾倒。第三章起何时可以脱稿?尤以先读为快。"

5月12日　撰成《统一帝国的宗教》,为《中国中古思想史长编》第六章。

6月20日　撰《读王小徐先生的〈佛法与科学〉》,刊1931年11月《新月》第 3 卷第 9 号。其中云:"我是研究历史的人,在我的眼里,一切学术思想都是史料而已。"

6月28日 撰《董康〈书舶庸谭〉序》。其中云:"凡观察一国的文化,须看这文化之下的人怎样生活,更须看这文化之下的人怎样死法。"

7月28日 日记云:"续作《哲学史》第六章。中间搁了整整二个月。此一章——儒教的成立,——最不好写,起了几次头,总不能满意。"

本月 在《武汉大学文哲季刊》第 1 卷第 2 号上发表《三年丧服的逐渐推行》,其中云:"三年之丧只是儒家的创制;……但儒家的宗教传到的地方,三年之丧渐有人行。这是儒教的一种宗教仪式,还不能行于儒家以外的人家。"

"千百年后,风气已成,人都忘了历史演变沿革的事实,遂以为三年之丧真是"天下之通丧",真是"三代共之"的古礼了!殊不知这种制度乃是汉朝四百年的儒教徒逐渐建立的呵!"

后来胡适在《胡适口述自传》中云:"我在更早期所写过的一篇文章《三年丧服的逐渐推行》里面,便曾提出'三年之丧'这个制度,纵迟至孟子时代,还没有通行。孔子的弟子中即有人对这一不合理的制度提出反对。"

"像'三年之丧'这样的制度,便是一般人视为当然的制度之一。孔子说:'三年之丧,天下之通丧也。'这一点我就不懂了。我想不是孔子在说谎,便是孟子在说谎。可是我的朋友傅斯年就向我建议说,孔子所说的'天下',实在是专指'殷人'。殷民族是那时周王朝里人民的大多数,所以孔子始有此言。"

8月15日 日记云:"上午无事,靠在床上想《哲学史》中《儒教的成立》一章的组织仍很不满意……"

8月18日 日记云:"改作《哲学史》第七章。"

8月22日 日记云:"续写《哲学史》第七章改稿。"

8月24日 日记云:"续写《哲学史》,稍顺手了。"

8月25日 日记云:"写《哲学史》第七章,此一章或须分作三章写。"

8月26日 日记云:"写《哲学史》,成四千字。"

8月27日 日记云:"(张)慰慈说我的《哲学史》中《淮南》一章的政治

思想一节,颇有把近世思想读进古书去的毛病。我细想去,此一节确有此病。"

8月30日　撰成《儒家的有为主义》,为《中国中古思想史长编》第七章。

9月3日　日记云:"今天下午重读已成的《哲学史》稿子,决定重写一部分,以'齐学'为第一章。"

10月2日　日记云:"下午一时高兴,写了一纸'中国哲学小史'的纲目,并且写了第一章的一半。"

10月17日　在北京协和医学校发表英文演讲"What is Philosophy?"(《哲学是什么?》)。其中云:

> 哲学寻求普遍性,但它无法求得确定性;科学发现可证实的确定性,因此可达到真实的普遍性。一旦一种理论达到了可证实的确定性,它就成为科学法则的一部分,而不再是哲学,而且它所处理的问题也落在哲学家的视野之外。
>
> 科学仅凭其完美的、精密的方法论,便占据了哲学的大部分领地。就连哲学思辨仅存的那一小块领地,也被科学家划入社会科学的"势力范围"。
>
> 开始时,哲学是以前科学面貌出现的,现在,哲学成了科学。哲学和科学实在是一个事物的两个名称而已。(英文原文参见《胡适全集》第36卷)

10月28日　日记云:"《钱谱》(按:指钱穆《刘向歆父子年谱》)为一大著作,见解与体例都好。他不信《新学伪经考》,立二十八事不可通以驳之。"

10月31日　日记附录伍光建9月24日(秋分日)所撰《中国中古哲学史》(手稿)书评,其中云:"胡适之博士这一期的中国哲学史,从'思想混一趋势'说到'统一以前的民族宗教',不独把诸书的真伪,与诸宗学说的源流派别异同长短都指出来,而且用冷静头脑,批判得了[透?]。假使那几位哲学家再活过来,大约也不得不承认,不会呼冤的。这何等眼光,何等学力!我敢说,我读过这一期哲学史之后,若再读这一期的子书与历史,我的眼光与印象有大部分几乎会全改变过来,将觉得我所读的好像是新子书新历史。这是何等有价值的著作!里头还有几篇论说得很透彻很感慨,真能挽回二千五百年的偏见。我们都不要怪他破坏,因此破坏里头,就有了建筑的趋势啦。"

12月6日 在历史语言研究所演讲。其中云:"在整理国故的方面,我看见近年研究所的成绩,我真十分高兴。如我在六七年前根据渑池发掘的报告,认商代为在铜器之前,今安阳发掘的成绩足以纠正我的错误。"

12月7日 在北大哲学系同学欢迎会上演讲,其中云:"前次我在协和医大礼堂讲'哲学是什么?'到今天报纸上还有许多人来和我辩论。我的意思是说哲学与科学本来是一家,不过哲学到现在有好些部分是被科学拿去了;本来哲学与科学都是来发明宇宙的真理,来解决人生问题的!解决问题到了确定的程度,就成为科学;没有到正确的程度,就是哲学。过去的哲学不过是不高明的科学,很幼稚的科学罢了。实在没有什么根本上的不同,我们看过去的历史就明白了。"

"我们知道无论什么民族、国家,一定要有他当代的哲学家、思想家,来解决一个民族,一个国家当前的、急迫的社会问题,政治问题,人生问题,并不是要解决科学上所已经解决的问题,拿来玩把戏;是要解决科学以外所未解决的问题。或帮同科学来解决所未解决的问题,发明未发现的真理。这就是现在哲学的任务,现在哲学家的使命!"

"我希望少年学哲学的人能训练自己做思想家,想想当前的活问题。哲学家的店也许像我从前说的,要关门了;但思想家的饭碗是永远保得住的。"

12月20日 在复钱玄同信中云:"以文字体裁而论,《春秋》是一部史,与别国的史正是'一也'。……史官的威权已经成立了,故孔子自认窃取史官'书法'意义,而建立正名的思想。"

"所谓'孔子作《春秋》'者,至多不过是说,孔子始开私家学者作历史的风气。创业不易,故孔子的《春秋》(即使不全是今所传本)也不见得比'断烂朝报'高明多少。但私家可以记史事,确有可以使跋扈权臣担忧之处。故有'乱臣贼子惧'的话。"

"孔门的后人不能继续孔子以私家学者作史的遗风,却去向那部比断烂朝报高明不多的《春秋》里寻求他老人家的微言大义。于是越钻越有可怪的议论发现。""我们在今日无法可以证实或否证今本《春秋》是孔子作的;也不能证明此书是否荀子一派人作的。……似可以假定今本《春秋》不是晚出的书,也许真是孔子仿古史书法而作的。"

本月　傅斯年《〈新获卜辞写本后记〉跋》刊国立中央研究院历史语言研究所专刊之一《安阳发掘报告》第2期。此文对胡适之《说儒》产生了直接的影响。

1931年

在北京大学任教,为文学院院长兼中国文学系主任。

1月26日　为次日在青岛大学演讲,撰《文化史上的山东》提纲。

1月27日　在青岛大学演讲《文化史上的山东》。在当天日记中云:讲的是"齐文化"与"鲁文化"之区别,并指出"齐学"的重要。具体云:

"孔子是'殷人',奉的是殷商民族的祖先教;但他又认'鲁国'是'父母之邦',他受鲁文化的影响也极大。孔学是这两种文化结婚的产儿。①从那周鲁文化里,他得着了对历史文化的了解,承认文献的'史的价值',遂给中国人开辟一个富于历史观念的学派。②从他那个殷人的血统关系上,他不知不觉地输入了殷民族的祖先宗教,在形式部分则有丧葬祭祀等等,在思想部分则有'孝'的宗教。孔学所以盛行,一因孔子授徒甚众;二因孔门研究古文献,操教育上的重要工具;三因孔学是一种'左倾的中派',一面重视历史的文化,而一面又有怀疑与革新的精神,故能得多数人的信仰。(老为左派,墨为右派。)"

"(汉武帝时)最大的儒者董仲舒便推阴阳,谈灾异,名为儒生,其实已完全变成了阴阳家。这时候的鲁学已渐渐'齐学化'了。"

本月至7月　陆续在《现代学生》第1卷第4、6、8、9期上发表《王充的

〈论衡〉》(又题《王充的哲学》)。其中云:"他(按:王充)的哲学的宗旨只是要对于当时一切虚妄的迷信和伪造的假书,下一种严格的批评。凡是真有价值的思想,都是因为社会有了病才发生的,汉代的大病就是'虚妄'。汉代是一个骗子时代。……谶纬之学便是西汉骗子的自然产儿。""《论衡》的精神只在'订其真伪,辨其实虚'八个字。所以我说王充的哲学是评判的哲学。他的精神只是一种评判的精神。""王充的批评哲学的最大贡献就是提倡这三种态度——疑问、假设、证验。""这种怀疑的态度,并不全是破坏的,其实是建设的。因为经过了一番诠订批评,信仰方才是真正可靠的信仰。"

2月17日 日记云:"孟真来谈。读他的《〈新获卜辞写本后记〉跋》,此文论二事,一因卜辞'伐羋'而论'楚之先世',一因卜辞'命周侯'而论'殷周的关系'。两题皆极大贡献,我读了极高兴。"

3月5日 日记云:"孔二先生说:知之为知之,不知为不知,是知也。这是不可磨灭的格言,可以防身。"

3月10日 日记云:"改作《哲学史》稿第五章《淮南书》第二三节,颇胜原稿。"

3月17日 日记云:"续写《哲学史》第八章。"

本日 撰致钱穆信,即《与钱穆先生论〈老子〉问题书》。其中云:"当时思想的分野:老子倡出道为天地先之论,建立自然的宇宙观,动摇一切传统的宗教信仰,故当列为左派。孔子是左倾的中派,一面信……自然无为的宇宙观,又主'存疑'的态度,……一面又要'祭如在,祭神如神在',则仍是中派。孔孟的'天'与'命',皆近于自然主义,……皆近于老庄。……而尊天事鬼的宗教所不容。墨家起来拥护那已动摇的民间宗教,稍稍加以刷新,输入一点新的意义,以天志为兼爱,明天鬼为实有,而对于左派中派所共信的命定论极力攻击。这是极右的一派。"

3月22日 日记云:"颉刚与郭绍虞、钱宾四来谈。宾四费了许多年的工夫著了一部《诸子系年考辨》,凡几十万言。老子的移后是其中的一个要点,故他今天仍争辩《老子》不会出于战国以前。他问,《老子》已说'礼者忠信之薄',似是很晚的一证。我说,《论语》不曾说有林放问礼之本吗?此问与孔子所答正足证其时'礼'已发生疑问了。"

"他又说,'功成名遂身退天之道',似也是很晚的证据。有退必有'进',那时贵族政治之下,有什么个人进退?我说,这又错了。《诗》三百篇里已可看出私人的入政治场中,《论语》里里有家臣同升之事,吴越杀功臣不是春秋末年的事吗?再上去,周公居东,祭仲、管仲都不是先例吗?"

"他又问,散文夹韵文是否散文成立以后的事?我说,韵文成立最早,纯粹散文在后,而《老子》的文体应在过渡时代。"

3月29日　日记云:"回家写《哲学史》。"

3月31日　日记云:"我现在渐渐脱离今文家的主张,认西汉经学无今古文之分派,只有先出后出,只有新的旧的,而无今古文分家。"

"廖平之《今古学考》(1886)实'创为今古二派',但他的主张实甚平允,说'汉初古文行于民间,其授受不传';说'今古诸经,汉初皆有传本传授';'古学之微,非旧无传,盖以非当时所贵尔'。康有为的《新学伪经考》(1891)始走极端,实不能自圆其说,故不能不说《史记》也经刘歆改窜了。"

4月1日　撰《周官》。其中云:"我假设一个解释:大概司马迁的时候有一部《周官》,是当时的伪古书的一种,其性质与文帝令博士所作《王制》差不多,同是一种托古的建国大纲。""我们说《周礼》是王莽用史迁所见的《周官》来放大改作的,似乎不算十分武断。但我们不能因此便说刘歆遍伪群经。"

4月12日　日记中云:"凡整理古书,所以为人也,当以适用为贵。我主张五项整理:一校勘,二标点,三分段,四注释,五引论:缺一皆不可。"

本日　读罗振玉《增订殷墟书契考释》三卷。

4月21日　在致钱穆的信中云:"我以为廖季平的《今古学考》的态度还可算是平允,但康有为的《伪经考》便走上了偏激的成见一路,崔觯甫(适)的《史记探源》更偏激了。"

7月7日　撰《崔述的年谱·后记》。此年谱后一部分为赵贞信所续。

7月22日　撰写"The Literary Renaissance in China"(《中国的文艺复兴》)一文,共18页。

9月11日　撰《谈谈〈诗经〉》,此为1925年9月在武昌大学演讲稿基础上的修改稿。其中云:"我觉得用新的科学方法来研究古代的东西,确能得着很有趣味的效果。……今日研究古书,方法最要紧。""《诗经》不是一部经典。……因为《诗经》并不是一部圣经,确实是一部古代歌谣的总集,可以做社会史的材料,可以做政治史的材料,可以做文化史的材料。万不可说它是一部神圣经典。""《诗经》到了汉朝,真变成了一部经典。"

9月14日 日记云:"因会(按:指北大开学典礼)上有人曾说我们要做到学术上的独立,我说,此事谈何容易?别说理科法科,即文科中的中国学,我们此时还落人后。陈援庵先生曾对我说,'汉学正统此时在西京呢?还在巴黎?'我们相对叹气,盼望十年之后也许可以在北京了!"

本年 为美国麦克米伦出版公司(Macmillan Publishers Limited)出版的《社会科学百科全书》(Encyclopedia of the Social Sciences)撰"孔教"(Confucianism)和"康有为"(K'ang Yu-Wei)辞条。

"孔教"条中将《诗经》《书经》《易经》《仪礼》称为"孔教的旧约";将《论语》《孟子》《孝经》《中庸》称为"孔教的新约"。

"康有为"条云:"……他(按:指康有为)认为的'新学',即集儒学、佛学、新儒家思想的推理哲学和西方科学基础知识在一起的一种折衷的混合物。""康有为的政治哲学是儒家学说、佛学和西方社会主义理论的一个奇特的混合体。""他试图适应近世的情况重新解释儒家学说,以便使之复兴。对他来说,儒家学说具有国际性,并且是进步的。他责难有些经书是'古文'学派伪造的。……所有这些经文(包括《左传》和《周礼》)被排斥了,从中只很少一部分儒家思想被保留了下来。唯一剩下的复兴儒家思想运动的伟大领袖不知不觉地敲响了儒教作为一种国教的丧钟。"

本年 为陈衡哲主编的英文版 Symposium on Chinese Culture(《中国文化论集》)撰《中国历史上的宗教与哲学》和《文艺复兴》二章。《中国历史上的宗教与哲学》云:"在整个中国历史上,有两大宗教起着非常重要的作用。一种是佛教,……另一大宗教一直没有统一的名称,但是我建议将之称作中国教(Siniticism)。它是中国人民的本土宗教。它上溯到太古时代,包括所有的诸如墨家、儒家(作为一个国家宗教)发展后期阶段、道家的所有不同阶段。"

"孔子及其学派发展了一种宿命论,其根源可能是对古老占卜的信仰,也可能是宇宙自然主义观念的必然结果。……这种宿命论的观点,尽管本身宗教意味十足,但对旧的相信向上帝祈福避祸的观念却不一定有利。""孔子是一个不可知论者,同时也是一个新宗教的导师,这个宗教不是以对诸神或上帝的崇拜为基础,而是以孝道为中心思想。""……新宗教试图抛开上帝而建立一种新的道德约束力。"

"在儒教的伪装下,汉朝的国家宗教就这样建立起来了。这一宗教是孔子、孟子或荀子要坚决否认的,它是为适应统一王朝的需要和条件而扩大的旧中国教。"

1932 年

在北京大学任教,为文学院院长兼中国文学系主任。

5月10日　在致钱玄同的信中云:"……姚立方的遗著的发现,是近代学术思想史上的一件重要事,……这事可以表示近年中国学术界的一个明显的倾向。这倾向是'正统'的崩坏,'异军'的复活。在思想方面,李觏、王安石、颜元、崔述、姚际恒等人的抬头,与文学方面的曹雪芹、吴敬梓的时髦是有同一意义的。"

5月19日　《中国中古思想小史》(前身是《中国中古思想史的提要》)前十二章脱稿。

9月7日　撰《论六经不够作领袖人才的来源》,收入商务印书馆1935年12月版《胡适论学近著》。其中云:"吾国训育的工具有几个最大的弱点,遂成为致命之伤。第一,'儒门淡薄,收拾不住'一般的平常老百姓;试问《尚书》、《周礼》一类的书,即使人人熟读,岂能在人生观上发生什么影响?六经皆如此。即《论语》、《孟子》之中,又能有几十章可使一般人受用呢?"

10月25日　在天津南开大学演讲《中国问题的一个诊察》,记录稿刊《南开大学周刊》第134期。其中云:"在历史上我们的武力虽然不如人,然我们的文化却有过之无不及,因此我们被外族征服了之后,外族却常被我们同化过来。"

"但是现在的时期已不同了,我们到了另一个时期,文化后面有武力,武力后面则是整个的文明,内邪既凶,外感益亟;从前仗着自己所谬认的'精神文明',一次抵抗,二次抵抗,对付外来的文化和武力,而现在则武力文化经济科学万管齐下,所以不能再得幸免。所以九一八以后历有一年,还是毫无办法,竟至于请班禅喇嘛来念经,叫民国以来的一切罪人,都来作念经救国运动。传染病终于抵敌不过内邪外感的夹攻了。"

"中国文化本很枯厌,几经淘汰,占有势力的便是儒家,儒教哲学除去荀子一派,便只有六经,是最枯燥无聊的东西,不能作为文化的基础。……有人把孔子比亚理斯多德,然而亚氏搜集了多少动植物的标本,更奠定了逻辑科学的基础。……而中国文化范围是这样的狭小,对于庄墨之学又肆意排斥,结果只余六经,这样单调的孔孟之学如何能作为文化的基础呢?"

11月29日 日记云:"陈布雷与裴复恒来。我谈何以阳明哲学能在日本发生维新效果而在中国只能造成'囊风囊雾'的理学。"

11月30日 在武汉大学演讲《中国历史的一个看法》,演讲记录稿刊12月4—6日《中央日报》及12月6—9日天津《大公报》。其中云:"(周征服殷之后),上面的——政治方面是属于周民族;下面的就是属于殷民族。……孔子虽是殷人(宋国),至此很想建设一个现代文化,故曰'吾从周'。"

"此时的建设期中,产生了一个'儒'的阶级。儒本是亡国的俘虏——遗老,他本是贵族阶级,是文化的保存者,亡国以后,他只得和人家打打官司,写写字,看看地,记记账,靠这类小本领混碗饭吃而已(根据《荀子》的《非十二子》篇)。这班人——'儒'一出来,世界为之大变,因为他们是不抵抗者,是懦夫。我们从字义看,凡是和儒字同旁的字眼,都是弱的意思……他们是唱文戏的,但是力量很大,因为他们是文化的传播者,是思想界。老子后世称为道家,但他正是'儒'的阶级中之代表,他的哲学是儒的哲学,他的书中,常以水打譬喻,因为水是最柔弱的,最不抵抗的。这就是儒的本身,他们一出,凡是唱武戏的,至此跟着唱起文戏来了。幸而在此当中,出来一个新派,这就是孔子。他的确不能谓之儒者,就是儒者也是'外江'派(粤闽人对外省人的称呼)。他的主张是'杀身成仁'。……这完全和老子相反。

老子是信天的，主自然的；而新派孔子，是讲要作人的且要智、仁、勇三者都发达。他是奋斗的，'知其不可而为之'，这就是他的精神。新派唱的虽也是文戏，但他们以'有教无类'打破一切阶级，所以后来产生孟子、荀子、弟子李斯、韩非。"

"本来是要以'人的政治'、'人的法律'、'人的财政'来抗住它的，但还怕药性过猛，病人受纳不起，所以司马光、二程等，主张无为，创设'新的哲学'、'新的人生观'。在破书堆里找到一本一千七百几十个字的《大学》来打倒十二部《大佛经》，将此书的'格物'、'致知'、'正心'、'诚意'、'修身'、'齐家'、'治国'、'平天下'这一套，来创造新的人的教育，新的哲学，新的人生观。"

"本来他（按：指王安石）的秘诀一是'有为'，一是'向外'；但一班的习静者，他们要将喜、怒、哀、乐等，于静中思之，结果是无为，是无生气，而不能不使这老英雄（按：指老中华或中华文化）在病中困斗。"

"清代的天下居然有二百余年，这实是程朱学说——君臣观念所致，因为此时的民族观念抵不住君臣的名分观念。……然而在学术上却发生一种'实事求是'的精神——科学的精神，而成就了一种所谓'汉学'。这种新的学术，是不主静而主动的，它的哲学是排除思想而求考据。……不过在建设这'人的学术'当中，老英雄已经老了，病了！"

"（中国比西方）少了一个大的和附带一个小的，大的是科学，小的是工业。我们素来是缺乏科学，文治教育看得太重。"

12月4日 在长沙中山堂演讲《我们所应走的路》，其中云："我们国家受外侮，……直接了当的说，就是学术不如人。我们样样科学都要依赖别人，所以失败，我们现在要赶上学术与人家平等，我们才能得到国际间的真平等。"

12月5日 日记中附记云："蒋介石先生要同我谈谈哲学。……他想把王阳明的'知行合一'、'致良知'的道理来阐明我们总理（按：指孙中山）'知难行易'的学说。""蒋君明知二说不同，偏要用阳明来说中山，大概是他不曾明白懂得二说的真正区别在那儿。"

1933 年

在北京大学任教,为文学院院长兼中国文学系主任。

2月27日　《古史辨》第4册由北平朴社出版。"钱(穆)序"云:"尝谓近人自胡适之先生造'诸子不出王官'之论,而考辨诸子学术源流者,其途辙远异于昔。……适之先生倡九流不出王官论于前,而不肯信老子后出之说。近闻其谓老子亦儒家,当亦知九流实导流于儒,故迁就而说此。然儒乃术士,而老子则为王官,否则为隐士。王官隐士皆非儒,不论其学说,即就流品言,老子非儒,断然不浄。"

6月20日　在赴美的轮船上拟定将在芝加哥大学系列英文演讲的大纲,总题为"Cultural Trends in China Today"(《当今中国文化之趋势》)。

6月27日　撰写演讲稿第1讲《文化控制的类型》(*Type of Cultural Control*),说明何以中日两国接受西洋文化之迟速大不相同。

本日　撰《〈四十自述〉自序》。

本月　《评柳诒徵编著〈中国文化史〉》,刊《清华学报》第8卷第2期。其中云:"柳先生的书可算是中国文化史的开山之作";"(柳著)这样详于古代而太略于近世,与史料的详略恰成反比例,实在使我们不能不感觉作者对于古代传说的兴趣太深,而对于后世较详而又较可信的文化史料则兴趣太淡薄。试看第一编第十九章'周之礼制'一章,全用《周礼》作材料,凡占八十六页,共占全书十二分之一的篇幅。然唐朝一代的文学史,则仅有寥寥十一行,尚不满一面!""与其滥用精力去讨论'洪水以前'的制作,或臆断《王制》《周礼》所载的制度何者为殷礼何者为周礼,远不如多用力于整理后世的文化史料。此书后面的大半部也太偏重文字上的制度,而太忽略了经济的情形与生活的状态"。

7月　应邀担任芝加哥大学哈斯克(Haskell)讲座主讲人,在芝加哥大学开讲题为"中国文化的趋势"的系列讲座,共六讲,讲稿随后由芝加哥大学出版部结集出版,题为《中国的文艺复兴》。

本月　应邀参与芝加哥大学哈斯克讲座《世界六大宗教》的系列演讲,讲题分别为《儒教与现代科学思想》《儒教与社会经济问题》及《儒教的使命》,讲稿收入海顿(A. E. Haydon)编 Modern Trends in World Religions(《世界宗教的新趋势》)一书。其中《儒教的使命》云:"它(按:指儒教)是自杀死的,可不是由于错误的冲动,而是由于一种努力,想要抛弃自己一切逾分的特权,想要抛弃后人加到那个开创者们的经典上去的一切伪说和改窜。"

"这些人(按:指孔、孟等原始儒家)都有那种知识上的谦虚,所以他们厌恶独断的传教士态度,宁愿站在真理追求者的谦虚立场。这只是说,这些思想家不肯相信有一个人,无论他是多么有智慧有远识,能够说完全懂得一切民族,一切时代的生活与道德的一切错综复杂的性质。"

"因为那些宗教的制度形式薄弱,所以新的宗教总是渐渐的,几乎不知不觉的代替了旧的宗教。……儒教也是这样,东汉的注家慢慢盖过了较古的各派,后来又和平的让位给朱子和他那一派的新解释;从宋学到王阳明的转变,随后又有趋向于近三百年的考据学的转变,都是以同样渐进方式完成的。"

10月20日　叶青(任卓宣)《胡适批判》上册由上海辛垦书店出版。下册1934年1月出版。

12月16日　在致陈登原的信中云:"习斋反对理学,而他的'小心翼翼昭事上帝'的每日功课都是理学家的陋态。……颜、李实皆不能完全脱离理学家'主敬'的老套。"

12月19日　撰《格致与科学》,其中云:"我们中国人的科学遗产只有两件:一是程子(颐)、朱子提出的'即物穷理'的科学目标,一是三百年来朴学家实行的'实事求是'的科学精神与方法。""我们现在和将来的努力,要把这两项遗产打成一片:要用那朴学家的'实事求是'的精神与方法来实行理学家'即物穷理'的理想。"

1934年

在北京大学任教,为文学院院长兼中国文学系主任。

1月11日　在辅仁大学国文系演讲《考证学方法之来历》,演讲记录稿刊 1 月 12—13 日《华北日报》。当日日记云:"近年学者往往误信清朝汉学考证之方法是受了耶稣会教士带来西洋科学的影响。此说毫无根据,故作此讲演,证明朴学方法确是道地国货,并非舶来货品。""我以为考证之风大概是从刑名之学来的。自唐到清,科学都用'判',故学者多不能不懂一点听讼的方法。程颢《行状》中可见他是一个善断狱的好官。朱子论格物与读书,也常用断狱为例。"

此日日记另有 1957 年 7 月 16 日的批注云:"这是我二十多年前的一个讲演纲要。许多年来,我很相信我的'中国考证之学出于刑名之学'的说法。但我现在的看法根本不同了。我近来觉得两千多年的文史之学,——经学,校勘本子异同之学,文字训诂之学,史事比勘之学,——本身就是一种训练,就是一种方法上的学习与训练。王充、张衡、郑玄、刘熙、杜预、郭璞,都是经生,都是考证学的远祖。"

1 月 12 日 改定《中国中古思想史》第一期目次。新目次为:(1)齐学。(2)秦学(商君与李斯)。(按:原为"秦学")(3)秦汉之间的思想状况。(4)淮南王书。(按:原为"道家")(5)统一帝国的宗教。(6)儒生的有为主义。(按:原为"儒家的有为主义")(7)董仲舒与儒教。(按:原为"儒教")(8)王莽时代的儒教。(9)王充。(10)批评精神的尾声。①清议与党锢;②曹魏与孙吴的校事(政治特务);③清谈(玄谈)。(按:原为"东汉的一般思想状况")(11)佛教的输入与道教的兴起。(按:原为"道家与道教")

1 月 21 日 撰《〈独立评论〉八十六号编辑后记》,其中云:"中国古代传给我们的文化,实在太侧重伦理而太忽略自然了;实在太偏重文字而太不注意实物了。虽有炼丹采药的方士,终敌不过那养神坐忘的道家;虽有格物致知的科学理想,终于因为没有一点研究自然的风气,所以'即物穷理'不久就变成了'读书成理'"。

"中国古圣贤的大错误就在妄想离开自然而研究人生。我们的'自然科学'发达的太早了,庄子淮南子要'不以人易天';荀子要人'不与天争职'。他们撇开了自然,专说人事,所以断绝了自然科学的路。""中国也不是没有科学的种子。依我看来,至少有两件:第一是我们有个格物致知的科学目标;第二是我们有了三百年的考证学的科学方法。"

本月 在《中国社会政治评论》(Chinese Social and Political Science Review)第17卷第4期上发表英文稿《文化反应的类型》(Types of Cultural Response)。

3月2日 日记云:"上课,讲西汉儒教起于两种需要:用古经典作那新宗教的依据,用古经典作教育运动的教材。这个儒教虽然陋的可笑,但也有历史上的重大意义":"(1)它用古经典来范围那乌烟瘴气的民间宗教,实有去泰去甚之功";"(2)含有'屈民而伸君,屈君而伸天'的政治意义,有稍稍制裁那无限君权之功";"(3)含有一个社会改革的大运动";"(4)代表一个有为主义的思想"。

3月14日 日记云:"拟作《原儒》一文,未动手。"

3月15日 日记云:"动手做一文——《说儒》。"

3月17日 日记云:"下午续作《说儒》一文,未完。"

3月20日 日记云:"孟真来谈。他昨晚送来他的旧稿《周东封与殷遗民》诸文,于我作《说儒》之文甚有益。已充分采用。今天我们仍谈此题。"

罗尔纲《师门五年记·胡适琐记(增补本)》提到:"1934年春,胡适撰《说儒》。每星期天下午是他在家做研究的时间,傅斯年就过来共同讨论。"

3月23日 日记云:"上课,讲魏晋思潮。……中国士大夫整齐严肃之风气至魏晋而大崩坏。后来理学时代虽欲中兴之而终不能也。"

本日 撰《为新生活运动进一解》,刊3月25日天津《大公报》和4月8日《独立评论》第95号。

4月11日 其时任胡适助手的章希吕在日记中云:"适兄说《新旧约》是一部奇异之书,得暇当看一遍。"

4月1□日 (按:原著底本未标出)日记云:"续写《说儒》。因引《左传》昭七年'孟僖子病不能相礼'一段,检《史记·孔子世家》对看,偶得一解,既可证《史记》引《左传》,又可证《左传》古本已分年编制,略与今本[相同]。"

"《左传》记此事在昭公七年,其时孔子十七岁,但'终言'其事,故下文续记'及其将死也'一大段。孟僖子死在昭公廿四年,在十七年之后;其时孔子三十四岁,《史记·孔子世家》记云:'孔子年十七,鲁大夫孟釐子病且死,诫其嗣懿子曰。'《索隐》指出僖子死在昭公廿四年,并引贾逵云'仲尼时年三十五矣。'杜预注也说"僖子卒时孔子年三十五"。孔颖达云:'当言三十四,而云五,盖相传误耳。'"

"《史记》所以误记此事在孔子年十七时,正是因为《左传》里此事系在昭公七年。此可证《史记》引的确是《左传》,又可证司马迁所见《左传》本子已是分年编制的了。"

4月15日　日记云:"晚上作《说儒》仍未完。"

4月28日　日记云:"写《说儒》,未完。"

4月29日　日记云:"上午……在家续做《说儒》一文。"又云"续写《说儒》"。

4月30日　章希吕日记云:"把适之做的《说儒》抄一二两章,计一万字。"

5月7日　日记云:"……偷闲续作《说儒》文。写了几千字。"

5月19日　日记云:"晚归,写完《说儒》,约有四万六千字,为近年最长的文字。检日记,此稿开始在3月15日,中间稍有间断,共费时两个月。今晚写完时,已三点钟了。"

6月20日　周作人来信云:"读论《自信与反省》诸文,再三感叹。青年们高唱发扬中国固有文化,原即是老新党说过的'中学为体',子固先生又质问欧洲可有过一个文化系统过去没有类似小脚太监等等的东西,则岂不又是'西洋也有臭虫'的老调么。自有见闻以来三十余年,中国思想展转不能跳出此两圈子,此'固有文化'之一欤。若'忠孝仁爱'云云,则须待'恢复',可知其久已沦没矣。"

6月25日　撰《三论信心与反省》,刊7月1日《独立评论》第107号。其中云:"我们的固有文化有三点是可以在世界上占数一数二地位的:第一是我们的语言的'文法'是全世界最容易最合理的。第二是我们的社会组织,因为脱离封建时代最早,所以比较的是很平等的,很平民化的。第三是我们的先民,在印度宗教输入以前,他们的宗教比较的是最简单的,最近人情;就在印度宗教势力盛行之后,还能勉力从中古宗教之下爬出来,勉强建立一个人世的文化;这样的宗教迷信的比较薄弱,也可算是世界希有的。然而这三项都夹杂着不少的有害的成分,都不是纯粹的长处。文法是最合理的简易的,可是文字的形体太繁难,太不合理了。社会组织是平民化了,同时也因为没有中坚的主力,所以缺乏领袖,又不容易组织,弄成一个一盘散沙的国家;又因为社会没有重心,所以一切风气都起于最下层而不出于最优秀的分子,所以小脚起于舞女,鸦片起于游民,一切赌博皆出于民间,小说戏曲也皆起于街头弹唱的小民。至于宗教,因为古代的宗教太简单了,所以中间全国投降了印度宗教,造成了一个长期的黑暗迷信的时代,至今还留下了不少的非人生活的遗痕。"

"我以为我们对于固有的文化,应该采取历史学者的态度,就是'实事求是'的态度。……'实事求是',才是最可靠的反省。"

7月9日　撰《所谓"中小学文言运动"》,刊7月15日《独立评论》第109号。

7月29日　协助胡适校订《说儒》初印稿的丁声树在致胡适的信中云:"谈到谥法,……周之文、武、成、康、昭、穆……后人以为谥者,实为生号。……段玉裁引申之载于《〈古文尚书〉撰异》《酒诰篇》中。王静安《遹敦跋》据彝器的文字证明'文、武、成、康……'皆为生号。近来郭沫若的《金文丛考》有'谥法之起原'篇,举证更多。"

8月7日　在复丁声树的信中云:"今天偶检郭沫若《谥法之起源》读一遍,深觉今日学者之过于大胆,敢用未认得的金文来做证据,我愧未能也。"

"我很佩服今日一些学者努力求认得甲骨文字和金器文字。但我总觉得,在认得文字,通其文法之前,我们不可轻易用金文作论证的根据。在这一点上,金文的危险尤大于甲骨文。"

"我自然不否认谥法后起之可能,但总觉得王、郭诸君用不全认得的古器文字之方法似尚有可议耳。这也是'替魔鬼作辩护士',小万柳堂中诸公定笑我落伍了!"

8月22日　孟森在来信中云:"捧读儒说大文,叹为奇作。然奇则奇矣,窃谓未可为学人意识之训,另纸贡其所疑。自知为窠旧中人,不敢迁作度外之想。尊著由中外古今比例贯通而得,原非所以语拘墟之士,但意所未娴,辄私布之。此文刊行自与天下通人相见,固不以一老瞽之见为损益也,惟鉴教为幸。"

孟森另纸写下几点疑问。

8月30日 在复孟森的信中云:"《说儒》一文,是数年来积思所得,所用材料皆人人所熟知,但解释稍与前人所见异耳。年来时时与友朋口说此意,终不敢笔之于书,至今年始敢写出。初意不过欲写一短文,后来始觉立异之处稍多,不能不引申为长文。尊示诸点,当日均曾思及。(一)墨家'非儒'之说,固是异派相轻,然《檀弓》、《曾子问》非异派之书也。(二)孔氏身份之高,是后人想象之词,在当时则'出则事公卿,入则事父兄,丧事不敢不勉,不为酒困',固是孔子自道其生活,不足诧异也。(三)三年之丧之为殷礼,本文中颇矜慎言之。但鲁侯与周王实不行此礼,见于《春秋》及《左传》,而《论语》、《孟子》所记尤可发人深思。我对于此事,致思至十七年之久,近年始觉惟有三年丧制为殷人古礼之说足以解决一切疑难矛盾。凡立一说,必取能解决最多矛盾疑难之假设。《淮南》之记,不足信也。(四)五百年悬记之说,自是我的大胆妄说。但这个假设亦可解释许多疑难,故姑妄存之,以待后人之推翻。(五)相礼在当日为大事,故知礼之人在当日备受敬礼,此古书所昭示。后世礼俗渐变,赞礼之人遂成猥贱,然读古书不当以后世之眼光读之。例如卜筮之贞人筮人,在当日何等重要?今日卜人之受轻视,何妨于古代贞人之受敬礼乎?(六)古代并不轻视此种傧相儒生,我们不当以后世惰民杠房比例古之商祝殷士。世界上婚丧礼之苟且俗陋,莫如今世之中国。试看西洋人婚礼中之牧师,丧礼中之牧师,尚可想见古代儒生相礼时之崇高地位。牧师中出了一个大众仰望之圣人,有何可怪?"

9月3日 撰《写在孔子诞辰纪念之后》,刊9月9日《独立评论》第117号。其中云:"平心说来,'最近二十年'是中国进步最速的时代;无论在智识上,道德上,国民精神上,国民人格上,社会风俗上,政治组织上,民族自信力上,这二十年的进步都可以说是超过以前的任何时代。""……这些都是毫无可疑的历史事实,都是'最近二十年'中不曾借重孔夫子而居然做到的伟大的进步。"

本日 日记云:"下午写一文《写在孔子诞辰纪念之后》,……此文颇重要。文中颇指斥《大公报》张季鸾的社论(8月27日)(胡注:季鸾说此文不是他的,大概是胡政之的。)我的主要论题是要指出这'最近二十年'为中国进步最大的时期。一班老革命党不认得革命收功正在此,乃妄自菲薄,手忙脚乱的要开倒车,甚可笑也。"

9月27日　钱玄同日记云:"至商务购得冯友兰《中国哲学史》全部,正统得很。借阅《古史辨》第4册等等,及适之之《说儒》稿。"

11月16日　姚从吾来信云:"承赐近著《说儒》,极感。读后又得到许多新的指示,很觉愉快。"并建议胡适将此文和英文《中国的文艺复兴》赠送德国学者福兰阁(Otto Franke)。《说儒》后由其子傅吾康(Wolfgang Franke)译成德文,在1935年和1936年的《汉学特刊》(*Sinica-Sonderausgabe*)上发表。

12月3日　陈独秀致信罗家伦云:"适之近著《儒论》,尊处如有,亦求赐一份,弟方写一册《孔子与儒家》,急须参考也。"(原信无年份,应为1934年)

12月4日　撰"Origin of the In and Their Relation to Confucius"(《殷儒的源起及其与孔子的关系》)。

12月10日　孙楷第来信云:"尊著(按:《说儒》)……一气读完,快乐极了,并且倾倒的了;虽然不是当面,没有下拜,然而胸中当时的确有下拜的诚心诚意。"

"先生此文说儒就是殷的遗民,殷亡后还为人赞礼,以此谋生,因为社会的需要,也有了儒者相当的地位。其地位等于阔人家的清客,等于皇上家的太常寺史,等于现在的堪舆地师。虽然主家对他有客气的礼貌,而实在是祗候人的。孔子和他的门生、老子都作过这样的事。而孔、老二位大师,器识特宏,所以司礼而仍不泥于礼,知道礼之本意不在形式,所以是大师。这样推阐儒的原委,似奇实正,似险实平,证据确凿,一丝不漏,真是有价值的文字。"

"先生从前作哲学史是以归纳方法、科学方法说明哲学的历史;这一篇鸿文是以精深的历史研究,证明了一派哲学的来历始末,虽然异曲同工,而此著尤为气魄沉雄,高视卑察,实非一般小儒所可及。章太炎先生虽然略发其端,其实他的文疏而不密,不过如诗古音之有陈第发其端,伪古文、伪经之有洪迈等发其端而已矣。以先生之忙,以先生之学有多方,而沉潜学术有如此之穷幽极香之作,殆所谓天纵精力过绝人者耶!依我个人私见,此文在近几年谈历史、谈学派的文可为第一。据我所看的文章,最惊叹的如陈寅恪先生的《李唐番姓前后二考》,穿穴旧史,甚为周密详审;然陈先生所提到的问题比较单纯,其取材范围亦有一定限度,如先生此文,所取包四部之书,组织穿穴,尤难尤苦,从极复杂的头绪中理出,成了一本极正确极有条理的书,不特明儒者一家之学,亦且明殷商成周两代之事,快极快极!"

12月20日 致傅斯年的信中云:"……你定要笑我不脱'通天教主'味儿了!"

本年 《说儒》刊《中央研究院历史语言研究所集刊》第4本第3分,并印单行本。

同期《集刊》刊登的傅斯年《周东封与殷遗民》一文"小引"称,胡适《说儒》为"丰伟之论文"。

后来胡适在《胡适口述自传》中云:"有许多人认为我是反孔非儒的。在许多方面,我对那经过长期发展的儒教的批判是很严厉的。但是就全体来说,我在我的一切著述上,对孔子和早期的'仲尼之徒'如孟子,都是相当尊崇的。我对12世纪'新儒学'(Neo-Confucianism)('理学')的开山宗师的朱熹,也是十分崇敬的。"

"我不能说我自己在本质上是反儒的。多少年前[1934年],我写过一篇论文叫《说儒》。讨论儒字的含意和历史。'儒'在后来的意思是专指'儒家'或'儒术';但是在我这篇长逾五万言并且被译成德文的长篇论文里,我便指出在孔子之前,'儒'早已存在。当孔子在《论语》里提到'儒'字之前,它显然已经被使用了好几百年了。"

"在这篇《说儒》的文章里,我指出'儒'字的原义是柔、弱、懦、软等等的意思。[《说文》]解释说:'儒,柔也。'我认为'儒'是'殷代的遗民'。他们原是殷民族里主持宗教的教士:是一种被[周人]征服的殷民族里面的[上层]阶级的,一群以拜祖先为主的宗教里的教士。"

"我在《说儒》那篇文章里,便说明老子是位'正宗老儒';是一个殷商老派的儒;是个消极的儒。而孔子则是个革新家;搞的是一派新儒;是积极的儒。孔子是新儒运动的开山之祖,积极而富于历史观念。"

"我事实上没有引用一条一般学者所不熟悉的证据。我的证据是古书上常见的;大家都耳熟能详的。我并没有引用一条新证据。可是我却认为我那篇《说儒》却提出一个新的理论。根据这个新理论可将公元前一千年中的中国文化史从头改写。我的理论便是在武王伐纣以后那几百年中,原来的胜负两方却继续着一场未完的[文化]斗争。在这场斗争中,那战败的殷商遗民,却能通过他们的教士阶级,保存一个宗教和文化的整体;这正和犹太人通过他们的祭师,在罗马帝国之内,保存了他们的犹太教一样。由于他们在文化上的优越性,这些殷商遗民反而逐渐征服了——至少是感化了一部分,他们原来的征服者。"

"我个人深信,这几篇文章实在可以引导我们对公元前一千年中[自殷商末年至西汉末年]的中国文化、宗教和政治史的研究,走向一个新方向。"

唐德刚在注释中云:"适之先生这篇《说儒》,从任何角度来读,都是我国国学现代化过程中,一篇继往开来的划时代著作。他把孔子以前的'儒'看成犹太教里的祭师(Rabbi),和伊斯兰教——尤其是今日伊朗的Shiite支派里的教士(Ayatollah);这一看法是独具只眼的,是有世界文化眼光的。乾嘉大师们是不可能有此想像;后来老辈的国粹派,也见不及此。"

"再者,胡氏此篇不特是胡适治学的巅峰之作,也是中国近代文化史上最光辉的一段时期,所谓'30年代'的巅峰之作。我们近代学术,以五四开其端,到30年代已臻成熟期。斯时五四少年多已成熟,而治学干扰不大,所以宜其辉煌也。这个时期一过以至今日,中国便再也没有第二个'30年代'了。适之先生这篇文章,便是30年代史学成就的代表作。"

1935年

在北京大学任教,为文学院院长兼中国文学系主任。

1月2日 撰《一九三四年的回忆》,其中云:"在学问方面,今年的最大成绩要算《说儒》一篇。这篇文字长约五万字,费了我两个多月的工夫才得写成。此文的原意不过是要证明'儒'是殷商民族的教士,其衣服为殷衣冠,其礼为殷礼。但我开始写此文之后,始知道用此'钥匙'的见解,可以打开无数的古锁。越写下去,新意越多,故成绩之佳远出我原意之外,此中如'五百年必有王者兴'的民族悬记,如孔子从老聃助葬于党巷之毫无可疑,皆是后来新添的小钥匙,其重要不下于原来掘得的大钥匙。"

"这篇《说儒》的理论大概是可以成立的,这些理论的成立可以使中国古史研究起一个革命。但有些人——少年人居多!——一时大概不会接受这些见解。如刘节先生来信说,'大著甚多卓见,然吾辈深信老子晚出者殊未敢苟同也。'(我答他说:'《说儒》是我自己纠谬补过之作,用志吾过而已,本来不曾妄想改变别人的成见呵!')如林志钧先生(宰平),如冯友兰先生,如顾颉刚先生,大概都不肯接受。"

"奇怪的很,一班老辈学者,如陈垣先生,如张元济先生,如高梦旦先生,倒是都很热心的赞成我此文的。"

"无论如何,我写《说儒》的两个月是很快活的时期。有时候从晚上9点直写到次日的早上三四点,有时候深夜得一新意,快活到一面写,一面独笑。依文字论,这篇有几段文字是我很用气力做的,读起来还不坏。"

1月9日　与广东军阀陈济棠谈话时云:祀孔读经是"'二本'之学";"生产要用科学知识,做人也要用科学知识,这是'一本'之学"。

1月12日　《公共卫生与东西方文明》刊《出版周刊》新111号。其中云:"中国的儒家思想也未尝不想做到一种'正德、利用、厚生'的文明。只可惜一班道士要无为,后来又添了一班和尚也要无为。无为是一条死路,万走不上'正德、利用、厚生'的目的地去。果然,大家讲无为,只好决心不要做人了,只好希望做神仙、做罗汉,成佛升天。于是中国的文明便成了仙佛的文明。……这种文明便不是人的文明。"

本月　傅斯年《夷夏东西说》刊《中央研究院历史语言研究所集刊》外编第一种《庆祝蔡元培先生六十五岁论文集(下)》,原文撰于1931年春。此文对《说儒》产生了实际的影响。

2月1日　李源澄《评胡适〈说儒〉》刊《国风半月刊》第6卷第3—4合期,就《说儒》中的观点进行商榷。

3月17日　撰《〈独立评论〉一四二号编辑后记》云:"我很明白的指出

文化折衷论的不可能。我是主张全盘西化的。但我同时指出,文化自有一种'惰性',全盘西化的结果自然会有一种折衷的倾向。""若我们自命做领袖的人也空谈折衷选择,结果只有抱残守阙而已。"

3月30日 撰《试评所谓"中国本位的文化建设"》,刊3月31日天津《大公报·星期论文》及4月7日《独立评论》第145号。其中云:"(十教授)其实还是他们的保守心理在那里作怪。他们的宣言也正是今日一般反动空气的一种最时髦的表现。时髦的人当然不肯老老实实的主张复古,所以他们的保守心理都托庇于折衷调和的烟幕弹之下。""那个本位(按:指中国本位)是没有毁灭的危险的。……中国今日最可令人焦虑的,是政治的形态,社会的组织,和思想的内容与形式,处处都保持中国旧有种种罪孽的特征,太多了,太深了,所以无论什么良法美意,到了中国都成了逾淮之橘,失去了原有的良法美意。"

4月8日 撰《我们今日还不配读经》,刊4月14日《独立评论》第146号。其中云:"古经学所以不曾走上科学的路,完全由于汉魏以来诸大师都不肯承认古经的难懂,都要'强为之说'。南宋以后,人人认朱子、蔡沈的《集注》为集古今大成的定论,所以经学更荒芜了。"

4月14日 撰《〈独立评论〉一四六号编辑后记》云:"我要郑重声明,我是因为不满意于中国固有文化而反对读经,并不是因为对某人的读经而反对十教授的文化建设论。"

5月5日 在《独立评论》第149号上同时录有湖南军阀何键致广东当局的"佳"电和民国三年袁世凯的"祀[祭]孔[告]令",并作相关点评。

6月10日 在致陶希圣的信中云:"思想必须从力求明白清楚(Clear and distinct)入手,笛卡儿所以能开近世哲学的先路,正因为他教人力求清楚明白。从洛克以至杜威、詹姆士,都教人如此。我们承两千年的笼统思想习惯之后,若想思想革新,也必须从这条路入手。"

6月12日 在致陶希圣的复信中云:"我并不否认文化在过去确有'国界'。小脚、八股、骈文、律诗等等,是全世界人类所无而为吾国所独有。'国界'之义不过如此,其余礼义廉耻云云,绝无'国界'可言,乃是文明人所共有,乃是一切宗教典籍所共有。而我们的礼义廉耻等等所以特别不发达者,其原因也正是由于祖宗的罪孽太深重了。""请你注意我们提倡自责的人并非不爱国,也并非反民族主义者。我们只不是狭义的民族主义者而已。我们正因为爱国太深,故决心为她作诤臣,作诤友,而不敢也不忍为她讳疾忌医,作她的佞臣损友。"

6月25日　撰《跋余炳文先生的〈周礼今辨〉》。其中云:"我们现在不承认《周礼》是孔子做的。但我们更不承认这书是周公制治之书。……《周礼》是一种托古改制之书,在今日已无大可疑。"

6月30日　李翘《说儒》刊《浙江省立图书馆馆刊》第4卷第3期,与胡适进行商榷。

10月14日　《毛西河论三年之丧为殷制》"小引"云:"我的朋友丁声树先生替我校读《说儒》的初印本,用力最勤。今年夏间,他读《毛西河合集》,发现毛西河有三年丧为殷制之说,他很高兴,写信告诉我。我因他的指示,遍翻《毛西河合集》和《四书改错》,把他讨论这个问题的几条文字全钞出来,做一个附录。"

10月29日　撰《胡适论学近著·自序》,其中云:"《说儒》一篇提出中国古代学术文化史的一个新鲜的看法,我自信这个看法,将来大概可以渐渐得着史学家的承认,虽然眼前还有不少怀疑的评论。"

11月11日　撰《〈人与医学〉的中译本序》,刊1936年6月11日天津《益世报·读书周刊》第52期。其中云:"那时候(按:指十六、十七世纪),欧洲的科学研究早已远超过东方那些高谈性命、主静、主敬的'精神文明'了。……老实说,我们东方人根本就不曾有过一个自然科学的文化背景。"

11月18日　钱玄同致胡适信中云:"……大著《说儒》原稿两册,兹均检出奉还……"

11月30日　在致室伏高信的信中云:"我和我的朋友的立场是这样的:凡文化都有他的惰性,都会自己保守自己的。少数先知先觉的思想家,如果他们看清了'去腐'和'革新'的必要,应该站到屋顶上去大声疾呼,不必顾虑破坏之太多,更不必顾虑祖宗遗产有毁灭的危险。"

"我个人决不愁东方遗产与东方文明的失坠。我所焦虑的是我们东方民族刚开始同世界人类的最新文化接触,就害怕他的诱惑,就赶快退缩回到抱残守缺或自夸自大的老路上去。更可焦虑的是我们东方民族也许在那'拥护东方的遗产'的大旗之下做出一自相残害的丑戏来,贻笑于全世界。"

12月30日 北大史学系学生王崇武就索回前次提交胡适指正或推荐发表的《续〈说儒〉》原稿致胡适的信中云:"《续〈说儒〉》未审检出否?生再欲往取,以恐先生忙辄作罢。"

本月 《胡适论学近著》第1集由商务印书馆出版,内收《说儒》等文。

1936年
在北京大学任教。7月至11月在美国。

1月9日 在致周作人的信中云:"生平自称为'多神信徒',我的神龛里,有三位大神,一位是孔仲尼,取其'知其不可而为之';一位是王介甫,取其'但能一切舍,管取佛欢喜';一位是张江陵,取其'愿以其身为蓐荐,使人寝处其上,溲溺垢秽之,吾无间焉,有欲割取我身鼻者,吾亦欢喜施与'。"

1月21日 日记云:"我常说,我反对读经,但《孝经》中'天下[子]有诤臣七人,虽无道,不失其天下'一章不可不读也。"

1月27日 撰《〈崔东壁遗书〉序》,刊4月30日天津《大公报·图书副刊》。其中云:"但依这十几年的古史学看来,崔述所信的,未必无可疑的部分;他所疑的,也未必'都是该疑'。例如他作《洙泗考信录》,不信纬书,不信《家语》,不信《孔丛子》,不信《史记》的《孔子世家》,这都是大致不错的。但他不信《檀弓》,终不能使我们心服。《檀弓》一篇的语言完全是和《论语》同属于鲁国语的系统,决非'后儒'所能捏造。……这都是因为崔述处处用后世儒生理想中的'圣人'作标准,凡不合这种标准的,都不足凭信。"

"总而言之,近十几年的古史研究,大体说来,都已超过崔述的时代。一方面,他所疑为'后儒'妄作妄加的材料,至少有一部分(例如《檀弓》)是可以重新被估定,或者竟要被承认作可靠的材料的了。另一方面,古史材料的范围是早已被古器物学者扩大到几部'经'之外去了。其实不但考古学的发掘与考证扩大了古史料的来源;社会学的观点也往往可以化腐朽为神奇,可以使旧日学者不敢信任的记载得着新鲜的意义。例如《檀弓》、《左传》等书,前人所谓'诬''妄'的记载,若从社会学的眼光看去,往往都可以有历史材料的价值。"

3月23日 夏承焘日记云:"阅胡适《说儒》,为之叹服。此文近人虽多驳议,然自足益人神智。"

4月7日 撰成《颜李学派的程廷祚》,刊7月出版的《国学季刊》第5卷第3号。

4月9日 杨向奎《读〈说儒〉》刊天津《益世报·读书周刊》第43期。

6月4日 在天津《益世报·读书周刊》第51期上发表《北京大学新印程廷祚〈青溪全集〉序》。

11月10日 刘兴唐在北平《人生评论》第2期上发表《儒家的起源》。

12月4日 周作人《谈儒家》(署名:知堂)刊《世界日报·明珠》第65期。

本月 罗根泽在《古史辨》第6册自序中云:"胡先生一面作此文(按:《评论近人考据老子年代的方法》),以破老子晚出说;一面又作《说儒》,以立老子早出说。首说:'儒是殷民族的教士;他们的衣服是殷服,他们的宗教是殷礼,他们的人生观是亡国遗民的柔逊的人生观'。又以先秦止有儒墨两家,'道家'之名始见于《史记》,'乃是一个"因阴阳之大顺,采儒墨之善,撮名法之要"的混合学派'。断定'老子也是儒'。"

1937年

1—9月在北京大学任教。9月赴美。

3月9日 日记云:"读《春秋繁露》及《尚书大传》。""大概伏生所传之《洪范五行传》仍是邹衍嫡传,尚未有方法,系统组织尚未密。至董生'始推阴阳为儒者宗'者,他始提出'天下有物,视春秋所举与同比者'的比例方法,才有儒教的灾异学系统。""因此得一暗示:我的'齐学'一章应放大重写,应详述阴阳家的学说,以《吕览》、《淮南》、伏生、董生的阴阳学说为内容。"

4月5日 日记云:"中国文学系第一年生邀去讲演,我讲'做学问的习惯',用宋人教人做官的'勤谨和缓'四字为纲领。"

4月14日 撰成《读经平议》,刊4月18日天津《大公报·星期论文》及4月25日《独立评论》第231号。其中云,"我们把经史子集里的一切好文章都一律平等看待……但我们绝对反对中学有'读经'的专课,因为古经传(包括《孝经》《四书》)的大部分是不合现代生活的"。

4月20日 日记云:"枚荪(按:周炳琳)说我的星期论文(《读经平议》)有肉,有骨,并且有刺。"

4月25日 日记云:"到清华大学廿六周年纪念会,讲'中国近代考证学的来历',与廿三年在辅仁大学讲的稍不同,较稳妥。廿三年我说考证方法出于刑名狱讼的训练,今年我说此种训练养成'勤谨和缓'的习惯,有此习惯,听讼则为好官,治学始有成绩。"

6月15日 日记云:"最后一次上课,讲唐代之中国[哲]学思想,辨韩愈、李翱为两条不同的道路,退之平实,而习之玄妙;退之主张'正心诚意,将以有为',而习之要'寂然不动,弗思弗虑'。退之向外,以恢复一个'正德利用厚生'的文化为主旨;而习之要昌明'性命之道',结果还是掉在印度网里,爬不出来。《原道》与《复性书》是两部开路的书:以后李德裕、范仲淹、李觏、王安石走的都是《原道》的路;理学走的是《复性书》的路。"

7月20—28日 在庐山暑期训练团讲《颜习斋哲学及其与程朱陆王之异同》,刊1941年7月16日香港《文史杂志》第1卷第8期。其中云:"理学是一个不彻底的'中国本位文化建设运动'"。"他(按:指颜元)批评理学有三大错:①以静坐为学,②以性命玄谈为学,③以诵读章句为学。""他认清了宋儒理学的大毛病在于上了和尚道士的当,处处要和和尚道士争玄斗妙。……他看清了中国文化的特色只是平实粗浅的'三事':①正德,②利用,③厚生。一切玄妙的、虚妄的谈天说命,谈心说性,都不是中国正统的思想。"

1938年

在美国及欧洲,9月正式出任国民政府驻美全权大使。

1月　在《希伯特杂志》(Hibbert Journal)第26卷上发表英文文章"Chinese View of Immortality"(《中国人对不朽的看法》)。

7月7日　在密歇根大学演讲《中国和日本的西化》,演讲英文稿刊7月《美亚杂志》(Amerasia)第2卷第5期。

1939年

在美国,任国民政府驻美大使。

1月26日　顾颉刚日记云:"胡先生《说儒》一文为近年名作,顾前数年在平太忙,翻之而已,并未从头看下。今日乃得自始至终读一下,觉其中说话一半可赞成。"

10月6日　主持匹兹堡大学"孔子纪念堂"揭幕典礼,并发表演说。

12月29日　应美国历史学会之邀,在华盛顿演讲《中国与日本的现代化运动——文化冲突的比较研究》。其中云:"最近四十年,许多懂得以批评的眼光来了解中国传统的东西,并且勇敢和无情的批评中国弱点的人,如梁启超、蔡元培、吴敬恒、陈独秀等,具有很大的影响力,并不是一件偶然的事。中国的传统并不是神圣的、全不可以加以移易或批评的东西,甚至孔子、老子、佛教、朱熹、帝制、家庭、宗教,都不是不能置评的东西。"

1940年

在美国,任国民政府驻美大使。

8月18日　撰《张元济著〈中华民族的人格〉序》。

12月1日　林同济在《战国策》第14期发表《第三期的中国学术思潮——新阶段的展望》,其中云:"大体说来,民国八年到民国十八年可叫做'经验实事'Empirical-Data时代。胡适之先生的《中国哲学史大纲》,可算是开山之作。以今日的眼光与标准看去,这本书的内容,许多地方难免草率,全部结构也嫌散漫,可说聪明有余,深入不足。开山之作从来都是如此的。六年前胡先生自家就坦率告诉我说,他对他从前关于中国思想史的见解,已经'全部推翻'了。他那时候正在缮写《说儒》一文(后来在《胡适论学近著》内出版——原注)。尽管许多学者对于《说儒》内的事实判定以及整个结论,表示异议之处不少,但在为学的见地与方法上,胡先生这篇研究无疑地呈现了一种'与时俱进'的灵机。我想我这句话,胡先生大体不反对的:《说儒》一文实代表一个受了国军北伐后第二度学术思潮熏陶的实验主义者的作品,比当初那部机械式的《中国哲学史大纲》,活气得多,成熟得多了。"

1941年
在美国,任国民政府驻美大使。

2月 周予同在《学林》第4辑上发表《五十年来中国之新史学》,其中云:"使中国史学完全脱离经学的羁绊而独立的是胡适。崔适只是以经今文学兼及史学,夏曾佑只是由经今文学转变到史学,梁启超也只是逐渐脱离经今文学而计划建设新史学。只有胡适,他才是了解经今文学、经古文学、宋学的本质,接受经今文学、经古文学、宋学的文化遗产,而能脱离经今文学、经古文学与宋学的羁绊,以崭新的立场,建筑新的史学。""但很显然的,胡氏及其同派者都继承了宋学的怀疑的精神,采用了汉学古文家的考证的方法。""除承受宋学的精神与汉学古文派的方法外,对于清末高度发展的汉学今文派的思想体系,实也有一脉相承之概。"

3月31日 复信关仲豪,认为"半部《论语》"之说不可靠。

4月10日 在美国国家艺术科学研究院演讲《17世纪中国哲学的叛徒》。

1942年
在美国,9月6日卸任国民政府驻美大使。

3月23日 在华盛顿演讲《中国抗战也是要保卫一种文化方式》,其中云:"中国古代的许多哲学思想,也能在两千一百年的帝国制度下,一一付诸实施"的原因包括："(三)两千年来的科举制度,更进一步使中国社会民主化。科举制度起源于对儒学人才的需求。孔、孟儒学中的语言,虽然已经不是当时流行的口语,但却是官方上下来往的文件与学术著作的标准语言。……后来考试范围大都限于'四书',更给予有志的贫苦青年子弟接受儒学教育与中举的机会。科举制度的建立,正是孔子'有教无类'理想的具体实现。""(五)最足以表现中国人积极争取自由的一面,是学术生活和传统。中国思想史上最辉煌的时期,呈现出独立思想和大胆怀疑的精神。至圣先师孔子的教言中即有:'学而不思则罔,思而不学则殆。'及'知之为知之,不知为不知,是知也。'""中国的思想自由和批评精神,就是在这个'合理怀疑'的伟大传统中培养起来的。……这种批评精神,使中国从中世纪风行一时的释、道二教中解放出来。就是在儒家本身,也一样充满了独立思想与批评、怀疑的态度。"

5月17日 在致傅斯年的信中云:"老兄病中读《老》、《庄》,未必是对症良药。我想老兄不如读读山东土产《论语》、《孟子》,想想那'发愤忘食,乐以忘忧,不知老之将至','不怨天,不尤人'的通达人情,近乎人情的风度,似乎比那似达观而实偏激的庄生,或更可以减低几十度血压。""这不是笑话,是我近年体念得来的一个感想。""孔子的伟大处正在平平无奇,却又实在近情近理。""近来读《孟子》,也觉得此公可爱。""中国两千多年的士大夫风度,其中比较积极,比较有作为的,都是受《论语》《孟子》的好影响。"

10月9日 撰读书笔记《戴东原遗札真迹》。

10月12日 撰读书笔记《程廷祚与袁枚书》。

本月 "Chinese thought"(《中国人的思想》)刊《亚洲杂志》(*Asia Magazine*)第42卷第10期。中文译稿题为《中国思想史纲要》,刊1943年2月16日重庆《读书通讯》半月刊第60期。其中云:"古典中国的理智遗产,共有三个方面:它的人文主义,它的合理主义,以及它的自由精神。"

11月29日 在致王重民的信中云:"我现在开始写汉代思想……""我想在短时期中重读《道藏》一遍,预备把我的'道教史'写出来,先作长编,次摘要作为我的'思想史'的一部分。"

12月7日 在致翁文灏等人的信中云:"决计不教书,决计利用这比较清闲生活来继续写完我的《中国思想史》全部。""此时我正准备开始重写我的两汉三国部分,已重读《后汉书集解》,并已借得《全两汉三国文》,《龙溪精舍丛书》,等等,此五百年文献大致具备,可以开始做工了。我的《中古思想史》分两大部分:1.汉魏(古代思想在统一帝国的演变);2.印度化时期(300—1000 A.D)。我预备一年内写成这中古部分。次写《近代思想史》,也分两期:1.理学时代;2.反理学时代(1600—1900)。我想两年的专功可以写成全书,包括《古代思想史》的重写。"

12月18日 撰读书笔记《唐晏论齐、鲁两派的经学》和《齐学、鲁学之名始见于〈汉书·儒林传〉》。

1943年
居美国。

1月8日 日记云:"惠栋补注《后汉书·孔僖传》,引用《连丛子》,颇引起我的注意。今天重读《孔丛子》,用《史记·功臣年表》,《史记·孔子世家》,《汉书·孔光传》,《后[汉]书·孔僖传·崔骃传》……各书,考校起来,才决定《孔丛子》是一部伪书,《连丛》两章更是一个大胆妄人假造的古董!"

1月9日 日记云:"回家已半夜,继续把《孔丛子》一案判决了。"

2月3日 日记云:"开始写一篇短文,题为《〈易林〉考》,……这是我六年来第一次写成的一篇中文的考证文字"。

2月16日 在致王重民的信中云:"这几个月之中,重读两《汉书》,用王氏(按:王先谦)补注作底子,颇有所得。这个月想开始写定我的《中古思想史》的第一期(两汉、三国)了。"

5月30日 在致王重民的信中云:"学术的工作有'为人'与'为己'两方面,此人所共知。其实这个区别甚不可靠。凡学术的训练方面皆是'为己';至于把自己的心得公开告人,才可以说是'为人'。"

7月 在致王毓铨的信中云:"'君子不忧不惧'。内省不疚,是向内功夫。还有向外功夫,即是明理,即是思考。……我们即能打倒宋明理学,若不能造出一些科学时代的不忧不惧气度,我们还是大失败的。"

11月13日 在致王重民的信中云:"(戴震)要打倒那'以理杀人'的理学,要建立一种'通民之欲,体民之情'的新理学。他所以和朴学大师不同,正在这一点。"

9月25日 撰《郑晓——读〈盐邑志林〉本〈古言今言类编〉》,刊1946年11月10日上海《大公报·文史周刊》第4期,其中云:"治思想史,不可不注意这种不受时代影响而自开风气的人。他们的存在应该使我们对于'时代思潮'、'时代精神'一类的名词存一点谨慎的态度。"

12月11日 在致杨联陞的信中云:"杨守敬、王国维、孟心史诸公本应该不至如此,不料他们都不免抱着'卫道'、'护法'的成见。""……王静安文中亦斥他(按:指戴震)'晚年欲夺朱子之席','力与程朱异,而亦未尝与孔孟合'。""在这种正统派学者的眼里,那个'诋程朱'的戴震,……究竟不是个好东西! 静安、心史都是旧脑筋,故也不知不觉的走入这诬陷东原的路上去。"

1944年
居美国。

7月17日 在致某某的信中云:"这两年之中,本意是想把我的《中国思想史》写成。但写到一个时期,往往被一些小问题牵引去做点小考证,这些小考证往往比写通史有趣味的多,于是我就往往入魔了,把写通史的工作忘在脑后,用全力去做考证。"

11月6日 在哈佛大学开讲《中国思想史》,为期8个月。

11月30日 杨联陞来访,谈战国时的"齐学"。

1945年
居美国。

4月10日 应邀在哈佛大学神学院"殷格索讲座"(Ingersoll Lecture)

演讲《中国人思想中的不朽观念》(The Concept of Immortality in Chinese Thought)。

"安阳甲骨卜辞使许多学者推断'帝'甚或'上帝'的观念对商人是并不陌生的。商人有一种奉少数祖先为神明,也就是说赠以'帝'号的风俗,这似乎是很确实的。另一件事,也似乎是很可能的,就是商人随着时间的演进而发展出来'上帝'最高神,也就是他们的始祖。那是一个部族神。"

"博学的皇家祭祀阶级也贬降为职业的巫史阶级(professional class of scribes and priests),而靠着在大多数平民和少数统治贵族的家庭中表演和协助殡葬和祭祀讨生活。国家的灾患和个人的贫困已经深深地给他们灌输了谦逊温顺的教训。因此这一巫史阶级便获得了'儒'的统称,意思就是温顺和懦弱"。

"现在,纵是这样中庸的一种有关人类死后遗存的观念也受到哲学家们怀疑和警惕的批评。甚至是出身于巫史阶级的'儒',且经训练而专司丧祖先祭祀种种仪礼的人正统派哲学家们,也为了祭献和殉葬品的奢侈,以及在某些有权势的阶层中仍残余的原始人殉习俗而感到困扰。""稍后,正统派的中国思想家或不仔细思索而直接地接受了传统的崇拜和祭祀,或是以孔子不轻加臆断的口实而承认他们不知道人在死后究否有知。"

4月22日　与杨联陞谈《神灭论》成于梁天监六年。

5月21日　在致王重民的信中云:"夏间想整理成一部英文《中国思想小史》。"

11月1—16日　作为中国代表团首席代表出席在伦敦召开的联合国教科文组织的会议,在会上提议1949年纪念孔子诞辰2500周年。

1946年
6月5日回国,9月出任北京大学校长。

2月1日　日记云:"中国理学时代认'物'(气质)为恶,或认为不善,在文字上虽可上溯《乐记》,但似与印度宗教思想更有关系。"

2月3日　应康奈尔大学之邀,作梅森吉讲座(Messenger Lectures)六次系列演讲,总题为《现代中国知识分子的文艺复兴》。其中第一讲为《一千年来中国人的思想与生活的印度化历程》,第二讲为《印度化一千年来世俗中国的知识和哲学的复兴》,第三讲为《17世纪中国哲学的反叛》,第四讲为《客观研究与潜心学术的时代》,第五讲为《冲突的时代:面临新世界的中国和她的挫败》,第六讲为《当代中国思想》。

4月21日　改定《考范缜发表〈神灭论〉在梁天监六年》,刊1947年7月25日上海《大公报·文史周刊》第34期。

10月6日　撰《考据学的责任与方法》,刊10月16日上海《大公报·文史周刊》第1期。其中云:"朱子的话和杨辑的《跋》都可以表示十二、三世纪的中国学术界里颇有人把考证书传讹谬和判断疑难狱讼看作同一样的本领,同样的用证据来断定了一件过去的事实的是非真伪。"

"读书穷理方法论是小程子建立的,是朱子极力提倡的。……读书穷理的哲学出于善断疑狱的程氏家庭,似乎不是偶然的……"

"中国考证学的风气的发生,远在实验科学发达之前。我常推想,两汉以下文人出身做亲民之官,必须料理民间诉讼,这种听讼折狱的经验是养成考证方法的最好训练。……所以我相信文人审判狱讼的经验大概是考证学的一个比较最重要的来源。"

10月23日　对《申报》记者谈话中,谓拟重写《中国哲学史》,改名《中国思想史》。

1947年

任北京大学校长。

1月18日　在北京大学演讲《宋代理学发生之历史背景》,认为宋代理学的开山始祖是司马光。

2月8日　郭沫若以"牛何之"为名在上海《评论报》周刊第13期上发表《续"狐狸篇"·代圣人答圣人颂(八)》云:"博士早年成'中国哲学史大纲上卷',率尔操觚,浪得大名,其中错误百出,幼稚不堪,盖已自惭形秽,故久无续篇之作。其后成'说儒'一文,以孔子与耶稣相比,而以《商颂·玄鸟》为预言诗,遭郭鼎堂氏驳斥,至体无完肤,而博士亦哑口无言,盖已默认错误,暗自哀悔也。博士一才士,说儒谈史,实非所长,然彼亦自有其精到处。如巧言令色,逢迎权势,而又能俨然保持其学者身分,当代似尚无有出其右者。即以其高足傅斯年而论,虽亦亦步亦趋,其品格殊自卑下。傅斯年一当今东方朔耳,帮闲之相过于露骨。胡与傅之分在一狐一狸。狐身轻俏而性态狡猾,狸身卑促而面目可憎,此其大较也。"

6月 应辅仁大学史学会之请,演讲《谈谈中国思想史》,演讲记录稿刊6月16日《学风》半月刊第1卷第6期。其中云:"那个时代如孔子所谓:'终日不食,终夜不寝,以思'。便是说明个人须作学问,并且提倡教育的路,……所以说已走上了知识主义,理智主义的大路。"

"(理学)即要恢复到古代好的制度和好的思想,拿本位文化来抵制非本位文化。……理学始终是走这两条路,并且也成了号称'中国的本位文化'。而'致知'更为'科学'的路,科学的'目标'。"

8月1日 在北平国民党中央广播电台讲《眼前世界文化的趋向》,刊8月3日北平《华北日报》。其中云:"这一百多年,民族交通,文化交流的结果,已经渐渐的造成了一种混同的世界文化。"

1948年
任北京大学校长。

3月3日 在致陈之藩的信中云:"思想切不可变成宗教。变成了宗教,就不会虚而能受了,就不思想了。""我宁可保持我无力的思想,决不肯换取任何有力而不思想的宗教。"

"宋人受了中古宗教的影响,把'明善'、'察理'、'穷理'看的太容易了,故容易走上武断的路。吕祖谦能承认'善未易明,理未易察',真是医治武断病与幼稚病一剂圣药。"

"关于'孔家店',我向来不主张轻视或武断的抹杀。你看见了我的《说儒》篇吗?那是很重视孔子的历史地位的。但那是冯友兰先生们不会了解的。"

8月1日　撰《自由主义是什么?》,刊8月6日《周论》第2卷第4期。其中云:"在信仰与思想的方面,东方历史上也有很大胆的批评者与反抗者:从墨翟、杨朱到桓谭、王充,从范缜、傅奕、韩愈到李贽、颜元、李塨,都可以说是为信仰思想自由奋斗的东方豪杰之士,很可以同他们的许多西方同志齐名比美。"

　　9月4日　在北平广播电台讲《自由主义》,刊9月5日北平《世界日报》。其中云:"古代思想的第一位大师老子,就是一位大胆批评政府的人。……另一位更伟大的人就是孔子,他也是一位偏向左的'中间派',他对于当时的宗教与政治,都有大胆的批评,他的最大胆的思想是在教育方面……"

　　"从老子、孔子打开了自由思想的风气,二千多年的中国思想史,宗教史,时时有争自由的急先锋,有时还有牺牲生命的殉道者。孟子的政治思想可以说是全世界的自由主义的最早一个倡导者。孟子提出的'大丈夫'是'贫贱不能移,富贵不能淫,威武不能屈'。这是中国经典里自由主义的理想人物。在二千多年历史上,每到了宗教与思想走进了太黑暗的时代,总有大思想家起来奋斗,批评,改革。"

　　"汉朝的儒教太黑暗了,就有桓谭,王充,张衡起来作大胆的批评。后来佛教势力太大了,就有齐梁之间的范缜,唐朝初年的傅奕,唐朝后期的韩愈出来,大胆的批评佛教,攻击那在当时气焰熏天的佛教。……在理学极盛时代,……王阳明的运动就是反抗朱子的正统思想的。李卓吾是为了反抗一切正宗而被拘捕下狱……北方的颜李学派,也是反对正统的程朱思想的……这三百年的汉学运动,也是一种争取宗教自由思想自由的运动。汉学是抬出汉朝的书做招牌,来掩护一个批评宋学的大运动。这就等于欧洲人抬出圣经来反对教会的权威。"

　　10月5日　在武昌对公教人员演讲《自由主义与中国》,刊10月6日重庆《大公报》。其中云:"远在二千五百年前的老子,就开辟了自由主义风气之路。世界上也只有希腊和中国,具有自由主义的思想最早。中国的民族英雄,不在马上,也不在刀枪之下,而是一位教书匠孔子。因为他不仅是中国第一位平民教育家,并且是提倡自由主义的先锋。他的'有教无类'一语就是启发中国自由主义思想之路的确证。王充的《论衡》一出,也是世界上争取自由最早的珍籍。"

1949 年
任北京大学校长,4 月赴美国。

3 月 27 日 在台北中山堂演讲《中国文化里的自由传统》,记录稿刊 3 月 28 日台湾《新生报》。其中云:"'自由'这个名词,并不是外面来的,不是洋货,是中国古代就有的。"

"在《孝经》中有一章《谏诤章》,要人为'争臣'、'争子'。……古代这种谏官制度,可以说是自由主义的一种传说[统],就是批评政治的自由。"

"中国思想的先锋老子与孔子,也可以说是自由主义者。……孔子所说的中庸之道,实在是一个中间偏左的态度。……孔子当时提出:'有教无类',……都能说明'教育的平等'。这种意见,都可说是一种自由主义者的思想。"

"孟子说:'民为贵,君为轻'。在二三千年前,这种思想能被提出,实在是一个重要的自由主义者的传统。孟子说:'富贵不能淫,贫贱不能移,威武不能屈'。这是孟子给读书人一种宝贵的自由主义的精神。"

"王充……对当时儒教、'灾异'、迷信,予以严格的批评,对孔子与孟子都有所批评,可说是从帝国时代中开辟了自由批评的传统。"

1950 年
在美国,5 月 14 日起担任普林斯顿大学葛斯德东方图书馆馆长。

1 月 2 日 日记云:"昨夜试作'《朱子语类》记录的门人姓名索引',……今天做完。""今天试作'《朱子语类》的历史'。"后文 7 日撰成。

1 月 5 日 日记云:"我颇想借一栖身之地,把《中国思想史》英文简本写定付印。""前些时曾见冯友兰的 *A Short History of Chinese Philosophy*(《中国哲学简史》),实在太糟了。我应该赶快把《中国思想史》写完。"

1 月 12 日 日记中录《朱子语类》卷九八有关张载方言事。

2月5日　日记录朱子所作其父朱松的《行状》。

2月7日　作笔记《朱子论尊君卑臣》。

5月13日　在致袁同礼的信中云:"又记得我的'说儒'有Feancke(儿子)(按:原文如此,即傅吾康)的全译本,在德国发表。"

5月29日　在致杨联陞的信中云:"你评冯芝生的书,未免笔下太留情了。这种没有历史眼光的书,绝对够不上'authoritative & comprehensive account'更不是'a well-balanced treatment of the important schools'。他一字不提'颜李学派',可见他无见识。他接受Northrop的胡说作纲领,更是好笑!"

12月20日　傅斯年去世。日记云:"……他在中国古代文学与文化史上的研究成绩,都有开山的功用。""又如我的'说儒',大得他的'周东封与殷遗民'一文的启示,我曾公开叙述。"

1951年

在美国,担任普林斯顿大学葛斯德东方图书馆馆长。

4月15日　日记云:"偶想'行一不义,杀一不辜,而得天下,皆不为也',出于《孟子》何篇,因遍检之,第二遍才检得,在《孟子》三,《公孙丑》上。"

8月22日　日记云:"儒家经传的'立于学官',其作用是建立一批有最高威权的根本大法。""……试看《春秋》(公羊)与《洪范》在汉朝的权威,岂不是两部'根本大法'?"

8月23日　日记云:"后世两宋的道学起来,特别提倡《四书》,故《论语》《孟子》《大学》的地位(中古所谓'传')也等于中古所谓'经',也有'根本大法'的权威。""试看《大学衍义》(真德秀)与《大学衍义补》,其作用竟是要敷衍成一部提纲挈领的根本大法,并且每一纲一目都有史事作例证。"

"《孟子》的权威竟使朱元璋感觉不安,感觉威吓,所以他要把孟子取消配享,要把《孟子》删去三分之一,做了《孟子节文》!""但皇帝的《节文》终不能打倒《孟子》的权威。《节文》早就被人忘了,而《孟子》的全文还是人人熟读的!"

9月24日　校勘《神灭论》。

11月18日　应杨联陞之请,摘记《考范缜发表〈神灭论〉在梁天监六年》。

11月19日　在致杨联陞的信中云:"我考范缜作《神灭论》的年代,原系短文,后来修改成颇长的一篇。在北大时,曾送给汤锡予先生看,他说要写一短跋,日久未送还,迄未发表。"

12月7日　日记云:"我从前曾说:'文胜质则史',史是'说故事',如《国语》《左传》所根据的一些演史的故事……""'史之缺文',也应当如此说:孔子说,他还及见没有添枝添叶的记事史。""今天读《仪礼》的《聘礼》,有云:辞无常。孙而说。辞多则史,少则不达。辞苟足以达,义之至也。""郑玄注,'史谓策祝',是妄说。合上三条看来,可知'史'是演义式的讲史。"

12月31日　在致杨联陞的信中云,"范缜在萧子良时代已出头指摘因果之说,他的根据是王充的偶然论。……十多年之后,范缜才发表更根本的《神灭论》"。

"我在 Immortality Lecture 里曾指出孔子的 agnosticism & atheism 是针对那最不人道的用人祭、用人殉葬的祖先教而发的。《论语》里记的'未能事人,焉能事鬼','未知生,焉知死','敬鬼神而远之',真有宗教革命的意义。故墨家直说儒者主张'无鬼论'了。"

"宋儒如横渠二程朱子都是主张'神灭论'者,都是你所谓'反不朽论'者。"

"我所以特别看重范缜以至司马光朱熹诸公的'神灭论',正因为这种主张乃是打击中古宗教的一件重大武器。"

1952年

在美国,担任普林斯顿大学葛斯德东方图书馆馆长。

1月7日　日记云:"我在1945[年]Havard Divinity School 作 Ingersoll

Lecture 演讲,指出殷人的祖先教的用人祭及殉葬等惨酷风俗,引起后来思想家的反抗,故孔子说'未知生,焉知死','未能事人,焉能事鬼','务民之义,敬鬼神而远之',都带有 Agnosticism 意味。下一代当然说'无鬼神'了。"

"此次答杨联陞信,指出北宋南宋的思想家为什么也提倡一种 Agnosticism。我说,当时禅家说的尽管高明,其实很浅陋。他们所以要思想学问,只为了'生死事大,无常迅速'。……司马光以下,张程朱子,都只是要打破这种卑陋的心理。""司马光的《资治通鉴》特别表彰范缜的神灭论与反因果论,这是有意的提倡。"

7月6日　撰《考朱子答廖子晦最后一书的年分》。

本日　撰《朱熹论死生与鬼神》摘记。

7月13日　撰《朱子论禅宗的方法》。

12月1、5、6日　在台湾大学演讲《治学方法》,演讲稿刊12月2、6、7日"中央日报"。其中云:"我们的文史考证同西方不一样。西方是先有了自然科学,自然科学的方法已经应用了很久,并且已经演进到很严格的地步了,然后才把它应用到人文科学方面;所以他们所用的方法比较好些。我们的考证学已经发达了一千年,至少也有九百年,或者七百年的历史了。从宋朝朱子(殁于西历 1200 年)以来,我们就已经有了所谓穷理、格物、致知的学问,却没有自然科学的方法。人家西方是从自然科学开始;我们是从人文科学开始。我们从朱子考证《尚书》、《诗经》等以来,就已经开了考证学的风气……"

12月27日　在台南工学院七周年纪念会上演讲,演讲辞刊12月28日"中央日报"。其中云:"《荀子·天论》篇,是中国古代了不得的哲学,也就是西方柏格生征服自然,以为人用的思想。""荀子'制天命而用之'的哲学,终敌不过老子、庄子'错(措)人而思天'的哲学。故程、朱的格物穷理的思想,终不能应用到自然界的实物上去,至多只能在'读书'上(文史的研究上)发生了一点功效。"

12月28日　出席台东县文教界座谈会并答问。答问辞刊1953年1月17日"中央日报"。其中云:"人家说我打倒孔家店,是的;打倒孔家店并不是打倒孔子。孔子的学说,经过两千年,至少有一部分失去了时代性,同时经过了许多误解。30年前,我们的确领导批评孔子。我们批评孔子,是要去掉孔子一尊,使与诸子百家平等。如果不打倒一尊的孔家店,没有法子使得思想解放,思想自由。但是我六十二年来,还是继续对于孔子佩服,我觉得他这个人,是很了不得的。中外古今像他作到学而不厌,诲人不倦的境地的,不容易看到。"

"我们从前喊打倒孔家店,不是打倒孔子,而是打倒二千年来,只此一家,并无分店的一尊。我们这个提倡,叫人家知道中国历史上有许多重要的学说:如老子(孔子的先生)、庄子、荀子、墨子(与孔子同时的人)、淮南子、韩非子。这些人都是了不得的思想家。汉朝王充怀疑一切,也是了不得的思想家。再下来唐朝时代,佛教传人,产生禅宗一派,也是了不得的思想家。到了宋朝,有许多人表面上挂着孔子的招牌,而事实并不是提倡儒家思想的。这种大的运动,就是要恢复古代的自由思想。以后程子、朱子一派,又成为只此一家,并无分店的一尊。同朱子同时的还有别的思想,如陆象山的思想。还有后来王阳明一派的思想。到了明朝末年——17世纪——北方保定府出了一个了不起的学派——颜李学派,这个学派出自农村,公开批评程朱,他们注重'行''实用'。在教育学上、哲学史上,都起了很大的作用。这是随便举几个事实来说明我们站在国家的立场,要打倒任何一尊的思想。尽管这种思想,是了不起的,只要成为一尊,就可以阻滞思想的发展。同时成为一尊,容易引起反动。……我们希望打倒过去的一尊,是要唤起大家觉悟,不要走上一尊的路子。所以我不赞成拿某一种典型的思想来笼罩一切。"

12月20日 在"傅孟真先生逝世两周年纪念会"上演讲《傅孟真先生的思想》云:"……四、《古代中国与民族》:这是他没有完成的一部大书,有的时候也想定名为《民族与古代中国》。这是说明古代民族的来源的。可惜这部伟大的著作没有完成。但他曾经发表了几篇论文,如《姜原》,提供了许多有助于研究的材料;另一篇为《周东封与殷遗民》,说明从周室东征到山西北部,征服了整个东部的情形。这一篇文章我公开承认影响我最大,最能够表现他的意思。再有一篇是《夷夏东西说》,出版在蔡先生六十周年纪念特刊上;搜集的材料丰富,将东西夷夏加以区分;很少人有这样锐利的眼光。"

"孟真有绝顶天才,他替我解决了《中国哲学史》上不能解决的问题。我接受了他的观念,写了一篇五万字的文章,叫做《说儒》,从这个观念来讲古代思想,根本推翻了我过去对于中国古代思想史的见解。"

1953 年
居美国。

6月16日　在致朱文长的答信中云:"我是一个'存疑论者',即是你说的'不可知论者'。但在中国思想传统里,Agnosticism & Atheism 都没有像基督教国家里那种'罪大恶极'的贬义,故我有时也自称'无神论者'。其实我确是一个无神论者。""这点存疑的态度是中国思想传统里一点最有意义,也最有价值的怀疑精神,他的最明白的说法就是孔子说的'知之为知之,不知为不知,是知也'。(这是很影响我一生的一句话)孔子的存疑态度见于《论语》子路问事鬼神一章。"

"《论语》,《檀弓》是孔子的传记材料,《孔子家语》也是孔子的传记材料,但前二书是很早出的,《家语》是几百年后的晚书。……但(我)廿五岁以后就不信《家语》是史料了。"

10月29—30日　日记云:"仔细想来,古代政治思想并不算发达。所谓百家之言,其实止有两个大趋势:1.'无为'的喊声,代表自由思想:A.'太上,下知有之,或下不知有之。'此是无为的最初义……"孔、孟都有过此意。"2.集权的有为政治。"

1954 年
居美国。

3月12日　在台湾大学演讲《中国古代政治思想史的一个看法》,记录稿刊3月13日"中央日报"。其中谈及中国古代政治思想有关威权与自由冲突观念的四件大事,其中云:"第二件大事,是孔子、孟子一班人提倡的一种自由主义的教育哲学。……后世所谓'道家',也可以说是这个自由主义运动的一部分。后来的庄子、杨朱,都是承袭这种学说的。"

又云:"我觉得老子这个人的年代和《老子》这本书的年代,照现在的材料与根据来说,还是不必更动。老子这个人恐怕要比孔子大二三十岁;他是孔子的先生。所谓'孔子问礼于老聃'是大家所不否认的;同时在《礼记·曾子问》中有明白的记载。那时孔子做老子的学徒,在我那篇很长的文章《说儒》里,老子是'儒',孔子也是'儒'。……有人认为'儒'是到孔子时才有的,这是错误的观念。我为了一个'儒'字,写了五万多字的文章;我的看法,凡是'儒',根据《檀弓》里所说,就是替人家主持婚丧祭祀的赞礼的。现在大家似乎都看不起这种赞礼。其实你要是看看基督教和回教,如基督教的牧师,回教的阿洪,他们也是替人家主持婚丧祭祀的。在古代二千五百年时,'儒'也是一种职业。……《檀弓》并不是一本侮蔑孔子的书;这是一本儒家的书。"

"孔子提出四个字,可以说是中国的民主主义教育哲学,就是:'有教无类'。……有了教育就没有种类,就没有阶级。"

11月8日 《光明日报》发表了郭沫若与该报记者的谈话,其中云:"胡适的资产阶级唯心论学术观点在中国学术界是根深蒂固的,在不少的一部分高等知识分子当中还有着很大的潜势力。我们在政治上已经宣布胡适为战犯,但在某些人的心目中胡适还是学术界的'孔子'。这个'孔子'我们还没有把他打倒,甚至可以说我们还很少去碰过他。"

12月8日 郭沫若在中国文学艺术界联合会主席团、中国作家协会主席团扩大联席会议上的发言中云:"中国近三十年来,资产阶级唯心论的代表人物就是胡适,这是一般所公认的。胡适在解放前曾经被人称为'圣人',称为'当今孔子'。他受着美帝国主义的扶植,成为了买办资产阶级第一号的代言人。他由学术界、教育界而政界,他和蒋介石两人一文一武,难弟难兄,倒真是有点象'两峰对峙,双水分流'。"

本年 饶宗颐在香港《东方文化》第1卷第1期上发表《释儒——从文字训诂学上论儒的意义》。其中云:"胡氏(按:指胡适)的文章却看中了'儒,柔也'这一句,认为'柔弱'才是'儒'的本义。《礼记》的《儒行》篇上说:'孔子衣逢掖之衣,冠章甫之冠。'孔子曾自称为殷人,因此胡氏竟推想到儒服即是殷服,便说道:'儒的第一意义是一种穿戴古衣冠,外貌表示文弱迂缓的人。'又因受到章氏(按:指章太炎)'儒'是'方术之士'一说的影响,复误会到'儒是殷民族的教士,他们的宗教即是殷礼,他们的人生观是亡国遗民的柔逊人生观'……"

1955 年
居美国。

1 月 19 日　贺麟在《人民日报》上发表《两点批判,一点反省》云:"他(按:指胡适)后来在'说儒'一文中,以基督教初期发展的历史比拟儒家兴起的历史,推尊孔子为教主,拿来和耶稣相比拟,并且宣称'孔子的新教义就是"仁以为己任"的"仁"',他说,'"仁"就是那用整个人类为对象的教义。'——这类反动的唯心的世界主义的宗教观点完全是和他假借'科学的人生观'的名义,而宣扬的'为全种万世而生活'的'新宗教'相一致的,完全是为帝国主义服务的思想和为封建主义服务的思想的结合,正反映了半封建半殖民地社会中大资产阶级的反动实质。""在这一点上(按:指吸收基督教的优点来充实儒家,加强儒家的宗教精神),我比较接近胡适,当胡适放弃了'打倒孔家店'的立场,把孔子说成像一个宗教家和教主时,我是非常赞成的。"

1 月 24 日　日记云:"写完冯友兰《中国哲学史》书评。The American Historical Review(《美国历史评论》)要我写此书英译本的书评,我担误了半年,今天扶病打完。""为此事重看冯书两遍,想说几句好话,实在看不出有什么好处。故此评颇指出此书的根本弱点,即是他(冯)自己很得意的'正统派'观点(见自序二)。"

"'正统派'观点是什么?他自己并未明说,但此书分两篇,上篇必须以孔子开始,力主孔子以前无私人著述,力主孔子'以能继文王周公之业为职志','上继往圣,下开来学'。下篇必须叫做'经学时代',也是此意。(但更不通!)""陈寅恪(审查报告二)说的比他清楚:'中国自秦以后,迄于今日,其思想之演变历程,至繁至久,要之,只为一大事因缘,即新儒学之产生及其传衍而已!'此即所谓'正统派'观点也。"

6月24日 冯友兰、朱伯崑在《人民日报》发表《批判胡适"中国哲学史大纲"底实用主义观点和方法》。其中云:"在抗日战争前夕,在他所发表的'说儒'中,他按照帝国主义的要求,把孔子说成是亡国遗民的大教主,借以替蒋介石宣传不抵抗主义。""在'说儒'中,为了准备亡国,他又说,老子并不是'革命家',也没有什么'革命的政治哲学',而仅只是提倡'亡国遗民'的柔道。"

本月 范文澜在《历史研究》第3期上发表《看看胡适的"历史的态度"和"科学的方法"》云:"日寇要'征服中国民族的心',当然非借重'领导文化教育运动'的当今孔子胡适不可,胡适的身价当然可以涨价万倍。也许是日本帝国主义比美帝国主义愚蠢,没有出价来购买这个奴才,也许是日本帝国主义比美帝国主义聪明,看透这个奴才的不中用。不管两个帝国主义谁愚蠢谁聪明,反正胡适是一个装扮成当今孔子待价而沽的汉奸卖国贼。"

7月 所撰《包德英译冯友兰著的〈中国哲学史〉》一文在《美国历史评论》第60卷第4期上发表。

8月31日 在致杨联陞的信中云:"今年计划仍决定结束《水经注》问题,即用全力写成'中国思想史'的英文本。"

1956年
居美国。

3月12日 撰成《丁文江的传记》。其中云:"'人生观问题之解决,决非科学所能为力'……的背后,还有一个问题:'科学专注于向外,……其结果为物质文明。欧战终后,有结算二三百年之总账者,对于物质文明,厌恶之论已屡见矣。'……青年人当然应该回到那些'侧重内心生活之修养'而'其结果为精神文明'的'自孔孟以至宋元明之理学家'了。"

"……张君劢先生原是一位讲究'精神之自足'的中国理学家,新近得到了德国理学家倭伊铿先生的印证,就更自信了,就公开的反对物质文明,公开的'菲薄科学',公开的劝告青年学生:科学无论如何发达,决不能解决人生观的问题……"

1957 年
居美国。

1 月 3 日 在加州大学讲学。日记云:"上课。述中国'史学'的一千多年来的经过。""刘知几的《史通》(701—710)是史学自觉的批评的著作。其中如《疑古》《惑经》诸篇都是这种批评精神的表现。""柳宗元的《论语辩》,《晏子春秋辩》诸篇是考证的文字。""到了 11 世纪,史学成熟了。""欧阳修的《集古录》是史料学的成立。""与其说,(如章学诚说的)亭林百诗东原之学'即朱学之数传而后起者也',不如说,这个考证的学风是一千多年逐渐发展出来的学风。"

4 月 7 日 回答友人"如果一个外国人要你举出十个对中国文化贡献最大的人物,你将推荐何人?"的提问时云:"我的排行榜是:(一)孔子;(二)老子;(三)墨子;(四)韩愈;(五)杜甫;(六)范仲淹;(七)王安石;(八)朱熹;(九)王守仁;(十)顾炎武。若再加几名,则可列上:孟子,司马迁,王充和张居正。"

4 月 9 日 复陈之藩的信中云:"其实这是我平生自己期许的工作方法,就是'述学'的工作最[方]法。'述学'最好是充分保存本人的文字语言。"

5 月 2 日 复陈之藩的信中云:"考据的学风是两宋(北宋、南宋)就开始了的,并不是近三百年的事。欧阳修《集古录》,司马光《通鉴考异》,赵明诚《金石录》,朱熹、洪适、洪迈,并不必'把情感压下去',他们是考据学的开山人,因为他们生在学术发达的时代,感觉有辨别是非真伪的必要了,才运用他们的稍加训练纪律的常识,用证据来建立某些新发现的事实。这才是考据学的来源。"

11 月 25 日 日记云:"张荫麟曾引朱子'一齐打烂,重新造起'二句,不知出于何书。记在这里待查。"且录有朱子《语录》二则。

1958 年
居美国，10 月 30 日离美赴台，从此定居台北，任"中研院"院长。

1 月 10 日　在致王云五的信中云："《哲学史自记》改削了好几遍，总想不骂人，故颇费时日！"

本日　在《中国古代哲学史·台北版自记》中云：

"(民国十八年)我在上海正着手写《中国中古思想史》的'长编'，已决定不用"中国哲学史大纲卷中"的名称了。"

"我现在翻看我四十前写成的这本书，当然可以看出许多缺点。我可以举出几组例子"："一、我当时还相信孔子做过'删诗书，订礼乐'的工作，这大概是错的。……"

"我这本书的特别立场是要抓住每一位哲人或每一个学派的'名学方法'(逻辑方法，即是知识思考的方法)，认为这是哲学史的中心问题。"

"所以我这本哲学史在这个基本立场上，在当时颇有开山的作用。可惜后来写中国哲学史的人，很少人能够充分了解这个看法。""这个看法根本就不承认司马谈把古代思想分作'六家'的办法。……至于刘向、刘歆父子分的'九流'，我当然更不承认了。""……而直接回到可靠的史料，依据史料重新寻出古代的渊源流变……"

"二三十年过去了，……有一天，我忽然大觉大悟了！我忽然明白：这个老子年代的问题原来不是一个考证方法的问题，原来只是一个宗教信仰的问题！像冯友兰先生一类的学者，他们诚心相信，中国哲学史当然要认孔子是开山老祖，当然要认孔子是'万世师表'。在这个诚心的宗教信仰里，孔子之前当然不应该有一个老子。在这个诚心的信仰里，当然不能承认有一个跟着老聃学礼助葬的孔子。"

3 月 14 日　在耶鲁大学主办的"修姆博士基金会演讲会"上演讲《中国文化史上的一种科学治学方法的发展研究》。

11 月 5 日　回台北定居，正式履任"中研院"院长职。

12 月 8 日　在台中农学院演讲《中国文化的问题》云："个人深为爱国，集七十年之经验，得到一个结论，即中国文化并不最高于世界者。"

12月12日　撰《贬天子》。其中云:"……见着徐复观先生,他谈到孔子的思想,儒家的思想,往往因为后世君主专制的制度的影响,不能不改变其内容,不能不改变其精神。"

1959年
在台北,任"中研院"院长。

7月7日　在夏威夷大学主办的第三次"东西方哲学讨论会"上宣读《中国哲学里的科学精神与方法》。其中云:"古代中国的知识遗产里确有一个'苏格拉底传统'。自由问答,自由讨论,独立思想,怀疑,热心而冷静的求知,都是儒家的传统。"

"过去两千五百年中国知识生活的正统就是这一个人创造磨琢成的。孔子确有许多地方使人想到苏格拉底。像苏格拉底一样,孔子也常自认不是一个'智者',只是一个爱知识的人。""儒家传统里有一个很可注意的特点是有意奖励独立思想,鼓励怀疑。""知识上的诚实是这个传统的一个紧要部分。……对于死和鬼神的存疑态度,对后代中国的思想发生了持久不衰的影响。这也是中国的'苏格拉底传统'……"

11月20日　在台北《自由中国》半月刊十周年纪念会上讲话,讲话记录稿刊12月1日出版的《自由中国》第21卷第11期,题为《容忍与自由》。其中说及《论语·子路》中"最美的"一段,即"定公问:'一言而可以兴邦,有诸?'"至"不'几'乎一言而丧邦乎?"。

本月　北京大学哲学系中国哲学史教研室胡适批判小组在《北京大学学报(人文科学)》1959年第2期上发表《批判胡适的中国哲学史研究》云:"在抗日战争的前两年,胡适为了配合蒋介石的反革命围剿和卖国投降活动,发表了他的《说儒》。到此,胡适的中国哲学史研究,完全恢复了最陈腐的东西'礼教',肆意歪曲孔子,把孔子说成亡国遗民的救世主,并借助孔子宣传'不抵抗主义'。"

"胡适对孔子的评价早晚市价不同。完全看他的政治需要。""……胡适的《中国哲学史大纲》中对孔子的评价是基本上采取否定的态度,虽然他说孔子是有志于政治改良,从总的方面说他认为孔子是'保守'的。""到1930年时,他的《中古哲学史》对孔子加以肯定","这是胡适实用主义的第二部曲了";"胡适的恢复封建礼教的工作是在他的《说儒》中完成的";"《说儒》可以说是胡适完成了他的实用主义的三部曲"。

1960年
在台北,任"中研院"院长。

1月29日　在给梅贻琦的复信中云:"我在四十多年前,就提倡思想自由,思想平等,就希望打破任何一个学派独尊的传统。我现在老了,不能改变四十多年的思想习惯。所以不能担任'孔孟学会'发起人之一。"

2月23日　与胡颂平谈话云:"孔子是很讲究吃的;这是圣人最近人情的地方。……我想殷民族有点像犹太人,商朝亡国了几百年之后,他们还能保留住食的卫生传统,在《论语》第十章里,都能纪录下来。"

4月19日　水泽柯来访。胡适云:"你寄给我的论敬字的文章,我已看过了。'敬'字的意义是恭敬、谨谨慎慎、丝毫不苟的意思。孔子说,'临之以庄则敬',又说,'出门如见大宾,使民如承大祭',就是敬字最好的说明。宋儒把敬字解作专一、无欲、静坐,完全是受了佛、道宗教的影响来解说,决不是孔子本来的意思。"

6月21日　与胡颂平谈话云:"韩柳的古文运动,他们是从《孝经》、《论语》、《孟子》这几部书里读通的。要知道这三部书都是当时的白话,就是当时的鲁语,我们叫作东方之语。当时孔子说的话,学生把他记下来;他的学生之间的谈话,也都照当时的鲁语记下来。……鲁本来在河南的,从平四国之后,才东移山东的。周朝是从西方来的……直到周公和羌族的姜太公这两个大军阀扩张领土,征服了山东,直到了淮夷。"

7月10日　在西雅图华盛顿大学"中美学术合作会议"致辞,题为《中国的传统与将来》。其中云:"我相信'人本主义与理智主义的中国'的传统,并未被毁灭,且在所有情况下不能被毁灭。"

1961 年

在台北,任"中研院"院长。

1 月 11 日 在"中研院"与北大同学会联合举办的"蔡元培先生生日纪念会"上致开会词云:"我们的圣人孔夫子在二千五百年前,就提倡'有杀身以成仁,毋求生以害仁',这是我们的传统。在中国历史上有独立的思想、独立的人格而殉道的人不少。"

"明朝有两个专制魔王,第一个是明太祖朱洪武,……到了革命成功做了皇帝之后才读《孟子》,知道《孟子》的可怕。《孝经》、《论语》、《孟子》多少年来都是作教科书用的,我们读时并不觉得怎么样;但朱洪武读了认为孟子的思想太可怕了,于是叫他的一个翰林把《孟子》删了,叫做《孟子节文》。北平图书馆里有一部,我曾借出来和《孟子》全文校对过,足足被删了三分之一。"

1 月 17 日 与胡颂平谈话云:"孔子对他学生有浅的说法,也有深的说法,如对樊迟,资质差一点的,他就说'仁'是'爱人';但对颜回,天分很高的,另有一种说法。如'有杀身以成仁,毋求生以害仁',这个'仁'字是说人类的尊严。'仁以为己任'的'仁'字,可以说是代表真理。他对各人的说法都不同,因为各人不同,各人尽他的做去都是仁。有时是人道,有时是人类。"

1 月 26 日 与胡颂平谈话云:"我的方面是多,但都是开山的工作,不能更进一步的研究。""凡是有大成功的人,都是有绝顶聪明而肯作笨工夫的人,才有大成就。……像孔子,他说:'吾尝终日不食,终夜不寝,以思,无益,不如学也',这是孔子作学问的功夫。孟子就差了。"

2 月 3 日 在致劳榦的复信中云,"我常感得学问是一件事,信仰又是一件事,道德又是一件事"。

4 月 18 日 与胡颂平谈话云:"我想商民族有点像犹太人。商朝亡国了几百年之后,还能保留住他们食物卫生的传统。在《论语》第十章《乡党》里,如'不撤姜食''沽酒市脯不食'等等都能记录下来。"

5 月 13 日 与胡颂平谈话云:"现在我们看二千五百年前的孔子,他的思想那么的平实,真像师生谈话那样和易可爱。"

6月7日　与胡颂平谈话云:"《中国中古哲学史》的稿子,已经写过三次:民八写的稿子,只留一部分的讲义了。在中国公学写的《中古思想史长编》,油印了几十部,曾经寄给汤用彤、陈寅恪、傅斯年、冯友兰、容肇祖、单不庵几个人看看。"

"我的'国学书目'是三十多年前开的,早已不适用了。我相信梁任公先生如果活到现在,他一定不愿意谁来重印他的书目的。"

6月8日　在致沈志明的复信中,不同意重印《国学书目》。

8月26日　与胡颂平之子谈及风水时云:"王充《论衡》里已经提出批评,可见古代就有的。还有算命的、看相的种种。……这些就是中国固有文化,——我们对他们提倡科学!"

9月6日　撰《怀念曾慕韩先生》,刊9月16日出版的台北《民主潮》第11卷第18期。其中云:"……过于颂扬中国传统文化了,可能替反动思想助威。……凡是极端国家主义的运动,总都含有守旧的成分,总不免在消极方面排斥外来文化,在积极方面拥护或辩护传统文化。"

9月20日　撰《〈淮南王书〉手稿影印本·序》,其中云:"我在民国二十三年发表《说儒》长文,在那五万字的长文里,我曾详细研究儒的来历";"老子和孔子本是一家,原无可疑。后来老子和孔子分家,也不足奇怪"。

11月6日　应美国国际开发总署之邀,在"亚东区科学教育会议"作题为《科学发展所需要的社会改革》的演讲云:"我相信,为了给科学的发展铺路,为了准备接受、欢迎近代的科学和技术的文明,我们东方人也许必须经过某种知识上的变化或革命。""这种知识上的革命有两方面。在消极方面,我们应当丢掉一个深深的生了根的偏见,那就是以为西方的物质的、唯物的文明虽然无疑的占了先,我们东方人还可以凭我们的优越的精神文明自傲。我们也许必须丢掉这种没有理由的自傲,必须学习承认东方文明中所含的精神成分实在很少。在积极方面,我们应当学习了解、赏识科学和技术决不是唯物的,乃是高度理想主义的、乃是高度精神的;科学和技术确然代表我们东方文明中不幸不够发达的一种真正的理想主义,真正的'精神'。""据说孔子也有这种很高明的看法,认为一切文明工具都有精神上的根源,一切工具都是从人的意象生出来的。"

12月4日　与胡颂平谈话云:"我在《吴虞文录》序文里说吴虞在四川只手打孔家店,并不是我去打倒孔家店。"

"这(按:指《崔东壁遗书》)是值得看的书,在那时是了不得的书。到现在看来,有一些地方是须修正的。这是学术跟时代进步的关系。"

1962年
在台北,任"中研院"院长。

1月24日　与胡颂平谈话云:"……孔夫子是近人情的,但是到了后来,人们走错了路了,缠小脚、八股文、律诗、骈文,都是走错了路。"

2月24日　在台北去世。

后　记

　　拙著正式撰写的两三年中,始终与各种建筑声响相伴随,无论是盖楼,还是装修,都是一种现实的建构。而历史学的研究,依后现代的说法,亦复一种建构。在新史料不断扩充的今天,传统的、基本的史料,反而被搁置,传统的课题同样受到冷落。如何在细读既存史料,又结合新发现的史料,去合理地解读一桩中国现代学术史上的公案,确实颇费思量。

　　史学研究以史料为本,但现在面临的情况是,基本的史料,要么已为前人使用,要么尚在发现过程中。因此,从常见史料中看出问题,就不仅需要知识积累,亦需要发现的眼光、问题意识,乃至合理的想象力。惟其如此,或才能与古人处在同一境界,以"了解之同情"的态度,建构史实,还原历史,解读原由。

　　当初选择胡适之《说儒》作为研究对象,并未想到涉及面如此之广,会如此的艰难。不过,因为是跟导师、复旦大学特聘资深教授姜义华老师下过军令状的,再难也要迎头而上。很难说,其中的压力都转换成了动力,但从主观上说,确是想尽力而为的。通俗地讲,是决心写到自己不后悔。

　　与应届的博士生不同,我早在很多年前已经进入了学术研究的领域,这次读博是想在外力的作用下,完成一部可以体现个人思想和学术水准的专著。为此,我读了五年。因为这个选题要做好,远不是三年能够完成的。现在看,在毕业后的一两年里,我仍在修改论文,所以说拙著共花费了两千多个日日夜夜是不为过的。此次出版前所增添的《胡适儒学简谱》,实乃匆忙之作,待以后得空,再增订补全、弥补缺漏。但愿它能为学界同人的相关研究提供些许便利。

感谢导师姜义华教授赐予的学习机会,人生难得再回炉。老师的宽厚、慈祥、睿智以及对拙著的鼓励,让我如沐春风;姜老师抱恙专程出席我的预答辩会,亦令人感动。在老师的启发和鼓励下,我的课程作业也保持了姜门的发表传统。其中一篇,原文两万字,经过修订,扩充成六万字,蒙台北《政治大学历史学报》编委会不弃,得以一次性发出。这也成了我以往发表过的论文中,篇幅最长的一篇。

感谢同门师兄、复旦大学历史学系章清教授在预答辩和答辩时提出的极富启发性的意见,亦感谢南京大学历史学院陈谦平教授、复旦大学历史学系戴鞍钢教授、复旦大学新闻学院李良荣教授、上海大学历史系陶飞亚教授、上海师范大学人文学院苏智良教授以及两位匿名评审专家在审阅和答辩过程中的谬奖。

复旦大学文史研究院葛兆光教授的"中国学术史专题"课以经验、视角和方法见长,特别是课上的"闲话",大大超越了普通的知识传授,我本人就有受高人点拨、灵感突显的体会。这种经验非常值得回味。葛老师对拙选题的鼓励,其与北京大学、四川大学历史学系双聘教授罗志田先生不厌其烦地回答我所提出的问题,以及罗老师的诸多巨制都是我获得研究动力的源泉。罗老师还曾发下未发表的大作征询意见,颇令人想起胡适那一代读书人的传统和风范。

感谢北京大学中文系陈平原教授一直以来的提携和关心。早在十五年前,陈老师主编的《现代中国》第二、三辑即发表过拙撰的两篇习作。此次看到拙著原稿后,亦慨然决定收入其主编的"学术史丛书",且与夏晓虹教授一起为拙著的出版而奔忙。没有陈、夏二位老师博大的胸怀和卓越的学术眼光,拙著是不可能忝列"学术史丛书"中顺利出版的。

"中研院"近代史研究所叶其忠教授慷慨惠寄其多篇有关胡适研究的大作,另一位不愿透露姓名的近史所学人亦提供未正式发表的论文,民间胡适研究学者程巢父先生主动复印惠赠相关材料,在此特表诚挚的谢意。

感谢南京大学政府管理学院闾小波教授十几年来的厚爱和襄助,亦感谢原复旦大学历史学系副主任、现任教于浙江大学历史系的陈新教授的垂青和真诚的帮助。感谢北京大学出版社徐丹丽女士、徐迈女士在编辑过程中所付出的辛勤劳动。

中国社会科学院近代史研究所的马忠文兄,与我是同代人,也是同期博士生中,最能相互理解、最谈得来的朋友。可惜彼此都惜时如金,聊天的机会太少了。

苏州大学哲学系潘桂明教授常耳提面命,指点迷津。我和潘老师住在一个小区,每每夜晚散步,看到潘老师书房常年无息的灯光,都是对我学问道路上不容懈怠的提醒。

2003—2004年,父母在一年内先后驾鹤西行,对我情感和心理的巨大打击,至今未能释然。父亲的大气、宽厚、智慧,母亲的善良、贤淑、本分,让我时时感受到家庭的温暖。拙著是报答父母养育之恩的一个小小的礼物。

内子詹葵华博士有自己的科学研究事业,但她是我所有文章的第一位读者、讨论者和审稿人,没有她直言的鞭策和始终的鼓励,这些文章也很难顺利呈现。拙著无论作为博士毕业论文即将提交之时,还是此次正式出版前,她都主动停下手头的研究工作,自愿担当起校对和核查的工作。夫妻之间,何以言谢?我们以后还继续过简单而平静的学术生活,直到做不动为止。

尤小立
二〇一六年八月二十日 取上居

作者小传

尤小立,1964年生,江苏苏州人,先后毕业于四川大学、复旦大学历史学系,获历史学博士学位,现为苏州大学哲学系副教授。主要从事中国近现代思想史、文化史、学术史和近现代中国哲学研究,曾在《哲学研究》《现代中国》《学术研究》《天津社会科学》《江苏社会科学》《江海学刊》《福建论坛》《南京大学学报》《读书》、《哲学与文化》(台北)、《政治大学历史学报》(台北)、《传记文学》(台北)等学术刊物上发表论文八十余篇。同时担任北京、上海、广州等地多家著名报刊的专栏作者、特约撰稿人和特约评论员,先后发表思想随笔、历史评论、文化评论、大学教育评论、时事评论、书评、散文小品、小说等三百余篇。

学术史丛书

中国禅思想史		葛兆光 著

——从6世纪到9世纪

士大夫政治演生史稿		阎步克 著
中国文学研究现代化进程		王 瑶 主编
中国现代学术之建立		陈平原 著

——以章太炎、胡适之为中心

陈寅恪先生史学述略稿		王永兴 著
明清之际士大夫研究		赵 园 著
儒学南传史		何成轩 著
西潮激荡下的晚清地理学		郭双林 著
中国文学研究现代化进程二编		陈平原 主编
文学史的权力		戴 燕 著
《齐物论》及其影响		陈少明 著
文学史书写形态与文化政治		陈国球 著
晚清女性与近代中国		夏晓虹 著
北京：都市想像与文化记忆	陈平原 王德威	编
中国民间文学研究的现代轨辙		陈泳超 著
触摸历史与进入五四		陈平原 著
制度·言论·心态		赵 园 著

——《明清之际士大夫研究》续编

近代中国的百科辞书	陈平原 米列娜	主编
清末民初的晚明想象		秦艳春 著
德语文学研究与现代中国		叶 隽 著
作为学科的文学史		陈平原 著
儒学转型与文化新命		彭春凌 著

——以康有为、章太炎为中心（1898—1927）

政教存续与文教转型	陆胤 著
——近代学术史上的张之洞学人圈	
世运推移与文章兴替	王风 著
——中国近代文学论集	
晚清女子国民常识的建构	夏晓虹 著
晚清文人妇女观(增订本)	夏晓虹 著
文化制度和汉语史	〔日〕平田昌司 著
胡适之《说儒》内外	尤小立 著
——学术史和思想史的研究	
*现代中国述学文体	陈平原 著

文学史研究丛书

中国现代主义诗潮史论	孙玉石 著
小说史:理论与实践	陈平原 著
上海摩登	〔美〕李欧梵 著 毛尖 译
——一种新都市文化在中国 1930—1945	
北京:城与人	赵园 著
中国小说叙事模式的转变	陈平原 著
晚清至五四:中国文学现代性的发生	杨联芬 著
词与文类研究	〔美〕孙康宜 著 李奭学 译
二十世纪中国文学三人谈·漫说文化	
	钱理群 黄子平 陈平原 著
唐代乐舞新论	沈冬 著
文学复古与文学革命	〔日〕木山英雄 著 赵京华 译
鲁迅·革命·历史	〔日〕丸山昇 著 王俊文 译
——丸山昇现代中国文学论集	
鲁迅、创造社与日本文学	〔日〕伊藤虎丸 著 孙猛 徐江 李冬木 译

被压抑的现代性	〔美〕王德威 著	宋伟杰 译
——晚清小说新论		
汉魏六朝文学新论	梅家玲 著	
——拟代与赠答篇		
重建美国文学史	单德兴 著	
明代复古派唐诗论研究	陈国球 著	
新文学现实主义的流变	温儒敏 著	
丰富的痛苦	钱理群 著	
——堂吉诃德与哈姆雷特的东移		
大小舞台之间	钱理群 著	
——曹禺戏剧新论		
地之子	赵园 著	
《野草》研究	孙玉石 著	
中国祭祀戏剧研究	〔日〕田仲一成 著	布和 译
韩南中国小说论集	〔美〕韩南 著	
才女彻夜未眠	胡晓真 著	
——近代中国女性叙事文学的兴起		
中国现代小说的起点	陈平原 著	
——清末民初小说研究		
朱有燉的杂剧	〔美〕伊维德 著	张惠英 译
后殖民理论	赵稀方 著	
耻辱与恢复	〔日〕丸尾常喜 著	张中良 孙丽华 编译
——《呐喊》与《野草》		
鲁迅与中国现代文学批评	陈方竞 著	
鲁迅：中国"温和"的尼采	张钊贻 著	
左翼文学的时代	王风 〔日〕白井重范 编	
——日本"中国三十年代文学研究会"论文选		
中国戏剧史	〔日〕田仲一成 著	布和 译
上海抗战时期的话剧	邵迎建 著	
屈原及其诗歌研究	常森 著	

鲁迅:无意识的存在主义	〔日〕山田敬三 著	秦　刚 译
情与忠:陈子龙、柳如是诗词因缘	〔美〕孙康宜 著	李奭学 译
知识与抒情		张　健 著
——宋代诗学研究		
唐代传奇小说论	〔日〕小南一郎 著	童　岭 译
临水的纳蕤思:中国现代派诗歌的艺术母题		吴晓东 著
美人与书	〔美〕魏爱莲 著	马勤勤 译
——19世纪中国的女性与小说		
物质技术视阈中的文学景观		潘建国 著
——近代出版与小说研究		
屈原及楚辞学论考		常　森 著
史事与传奇		黄湘金 著
——清末民初小说内外的女学生		
物质技术视阈中的文学景观		潘建国 著
——近代出版与小说研究		
王瑶与现代中国学术		陈平原 编
古代小说研究十大问题	刘勇强　潘建国	李鹏飞 著
*文学史的书写与教学		陈平原 编

其中前加*者即将出版。